传世名著典藏丛书

中华传统经典解读

主编 ◎ 蔡瑶

精华（上）

战国策

【西汉】刘 向 著

杨广杰 译注

辽宁人民出版社

©   杨广杰 2018

图书在版编目（CIP）数据

战国策精华 /（西汉）刘向著；杨广杰译注 . -- 沈

阳 : 辽宁人民出版社 , 2018.7

（传世名著典藏丛书 / 蔡瑶主编）

ISBN 978-7-205-09271-9

Ⅰ . ①战… Ⅱ . ①刘… ②杨… Ⅲ . ①中国历史—战

国时代—史籍②《战国策》—译文③《战国策》—注释

Ⅳ . ① K231.04

中国版本图书馆 CIP 数据核字 (2018) 第 064274 号

战国策精华

版权所有 侵权必究

出版发行 : 辽宁人民出版社

　　　　（地址 : 沈阳市和平区十一纬路 25 号　邮编 : 110003）

联系电话 : 024-23284324/010-88019650

传　　真 : 010-88019377

E－mail : fushichuanmei@mail.lnpgc.com.cn

印 刷 者 : 天津宇达印务有限公司

经 销 者 : 各地新华书店

幅面尺寸 : 170 mm × 230 mm

字　　数 : 868 千字　　　　　　　　　印　　张 : 43.75

出版时间 : 2018 年 7 月第 1 版　　　　印刷时间 : 2018 年 7 月第 1 次印刷

责任编辑 : 尹　岩　　　　　　　　　责任校对 : 鲍鹏紫

装帧设计 : 格林文化　　　　　　　　责任印制 : 雷星星

如有质量问题，请速与印务部联系　　联系电话 : 010-68855113

ISBN　978-7-205-09271-9

定　　价 : 102.00 元（上、下册）

序　言

　　上下五千年悠久而灿烂的历史，积淀了中华民族独具魅力且博大精深的文化。中华文化是中华民族无数古圣先贤、风流人物、仁人志士对自然、人生、社会的思索、探求与总结，而且一路下来，薪火相传，因时损益。它不仅是中华民族智慧的凝结，更是我们道德规范、价值取向、行为准则的集中再现。千百年来，中华文化已经融入每一位中华儿女的血液，铸成了我们民族的品格，书写了辉煌灿烂的历史。中华文化与西方世界的文明并峙鼎立，成为人类文明的一个不可或缺的组成部分。凡此，我们称之曰"国学"，其目的在于与非中华文化相区分。中华民族之所以历经磨难而不衰，其重要一点是，源于由国学而产生的民族向心力和人文精神。可以说，中华民族之所以是中华民族，主要原因之一乃是其有异于其他民族的传统文化！

　　概而言之，国学包括经史子集、十家九流。它以先秦经典及诸子之学为根基，涵盖两汉经学、魏晋玄学、隋唐佛学、宋明理学和同时期的汉赋、六朝骈文、唐宋诗词、元曲与明清小说并历代史学等一套特有而完整的文化、学术体系。观其构成，足见国学之广博与深厚。可以这么说，国学是华夏文明之根，中华儿女之魂。

　　从大的方面来讲，一个没有自己文化的国家，可能会成为一个大国甚至富国，但绝对不会成为一个强国；也许它会强盛一时，但绝不能永远屹立于世界强国之林！而一个国家若想健康持续发展，则必然有其凝聚民众的国民精神，且这种国民精神也必然是在自身漫长的历史发展中由本国人民创造形成的。中华民族的伟大复兴，中华巨龙的跃起腾飞，离不开国学的滋养。从小处而言，继承与发扬国学对每一个中华儿女来说同样举足轻重，迫在眉睫。国学之用，在于"无用"之"大用"。一个人的成功很大程度上取决于他的思维方式，而一个人思维能力的成熟亦决非先天注定，它是在一定的文化氛围中形成的。国学作为涵盖经、史、子、集的庞大知识思想体系，恰好能为我们提供一种氛围、一个平台。潜心于国学的学习，人们就会发现其蕴含的无法穷尽的智慧，并从中领略到恒久的治世之道与管理之智，也可以体悟到超脱的人生哲学与立身之术。在现今社会，崇尚国学，学习国学，更是提高个人道德水准和建构正确价值观念的重要途径。

近年来，国学热正在我们身边悄然兴起，令人欣慰。更可喜的是，很多家长开始对孩子进行国学启蒙教育，希望孩子奠定扎实的国学根基，以此帮助他们树立正确的道德观和价值观。欣喜之余，我们也对中国现今的文化断层现象充满了担忧。从"国学热"这个词汇本身也能看出，正是因为一定时期国学教育的缺失，才会有国学热潮的再现。我们注意到，现今的青少年对好莱坞大片趋之若鹜时却不知道屈原、司马迁为何许人；新世纪的大学生能考出令人咋舌的托福高分，但却看不懂简单的文言文。这些现象一再折射出一个社会问题：我们社会人群的国学知识十分匮乏。在西方大搞强势文化和学术壁垒的同时，国人却离自己的民族文化越来越远。弘扬经典国学教育，重拾中华传统文化，已迫在眉睫。

本套"传世名著典藏"丛书的问世，正是为弘扬国学传统文化而添砖加瓦并略尽绵薄之力。本人作为一名大学教师，从事中国文化史籍的教学与研究工作多年，对国学文化及国学教育亦可谓体悟深刻。为了完成此丛书，我们从搜集整理到评点注译，历时数载，花费了很多的心血。这套丛书集传统文化于一体，涵盖了读者应知必知的国学经典。更重要的是，丛书尽量把晦涩的传统文化知识予以通俗化、现实化的演绎，并以大量精彩案例解析深刻的文化内核，力图使国学的现实意义更易彰显，使读者阅读起来能轻松愉悦、饶有趣味。虽然整套书尚存瑕疵，但仍可以负责任地说，我们是怀着对祖国传统文化的深厚感情和治学者应有的严谨态度来完成该丛书的。希望读者能感受到我们的良苦用心。

王琪

2017年7月

前　言

　　《战国策》是一部汇编而成的史学名著,作者不明,最后由西汉末年的刘向编校、整理成书,因其书所记录的多是战国时纵横家为其所辅之国的政治主张和外交策略,因此刘向把这本书定名为《战国策》。

　　《战国策》是一部国别体史书。原有《国策》《国事》《短长》《事语》《长书》《修书》等名称。刘向校录群书时在皇家藏书中发现了六种记录纵横家的写本,但是内容混乱,文字残缺。于是,刘向按照国别进行了编订,全书按东周、西周、秦国、齐国、楚国、赵国、魏国、韩国、燕国、宋国、卫国、中山国依次分国编写,成为一部重要的古代历史文献。

　　《战国策》整理汇编者刘向(约前77-前6),原名更生,字子政,沛县(今属江苏)人。西汉经学家、目录学家、文学家。刘向是楚元王刘交四世孙。宣帝时,为谏大夫。元帝时,任宗正。因得罪宦官弘恭、石显下狱,旋得释。后又因反对恭、显下狱,免为庶人。成帝即位后,得进用,任光禄大夫,改名为"向",官至中垒校尉。曾奉命领校秘书,所撰《别录》,为我国目录学之祖。刘向的散文主要是秦疏和校雠古书的"叙录",较有名的有《谏营昌陵疏》和《战国策叙录》,叙事简约,理论畅达、舒缓平易是其主要特色。据《汉书·艺文志》载,刘向有辞赋33篇,今仅存《九叹》一篇。今存《新序》《说苑》《列女传》等书,《五经通义》有清人马国翰辑本。原有集,已佚,明人辑为《刘中垒集》。《楚辞》是刘向在前人基础上辑录的一部"楚辞"体的诗歌总集,收入战国楚人屈原、宋玉的作品以及汉代贾谊、淮南小山、庄忌、东方朔、王褒、刘向诸人的仿骚作品。

关于《战国策》的“策”，据《说文》本义是赶马所用的工具，近似马鞭一类的东西，被借为竹片木片简册之“策”。古代的策(册)长二尺四寸(见《仪礼·聘礼》)。一百个字的材料就使用它来写(见伪孔安国《尚书·序》疏)。王国维《简牍检署考》特别提到《战国策》的问题：“窃疑周、秦游士甚重此书。以策书之，故名为《策》；以其札一长一短，故谓之《短长》；比尺籍短书，其简独长，故谓之《长书》《修书》。刘向以‘战国时游士辅所用之国为之策谋’，定其名曰《战国策》，以‘策’为策谋之策，盖已非此书命名之本义。”王氏说基本正确，但“策”作为计谋来使用，已见于《吕氏春秋·简选》“此胜之一策也”。所以后代才会产生：策略、策划、国策、政策、对策、决策、划策、画策、计策、献策、良策、妙策、上策下策、失策、群策群力等。

《战国策》全书共三十三卷，分国别编辑。依次是：东周一卷，西周一卷，秦五卷，齐六卷，楚四卷，赵四卷，魏四卷，韩三卷，燕三卷，宋、卫合一卷，中山一卷。所记史实从东周贞定王十七年(前452)，到秦始皇三十一年(前216)，共245年。

《战国策》主要记述了战国时的纵横家的政治主张和外交策略，展示了战国时代的历史特点和诸国间政治博弈的风貌，是研究战国历史的重要典籍。春秋以来，长期分裂战乱，人民无不渴望解甲息兵，恢复和平统一生活。诸侯中的强大者，都想“并天下，凌万乘”。所以战国末年，秦齐二国皆各自称帝。由于社会变革的影响，“地势形便”的秦国后起变法以致富强，打破六国均势局面。从此以后，秦以新兴力量向外扩张，企图蚕食诸侯，统一海内，引起各国间的复杂矛盾和斗争。在这种情况下，诸侯间的胜负虽然在很大程度上决定于武力，但也决定于谋臣策士的胜算和纵横势力的消长。所谓“横成则秦帝，纵成则楚王”，那就是说，胜负的最后关键并不完全决定于军事，而更重要的是决定于政治的巧妙运用。这时候，春秋时代所讲的礼法信义，不得不变为权谋谲诈；从容辞令的行人，不得不变为剧谈雄辩的说士。所以《战国策》中所载一切攻守和战之计，钩心斗角之事，正是这一时代政治斗争的反映。而其时许多谋臣策士的游说和议论，也是春秋时代行人辞令的进一步发展。

《战国策》也是一部优秀的历史散文著作。从文学方面来看,《战国策》的特色主要表现在以下几点:

第一,富于文采。《左传》也是以文采著称的,但两者相比照,可以看到《战国策》的语言更为明快流畅,纵恣多变,委曲尽情。无论叙事还是说理,《战国策》都常常使用铺排和夸张的手法,绚丽多姿的辞藻,呈现酣畅淋漓的气势。在这里,语言不仅是作用于理智、说明事实和道理的工具,也是直接作用于感情以打动人的手段。如《苏秦始将连横》《庄辛说楚襄王》等篇,都是显著的例子。

第二,《战国策》描写人物的性格和活动,更加具体细致,也就更显得生动活泼。《左传》描写人物,大抵是简笔的勾勒。

而《战国策》中,如《齐策》写冯谖,一开始,描绘他三次弹铗而歌、有意索求更高物质待遇的奇特行为,初步刻画了他的不同凡响而又故弄玄虚的性格。接着,展开了"冯谖署记""矫命焚券""市义复命""复谋相位""请立宗庙"等一系列波澜起伏的情节,将这位有胆识、有策略、有手段,同时也是恃才自傲、多辞善辩的"奇士"风采,表现得淋漓尽致。

第三,《战国策》所记的策士说辞,常常引用生动的寓言故事,这也是以文学手段帮助说理。这些寓言,形象鲜明,寓意深刻,又浅显易懂,独立地看,也是中国文学宝库中璀璨的明珠。诸如"鹬蚌相争,渔翁得利""画蛇添足""狐假虎威""亡羊补牢""南辕北辙"等,历来家喻户晓。由于《战国策》在相当程度上背离了中国古代的正统思想,常常受到严厉的批评。但以历史的眼光来看,它正是体现了战国时代活跃的思想氛围。它对语言艺术的重视,在这方面取得的成就,在文学史上更具有承上启下的作用。秦汉的政论散文、汉代的辞赋,都受到《战国策》辞采华丽、铺排夸张的风格的影响;司马迁的《史记》描绘人物形象,也是在《战国策》的基础上更为向前发展。

综上所述,《战国策》一书反映了战国时代的社会风貌,当时士人的精神风采,不仅是一部历史著作,也是一部非常好的历史散文著作。

它作为一部反映战国历史的历史资料,比较客观地记录了当时的一些重大历史事件,是战国历史的生动写照。它详细地记录了当时纵横家的言论和事迹,展示了这些人的精神风貌和思想才干,另外也记录了一些义勇志士的人生风采。作为一部非常好的历史散文著作,《战国策》的文学成就在中国文学史上有非常突出的地位,它标志着中国古代散文发展的一个新时期,尤其在人物形象的刻画,语言文字的运用,寓言故事等方面具有非常鲜明的艺术特色。

《战国策》的思想内容比较复杂,主体上体现了纵横家的思想倾向,同时也反映出了战国时期思想活跃,文化多元的历史特点。《战国策》的政治观比较进步,最突出的是体现了重视人才的政治思想。

以战国时代为背景的《战国策》对身逢空前自由时代、空前开放社会的当代人具有极大的启发意义。《战国策》主要记载了战国时代的谋臣、策士们游说各国君主或互相辩论时所提出政治主张、斗争策略和处世方略,是当时的英雄才俊们谋划各项事业战略策略、用言辞游说政要,辩驳对手的真实记录和生动写照。其中蕴含的为人智慧、处世策略一直为后代策士奉为圭臬。众多游说辞、演说辞也都堪称中华经典。透过文字,现代人仍能体会到纵横家们的思维、心理活动,感受到他们的满腹经纶、雄才大略和卓越辩才。谋算策划、舌战论辩,实质上是另一个刀光剑影的战场,人类社会无时无刻不充斥着谋略,这些几千年前的华夏精英们提炼的生存技能和成功方略依然是那么的鲜活如新,依然能为当代人的生存、社交、经营、成功提供养料,提供智慧。

目前,《战国策》的版本虽然很多,但大多数篇章都不齐全。有些虽谓"精华版",但对于更多想全方位了解战国策和战国历史的朋友来讲,确是一件憾事。为此,我们参考了大量权威注译版本,辑录了这本《战国策精华》,收入原书33卷全部文章,分为上下两册。我们对一些难点词条进行了注释,译文本分质朴却也力争还原原文磅礴的气势。在每篇文章的篇尾,还对文章进行解析,解读每篇文章的历史背景、人际关系、谋略计策,以帮助读者更好地理解文章内容,领悟其中蕴含的智慧。此外,我们还特别设置了"处世策"板块,提炼出策士们使用的论辩、游说、谋划等实用技能，以及其在当今职场、商界、政界的应用，以期实现我们以古鉴今、古为今用的初衷。

　　在本书的编写过程中，编著者注入了些许认识和感悟，但更多的还是参考了前人与时贤的研究成果，取其精华，择善而从，在这里，向这些著作的作者和编著者表示衷心的感谢。由于学识水平所限，虽力求精益求精，但书稿仍难免有一些纰漏，敬请广大读者不吝赐教。

目录

卷一　东周策

秦兴师临周而求九鼎

【原文】

秦兴师临周而求九鼎①，周君患之，以告颜率。颜率曰："大王勿忧，臣请东借救于齐。"颜率至齐，谓齐王曰②："夫秦之为无道也，欲兴兵临周而求九鼎，周之君臣，内自画计，与秦，不若归之大国。夫存危国，美名也；得九鼎，厚实也，愿大王图之③。"齐王大悦，发师五万人，使陈臣思将以救周，而秦兵罢。

齐将求九鼎，周君又患之。颜率曰："大王勿忧，臣请东解之。"颜率至齐，谓齐王曰："周赖大国之义，得君臣父子相保也，愿献九鼎，不识大国何途之从而致之齐？"齐王曰："寡人将寄径于梁。"颜率曰："不可。夫梁之君臣欲得九鼎，谋之晖台之下、沙海之上，其日久矣。鼎入梁，必不出。"齐王曰："寡人将寄径于楚。"对曰："不可。楚之君臣欲得九

【译文】

秦国出动军队逼近洛阳城下，向东周朝廷索要九鼎，周君为这件事感到忧虑，就告诉大臣颜率，和他一起商量对策。颜率说："大王不必忧虑，请让臣去向东方的齐国借兵救援。"颜率来到齐国，对齐王说："秦国的这种行为残暴无道，想要发动军队来周索要九鼎，周的君臣也在朝廷里商量对策，与其将九鼎给秦国，不如将它送给大国。能够挽救面临危亡的国家，将会给您留下美名；能够得到九鼎，将是厚重的宝物。请求大王考虑一下这件事。"齐王听了大为高兴，就发动了五万人的军队，派遣陈臣思做大将，前去救援东周，于是秦国的军队撤退了。

齐国向东周索要九鼎，东周君又为九鼎的事感到忧虑。颜率说："大王不必忧虑，请让我再去东方解除您的忧虑。"于是颜率又来到齐国，对齐王说："东周依靠齐国发兵相救的义举，才使得君臣父子能够保全，所以东周愿意献出九鼎，但不知道贵国将要走哪条道路，把九鼎从东周运送到齐国呢？"齐王说："我打算向梁国借道。"颜率说："大王您不能向梁国借道。梁国的君臣也都想要得到九鼎，他们在晖台和少海谋划这件事情已经很久了。九鼎运入梁国的境内，必定不能再运出了。"齐王说："我打算向楚国借道。"颜率回答说："大王您也不能这样做，楚国的君臣也想要得到九鼎，他们在叶庭之中谋划，日子也很久了。如果九鼎运入了楚国境内，也必定运不出来了。"齐王说："我到底要从哪条道路来

鼎,谋之于叶庭之中,其日久矣。若入楚,鼎必不出。"王曰:"寡人终何途之从而致之齐?"颜率曰:"弊邑固窃为大王患之。夫鼎者,非效醯壶酱甄耳④,可怀挟挈以至齐者;非效鸟集乌飞,兔兴马逝,漓然止于齐者⑤。昔周之伐殷,得九鼎,凡一鼎而九万人挽之,九九八十一万人,士卒师徒,器械被具,所以备者称此。今大王纵有其人,何途之从而出?臣窃为大王私忧之。"齐王曰:"子之数来者,犹无与耳。"颜率曰:"不敢欺大国,疾定所从出,弊邑迁鼎以待命。"齐王乃止。

把九鼎从东周运送到齐国呢?"颜率说:"我们东周的君臣也在私下里为大王忧虑这件事情。九鼎并不像醋瓶子或酱罐子之类的东西一样,能够揣在怀里、用胳膊夹着或者用手提着就带到了齐国;它也不像鸟群聚集或乌鸦飞散,兔子狂奔或骏马飞驰一样,顷刻之间就来到了齐国。过去西周讨伐殷商的时候,得到九鼎,就一只鼎都要九万人一起才能够抬动,总共用了九九八十一万人,用到的兵士和工匠,以及所需要准备的器械和被服用具更是难以计数。现在大王即使有那么多的人,但从哪条道路运送呢?因此我私下里为大王忧虑这件事情。"齐王说:"你多次来到我齐国,还是不想把九鼎给我罢了。"颜率说:"不敢欺骗贵国,您快点决定从哪条道路来运送九鼎,我东周迁移九鼎来等待您的命令。"于是齐王取消了求取九鼎的想法。

【注释】

①九鼎:古代的一种烹饪器。又用为礼器。多以青铜铸成,三足(或四足)两耳。九鼎,相传夏禹收九州之金铸成,遂为传国之重器。②谓:对某人说。③图:考虑,计议。④醯(xī):醋。甄(zhuì):古代坛子一类的瓦器。⑤漓然:水渗流的样子。

【解析】

九鼎相传是夏禹收九州之金而铸成的,后来成为"传国之重器"。它代表着周王室在各诸侯国中的宗主地位。但是历史发展到了战国时期,礼崩乐坏,社会发生了巨大的变化,实质上已经没有哪个诸侯国再把周王室当做自己的宗主国而放在眼里。不过九鼎在周君以及其他诸侯国君的心目中,依然是政权的象征。战国时期诸侯割据称雄,征战攻伐,战国七雄都想得到九鼎,从而来统一其他诸侯国,成为天下新的霸主。秦国发动军队来索要九鼎,就是想要取代西周的宗主地位,统一各国,称霸天下。

诸侯各国对当时的形势也是有所了解的。一方面,他们都对九鼎垂涎三尺,抓住任何可能的机会,都想把九鼎收入自己囊中。可另一方面,他们都害怕其他诸侯通过搞到九鼎而拥有大义,使自己处于不利的地位。从这点上来讲,不得已而求其次,既然大家都害怕九鼎落入其他诸侯之手,那九鼎就不如留在像东周这样对大

家没有实际杀伤力的手里。颜率正是利用了诸侯这一共识，最终让九鼎留在了东周。

【处世策】

做事情讲究名正言顺，推卸责任也需要找个好借口。喜欢推卸责任似乎是人的天性，即使知道自己有责任，也会一味推卸。利用这种心理，先替对方准备好借口，对方就不会再推辞。比如，馈赠他人物品时，可以先说：感谢您一直以来对我的照顾，一点心意，请您笑纳。由于为对方找到借口，对方减少了内疚意识，就会欣然接受礼物。

秦攻宜阳

【原文】

秦攻宜阳，周君谓赵累曰："子以为何如？"对曰："宜阳必拔也。"君曰："宜阳城方八里，材士十万①，粟支数年，公仲之军二十万，景翠以楚之众，临山而救之②，秦必无功。"对曰："甘茂羁旅也，攻宜阳而有功，则周公旦也；无功，则削迹于秦③。秦王不听群臣父兄之议而攻宜阳，宜阳不拔，秦王耻之。臣故曰拔。"君曰："子为寡人谋，且奈何？"对曰："君谓景翠曰：'公爵为执圭④，官为柱国，战而胜，则无加焉矣，不胜则死，不如背秦，秦拔宜阳，公进兵，秦恐公之乘其弊也，必以宝事公；公仲慕公之为己乘秦也，亦必尽其宝。'"

秦拔宜阳，景翠果进

【译文】

秦国攻打韩国的宜阳，周君对辅臣赵累说："你认为这件事会怎样发展？"赵累回答说："宜阳必将被秦国所攻破。"周君说："宜阳城方圆八里，城里有十万勇敢善战的兵士，而且储备的粮食也足以支持好多年，宜阳附近还驻扎有韩国国相公仲的二十万军队，以及楚国大将景翠统帅的军队，依靠山势驻扎，可以前去救援它，秦国必定不会攻破宜阳。"赵累回答说："秦军统帅甘茂是客居在秦国的将领，如果他攻破宜阳就立下了功劳，就相当于周朝的周公旦；如果攻城不破，就会在秦国被革去官职。秦武王不听群臣和父兄们的意见，执意要进攻宜阳，如宜阳攻不下来，秦武王就会以此为耻辱。大势所趋，因此我断定宜阳一定能攻破。"周君说："你为寡人谋划此事，我们国家应该怎么做？"赵累回答说："请大王对楚国大将景翠说：'你的爵位已经做到了执圭，你的官职也已经升到柱国，即使你这次战争获胜，你的官爵也无法再升了；但如果不获胜的话，那么你就会被判死罪。不如对抗秦国，待到秦国攻取了宜阳，你就出兵，秦国就会害怕你趁着秦军疲惫的机会去袭击它，就一定会拿宝物献给你，韩国的相国公仲也会认为你乘虚攻打秦国是为了救援韩国，也一定会把宝物献给你。'"

兵。秦惧，遽效煮枣，韩氏果亦效重宝。景翠浔城于秦，受宝于韩，而德东周。

秦军攻下宜阳之后，景翠果然发兵攻打秦国。秦国大为害怕，立刻把煮枣城献给景翠，韩国果然也献出珍贵的宝物。景翠不但从秦国那里得到了煮枣城，又从韩国那里得到了宝物，因此他很感激东周。

【注释】

①材士：有本领、战斗力强的士兵。②山：指的是伏牛山。③削迹：被除去名字。④执圭：圭，玉圭。拿着玉圭上朝。借指官职，在本篇里指的是楚国最高的爵位。

【解析】

秦韩在宜阳交战，而楚国的大将景翠，率军队驻扎在伏牛山一带，可能参与到秦国和韩国的这场战争中来，对战争的胜负产生决定性的影响。在这种情况下，周君和大臣赵累通过对与自己的国家本来没有什么重要关系的秦韩之战的分析，决定参与到这场战争中来，通过游说景翠，鼓动他在秦军攻取宜阳之后，进攻得胜的秦军，这样不仅能够得到秦国献出的煮枣城，而且能够得到韩国贡献的宝物和感激，真可以说是一举两得。赵累在这次游说中巧妙地利用了各个方面的矛盾关系，使景翠在无法在朝廷里再升官加爵的情况下，从秦、韩两国的战争中获得了割地和财物。从景翠这方面看，他使用了三十六计中的"趁火打劫"，因此坐收渔翁之利。

【处世策】

晓之以理，才能说服他人；挑明真相，才能使人恍然大悟。说话的功能很简单，就是把事情讲清楚，由不同的行动讲到不同的结果，由发端讲到演变，再讲到结局。其实很多事情就是一层薄窗纸，由话语轻轻一点，就能捅破。只可惜"当局者迷、旁观者清"，我们千万不要对要说服的对象估计过高，该捅破的就一定要捅破，该说清楚的一定要说清楚。

东周与西周战

【原文】

东周与西周战,韩救西周。为东周谓韩王曰:"西周者,故天子之国也,多名器重宝。案兵而勿出①,可以德东周①,西周之宝可尽矣。"

【注释】

①德:此处作动词,意即施惠对方。

【解析】

两个小国之间的战争,一般来说拼的不是武力,而是双方的盟友。在对方有强大盟友的帮助时,作为缺少支援力量的一方,就要想尽办法破坏对方的同盟关系。这时,谋士就能发挥极大的作用。

韩国要出兵帮助西周,东周闻讯后,派谋士给韩王分析了当时的形势:东周国毕竟是天子之国,虽然弱小,但始终是天下名义上的主人,并不能随便进攻,帮助西周完全没有什么好处。而延迟一下出兵的时间,并不算违背同盟约定,还能得到西周催促出兵而贡献的宝物,又能让东周国感恩戴德。

【处世策】

职场当中的"缓兵之计"说白了就是为应对职场当中各种风险而使用的一种计谋。遇到难题了,先把对方稳住,然后再想对策。通过"缓"这个手段来保证自己可以得到更好的发展或者给别人有个交代。当别人用"缓兵之计"的时候,不妨站在别人的位置上多多思考,体谅别人当时的状态。是不是自己真的为难到别人了,才迫使对方使出这么一招。这样可以避免职场当中很多矛盾。

【译文】

东周与西周交战,韩国要出兵援助西周。有人为东周对韩王说:"西周所处之地,是以前周天子的故都,那里有很多钟鼎、珍宝。如果韩国不出兵,既可以施惠于东周,西周也会献出珍宝。"

东周与西周争

【原文】

东周与西周争,西周欲和于楚、韩。齐明谓东周君曰①:"臣恐西周之与楚、韩宝,令之为己求地于东周也。不若谓

【译文】

东周国与西周国起了纠纷,西周国想要通过楚国和韩国来进行调和。这个时候一个叫齐明的谋士对东周国君说:"我恐怕西周会送给楚国和韩国宝物,让它们帮忙从东周国割出土地给西周国。您不

楚、韩曰,西周之欲入宝,持二端。今东周之兵不急西周,西周之宝不入楚、韩。楚韩欲得宝,即且趣我攻西周②。西周宝出,是我为楚、韩取宝以德之也,西周弱矣。"

【注释】

①齐明:当时的辩士,国籍不详。②趣(cù):通"促",促使。

【解析】

齐明为东周君分析了当时的国际形势,向东周君提出了一条既消耗西周国实力,又让西周进攻东周的图谋流产的方法。

【处世策】

无论做什么事,都应首先认清形势,把有利因素和不利因素统统摆出来综合分析,找准解决核心问题的突破口,筛选该利用和该重点进攻的对象,在此基础上决定自己的工作方针,千万不要盲目蛮干。在劝说别人做什么或不做什么的时候,形势分析也是一种好方法,晓以利害往往是最能打动人的。另外,要学会改变面临的形势,特别是当处于困境或不利地位时,要沉得住气,想方设法化不利因素为有利因素,扬长避短,避重就轻,争取变被动为主动。而要做到这一点,单靠勇气和激情是不行的,还要靠智慧和理性。

东周欲为稻

【原文】

东周欲为稻,西周不下水,东周患之。苏子谓东周君曰①:"臣请使西周下水,可乎?"乃注见西周之君曰:"君之谋过矣!今不下水,所以富东周也。今其民皆种麦,无他种矣。君若欲害之,不若一为下水,以病其所种②。下水,东周必复种稻;种稻而复

【译文】

东周想要种水稻,但西周不放水,东周很忧虑这件事,苏子就对东周君说:"请让臣去说服西周放水,好吗?"于是苏子就去拜见西周君,说:"您的谋划错了!现在您不放水,因此会使东周富裕起来。现在东周的百姓都种植麦子,没有其他的可以种植了。您如果想要加害于东周,还不如这次为东周放水,来冲坏他们所种植的麦子。放水,东周必定再次种植水稻;种植水稻那么就再次停止放水,让它没有收成。如果是这样的话,那

如派人游说楚国和韩国,对它们的国君说,西周会不会进献宝物,还是模棱两可的事情。然后您再暂时不着急进攻西周国,这样西周就暂时不会送给楚国和韩国宝物。楚国和韩国当然想要宝物,一定会催着您进攻西周国的。这么一来,西周国就算送给楚国和韩国宝物,它们也会认为这是东周国的功劳,这样西周的地位就会下降了。"

夺之。若是,则东周之民可令一仰西周而受命于君矣。"西周君曰:"善。"遂下水。苏子亦得两国之金也。

么东周的百姓可以让他们仰仗西周,因此就听命于您了。"西周君说:"很好。"于是就放水。苏子也得到了两个国家的赏金。

【解析】

分析苏秦游说的言辞,最关键的就是他处处在为西周的国家利益考虑。在放水不放水的问题上,他要比西周君看得远,看得全面。所以他能够充分利用两个国家的矛盾,站在对方的立场上考虑问题,给对方指明放水的现实好处,从而打动了西周君,也达到了自己的目的。

【处世策】

从自己的角度、立场看待问题有时难免会欠缺考虑,有所疏漏,那不妨来个换位思考,站在对方的立场上看问题,就可以看得更多、看得更远,这样才能找出双方的相同之处,才能为更好的合作打下良好基础。

昭献在阳翟

【原文】

昭献在阳翟,周君将令相国注,相国将不欲①。苏厉为之谓周君曰:"楚王与魏王遇也,主君令陈封之楚②,令向公之魏。楚、韩之遇也,主君令许公之楚,令向公之韩。今昭献非人主也,而主君令相国注;若其王在阳翟,主君将令谁注?"周君曰:"善。"乃止其行。

【译文】

楚国的昭献到了韩国的阳翟,东周国君想派相国去迎接他,相国很不愿意去。苏厉为他劝说东周国君说:"以前楚王与魏王会面,您分别派陈封和向公到楚国和魏国去迎接他们。而楚王和韩王见面呢,您又分别派许公和向公去楚国和韩国迎接他们。现在昭献并不是国君,而您却派东周国一人之下万人之上的相国去迎接,如果昭献侍奉的楚王到了阳翟,您要派谁去才合适呢?"东周国君说:"你说得对。"于是打消了这个念头。

【解析】

公元前300年,东周君派相国去迎接楚国的相国昭献,但这个相国却推辞不去。苏厉援引旧例,认为相国这样做是对的。

【处世策】

职场礼仪是职场沟通的纽带。在日常生活中,礼仪能够调节人际关系,可以说礼仪是人际关系的调节器。人们在人际交往时按礼仪规范去做,是有助于彼此的相互尊重,相互关系的友好建立,可以避免或者缓和不必要的冲突和矛盾。"不学礼,无以立",把所学的职场礼仪应用到实践中,它会在职场中起到非凡的作用。

秦假道于周以伐韩

【原文】

秦假道于周以伐韩,周恐假之而恶于韩,不假而恶于秦。史厌谓周君曰:"君何不令人谓韩公叔曰:'秦敢绝塞而伐韩者①,信东周也。公何不与周地,发重使之楚②?秦必疑,不信周。是韩不伐也。又谓秦王曰:'韩强与周地③,将以疑周于秦,寡人不敢弗受。'秦必无辞而令周弗受。是得地于韩,而听于秦也。"

【译文】

秦国想攻打韩国,于是向东周国借路运兵。东周国君左右为难:如果借了路,就得罪了韩国,而不借路,秦国人又惹不起。这时韩国的谋士史厌对东周国君说:"您为什么不找人游说韩公叔说:'秦国敢于横越东周国的要塞去攻韩,是因为相信东周国。您为什么不送给东周国土地,然后派一个重要的使者出使与秦敌对的楚国,秦国必然起疑,不再相信东周国,这样韩国就能免于被攻了。'再派人对秦武王说:'韩国强行送给东周国土地,想以此来打消秦国对于东周国的信任。我国国君不敢不接受。'秦国必然没有办法让东周国不接受,这样东周国就能得到韩国的土地,又听从了秦国的旨意。"

【注释】

①绝塞:横越边境的险塞。②重使:以重臣或公子做使者。③强:竭力。

【解析】

公元前308年,秦国想向东周借道,去攻打韩国,处在两强夹缝中的周君左右为难。大国的生存方式是战争,小国就只能四处周旋。东周策士分析,韩国被秦国进犯必然会有重大损失,这样还不如割给东周一点小地方来换取和平。这个策略的出台，也是直接瞄准了秦国近交远攻战略的软肋。

【处世策】

再强大的敌人也有他脆弱的一面，反复地分析矛盾关系，认真地研究对手特点，寻找可以为我们攻击的弱点，就一定能够扭转"敌强我弱"的不利局面，争取胜利或者和局。

楚攻雍氏

【原文】

楚攻雍氏，周粮秦、韩①。楚王怒周，周之君患之。为周谓楚王曰："以王之强而怒周，周恐②，必以国合于所与粟之国，则是劲王之敌也。故王不若速解周恐，彼前得罪而后得解，必厚事王矣③。"

【译文】

楚国攻打韩国的雍氏，东周国给秦韩两国提供了粮草。楚怀王对东周国的这一举动非常愤怒。东周国君很害怕。忧愁之际，有人去游说楚怀王说："您作为一个强大的君主，对弱小的东周国如此不留情面地倾泻怒火，东周国君必然非常恐惧。那么他一定会举国投奔秦韩两国，这样反而加强了大王敌人的实力。所以大王不如尽早收起怒火，安抚东周国，这样东周国先前虽然得罪了大王，大王却宽恕了它，东周国必然会尽心尽力地服侍大王。"

【注释】

①粮(zhāng)：粮食，此外指供给粮食。②恐：恐惧，顾虑。③厚事：厚：厚待，殷勤。厚事：即殷勤侍奉。

【解析】

公元前312年，楚国攻打韩国的雍氏，韩国为对抗楚国，割让给秦国了一点领土，联合秦国，共同出兵。大军出动，粮草先行，韩国与东周历来友善，便要求东周提供粮草。楚国虽然强大，但面对三国联合，也立时撤军。楚国没有得逞，就找小国东周发泄一下心里的愤然。东周国君听到楚国的说辞，心里头害怕，便找了人去游说。

【处世策】

在职场中,不让别人丢面子,也算是处世的一大原则。我们不但要尽量避免因自己的不慎造成别人下不了台,而且要学会在对方不好下台时,巧妙及时地为其提供一个"台阶"。在给人"台阶"的时候,要不露声色,既能令当事者体面地"下台阶",又要尽量不使在场的旁人觉察,这才是最巧妙的"台阶"。

周最谓吕礼

【原文】

周最谓吕礼曰:"子何不以秦攻齐?臣请令齐相者,子以齐事秦,必无处矣①。子因令周最居魏以共之,是天下制于子也。子东重于齐,西贵于秦,秦、齐合,则子常重矣。"

【译文】

周最对秦将吕礼说:"您为什么不率领秦国的士兵去攻打齐国呢?这样我可以要齐国让您做相国,您可以使齐国尊奉秦国,就必无忧虑了。您如果再让我周最到魏国去做内应,以便使魏国与齐国共同尊奉秦国。那么,诸侯就会在您的控制之下了。如此,您东可得到齐国的重用,西可得到秦国的尊重。齐、秦两国联合,那您就能久居高位了。"

【注释】

①无处:没有忧虑。

【解析】

公元前293年,吕礼出使秦国,回到齐国后被齐愍王封为相国。周最在得到吕礼要被拜相的消息后,游说吕礼用秦国攻打齐国。

周最是西周公的儿子,本来有可能继承国公的地位,但他眼光非常长远,认清了诸侯各国的强弱形势,因此明确地选择了秦作为自己效忠的目标,当时秦齐关系正由战争转向缓和,秦昭王派遣他到齐国去当官,但齐愍王不信任他,没多久就罢免了他。

周相吕仓见客于周君

【原文】

周相吕仓见客于周君①。前相工师藉恐客之伤己也,因令人谓周君曰:"客者,辩士也②。然而所以不可者,好毁人。"

【译文】

东周相国吕仓引荐一位游客给周君,前相国工师藉怕这人会诽谤自己,因而找人对周君说:"来客虽然是个辩智之士,然而他不能被任用,是由于他好诽谤别人。"

【注释】

①见(xiàn)：举荐。②辩士：能言善辩之士。

【解析】

工师藉害怕说客会在东周君前诋毁自己，利用的是先入为主的谋略，率先发难，在东周君前诋毁说客的形象。

【处世策】

一个人的第一印象是非常重要的，这种初次获得的印象往往是今后交往的依据。第一印象并非总是正确的，但却总是最鲜明、最牢固的，并且决定着以后双方交往的过程，甚至形成"成见"。在社会实践中，因第一印象在用人上造成失误，古今中外是不乏其例的。所以，管理者既要重视第一印象，又要尽量避免因第一印象而造成的认识上和用人上的错误。

周文君免士工师籍

【原文】

周文君免士工师籍，相吕仓①，国人不说也②。君有闵闵之心③。谓周文君曰："国必有诽誉，忠臣令诽在己，誉在上。宋君夺民时以为台，而民非之，无忠臣以掩盖之也。子罕释相为司空，民非子罕而善其君。齐桓公宫中七市，女闾七百④，国人非之。管仲故为三归之家⑤，以掩桓公，非自伤于民也？《春秋》记臣弑君者以百数，皆大臣见誉者也。故大臣得誉，非国家之美也。故众庶成强，增积成山。"周君遂不免。

【译文】

周文君免去了工师籍的职务，而改用吕仓做相国，周的百姓对这件事不高兴。周文君很担心。这时有人为吕仓来劝说周文君说："国家做出一个决策，人们必定会有诽谤和赞成两种态度，忠臣使诽谤全都加在自己的身上，而把赞美的话都加在君主的身上。宋国的君主贻误农时来建造娱乐用的高台，因此百姓都非议这件事，这是因为没有忠臣来为君主掩盖过错罢了。子罕辞掉了相位而改做司空，百姓非议子罕但褒扬他们的国君。齐桓公在宫中设立了七个市场和女闾七百，国人非议这件事情。管仲故意三次接受齐桓公的赐邑重赏，为的是平息百姓对齐桓公奢侈的非议，而并不是故意去做有害于民生的事。《春秋》所记载的臣子杀国君的事例数以百计，这些臣子都是很受赞誉的大臣。所以说大臣受到赞誉，并不是国家的好事。由此看来，人越多力量就越大，积累微小的土石就能成为大山。"周君于是就没有免掉吕仓的职位。

【注释】

①相：任用某人为相国。②说：通"悦"，高兴，喜悦。③闵闵：忧愁的样子。④女间：本指在宫中为门为市，使妇女聚居，以便行商。间：量词，按周礼，五家为此，五比为间，则一间为二十五家。⑤三归之家：实指管仲曾三次接受齐桓公的赐邑，有三处采地。"归"同"馈"，指赐邑而言；"家"指"采邑"。

【解析】

本篇是吕仓的说客为了吕仓去劝说周文君，劝说的策略是摆事实、讲道理，用正反两方面的事例来说服周文君不要忧虑，不要太在意百姓的意愿，不要免去吕仓的职务。最后将结论归结到《春秋》所记载的臣子杀国君的事例上来，似乎从这里强调了一下免去吕仓职务的严重性。在整个劝说的过程中，那位说客只字没有提到吕仓的事情，而只是在谈论君臣之间的关系，以及君臣关系状况对国家造成的影响。这样就说服了周文君，而继续让百姓不满的吕仓做相国。

【处世策】

做人最忌讳被人看穿心思，做事最忌讳被人看穿企图。要想不被他人看穿，常常要高举一些"旗帜"，要把自己的意图赋予某种意义，使他人意识到你不是在谋求私利，而是在做一件于他人有利的事。"旗帜"鲜明的话，做事既冠冕堂皇，还少了很多阻力，更容易达成目标。

温人之周

【原文】

温人之周，周不纳，问曰："客耶？"对曰："主人也。"问其巷而不知也，吏因囚之。君使人问之曰："子非周人，而自谓非客，何也？"对曰："臣少而诵《诗》，《诗》曰'普天之下，莫非王土；率土之滨，莫非王臣。'今周君天下①，则我天子之臣，而又为客哉？故曰主人。"君乃使吏出之。

【译文】

温城有一个人到东周去，但东周人不收留他，并且还盘问他说："你是客人吗？"这个温城人回答说："我是主人。"东周人问他住在哪里，但他却回答不上来，官吏因此把他囚禁起来。国君派人去问他说："你不是我们东周人，却又自称不是客人，这是为什么呢？"温城人回答说："我年少的时候曾诵读《诗经》，《诗经》上说'普天之下，莫非王土；率土之滨，莫非王臣'，如今周君统治天下，那么我就是天子的臣民，哪里又是客人呢？所以说我是主人。"国君于是让官吏把他放了出来。

①君:统治,治理。

【解析】

本篇讲述的是温人说服东周君,使东周君将自己释放出来,并允许自己待在东周。说服策略是通过引用《诗经》上的诗句来重申、强调东周君贵为天子的政治地位,满足了东周君需要人们承认他的天子身份的心理。这个温人所给予他的正是这种心理需要。他的引用和推理,不仅满足了东周君的心理需要,而且巧妙地达到了自己的目的。这可以说是一箭双雕、一石二鸟。

【处世策】

直率和执著有时并不是意气用事,而是一种大智慧。我们在言说和辩论时经常缺乏的就是这种据理力争的勇气,事实上只要我们能争下去,对手终会理屈词穷。人性中对公理和真理的认可还是存在的,任何人都有良知和正义,关键是你要用什么言辞将它唤醒、激发出来。

或为周最谓金投

【原文】

或为周最谓金投曰:"秦以周最之齐疑天下,而又知赵难与齐人战;恐齐、韩之合,必先合于秦。秦、齐合,则公之国虚矣①。公不如救齐,因佐秦而伐韩、魏②,上党、长子,赵之有!公东收宝于秦,南取地于韩、魏,因不困,涂为之东,则有合矣。"

【译文】

有人为齐相周最游说赵臣金投,说:"秦国因周最到齐国,就怀疑诸侯联合进攻秦国;又深知赵难与齐国交战,就担心齐、赵两国联盟,因此它必定先与齐国结成联盟。秦、齐两国联盟,则赵国必有灭亡之祸。您不如出兵援救齐国,并且帮助秦国进攻韩、魏两国。这样,上党、长子两地必为赵国所有。如此,您东得财宝于秦,南得土地于韩、魏,魏国就会因此陷入困境。从此,您就可以逐步地向东边扩展,那么齐国只有和赵国结盟了。"

【注释】

①虚:同"墟",成为废墟。②佐:辅助,帮助。

【解析】

公元前285年,燕国使者乐毅联络诸侯伐齐,苏秦、乐毅先后离间齐、赵关系。周最作为秦国的"间谍"、齐国的相国,从他自己的切身利益出发,游说赵国执政金投,劝他不要依附秦国与齐国作对。金投没有采纳这个建议,后来有了秦赵中阳之会。

周最谓金投

【原文】

周最谓金投曰:"公负合秦与强齐战①。战胜,秦且收齐而封之,使无多割,而听天下之战;不胜,国大伤,不得不听秦。秦尽韩、魏之上党太原,西止秦之有已。秦地天下之半也,制齐、楚、三晋之命,复国且身危,是何计之道也②。"

【译文】

周最对金投说:"您自持赵国与秦国有军事同盟,去进攻强大的齐国。如果您打赢了,那秦国就会把持住齐国的土地,不会割让土地给别国,看天下诸侯谁有胆量招惹自己。打不赢,您的国力受到损失,以后不得不听命于强秦。秦国如果完全占领韩、魏的上党,以及赵国的太原,西边的土地已经全都是秦国的了。秦已经占据了天下领土的一半,已经捏住齐楚和赵魏韩三国的要害,您的国家就会覆灭,自己也会有危险,你这又是为谁做图谋呢?"

【注释】

①负:凭靠。②道:通"导",出。

【解析】

公元前285年,燕将乐毅伐齐,诸侯多参与了燕军的讨伐。在上一篇中,赵国执政金投没有被齐相周最的说客说服,不准备救齐。周最也只有亲自出马了。周最比当初说客的口气硬朗很多,而且把金投这么做的后果分析到了极致。不过,最终金投还是没有听从周最的建议。

【处世策】

有依附就有控制。对于弱小企业来说,依附当然是一种暂时的自保手段,可也必然会付出巨大代价。控制者对依附者有着生杀予夺的权力,依附者还要损失一部分物质利益,把它交给控制者。利弊同样明显。作为弱小势力来说,倘能自保,就不要放弃独立

自主的机会去寻求依附。一旦依附于人，再想摆脱控制就难上加难了。

石行秦谓大梁造

【原文】

石行秦谓大梁造曰①："欲决霸王之名，不如备两周辩知之士。"谓周君曰："君不如令辩知之士，为君争于秦。"

【译文】

石行秦对大梁造白起说："想要成就霸主的威名，我们应该吸引东西二周那些能言善辩智谋高超之士来秦国。"又对东周公说："您应该让您手下那些聪明才辩之士到秦国去给您争取利益。"

【注释】

①大梁造：也称大良造，在商鞅设立的二十级秦国爵位制中位列第十六级，也叫上大造。

【解析】

公元前278年，周君出访秦国。东周不过是狭缝中的小国，但盛产谋士，战国最出色的谋士苏秦、苏厉、齐明、颜率、周最等国籍就是东周。

【处世策】

一个国家也好、一个企业也罢；成败全都在用人上，土地也罢、金钱也罢，不过是权宜之计，只有人的才能是无形的，是无法衡量的。因此一个成功的企业家，必然懂得善待人才，使用人才。而普通人要想有所成就，也必须懂得，广交天下朋友，所谓，多一个朋友多条路，多一个敌人多堵墙。化无形为有形，化有形为无形。做事结交朋友，再用朋友来做事。

谓薛公

【原文】

谓薛公曰①："周最于齐王也而逐之，听祝弗，相吕礼者，欲取秦。秦、齐合，弗与礼重矣。有周齐，秦必轻君。君弗如急北兵趋赵以秦、魏收周最以为后行②，且反齐王之信，又禁天下之率。齐无秦，

【译文】

有人对薛公孟尝君说："周最对齐王算是相当尽心的，但齐王却撤了他的职。现在之所以听信了祝弗的话想让吕礼当相国，是要和秦国改善关系。秦国和齐国一旦结盟，祝弗和吕礼的地位就稳固了。秦国控制周室，同齐国结盟以后，秦国必然轻视您。您现在不如迅速出动北部的军队，作出威逼赵国的势态，逼迫秦国与魏国讲和，然后厚待周最。这样既能挽回齐王的信誉，又能制止天下政治局势继续恶化。齐国一旦

天下果,弗必走,齐王谁与为其国?"

与秦国绝交,就会重新得到天下人的爱戴。祝弗、吕礼之流必定逃亡,齐王除了您也就没什么人可依靠了。"

【注释】

①薛公:即战国四公子中的孟尝君。②后行(háng):排在后面的行列,指后援。

【解析】

孟尝君为齐国的宗室大臣。他的父亲是齐威王的小儿子,在愍王三年,被赐封于薛邑。本篇中的说客据说为苏代,即苏秦的弟弟。他应是周最的说客,在劝说田文的时候,时刻不忘给周最说好话,但他对当时国际局势的判断基本是正确的——齐国一旦和秦国结交,必然失去韩魏等国的信任,从而在诸侯争霸的政局上处于不利的位置。任由亲秦派吕礼等人在秦国做大势力的话,田文在齐国的影响也会下降。如果田文能威胁秦的盟国赵国,来迫使秦国放弃对魏国的图谋,破坏齐王和秦王结盟的企图,那么事情还可以挽回。

【处世策】

职场最大的敌人其实是成见。随着岁月的流逝,每个人都有了阅历和学识,有了判断,有了逻辑。可是,伴随判断力的提升,对新鲜事物的排斥力也跟着提升。

一个真正的智者,不会被事物恒久不变的表象所欺骗,他怀着极大的热情欢迎和搜索着不同的声音,及时修改自己的判断和意见,他不忌讳说"这事我错了",永远保持开放的心态,才能永远走在别人的前面。

齐听祝弗

【原文】

齐听祝弗,外周最。谓齐王曰:"逐周最、听祝弗、相吕礼者,欲深取秦也。秦得天下,则伐齐深矣。夫齐合,则赵恐伐,故急兵以示秦。秦以赵攻,与之齐伐赵。其实同理,必不处矣①。故用祝弗,即②天下之理也。"

【译文】

齐王听信祝弗的建议,罢了周最的官。有人对齐王说:"您听信了祝弗的主意。罢了周最的官,任命吕礼为相国,是想迫切地和秦国结盟。秦国如果争取到赵国,那就一定会狠狠地进攻齐国;秦、齐两国联盟,则赵国会担心自己受到进攻,因此就急于出兵进攻齐国,而对秦国表示联合之意。秦国认为赵国在进攻齐国,便会和齐国一道进攻赵国,其结果都对秦国有利,这样将不堪设想。所以,听信祝弗的主意,是违背天理的。"

①其实同理，必不处矣：指无论齐国进兵赵国与否其结果都对秦国有利，这样齐国的命运将不堪设想。②即：当作"郋"，违背。

【解析】

公元前298年－公元前296年，齐、楚、韩联军进攻秦国，一度攻入函谷关。这次战争对秦君的刺激很大，于是他准备采取分化瓦解的手段来对付齐国，在公元前288年，秦国建议齐国和他们共称帝号，当然主要的目的是想"捧杀"，通过政治和外交手段把齐置于列强的对立面。

齐愍王由于自信心过度膨胀，没有看穿秦国的奸计，终于在公元前286年灭宋之战中，由于独吞战果而导致以齐为主导的军事同盟瓦解。公元前284年，燕国联合了除楚国以外的各国进攻齐国，齐愍王出逃，死在了楚国援军将领淖齿的手里。

【处世策】

捧杀计在孙子兵法中的原解为：将对方所做的事歌功颂德，加以赞美并放大，使其飘飘然，在精神上解除武装，放松警惕，然后利用对方的虚荣心，暗度陈仓，达到自己的目的，向对手的软肋送去甜蜜而温柔的一剑。在职场中，这一计在与客户的周旋，与上司的斗法中都很常用，当然现代职场人使用这一招，为的是达到自己的工作目的，而非一定要刺杀对方。

苏厉为周最谓苏秦

【原文】

苏厉为周最谓苏秦曰："君不如令王曰最，以地合于魏。赵故必怒合于齐，是君以合齐与强楚更产子。君若欲因

【译文】

苏厉为周最对其兄苏秦说："您不如要齐王允许周最割让齐地与魏国结盟，赵国必定害怕齐、魏两国联合攻赵，就会与齐国结盟。这样，您就可以利用处于优势的齐国与强楚对抗。此事由于您的提

最之事，则全齐者①，君也；割地者，最也。"

倡，借助于周最之力，使齐国得以保全，不受侵扰，这将归功于您；而割地之责，却归咎于周最。"

【注释】

①全：保全。

【解析】

周最从齐国被驱逐出境，跑到魏国去游说魏王，魏王正要和赵结盟，就派周最去游说赵王，为魏赵联盟给魏国争取最大的利益。周最刚到魏国，急于立功，说能让赵国又跟魏国结盟又给魏国割地。但是这个允诺很难实现，因此周最就找到苏厉代他说服苏秦。苏厉是苏秦的弟弟，他一到苏秦那里就出卖了周最，他判断周最的阴谋一定不能得逞，因此给自己的哥哥出主意说，等到周最的馊主意把赵王惹怒了，你就劝赵王跟齐国结盟。齐赵结盟是好事，功劳您来享受，而割地求和的罪名让周最担当吧。

【处世策】

本篇至少讲明两个道理。其一，人贵有自知之明，不要在聪明人面前耍聪明，否则，终究会被愚弄。其二，托人办事，一定要会用人，用对人，人际关系中的远近亲疏，一定要搞清楚。

谓周最曰仇赫之相宋

【原文】

谓周最曰："仇赫之相宋，将以观秦之应赵、宋，败三国。三国不败，将兴赵、宋合于东方，以孤秦。亦将观韩、魏之于齐也。不固，则将与宋败三国，则卖赵、宋于三国。公何不令人谓韩、魏之王曰：'欲秦、赵之相卖乎？何不合周最兼相，视之不可离①，则秦、赵必相卖以合于王也。'"

【译文】

有人对周最说："赵臣仇赫为宋的相国，是要看看秦国能否和赵、宋两国共同击败韩、魏、齐三国。如果三国不败，他将要赵、宋两国与韩、魏、齐三国联合，来孤立秦国，同时他也要看看韩、魏两国与齐国的关系；如果三国关系不牢靠，他就要让赵、宋两国与秦国联合去进击三国，那他只是利用赵、宋两国来引诱三国而已。您何不派人对韩、魏两国的国君说，要想让秦、赵两国互相利用，最好派周最兼任韩、魏两国的相国，借以表示两国关系牢不可破，这样，秦、赵两国必然互相利用，而争相与韩、魏联合。"

【注释】

①视：通"示"，表明，表示。

【解析】

战国时期的纵横家都是没有什么立场的，他们唯一的立场就是为自己的利益服务。仇赫本身是赵国的相国，跑到宋国去当相国。他的目的已经被本篇中的说客看破了：无非是想玩弄政治外交手腕给自己捞好处。这个人给周最出的主意，是立足仇赫的计划，去为周最本人谋取韩、魏两国的相位。

【处世策】

知己知彼才能百战百胜，全面掌握了对手细致准确的信息是成功的首要法宝！要看透一个人的心思，固然要留意他的表情、动作，更要分析他所处的利益关系，从他的利益出发，揣测他的真实意图，这需要我们耐心分析还要具备足够的耐心。平时多训练自己这方面的意识和能力，洞穿他人的心思就不是难事。

为周最谓魏王

【原文】

为周最谓魏王曰："秦知赵之难与齐战也①，将恐齐、赵之合也，必阴劲之②。赵不敢战，恐秦不己收也，先合于齐。秦、赵争齐，而王无人焉，不可。王不去周最，合于收齐，而以兵之急则伐齐，无因事也。"

【注释】

①难：本意是困难。此处引申为畏惧之意。②阴劲：暗中帮助。

【译文】

有人替周最游说魏王说："秦国知道赵国的军事力量难于和齐国抗衡，一定会害怕齐国和赵国结盟，必然暗地里使劲去争取齐国。赵国不敢和齐国开战，又害怕秦国不支持自己，必然先去和齐国结盟。秦和赵争相讨好齐国，那大王就受到冷落了，这是不行的！大王你现在不派遣周最去结好齐国，打算坐等秦国的军队威胁齐国的时候再去讨伐齐国，早晚会失去依靠的。"

【解析】

说客给魏王这样分析：赵国不会轻易与齐开战。于是秦国就会暗地里怂恿赵国，让他们出兵。可赵国明白，秦国是不会公开与齐国对立的。只不过想坐收齐赵相争之利罢了。因此赵国按兵不动。私底下还与齐国密切来往。秦国当然不愿意看到这一幕的发生。于是秦便也忙着向齐递橄榄枝。

说客就对魏王说,眼下的活动,魏王必须参与。因为这几个国家离得很近,无论是齐赵联合,还是齐秦联合,都有可能转而攻打魏国。这时候,魏王把周最赶出去,不好。不如留下他,让他出面联络齐国。这是说客为周最谋划魏国相国的思路。

【处世策】

在竞争激烈的职场,我们要让自己变得不可替代,一个东西的价值,体现在它的不可替代性,不是体现在"没有这东西行不行"上面。少了一颗螺丝钉当然不行,但是少了它,很容易补上。社会的激烈竞争,可替代就是失去生存机会,不可替代就是高人一等,所以我们应该打造自己的不可替代性。

谓周最曰魏王以国与先生

【原文】

谓周最曰:"魏王以国与先生,贵合于秦以伐齐。薛公故主,轻注其薛,不顾其先君之丘墓,而公独修虚信为茂行①,明群臣,据故主,不与伐齐者产,以忿强秦,不可。公不如谓魏王、薛公曰:'请为王入齐,天下不能伤齐。而有变,臣请为救之;无变,王遂伐之。且臣为齐奴也,如累王之交于天下②,不可。王为臣赐厚矣,臣入齐,则王亦无齐之累也。'"

【注释】

①茂行:美德。②累:妨碍。

【译文】

有人对周最出谋说:"魏王把国家委托给您,主要是希望您联合秦国,进攻齐国。薛公田文背叛祖国,抛弃故乡,不顾先祖,而您却偏偏一味地专心于忠信,贪求美行,彰明君臣之义,谨守故主之节,誓与攻齐者不共戴天,并迁怒于强秦,这样做是不行的。您不如对魏王、薛公说:'请同意我为了魏王返归齐国去,秦、赵两国无力进攻齐国,就会转而进攻魏国,那时我将率领齐兵前来救援;如果没有这种变化,魏王即率兵伐齐。而且秦国怨怒齐国,如果要我做出有损于大王和秦、赵两国关系的事,我是不能这样的。大王对我的恩惠再优厚不过了,我返归齐国,既不会使秦国产生疑虑,也不会因齐国而使大王受牵累。'"

【解析】

本篇故事当发生在齐愍王灭宋以后,这个时候的齐愍王,志得意满,再也听不进不同意见了,他甚至想除掉当时以贤德著称于世的孟尝君,孟尝君为了自保,只好逃到了魏国,魏王请他做相国,负责讨伐齐国的军事同盟工作。天下各国,除了楚国都参与了伐齐。而周最却以自己是齐国的旧相为由,竭力阻挠魏王参与伐齐,

使他在魏国的声望大跌。

说客教周最对魏王说：臣请求为了大王回齐国，因为按目前的形势，各国攻打齐国的可能性并不大，如果形势发生了变化，秦赵转而攻打魏国了，臣一定请求齐王解而救之。如果没什么变化，秦赵真的攻打齐国了，魏王您愿意与他们一道攻伐齐国就攻伐吧。臣作为齐的旧臣，如果连累魏王与伐齐之国交往，那是不应该的，我回到齐国，魏王也就少了个拖累。这番话可谓冠冕堂皇，明明是为了自己的利益，言辞之间却把别人的利益放在首位。先秦的纵横家之所以能纵横战国几百年，由此可见一斑。

【处世策】

做人做事一味忠诚，只会对企业有利，太过灵活，又不被企业信赖。倘能坚守忠诚之道，又不刻板僵化。忠诚，可以博得企业的青睐；灵活，又不会使自己蒙受过多的损失。这是最好的处世策略。

赵取周之祭地

【原文】

赵取周之祭地，周君患之，告于郑朝。郑朝曰："君勿患也，臣请以三十金复取之①。"周君予之，郑朝献赵太卜，因告以祭地事。及王病，太卜谴之曰②："周之祭地崇。"赵乃还之。

【译文】

赵国占用了东周的祭地，周君因此而忧虑，把这事告诉了大臣郑朝。郑朝说："君王不必担忧，我保证用三十金再取回祭地。"周君就给了他三十金，郑朝把这三十金给了赵国的太卜，把祭地的事也告诉给他。以后，赵王生病了，要太卜占卜问病，太卜占了卜，责备说："这是周的祭地在作怪。"于是赵王就把祭地归还了东周。

【注释】

①金：秦时一金即一镒，计量单位。②谴：谪问即责备的意思。

【解析】

金是先秦的货币单位，具体面值现在存有争议。有说是"两黄金"的，也有说"斤黄金"的，还有人说"金"是先秦时期金属的总称，从历史上看，那时候动辄就是"百金""千金""万金"的，但考古学并没有在那个时代的历史遗迹中发现这么大量的黄金制品，所以"两黄金"或者"斤铜钱"的可能性比较大，有鉴定于当时各国货币型制虽然不同，但却都是用铜铸造的，很可能用更能反映货币真实价值的重量来做单位，所以"斤铜钱"的可能性更大一些。

【处世策】

敏感脆弱是一个人最大的弱点。倘若对手的心理上存在着他很顾忌的痛点，我们就可以用这个"痛点"组织我们的进攻，它可以让对手烦躁不安，可以让对手抓狂无助，如果适时地把他的心理上向我方利益疏导，对手就有可能在错乱中满足我们的需要。

杜赫欲重景翠于周

【原文】

杜赫欲重景翠于周①，谓周君曰："君之国小，尽君之重宝珠玉以事诸侯，不可不察也。譬之如张罗者，张于无鸟之所，则终日无所得矣；张于多鸟处，则又骇鸟矣②；必张于有鸟无鸟之际，然后能多得鸟矣。今君将施于大人，大人轻君；施于小人，小人无可以求，又费财焉。君必施于今之穷士不必且为大人者，故能得欲矣。"

【译文】

杜赫想要让东周重用景翠，就对东周君说："您的国家很小，您用尽您的金银珠宝来侍奉、笼络诸侯的做法，不能不慎重考虑一下。这一点譬如张网捕鸟，如果把网铺设在没有鸟的地方，那么到天黑也捕不到一只鸟；如果把网铺设在鸟多的地方，那么就会惊吓了鸟；所以必须把网铺设在有鸟又没有多少鸟的地方，这样做之后就能捕获很多的鸟了。现在您将要把钱财花费在居高位的人身上，但居高位的人轻视您；把钱财花费在小人的身上，但您又没有什么可以从小人身上得到的，而又浪费了钱财。您必须把钱财花费在虽然现在没有地位但将来会成就大事的人身上，这样才能达到您的目的。"

【注释】

①重：在这里的意思是使之被重视，受到敬重或重用。②骇：使受到惊吓。

杜赫的劝说预先将景翠定位在一个双方都明白的位置上,他既不是"大人"也不是"小人",而是"今之穷士不必且为大人者",并且将这种身份和东周国家的政策巧妙地结合起来,用张罗捕鸟做比,将道理说得形象而又容易理解。

本篇是杜赫劝说东周君,劝说策略是用他自己的话语为东周君重新定位东周的形势,为东周君分析当前所采用的政策是应该慎重考虑的。然后用形象的比喻为东周君说明现在的用人政策是需要再商量的,重宝珠玉应该使用在什么样的人身上,巧妙地将目标设定在他所希望让东周君重用的人身上。整个劝说的过程都是在为东周君的利益考虑,所以就不容东周君不重视他的意见,而同时整个劝说又都是在为最后的落脚点做铺垫和埋伏笔,都是为欲重景翠于周。

【处世策】

人性极其复杂,在人富足时给锦上添花,他不会领情。但在他匮乏时施以援手,则往往会被他铭记在心。所以没必要发"英雄末路"的感慨,只要你有才干,一定会有人会来提携你。已有足够实力的人只要有头脑,也是最愿意栽培落魄才子的。自古人才出于贫寒门,就是这个道理。

周共太子死

【原文】

周共太子死,有五庶子,皆爱之,而无适立也①。司马翦谓楚王曰:"何不封公子咎而为请太子?"左成谓司马翦曰:"周君不听,是公之知困而交绝于周也,不如谓周君曰:'孰欲立也?微告翦,翦令楚王资之以地。'"公若欲为太子,因令人谓相国御展子廧夫空曰②:"王类欲令若为之。此健士也,居中,不便于相国。"相国令之为太子。

【译文】

西周武公之共太子死了,有五个庶子,周王都很宠爱,尚未确定立谁为太子。楚相国司马翦对楚王说:"大王为何不趁此机会多多资助公子咎,并请求周王立公子咎为太子呢?"大臣左成对司马翦说:"如果周王不答应,这不仅使您太难堪,而且也会影响楚、周两国的正常关系。倒不如对周王说:'您准备立谁为太子,事先可暗中打个招呼。我好让楚王多给他土地来支持他。'"

公子咎想做太子,因此派人对楚相国的侍卫长展空说:"君王像是想让咎为太子,他是一个很有作为的人,久处于庶子的地位,如果不被立为太子,必怨相国,将对相国不利。"相国司马翦于是支持公子咎为太子。

【注释】

①适(dí)：通"嫡"。②相国御展子膉夫空：膉同"嗇"，官名。姓展名空，做相国的御者。

【解析】

周太子死了，留下五个儿子，可全都是庶出。周公不知道该立哪个孙子为太子。左成知道司马翦想要立公子咎为太子，建议他采取"因势利导"的方法，探听明白东周公想立谁。最终司马翦的谋划得逞了。

【处世策】

本篇故事实际上体现了引蛇出洞的智慧。人有一个较大的共性弱点，那就是像蛇一样耐心不足，经常会急于发表见解，焦虑不安，一旦表现出来，就会被对手掌握底细，击中要害。轻率表现，往往会触犯上级，失败于职场中。

三国隘秦

【原文】

三国隘秦①。周令其相之秦，以秦之轻也，留其行。有人谓相国曰："秦之轻重，未可知也。秦欲知三国之情，公不如遂见秦王，曰'请为王听东方之处②'，秦必重公。是公重周，重周以取秦也。齐重，故有周，而已取齐。是周常不失重国之交也。"

【译文】

赵、魏、楚三国抗拒秦国，周室派相国出访秦国，相国因顾虑秦会对自己轻慢，所以未出访。有人对相国说："秦国到底是否对您轻慢，还不能确定。秦国希望了解三国的动态，您不如就去会见秦王，对他说：'让我为您去探听三国的活动情况吧。'这样，秦国一定会看重您，因此，您将使秦国也会看重周室的作用，秦国看重了周室的作用，则周可以与秦国建立友好关系。齐国威强，已经有周最和齐国建立了友好关系，这样，周就不会失去和强国的友好关系。"

【注释】

①三国：指赵、魏、楚三国。②听：侦察。处：所作所为。

【解析】

这件事发生在公元前257年，齐、魏、韩三国进攻秦国，三个国家联手对秦国宣布作战，秦国的形势颇有点不妙。周君处在大国之间，不知如何是好，因此派相国出使秦国。东周的相国怕在秦受到怠慢，因此不想去。有人劝相国为秦国打探三国军情，以自重于秦国。

面对职场竞争,我们做"多面手",黑脸白脸都要能演,才能在职场做到八面玲珑,游刃有余。身在职场,偏执和退避都是失败的种子,职场要有棱角更要圆滑,坚持自我的同时学会放弃自我,就是成功的开始。

宫他亡西周

【原文】

宫他亡西周①,之东周,尽输西周之情于东周。东周大喜,西周大怒。冯且曰:"臣能杀之。"君予金三十斤。冯且使人操金与书,间遗宫他②。书曰:"告宫他:事可成,勉成之;不可成,亟亡来。事久且泄,自令身死。"因使人告东周之候曰③:"今夕有奸人当入者矣。"候得而献东周,东周立杀宫他。

【译文】

西周大臣宫他逃离西周,去了东周,他把所知道的西周机密全都泄露给了东周国君。东周国君大为欢喜。西周国君非常恼怒。西周的大臣冯且说:"我能把宫他杀掉。"西周国君就给了冯且三十斤黄金。冯且派人拿着黄金和一封信,给宫他送去。信上写着:"告宫他悉知:如果事情能够成功,你就尽力将它办成;如果不能成功就速速赶回。事情耽搁的时间过长并且泄露的话,你就自行了断性命。"然后又派人告诉东周的边境官吏说:"今天晚上有奸细要进入你们国境。"东周的边境官吏果然捉住了送信的人,将他身上的书信献给东周国君,东周国君立刻就把宫他杀掉了。

【注释】

①宫他:西周的大臣。亡:逃跑,逃亡。②间(jiàn):秘密地。遗(wèi):给,送。③候:古代在国境和道路上负责守望、侦察及迎送宾客的官吏。

【解析】

本篇使用的是离间计。也可以说是对东周方面所进行的一个特殊的游说。冯且让人带着给宫他的黄金和书信,故意让东周的边境官吏捉到,而书信中的内容将宫他放在西周集团的立场上,使宫他之前的所有努力都变了性质,从而也使他的人性在东周君看来也变了性质。宫他是必死无疑的了。

【处世策】

有时在一公司中往往会出现相互勾结,搞小团体而对付第三者的情况,尤其他们可能会欺上瞒下搞些小动作,这对公司运作其实是很有害的,这时就可以使用离间计。这种离间计先要攻心,要各个击破,从而瓦解强强联合的"勾结强势",但这种离间计又要小心运用，做到不为人知，滴水不漏，不然会成离间不成，反被强势合围导致陷入"众怒"的困局。

昭翦与东周恶

【原文】

昭翦与东周恶，或谓昭翦曰："为公画阴计。"昭翦曰："何也？""西周甚憎东周，尝欲东周与楚恶，西周必令贼贼公①，因宣言东周也，以西周之于王也。"昭翦曰："善。吾又恐东周之贼己而以轻西周恶之于楚。"遽和东周②。

【译文】

昭翦和东周的关系恶化了，有人对昭翦说："我想向您揭露一个针对您的阴谋。"昭翦非常惊奇，问道："什么事情？"那人说："西周非常恨东周，他们很想让东周和楚国的关系恶化，我怀疑西周会抓住这个机会来暗杀您，然后栽赃说是东周干的，好让楚王恨东周。"昭翦陈吟良久，叹道："有道理。东周要是真的派了刺客来暗杀我，他们也有可能栽赃给西周，破坏西周和楚国的关系。"于是昭翦就和东周讲和了。

【注释】

①贼：暗杀。②遽（jù）：速，立即。

【解析】

公元前307–公元前300年，楚国大臣昭翦和东周国君的关系很紧张。有人对他说，这样下去，由于东、西周之间的矛盾，他们都会暗杀你而诬陷对方。昭翦听后马上去和东周君进行和解。昭翦因为东周没满足自己的要求就公开与东周结怨，险些被西周利用而殒命黄泉。

【处世策】

俗语说，人生不如意十之八九。反过来说，心想事成也就十之一二。还有一句话：得到是偶然，失去是必然。明白了这个道理，便不应该有那么多的不满意，那么多的抱怨。这样想来，自己的心思也能放宽一些，得到了，还能常怀感激。

严氏为贼

【原文】

严氏为贼，而阳坚与焉①。道周，周君留之十四日，载以乘车驷马而遣之②。韩使人让周，周君患之。客谓周君曰："正语之曰：'寡人知严氏之为贼，而阳坚与之，故留之十四日以待命也。小国不足以容贼，君之使又不至，是以遣之也。'"

【注释】

①与(yù)：参与。②驷马：古时一车驾四匹马，故叫驷马

【译文】

严遂谋杀了韩相侠累，阳坚参与其事。事后阳坚逃亡，经过东周，东周君收留了他，让他住了十四天，以后用四匹马拉的车子把他放走了。韩国派人责问东周君，东周君因此忧虑不安。有人对东周君说："您就直截了当、毫不隐讳地对韩国使臣说：'我本来是知道阳坚参与了严遂的谋杀事件的，所以把他留了十四天，等待贵国的指示。我们国小力弱，怎能违抗贵国，接纳杀人凶犯呢？可是，贵国的使臣又不来，所以就把他放走了。'"

【解析】

严遂是韩国的大臣，韩哀侯很相信他，很多事情都跟他商量，韩相侠累怕被他夺去相位，就对他进行政治迫害，严遂于是就流亡诸侯间。他到处找杀手，最终找到了聂政。公元前371年，聂政暗杀了使累，聂政的随从阳坚经过东周时，东周君款待了他十四天，韩国很不高兴，派人责难。有说客让东周君用"留阳坚是等韩国来处理"的谎言应付过去了。

【处世策】

人类是理性的动物，事无巨细，都要给个说法。即使是无赖之人，也要为自己行为找个"歪理"解释。我们很多时候也要为自己找遁词。如果无谓的谦卑，一味地以理亏的口吻说话，会使自己在理论上处于被动的地位。有的时候，"挡箭牌"仅仅是为了遮羞而已，多的用处没有，可少了又断然不行。

卷二　西周策

薛公以齐为韩魏攻楚

【原文】

薛公以齐为韩、魏攻楚①，又与韩、魏攻秦，而藉兵乞食于西周。韩庆为西周谓薛公曰②："君以齐为韩、魏攻楚，九年而取宛、叶以北，以强韩、魏，今又攻秦益之。韩、魏南无楚忧，西无秦患，则地广而益重，齐必轻矣。夫本末更盛，虚实有时，窃为君危之。君不如令弊邑阴合于秦，而君无攻，又无藉兵乞食。君临函谷而无攻，令弊邑以君之情谓秦王曰：'薛公必破秦以张韩、魏。所以进兵者，欲王令楚割东国以与齐也。'秦王出楚王以为和，君令弊邑以此德秦，秦得无破而以楚之东国自免也，必欲之。楚王出，必德齐，齐得东国而益强，而薛世世无患。秦不大弱而处之三晋之西③，三晋必重齐。"薛公曰："善。"因令韩庆入秦，而使三国无攻秦，而使不借兵乞食于西周。

【译文】

齐国孟尝君田文，又称薛公，用齐国军队来为韩、魏攻打楚，又为韩、魏攻打秦，而向西周借兵求粮。韩庆为了西周的利益对薛公说："您拿齐国军队为韩、魏攻楚，九年才攻取宛和叶以北地区，增强了韩、魏的势力。如今又联合攻秦，又增加了韩、魏的强势。韩、魏两国南边没有被楚国侵略的担忧，西边没有对秦国的恐惧，这样地域辽阔的两国愈加显得重要和尊贵，而齐国却因此显得轻贱了。犹如树木的树根和枝梢更迭盛衰，事物的强弱也会因时而变化，臣私下替你齐国感到不安。您莫如使敝国（西周）暗中与秦合好，而您不要真的攻秦，也没必要向敝国借兵求粮。您兵临函谷关而不要进攻，让敝国把您的意图对秦王说：'薛公肯定不会破秦来扩大韩、魏，他之所以进兵，是企图让楚国割让东国给齐。'这样，秦王将会放回楚怀王来与齐保持和好关系，秦国得以不被攻击，而拿楚的东国使自己免除灾难，肯定会愿意去做。楚王得以归国，必定感激齐国，齐得到楚国的东国而愈发强大，而薛公地盘也就世世代代没有忧患了。秦国解除三国兵患，处于三晋的西邻，三晋也必来尊事齐国。"孟尝君说："好"。于是下令让韩庆去秦国，使齐、韩、魏三国取消攻打秦国的打算，也不向西周借兵借粮了。

【注释】

①薛公:薛,是齐国的封邑。即齐国的孟尝君,名田文。袭封地薛,所以称之为薛公。②韩庆:西周大臣。③三晋:指战国时期韩、赵、魏三国。春秋末,晋国被韩、赵、魏三家卿大夫瓜分,各立为国,史称三晋。

【解析】

公元前 298 年,魏与齐、韩共抗秦国于函谷关。齐国是战国时期的大国,曾经一度和秦国并称为王。就是韩国和魏国也比西周的力量更为强大。薛公联合韩国和魏国攻打秦国,使西周再一次处在了夹缝当中。

本篇是韩庆游说薛公,韩庆的目的是让薛公取消向西周借兵借粮的打算,但由于国家的弱小,他只能选择迂回曲折的游说方法。虽然如此,他还是靠着自己的智慧达到了目的。

【处世策】

生活当中有好多话是不能说的,会说话的人往往用委婉含蓄的方式表达这些不能说的话。遇到令人尴尬的场景和不适合坦白的时候,直言直语不但不能起到积极的作用,相反还会引起别人的反感。所以我们不妨另辟蹊径,巧妙暗示,旁敲侧击,用委婉的"针灸"去刺痛他的"穴位"。

秦攻魏将犀武军与伊阙

【原文】

秦攻魏将犀武军于伊阙,进兵而攻周。为周最谓李兑曰:"君不如禁秦之攻周。赵之上计,莫如令秦、魏复战。今秦攻周而得之,则众必多伤矣。秦欲待周之得,必不攻魏;秦若攻周而不得,前有胜魏之劳,后有攻周之败,又必不攻魏。今君禁之,而秦未与魏讲也。而全赵令其止,必不敢不听,是君却秦而定周也。秦去

【译文】

秦军在伊阙击败了魏将犀武后,就转过来进攻西周。有人为周最对赵国奉阳君李兑说:"您不如阻止秦国进攻西周。对赵国来说,最好的打算,莫过于让秦、魏两国再互相攻战。如果秦国进攻西周,取得胜利,秦国士卒就会受很大的损伤。秦国想要等待战胜西周,肯定不会立刻进攻魏国;秦军如果不能战胜西周,那么,它不久前刚战胜魏国,就疲劳不堪,后来又被西周击败,也必定不会立刻进攻魏国。现在您要阻止秦国进攻西周,而秦国尚未与魏国媾和,那么,未遭受战祸损伤的赵国如果要让秦国不去进攻西周,秦国就必定不敢不听从。这样,您就阻止了秦国进军,使西周得以安定。秦

周，必复攻魏，魏不能支，必因君而讲^①，则君重矣。若魏不讲，而疾支之^②，是君存周而战秦、魏也。重亦尽在赵。"

【注释】

①讲：和解。②支：抵抗。

【解析】

公元前293年，西周君为了逃避秦国的兵祸，派人游说赵相李兑来阻止秦国的进攻，企图把战争的祸水引向魏国。这位说客代表的是西周的利益。但只有说辞符合李兑的利益，李兑才会采纳。说客给他分析形势，得出的结论是：让秦国继续和魏国交战符合赵国利益。既然如此，赵国就得先替西周劝退秦兵。

【处世策】

国从西周撤军后，必定会又来进攻魏国，魏国如果不能抵抗，肯定会通过您去与秦国讲和，那么，您的地位就会抬高；如果魏国不与秦国讲和，那么，您就用全力支援魏国去对抗秦国。这样，您既能保全西周，又可坐观秦、魏两虎相斗，赵国就完全可以举足轻重，加强它在诸侯中的地位。"

善于处理职场中的棘手问题、维护并保持良好的职场人际关系，是职场成功必备的职业素养之一。建立良好人际关系的首要原则是自我管理和双赢思维。自我管理包括牢记自己的职责和控制自己的情绪，而双赢思维则要求能够随时站在别人的立场来考量事情，以协调合作的态度完成既定的目标。从具体的方法上看，用建言代替直言，提问题代替批评，顾及他人自尊，诉求共同利益往往在实践中比较行之有效。

秦令樗里疾以车百乘入周

【原文】

秦令樗里疾以车百乘入周，周君迎之以卒，甚敬。楚王怒，让周，以其重秦客。游腾谓楚王曰："昔智伯欲伐仇由，遗之大钟，载以广

【译文】

秦国派左丞相樗里疾率领一百辆四匹马拉的战车去西周，西周君派仪仗队去迎接他，很隆重，楚王大怒。责备西周君，因为西周君尊重秦国使者。周臣游腾为西周对楚王说："从前晋卿智伯要攻打仇由国，便用大车载了大钟送给仇由，大车后面跟随着大队兵马，仇由措手不及，因此亡国。这是因为事先

车,因随入以兵,公由戒之,无备故也①。桓公伐蔡也,号言伐楚,其实袭蔡。今秦者,虎狼之国也,兼有吞周之意;使樗里疾以车百乘入周,周君惧焉,以蔡、公由戒之,故使长兵在前②,强弩在后,名曰卫疾,而实囚之也。周君岂能无爱国哉?恐一日之亡国,而忧大王。"楚王乃悦。

没有防备的缘故。从前,齐桓公攻打蔡国,却扬言要攻打楚国,事实上却突然袭击了蔡国,现在秦国是如狼似虎的国家、贪得无厌,又有独吞西周之意。如今派樗里疾以战车百辆侵入周地,西周的国君非常害怕,由于有蔡国和公由两国作为前车之鉴,他甚为戒备,所以安排戈予在前,强弩在后,名义上是保卫樗里疾,实际上是囚禁他,以防万一之变,西周君哪能不爱国呢?他很担心一旦被灭亡,既加强了秦国,楚国又会失去屏障。所以为大王担忧。"楚王听了这才高兴。

【注释】

①无备:没有防备。②长兵:戈矛之类的长柄兵器。

【解析】

公元前307年,楚王派人责备西周国君用浩大的仪式迎接秦使。西周的大臣游腾向楚王做了解释,说明这样做的目的主要是防止秦国趁机偷袭,而不是尊敬他。这也只不过是西周国的强为之辞罢了。

【处世策】

事实怎样被众人理解,多半取决于它的传播方式。也就是说,事实在于你如何去传播它。语言作为一种传播方式,对事实本身甚至会起到支配、调遣和改变的作用。要善于揣摩他人的心理和利益,善于说出利他利己的话。

雍氏之役

【原文】

雍氏之没①,韩征甲与粟于周②。周君患之,告苏代③。苏代曰:"何患焉?代能为君令韩不征甲与粟于周,又能为君得高都。"周君大悦曰:"子苟能,寡人请以国听。"

苏代遂注见韩相国公中曰:"公不闻楚计乎?昭应谓楚

【译文】

在雍氏之战中,韩国向西周征调士兵和粮食。西周国君对这件事情感到忧虑,告诉苏代。苏代说:"这有什么值得忧虑的?我能为您让韩国不向西周征调士兵和粮食,又能让您得到高都。"西周国君大为高兴,说:"你如果能够做到这些,我就让你来管理国家政事。"

苏代于是前去拜见韩国的相国公中,说:"您没有听说楚国的计策吗?昭应对楚王说:韩国疲于征战,国库已经空了,没有什么可以用来防守

王曰：'韩氏罢于兵，仓廪空，无以守城，吾收之以饥，不过一月必拔之。'今围雍氏五月不能拔，是楚病也④。楚王始不信昭应之计矣，今公乃征甲及粟于周，此告楚病也。昭应闻此，必劝楚王益兵守雍氏，雍氏必拔。"公中曰："善。然吾使者已行矣。"代曰："公何不以高都与周？"

公中怒曰："吾无征甲与粟于周，亦已多矣。何为与高都？"代曰："与之高都，则周必折而入于韩，秦闻之必大怒，而焚周之节，不通其使，是公以弊高都得完周也，何不与也？"公中曰："善。"不征甲与粟于周而与高都，楚卒不拔雍氏而去。

都城，我趁它饥饿的机会来攻打它，不超过一个月就必定能攻克。如今韩国围困雍氏时间长达五个月都不能够攻克，这是楚国所感到棘手的。楚王不相信昭应的计策，如今您来征调西周的士兵和粮食，这是在告诉楚国，韩国已经处于危险境地了。昭应听说这些，必定会劝说楚王增兵进攻雍氏，雍氏必定会被攻克。"公中说："很好，但是我国的使者已经赶往西周了。"苏代说："您为什么不将高都割让给西周呢？"

公中听了大为愤怒，说："我不向西周征调士兵和粮食已经不错了，为何还要将高都割让给西周？"苏代说："将高都给西周，那么西周必定转而投向韩国，秦国听说了必定大为恼怒，因而就会杀了西周的使节，不再派遣使者，因此您就可以用高都的代价来换取整个西周，为什么不给它呢？"公中说："很好。"于是就不再向西周征调士兵和粮食，并且将高都割让给西周，楚国军队没能攻克雍氏因而离去了。

【注释】

①雍氏：韩国城邑，在今河南禹县东北。②征：索取，求取。③苏代：苏秦的兄弟。④病：疲惫。

【解析】

在战国时期，谋士的活动在某种程度上推动了历史的发展进程和方向。因为他们非常善于思考和揣摩，因此他们对各个国家之间的关系有本质意义上的认识。所以说战国时期的谋臣和策士，是一群思想者，他们在思想上，对人性的认识上，对自己本身潜力的挖掘上都要比一般人深刻而充分。正是有了他们的存在，才使得战国时期的历史充满了智慧的闪光点，也使之有了更多的吸引力。

【处世策】

做到有备无患的方法无非是，当事情的发展还无法看出趋势的时候，判断事情的结果，在自己预测的基础上，积极地参与到事情当中去，通过自己的活动来引导事情的发展，使之朝向自己所预测的方向发展，而自己的目的必定会随着积极参与而得以实现。

周君之秦

【原文】

周君之秦。谓周最曰："不如誉秦王之孝也①，因以应为太后养地。秦王、太后必喜，是公有秦也。交善，周君必以为公功；交恶，劝周君入秦者，必有罪矣。"

【注释】

①誉：赞扬。

【解析】

公元前278年，周君前往秦国时，有人对随行的周最说，要做好顺水人情，多说秦王的好话，以博得秦王的好感。劝周君入秦的人，本意也许是想替周君解忧，而博得周君的信赖。却不料，事情发展后，功劳由别人独占，过失却要由自己承担。

【处世策】

给别人出主意，固然是一件好事情；替别人办事情固然能使自己的才华不被埋没，可如果主意出得不好，事情做得不对，不但不能让人感激你，反落得个被埋怨。所以，出主意也要三思而后言，帮忙也需要量力而行。

苏厉谓周君

【原文】

苏厉谓周君曰①："败韩、魏，杀犀武②，攻赵，取蔺、离石、祁者，皆白起③。是攻用兵④，又有天命也。今攻梁，梁必破，破则周危，君若止之。"

谓白起曰："楚有养由基者，善射；去柳叶者百步

【译文】

西周君去秦国。有人对周最说："您不如赞扬秦王对太后的孝心，并且把原邑送给太后作养地。秦王和太后一定会很高兴。这是您对秦国友好的表示。如果周、秦两国关系友好，周君必定以为是您的功劳；如果两国关系不好，劝周君访秦的人一定会有罪了。"

【译文】

苏厉对周君说："击败韩、魏两国的联军，杀掉魏将犀武，攻占越国的蔺地、离石、祁地的，都是秦将白起。这是他善于用兵，又得到上天帮助的缘故。现在，他要进攻魏都大梁，大梁必然会被攻克，大梁被攻破，西周就危险了，大王不如制止他进攻大梁。"

苏厉又对白起说："楚国有个叫养由基的人，擅长射箭，能距离柳叶百步远拉弓射箭，百发百中。旁边的人都说他的射箭技术很好。有一人从旁边经

34

而射之，百发百中。左右皆曰善。有一人过曰：'善射，可教射也矣！'养由基曰：'人皆曰善，子乃曰可教射，子何不代我射之也？'客曰：'我不能教子支左屈右。夫射柳叶者，百发百中，而不已善息，少焉气衰力倦，弓拨矢钩，一发不中，前功尽矣。'今公破韩、魏，杀犀武，而北攻赵，取蔺、离石、祁者，公也。公之功甚多。今公又以秦兵出塞，过两周，践韩而以攻梁，一攻而不得，前功尽灭，公不若称病不出也。"

过，说：'射得很好，可以教一教你射箭了。'养由基说：'别人都说好，您却说可以教我射箭。您为什么不替我射呢？'那人说：'我并不能教您左手拉弓，用力向前伸出，右手拉弦，用力向后弯曲那种射箭的方法。但是，您射柳叶能百发百中，却不趁着射得好的时候休息休息，过一会，当气力衰竭，感到疲倦，弓身不正，箭杆弯曲时，您若一箭射出而不中，岂不前功尽弃了么！'如今击败了韩、魏两国的军队，又杀了犀武，向北攻打赵国，夺取了蔺地、离石和祁地的都是您。您的功劳已很大了，现在又率领秦国的军队出塞，经过东、西两周，侵犯韩国，攻打魏国的都城大梁，如果进攻不能取得胜利，就前功尽弃了。您不如假装生病，不去攻打大梁。"

【注释】

①苏厉：苏秦的弟弟。②犀武：魏国的大将。③白起：秦国的将领，立了很大的军功，被封为武安君。④攻：通"工"，擅长。

【解析】

本篇是苏厉劝说白起，目的是让他放弃攻打大梁来使白起自保，从而使白起不去攻打大梁，确保西周的安全。苏厉所采用的还是迂回曲折的游说策略，来间接地达到自己的目的。

楚兵在山南

【原文】

楚兵在山南，吾得将为楚王属怨于周①。或谓周君曰："不如令太子将军整迎吾得于境②，而君自郊迎，令天下皆知君之重吾得也。因泄之楚，曰：'周君所以事吾得者器，必名曰谋楚。'王必求之，而吾得无效也，王必罪之。"

【译文】

楚军开至山南，楚将吾得为了楚王想向周寻衅，让周君与楚王结怨。有人对周君说："您不如派太子同军中将领到边境去迎接吾得，您再亲自到郊外去欢迎，使诸侯都知道君王尊重吾得。这个消息也让楚国知道，并且扬言说：'周君已把某某东西赠送给吾得了。'这样，楚王必定会向吾得索取，而吾得拿不出来，楚王也就必然会归罪于吾得。"

【注释】

①属(zhǔ)怨：结怨。②将：同。军正：军队首领。

【解析】

公元前 304 年,楚国陈兵山南,楚将吾得向西周君挑衅。西周君听取了策士建议，表面上隆重地欢迎吾得，暗中却向楚国扬言:吾得接受了西周君贿赂的重器。以此来通过楚王制裁吾得。

【处世策】

我们总能看到这样一些人，他们不懂技术，不懂经营。但他们的地位却不能撼动，稳坐钓鱼台。其中的奥妙就在懂得人事。如果一个人能够钻研一点人事知识，将对人生大有帮助。倘若不懂人事，那就只有埋头苦干，少说多做。不参与"朋党"的好。

楚请道于二周之间

【原文】

楚请道于二周之间，以临韩、魏，周君患之。苏秦谓周君曰:"除道属之于河①，韩、魏必恶之。齐、秦恐楚之取九鼎也，必救韩、魏而攻楚。楚不能守方城之外，安能道二周之间。若四国弗恶，君虽不欲与也，楚必将自取之矣。"

【注释】

①除:修整。属(zhǔ):至，通达。

【解析】

苏秦的话言外之意是:楚国借道两周，进攻韩、魏，会引起韩、魏、齐、秦四国不

【译文】

楚国要求通过东、西两周之间的地方去进攻韩、魏，周君为此而担忧。苏秦对周君说:"您为楚国开辟道路，一直通到黄河边近韩、魏处，那么韩、魏两国一定会为此而忧惧，齐、秦两国会担心楚国劫取九鼎，他们也会出兵救援韩、魏而去进攻楚国。楚国如果不能守住北边的国土，他怎么能通过东、西两周去进攻韩、魏呢?如果韩、魏、齐、秦四国并不为此而担忧，君王您即使不愿借道，楚国也一定会自行通过的。"

安,他们会结成同盟,共同对付楚国。因此,周君不必为楚国借道而担忧。所以苏秦才建议他:为楚国开辟道路,一直通到黄河边。这是弱国利用强国之间的矛盾,在夹缝中求生存的办法。也可以说是险中求胜。

【处世策】

世界上的事情,总不会十全十美,更不会事事都在自己的掌控之中。找出最坏的结果,问问自己有没有办法改变,不能改变就只有接受。所谓尽人力,听天命,如此而已。人力不可不尽,天命不可不从。

司寇布为周最谓周君

【原文】

司寇布为周最谓周君曰[1]:"君使告齐王以周最不肯为太子也,臣为君不取也。函冶氏为齐太公买良剑,公不知善,归其剑而责之金[2]。越人请买之千金,折而不卖。将死,而属其子曰:'必无独知。'今君之使最为太子,独知之契也,天下未有信之者也。臣恐齐王之谓君实立果而让之于最,以嫁之齐也。君为多巧[3],最为多诈,君何不买信货哉?奉养无有爱于最也,使天下见之。"

【译文】

司寇布代表周最对西周国君说:"您派使者告诉齐王周最不愿意做太子,我认为您不应该这样做。函冶氏为齐太公买一把好剑,但太公不知道这就是好剑,就把那把剑还给了函冶氏,并且索要回了他的金钱。越国有人请求要用千金买这把剑,函冶氏认为他出的价钱不够而不愿卖。函冶氏将要去世的时候,嘱咐他的子孙说:'一定不要只让自己知道这是把好剑。'如今您让周最做太子,只是您自己知道,天下人没有人相信这件事的。我担心齐王认为您实际上要策立周果为太子,却说周最自己愿意不做太子来欺骗齐国。您的态度不坚定,而周最富于心计。您为什么不买大家都认可的好货呢?供养周最的财物不要吝啬,让天下的人都知道。"

【注释】

①司寇布:司寇,主管刑狱的官职。布,人名。周最,西周公子。②责:索要,求取。契:契约。③巧:虚浮不实。

【解析】

文中的周最是周国的公子。太子死了之后,公子们都想当太子。周最和齐国的关系很好,所以就让齐国替他争取太子之位。但周君对于让周最当太子态度不明朗。司寇布就劝说周君向世人表明自己的态度。

战国策精华[上]

世界上的事物都处在相互关联的系统当中,"城门失火,殃及池鱼",每一行动、话语必将牵涉到方方面面的关系,从而产生正负大小各异的效应、反馈。人们说话时就既要考虑到行动的正效应,又要考虑到一连串的负效应,说话绝不能轻率。

秦召周君

【原文】

秦召周君,周君难注。或为周君谓魏王曰:"秦召周君,将以使攻魏之南阳。王何不出于河南?周君闻之,将以为辞于秦而不注①。周君不入秦,秦必不敢越河而攻南阳②。"

【注释】

①辞:托词,借口。②南阳:今河南省内。当时为魏国城池。

【译文】

秦国邀请西周君访问秦国,西周君有些畏惧,不敢去秦国。有人为西周君对魏王说:"秦国邀请周君,其目的是想让西周进攻魏地南阳。君王您为何不在黄河以南大规模围猎。周君听说后,就可以借口魏国进兵西周,而不去秦国了。西周君不去秦国,秦国一定会担心西周将绝其后路。便不敢渡过黄河来进攻南阳。"

【解析】

秦王邀请西周君访问秦国,想让西周国攻打韩国的南阳。西周君不愿意入秦。有位谋士替西周君游说魏王,要魏国在黄河以南大规模围猎。西周君就可以借机不入秦,魏国的南阳也会因而安全。

【处世策】

要想为自己,首先要为别人,这是在社会中混的不变法则。帮助别人也就是帮助自己,为别人提供关怀,同时也便利了自己。无论做什么事,切忌自私和虚荣,要谦卑自律,尊重别人;不要只顾自己的利益,同时也要为别人着想。为别人付出爱心,就种下了一片希望,也就会品尝到收获的喜悦。

犀武败于伊阙

【原文】

犀武败于伊阙,周君之魏求救,魏王以上党之急辞之①。周君

【译文】

秦国在伊阙打败了魏将犀武以后,就进攻西周。周报王去向魏国求援,魏王以上党情势紧

反，见梁囿而乐之也②。綦母恢谓周君曰③："温囿不下此，而又近。臣能为君取之。"反见魏王，王曰："周君怨寡人乎？"对曰："不怨。且谁怨王？臣为王有患也。周君，谋主也。而设以国为王扞秦，而王无之扞也。臣见其必以国事秦也，秦悉塞外之兵，与周之众，以攻南阳，而两上党绝矣。"魏王曰："然则奈何？"綦母恢曰："周君形不小利，事秦而好小利。今王许戍三万人与温囿④，周君得意为辞于父兄百姓，而利温囿以为乐，必不合于秦。臣尝闻温囿之利，岁八十金，周君得温囿，其以事王者，岁百二十金，是上党每患而赢四十金。"魏王因使孟卯致温囿于周君而许之戍也⑤。

急为借口，拒绝了周赧王的请求。在返国途中，赧王看见魏国的梁囿，十分喜爱。赧王大臣綦母恢对赧王说："魏国的温囿，并不比梁囿差，而且又近，我能为君王要来。"于是，綦母恢返回去见魏王。魏王说："周君抱怨我吗？"綦母恢回答说："他不抱怨您又怨谁呢？我认为君王将会自取祸患。赧王毕竟是诸侯的首领，西周又可以做贵国的屏障，防御秦国的进攻，贵国却不能为西周防御秦国，我看西周必然会去讨好秦国，秦国如果发动伊阙塞外的兵力与西周之兵，进攻贵国的南阳，那么，韩、魏的上党要道就会被切断。"魏王说："那可怎么办呢？"綦母恢说："看样子，赧王是不善于讨好秦国的，他很贪小利。君王您如果答应派三万人去驻守西周的边境，并把温囿送给赧王，赧王对宗室贵族、朝廷百官既可以有所借口，又满足了他喜爱温囿游乐的私心，他就一定不会与秦国联合。我听说温囿每年可以获得八十金，赧王得了温囿，每年可以给君王缴纳的一百二十金。这样，上党既没有祸患，每月又可多得四十金。"魏王听后，便派孟卯献出温囿，又答应派兵去西周守边。

【注释】

①魏王：昭王，名速。上党：魏地，在今山西晋城等县。②梁囿：魏惠王自安邑迁都大梁，修建梁囿。培植花木之处为囿；繁育鸟兽之所为囿。③綦母恢：周臣。④温囿：温，即温邑，属于魏，接近西周，温囿与梁囿齐名。⑤孟卯：齐人，即芒卯。

【解析】

公元前293年伊阙之战中，韩、魏、东周联军被秦军打败。秦国怨恨西周助魏、韩出兵进攻，西周君亲自去魏国求救，魏王不答应。西周大臣綦母恢奉命出使魏国，巧辞服人，使魏国出兵三万来戍守西周。

韩魏易地

【原文】

韩魏易地，西周弗利。樊余谓楚王曰："周必亡矣。韩、魏之易地，韩得二县，魏亡二县。所以为之者，尽包二周，多于二县，九鼎存焉。且魏有南阳、郑地、三川而包二周，则楚方城之外危；韩兼两上党以临赵①，即赵羊肠以上危。故易成之日，楚、赵皆轻。"楚王恐，因赵以止易也。

【注释】

①临：监视。

【解析】

公元前357年，韩、魏两国交换了上党等地，威胁到了西周的安全，西周大臣樊余分析出，韩魏换地的举动也威胁到了楚国和赵国的利益，因此游说楚、赵两国联合，制止了魏、韩换地的行动。

【处世策】

什么事情都要有个预见性，如果自己没意识到，听听别人的建议也是好的，防患于未然总比出了险情再去补救更为及时，更为有效。

【译文】

韩、魏两国交换国土，西周感到这对自己不利。周臣樊余为西周对楚王说："西周一定会亡国。韩、魏两国交换国土，韩国获得两县，魏国要失掉两县，它们之所以还要交换国土，那是因为魏国所换得的土地包括东周、西周全部国土，其实得失相比，还多得二县，而且还得到传国之宝九鼎。如果魏国占领南阳、郑地、三川，而且包括东周、西周，那么，楚国北方就会处境危急；韩国兼有两个上党，以进逼赵国，那么险塞羊肠也就危险了。所以韩、魏两国交换国土完成之日，楚、赵两国就会处境卑微。"楚王很担忧，就同赵国一道阻止韩、魏进行交换国土的活动。

秦欲攻周

【原文】

秦欲攻周，周最谓秦王曰："为王之国计者，不攻周。攻周，实不足以利国，而声畏天下①。天下以声畏秦，

【译文】

秦国打算进攻西周，周最对秦王说："为君王的国家考虑，不能进攻西周，如果进攻西周，珍奇、宝物，土地等不可能有利于贵国，您却得到了讨伐天子的恶名，将会被诸侯所唾弃。如果诸侯们借讨伐天子

兴东合于齐。兵弊于周，而合天下于齐，则秦孤而不王矣。是天下欲罢秦②，故劝王攻周。秦与天下俱罢，则令不横行于周矣。"

的恶名唾弃了秦国，就必然向东与齐国联合，您的兵力因进攻西周被耗损，而又促使诸侯与齐国联合，那么，秦国就会处于孤立的地位，不能统帅诸侯了，这是由于诸侯想困顿秦国，才劝您进攻西周。如果秦国被诸侯所困顿，自然不能向他们发号施令，统一天下了。"

【注释】

①声：声望。畏：恶，痛恨。②罢：通"疲"。此处指受围困而显困顿。

【解析】

公元前270年，秦国准备进攻西周。周最代表西周去游说秦王，指出秦王进攻西周并不能得到多少实际的好处，反而会使秦国背上进攻天子的恶名。

【处世策】

作为有实力者更应该重视名誉对自己长远利益的巨大帮助。千万不能因为蝇头小利干那些有损自己声誉的事。对那些人所共知的道义形象，应该是保护和利用，而绝不应该毁坏他。

宫他谓周君

【原文】

宫他谓周君曰："宛特秦而轻晋①，秦饥而宛亡。郑特魏而轻韩②，魏攻蔡而郑亡。邾、莒亡于齐，陈、蔡亡于楚。此皆特援国而轻近敌也。今君特韩、魏而轻秦，国恐伤矣。君不如使周最阴合于赵以备秦，则不毁。"

【译文】

周臣宫他对周君说："宛国依赖秦国，因而对晋国放松了警惕，当秦国遭到饥荒时，它就被晋国乘机灭掉了；郑国依赖魏国，因而对韩国放松了警惕，当魏国进攻蔡国时，它就被韩国乘机灭掉了；邾、莒两国被齐国灭掉，陈、蔡两国被楚国灭掉，这都是由于依赖别国援助，而对邻近敌国放松了警惕所造成的。现在您只依赖韩、魏两国，放松对秦国的警惕，国家恐怕会有所损害。您不如派周最暗地与赵国联合，以防备秦国，这样，就不会有什么祸害了。"

①宛:地名,属南阳范围。当时为原国,姬姓,周文王第十六子封于此。②郑:今河南新郑。

【解析】

公元前293年伊阙之战前,西周与韩、魏的关系密切,引起了秦国的不满。宫他劝诫周君当总结历史教训,调整外交策略,与赵国结盟以防备秦国的侵略。但这条建议未被采纳,所以才有了后来的伊阙之败。

【处世策】

靠山并不可靠,只有自立才是立人之本。这就要求每个人都靠自己的本事吃饭,寻找你自己的职业道路!没有经济上的独立,就很难有人格上的独立。一个在人格上有缺陷的人,在这竞争激烈的职场上,很难有所作为。

谓齐王

【原文】

谓齐王曰:"王何不以地赍周最以为太子也。"齐王令司马悍以赂进周最于周。左尚谓司马悍曰:"周不听,是公之知困而交绝于周也。公不如谓周君曰:'何欲置①?令人微告悍,悍请令王进之以地。'"左尚以此得事。

【译文】

有人对齐王说:"君王为何不拿土地去资助周最,让他能够被立为太子呢。"于是,齐王就派大臣司马悍到西周,拿土地去资助周最。齐臣左尚对司马悍说:"如果周君不同意,那么,您不仅十分尴尬,而且西周还会与齐王断交。您不如对周君说:您准备立谁为太子,可派人秘密通知我,我当告诉齐王,赠土地资助他。"左尚因此得到了重用。

【注释】

①何欲置:意为立谁为太子呢?置,即立。

【解析】

共太子死后,周君不知道当立谁为太子。各个诸侯国都想趁机加强自己在西周国的势力,因此积极干涉西周国立太子的行动。而齐国支持周最为太子。齐臣左尚趁此机会控制了国政。

领导的命令不执行不行,照直执行也未必行。有些人抱怨,自己是按照领导的意思做事的,怎么最后还挨批评呢?其实这是对领导意图的机械理解。领导的意思是只许成功,不许失败。过程怎么做,就看自己的了。

三国攻秦反

【原文】

三国攻秦反①,西周恐魏藉道也。为西周谓魏王曰:"楚、宋不利秦之德三国也,彼且攻王之聚以利秦②。"魏王惧令军设舍速东③。

【译文】

魏、韩、齐三国攻打秦国,取得胜利后,准备返国,西周君担心魏军要通过西周国境。有人为西周对魏王说:"楚、宋两国感到秦国割地给魏、韩、齐三国,对自己不利,他们将会袭击君王的粮仓、辎重来加强秦国的力量。"魏王听说后,大为吃惊,立刻下令全军,风餐露宿,兼程东归。

【注释】

①三国:指魏、韩、齐。②聚:积蓄,储备。③设舍:军队驻扎一宿。

【解析】

公元前298年,孟尝君联合魏、韩、齐三国攻秦,秦国被迫割让了三座城池。西周君担心魏国借道西周回国时,会将西周灭掉,派人谎称楚军将烧掉魏军的积蓄,魏军只好迅速回国。

【处世策】

几个同事结成联合,形成一个"小集体",无论是对主管,还是对其他职员都是一种利益上的威胁。要分化这个小集体,不妨搜集集体内部的负面点、矛盾点,然后将矛盾予以某种程度的放大,通过同事的渠道再传递给"小集体"参与者。人都是有疑心的,这样的消息频繁被他们听见,必然会有离心离德者出现,有了裂痕,集体也就不再是集体,威胁力将大大减弱。

犀武败

【原文】

犀武败,周使周足之秦①。

【译文】

魏将犀武被秦军击败,西周派相国周足出使

或谓周足曰："何不谓周君曰：'臣之秦，秦、周之交必恶。主君之臣，又秦重而欲相者，且恶臣于秦，而臣为不能使矣。臣愿免而行。君因相之。彼得相，不恶周于秦矣。'君重秦，故使相注。行而免，且轻秦也，公必不免。公言是而行，交善于秦，是公之成事也②；交恶于秦，不善于公，且诛矣。"

秦国。有人对周足说："您为何不对周君说：'我出使秦国，周、秦两国的关系肯定会恶化。君王的大臣中有与秦国关系很深的，他想做相国，肯定会对秦国说我的坏话了。这样，我就不便于出使秦国了。我愿意辞掉相国再出使秦国，君王可任命那人为相国。他担任了相国，就不会在周、秦关系上说坏话。'国君很看重秦国，所以才派您出使秦国。可是，既让您出使，又免掉您的相国，这乃是不重视秦国的表现。因此，您是不会被免去相国职位的。您对周君说了这番话再出使秦国，如果与秦的关系搞好了，这是由于您善于外交的结果；如果两国关系恶化了，那么说您坏话而想做相国的人，必定会受到严办。"

【注释】

①周足：周相国。②成事：善于办事。

【解析】

公元前293年，伊阙之战，魏将犀武败于秦军，周君派相国周足出使秦国联络感情，周足怕事情办不成，自己反受牵累。有人替周足出主意，让他向周王请求免相后再出使。周王重视秦国，才让相国亲自出使秦国。因此周王必定不会免去周足的相位，又堵住了亲秦派官员诽谤的嘴巴。既不免相，又不受灾，进退自如。

【处世策】

有矛盾并不可怕，重要的是要把握住矛盾的核心，预料到事物的发展变化。把事态的发展控制在自己的手中。有这样的超前意识，无论他人怎么中伤自己，都不会受到伤害。

卷三　秦一

卫鞅亡魏入秦

【原文】

卫鞅亡魏入秦，孝公以为相，封之于商，号曰商君。商君治秦，法令至行，公平无私，罚不讳强大，赏不私亲近，法及太子，黥劓其傅①。期年之后，道不拾遗，民不妄取，兵革大强，诸侯畏惧。然刻深寡恩，特以强服之耳②。孝公行之八年，疾且不起，欲传商君，辞不受。孝公已死，惠王代后，莅政有顷，商君告归。人说惠王曰："大臣太重者国危，左右太亲者身危。今秦妇人婴儿皆言商君之法，莫言大王之法。是商君反为主，大王更为臣也。且夫商君，固大王仇雠也，愿大王图之。"商君归还，惠王车裂之，而秦人不怜③。

【译文】

卫鞅从魏国逃到秦国，秦孝公任用他为丞相，把商地分封给他，号称"商君"。商君治理秦国，法令雷厉风行，公平无私。惩罚，不忌避威势强大的贵族；奖赏，不偏私关系特殊的亲信，法令实施至于太子，依法处治。师、傅犯法，处以黥、劓之刑，几年之后，路上没人拾取遗失的东西，百姓不乱取非分的财物，国力大大加强，诸侯个个畏惧。但刑罚严酷，缺少仁恩，只是用强力压服人而已。孝公实行商君新法八年后，重病卧床不起，打算传位给商君，商君辞谢不受。孝公死后，惠王继位，执政不久，商君请求告老还乡。有人游说惠王说："大臣权力太重会危及国家，左右近臣太亲会危及自身。现在秦国内连妇女、儿童都说法令是商君的法令，并不说是大王的法令。这样，商君反为人主，而大王反变为人臣了。况且商君本来就是大王的仇人，希望大王想办法对付他吧。"商君回来后，惠王即以车裂的极刑处死了商鞅，而秦国人并不表示同情。

【注释】

①黥（qíng）：用刀刺刻犯人的面颊。劓（yì）：割掉鼻子。傅：师傅。②特：只不过。强服：以强大力量征服。③怜：怜惜，同情。

【解析】

这是一篇商鞅简略的叙事体传记，前后凡23年。商鞅由魏入秦，受到秦孝公

重视。商鞅变法使秦国社会秩序井然，提高了秦的君威和国威。后来秦孝公死，秦惠王即位，由于商鞅功高盖主，相权和君权发生了严重的冲突，终被车裂致死。

【处世策】

在这个世界上，也许没有什么可以永恒，不管是金钱、地位、荣誉、权力；还是快乐、幸福、生命、青春都似烟云般富于变幻，从成功到失败，从辉煌到落魄，其间的变化往往迅疾无比。人生不会永远一帆风顺，总会步入低谷，每个人都要有忧患意识，应该从现在起就为自己的人生低谷做好应对之策。

苏秦始将连横

【原文】

苏秦始将连横①，说秦惠王曰："大王之国，西有巴、蜀、汉中之利，北有胡貉、代马之用②，南有巫山、黔中之限，东有肴、函之固③。田肥美，民殷富，战车万乘，奋击百万④，沃野千里，蓄积饶多，地势形便，此所谓天府，天下之雄国也。以大王之贤，士民之众，车骑之用，兵法之教，可以并诸侯，吞天下，称帝而治。愿大王少留意，臣请奏其效。"

秦王曰："寡人闻之，毛羽不丰满者不可以高飞，文章不成者不可以诛罚，道德不厚者不可以使民，政教不顺者不可

【译文】

苏秦最初主张连横，他游说秦惠王说："大王的国家，西面有巴、蜀和汉中等地丰富物产的便利，北面有胡貉、代马两地的提供物资费用，南面有巫山、黔中作为天然的屏障，东面有崤山、函谷关这两个牢固的关塞。国家田地肥沃，百姓殷实富裕，战车万辆，兵甲百万，沃野千里，各种资源富饶，积蓄充足，地势险要，易守难攻，这真是天府之国，因此秦国可以称得上是能够雄霸天下的强国。凭借着大王的贤能，国家众多的士人和百姓，战车、骑兵的强大力量，兵法和教战的运用，贵国完全可以吞并其他诸侯，统一天下，号称皇帝来统治整个全国。希望大王稍加留意。请允许我用实际情况说明其效果。"

惠王说："寡人听说'羽毛不丰满的雀鸟，不能冲天高飞；制度不完备的国家，不能出兵征战；对人民寡恩少惠，不能发动战争；政教不顺人心，不能拿战争劳烦大臣。'现在先生郑重地

以烦大臣。今先生俨然不远千里而庭教之,愿以异日。"

不远千里而来,当面指教,希望日后再聆听您的教导。"

【注释】

①连横:是战国时期张仪倡导的政治主张,也就是说崤山以东的六国侍奉秦国。苏秦最初主张"连横",但不被秦惠王采纳,后来改为主张"合纵"。两者是相对的。"连横"又称"连衡"。②胡貉、代马:胡貉是北方游牧民族,分布在今内蒙古南部。代马指的是代郡和马邑,在今山西东北部。③崤、函:崤即崤山,在今河南洛宁以北。函即函谷关,在今河南灵宝东北。④奋击:奋勇攻击敌人的士兵。

【原文】

苏秦曰:"臣固疑大王不能用也。昔者神农伐补遂①,黄帝伐涿鹿而禽蚩尤,尧伐驩兜,舜伐三苗,禹伐共工,汤伐有夏,文王伐崇,武王伐纣,齐桓任战而伯天下。由此观之,恶有不战者乎?古者使车毂击驰,言语相结,天下为一;约从连横②,兵革不藏;文士并饬,诸侯乱惑;万端俱起,不可胜理;科条既备③,民多伪态;书策稠浊,百姓不足,上下相愁,民无所聊;明言章理,兵甲愈起;辩言伟服,攻战不息;繁称文辞,天下不治;舌弊耳聋④,不见成功;行义约信,天下不亲。于是,乃废文任武,厚养死士,缀甲厉兵,效胜于战场。夫徒处而致利,安坐而广地,虽古五帝、三王、五伯、明主贤君,常欲坐而致之,其势不能,故以战续之。宽则两军相攻,迫则杖戟相撞⑤,然后可建大

【译文】

苏秦说:"我本来就怀疑大王不会听取我的意见,过去神农氏讨伐补遂,黄帝讨伐涿鹿,擒获蚩尤,尧帝征讨驩兜,舜帝征伐三苗,禹帝征伐共工,商汤征伐有夏,文王征伐崇侯,武王征伐殷纣,齐桓公凭战争而称霸天下。由此看来,哪有不运用战争的道理呢?古时候,出使的车辆络绎不绝,外交使节互结同盟,这是天下都一致的。即使这样,或言合纵,或言连横,但也从未停止过使用武力;当外交、军事同时并用,则诸侯混乱;各种问题同时发生,则来不及处理;法令条款齐备,百姓反而奸诈;政令繁多杂乱,百姓就无所适从;上下互相埋怨,百姓就无所依赖;空洞的道理虽在不厌其烦地讲述,而使用武力之事却在愈来愈频繁地发生;搞巧言善辩,奇装异服,战争却没有一日停息;书策繁乱,言辞驳杂,天下却不能治理。说的人说得舌烂,听的人听得耳聋,却不见什么成效;推行仁义,订立盟约,然而天下并不因此而亲善。于是,才废弃文治,使用武力,多养敢死之士,修缮铠甲,磨砺兵器,以取胜于战场。如果无所事事,无所作为,不进行战争,就想获利,扩充土地,即使五帝、三王、五霸、明主贤君,总想坐待成功,却势难奏效。因此还得用战争继续解决问题,如果两军相距遥远,就互相进攻;相距迫

功。是故兵胜于外，义强于内；武立于上，民服于下。今欲并天下，凌万乘，诎敌国，制海内，子元元，臣诸侯，非兵不可！今之嗣主，忽于至道，皆惛于教，乱于治，迷于言，惑于语，沈于辩，溺于辞。以此论之，王国不能行也。"

近，就白刃交锋，然后才可以建立大功。所以，军队得胜于外，正义治强于内；威权建立于上，百姓服从于下。如今，想要吞并天下，控制大国，击败敌人，统治海内，抚爱百姓，臣服诸侯，非战争不可。但是，现在的国君，偏偏忽视了这个极其重要的道理，他们都被那些众说纷纭的所谓治国的说教弄昏了头脑，迷惑于他们那些巧舌善辩的言辞，沉醉于他们那夸夸其谈的空论之中。由此来看，大王必然不会采用我的主张。"

【注释】

①神农：炎帝的号，为少典的儿子。补遂：国名。②约从：即合纵。③科条：法令条规。④弊：破坏。⑤迫：距离近。撞：刺击。

【原文】

说秦王书十上而说不行。黑貂之裘弊，黄金百斤尽，资用乏绝，去秦而归。羸縢履蹻①，负书担橐②，形容枯槁，面目黧黑，状有归色。归至家，妻不下纴，嫂不为炊，父母不与言。苏秦喟叹曰："妻不以我为夫，嫂不以我为叔，父母不以我为子，是皆秦之罪也！"乃夜发书，陈箧数十，得《太公阴符》之谋③，伏而诵之，简练以为揣摩。读书欲睡，引锥自刺其股，血流至足。曰："安有说人主不能出其金玉锦绣、取卿相之尊者乎？"期年揣摩成，曰："此真可以说当世之君矣！"

【译文】

苏秦游说秦王，一连十多次上表奏章，但他的建议始终都没能得到采纳。他穿的黑色貂皮衣服破了，带的一百斤黄金也花光了，花的用的都没有了，不得不离开了秦国回到洛阳老家。他腿上缠着绑腿布，脚上穿着草鞋，背着书籍，担着行囊，神情枯槁、面容憔悴，脸色黄黑，显得非常失意。回到了家里，他的妻子正在织布不理会他，嫂子不给他做饭，父母不和他说话。苏秦慨叹说："妻子不认我是丈夫，嫂子不认我是叔叔，父母不认我是儿子，这都是我苏秦的罪过啊！"于是，他晚上翻出他的藏书，打开了数十个书箱，找到了一本《太公阴符》的讲谋略的书，埋头攻读，找那些简练精要的地方反复揣摩。读书到了困倦的时候想要睡觉，他就拿来锥子自己刺自己的大腿，致使鲜血顺着腿流到脚底。他自言自语地说："哪里有游说各国的国君却不能使他们拿出金玉锦绣、得到卿相这样的尊位的呢？"过了一年终于揣摩成功，又自言自语说："这样一来就可以游说当世在位的各国国君了！"

于是苏秦取道燕乌集阙，被赵王召见，在华丽于是乃摩燕乌集阙④，见说赵王于华屋之下，抵掌而谈。赵王大悦，封为武安君，受相印，革车百乘，绵绣千纯⑤，白璧百双，黄金万镒⑥，以随其后，约从散横，以抑强秦。故苏秦相于赵而关不通。

的宫殿里游说赵王，两人甚至握着手，谈得非常投机。赵王大为高兴，于是封苏秦为武安君，并授予他相印，一百辆革车，一千匹锦绣，一百双白璧，一万镒黄金，长长的车队尾随在他的身后，到各国去约定合纵，拆散连横，以此来压制强秦。因此，当苏秦在赵国做宰相时，秦国不敢出兵函谷关。

【注释】

①嬴(léi)：缠绕。縢(téng)：绑腿布。蹻(jué)：草鞋。②橐(tuó)：一种口袋，没有底的叫橐，有底的叫囊。③《太公阴符》：相传是姜太公所写的一部讲兵法权谋的书。④燕乌集阙：宫殿名。⑤纯(tún)：匹。⑥镒：重量单位，古代二十两为一镒。

【原文】

当此之时，天下之大、万民之众、王侯之威、谋臣之权，皆欲决苏秦之策。不费斗粮，未烦一兵，未战一士，未绝一弦，未折一矢，诸侯相亲，贤于兄弟。夫贤人在而天下服，一人用而天下从。故曰：式于政①，不式于勇；式于廊庙之内，不式于四境之外。

当秦之隆，黄金万镒为用，转毂连骑，炫熿于道②，山东之国，从风而服，使赵大重。且夫苏秦特穷巷掘穴、桑户棬枢之士耳③，伏轼撙衔④，横历天下，廷说诸侯之王，杜左右之口，天下莫之能伉。

将说楚王，路过洛阳。

【译文】

就在这个时候，广大的天下、所有的老百姓、威武的王侯、掌握大权的谋臣，都想让苏秦来出谋划策。因此，不用花费一斗粮食，没有征用一个兵卒，没有派遣一个大将，没有坏掉一把弓，没有折断一支箭，就使得各国诸侯和睦相处，甚至比亲兄弟之间还要亲近。所以说，只要有贤能的人掌握政权，天下就能够服从安定，只要有一个这样的人得到任用，老百姓就会顺从。因此说，只要能够运用政治手段解决的问题，就不必用武力来征服；只要在朝廷上能够通过外交手段来解决的问题，就不必到对方的国家境内作战。

当苏秦权势逐渐上升的时候，金帛万镒供他使用，而他所指挥的战车和骑兵接连不断，在道路上走路都显得权势显赫，崤山以东的各个诸侯国，都听从他的号令，这使赵国的地位得到尊重。但苏秦当初只不过是一个极端贫穷、挖墙当门、用桑做窗、用弯曲的木头作门框的人罢了，而此时他却常常坐上华丽的车子，纵横游历天下，在各诸侯国的朝廷上游说君王，使各诸侯王的亲信不敢开口，天下没有谁敢与他相抗衡了。

苏秦要去游说楚国国君，路过洛阳。父母知道了

父母闻之,清宫除道,张乐设饮,郊迎三十里。妻侧目而视,倾耳而听。嫂蛇行匍伏,四拜自跪而谢。苏秦曰:"嫂,何前倨而后卑也?"嫂曰:"以季子之位尊而多金。"苏秦曰:"嗟乎!贫穷则父母不子,富贵则亲戚畏惧。人生世上,势位富贵,盖可忽乎哉!"

这个消息,就急忙清理居所、扫除道路,找来乐队吹打起音乐,准备好丰盛的酒席,迎接到郊外三十里远的地方。妻子敬畏他,斜着眼睛来观看他的威仪,而不敢正眼看他,并且侧着耳朵听他说话。嫂子跪在地上,像蛇一样在地上爬行,对苏秦一再地叩头请罪。苏秦问:"嫂子,你对待我为什么以前傲慢,现在却这样的卑贱呢?"他的嫂子回答说:"因为现在你有尊贵的地位和很多的钱财。"苏秦说:"唉!一个人如果贫穷失意,连父母都不把他当儿子,然而一旦富贵显赫之后,亲戚朋友就都敬畏有加。一个人在世上活着,权势和富贵怎么能忽视不顾呢!"

【注释】

①式:用。②炫熿:光耀显赫。③掘(kū):通"窟"。桑户:用桑条编的门扇。椫(quān)枢:用木条做的门枢。④指伏身于轼,手拉马缰。轼,车前用作扶手的横木。撙(zǔn):控制。衔:马嚼子。

【解析】

本篇是战国策中的名篇,讲述的是苏秦的发迹过程。起初苏秦主张连横,但当他去游说秦惠王的时候,他的主张并没有得到采纳。

战国末期,秦国经过商鞅变法国家强大起来,国家实力超过了崤山以东的六国。国家经济军事实力的增强,必然使秦国产生了政治上的要求,那就是统一六国,称霸天下。正是在这样的背景之下,苏秦前去游说秦王。但他的充满希望的言辞并没有得到秦王的认可,而是被秦王以毛羽未丰,统一天下的形势还没有成熟为借口而委婉地拒绝了。但苏秦并没有放弃努力,后来,苏秦转变了对天下形势的认识,改变了自己的主张,从主张连横转向主张合纵。他先去游说赵王,主张得到了赵王的认可。从此他开始发迹,向各国的游说都获得了成功,一人佩带六国的相印,穿行于六国之间,协调六国合纵,共同来对付强大的秦国。

【处世策】

失败,总是贯穿于奋斗的历程中成为成功之路的铺垫。既来之,则安之,当企业公司或者个体员工,在遭遇失败的时候,若有一个正确的心态和预先的思想准备,就不会乱了方寸。要奋斗就会有所羁绊,乃至牺牲;要走路,甚至还难免跌倒。重要的是,我们能够把失败当做成功之母,当做推动自己前进的动力。若是你从来没有失败过,那只能说明你未曾勇敢地尝试各种机会。要记住——机遇存在于失败之中。

秦惠王谓寒泉子

【原文】

秦惠王谓寒泉子曰："苏秦欺寡人，欲以一人之智，反覆东山之君①，从以欺秦。赵固负其众②，故先使苏秦以币帛约乎诸侯。诸侯不可一，犹连鸡之不能俱止于栖之明矣。寡人忿然，含怒日久，吾欲使武安子起注喻意焉③。"寒泉子曰："不可。夫攻城堕邑，请使武安子。善我国家使诸侯④，请使客卿张仪。"秦惠王曰："受命。"

【译文】

秦惠王对寒泉子说："苏秦欺我们太甚，想凭一人的心智，诈骗山东六国之君，用合纵政策讹诈我们。赵王固然倚仗人多势众，因此下了很大的本钱，先派苏秦去联络诸侯。可是诸侯各怀异心，是不可能步调一致的，就像用绳子串连起来的鸡，各奔东西，不能一齐上架一样，这是很明显的。我心里一直很气愤。我想派武安子马上把这种情况告诉诸侯。" 寒泉子说："这样可不行，如果是攻城夺地，倒可以派武安子去，如果为了维护国家利益，出使诸侯国，那就得派客卿张仪去了。"秦惠王说："完全接受你的意见。"

【注释】

①反覆：意即诈骗。②负：恃。③喻意：即谕意。④善：善待，维护。

【解析】

苏秦的合纵政策发生效用之后，引起了秦惠王的不满和愤怒。秦国开始谋划对策应对合纵战略。隐士寒泉子建议惠王派张仪出使六国。于是作为连横派的核心人物张仪开始登上历史舞台。

【处世策】

我们做事时遇到强大的阻力，应该分析出阻力的系统性和战略性，应该制定出与敌对战略相对的反击战略和一揽子计划来。战略制胜时代一定要眼观全局和长远的未来，正像《孙子兵法》开篇中写道的："夫未战而庙算胜者，得算多也；未战而庙算不胜者，得算少也。"有了战略指导才不会出现用人的失误。

泠向谓秦王

【原文】

泠向谓秦王曰："向欲以齐事王，使攻宋也。宋破，晋国危，安邑王之有也。燕、赵恶齐、秦之合，必割地以交欲王矣。齐必重于王①，则向之攻宋也，且以恐齐而重王。王何恶向之攻宋乎？向以王之明为先知之，故不言。"

【译文】

泠向对秦昭王说："我想让齐国尊奉大王，所以主张助齐攻宋。如果夺取了宋国，就会危及魏国，大王唾手就可取得安邑了。燕、赵担心齐、秦联合必定会割地给大王，这样，齐国怕燕、赵与秦联合，就必定会尊奉大王。那么，我主张攻宋，乃是使齐国有所畏惧而来尊奉大王，大王为何抱怨我主张攻宋呢？我认为大王是个明白有远见的人，早已知道这种利害关系，所以没有明说。"

【注释】

①重：尊重，尊奉。

【解析】

齐国攻打宋国，秦王不满，齐人泠向以巧言为齐国自辩于秦廷之上。齐国攻打宋国，从公元前295年—前286年，长达十年之久。本篇实际是泠向替自己挽回过错的说辞。泠向是齐国在秦国的代表。他主张齐国攻打宋国，却没有事先知会秦国。

【处世策】

在职场上，切莫自以为是，切莫以为揣摸透了领导的心思。实际上领导的心思是变化的，如果做事之前没有请示领导，一旦事情失败，即使是按照领导默示的意思执行的，还是会被领导以"不请示"为由而受责罚。所以做事之前，还是勤请示的好。把自己的想法说出来，也是展现自己能力的一个机会。

张仪说秦王

【原文】

张仪说秦王曰："臣闻之，弗知而言为不智，知而不言为不忠。为人臣不忠当死，言不审亦当死。虽然，臣愿悉

【译文】

张仪游说秦王说："我听说：'不知道事情的原由就开口发言是不明智的；明白事理、可以为事情的解决出谋划策却不开口，是不忠贞的。'作为一个臣子，对君王不忠诚就犯有死罪；说话不审慎也

言所闻，大王裁其罪。臣闻，天下阴燕阳魏，连荆固齐，收余韩成从，将西南以与秦为难，臣窃笑之。世有三亡，而天下得之，其此之谓乎！臣闻之曰：'以乱攻治者亡，以邪攻正者亡，以逆攻顺者亡'。今天下之府库不盈，囷仓空虚①，悉其士民，张军数千百万②，白刃在前，斧质在后，而皆去走不能死，罪其百姓不能死也，其上不能也。言赏则不使，言罚则不行，赏罚不行，故民不死也。

"今秦出号令而行赏罚，不攻无攻相事也。出其父母怀衽之中，生未尝见寇也，闻战顿足徒裼③，犯白刃，蹈煨炭④，断死于前者比是也。夫断死与断生也不同。而民为之者是贵奋也。一可以胜十，十可以胜百，百可以胜千，千可以胜万，万可以胜天下矣。今秦地形，断长续短，方数千里，名师数百万，秦之号令赏罚，地形利害，天下莫如也。以此与天下，天下不足兼而有也。是知秦战未尝不胜，攻未尝不取，所当未尝不破也。开地数千里，此其大功也。然而甲兵顿，士民病，蓄

该犯有死罪。尽管事情的出路如此，但我仍然愿意把所见所闻都讲给大王听，请大王裁决定罪。我听说四海之内，北方的燕国和南方的魏国又在连结荆楚，巩固同齐国的联盟，收拾残余的韩国势力，形成合纵的联合阵线，面向西方，与秦国对抗。对此我私下不禁失笑。天下有三种亡国的情况，而天下终会有人来收拾残局，可能说的就是今天的世道！我听人说：'以治理混乱之国去攻打治理有序之国必遭败亡，以邪恶之国去攻打正义之国必遭败亡，以背逆天道之国去攻打顺应天道之国必遭败亡。'如今天下诸侯国储藏财货的仓库很不充实，囤积米粮的仓库也很空虚，他们征召所有人民，发动千百万计的军队，虽然是白刃在前，利斧在后，军士仍然都退却逃跑，不能和敌人拼死一战。其实并不是他们的人民不肯死战，而是由于统治者拿不出好办法进行教育。说奖赏而不给予，说处罚却不执行，所以人民才不肯为国死战。

"如今秦国的制度赏罚分明，有功无功都按照实际情况进行奖惩。人们离开父母的怀抱之前，从来就没有见过敌人，所以一听说要交战就跺脚、袒露胸膛，决心死战，迎着敌人的刀枪，勇往直前，赴汤蹈火，在所不惜，几乎全都决心要为国家死在战场上。大王知道：一个人决心要去战死，和决心要逃生是不同的，但秦国人仍然愿意去战死，就是由于重视奋斗至死精神的缘故。一人可以战胜十人，十人可以战胜百人，百人可以战胜千人，千人可以战胜万人，万人可以战胜全天下。如今秦国的地势，截长补短方圆有数千里，强大的军队有几百万。而秦国的号令和赏罚，险峻有利的地形，天下诸侯都望尘莫及。用这种优越条件和天下诸侯争雄，全天下也不够秦国吞并的。由此可以知道，只要秦国作战绝对是战无不胜，攻无不取，所向无敌，完全可以开拓土地几千里，那将是很伟大的功业。然而如今，秦国军队疲惫，人民穷困，积蓄用绝，田园荒废，仓库

积粟,田畴荒,仓虚,四邻诸侯不服,伯王之名不成,此无异故,谋臣皆不尽其忠也。

空虚,四邻的诸侯都不来臣服,霸业不能建立,出现这种情况并不是因为别的,主要是秦国谋臣不能尽忠的缘故。

【注释】

①囷(qūn):圆形谷仓。②张:布置。③顿足:用脚踩地,形容着急。徒:袒露。裼(xī):脱去上衣。④煨:灰烬,热灰。

【原文】

"臣敢言注昔。昔者齐南破荆,中破宋,西服秦,北破燕,中使韩、魏之君,地广而兵强,战胜攻取,诏令天下;济清河浊,足以为限;长城、钜坊,足以为塞。齐五战之国也,一战不胜而无齐。故由此观之,夫战者,万乘之存亡也。

"且臣闻之曰:'削株掘根,无与祸邻,祸乃不存。'秦与荆人战,大破荆,袭郢,取洞庭、五都、江南①。荆王亡走,东伏于陈。当是之时,随荆以兵,则荆可举。举荆,则其民足贪也②,地足利也。东以强齐、燕,中陵三晋。然则是一举而伯王之名可成也,四邻诸侯可朝也。而谋臣不为,引军而退,与荆人和。今荆人收亡国,聚散民,立社主,置宗庙,令帅天下西面以与秦为难,此固已无伯王之道一矣。天下有比志而军华下③,大王以诈破之,兵至梁

【译文】

"我愿用历史史实来加以说明:从前齐国往南击破荆楚,往东战败了宋国,往西征服了秦国,北方更打败了燕国,在中原地带又指挥韩、魏两国的君主。土地广大,兵强马壮,攻城略地,战无不胜,号令天下诸侯,清清的济水和混浊的黄河都是它的天然屏障,巨大的长城足可以作它的防守掩体。齐国是一连五次战胜的强国,可是只战败一次,齐国就没有了,由此可见,用兵作战可以决定万乘大国的生死存亡。

"我还听说:'斩草要除根,不给祸留下作为,祸才不会留存。'从前秦国和楚国作战,秦兵大败楚军,占领了楚国首都郢城,同时又占领了洞庭湖、五都、江南等地,楚王向东逃亡,藏在陈地。在那个时候,只要把握时机攻打楚国,就可以占领楚国的全部土地。而占领了楚国,那里的人民就足够使用,那里的物产就足可以满足物质需要,东面对抗齐、燕两国,中原可以凌驾在韩、赵、魏三国之上,如果这样就可以一举而完成霸业,使天下诸侯都来秦廷称臣。然而当时的谋臣不但不肯这样做,反而撤兵和楚人讲和,现在楚已收复了所有失地,重新集合逃散的人民,再度建立起宗庙和社稷之主,他们得以率领天下诸侯往西面来跟秦国对抗。这样,当然秦国就第一次失去了建立霸业的机会。后来其他诸侯国同心一致、联合兵临华阳城下。幸亏大王用诈

郭,围梁数旬,则梁可拔。拔梁,则魏可举。举魏,则荆、赵之志绝。荆、赵之志绝,则赵危。赵危而荆孤。东以强齐、燕,中陵三晋。然则是一举而伯王之名可成也,四邻诸侯可朝也。而谋臣不为,引军而退,与魏氏和,令魏氏收亡国,聚散民,立社主,置宗庙,此固已无伯王之道二矣。前者穰侯之治秦也,用一国之兵,而欲以成两国之功。是故兵终身暴灵于外,士民潞病于内④,伯王之名不成,此固已无伯王之道三矣。

术击溃了他们,一直进兵到魏都大梁外。当时只要继续围困几十天,就可以占领大梁城。占领大梁,就可以攻下魏国;攻下了魏国,赵、楚的联盟就拆散了,赵国就会处于危难之地。赵国陷入危难之地,楚国就孤立无援。这样秦国东可以威胁齐、燕,中间可以驾驭三晋,如此也可以一举建立霸王功业,使天下诸侯都来朝贺。然而谋臣不但不肯这样做,反而引兵自退、与魏讲和,使魏国有了喘息的机会。如此就第二次失去了建立霸业的机会。前不久穰侯为相,治理秦国,他用一国的军队,却想建立两国才能完成的功业。即使军队在边境外风吹日晒雨淋,人民在国内劳苦疲惫,霸王的功业却始终不能建立,这也就是第三次失去了建立霸业的机会。

【注释】

①洞庭、五都、江南:都是楚国的城邑。②足贪:足以占有。③有:通"又"。比志:同心。④潞:通"露",疲惫,衰弱。

【原文】

"赵氏,中央之国也,杂民之所居也。其民轻而难用,号令不治,赏罚不信,地形不便,上非能尽其民力。波固亡国之形也,而不恤其民氓①。悉其士民,军于长平之下,以争韩之上党,大王以诈破之,拔武安。当是时,赵氏上下不相亲也,贵贱不相信,然则是邯郸不守。拔邯郸,筦河间②,引军而去,西攻修武,窬羊

【译文】

"赵国在各国诸侯中地处中央,百姓五方杂居。赵国百姓轻浮而不好治理,以致使国家号令无法贯彻,赏罚毫无信用。赵国的地理位置不利于防守,统治者又不能使人民的潜力全部发挥出来,这一切已是一种亡国的形势了。再加上不体恤民间疾苦,几乎把全国的老百姓都征发到长平战场,去跟韩国争上党。大王以计谋战胜赵国,既而攻克武安。当时赵国君臣彼此不合作,官民也互不信赖,这样邯郸就无法固守,如果秦军攻下邯郸,在河间休整军队,再率领军队往西攻打修武,经过羊肠险塞,降服代和上党。代有三十六县,上党有二十七县,不用一副盔甲,不费一兵一卒,就都成了秦国所有。代和上党不经过战争就成为秦国土地,赵国的东阳和河外等地不经过

肠，降代、上党。代三十六县，上党十七县，不用一领甲，不苦一民，皆秦之有也。代、上党不战而已为秦矣，东阳、河外不战而已反为齐矣，中呼池以北不战而已为燕矣。然则是举赵则韩必亡，韩亡则荆、魏不能独立，荆、魏不能独立，则是一举而坏韩、蠹魏③，挟荆，以东弱齐、燕，决白马之口，以流魏氏。一举而三晋亡，从者败。大王拱手以须，天下遍随而伏，伯王之名可成也。而谋臣不为，引军而退，与赵氏为和。以大王之明，秦兵之强，伯王之业，曾不可得，乃取欺于亡国，是谋臣之拙也。且夫赵当亡不亡，秦当伯不伯，天下固量秦之谋臣一矣。乃复悉卒以攻邯郸，不能拔也，弃甲兵怒，战栗而却，天下固量秦力二矣。军乃引退，并于李下，大王并军而致与战，非能厚胜之也④，又交罢却，天下固量秦力三矣。内者量吾谋臣，外者极吾兵力。由是观之，臣以天下之从，岂其难矣？内者吾甲兵顿，士民病，蓄积索，田畴荒，囷仓虚；外者天下比志甚固。愿大王有以虑之也。

战争将反归齐国，中呼池以北之地不经过战争将属于燕国。既然如此，攻下赵国之后，韩国就必然灭亡，韩国灭亡以后，楚、魏就不能独立；楚、魏既然不能独立就可一举攻破韩国；韩国既破，就伤害到魏国，然后再挟持楚国往东去削弱齐、燕，挖开白马津的河口来淹魏国。如此一举就可以灭三晋，而六国的合纵联盟也势将瓦解，大王只要拱手在那里等着，天下诸侯就会一个跟着一个来投降，霸王之名号即刻就可以建立。只可惜这一切都是假设，因为谋臣不但不这样做，反而自动退兵跟赵国讲和了。

"凭借大王的贤明和秦国军队的强盛，竟然建立不起天下霸主的基业，而且被即将灭亡的各诸侯国欺凌，这一切都由谋臣的愚昧笨拙所导致。赵国该灭亡而不灭亡，秦国该称霸而不能称霸，天下人已经看透了秦国谋臣的本领高低，这是我说的第一点。秦国曾用全国之兵，去攻打赵国的邯郸，不但没有攻下反而被敌人打得丢盔卸甲，将士们又气又怕地败下阵来，天下人已经看透了秦国将士的斗志，这是我说的第二点。军队退下来以后，都聚集在李下(地名)，大王又重新编整，努力督促将士们作战，可是并没有取得大胜，就纷纷罢兵撤退，天下人又都看透了秦国军队的战斗力，这是我说的第三点。在内看透了秦国的谋臣，在外看透了秦国的将士。由此可见，我认为天下的合纵力量，难道不是更难对付了。秦国的军队疲劳不堪、人民极端困顿，再加上积蓄用尽、田园荒芜、仓库空虚；而国外诸侯合纵，团结一致，甚为坚固，但愿大王能慎重考虑所面临的危机。

【注释】

①氓：百姓。②笅(guǎn)：管理，控制。③蠹(dù)：蛀蚀，损害。④厚：大。

【原文】

"且臣闻之，'战战栗栗，日慎一日'。苟慎其道，天下可有也。何以知其然也？昔者纣为天子，帅天下将甲百万，左饮于淇谷，右饮于洹水，淇水竭而洹水不流，以与周武为难。武王将素甲三千领，战一日，破纣之国，禽其身，据其地，而有其民，天下莫不伤。智伯帅三国之众，以攻赵襄主于晋阳，决水灌之。三年，城且拔矣。襄主错龟数策占兆①，以视利害，何国可降，而使张孟谈。于是潜行而出，反智伯之约，得两国之众，以攻智伯之国，禽其身，以成襄子之功。今秦地断长续短，方数千里，名师数百万，秦国号令赏罚，地形利害，天下莫如也。以此与天下，天下可兼而有也。

"臣昧死望见大王②，言所以举破天下之从，举赵、亡韩，臣荆、亲齐、燕，以成伯王之名，朝四邻诸侯之道。大王试听其说，一举而天下之从不破，赵不举，韩不亡，荆、魏不臣，齐、燕不亲，伯王之名不成，四邻诸侯不朝，大王斩臣以徇于国③，以主为谋不忠者。"

【译文】

"而且我听说：'战战兢兢，日慎一日。'如果谨慎合乎道理，可以占有全天下。怎么知道是这样呢？过去商纣王做天子，率领天下的百万大军，左边的军队还在淇谷饮马，右边军队已到洹水喝水了，竟把淇水和洹水都喝干了。商纣王是用这么雄壮庞大的大军跟周武王作战，可是武王只率领了三千名穿着简单盔甲的战士，仅仅经过一天战斗就打败了纣王之军，俘虏了殷的全部臣民，拥有了殷的全部的土地，天下竟没有一个人同情商纣王。以前智伯率领智、韩、魏三国的兵众，前往晋阳去攻打赵襄子。智伯掘开河水采取水攻，经过三年之久的攻打，当晋阳城快被攻下时，赵襄子用乌龟进行占卜，看看自己国家命运的吉凶，预测双方到底谁败降。赵襄子又使用反间计，派赵国大臣张孟谈，悄悄出城，破坏韩、魏与智伯的盟约，结果争取到韩魏两国的合作，然后合力来攻打智伯，终于大败智伯的军队，俘虏了智伯本人。张孟谈于是成为赵襄子的一大功臣。如今秦国的号令严明，赏罚分明，再加上地形的优势，天下诸侯没有能比得上的。如果凭这种优势，而与天下诸侯争胜，整个天下就可以被秦征服。

"我甘愿冒着死罪，希望见到大王，谈论秦国的战略以及怎样能够分散合纵联盟，灭赵亡韩，迫使楚魏称臣，联合齐、燕加盟，建立霸王之业，让天下诸侯都来朝贡。请大王姑且采用我的策略，假如不能一举而瓦解天下合纵，攻不下赵，灭不了韩，魏、楚不称臣，齐、燕不加盟，霸王之业不能建立，天下诸侯不来朝贡，那就请大王砍下我的头，在全国各地轮流示众，来惩戒那些为君主谋划不忠诚的臣子。"

【解析】

张仪,战国时代与苏秦齐名的说客、谋士,纵横家中连横派的领军人物和最高首脑。张仪也擅长于战略谋划、长篇游说和辩论,张仪在运用具体技巧和策略时也毫不逊色。合纵派与连横派的斗争最终以张仪为首的连横派的胜利而告终。张仪的辩论条分缕析、层次分明、由浅入深、层层剥笋,强大的逻辑力量与宏大的气势互相配合,他在语言的文采方面也很注重,旁征博引、引经据典、对偶排比、对比夸张等修辞手法运用得十分自如。让人一听就知道是大家风范。

【处世策】

在对显贵说话时一定要以崇高伟论来打动他。因此与那些内心优越和地位显赫的人说话,就要从大处入手,选择崇高的内容道理来谈论,要讲"势"和"气",有充沛和沉稳的底气,有不卑不亢的气势,方能展开思路大开言路。如果你在名人和权势者面前唯唯诺诺、低声下气,他就决没有心思听你的话了。所以我们游说上级或者重要人物时,一定要在心底里与他平起平坐,决不能抬高对方、小看自己。这样才能说服他。

张仪欲假秦兵以救魏

【原文】

张仪欲假秦兵以救魏。左成谓甘茂曰："不如予之。魏不反秦兵，张子不反秦①。魏若反秦兵，张子得志于魏，不敢反于秦矣。张子不去秦，张子必高子。"

【注释】

①张子：即张仪。反：通"返"。

【解析】

秦武王初年，张仪入魏为相。公元前310年，齐国攻打魏国，张仪求借秦兵，左成劝甘茂答应，目的在于使张仪不再返回秦国。

【处世策】

所谓"螳螂捕蝉，黄雀在后。"道出了一个道理：害人之心不可有，防人之心不可无。这世间没有比人心更复杂的东西。不要以为自己简单，他人就简单，这种以己度人的思维万万要不得。

【译文】

张仪想借秦军去救魏国，秦臣左成对丞相甘茂说："您得同意借兵给他。如果秦军损失过重，魏国不能送还秦军，那么，张仪怕获罪就不敢返回秦国；如果魏国将秦军送还秦国，那么，张仪有功于魏，也不会返回秦国。张仪如果不离开秦国，他的地位必然会在您之上。"

司马错与张仪争论于秦惠王前

【原文】

司马错与张仪争论于秦惠王前。司马错欲伐蜀，张仪曰："不如伐韩。"王曰："请闻其说。"对曰："亲魏善楚，下兵三川①，塞轘辕、缑氏之口，当屯留之道，魏绝南阳，楚临南郑，秦攻新城、宜阳，以临二周之郊，诛周主之罪，侵楚、魏之地。

【译文】

司马错与张仪在秦惠王面前争论攻打蜀国和韩国的事。司马错认为秦国应该先去进攻蜀国，但张仪说："不如先去进攻韩国。"秦惠王说："我想听听你的意见。"

张仪回答说："我们先跟楚、魏两国结盟，然后再出兵三川、堵住轘辕和缑氏山的入口，挡住屯留的要道，这样就断绝了魏国和南阳的交通，楚军逼进南郑，秦兵进攻新城、宜阳，这样一来我们就可以发兵到东西二周的城外，惩罚二周君主的罪过，然后侵入楚、魏两国境内。周王知道自己的危险境地，

周自知不救，九鼎宝器必出。据宝鼎，案图籍，挟天子以令天下，天下莫敢不听，此王业也。今夫蜀，西僻之国②，而戎狄之伦也，弊兵劳众不足以成名，得其地不足以为利。臣闻争名者于朝，争利者于市。今三川、周室，天下之市朝也。而王不争焉，顾争于戎狄，去王业远矣。"

一定会献出九鼎和珍宝。我们有了九鼎和珍宝，再按照地图户籍，假借周天子的名义号令诸侯，天下各国谁敢不听从我们的命令？这才是霸王之业。至于蜀国，那是一个偏处西方的国家，而且是戎狄部落的首领，我们即使劳民伤财发兵进攻它，也不足以凭借这而建立霸业，得到了它的土地也不足以凭借这就得到多少利益。我听说争名要到朝廷，争利要到市场。如今的三川、周室，正是天下的朝廷和市场，大王不去争，反而争夺戎、狄等蛮夷的国家，这和霸王之业相距实在太远了。"

【注释】

①三川：三条河流的合称。东周以伊、洛、河为三川。②僻：通"僻"，偏僻。

【原文】

司马错曰："不然，臣闻之，欲富国者，务广其地①；欲强兵者，务富其民；欲王者，务博其德。三资者备②，而王随之矣。今王之地小民贫，故臣愿从事于易。夫蜀，西僻之国也，而戎狄之长，而有桀、纣之乱。以秦攻之，譬如使豺狼逐群羊也。取其地，足以广国也；得其财，足以富民缮兵。不伤众而彼以服矣。故拔一国，而天下不以为暴；利尽西海，诸侯不以为贪。是我一举而名实两附，而又有禁暴正乱之名。

"今攻韩劫天子，劫天子，恶名也，而未必利也，又有不义之名，而攻天下之所

【译文】

司马错说："事情不是张仪所说的那样，我听说过这样的道理，要想使国家富强，必须先扩张国家的领土；要想使兵力强大，必须先使人民生活富足；要想得到天下，一定要先广施仁政。这三个方面都做到以后，那么称王天下就是自然的事情了。如今大王疆域狭小并且百姓生活贫困，因此臣但愿大王先从容易的方面着手。蜀国是一个西方的偏僻小国，而且是戎狄国家的首领，并且像夏桀、商纣在位时候一样混乱。如果用秦国的兵力去进攻蜀国，就好像使狼群去驱逐羊群一样简单。秦国得到蜀国的土地可以扩大版图，得到蜀国的财富可以富足百姓；即使用兵也不伤害老百姓。并且又让蜀国自动屈服。所以秦虽然灭掉了蜀国，诸侯也不会认为是暴虐；即使秦抢去蜀国的一切财富，诸侯也不会认为秦贪婪。可是我们只要做伐蜀一件事，就可以名利双收，甚至还可以得到除暴安良的美名。

"今天如果我们去攻打韩国，就等于是劫持天子了，得到的是恶名，而且也未必就能获得利益，反而落个不义的名声。干天下人不愿做的事情，实在

不欲，危！臣请谒其故③：周，天下之宗室也；齐，韩、周之与国也。周自知失九鼎，韩自知亡三川，则必将二国并力合谋，以因于齐、赵，而求解乎楚、魏。以鼎与楚，以地与魏，王不能禁。此臣所谓'危'，不如伐蜀之完也。"惠王曰："善！寡人听子。"卒起兵伐蜀，十月取之，遂定蜀。蜀主更号为侯，而使陈庄相蜀。蜀既属，秦益强富厚，轻诸侯。

是一件危险的事！我请求讲述这其中的缘故：周天子是天下各国的共主，同时齐是韩与周的友邦，周自知将要失去九鼎，韩自己也清楚要失去三川，这样两国必定联合起来，共同联络齐、赵去解楚、魏的围困，两国会自动地把九鼎献给楚，把土地割让给魏，这些都是大王所不能制止的，这也就是臣所说的危险所在。所以说，攻打韩国不如先进攻蜀来得完满。"秦惠王说："很好！我就采纳你的意见。"于是秦国最终出兵进攻蜀地，经过历时十个月的征讨，终于攻取了蜀地。将蜀主的名号更改为侯，并派大臣陈庄去任蜀地的相国。蜀地既已归属秦国，秦国就更加强大富足，而且更加轻视天下各国。"

【注释】

①务：务必，一定。②三资：即三个条件。③谒：说明。

【解析】

秦国在商鞅变法之后，国富兵强，经济和军事的强大开始让秦国有了政治上的要求。它开始准备侵略其他的国家。司马错和张仪的争论，是在这个前提下进行的。他们争论的核心问题是先去攻打哪个国家更为有利。

张仪认为应该攻打中原腹地的楚魏，而否定先去攻打不值得兴兵的蜀国。而司马错认为此时的秦国还比较弱小，而且地理位置偏僻，应该从容易攻打的国家入手，一步步来增强国家的实力。如果像张仪所说的那样去攻打中原腹地，来"挟天子以令天下"，就会得到坏名声，并且还可能遭到中原各国的联合抵抗。

【处世策】

我们做事时，行动要有计划性，如同登台阶，低的台阶是高的台阶的必要铺垫。办事沉稳的人最忌好高骛远，心浮意躁。强行实现过高的目的是不可能的，所期望的局面不会由于草率的行动马上就来临，"心想事成"只是神话。在政界、商界经营一定要审时度势，权衡得失，考证行动的现实可操作性。政治就是一门把握可能性的艺术，在一个阶段不能做的事就应该不做。

张仪之残樗里疾

【原文】

张仪之残樗里疾也①，重而使之楚。因令楚王为之请相于秦。张子谓秦王曰："重樗里疾而使之者，将以为国交也。今身在楚，楚王因为请相于秦。臣闻其言曰：'王欲穷仪于秦乎②？臣请助王。'楚王以为然，故为请相也。今王诚听之，彼必以国事楚王。"秦王大怒，樗里疾出走。

【注释】

①残：害。②穷：围困。

【译文】

张仪要暗害樗里疾，便先提高他的地位，派他出使楚国，同时要楚王为樗里疾向秦王请求担任相国。张仪对秦王说："提高樗里疾的地位，派他使楚国，乃是为了两国的关系。现在樗里疾在楚国，楚王就向我国请求要樗里疾担任相国。我听他对楚王说：'大王您想要在秦国困住张仪吗？我愿意为您效劳。'楚王同意这样做，所以就为他向我王请求让他担任相国，如果大王您真的答应楚王的请求，他必然会把秦国出卖给楚王。"秦王听了十分生气，樗里疾便只好从楚国逃跑了。

【解析】

樗里疾是秦惠文王的异母兄弟，本名叫嬴疾，因为住在樗里而被称为樗里疾，为人多智，秦人称之为"智囊"，是战国中期秦国名将，因为公元前312年和魏章一起击败楚将屈丐而受封于严道，所以也称严君。他一生中为秦国立下了无数汗马功劳。秦人当时有句话叫"力则任鄙，智则樗子"，樗子指的就是他。

【处世策】

《道德经》云："欲先取之必先予之。"突然而来的富贵、权势不一定是我们幸运，这里边反倒可能暗藏陷阱。职位越高，阅历越大，金钱越多，就越容易受人猜疑，容易受人忌恨，也容易被人攻击。面对突然而来的富贵，我们一定要慎之又慎。

张仪欲以汉中与楚

【原文】

张仪欲以汉中与楚，请秦王曰："有汉中，蠹①。种树不处者，人必害之；家有不宜之财，则伤本。汉中南边为楚利，此

【译文】

张仪打算把汉中让给楚国，奏请秦王说："有汉中，总是个祸害。树种得不是地方，人们必会伤害它；家里有不义之财，就会有伤仁义。汉中南边对楚国有利，这是国家的忧患。"甘茂对秦王说：

国累也②。"甘茂谓王曰:"地大者,国多忧乎! 天下有变,王割汉中以为和楚, 楚必畔天下而与王③。王今以汉中与楚,即天下有变,王何以市楚也④? "

"国土广大,就一定会有忧患吗? 诸侯的关系一旦变化,大王您割让汉中去联合楚国,楚国必定会从诸侯中分裂出来,而与大王联合。大王现在把汉中割给楚国,如果诸侯关系发生变化,您又拿什么和楚国做交换条件呢? "

【注释】

①蠹:即虫,比喻为祸害。②累:指忧患。③畔:意指分裂。④市:此处比喻为交换条件。

【解析】

秦惠王末年,甘茂攻占楚国汉中。张仪嫉妒甘茂,寻找借口劝秦惠王将汉中还给楚国。甘茂坚决反对。最终秦派使者主动和楚国讲和,代价是分汉中的一半归还楚国。

【处世策】

现代人想在社会中混出点成绩,就不能怕麻烦。沟沟坎坎,残残缺缺,总是人生的主流。因此一定要有前瞻性的眼光,意识到自己人生会有低谷,并且善用手中有限的资源来应对困局。

楚攻魏张仪谓秦王

【原文】

楚攻魏。张仪谓秦王曰:"不如与魏以劲之①。魏战胜,复听于秦,必入西河之外;不胜,魏不能守,王必取之。"

王用仪言,取皮氏卒万人,车百乘,以与魏。犀首战胜威王,魏兵罢弊,恐畏秦,

【译文】

楚国进攻魏国。张仪对秦王说:"大王不如帮助魏国,来增强魏国的势力。如果魏国能战胜,就会更加听命于秦国,必定会献出西河之外的地方;如果魏国战败,那魏国就无法守住边塞,大王就可以攻取魏国。"

于是秦王就采纳了张仪的计策,派遣皮氏的军队一万人和战车一百辆,用来帮助魏国。结果魏国战胜了楚威王的军队,但这时魏国军队已经是

果献西河之外。　　　疲惫不堪了,魏国害怕秦国,果然把西河之外地方献给了秦国。

【解析】

从张仪三言两语的分析中,我们可以看到一个冷静观察、善于思考、准确判断、眼光独到的谋略家。之所以如此,是因为张仪善于利用各国之间的矛盾关系和力量对比,使秦国适时地参与到正在发生的矛盾变化中去,从中得到现实的国家利益。

楚国攻打魏国,这就给秦国带来了一个很好的机会,使它能够以很小的代价就可以"坐收渔翁之利"。从六国的角度来看,秦国的确如同一个虎视眈眈的虎狼之国。而它对六国战事的参与也是稳操胜券。在派军队支持魏国的问题上,无论魏国是否能够胜利,秦国图谋的魏地都志在必得。

【处世策】

说服他人的根本还在于打消对方的各种疑虑。要将事情的各种可能性都讲出来,如果各种可能性都是有利于你的观点的,那么对方就不得不对你心悦诚服。

田莘之为陈轸说秦惠王

【原文】

田莘之为陈轸说秦惠王曰:"臣恐王之若郭君。夫晋献公欲伐郭①,而惮舟之侨存。荀息曰:'《周书》有言,美女破舌②。'乃遗之女乐,以乱其政。舟之侨谏而不听,遂去。因而伐郭,遂破之。又欲伐虞,而惮宫之奇存。荀息曰:'《周书》有言,美男破老。'乃遗之美男,教之恶宫之奇。宫之奇以谏而不听,遂亡。因而伐虞,遂取之。今秦自以为王,能害王者之国

【译文】

田莘替陈轸说服秦惠王,说:"我担心大王将会遭到像郭、虞两国那样的危险。当初,晋献公想征伐郭国,又害怕郭国有大夫舟之侨。晋大夫荀息说:'《周书》上说:美女能惑乱国君。于是晋献公就把歌女送给郭君,以乱其政。舟之侨劝说君王,郭君不听劝,舟之侨就离开了郭国,随后晋国出兵攻郭,终于灭了郭国。晋国又想征伐虞国,又害伯虞国有大夫宫之奇。荀息说:'《周书》上说:徘优能惑乱老臣。'于是晋献公就把徘优送给虞君,让他们乘机说宫之奇的坏话。宫之奇进谏,虞君却不听,于是,宫之奇就逃离了虞国。晋国接着出兵攻虞,终于灭了虞国。现在大王称王于诸侯,但危害大王国家的,就是楚国。楚国知道秦将横门君善于用

者，楚也。楚智横君之善用兵，用兵与陈轸之智，故骄张仪以五国③来，必恶是二人。愿王勿听也。"张仪果来辞④，因言轸也，王怒而不听。

兵，陈轸善于出谋划策，所以依恃燕、赵、楚、魏、韩五国合纵，故意轻慢张仪。张仪来秦，必定会谗害这两人，希望大王不要听信他的。"张仪不久果然来进谗言，说陈轸的坏话，惠王大怒，不听信他的话。

【注释】

①郭：当为"虢"，虢国。②美女破舌：破，坏其事。舌，指谏臣。语出《周书》。意即用美女惑乱国君及朝廷政事。③骄：通"娇"，宠爱，重用。④辞：游说，进谗言。

【解析】

张仪要在秦惠王面前说陈轸的坏话。田莘提前用舟之侨与宫之奇的故事在秦王面前戳穿了事实的真相。所以秦惠王最终没有听信张仪的谗言。

【处世策】

所谓先发者制人，后发者制于人。第一个采取行动的人，通常是占领先机的人，尤其是在人际关系斗争中。所以，为人处世，当出手时就出手，切不可因为犹豫而落了后手。

张仪又恶陈轸于秦王

【原文】

张仪又恶陈轸于秦王，曰："轸驰楚、秦之间，今楚不加善秦而善轸，然则是轸自为而不为国也。小轸欲去秦而之楚，王何不听乎？"

王谓陈轸曰："吾闻子欲去秦而之楚，信乎？"陈轸曰："然。"王曰："仪之言果信也。"曰："非独仪知之也，行道之人皆知之。曰：'孝己爱其亲①，天下欲以为子；子胥忠乎其君，天下欲以为臣。卖

【译文】

张仪又说陈轸的坏话，他对秦王说："陈轸奔走于楚、秦之间，可现在楚国并不见得对秦国更加友好，却对陈轸友好。如此看来，陈轸全是为了自己，而不是为了秦国。而且陈轸打算离开秦国到楚国去，大王您却为什么不注意审察呢。"

秦惠王便对陈轸说："我听说您想离开秦国到楚国去，是真的吗？"陈轸说："是真的。"秦王说："那张仪的话是真的了！"陈轸说："这事不单是张仪知道，过路的人也都知道。从前，商王武丁之子孝己痛爱自己的后母，天下人都希望孝己做自己的儿子；吴国大夫伍子胥对自己君王尽忠，天下君王都希望伍子胥做自己的大臣。出卖仆妾，如果卖给邻里，因为邻里都了解她善良，这才是好仆妾；嫁女人，如果

仆妾售乎闾巷者②，良仆妾也；出妇嫁乡曲者③，良妇也。'吾不忠于君，楚亦何以轸为忠乎？忠且见弃，吾不之楚，何适乎？"秦王曰："善。"乃止之也。

嫁给乡里，因为乡里都了解她善良，这才是好女人。我如果不忠于君王，楚王又怎么会要我做他的大臣呢？一片忠心，尚且被遗弃，我不到楚国去，又到哪里去呢？"惠王说："好！于是就挽留了陈轸。

【注释】

①孝己：商王武丁的儿子。②闾巷：邻里。③出妇：被遗弃的妻子。

【解析】

陈轸没有在秦王面前直接指出张仪是在造谣，而是迂回曲折地讲了许多民间流传的谚语，以说反语的方式打消了秦王的猜忌，使张仪的谗言不攻自破。

【处世策】

在辩论，或反驳别人的意见时、先顺着对方的话语说，然后突然反戈一击，常常有出人意料的效果，这是一种很高明的辩论技巧。

陈轸去楚之秦

【原文】

陈轸去楚之秦①。张仪谓秦王曰："陈轸为王臣，常以国情输楚。仪不能与从事，愿王逐之。即复之楚②，愿王杀之。"王曰："轸安敢之楚也。"王召陈轸告之曰："吾能听子言，子欲何之？请为子约车。"对曰："臣愿之楚。"王曰："仪以子为之楚，吾又自知子之楚。子非楚，且安之也！"

轸曰："臣出，必故之楚，以顺王与仪之策，而明臣之楚与不也。楚人有两妻者，人挑其长者，长者詈之③；诱其

【译文】

陈轸离开楚国去了秦国。张仪就对秦惠王说："陈轸是大王的臣子，却经常把秦国的国情泄露给楚国。我不愿跟这样的人同朝共事，希望大王能把他赶出朝廷。他要是想重回楚国，希望大王杀掉他。"惠王说："陈轸哪里敢去楚国！"秦惠王召见陈轸，对他说："寡人愿意尊重你的意见，你要去哪里，我为你准备车马。"陈轸回答说："我愿意去楚国。"秦惠王说："张仪认为你是为了去楚国，我自己也知道你将去楚国。如果你不去楚国，又将在哪里安身呢！"

陈轸说："我离开秦国后，必定故意去楚国，以此来顺应大王和张仪所做的判断，而且可以表明我和楚国的真正关系。楚国有一个人娶了两个妻子，有人去挑逗勾引他年长的妻子，年长的就大骂拒绝；勾引他年轻的妻子，她就顺从了。没过多久，

少者④，少者许之。居无几何，有两妻者死。客谓挑者曰：'汝取长者乎？少者乎？'曰：'取长者。'客曰：'长者詈汝，少者和汝，汝何为取长者？'曰：'居彼人之所，则欲其许我也。今为我妻，则欲其为我詈人也。'今楚王明主也，而昭阳贤相也。轸为人臣，而常以国输楚王，王必不留臣，昭阳将不与臣从事矣。以此明臣之楚与不。"

这个有两个妻子的男人死了，有个客人问勾引者说：'在这两个寡妇当中，你娶那个年长的还是年轻的？'勾引者回答说：'我娶年长的！'客人问：'年长的骂过你，而年轻的服从了你，你为什么要娶年长的呢？'勾引者说：'当他们做别人妻子时，我希望她们迎合我的挑逗。如今做了我的妻子，我就要娶不迎合我挑逗的那个。'现在楚王是一位贤明的君主，而宰相昭阳也是一位贤明的大臣。我陈轸身为大王的臣子，如果经常把国事泄露给楚王，那么楚王必定不会收留我，而昭阳也不愿意跟臣同朝共事。所以以此来表明我到楚国去不是要帮助他们。"

【注释】

①去：离开。之：前往。②即：如果，假如。③詈(lì)：骂。④诜(tiǎo)：挑逗，引诱。

【解析】

这是张仪诋毁陈轸，陈轸在秦王面前为自己辩解的另一个版本。这里陈轸又用了"欲擒故纵"的手法，以简单形象、有趣幽默而且带点情色味的故事说明了自己去楚国恰恰证明了自己的清白。

卷四　秦二

齐助楚攻秦

齐助楚攻秦，取曲沃。其后，秦欲伐齐。齐、楚之交善，惠王患之，谓张仪曰："吾欲伐齐，齐楚方欢①，子为寡人虑之，奈何？"张仪曰："王其为臣约车并币，臣请试之。"

张仪南见楚王，曰："弊邑之王所说甚者，无大大王②。唯仪之所甚愿为臣者，亦无大大王。弊邑之王所甚憎者，无大齐王。唯仪甚憎者，亦无大齐王。今齐王之罪，其于弊邑之王甚厚，弊邑欲伐之，而大国与之欢，是以弊邑之王不得事令而仪不得为臣也。大王苟能闭关绝齐，臣请使秦王献商、于之地，方六百里。若此，齐必弱，齐弱则必为王役矣。则是北弱齐，西德于秦，而私商于之地以为利也。则此一计而三利俱至。"

【注释】

①欢：友好，交好。②大：超过。

齐国帮助楚国进攻秦国，攻取了秦国的曲沃这个地方。后来秦国想要报此仇恨就攻打齐国。但由于齐、楚两国交好，秦惠王为此感到很忧虑，就对张仪说："我打算攻打齐国，但现在齐楚两国的关系非常好，你为我谋划一下，应该怎么办？"张仪说："请大王为我准备车马和金钱，臣愿去南方尝试着游说楚王！"

张仪去南方楚国见楚怀王说："敝国国君最喜欢的人莫过于大王您了。我所喜欢做臣子的也莫过于大王您了。敝国国君最痛恨的人莫过于齐国的国君了，臣张仪最不愿侍奉的君主也莫过于齐国国君。如今齐国国君的罪恶深重，这对秦王来说是最严重的，因此秦国才准备进攻齐国，无奈贵国和齐国关系很好，以致使敝国国君不能侍奉大王，而且也不能使臣张仪做大王的忠臣。然而如果大王跟齐国断绝关系，臣请求前去劝说秦王献出商、于方圆六百里的土地。如果这样，齐国就必定变得衰弱。齐走向衰弱以后，就必定会听凭大王的役使了。如果这样做，大王就能削弱北面的齐国势力，而又在西面讨好了秦国，同时更获得了商、于方圆六百里的土地，这真是一举三得的好计策。"

【原文】

楚王大说，宣言之于朝廷曰："不穀得商、于之田①，方六百里。"群臣闻见者毕贺，陈轸后见，独不贺。楚王曰："不穀不烦一兵不伤一人，而得商、于之地六百里，寡人自以为智矣！诸士大夫皆贺，子独不贺，何也？"陈轸对曰："臣见商、于之地不可得，而患必至也，故不敢妄贺。"王曰："何也？"对曰："夫秦所以重王者，以王有齐也。今地未可得而齐先绝，是楚孤也，秦又何重孤国？且先出地绝齐，秦计必弗为也。先绝齐后责地②，且必受欺于张仪。受欺于张仪，王必怨之。是西生秦患，北绝齐交，则两国兵必至矣。"楚王不听，曰："吾事善矣！子其弭口无言，以待吾事。"楚王使人绝齐，使者未来，又重绝之。

【译文】

楚怀王听了大为高兴，就在朝廷上宣布，说："我得到了秦国的商、于六百里的土地。"群臣听了宣布之后，都来道贺，唯独陈轸最后才来晋见，却唯独他不道贺。楚王问："我没有征用一个兵卒，没有伤亡一个将士，就得到了商、于六百里的土地，我自己认为是很聪明的！朝中的义武百官都来给我道贺，唯独有你一人不来道贺，这是为什么？"陈轸回答说："我认为，大王您不但得不到商、于六百里的土地，而且会招来灾祸，所以臣不敢随意地向大王道贺。"楚王问："为什么？"陈轸回答说："秦王之所以重视大王，是因为有齐国作为盟国。现在秦国还没有把土地割给大王，大王就先跟齐国断绝关系，这样就使楚国陷于孤立无援的处境，秦国又怎么会重视孤立的国家呢？况且如果先让秦国割让土地，而后再和齐国断绝关系，秦国一定不同意这样做。如果楚国先跟齐国断交，而后再向秦国要求割让土地，那么必然受到张仪的欺骗而得不到土地。受到张仪的欺骗，将来大王必定会后悔。这样西面生出秦国的祸患，北面又和齐国断绝关系，如此一来秦、齐两国的军队都必定进攻楚国。"楚王不采纳他的意见，说："我的事情已经办妥当了！你就什么也不用多说，等待我将此事完成。"于是楚王就派使者到齐国去和齐国断绝关系，派出的使者还没有回来，楚王又派人去与齐国重申断绝关系。

【注释】

①不穀：古代帝王的自称。②责：索要。

【原文】

张仪反，秦使人使齐，齐、秦之交阴合。楚因使一将军受地于秦。张仪至，称

【译文】

张仪回到秦国，秦王派使者出使齐国，秦、齐两国暗中联合。楚国派一个将军到秦国接收土地，张仪装作生病不上朝。楚王说："张仪认为我不是诚心

病不朝。楚王曰:"张子以寡人不绝齐乎?"乃使勇士注詈齐王。张仪知楚绝齐也,乃出见使者曰:"从某至某,广从六里①。"使者月:"臣闻六百里,不闻六里。"仪曰:"仪固以小人②,安得六百里?"

使者反报楚王,楚王大怒,欲兴师伐秦。陈轸曰:"臣可以言乎?"王曰:"可矣。"轸曰:"伐秦非计也,王不如因而赂之一名都,与之伐齐,是我亡于秦而取偿于齐也。楚国不尚全乎?王今已绝齐,而责欺于秦,是吾合齐、秦之交也,国必大伤。"

楚王不听,遂举兵伐秦。秦与齐合,韩氏从之。楚兵大败于杜陵。故楚之土壤士民非削弱,仅以救亡者,计失于陈轸,过听于张仪。

和齐国断绝关系吗?"于是楚王派一名勇士到齐国去责骂齐王。张仪得知楚国和齐国确实断绝关系之后,才出来接见楚国前来索要土地的使臣,说:"敝国赠送贵国的土地,是从某地到某地,方圆总共是六里。"使者说:"我听说是六百里,没听说是六里。"张仪说:"我本来是个小人物,怎么能说有六百里呢?"

楚国使者返回到楚国,将这件事报告给楚王,楚王大怒,打算发兵攻打秦国。陈轸说:"现在我可以说话了吗?"楚王说:"可以。"陈轸说:"楚国发兵去攻打秦国,不是一个很好的办法。大王不如趁着这个机会,奉送秦国一个大都邑,和秦国联合起来攻打齐国,这样一来就可以把损失在秦国的从齐国取回来,这不就等于楚国没有损失吗?大王现在已经跟齐国断绝关系,但又去责备秦国,这是在促使秦、齐两国联合,若真是这样,楚国必定要遭受重大的损失。"

楚王不采纳陈轸的意见,依然决定发兵攻打秦国。秦、齐两国联合,韩国也加入了联盟。楚军被三国联军在杜陵打得惨败。所以说楚国的土地不是比其他各国面积小,老百姓也并非比其他各国软弱,但是之所以会落到几乎要亡国的地步,就是因为楚王没有采纳陈轸正确建议,而过分听信张仪的谎言。

【注释】

①广从(zòng):方圆。东西距离为广,南北距离为从。②固以小人:本为贱人。以,为。

【解析】

国家之间的交往是没有道德和诚信可言的,正如"没有永远的朋友,只有永远的利益",楚王并不是一个够格的政治家,他轻易地相信了张仪的美好谎言。他只听到了对方话语中的那方圆六百里的土地,而没有考虑国家分分合合所带来的重要意义。所以由此来看,楚王又是一个贪婪的国君。所有这些造成了他几乎沦落到要亡国的地步。而张仪,正是一个洞察了人性的谋略家。他对楚王十分了解，所以敢用十分露骨的话和他谈论国际关系；知道他人性中的贪婪本性，所以用方圆六百里的土地作为诱饵，引诱他上钩；正因为楚王是贪婪的，所以他无法听从陈轸的劝说，而最终导致了后来的结局。

【处世策】

国家之间是非道德的，企业之间也是非道德的，不像人与人之间有温良恭谦让。在国家利益这个大前提下，一切践踏道德的举动都能获得正义性。在企业利益面前，道德也同样需要让步。意大利政治学者马基亚维利，最先提出将政治从世俗道德中脱离出来，第一次让世人明白：政治中自有道德，但绝不是人与人之间的日常情理。同理，企业经营、商业买卖中也有道德，但也绝不本着人伦道德标准进行。如果我们在从政、经商、经营过程中不能因为人伦道德标准就畏手畏脚，错失良机；同样，受到道德伤害时，也同样要告诉自己，不能用人伦道德标准去指点职场、商界、政界的是是非非。

楚绝齐，齐举兵伐楚

【原文】

楚绝齐，齐举兵伐楚。陈轸谓楚王曰："王不如以地东解于齐，西讲于秦。"

楚王使陈轸之秦。秦王谓轸曰："子秦人也，寡人与子故也，寡人不佞①，不能亲国事也，故子弃寡人事楚王。今齐、楚相伐，或谓救之便，或谓救之不

【译文】

楚国与齐国断绝关系后，齐国发兵攻打楚国。陈轸对楚怀王说："大王不如割让土地，往东向齐国求得谅解，西面和秦国讲和。"

于是楚王派陈轸出使秦国。秦惠王对陈轸说："你本是秦国人，我和你是故交，但因为我不才，没有能够处理好国家大事，因此你离开我去侍奉楚王。如今齐、楚两国互相攻伐，有的人认为援助有利，有的人认为不援助有利。你难道不可以在为楚国效忠的同时，也为我出些主意吗？"陈轸说："大王难道没

便，子独不可以忠为子主计，以其余为寡人乎？"陈轸曰："王独不闻吴人之游楚者乎？楚王甚爱之，病，故使人问之，曰：'诚病乎？意亦思乎②？'左右曰：'臣不知其思与不思，诚思，则将吴吟。'今轸将为王'吴吟'。王不闻管与之说乎？有两虎诤人而斗者③，管庄子将刺之，管与止之曰：'虎者戾虫，人者甘饵也。今两虎诤人而斗，小者必死，大者必伤。子待伤虎而刺之，则是一举而兼两虎也。无刺一虎之劳，而有刺两虎之名。'齐、楚今战，战必败。败，王起兵救之，有救齐之利，而无伐楚之害。计听知覆逆者，唯王可也。计者，事之本也；听者，存亡之机。计失而听过，能有国者寡也。故曰：'计有一二者难悖也，听无失本末者难惑。'"

听说过吴国人到楚国去做官的故事吗？楚王很喜欢他，有一次他病了，因此楚王派人去问候他，说：'你真的生病了吗？还是心里思念吴国了呢？'左右的侍臣回答说：'我不知道他是不是思念家乡了，如果真的是思念家乡的话，那他就要唱吴歌了。'现在我就准备为大王唱'吴歌'。不知大王听没听说过管与的故事？说是有两只老虎，因为争吃人肉而打斗起来，管庄子准备去刺杀这两只虎，可是管与制止他说：'老虎是贪婪凶狠的大虫，人肉是老虎最香甜的食物，现在两只老虎为争吃人肉而打斗，小虎必然斗不过大虎而死，大虎也一定会因打斗而受伤。你就等着去刺那只受伤的大虎吧，这样就能一举而杀两虎。不用浪费杀死一只老虎的辛苦，实际上却能兼得刺杀两只虎的英名。'现在齐、楚两国正在作战，既然作战楚国就必然会战败。等楚国失败了，到那时大王再去援救，既能获得救齐的好处，而又没有攻打楚国的危害。是否听从我的计谋，能否预知事情的反复和逆顺，这就全凭大王自己决定了。计谋是成就大事的根本；是否善于听信好的计谋是国家存亡的关键。计谋有失误，或者听信了这样的计谋，却能保住国家的情形是很少的。因此说：'计谋要反复再三地权衡得失才不会失策，听信不失去根本的计策才不会被迷惑'。"

【注释】

①不佞：没有才能，这里是自谦的说法。②意亦：同"抑亦"，还是。③诤：同"争"。

【解析】

公元前312年，张仪使楚、齐断交。齐国出兵攻楚。楚王派陈轸出使秦国，陈轸建议秦王，先坐观成败，然后伺机取利。陈轸说服秦惠王采用的策略是用讲故事的方法来类比，达到表达自己想法的目的。从本篇和"陈轸去楚之秦"等来看，陈轸是很善于讲故事的。

用生动、形象而贴切的故事，可以说明那些单纯用直白的推论所无法表达清楚的道理。尤其是在有些话不方便明说的时候，举一个例子或者讲一个富有启发件的故事，能够收到意想不到的良好效果。

秦惠王死

【原文】

秦惠王死，公孙衍欲穷张仪。李雠谓公孙衍曰："不如召甘茂于魏，召公孙显于韩，起樗里子于国①。三人者，皆张仪之雠也，公用之，则诸侯必见张仪无秦矣！"

【译文】

秦惠王死了，公孙衍想要使张仪处于困境，秦人李雠对公孙衍说："您不如从魏国召回甘茂，从韩国召回公孙显，在国内重新起用樗里疾。这三个人都是张仪的敌手，您任用他们，则诸侯必知张仪在秦国失权，失宠了。"

【注释】

①起：通"举"，起用。

【解析】

张仪是靠着秦惠王的赏识才得以在秦国立足。秦惠王去世后，有策士献计，让公孙衍召回甘茂、公孙显，起用樗里疾以排挤张仪。

【处世策】

在与同事交往时，应当尽量求同存异、和而不同，将自己作为团队之一分子，真正融入团队，我们才有可能团结到更多的人，更加有力地开展工作，避免墙倒众人推。

义渠君之魏

【原文】

义渠君之魏①，公孙衍谓义渠君曰："道远，臣不得复过矣！请谒事情。"义渠君曰："愿闻之。"对曰："中国无事于秦，则秦且烧焫获君之国；中国为

【译文】

义渠君到魏国，公孙衍对他说："我们俩相隔甚远，我怕很难再与您相见了，请允许我奉告一些情况。"义渠君说："我很愿听取您的奉告。"公孙衍说："六国如果不进攻秦国，那么秦国就要烧掠贵国了；六国如果进攻秦国，那么，秦国

有事于秦，则秦且轻使重币而事君之国也。"义渠君曰："谨闻令。"

居无几何，五国伐秦。陈轸谓秦王曰："义渠君者，蛮夷之贤君，王不如赂之以抚其心。"秦王曰："善"。因以文绣千匹，好女百人，遗义渠君②。义渠君致群臣而谋曰："此乃公孙衍之所谓也。"因起兵袭秦，大败秦人于李帛之下。

马上就会备重礼讨好贵国。"义渠君说："恭敬地听从您的教导。"过了不久，魏、韩、赵、楚、燕五国攻秦。陈轸对秦惠王说："义渠君是蛮夷中的贤君，大王不如多备些重礼，以安抚他的心意。"秦王说："好。"于是，马上送给了义渠君锦绣千匹，美女百名。义渠君招集群臣，共同研究，说："这正是以前公孙衍曾警告过的。"于是，他出兵袭击秦国，大败秦军李帛。

【注释】

①义渠君：西戎之国名。②遗(wèi)：送、赠。

【解析】

义渠地处秦国后方，是羌族所建立的大国，和秦国经常发生冲突，公元前217年被秦灭亡。公元前318年，山东五国攻秦，魏相公孙衍劝义渠君趁机出兵，最终果然大败秦军。陈轸固然智慧，但他的如意算盘，这次却被公孙衍事先识破。

【处世策】

所谓"人外有人，天外有天"。做任何事情都不能托大，在"战略"上可以藐视对手，在"战术"上必须重视对手。小心驶得万年船，做事谨慎小心，总没有坏处。

医扁鹊见秦武王

【原文】

医扁鹊见秦武王①，武王示之病。扁鹊请除，左右曰："君之病，在耳之前、目之下，除之未必已也，将使耳不聪，目不明。"君以告扁鹊。扁鹊怒而投其石②："君与知之者谋之，而与不知者败之。使此知秦国之政也，则君一举而亡国矣。"

【译文】

医生扁鹊去见秦武王，武王把自己的病情告诉了扁鹊。扁鹊建议及早医治，可是左右的大臣说："国君的病在耳朵的前面、眼睛的下面，就是医治的话也未必能治好，还可能使大王的耳朵听不见，眼睛看不清。"武王把侍臣的意见告诉了扁鹊。扁鹊听了生气地把治病的砭石丢到了地上，说："国君和懂医术的人商量治病，又同不懂医术的人讨论不要治疗。从这些就可以推知秦国的内政如果也是这样的话，那么国君将会一下子就亡国了。"

【注释】

①扁鹊：姓秦名越人，春秋战国时期的神医。②石：针石，治病用的工具。

【解析】

医人和医国虽然不同，但在听取专家意见，不胡乱采纳纷扰的意见上是一致的。

【处世策】

一个人的做事风格一旦形成，那么他分析问题做出决策的方式就会体现在其他各个方面。而我们通过他的一些小的言行就可以推测到他的其他方面的大致情况。正所谓"见一斑而窥全豹""见微知著""一叶知秋"等，这些都是以小见大的认识方法。

秦武王谓甘茂

【原文】

秦武王谓甘茂曰："寡人欲车通三川，以窥周室①，而寡人死不朽乎？"甘茂对曰："请之魏，约伐韩。"王令向寿辅行。甘茂至魏，谓向寿："子归告王曰：'魏听臣矣，然愿王勿攻也。'事成尽以为子功。"向寿归以告王，王迎甘茂于息壤。

甘茂至，王问其故。对曰："宜阳，大县也，上党、南阳积之久矣，名为县，其实郡也。今王倍数险，行千里而攻

【译文】

秦武王对甘茂说："我想出兵向东进攻三川，取代周王，如果这样的话，我就是死了也会流芳百世。"甘茂说："请让我去魏国和他们联合，共同攻打韩国。"于是，武王派亲信向寿做甘茂的副使出使魏国。甘茂来到魏国，对向寿说："您回去告诉武王，说：'魏王已经同意我的要求。但希望大王不要进攻韩国。'当大事成功之后，一切功劳全归于您。"向寿回到秦国，把这话告诉了武王，武王便在秦邑息壤迎接甘茂。

甘茂到了息壤，武王问他为什么不进攻韩国？甘茂回答说："宜阳是韩国的大城邑，是上党和南阳两郡间的交通要道。长期以来，在宜阳积聚了两郡的人力和财物，它名义上是县，实际上相当一个郡。现在大王面临重重险阻，要跋涉千里去进攻韩国，

之，难矣。臣闻张仪西并巴蜀之地，北取西河之外，南取上庸，天下不以为多张仪而贤先王。魏文侯令乐羊将，攻中山，三年而拔之，乐羊反而语功，文侯示之谤书一箧，乐羊再拜稽首曰：'此非臣之功，主君之力也。'今臣羁旅之臣也，樗里疾、公孙衍二人者，挟韩而议，王必听之。是王欺魏，而臣受公仲朋之怨也。"

【注释】

①窥：窥伺，观察。

【原文】

昔者，曾子处费①，费人有与曾子同名族者而杀人，人告曾子母曰：'曾参杀人。'曾子之母曰：'吾子不杀人。'织自若。有顷焉，人又曰：'曾参杀人。'其母尚织自若也。顷之，一人又告之曰：'曾参杀人。'其母惧，投杼踰墙而走②。夫以曾参之贤，与母之信也，而三人疑之，则慈母不能信也。今臣贤不及曾子，而王之信臣又未若曾子之母也，疑臣者不适三人③，臣恐王为臣之投杼也。"王曰："寡人不听也，请与子盟。"于是与之盟于息壤。

果攻宜阳，五月而不能拔也。樗里疾、公孙衍二人在争

实在太难了啊！我听说，张仪西并巴、蜀，北取河西，南占上庸，诸侯并不因此就赞扬张仪的能耐，却称颂先王的贤明。魏文侯派乐羊为将，进攻中山，三年就灭掉了中山。乐羊返回魏国，称道自己的战功。文侯拿出一箱群臣指责攻击他的书信给他看，乐羊接受了文侯的批评，心悦诚服地拜谢说：'这不是我的功劳，完全是主君的功劳啊！'我现在只不过是客居在秦国的人，樗里疾、公孙衍他们都是韩国的近亲，倚仗和韩国的关系来进行非议，从中作梗，大王必会听从。如果这样，大王岂不落个'欺魏'之名，而我也要受韩相国公仲朋的怨恨了。"

【译文】

过去，曾子住在费地，费地有个与曾子同名同姓的人杀了人。有人告诉曾子的母亲说：'曾子杀了人。'曾子的母亲说：'我的儿子不会杀人。'她照样织布。过了一会儿，又有人来说：'曾子杀了人。'曾子的母亲仍然照样织布。又过了一会儿，一个人跑来说：'曾子杀了人。'曾子的母亲便惊恐万状，扔掉梭子，翻墙逃跑了。曾参这样贤德的人，而曾参的母亲又对他那样信任，可是三个人猜疑他，就使曾参的母亲产生了疑惑，也不再信任他。现在我不如曾参贤能，大王相信我又不如曾子的母亲相信曾参那样，猜疑我的人更不止三人，我恐怕大王是会像曾参的母亲那样扔掉梭子逃跑的。"武王说："我不听信别人的议论，让我们订立盟约吧。"于是武王和甘茂在息壤订立盟约。

后来甘茂攻打宜阳，五个月还不能攻下，于是樗里疾和公孙衍二人就在武王面前大进甘茂的谗言，武王几乎就要听信了，因而特别召回甘

之王④，王将听之，召甘茂而告之。甘茂对曰："息壤在波。"王曰："有之。"因悉起兵，复使甘茂攻之，遂拔宜阳。

茂进行警告。甘茂对武王说："息壤就在那里！"武王说："很好！"这时武王才又坚定信心，动用了全部兵力，继续让甘茂指挥作战，最后终于攻下了宜阳。

【注释】

①曾子：即曾参，孔子的弟子，以孝著称。②杼：织布用的梭子。踰：通"逾"，越过。③不适：不但，不只。适：同"啻"，但，只。④争：争辩，争论。

【解析】

甘茂向秦武王讲述了曾子杀人的事例，来劝说秦武王坚定自己的信念，而不要盲目听信别人的话。曾子杀人的事例，给我们透露了这样的道理。人在语言和事实面前是需要选择的，但语言对事实会起到颠覆的作用，尤其是当某种观点大家都在说的时候，那就会成为事实本身。正所谓"三人成虎"。

【处世策】

领导者在交办事情的时候，要相信下属，并且不能盲目听信其他人的评判。许多事情需要通过一定的调查研究才能弄明白到底是怎么回事，所以一定的调查研究也是很必要的。信任对于办成我们想要办成的事情是很重要的，从曾子杀人的故事，我们应该得到很多的启示和借鉴。

宜阳之役，冯章谓秦王

【原文】

宜阳之没，冯章谓秦王曰："不拔宜阳①，韩、楚乘吾弊，国必危矣！不如许楚汉中以欢之。楚欢而不进，韩必孤②，无奈秦何矣！"王曰："善。"果使冯章许楚汉中，而拔宜阳。楚王以其言责汉中于冯章，冯章谓秦王曰："王遂亡臣。因谓楚王曰：'寡人固无地而许楚王③。'"

【译文】

当秦、韩在宜阳交战之时，冯章对秦武王说："如果宜阳攻不下，韩、楚联合，乘我兵力疲惫之机进攻我们，那么秦国处境必然危险了。倒不如答应割让汉中给楚国，使楚国欢喜，从而，麻痹楚国，不让楚国助韩。楚国一欢喜，就不会进兵，韩国必然孤立。这样，韩国对秦国也没有什么办法了。"武王说："好。"他果然派冯章出使楚国，答应割让汉中给楚国，于是秦国攻下了宜阳。楚怀王随后要求冯章实现他的诺言，割让汉中给楚国。冯章对秦王说："请大王让我逃亡，您就对楚王说：'我本没有答应割地给楚王的。'"

①拔：同"攻"。②孤：孤立。③固：愿意，本意。

【解析】

前308年，秦国攻击韩国宜阳，又担心楚国救韩，所以秦王采用冯章之计，将汉中之地许诺给楚国，楚国果然没有出兵救韩。宜阳被攻克后，楚国索地，秦国却又抵赖不给。

【处世策】

在小利面前不能昏昏然没有理智。我们要学会辨识一个人是不是小人，孔子说："视其所以，观其所由，察其所安。人焉廋哉！人焉廋哉！"对于有过反复无常历史的人，切不可信。

甘茂攻宜阳

【原文】

甘茂攻宜阳，三鼓之而卒不上。秦之右将有尉对曰："公不论兵①，必大困。"甘茂曰："我羁旅而得相钱者，我以宜阳饵王。今攻宜阳而不拔，公孙衍、樗里疾挫我于内，而公仲以韩穷我于外，是无伐之日已！请明日鼓之而不可下，因以宜阳之郭为墓。"于是出私金以益公赏②。明日鼓之，宜阳拔。

【译文】

甘茂攻打韩国的宜阳，连续三次擂鼓进军，但士兵不前进。秦国右将军的属官军尉说："您如果不严明赏罚，论功行赏，以鼓励士气，就会陷入绝大的困境。"甘茂说："我是一个寄居在秦国而现在当上了秦国左丞相的人。我要以进攻宜阳为诱饵，来讨好武王。现在宜阳攻不下，在国内又有公孙衍、樗里疾百般阻挠，国外有韩相国公仲朋大力抵抗，陷我于困境。此刻是我穷途末路的日子到了。明天让我再击鼓进军，如果还攻不下来，我就以死殉职，你们就在宜阳城郊垒起我的坟墓吧！"于是，甘茂拿出自己的钱来添补公家的偿金。第二天击鼓进军，宜阳便攻下了。

【注释】

①论兵：分析兵力。此指明辨士卒之赏罚。②私金：自己的金钱。

【解析】

公元前307年，甘茂进攻宜阳，历时半年之久，秦国士卒疲惫，军无斗志，他就拿出自己的钱财作为国家的赏赐，发给士卒，以激励秦军，最终攻克了宜阳。

在前面的章节中，甘茂曾对宜阳的状况曾做过论述，内有其财力的充足，外有韩相公仲的智谋，宜阳不可能被攻克。但在甘茂自知没有生路的时候，置之死地而后生，却攻破了宜阳。人的潜能在特定的情况下，爆发出来的能量是惊人的。

【处世策】

置之死地，破釜沉舟有时候是能唤起一部分的潜能。这也算是一种危机意识。但必须事先认清形势。清楚地知道自己所面临的问题。因为人不能总是靠危机意识来推动自己进步，还是应当有主观的行动力才行。尝试着把自己身上的缺点全部写出来，然后看着缺点，不断将这些缺点放大，放大到自己无法承受的地步，危机意识自然就出现了。

宜阳未得

【原文】

宜阳未得，秦死伤者众，甘茂欲息兵①。左陈谓甘茂曰："公内攻于樗里疾、公孙衍，而外与韩侈为怨，今公用兵无功，公必穷矣。公不如进兵攻宜阳，宜阳拔，则公之功多矣。是樗里疾、公孙衍无事也②，秦众尽怨之深矣。"

【注释】

①息兵：停兵，停战。②无事：无所作为。

【译文】

宜阳没有攻下，秦兵死伤甚众，甘茂准备停战。秦臣左成对甘茂说："您在内受到樗里疾、公孙衍二人的攻击，在外又与韩相公仲朋结怨，如果宜阳攻不下，不能建立战功，您就会走投无路了。您不如仍然攻打宜阳，攻下了宜阳，那就建立了大功。樗里疾、公孙二人即使是攻击您，也无济于事，不能得逞。从而秦国众人就会对樗里疾、公孙衍二人深恶痛绝。"

【解析】

宜阳战役，秦国损兵折将甚多，主将甘茂欲半途而废。左成分析当时的内外形势，劝甘茂应坚持攻克宜阳。

【处世策】

在遇到困难的时候，人的内心会不自觉地打退堂鼓，可是很多时候，闯过去才是一

片天空,退缩回去往往是死路一条。所以说,人能否成功,学历、学问不是关键,关键的往往是人的魄力。

宜阳之役,楚畔秦而合于韩

宜阳之没,楚畔秦而合于韩。秦王惧。甘茂曰:"楚畏合韩,不为韩氏先战;韩亦恐战而楚有变其后。韩、楚必相御也①。楚言与韩,而不余怨于秦,臣是以知其御也。"

【注释】

①御:观望。

【解析】

公元前308年,宜阳之战中楚、韩结盟,甘茂向秦武王揭示了楚、韩面和心不和的道理,劝秦王不必担忧。

【处世策】

成功其实就是一连串取舍过程的结果。"舍",有时表面上看来令你有损失,但实际上善于"取舍",往往可以避免更大的损失。做任何事情都不要钻牛角尖,要冷静分析,要巧于取舍,才是最好的办法,才能得到最大的收获。

秦王谓甘茂

【原文】

秦王谓甘茂曰:"楚客来使者多健①,与寡人争辞,寡人数穷焉。为之奈何?"甘茂对曰:"王勿患也②!其健者来使者,则王勿听其事。其需弱者来使,则王必听之。然则需弱者用而

【译文】

当秦、韩在宜阳交战之时,楚国背叛与秦国的结约,而与韩国联合。秦武王甚为害怕。甘茂说:"楚国虽然与韩国联合,但它不会为韩国打头阵;韩国也担心秦、韩开战后,楚国会在他的后面发生变故。楚、韩两国必然各存戒心,互相防备。由于楚国虽然声称与韩国联合,但又不愿与秦国结怨,所以我知道他们会各存戒心,互相防备的。"

【译文】

秦武王对甘茂说:"楚国派来使臣,多是强者,他们和我争论,我常常被搞得很窘。这该怎么办呢?"甘茂说:"大王不要发愁,如果强者出使我国,大王就不要让他们履行职责,顺利开展工作;弱者出使我国,就让他履行职责,顺利开展工作。这样,楚国就会任用弱者,而不任用强

健者不用矣，王因而制之。" 者，大王也就可以对付他们了。"

战国策精华[上]

【注释】

①健：善辩。②患：忧虑，忧愁。

【解析】

甘茂劝秦王力挫楚国使者中的能人和智者，而给那些愚者以面子，以此来达到控制楚国的目的，这不能不说是一种智慧。

【处世策】

人们往往不喜欢跟过于聪明的人打交道。原因有二：首先，聪明人总是能明察秋毫、洞悉一切。然而，人非圣贤，孰能无过？谁也不是白璧无瑕、冰清玉洁，每个人都有不愿为他人所知的隐私，明察秋毫的人倘若揭开了别人的隐痛，当然会被忌恨。再者，聪明人往往太爱较真。凡事较真就容易得罪人。

甘茂亡秦且之齐

【原文】

甘茂亡秦且之齐，出关遇苏子①，曰："君闻夫江上之处女乎？"苏子曰："不闻。"曰："夫江上之处女②，有家贫而无烛者。处女相与语，欲去之。家贫无烛者将去矣，谓处女曰：'妾以无烛，故常先至，扫室布席，何爱余明之照四壁者③？幸以赐妾，何妨于处女？妾自以有益于处女，何为去我？'处女相语以为然而留之。今臣不肖，弃逐于秦而出关，愿为足下扫室布席，幸无我逐也。"苏子曰："善。请重公于齐。"

乃西说秦王曰："甘茂，

【译文】

甘茂从秦国逃了出来，打算到齐国去，出了函谷关，遇到了苏代，就对他说："您听说过江上女子的故事吗？"苏代说："没听说过。"甘茂说："在众多的江上女子中，有一个家里贫穷买不起蜡烛的女子。女子们在一起商量，要把家贫无烛的女子赶走。家贫无烛的女子准备离去了。她对女子们说：'我因为没有蜡烛，所以常常先到，打扫屋子，铺好席子。你们何必爱惜照在四壁上的那一点余光呢？如果赐一点余光给我，对你们又有什么妨碍呢？我自认为对你们还是有用的，为什么要赶我走呢？'女子们在一起商量，认为她说的对，就把她留下来了。如今我因为无才无德，被秦国驱逐，不得不出了函谷关。我愿意为您打扫屋子，铺设席子，希望不要把我赶走。"苏代说："好，我将设法让齐国重用您。"

于是，苏代先西入关中游说秦王说："甘茂是一个贤能的人，不是一般的人。他在秦国，几代都受到重用。从崤山到豁谷，秦国地形的险要和平

贤人，非恒士也。其居秦，累世重矣，自崤塞、黔谷，地形险易尽知之。彼若以齐约韩、魏，反以谋秦，是非秦之利也。"秦王曰："然则奈何？"苏代曰："不如重其贽④，厚其禄以迎之。彼来则置之槐谷，终身勿出，天下何从图秦。"秦王曰："善。"与之上卿，以相迎之齐，甘茂辞不往。

苏代为谓齐王曰："甘茂，贤人也。今秦与之上卿，以相迎之，茂德王之赐，故不往，愿为王臣。今王何以礼之？王若不留，必不德王。彼以甘茂之贤，得擅用强秦之众，则难图也！"齐王曰："善。"赐之上卿，命而处之。

坦，他都了如指掌。万一他通过齐国，联合韩、魏，反过来图谋秦国，这就对秦国不利了。"秦王说："这该怎么办？"苏代说："您不如多备厚礼，以高位重金聘他回国。他要是回来了，就让他守卫在槐谷，终身都不让他离开那里，天下各国又凭借什么图谋秦国呢？" 秦王说："好。"于是，给甘茂以上卿的高位，拿着相印到齐国去迎接他。甘茂推辞不去。

苏代为甘茂对齐王说："甘茂是一个贤能的人。现在秦王给他上卿的高位，拿着相印去迎接他，甘茂感激大王的恩德，因此不去秦国，而愿意做大王的臣子。现在大王怎样来礼遇他呢？如果大王不挽留他，他一定不会再感激大王。就凭借甘茂的贤能，如果让他统帅强秦的军队，秦国对齐国来说可就难以对付了。"齐王说："很好。"就赐甘茂为上卿，下令让他留在了齐国。

【注释】

①关：指函谷关。②处女：未出嫁的姑娘。③爱：吝惜。④贽：古代人们见面的时候馈赠给对方的礼物。

【解析】

甘茂在秦昭王元年受到大臣向寿等的谗毁而不得不离开秦国，准备逃亡到齐国去。恰在他逃亡的路上，遇到了苏代。他抓住机会，通过一个故事向苏代表达了自己愿意依附的愿望。于是苏代就开始奔走在秦国和齐国之间，他先后游说秦王和齐王，巧妙地利用各种利害关系，使两个国家都开始重视甘茂，最后使他重新获得了官位。

【处世策】

世事无常，每个人都会遇到人生的低谷，所不同的是人们在人生低谷中所表现出的人生态度，有的人自怨自艾、一蹶不振，从此沉沦下去；有的人顺其自然、逆来顺受，接受了命运的安排；但也有的人扼住了命运的喉咙，充分发挥主观能动作用，利用各种条件，毅然决然地从人生低谷走出来，走向了又一个人生的辉煌。

甘茂相秦

【原文】

甘茂相秦。秦王爱公孙衍，与之间有所立，因自谓之曰："寡人且相子。"甘茂之吏①，道而闻之，以告甘茂。甘茂因入见王曰："王得贤相，敢再拜贺。"王曰："寡人托国于子，焉更得贤相？"对曰："王且相犀首。"王曰："子焉闻之？"对曰："犀首告臣。"王怒于犀首之泄也，乃逐之。

【注释】

①吏：此处为家仆。

【译文】

甘茂出任秦国的相国，而秦王心爱公孙衍，和他有私房话要谈，于是亲自对公孙衍说："我将要让您出任相国。"甘茂的家臣从别人传言中听到这番话，把它告诉了甘茂。甘茂就去拜见秦王，说："大王得到了贤相，我深为大王庆贺。"秦王说："我把国家大事委托给你，怎么说又得到了贤相呢？"甘茂说："大王将要任命犀首公孙衍为相国。"秦王说："你从哪儿听来这话的呢？"甘茂回答说："犀首对我说的。"秦王因为犀首泄露了秘密，大为恼怒，就把他赶出了秦国。

【解析】

甘茂在初任相国的时候，就在秦王身边遍布眼线，秦王希望用公孙衍为相国，甘茂第一时间得到消息后，对秦王谎称公孙衍把此事告诉了自己，致使秦王把公孙衍赶出了秦国。

【处世策】

无论是在职场、政界、商界，都一定要有"狗"一样敏锐的"嗅觉"。很多人天真地相信，只要自己专业过人，工作脚踏实地，又不惹事生非，总有一天会被上司欣赏，可专业毕竟不是升迁的唯一指标。上班族应认清办公室政治没有旁观者的现实，这是一场你不下场参赛就会自动被判出局的游戏。妄想独善其身的人，只会被大家遗忘。这也不是鼓吹上班族在办公室里兴风作浪、每役必与，你可以不必下场打混战，但却必须保持消息灵通，随机应变。

【原文】

甘茂约秦魏而攻楚。楚之相秦者屈盖，为楚和于秦，秦启关而听楚使。甘茂谓秦王曰："怵于楚而不使魏制和①，楚必曰：'秦鬻魏'②。不悦而合于楚，楚魏为一，国恐伤矣。王不如使魏制和。魏制和，必悦。王不恶于魏，则寄地必多矣③。"

【译文】

甘茂联合秦、魏攻打楚国，楚国抗秦将领屈盖主张与秦国议和，秦国打开了关隘来接待楚国议和的使臣。甘茂对秦王说："如果您受楚国的利诱，而不让魏国主断议和之事，那么楚国定会扬言'秦国出卖了魏国'。魏国不高兴，就会与楚国联合。楚、魏一联合，秦国恐怕就要受害了。大王不如让魏国主断议和之事，魏国主断议和之事后，必定会高兴。大王能不使魏国怨恨您，那么'寄地'就一定会很多。"

【注释】

①怵(xù)：通"訹"，诱。②鬻：出卖，背叛。③寄地：由别人代管的地方。

【解析】

前312年，秦、楚蓝田之战，楚军大败，派屈盖求和于秦、魏，甘茂劝秦王让魏国处理议和之事，防止楚、魏联合攻秦。后来秦、楚谋和不成，发生丹阳之战，屈盖被俘虏，甘茂辅助魏章夺得汉中之地，韩、魏也乘机袭击楚国，甘茂的计策成功了。

陉山之事

【原文】

陉山之事，赵且与秦伐齐。齐惧，令田章以阳武合于赵，而以顺子为质。赵王喜，乃案兵告于秦曰①："齐以阳武赐弊邑而纳顺子，欲以解伐。敢告下吏。"

秦王使公子他之赵，谓赵王曰："齐与大国救魏而倍约②，不可信恃，大国不义，以告弊邑，

【译文】

在陉山的战役中，赵国将和秦国一道攻打齐国。齐国害怕起来，便派田章到赵国，以割让阳武为条件，希望和赵国和好，并以齐公子顺子作为人质，赵王很高兴，于是停止了对齐国的进攻，并告诉秦王说："齐国割让阳武给我，又以顺子作为人质，希望我们不要进攻。所以，我特将这个情况告诉阁下。"

秦王便派公子他到赵国，对赵王说："从前，齐国和贵国援救魏国，却违背了盟约，齐国是不

而赐之二社之地，以奉祭祀。今又案兵，且欲合齐而受其地，非使臣之所知也。请益甲四③万，大国裁之。"

【注释】

①案兵：罢兵。②倍约：背约。倍，通"背"。③益甲：增加兵力。

【原文】

苏代为齐献书穰侯曰："臣闻往来之者言曰：'秦且益赵甲四万人以伐齐。'臣窃必之弊邑之王曰：'秦王明而熟于计，穰侯智而习于事，必不益赵甲四万人以伐齐。'是何也？夫三晋相结，秦之深雠也。三晋百背秦，百欺秦，不为不信，不为无行。今破齐以肥赵，赵，秦之深雠，不利于秦，一也。秦之谋者必曰：'破齐弊晋，而后制晋楚之胜。'夫齐，罢国也，以天下击之，譬犹以千钧之弩溃痈也①。秦王安能制晋、楚哉！二也。秦少出兵，则晋、楚不信；多出兵，则晋、楚为制于秦。齐恐，则必不走于秦且走晋、楚。三也。齐割地以实晋、楚，则晋、楚安。齐举兵而为之顿剑，则秦反受兵。四也。是晋、楚以秦

【译文】

苏代为齐国给秦国相穰侯写信说："我听最近往来我国的人说：'秦国准备给赵国增加四万兵，来进攻齐国。'我一定会对齐王说：'秦王明察秋毫，而又善于谋略；穰侯才智过人，而又善于军事。他们一定不会给赵国增加四万兵力，去进攻齐国的。'何以见得呢？赵、魏、韩三国彼此联合，这乃是秦国的大敌。赵、魏、韩屡次背叛秦国，屡次欺侮秦国，秦国却不认为他们不讲信用，不认为他们行为恶劣。现在贵国帮助赵国打败齐国，以增强赵国的国力，而赵国乃是秦国的大敌，这对秦国并不利。此其一。秦国的谋士们一定会说：'打败了齐国，三晋和楚国也会因此疲惫不堪，随后可以一举而战胜三晋、楚国。'齐国疲弱，三晋和楚国攻打齐国，就好像用千钧重力的弓弩去穿透脓疮那样容易，秦王又怎么能战胜三晋、楚国呢？此其二。秦国帮助三晋和楚国进攻齐国，少出兵，则不会取信于三晋和楚国，多出兵，消耗了兵力，则会被三晋和楚国所击败。齐国如果害怕，就一定不会投靠秦国，而去投靠三晋、楚国。此其三。齐国割地给三晋和楚国，三晋、楚国就会停兵不进攻齐国，齐国举兵与秦国拼一死战，秦国就反会受到进攻。此其四。这样，三晋，楚国借秦国之力打败齐国，又借齐国之力打败秦国。为什么三晋、楚国就这样聪明，而齐、秦却那样愚蠢呢？此其五。秦国如果夺得安邑，与齐国和

可信赖的。依靠大国不是个正当的办法。您把这个情况告诉我们，可是，以前您给秦国两社之地，以供祭祀，并与我结盟，现在又按兵不动，打算与齐国联合，还想接受他们割地的条件。这是我们所不能理解的。我们就给您增加四万兵力，请贵国决定吧！"

安邑，善齐以安之，亦必无患矣。秦有安邑，则韩、魏必无上党哉。夫取三晋之肠胃与出兵而惧其不反也②，孰利？故臣窃必之弊邑之王曰：'秦王明而熟于计，穰侯智而习于事，必不益赵甲四万以伐齐矣。'"

好，安定齐国，这将会平安无事。秦国据有安邑，韩国的上党就必不可保。占据三晋要害之地上党和安邑，这与出兵助赵攻齐，明知出兵不利而担心有来无返，两相比较，哪个有利呢？所以，我一定会对齐王说：'秦王明察秋毫，而又善于谋略，穰侯才智过人，而又善于军事，他们一定不会给赵国增加四万兵力，去进攻齐国的。'"

【注释】

①痈：恶疮。②肠胃：肠胃本意是人的重要器官。此处比喻为要害的地方。

【解析】

公元前285年，赵、齐发生灵丘之战前夕，乐毅以赵国名义约五国伐齐，此时燕国尚未公开露面。秦和赵国是盟国。齐国派人割地给赵以求和，赵王允诺，可是秦王拒不答应，并派增援部队。苏代就写信游说秦国穰侯魏冉，历数联赵攻齐的害处，并怂恿秦国军队攻打韩、魏。认真分析起来，苏代之所以能成功劝服魏冉，主要因为他对天下形势能了然于胸。

【处世策】

俗话说，"读万卷书，行万里路"。行路，各处走走看看，是开阔眼界的好方法. 眼界的作用，不仅让你在刚刚踏上社会就有一个比别人更好的起步，而且会一直贯穿于你的整个事业历程。"心有多大，舞台就有多大。"职场人的眼界有多宽，他的事业也就会有多大。

秦宣太后爱魏丑夫

【原文】

秦宣太后爱魏丑夫。太后病将死，出令曰："为我葬，必以魏子为殉。"魏子患之。庸芮为魏子说太后曰："以死者为有知乎？"太后曰："无知也。"曰："若太后之神灵，明知死者之无知

【译文】

秦宣太后与下臣魏丑夫有私情。宣太后生病将死，发出命令说："如果我死了，一定要魏子为我殉葬。"魏丑夫非常忧虑，秦臣庸芮为魏丑夫说服宣太后，说："您认为人死了还会有知觉吗？"宣太后说："不会有知觉了。"庸芮说："像太后这样无所不知的人，明明知道人死了不会有什么知觉，为什么平白地要把自己所爱的人和无知觉的死人同葬呢？如果死人还知道什么的话，那么先王（宣太后的丈夫）早

矣,何为空以生所爱,葬于无知之死人哉!若死者有知,先王积怒之日久矣,太后救过不赡①,何暇乃私魏丑夫乎?"太后曰:"善。"乃止。

就不知道该多么生气了。太后纠正错误还来不及呢,哪里还有工夫去私爱魏丑夫呢。"宣太后说:"好。"于是就取消了要魏丑夫殉葬的命令。

【注释】

①赡:充足,充分。

【解析】

秦宣太后死于昭襄王四十二年(公元前265年)。宣太后死前要用嬖宠魏丑夫殉葬,可见当时的秦国尚掺杂有狄戎的习俗。

【处世策】

跟权贵或长辈说话时,一定要注意策略。因为处在优势的人出于保护自己的位置的心态,不会轻易采纳他人的建议。对他们进行游说之前,要细致地采纳说话的方式,即以什么样的方式说话才能使他们接受我们的建议。我们可以设问他一些最基本的事理,这些设问绝对会得到肯定的答复,当与对方在基本事理上达成一致,取得双方在心理和事理的一致和认同,然后再推演出自己的目的,如此循循善诱方可达到预期的目的。

卷五　秦三

薛公为魏谓魏冉

薛公为魏谓魏冉曰："文闻秦王欲以吕礼收齐，以济天下①，君必轻矣。齐、秦相聚以临三晋，礼必并相之，是君收齐以重吕礼也。齐免于天下之兵，其雠君必深。君不如劝秦王令弊邑卒攻齐之事。齐破，文请以所得封君。齐破晋强，秦王畏晋之强也，必重君以取晋。齐予晋弊邑②，而不能支秦，晋必重君以事秦。是君破齐以为功，操晋以为重也。破齐定封，而秦、晋皆重君；若齐不破，吕礼复用，子必大穷矣。"

【译文】

薛公田文为魏国劝说秦相魏冉，说："我听说秦王想通过吕礼去联合齐国，以征服天下，这样，您的地位一定会降低了。齐、秦联合起来，互相协助，以威胁赵、魏、韩三国，吕礼必然会做齐、秦两国的相国，这样，您就等于替吕礼联合了齐国，从而抬高了吕礼的地位。如果齐国避免遭到诸侯的进攻，无内忧外患，更有余力念及私仇，那就会加深他对您的仇恨。您不如劝秦王让魏国去完成攻齐的任务。魏国如果打败了齐国。我田文将请求魏王把所得的齐国土地作为您的封地。齐国如果被魏国打败，魏国就会强盛起来，秦王担心魏国强盛，一定会借重您去联合魏国。齐、魏交兵，已经疲惫不堪，不能对抗秦国，那么魏国也一定会借重您去讨好秦国。这样，您既收到了打败齐国之功，又依仗魏国抬高了自己的地位。打败齐国，可以确定您的封地，而且秦、魏都得看重您；不打败齐国，吕礼就又会在齐国被重用，那您必将陷入莫大的困境了。"

【注释】

①济：征服。②予：通"与"，和。弊：疲困。

【解析】

公元前294年，秦国将领吕礼逃亡到齐国，齐国任用他为相国。吕礼与孟尝君不和，孟尝君被迫逃到魏国。魏冉劝秦昭王讨伐齐国，吕礼因此只好又回到秦国。秦王希望借重吕礼联合齐国，对三晋施加压力。有人就替孟尝君游说魏冉，认为吕礼一旦受重用，一定会损害魏冉的利益，力劝魏冉从中破坏此事。

【处世策】

竞争就是让对手无法得逞。让对手的强势无法施展,把竞争对手的优势化解。同时由我方主导话语权,主导行动权,在形成有利于我方的环境下,发挥出自己最大的优势。

秦客卿造谓穰侯

【原文】

秦客卿造谓穰侯曰①:"秦封君以陶,藉君天下数年矣。攻齐之事成,陶为万乘②,长小国③,率以朝,天下必听,五伯之事也;攻齐不成,陶为邻监④,而莫之据也。故攻齐之于陶也,存亡之机也。

"君欲成之,何不使人谓燕相国曰:'圣人不能为时,时至而弗失。舜虽贤,不遇尧也,不得为天子;汤、武虽贤,不当桀、纣不王;故以舜、汤、武之贤,不遭时不得帝王。今攻齐,此君之大时也已。因天下之力,伐雠国之齐,报惠王之耻,成昭王之功,除万世之害,此燕之长利,而君之大名也。

【译文】

秦国的客卿造对秦国相国穰侯说:"自从秦王把陶邑封给您,到现在您在秦国已经掌权好多年了。如果你能攻下齐国的话,您的封地陶邑就能成为万乘大国,这样您也就可以成为一个小国家的领袖,率领他们朝见天子,天下都会听从,这样的事功可以同春秋时代的五霸相比啊!如果攻打齐国不能实现,陶邑就会被邻国觊觎,您也就无所依靠了。所以进攻齐国,这对陶邑来说是存亡的关键。

"您如果想做成功这件事,何不派人出使燕国,对燕国相国说:'即使是圣人也不能创造时机,但只要时机来了就决不把它放过。虞舜虽然贤德,如果他不遇到唐尧,他也不会成为天子;商汤、周武王虽然贤德,如果不是遇到昏君夏桀和商纣,他们也不会称王于天下。所以即使是贤德的虞舜、商汤和周武王,如果他们不遇到时机,也都不可能成为帝王。现在进攻齐国,这是您的大好时机啊!凭借着天下诸侯的力量,攻打敌对的齐国,既可以报复燕惠王的耻辱,又可以完成燕昭王的功业,还可以为燕国除掉万世之害,这是燕国长远的利益所在,也是您建立功名的大好时机。

【注释】

①客卿:给予外来人士的高级爵位。造:人名。②陶:穰侯魏冉的封邑。在今山东定陶西北。③长(zhǎng):首领。④监(làn):通"滥",贪慕。

"《书》云,树德莫如滋,除害莫如尽。吴不亡越,越故亡吴;齐不亡燕,燕故亡齐。齐亡于燕,吴亡于越,此除疾不尽也。以非此时也,成君之功,除君之害,秦卒有他事而从齐。齐、赵合,其雠君必深矣。挟君之雠以诛于燕,后虽悔之,不可得也矣。君悉燕兵而疾攻之,天下之从君也,若报父子之仇。诚能亡齐,封君于河南①,为万乘,达途于中国②,南与陶为邻,世世无患。愿君之专志于攻齐而无他虑也。'"

"《尚书》上说:'积累阴德越多越好,除去祸害越彻底越好。'当初吴国不乘势灭掉越国,越国却因此灭掉了吴国;齐国不乘势灭掉燕国,燕国却因此灭掉了齐国。齐国被燕国灭掉,吴国被越国灭掉,这都是因为除去祸害不彻底的缘故。您如果不抓住时机完成您的功业,除掉您的祸害,一旦秦国发生其他变故,而与齐国联合,或者齐国和赵国联合,您的敌人就更加强大了。如果不及时联合您的仇敌讨伐燕国,到那时,后悔也来不及了。如果您动员燕国的兵力,马上消灭齐国,诸侯也一定会像儿子为父亲报仇那样作战。如果真的能够灭掉齐国,就将黄河以南一带作为您的封地,成为万乘之国,身居中原,四通八达,南与陶邑为邻,世代都没有祸患,希望您一心一意地进攻齐国吧,不要有其他的想法了。"

【注释】

①河南:黄河以南地区。②达途:通道。中国:中原地区。

【解析】

公元前 271 年,客卿造向秦国相国穰侯进言,主张攻打齐国,来扩大穰侯在陶邑的封地,他向秦国相国分析了燕国和齐国之间有世代相延的仇恨,他主张秦国应该联合燕国攻打齐国,来使陶地成为小国家的首领。

【处世策】

在商界、政界和其他人际环境中,自己想要强大,必须要拥有他人的力量和资源,而对付对手,一定要寻找盟友,从盟友的自身利益出发,说服他加盟,如此就有了攻克对手的胜算。

魏文谓魏冉

【原文】

魏文谓魏冉曰："公闻东方之语乎？"曰："弗闻也。"曰："辛张、阳毋泽说魏王、薛公、公叔也，曰：'臣战，载主契国以与王约，必无患矣。若有败之者，臣要求挈领①。然而臣有患也。夫楚王之以其臣请挈领，然而臣有患也。夫楚王之以其国依冉也，而事臣之主，此臣之甚患也。'今公东而因言楚，是令张仪之言为禹②，而务败公之事也。公不如反公国，德楚而观薛公之为公也。观三国之所求于秦而不能浔者，请以号三国以自信也。观张仪与泽之所不能浔于薛公者也，而公请之以自重也。"

【译文】

魏文对魏冉说："您听到了山东各国的议论吗？"魏冉说："没有听到什么。"魏文说："辛张、阳毋泽游说魏王、薛公、公叔，他们说：'我们已经用车子载了祖宗的牌位，行祭祀之礼，下决心代表本国与大王订立盟约，以后一定不会有什么祸患。如果破坏了盟约，我们就请求刎颈自杀。不过，我们还有顾虑。楚国依赖秦国的魏冉，把国家大事交给他决断，这是我们非常忧虑的。'现在您要到楚国去，和他们会谈，这岂不证明辛张、阳毋泽他们所说的完全正确，而很快就会破坏您的大事吗？您不如返回秦国，仍与楚国友好，静观薛公他们对您采取什么态度；看看魏、齐、韩三国对秦国到底有什么要求现在还未得到，您就对他们公开提出。使他们相信秦国，同时也观察辛张、阳毋泽他们到底还有什么要求现在还未从薛公那儿得到，您就替他们向薛公提出。这样，您岂不就在各国之间处于举足轻重的地位了吗？"

【注释】

①挈领：断颈。挈，断。领，颈。②为禹：像大禹一样善谋。

【解析】

秦楚联盟，引起了齐、魏、韩三国的不安。有人劝魏冉在保持与楚国的关系的同时，还应注重拉拢齐、魏、韩三国，只有这样才能使魏冉在秦国的地位彻底得到巩固。而魏文给魏冉想出的方法就是"静观其变"，看看这些人的反应。

【处世策】

按兵不动之所以能够取得成功，都是缘于指挥者能够做到心中有数。只要你预料到事态的发展方向，并制定了应对策略，那么，事情终究还是会按照你的意思去发展。

【原文】

谓魏冉曰："和不成，兵必出。白起者，且复将。战胜，必穷公；不胜，必事赵。从公，公又轻①。公不若毋多，则疾到。"

【注释】

①公又轻：指被人看不起。轻，指地位轻。

【解析】

此为秦赵长平之战后，前259年的事情。此年十月，白起使王龁拔赵武安、皮牢，又使司马梗北定太原，尽有上党之地。韩、魏空谷，使人贿赂应侯。赵国也使人说服秦皇后，应侯说服秦王，允许韩、赵割六城以和罢兵，白起从此和应侯不和。

【处世策】

有时候，不求战功而战功自来。很多的年轻人，仅凭着一张文凭，就以为可以和老板在薪酬上讨价还价。实际上，薪酬绝不是讨要来的，而是做事儿做出来的，踏踏实实做好分内的工作，再和老板提加薪，才会有收获。即使老板不识英才，也会有"伯乐"发现你的。千里马不也是跑起来才能见分晓吗？

【译文】

有人对魏冉说："如果主张和赵国议和，不成功，那一定要出兵。如果出兵，白起又将率兵出战。战胜了赵国，由于您原来主张议和，那就于您不利；如果被赵国打败，秦国就一定得听从赵国的。这时如果同意您议和，您就会被人看轻了。您不如不要贪尊立功，而功劳很快就会来！"

谓穰侯

【原文】

谓穰侯曰："为君虑封，莫若于陶。宋罪重，齐怒须。残伐乱宋，德强齐，定身封，此亦百世之时也已①！"

【译文】

有人对穰侯魏冉说："为您谋求封地，不如选择陶邑。宋国罪大恶极，齐国深恨宋国，灭掉无道的宋国，既能得到齐国的感激，又能确定您的封地。这是千载难逢的良机啊！"

【注释】

①时：良机。

【解析】

此章为苏秦说服李兑帮助齐国攻打宋国以取得定陶的说辞，魏冉虽然与齐国不和，但因为在攻打宋国这一点上，有共同利益。因此也可以放下仇怨，进行合作。

【处世策】

人与人之间，小组与小组之间，企业与企业之间，有多少分歧和矛盾不要紧，只要我们肯挖掘双方的共同点，愿意求同存异，或者说愿意异中求同，才能有更多的合作，才可能有更多的成功机会。

谓魏冉曰，楚破秦

【原文】

谓魏冉曰："楚破秦，不能与齐县衡矣①。秦三世积节于韩、魏，而齐之遗新加与。齐秦交争，韩、魏东听，则秦伐矣。齐有东国之地，方千里。楚苞九夷②，又方千里，南有符离之塞，北有甘鱼之口。权县宋、卫，宋、卫乃桑阿、甄耳。利有千里者二，富擅越隶，秦乌能与齐县衡韩、魏支分方城膏腴之地以薄郑③？兵休复起，足以伤秦，不必待齐。"

【译文】

有人对魏冉说："如果楚国被齐国打败，秦国就不能同齐国抗衡了。秦国和韩、魏结下仇怨已历经三代，可齐国已经开始和韩、魏友好。齐、秦两国互相争取韩、魏，如果韩、魏一旦倒向齐国，那么，秦国就会遭到三国的进攻。齐国如果拥有方圆千里的东部土地，又占据楚国方圆千里的九夷之地，这样，齐国就拥有了大片土地，南有符离塞，北有甘鱼口。衡量一下宋、卫两国，它们只相当于齐国的阿、甄两个县而已。齐国可以获取两个方圆千里之地的收益，又拥有旧时越国的众多人民，那就殷富无比。秦国哪里还能和齐国抗衡呢？再说，韩、魏两国打败了楚国，瓜分了楚国方城一带肥沃的土地，然后休整士兵，再进军攻秦，就完全可以打败秦国，不必等待齐国的援助。"

【注释】

①县衡：对抗，抗衡。②苞：包，裹。③支分：瓜分。

【解析】

前303年，齐、韩、魏三国因楚国背叛纵约，联合伐楚。楚怀王派太子横到秦国

做人质,求秦国救援,同时派说客游说秦国丞相魏冉,认为楚国破亡,齐、韩、魏三国就会强大,后果对秦国十分不利,因此力劝秦国出兵救援楚国。

【处世策】

营销的关键点,首先是存亡,其次是利益,多讲对方,少讲自己。这世界上有怜悯之心的人总是不多。还是寻求利益共存才是上策。懂经营的人都知道,救人有时就是救己,不会只顾及眼前利益的得失。

五国罢成皋

【原文】

五国罢成皋,秦王欲为成阳君求相韩、魏,韩、魏弗听。秦太后为魏冉谓秦王曰:"成阳君以王之故,穷而局于齐,今王见其达收之,亦能翕其心乎①?"王曰:"未也。"太后曰:"穷而不收,达而报之,恐不为王用;且收成阳君,失韩、魏之道也。"

【译文】

赵、魏、韩、齐、燕五国联合攻秦,在成皋停战。秦王想为成阳君向韩、魏请求让他兼任两国的相国,韩、魏不同意。秦宣太后为秦相魏冉对秦王说:"成阳君因为您的缘故,困居在齐国,现在您见他得意了,又要任用他,这能使他顺心满意吗?"秦王说:"不能。"太后说:"当他穷困的时候,您不任用他,在他得意的时候,反而任用他,恐怕他不会为您所用。而且您任用了成阳君,韩、魏却不任用成阳君,所以说,这是有损秦国与韩、魏关系的做法。"

【注释】

①翕(xī):和,顺。

【解析】

前288年,李兑约赵、魏、韩、齐、燕五国伐秦,秦王为与成阳君冰释前嫌,推荐他做韩、魏相国。宣太后想重用自己的弟弟魏冉,劝秦王放弃重用成阳君的打算。

【处世策】

这个事情向现代人证明了:别人落魄时候,你疏远了他;当他显达的时候,你再想和他建立良好的关系,是一件多么困难的事情。锦上添花,不过应景而已;雪中送炭,才是别人真正需要的。

范子因王稽入秦

【原文】

范子因王稽入秦①，献书昭王曰："臣闻明主莅正，有功者不得不赏，有能者不得不官；劳大者其禄厚，功多者其爵尊，能治众者其官大。故不能者不敢当其职焉，能者亦不得蔽隐②。使以臣之言为可，则行而益利其道；若将弗行，则久留臣无为也。"

"语曰：'人主赏所爱而罚所恶；明主则不然，赏必加于有功，刑必断于有罪。'今臣之胸不足以当椹质，要不足以待斧钺③。岂敢以疑事尝试于王乎？虽以臣为贱而轻辱臣，独不重任臣者后无反覆于王前耶④？"

"臣闻周有砥厄，宋有结绿，梁有悬黎，楚有和璞，此四宝者，工之所失也，而为天下名器。然则圣主之所弃者，独不足以厚国家乎？臣闻善厚家者，取之于国；善厚国者，取之于诸侯。天下有明主，则诸侯不得擅厚矣。是何故也？为其害荣也⑤。良医知病人之死生，圣主明于成败之事，利则行之，害则舍之，疑则少尝之，虽尧、舜、禹、汤复生，弗能改已。"

"语之至者，臣不敢载之于

【译文】

魏人范雎通过秦国使者王稽来到秦国，给秦昭王写了一封信，信上说："我听说，英明的国君执政，对有功劳的人不得不给予奖赏；对有能力的人不得不安排做官；功劳大的人给的俸禄多，封的爵位高；能力强的人担任官职就大。因此，没有能力的人就不敢随便任职；真正有能力的人，也不会埋没他的才能。如果您认为我的话正确，那么，依此执行就会更加有利于国家的政治；如果认为我的话不能实行，那么把我久留在秦国也是没有什么作用的。

"俗话说：'昏庸的国君奖赏他所喜爱的人，惩罚他所憎恶的人。英明的国君就不是这样，奖赏一定要加给有功的人，刑罚一定要判给有罪的人。'现在，我的胸膛挡不住砧板，我的腰板抵不住斧钺。我怎么敢拿模棱两可的政治主张，来轻易冒犯大王严峻的刑罚呢？臣虽鄙贱不足以闻，大王又难道会认为举荐臣的人胆敢欺诈大王吗？

"我听说，周有砥厄，宋有结绿，梁有悬黎，楚有和氏，这是四种宝玉，虽然工匠不能辨识，可是它们仍然是天下有名的宝器。如此说来，明主所不要的，难道对国家就没有重大的用途吗？我听说，善于使家中富裕的，就要取之于国；善于使国中富有的，就要取之于诸侯。天下有了英明的国君，诸侯也就不可能独据富厚之利。这是什么缘故呢？因为昏庸的君主舍弃了杰出的人才，而不能任用他们。高明的医生，可以知道病人的生死，贤明的君王可以预见事情的成败。认为有利就该实行，认为有害就该舍弃，认为有怀疑就不妨稍加尝试，来探明根源。这些道理，即使是尧、舜、禹、汤活到现在，也是不能改变的。

书；其浅者，又不足听也。意者，臣愚而不阖于王心耶？亡其言臣者将贱而不足听耶？非若是也，则臣之志，愿少赐游观之间⑥，望见足下而入之。"

书上，秦王说之，因谢王稽说，使人持车召之。

"话说得深了，我又不敢写在信上；话说得浅了，又不值得听，因为我愚蠢无能，所说的话不能使大王中意，或者就是因为我地位低下，不足听信。如果不是这样，那么希望大王能稍微抽出一点游览观赏的时间，我将当面进言。"

书信呈上秦昭王，秦昭王看了大为高兴，就采纳了王稽的建议，派人驱车将范雎接来。

【注释】

①范子：即范雎，魏国人，字叔，入秦后被封为应侯。他明确地为秦国提出了远交近攻的外交策略，为秦国统一六国做出巨大贡献。②蔽隐：埋没。③要：同"腰"。④任臣者：指王稽。任，推举。⑤害荣：指舍弃英才。⑥志：心意。间：空闲。

【解析】

范雎在魏国遭到陷害，心有余悸地通过王稽的引荐来到秦国。但他对秦王还不了解，尤其是秦王对自己的态度是什么样的，心里并没有底。所以他没有冒昧地立刻就去面见秦王，而是巧妙地先给秦王写了一封信。这封信表面上是在谈论国家的用人政策，但实质上是在试探秦王，并在字里行间对秦王推销自己，希望自己能够在秦国得到重用。

【处世策】

人一生其实只有一项工作，那就是推销自己。每个人的生存都需要大量的物质和精神资源，你要得到资源，就要与对方进行交易——销售自己的资源，换来自己想要的资源。凡是有大成就的人，都是人们对他有大需求的人，而人们之所以能认可他，在于他能销售自己，使自己价值连城、奇货可居。所以人生在世，学会推销自己是第一位的。

范雎至秦

范雎至秦，王庭迎①，谓范雎曰："寡人宜以身受令久矣。今者义渠之事急，寡人日自请太后。今义渠之事已，寡人乃得以身受命。躬窃闵然不敏②，敬执宾主之礼。"范雎辞让。是日见范雎，见者无不变色易容者。

秦王屏左右③，宫中虚无人。秦王跪而请曰："先生何以幸教寡人？"范雎曰："唯唯④。"有间，秦王复请，范雎曰："唯唯。"若是者三。秦王跪曰⑤："先生不幸教寡人乎？"范雎谢曰："非敢然也。臣闻始时吕尚之遇文王也，身为渔父而钓于渭阳之滨耳，若是者交疏也。已一说而立为太师，载与俱归者，其言深也。故文王果收功于吕尚，卒擅天下，而身立为帝王。即使文王疏吕尚而弗与深言，是周无天子之德，而文、武无与成其王也。今臣，羁旅之臣也，交疏于王，而所愿陈者皆匡君之事，处人骨肉之间，愿以陈臣之陋忠，而未知王之心也，所以王三问而不对者是也。臣非有所畏而不敢言也，知今日言之于前，而明日伏诛于后，然臣弗敢畏也。大王信行臣之言，死不足以为臣患，亡不足以为臣忧，漆

范雎来到秦国，秦王亲自到宫殿前面的庭院里迎接他，秦王对范雎说："我早就该聆听你的言论和教诲了。如今却又碰上要急于处理义渠的事务，我每天又要亲自给太后问安。现在义渠的事已经处理完毕，我这才能够亲自聆听你的教诲了。我深深感到自己愚钝，现在让我来行宾主礼仪吧。"范雎表示了谦让。这一天，凡是见到范雎的人，没有不对他肃然起敬、另眼相看的。

秦王让左右的人退了出去，宫中只剩下了他们两个人。秦王跪着请求说："先生怎么来教导我呢？"范雎说："啊！啊！"过了一会儿，秦王再次请求，范雎又说："啊！啊！"就这样一连三次。秦王又拜请说："先生真的不教导我了吗？"范雎于是恭敬地说："我并不敢这样。我听说，当初吕尚与文王相遇的时候，他只是一个渔夫，在渭河钓鱼而已，那时，他们交情疏远。此后，当吕尚一进言，就被尊为太师，和文王同车回去，这是因为他谈得很深刻的缘故。所以文王终于因吕尚而建立了功业，最后掌握了天下的大权，自己成为帝王。如果文王当时疏远吕尚，不与他深谈，周朝就不可能有天子的圣德，而文王、武王也不可能成就帝王的事业。现在，我只是个旅居在秦国的宾客，与大王交情疏远，但是希望陈述的又都是纠正君王政务的大事，而且还将干预骨肉之亲。我本想陈述我的愚忠，可又不知大王的心意如何，所以大王三次问我，我都没有回答。我并不是有什么畏惧而不敢进言。我知道，今天在大王面前说了，明天随后就会遭到杀身之祸。但是，我并不畏惧，大王真能按照我的计谋去做，我即使身死，也不会以为是祸患；即使

身而为厉⑥，被发而为狂，不足以为臣耻。五帝之圣焉而死，三王之仁焉而死，五伯之贤焉而死，乌获之力焉而死，奔、育之勇焉而死。死者，人之所必不免也，处必然之事，可以少有补于秦，此臣之所大愿也。

流亡，也不会以此为忧虑；即使不得已漆身为癞，披发为狂，也不会以此为耻辱。五帝是天下的圣人，但终究要死；三王是天下的仁人，但终究要死；五霸是天下的贤人，但终究要死；乌获是天下的大力士，但终究要死；孟贲、夏育是天下的勇士，但终究要死。死，是人人都不可避免的，这是自然界的必然规律。如果能够稍有补益于秦国，这就是我最大的愿望。

【注释】

①王：即秦昭王，公元前306年至前251年在位。②躬：自身。闵然：昏昧的样子。敏：聪明。③屏(bǐng)：屏退。④唯唯：即啊啊，敷衍的应答之语。⑤跽(jì)：长跪。双膝着地，上身挺直。表郑重、尊敬。⑥厉(lài)：通"癞"。

【原文】

"臣何患乎？伍子胥橐载而出昭关①，夜行而昼伏，至于蔆水，无以饵其口②，坐行蒲服，乞食于吴市，卒兴吴国，阖闾为霸。使臣得进辩如伍子胥，加之以幽囚，终身不复见，是臣说之行也，臣何忧乎？箕子、接舆，漆身而为厉，被发而为狂，无益于殷、楚。使臣得同行于箕子、接舆，漆身可以补所贤之主，是臣之大荣也，臣又何耻乎？臣之所恐者，独恐臣死之后，天下见臣尽忠而身蹶也，是以杜口裹足莫肯即秦耳。足下上畏太后之严，下惑奸臣之态③；居深宫之中，不离保傅之手，终身闇惑，无与照奸，大者宗庙灭覆，小者身以孤危。此臣之所恐耳！若夫穷辱之事，死亡之患，臣弗敢畏也。臣死而秦治，贤于生也。"

【译文】

"我还有什么可忧虑的呢？伍子胥当年是躲藏在口袋里，逃出昭关的，他晚上出行，白天躲藏，到了蔆水，吃不上饭饿着肚子，双膝跪地，双手爬行，在吴市讨饭度日，但终于帮助阖闾复兴了吴国，使吴王阖闾建立了霸业。如果让我像伍子胥一样能呈献计谋，即使遭到囚禁，终生不再出狱，只要能实现我的计谋，我还有什么可忧虑的呢？当初殷国的箕子、楚国的接舆，漆身为癞，披发为狂，却终究无益于殷、楚。如果使我与箕子、接舆有同样的遭遇，也漆身为癞，只要有益于圣明的君王，这就是我最大的光荣，我又有什么可感到耻辱的呢？我所担心的是，我死了以后，人们见到我这样尽忠于大王，终究还是身死，因此人们都闭口不言，裹足不前，不愿意到秦国来。大王对上畏惧太后的威严，对下又迷惑于大臣的狡诈，住在深宫之中，不离保傅之手，终身迷惑糊涂，不能了解坏人坏事。这样，大而言之，则使得国家遭受灭亡之祸；小而言之，则使得自己处于孤立的危境。这就是我所担心害怕的。至于穷困、受辱这样的事，身死、流浪这样的不幸，并不是我所害怕的。如果我死了，秦国

秦王跪曰："先生是何言也！夫秦国僻远，寡人愚不肖，先生乃幸至此，此天以寡人慁先生④，而存先王之宗庙也。寡人得受命于先生，此天所以幸先王而不弃其孤也⑤。先生奈何而言若此！事无大小，上及太后，下至大臣，愿先生悉以教寡人。无疑寡人也。"范雎再拜，秦王亦再拜。

却治理得很好，这比我活着要好得多。"

秦王跪着说："先生怎么说出这样的话呢？秦国是个偏僻边远的国家，我又是个没有才能的愚人，先生能到敝国来，这是上天让我来请教先生，使得先王留下的功业不至于中断。我能接受先生的教导，这是上天要先生扶助先王，不抛弃我。先生怎么说出这样的话呢？今后事无大小，上至太后，下及大臣，所有一切，都希望先生给予教导，千万不要对我的决心有怀疑。"范雎于是再次拜谢，秦王也再次回拜。

【注释】

①橐：口袋。伍子胥逃奔吴国时，藏在橐中。②饵：吃，使吃。③态：通"慝"，邪恶。④慁(hùn)：玷辱。⑤幸：哀怜，同情。孤：此为昭王自指。

【原文】

范雎曰："大王之国，北有甘泉、谷口，南带泾、渭，右陇、蜀，左关、阪，战车千乘，奋击百万。以秦卒之勇，车骑之多，以当诸侯，譬若驰韩卢而逐蹇兔也，霸王之业可致。今反闭而不敢窥兵于山东者，是穰侯为国谋不忠，而大王之计有所失也。"

王曰："愿闻所失计。"雎曰："大王越韩、魏而攻强齐，非计也。少出师，则不足以伤齐；多之则害于秦。臣意王之计，欲少出师而悉韩、魏之兵，则不义矣。今见与国之不可亲，越人之国而攻，可乎？疏于计矣！昔者，齐人伐楚，战胜，破军杀将，

【译文】

范雎说："大王的国家，北方有甘泉、谷口，南绕泾水、渭水，西面有陇中、蜀地，东面有函谷关、崤山，拥有战车千辆、精兵百万。凭着秦国有这么勇敢的士兵，这么多的车辆马匹，来抵挡诸侯国，就像让良犬追逐跛兔，轻而易举就能够成就霸王的功业。现在您却闭门锁国，没有指挥兵卒窥视崤山以东的勇气，这是秦国穰侯为秦国谋划不忠实，从而导致了大王的决策失误啊！"

秦王说："希望能够听你说说失策在哪里。"范雎说："大王越过韩、魏的国土去进攻强大的齐国，这不是好计策。派出的军队少了，就不足以挫伤齐国；而派出的军队多了，就会对秦国有害。我来为大王考虑这个计谋。如果秦国少派兵力，而让韩、魏派出全部的兵力，这样做就显得不够道义。现在显而易见的是盟国之间不可以亲近，却越过他们的国土去进攻别的国家，这样做合适吗？很显然是谋划过于粗疏了！过去的时候，齐国进攻楚国，并战胜了楚国，攻破了楚国的军队，擒杀了它的将帅，两次把疆域拓展千里之远，但到最后连哪怕一寸土地也没得到，这难道是齐国不想得

再辟千里，肤寸之地无得者①，岂齐不欲地哉？形弗能有也。诸侯见齐之罢露②，君臣之不亲，举兵而伐之，主辱军破，为天下笑。所以然者，以其伐楚而肥韩、魏也。此所谓藉贼兵而赍盗食也③。

"王不如远交而近攻，得寸则王之寸，得尺亦王之尺也。今舍此而远攻，不亦缪乎？且昔者，中山之地五百里，赵独擅之，功成、名立、利附，则天下莫能害。今韩、魏，中国之处，而天下之枢也。王若欲霸，必亲中国而以为天下枢，以威楚、赵。赵强则楚附，楚强则赵附。楚、赵附则齐必惧，惧必卑辞重币以事秦。齐附，而韩、魏可虚也④。"

到土地吗？是因为当时的形势使它无法拥有。诸侯见齐国军队疲惫不堪，君臣之间不和睦相处，就发兵来攻打它，于是国君遭到侮辱，军队也被攻破，遭到天下人的耻笑。之所以得到这样的下场，就是因为齐国攻打楚国却使韩、魏两国获得土地从而变得强大起来。这就是所说的借给强盗兵器而资助小偷粮食啊！

"大王不如联合距离远的国家而进攻较近的国家，得到一寸土地就在这一寸土地上称王，得到一尺土地就在这一尺土地上称王。现在丢弃距离近的国家来攻打远方的国家，这难道不是错误吗？况且过去的时候，中山国的土地，方圆有五百里，赵国单独把它吞并了，功业也成就了，声名也树立了，利益也得到了，而且各国也没有谁能损害到赵国。如今韩、魏的形势，地处各诸侯国的中央，是各国的交通枢纽。大王如果想要成就霸业，一定先要亲近地处中部的国家而用它做通往各国的交通枢纽，从而来威胁楚国和赵国。赵国强大了，那么楚就要依附秦国；楚国强大了，那么赵国就要依附秦国。楚、赵两国有一国来依附秦国，齐都必然会感到恐慌，齐国恐慌肯定会言辞谦卑，用厚重的财物来侍奉秦国。如果齐国归附，那么韩、魏两国就可以攻灭了。"

【注释】

①肤寸：古代长度单位。一指宽为寸，四指为肤。比喻微小。②罢(pí)露：人力物力遭到很大的消耗。③赍(jī)：把东西送给别人。④可虚：可使成为废墟。虚，同"墟"。

‖原文‖

王曰："寡人欲亲魏。魏，多变之国也。寡人不能亲，请问亲魏奈何？"范雎曰："卑辞重币以事之①。不可，削地而赂之。不可，举兵而伐之。"

于是举兵而攻邢丘，邢丘拔而魏请附②。

‖译文‖

秦王说："我想亲近魏国，但魏国的态度经常变化不定，我无法亲近它。请问怎么办才能亲近魏国呢？"范雎说："用谦卑的言辞，厚重的财物侍奉它。如果这样不行的话，就割让土地来贿赂它，如果这样还不行，就发兵进攻它。"

于是就发兵来攻打魏国的邢丘，攻陷了邢丘之后，魏国果然请求归附。

范雎说："秦、韩两国的地形，相交纵如同锦

曰:"秦、韩之地形,相错如绣。秦之有韩,若木之有蠹③,人之病心腹。天下有变,为秦害者莫大于韩。王不如收韩。"王曰:"寡人欲收韩,不听,为之奈何?"

范雎曰:"举兵而攻荥阳,则成皋之路不通;北斩太行之道,则上党之兵不下;一举而攻荥阳,则其国断而为三。魏、韩见必亡,焉得不听?韩听而霸事可成也。"

王曰:"善。"

绣一般。秦国的旁边有韩国,就像树木生了蠹虫,人有心腹里的疾病一样。天下如果有变化,能够危害秦国的,没有比韩国更大的了。王不如使韩国归附于秦国。"秦王说:"我想要让韩国来归附,如果韩国不听从,这该怎么办呢?"

范雎说:"起兵攻打荥阳,那么成皋的道路就不通了;北部截断太行的道路,那么上党的兵也就不能南下了;一举攻取荥阳,那么韩国就会分成孤立的三块。韩国看到国家都要灭亡了,怎么还会不听从呢?韩国一顺从,那么霸业就可以成功了。"

秦王说:"很好!"

【注释】

①卑辞重币:谦卑的言辞和丰厚的财物。②拔:攻取。附:归附。③蠹(dù):蛀虫。

【解析】

范雎是继张仪之后主张连横的谋士,他以旷世奇才曾经侍奉过魏国忠大夫须贾,被魏国相国魏齐所羞辱,被抛弃到茅厕中,受到人们的便溺。后来被郑安平救回,在秦国使者王稽的引荐之下来到秦国,为秦昭王提出了著名的远交近攻的外交策略,使秦国在对外策略上有了明确的目标和手段。后来在秦国三代帝王的不懈努力之下,逐步灭掉了崤山以东的六国,统一了天下,成就了帝王之业。

范雎由一个小人物得到秦王的赏识、继而登上历史的舞台,完全是他自己谋划深远、口才杰出的结果。他设法和秦王见面后又故作姿态,用无数的典故渲染自己一心只为国家大计,不畏惧死亡和个人得失的人格

高境界形象，从而使自己与那些功利主义的说客、谋士们区别开来，让秦王感到确实是比苏秦、张仪等说客高出一个境界的人物，感到此人确实是个忠心谋国的大谋略家，故而对他另眼相看、言听计从。

【处世策】

成就大事业，非要天时、地利、人和三者结合才有结果，世界上的大事莫不是如此。天时与地利这两点是可遇不可求的，而人和这一点却是人们可以通过主观的努力达到的。首先要磨炼自己本身的才能，使自己能够为国家为社会所用。除此外，一定要注意口才的培养，在向社会毛遂自荐时，就必须想一些、说一些推陈出新、出类拔萃的谋略和话语。

应侯谓昭王

【原文】

应侯谓昭王曰："亦闻恒思有神丛与①？恒思有悍少年，请于丛博②，曰：'吾胜丛，丛籍我神三日；不胜丛，丛困我。'乃左手为丛投，右手自为投，胜丛，丛籍其神。三日，丛注求之，遂弗归。五日而丛枯，七日而丛亡。今国者，王之丛；势者，王之神。籍人以此，得无危乎？臣未尝闻指大于臂，臂大于股③。若有此，则病必甚矣。百人舆瓢而趋，不如一人持而走疾。百人诚舆瓢，瓢必裂。今秦国，华阳用之，穰侯用之，太后用之，王亦用之。不称瓢为器，则已；已称瓢为器，国必裂矣。臣闻之也：'木实繁者枝必披，枝之披者伤其

【译文】

应侯对秦昭王说："您也听说过恒思地方有神丛吗？恒思地方有个勇猛的少年。要求与神丛玩掷骰子的游戏。少年说：'我要是赢了神丛，神丛就借给我丛神三天；如果我输给了神丛，神丛就可以任意处置我。'于是，他左手替神丛掷骰子，右手替自己掷骰子。结果他赢了神丛。神丛就把丛神借给了少年三天。三天期满，神丛去讨还丛神，少年竟不归还。五天以后，神丛枯萎了，七天以后，神丛便死掉了。如今，国家就等于是大王的神丛，权力就等于是大王的丛神，把权力借给别人，能不处境危险吗？我从来没有听说手指大过胳臂，胳臂大过大腿的。如果有这种情况，那就病得太重了。一百个人扛一个瓢向前急走，不如一个人拿着它跑，觉得轻快。如果真的有一百个人扛一个瓢，那么，瓢一定会弄得破碎不堪。现在秦国有华阳君掌权，有穰侯掌权，有太后掌权，大王也掌权。如果不把国家当做瓢一样的器物看待，那还罢了；如果把国家当做瓢一样的器物看待，那么，国家必然会四分五裂。

"我听说：'果实繁盛了，必然压断树枝；树枝压断了，就会伤害树心。封邑太大了，就会危害国家；大

心。都大者危其国,臣强者危其主。'其令邑中自斗食以上,至尉、内侍及王左右,有非相国之人者乎?国无事,则已;国有事,臣必闻见王独立于庭也④。臣窃为王恐⑤,恐万世之后有国者,非王之子孙也。

"臣闻古之善为政也,其威内扶,其辅外布,四治政不乱不逆,使者直道而行,不敢为非。今太后使者分裂诸侯,而符布天下,操大国之势,强征兵,伐诸侯。战胜攻取,利尽归于陶;国之币帛,竭入太后之家;竟内之利,分移华阳。古之所谓'危主灭国之道'必从此起。三贵竭国以自安,然则令何得从王出,权何得毋分,是我王果处四分之一也。"

臣的势力强大了,就会危害国君。'况且现在秦国从斗食俸禄的小吏到都尉、内史以及大王左右的侍卫之臣,有哪一个不是相国穰侯的亲信呢?国家如果不发生变故则罢,一旦发生变故,我定会看到大王将在朝廷处于孤立的地位。我私下真为大王担心,担心一旦大王百年之后,掌握秦国政权的肯定不会是大王的子孙了。

"我听说,古时候,善于治理国家的君王,他在内把持赏罚的威权,大臣在外就会尽心竭力报效国君。这样,政治就不混乱不悖逆,办事的人就规规矩矩,不敢违法乱纪。现在,穰侯派出去的使臣,分裂诸侯,到处都是,他们依仗大国的威势,强行征兵,讨伐诸侯。战胜了敌国,夺取土地财物,利益都归到了穰侯的封地陶邑,财物全都流入太后家中,国内的收益都转移到华阳君的手里。自古以来,所说的危君灭国之道必然由此而产生。'四贵'竭尽国家之所有,使自己享受安乐,这样,国家的号令哪里能够由大王发出呢?大权哪里能够不被分割呢?这样下去,大王也就只能分到权力的四分之一了。"

【注释】

①神丛:即丛祠,乡野林间的神祠。②博:赌博。古时一种掷骰子的游戏。③股:大腿。④庭:此处指朝廷。⑤窃:自己认为。

【解析】

"内固其威,外重其权"是一条颠扑不破的强国之路,适用于古今中外的任何一个政治实体。一个国家中央集权程度、最高行政权力的集中和权威性对国家强弱有很大的影响,如果君王、首脑被外戚、权臣、下属架空权力,政局被人操纵,那么这个国家定会内忧外患、面临亡国之险。

【处世策】

工作中也要学会独立、自主。在职场中勤学好问,是一种积极的工作态度。但是凡事都讲究把握好度,一旦过于依赖他人的帮助,不仅会影响个人形象,也会限制个人能力的提升。当确实需要别人帮忙时,明确自己是去求教的,而不是简单地求助,在经过

别人教导后，问题还是要自己去解决，困难还是要自己去克服。这样拥有独立自主的心态，就会对自己的能力充满信心。有意识的多尝试独立处理问题，会对你的自立、自主有更大的帮助。

秦攻韩，围陉

【原文】

秦攻韩，围陉①。范雎谓秦昭王曰："有攻人者，有攻地者。穰侯十攻魏而不得伤者，非秦弱而魏强也，其所攻者，地也。地者，人主所甚爱也。人主者，人臣之所乐为死也。共侮辱主之所爱，与乐死者斗，故十攻而弗能胜也。今王将攻韩围陉，臣愿王之毋独攻其地，而攻其人也。王攻韩围陉，以张仪为言②。张仪之力多，且削地而以自赎于王，几割地而韩不尽；张仪之力少，则王逐张仪，而更于不如张仪者市③。则王之所求于韩者，言可得也。"

【注释】

①陉：在今曲沃县西北。②为言：出谋划策。③更：另外。市：交易，指打交道。

【解析】

前364年，秦出兵围攻韩国陉地，范雎向秦昭王建议应该实行"攻人"战略，在韩国寻找自己的内应，迫使韩国割地求和，即可灭亡韩国。范雎的计策可用"蚕食"两个字来概括。一小口，一小口地吃，

【译文】

秦国要攻打韩国，包围陉城。范雎对秦昭王说："进攻敌人，有在谋略上战胜敌人的，有采取攻城夺地的办法的，从前穰侯魏冉对魏国进攻了十次，可也不能击毁魏国，这并不是由于秦国弱小，而魏国强大，只是因为他仅仅采用攻城夺地的办法。土地是国君最爱惜的，国君是人臣心甘情愿为他卖命的。进攻国君最爱惜的土地，又与那些心甘情愿卖命的人去作战，因此进攻了十次也不能取得摧毁性的彻底胜利。现在大王要进攻韩国，包围陉城，我希望大王不要只采取攻城夺地的办法，而要在谋略上战胜敌人。大王进攻韩国，包围陉城，不妨借重张仪去说说话。如果张仪在韩国势力大，他就会割让韩地私自来与大王做交易。多次割让韩地，韩国哪有不灭亡的道理呢？如果张仪势力小，那么大王就赶走张仪，而去与智谋不如张仪的人做交易。这样，大王对韩国的要求，才能够如愿以偿。"

直至消灭对方。

【处世策】

这种方法，在现代商业竞争中，也非常管用。向对手猛击拳头，对手当然会猛醒，而如果麻痹对手的同时，慢慢地蚕食对手的利益。对手的反应就要慢得多了。人性总是懒惰的，危机往往在不经意间显现。所以，"防微杜渐"怎么可以不重视呢？

应侯曰郑人谓玉未理者璞

【原文】

应侯曰："郑人谓玉未理者璞，周人谓鼠未腊者朴①。周怀璞过郑贾，曰：'欲卖朴乎？'郑贾曰：'欲之。'出其朴，视之，乃鼠也。因谢不取。今平原君自以贤②，显名于天下，然降其主父沙丘而臣之。天下之王尚犹尊之，是天下之王不如郑贾之智也，眩于名③，不知其实也。"

【译文】

应侯说："郑国人把没有经过加工的玉叫璞，周人把没有经过加工腌制的老鼠叫朴。一次，周人袋里装着朴，遇见一个郑国的商人，问他'您要买朴吗？'郑国的商人以为是卖璞的，说：'想买'。周人从袋里拿出朴给他看，原来是没有经过加工腌制的老鼠。郑国的商人便谢绝了，没要。现在平原君自认为很贤能，在天下享有盛名，可是当安平君和李兑在沙丘宫杀害了赵武灵王，赵惠文王作为人子不报杀父之仇，而平原君竟做了赵惠文王的大臣，天下的君王还尊敬他，这是何其愚蠢。由此看来，天下的君王还不如郑国的商人聪明，郑国的商人还能辨明璞不是朴，而不要朴；天下的君王却不能明辨贤与不贤，仍然尊敬平原君。这都由于是被虚名所迷惑，不了解事实的真相啊！"。

【注释】

①腊(xī)：晒干。②平原君：赵国人赵胜。惠文王弟，后任孝成王相国。③眩(xuàn)：迷惑，迷乱。

【解析】

前266年，范雎在魏国时的仇人魏齐，投奔到了赵国平原君的门下。范雎在秦国得志后，请求秦昭王替他报仇。但碍于平原君有贤名在世，范雎就以璞玉和老鼠作对比，抨击平原君欺世盗名，其实名不符实。秦昭王终于用计在秦国拘捕了平原君，最终逼迫魏齐自杀。

天下之士　合从相聚于赵

【原文】

天下之士，合从相聚于赵，而欲攻秦。秦相应侯曰："王勿忧也，请令废之。秦于天下之士非有怨也，相聚而攻秦者，以己欲复归耳。王见大王之狗，卧者卧，起者起，行者行，止者止，毋相与斗者；投之一骨，轻起相牙者①，何则？有争意也。"于是唐雎载音乐②，予之五十金，居武安，高会相于饮，谓："邯郸人谓谁来取者？"于是其谋者固未可得予也，其可得与者，与之昆弟矣③。

"公与秦计功者，不问金之所之，金尽者功多矣。今令人复载五十金随公。"唐雎行，行至武安，散不能三千金，天下之士，大相与斗矣。

【译文】

诸侯的谋士相聚在赵国，搞合纵联盟，准备进攻秦国。秦相应侯范雎对秦昭王说："大王不必为此担忧，如今我就要让他们的合纵联盟搞不成。秦国并没有与诸侯的谋士结怨，他们聚在一起图谋攻秦，只是因为他们都想为自己谋求富贵而已。我见到大王的狗：有的卧着，有的站着，有的在走动，有的静止不动。它们互不干扰，和平共处。如果扔给它们一块骨头，它们马上会互相咬得不可开交，这是为什么呢？就是为了争一块骨头。"于是，秦王派遣唐雎带上乐队，给了他五千金，住在武安，大摆筵席，招待宾客。在筵席上，唐雎向聚会在赵国国都邯郸的谋士们扬言："有谁来争取重金的？"当时，首谋攻秦的人不来拿取赠金；那些肯取赠金的都是与秦国友好的人。

唐雎返回秦国后，范雎又对唐雎说："您是为秦国谋事的，不要考虑钱花到哪里去了，尽量去花钱，这样收效才大。我即刻再派人带五千金随您去。"随后唐雎出发了。到了武安，还没有用到三千金，诸侯的谋士们就互相争夺起来了。

【注释】

①牙：意为咬。②音乐：乐人乐器。③昆弟：比喻关系友好的人。

【解析】

《鬼谷子·谋篇》中写道："正不如奇，奇流而不止者也。故说人主者必与之言奇，说人臣者必与之言私。"范雎深得《鬼谷子》中的精妙，他深知运用常法不如运用出人意料的奇妙谋略，尤其是对君王谋划必须"言奇"；说服大臣必须从其私利着手，故而他对君王言奇计，对臣子言私利。秦王采纳并实施他的奇计后，轻松化解了危机；而对天下策士，从他们的私人利益着手，用利益诱惑他们、分化瓦解他们，最终使合纵之盟土崩瓦解。

"人为财死，鸟为食亡。"当利益出现时，人的本性就会暴露出来，许多多年的好友会为眼前的利益而反目成仇；一个安定团结的集体，由于突然出现的利益，定会发生纷争、掀起波澜。所以我们了解他人，也不妨用用金钱这块试金石。

谓应侯曰

【原文】

谓应侯曰："武安君君禽马服乎①？"曰："然。""又即围邯郸乎？"曰："然。""赵亡②，秦王王矣，武安君为三公。武安君所以为秦战胜攻取者七十余城，南亡鄢、郢、汉中，禽马服之军，不亡一甲，虽周吕望之功，亦不过此矣。赵亡，秦王王，武安君为三公，君能为之下乎？虽欲无为之下，固不得之矣。秦尝攻韩邢，困于上党，上党之民皆返为赵。天下之民，不乐为秦民之日固久矣。今攻赵，北地入燕，东地入齐，南地入楚、魏，则秦所得不一几何。故不如因而割之，毋以为武安功。"

【注释】

①禽：同"擒"。②亡：通"无"。

【解析】

前259年，长平之战中，秦将白起打败纸上谈兵的赵括，乘胜围攻邯郸，准备一举灭赵。赵国迫于形势，派说客以重金游说应侯范雎，说白起攻破赵国，立下大功，必然位居三公，而范雎只能屈居白起之下，并且，攻灭赵国对齐、燕、韩、魏有

【译文】

有人向应侯范雎问道："武安君白起擒获了马服君赵括吗？"答："是的。"问："那么武安君又围困了赵都邯郸吗？"答："是的。"那人说："灭了赵国，秦王就可以称王于天下，武安君就可以位居三公，武安君为秦国东征西讨，连年攻下了七十多座城邑，南面攻下了楚都鄢郢及汉中，北面收拾了马服君赵括的四十万大军，而不费一兵一卒，即使是周公、召公、吕尚的功勋，也不过如此。赵国灭亡了，秦王就要称王于天下，武安君将位居三公，您甘心位居武安君之下吗？即使您不愿意位居武安君之下，也实在不可能啊！秦国曾进攻韩国，包围陉地，困住上党，上党的百姓都愿归顺赵国，天下的百姓不愿归顺秦国为时已很久了。现在秦国如果灭了赵国，赵国北边的领土割给燕国，东边割给齐国，南边割给楚、魏，那么，秦国也就所得无几了。所以，您不如趁这时让赵国割地求和，而不要让武安君白起有立功的机会。"

利,还不如让赵国割地议和。这番说辞终于被范雎采纳,赵国也得以存活。

【处世策】

不要以为自己在单位里已经占了一个"坑",就不怕别人抢走自己的位置。其实,职场就是一个有猛兽出没的险恶丛林,别人随时有可能踩着你的肩膀向上爬。对于身处职场的人,最要害的问题是,你要分辨谁是朋友,谁是对手。分清敌我,防范对手,才能维护自己的利益,并且获得长久的生存和成功。

应侯失韩之汝南

【原文】

应侯失韩之汝南。秦昭王谓应侯曰:"君亡国,其忧乎①?"应侯曰:"臣不忧。"王曰:"何也?"曰:"梁人有东门吴者,其子死而不忧,其相室曰②:'公之爱子也,天下无有,今子死不忧,何也?'东门吴曰:'吾尚无子,无子之时不忧;今子死,乃与乡无子时同也。吾奚忧焉?'臣亦尝为子,为子时不忧;今亡汝南,乃与乡为梁余子同也③。臣何为忧?"

秦王以为不然,以告蒙傲曰:"今也,寡人一城围,食不甘味,卧不便席④,今应侯亡地而言不忧,此其情也?"蒙傲曰:"臣请得其情。"蒙傲乃往见应侯,曰:"傲欲死。"应侯曰:"何谓也?"曰:"秦王师君,天下莫不闻,而况于秦国乎!今傲势得秦为王将,将兵,臣以韩之緫也,显逆诛,夺君地,傲尚奚生?

【译文】

应侯范雎失去了封邑原韩城汝南,秦昭王对应侯说:"您失去了封邑汝南,难过吗?"应侯说:"我不难过。"秦王说:"为什么?"应侯说:"从前魏国人东门吴死了儿子,却不难过。他的管家说:'您爱您的儿子,天下没有人能比得上。现在您的儿子死了,为什么您不难过呢?'东门吴说:'以前我没有儿子,在没有儿子之时,我并不难过;现在儿子死了,就同没有儿子时一样,我又有什么可难过的呢?'从前我也是一个普通的庶子,没有封地,那时我不难过,现在失去了封地汝南,就同从前在魏国时是个普通庶子一样,我又有什么可难过的呢?"

秦王不相信,把这事告诉了上卿蒙傲,说:"现在,如果我有一个城池被围困,我吃饭没味,觉也睡不着。可现在应侯失去封地,却说不难过,这可是真情实意吗?"蒙傲说:"让我去了解一下,到底是怎么回事。"

蒙傲就去拜会应侯,对应侯说:"我想要去死。"应侯说:"这是什么意思?"蒙傲说:"秦王把您当做老师一样地尊敬,天下人皆知,何况秦国人呢!现在我以上卿的地位,要为秦王领兵。小小的韩国,竟然明目张胆地犯上入侵,劫夺您的封地,我何必活着呢,不如一死,拼死去夺回汝

不若死。"应侯拜蒙傲曰："愿委之卿。"蒙傲以报于昭王。

自是之后，应侯每言韩事者，秦王弗听也，以其为汝南虑也。

南。"应侯拜谢蒙傲说："我愿把夺回汝南这件事托给您。"蒙傲便把这个情况报告给秦昭王。

从此以后，应侯每次提到韩国的事，秦王就不再相信了，以为他一定又是在谋求失去的汝南。

【注释】

①忧：忧虑，忧愁。此处作难过解。②相(xiàng)室：卿大夫管理家务的人，家臣。③乡：从前。④便(pián)：安。

【解析】

智者千虑，必有一失。范雎想要表现一下自己的高风亮节，却反而被秦王套出了真实的想法。范雎以一个故事形象直观地说明了自己的想法，表现了自己只在乎国家不在乎个人富贵的节操。这种说话方式值得我们运用。秦昭王以蒙傲为探子，终于知道范雎还是很在乎那块地，秦昭王的手段在我们要想了解他人内心时不妨一试。

秦攻邯郸

【原文】

秦攻邯郸，十七月不下。庄谓王稽曰①："君何不赐军吏乎？"王稽曰"吾与王也，不用人言。"庄曰："不然。父之于子也，令有必行者，必不行者。曰'去贵妻，卖爱妾'，此令必行者也；因曰'毋敢思也'，此令必不行者也。守闾妪曰：'其夕，某

【译文】

秦兵攻打邯郸，经过 17 个月的苦战也没攻下，秦国人佚庄对秦将王稽说："您为什么不赏赐下级军官呢？"王稽说："我和君王之间，彼此互相信赖，他人的进言起不了作用。"佚庄反驳说："我认为你不对，即使是父子关系，也有令在必行和不必行之分。假如说'丢掉娇妻，卖掉爱妾'，这就是一道必行的命令，假如说'想也不想自己的妻妾'，就是一道必然不能实行的命令。看守大门的老太太曾说闲话：'那天晚上，那年轻媳妇召进一个野男人。'对父

孺子内某士②。'贵妻已去，爱妾已卖，而心不有。欲教之者③，人心固有。今君虽幸于王，不过父子之亲，军吏虽贱，不卑于守闾妪。且君擅主轻下之日久矣。闻'三人成虎，十夫楺椎④。众口所移，毋翼而飞。'故曰，不如赐军吏而礼之。"王稽不听。军吏穷，果恶王稽、杜挚以反。

秦王大怒，而欲兼诛范雎。范雎曰："臣，东鄙之贱人也，开罪于魏，遁逃来奔。臣无诸侯之援，亲习之故，王举臣于羁旅之中，使职事，天下皆闻臣之身与王之举也。今遇惑或与罪人同心⑤，而王明诛之，是王过举显于天下，而为诸侯所议也。臣愿请药赐死，而恩以相葬臣，王必不失臣之罪，而无过举之名。"王曰："有之。"遂弗杀而善遇之。

子关系来说，娇妻已经走了，爱妾也已经卖了，而父亲不应该说不许有思念之情。对老妇的闲话而言，她要控告小媳妇通奸，而思淫之心人皆有之。现在阁下虽然很得君王的宠信，但是君臣关系不能超过父子的骨肉至亲；而下级军官虽然身份微贱，总不会低于看门的老太婆。况且阁下仰仗秦王的宠信，平日一直轻视属下。常言道：'三个人说有虎，大家就会相信有虎；十个人说大力士可以折弯铁椎，大家也会相信是事实；众口一词，就可以使事物发生变化、不翼而飞。'所以实在不如赏赐诸将并且加以优遇！"可是王稽不肯采纳这项建议。不久诸将处在困境时，果然有人返回秦国，控告王稽和杜挚谋反。

结果秦昭王大怒，严厉地制裁了王稽和杜挚，甚至要把范雎一起处死。范雎说："臣只不过是东方乡间一草民，由于在魏犯了法，才逃到秦国来。臣并没有诸侯的支援，同时也没有亲友在秦国朝中。可是大王却能在臣流浪时加以重用，托付以军国大任，天下的人都知道臣与大王的事。如今臣遇到逸言，有人认为臣和罪人同心，而大王要杀臣，就等于说大王以前重用臣是错误的，必然会招致天下诸侯的议论。所以臣愿意服毒自尽，并且恳请大王恩准以宰相之礼葬臣。这样，大王虽然处臣以死罪，也不会落得一个误用重臣之名。"

秦昭王说："有道理！"于是秦王没有杀范雎，而且仍然厚待他。

【注释】

①庄：姓佚，名庄，秦国人。②孺子：年轻妇女的美称，亦妇人之美称。③教：犹言控告。④楺椎：矫揉直的木棒可以使它弯曲。⑤过：同"愚"，愚笨，无知。

【解析】

很具有智慧的佚庄对事情很有预见性，而且他运用类比的方法，用故事给王稽讲道理，要是常人，早就说服了，只怪王稽太过自信和自傲，没有采纳佚庄所献之计。

范雎之所以能凭言辞救活自己，关键是挑明了处死自己对秦王毫无好处的事实。死到临头，任何对自己的辩解都没用，只有从秦王的利益和角度出发，指出事关秦王的切身利益，那么自私的君王为自己着想才会赦免自己。"人不为己、天诛地灭"，这不是一句贬语，而是毫无褒贬的客观陈述。

【处世策】

其实防微杜渐、将事端消灭在萌芽状态之中，是智者所为，当事情有变化的苗头和可能，我们就应该采取措施。尤其对下属人员，一定不能掉以轻心，小河沟里容易翻船。对下属要尊重，要以仁爱之心对待，如果蔑视、虐待下属，而不是经常安抚下属的话，那么你的领导和自身安全就岌岌可危了。

蔡泽见逐于赵

【原文】

蔡泽见逐于赵[①]，而入韩、魏，遇夺釜鬲于涂[②]。闻应侯任郑安平、王稽，皆负重罪，应侯内惭。乃西入秦，将见昭王，使人宣言以感怒应侯，曰："燕客蔡泽，天下骏雄弘辩之士也。彼一见秦王，秦王必相之而夺君位。"

应侯闻之，使人召蔡泽。蔡泽入，则揖应侯，应侯固不快。及见之，又倨。应侯因让之曰："子尝宣言代我相秦[③]，岂有此乎？"对曰："然。"应侯曰："请闻其说。"蔡泽曰："吁！君何见之晚也。夫四时之序，成功者去。夫人生手足坚强，耳目聪明圣知，岂非士之所愿与？"应侯曰："然。"

【译文】

蔡泽被赵国驱逐，逃亡到韩、魏，在路上又被人抢去了炊具。他听说秦国的相国应侯范雎任用郑安平、王稽，但后来这两个人都犯下了大罪，因此范雎心里惭愧。蔡泽就决定向西到秦国，去拜见秦昭王，但事先故意派人宣扬大话来激怒范雎，说："燕国客卿蔡泽，是天下善于雄辩的豪杰之士。只要他一见到秦王，秦王必定任命他为相国，取代范雎的地位。"

范雎听说之后，就派人召见蔡泽。蔡泽见到范雎，只是向他作了个揖。范雎见了很不高兴。和蔡泽说话的时候，蔡泽更是倨傲无礼。应侯于是就责问他说："你曾经宣扬，说你将取代我的秦国相国的职位，有没有这回事呢？"蔡泽回答说："有的。"范雎说："请你说说这其中的道理。"蔡泽说："唉！您的见识为什么这样短浅呢！按照四时的顺序，一个季节结束了就会像功成身退一样让位给后面的季节。一个人活在这个世界上，四肢都很强壮，听觉灵敏，眼睛明亮，头脑圣智，这不是每个人都期望得到的吗？"范雎说："是的。"

【注释】

①蔡泽：燕国人，战国时期游说之士。②釜：古代的蒸锅。鬲：空足的鼎。涂：通"途"，在路上。③常：通"尝"，曾经。

【原文】

蔡泽曰："质仁秉义，行道施德于天下，天下怀乐敬爱①，愿以为君王，岂不辩智之期与？"应侯曰："然。"蔡泽复曰："富贵显荣，成理万物，万物各得其所；生命寿长，终其年而不夭伤；天下继其统，守其业，传之无穷，名实纯粹，泽流千世，称之而毋绝，与天下终。岂非道之符，而圣人所谓吉祥善事与？"应侯曰："然。"蔡泽曰："若秦之商君，楚之吴起，越之大夫种，其卒亦可愿矣②？"

应侯知蔡泽之欲困己以说，复曰："何为不可？夫公孙鞅事孝公，极身毋二③，尽公不还私，信赏罚以致治，竭智能，示请素，蒙怨咎，欺旧交，虏魏公子，卒为秦禽将，破敌军，攘地千里。吴起事悼王，使死不害公，谗不蔽忠，言不取苟合，行不取苟容，行义不图毁誉，必有伯主强国，不辞祸凶。大夫种事越王，主离困辱④，悉忠而不解⑤，主暗亡绝，尽能而不离，多功而不矜，贵富不骄怠。若此三子者，义之至，忠之节也。故君子杀身以成名，义之所在。身虽死，无憾悔，何为不可哉？"

【译文】

蔡泽又说："既富且贵，善治万事，使每个人都能享尽天年，每个人都不致夭折。天下人民都能继承他们的传统，维护他们的业绩，传给无穷的后代，名实兼而有之，恩泽流传万年，受人永远赞美，和天地同其始终，虽说这不是施仁义的结果，不也是圣人所说的吉祥善事吗？"范雎说："是的。"蔡泽说："例如秦国的商鞅、楚国的吴起、越国的文种，他们最后也都完成了他们愿望了吗？"

范雎知道蔡泽是为了要使自己陷于窘境，于是就这一点回答说："为什么不可以？说起商鞅臣事秦孝公，终身尽忠，绝无二心，公而忘私，赏罚分明，秦国大治，竭尽智能，表露赤心，然而却招致秦国人的怨恨和责怪，他为秦国而欺骗老朋友，俘虏魏公子印，最后终于为秦国擒获魏将而大破魏军，扩充疆土达 1000 里之多。吴起臣事楚悼王，绝对不以私损公，更不用逸言来隐蔽忠节，每当遇到应行的大事，就不顾毁誉，一心想要使君王成就霸业，国家富强，而且不畏一切灾祸和邪恶势力。大夫文种，臣事越王勾践，当君主陷于困辱惨境时，他忠心爱主而不懈怠，君王虽然被敌人俘虏，仍然竭诚尽智没有背弃国家，而且不夸耀自己的功劳，即使富贵也不骄傲。像以上这三位忠臣，可以说是义行极致和忠贞的典范。所以君子总是牺牲性命来完成名节，只要是大义所在，虽然牺牲生命也无所懊悔，为什么不可以呢？"

【注释】

①怀乐：内心乐于。②卒：最终。可愿：如愿。③极身：终身。二：二心。④离：通"罹"，遭遇。⑤悉：尽。解：同"懈"，懈怠。

【原文】

蔡泽曰："主圣臣贤，天下之福也；君明臣忠，国之福也；父慈子孝，夫信妇贞，家之福也。故比干忠不能存殷，子胥知不能存吴；申生孝而晋惑乱。是有忠臣孝子，国家灭乱，何也？无明君贤父以听之。故天下一其君父为戮辱，怜其臣子。夫待死之后可以立忠成名，是微子不足仁，孔子不足圣，管仲不足大也①。"于是应侯称善。

蔡泽淂少间，因曰："商君、吴起、大夫种，其为人臣，尽忠致功，则可愿矣。闳夭事文王，周公辅成王也，岂不亦忠乎？以君臣论之，商君、吴起、大夫种，其可愿孰与闳夭、周公哉？"应侯曰："商君、吴起、大夫种不若也。"蔡泽曰："然则君之主，慈仁任忠，不欺旧故，孰与秦孝公、楚悼王、越王乎？"应侯曰："未知何如也。"蔡泽曰："主固亲忠臣，不过秦孝、越王、楚悼。君者为主，正乱、披患、折难、广地、殖谷、瘤国足家、强主，威盖海内，功章万里之外，不过商君、吴起、大夫种。而君之禄位贵盛，死家之富过于

【译文】

蔡泽说："君主圣明，这是国家之福。父亲慈爱，儿子孝顺，丈夫讲信义，妻子有贞节，这是国家之福。然而比干忠君爱国，却不能维护殷朝的存在，伍子胥虽然贤能，却不能使吴国保存不灭，申生虽然孝顺，而晋国仍然不能避免内乱。这就是虽然有忠臣孝子，国家仍然不免灭亡骚乱，这是什么道理呢？主要是没有明君、贤父来采纳的缘故。所以天下因为父不仁不义而蒙羞，臣子也因此而难免受其害。假如一定等到死才能尽忠成名，恐怕就连微子也不足成为仁人，孔子也不足成为圣人，管仲也不足以成为伟人。"这时范睢认为蔡泽的话很对。

蔡泽略为停一会接着说："商鞅、吴起、文种，他们为人臣能够尽忠立功，这都是出于他们的心愿。闳夭大臣事周文王，周公辅佐周成王，难道不是尽忠吗？然而就君臣而论，商鞅和吴起、文种等人，当然还不如闳夭、周公。"蔡泽说："然而阁下服务的君主与秦孝公、楚悼王、越王勾践相比，究竟谁更慈爱而又信任忠臣、不欺凌故旧呢？"范睢说："不知道。"

蔡泽说："当然，阁下的君主并不像秦孝公、越王勾践、楚悼王那样亲信忠臣。而阁下侍奉君主，在平定内乱、消除祸患、排除困难、扩充疆土、发展农业、振兴国家、强化君主等方面，威权压倒全国，功业扬名万里之外，并没有超过商鞅、吴起、文种三位名臣。但是阁下的地位和俸禄，以及家中的财富都已经超过他们三人，然而阁下还是不隐退，我深为阁下担忧。古谚说得对：'太阳升到正午时就开始落，月亮圆

三子,而身不退,窃为君危之。语曰:'日中则移,月满则亏。'物盛则衰,天之常数也②;进退、盈缩、变化,胜任之常道也。

到满盈时就开始亏。'万物都是盛极而衰,这乃是自然规律。不论是进还是退,不论是伸还是缩,都随着时间变化,这乃是圣人所认定的常理。

【注释】

①大:高尚。②常数:一定的规律。数,规律,必然性。

【原文】

"昔者,齐桓公九合诸侯,一匡天下,至葵丘之会,有骄矜之色,畔者九国。吴王夫差无适于天下①,轻诸侯,凌齐、晋,遂以杀身亡国。夏育、太史启叱呼骇三军,然而身死于庸夫。此皆乘至盛不及道理也。夫商君为孝公平权衡、正度量、调轻重,决裂阡陌,教民耕战,是以兵动而地广,兵休而国富,故秦武帝于天下,立威诸侯,功已成,遂以车裂。楚地持戟百万,白起率数万之师,以与楚战,一战举鄢、郢②,再战烧夷陵,南并蜀、汉,又越韩、魏攻强赵,北坑马服,诛屠四十余万之众,流血成川,沸声若雷,使秦业帝。自是之后,赵、楚慑服,不敢攻秦者,白起之势也。身所服者,七十余城。功已成矣,赐死于杜邮。吴起为楚悼罢无能,废无用,损不急之官,塞

【译文】

蔡泽说:"过去,齐桓公九次会合诸侯,矫正不良风气,使得天下焕然一新,到了葵丘之会的时候,桓公就开始有了骄纵的情形,先后有九个国家背叛了他。吴王夫差,自认为天下无敌,因此就轻视诸侯,欺凌齐、晋两国,到后来国破身死。夏育、太史启,他们曾经一声叱咤能使三军震撼,然而他们本人却死于一般人的手中。这都是仗恃威权而不深思事物道理的缘故。

"商鞅为秦孝公主持变法,他统一度量衡,废除井田制度、重新划分土地,教导百姓努力耕种备战,这样一来,军队一出发就能够拓展国家的疆域,军队凯旋就使国家更加富强,所以秦国的军队能够天下无敌,在诸侯之间树立了国威。可是等到变法成功之后,竟惨遭五马分尸的刑罚。而当时的楚国拥有雄兵百万,然而秦将白起只是率领为数几万的秦国军队,一次作战就攻陷了楚国的鄢和郢,再战焚烧了夷陵,往南吞并了蜀、汉,然后又越过韩、魏两国的土地进攻强大的赵国,在北方屠杀马服,诛杀了四十多万名士兵,致使血流成河,哀嚎的声音如同雷声震天,为建立秦国的霸业立下了汗马功劳。从此以后,赵、楚两国被秦国的强大力量所慑服,再也不敢进攻秦国,这都是依靠白起军队的军势。白起所攻下的城池共有七十多座。他虽然为秦国立下了很大的战功,但最终还是被秦王赐死在杜邮。吴起为楚悼王改革朝政,罢免无能的朝臣,撤销虚设

私门之请，壹楚国之俗，南攻杨越，北并陈、蔡，破横散从，使驰说之士无所开其口。功已成矣，卒支解。大夫种为越王垦草创邑③，辟地殖谷，率四方之士，专上下之力④，以禽劲吴，成霸功。勾践终而杀之。此四子者，成功而不去，祸至于此。此所谓信而不能诎⑤，注而不能反者也。范蠡知之，超然避世，长为陶朱。

的国家机构，裁撤不是急需的官吏，杜绝私人请客吃饭的风气，改良楚国的社会风俗，往南攻打杨越，往北攻打陈、蔡，摧毁连横政策，解散合纵盟约，使得前来游说的人没有开口说话的机会。他也成功了，但最后他本人却死于楚国人的乱箭之中，然后又被分尸。越大夫文种，为越王勾践开疆拓土，发展农业，率领四方军队和全国上下的人民，击败吴国生擒吴王夫差，完成了越国霸王功业，可是最后被勾践杀了。这四位贤臣，都是因为功成而不退，才为自己招来了杀身之祸，这就是所谓'伸而不能屈，往而不能返'。只有范蠡深知明哲保身的道理，于是功成身退，远离人间的是非之地，驾轻舟渡海遁世，隐姓埋名，一心经商，所以成为后来有名的陶朱公。

【注释】

①适：通"敌"。②鄢：今湖北宜城东南十五里。郢：楚国的都城，今湖北江陵北十里。③垦草：开垦荒地。④专(tuán)：通"抟"，凝聚。⑤信(shēn)：通"伸"。诎(qū)：通"屈"。

【原文】

"君独不观博者乎？或欲大投，或欲分功①。此皆君之所明制也。今君相秦，计不下席，谋不出廊庙，坐制诸侯，利施三川，以实宜阳，决羊肠之险，塞太行之口，又斩范、中行之途，栈道千里于蜀、汉使天下皆乌托邦秦。秦之欲得矣，君之功极矣。此亦秦之分功之时也！如是不退，则商君、白公、吴起、大夫种是也。君何不以此时归相印，让贤者授之，义有伯夷之廉；长为应侯，世世称孤，而有乔、松之寿②。孰与以祸终哉！此则君何居焉③？"应侯曰："善。"乃延入坐，为上客。

【译文】

"难道您没有见到过赌博的人吗？有时想孤注一掷，有时想步步取胜，相信阁下是最清楚的。如今阁下当了秦国相国，为了谋划国家大事而终日忙碌，为了制定策略而不走出朝廷，坐在朝中控制诸侯，威仪施行于三川，借以充实宜阳，打开羊肠之险，封闭太行要塞，切断三晋的道路，修栈道千里通往蜀汉之地，使天下诸侯都畏惧秦国，秦王的欲望得到了满足，您的功勋已无可复加，正是分功的时候，这个时候还不知及时隐退，就会走商鞅、白起、吴起、文种的老路了。您何不现在就交还相印，把相国的位子让给别人，这样既可博取伯夷一样的美名，又可长享富贵，世代称孤，更能和仙人王子乔、赤松子一样长寿。这些和以后的遭受惨祸，是有天壤之别的啊！对于这个问题你又是怎么看的呢？"

范雎说："您说得太好了。"于是请蔡泽入座，待把他作为自己的上客。

【注释】

　　①分功：一步一步取胜。②乔：王子乔。松：赤松子。相传二人成仙，长生不老。③何居：选择哪一种。居，处。

【原文】

　　后数日，入朝，言于秦昭王曰："客新有从山东来者蔡泽，其人辩士。臣之见人甚众，莫有及者，臣不如也。"秦昭王召见，与语，大说之，拜为客卿。应侯因谢病①，请归相印。昭王强起应侯②，应侯遂称笃③，因免相。昭王新说蔡泽计画，遂拜为秦相，东收周室。蔡泽相秦王数月，人或恶之，惧诛，乃谢病归相印，号为刚成君。秦十余年，昭王、孝文王、庄襄王。卒事始皇帝。为秦使于燕，三年而燕使太子丹入质于秦。

【译文】

　　过了几天，范雎入朝拜见昭王，对他说："有位新从山东来的客人蔡泽，其人雄辩，臣阅人无数，更无人与之相比，臣自愧不如。"于是昭王召见蔡泽，相与言语，昭王十分赞赏，拜为客卿。范雎这时自思后路，便称病不朝，并且借病辞官。昭王一再不准，范雎便推言病重。昭王无奈只得允准。昭王对蔡泽的计谋十分欣赏，任命他为相。蔡泽助秦昭王吞并了东周国。

　　蔡泽出任相国没几个月，便有人恶意诽谤他，由于恐招致杀身之祸，便称病辞官，得封为刚成君。他在秦十多年，历事昭王、孝文王、庄襄王，最后任职于秦始皇皇朝，曾出使燕国，三年之后令太子丹到秦国做人质。

【注释】

　　①谢病：称病辞官。②强起：勉强他出来做事，意即挽留。③笃：病重。

【解析】

　　《道德经》说："功成而弗居，是以不去"。蔡泽正是采用了这句话所蕴含的精义来劝说范雎要在适当的时候退去，不要居功，否则就会引来杀身之祸。

　　应侯范雎为秦国的统一六国立下了非常大的功劳，因此范雎的仕途和人生正处在顶峰。但从古代朴素的辩证观点来看，盛极而衰是事物发展的必然趋势，而乐极就会生悲。蔡泽深明这其中的道理，就决定去用这个道理来启发范雎，借此来为自己寻找谋生发达的机会。

【处世策】

在"云雾满布"的职场当中，既有"乱石暗礁"，也会"柳暗花明"，充满机会，关键在于你能否发现这些威胁和机会的存在。更为重要的是，日中则移，月满则亏，矛盾可以互相转化，懂得悲观看福、乐观看祸，学会把绊脚石变成垫脚石，才能在职场的硝烟中迎风挺立。

卷六 秦四

秦取楚汉中

【原文】

秦取楚汉中，再战于蓝田^①，大败楚军。韩、魏闻楚之困，乃南袭至邓^②，楚王引归。后三国谋攻楚^③，恐秦之救也，或说薛公："可发使告楚曰：'今三国之兵且去楚，楚能应而共攻秦，虽蓝田岂难得哉！况于楚之故地？'楚疑于秦之未必救己也，而今三国之辞云，则楚之应之也必劝，是楚与三国谋出秦兵矣。秦为知之，必不救也。三国疾攻楚，楚必走秦以急；秦愈不敢出，则是我离秦而攻楚也，兵必有功。"

薛公曰："善。"遂发重使之楚^④，楚之应之果劝。于是三国并力攻楚，楚果告急于秦，秦遂不敢出兵。大胜有功。

【译文】

秦国夺取了楚国的汉中，又与楚在蓝田交战，打得楚军大败。韩、魏两国乘楚国正处于困难之时，加紧向南进攻，直打到楚国的邓邑，楚王领兵返回。后来，齐、韩、魏三国共谋攻楚，又害怕秦国援救楚国。有人对齐相薛公田文说："您可以派使者告诉楚王，说：'现在三国的军队将撤离楚境，如果楚国响应三国，共同进攻秦国，即使是攻取秦国的蓝田，又有什么困难，更何况收回楚国的失地呢？'楚国本怀疑秦国未必肯出兵援救自己，现在三国又提出这一番建议，楚国就一定会积极响应。这样，楚国将会与三国合谋出兵进攻秦国。秦国如果知道这些情况，一定不会援救楚国。三国迅即出兵攻楚，楚国就必然投奔秦国求救，而秦国更加不敢出兵。这样，三国离间了秦、楚，而能集中力量进攻楚国，必获全胜。"薛公说："好。"

于是，他派出特使去楚国，楚国果然积极响应。三国合力攻楚，楚国果然向秦国求救，秦国终于不敢出兵。三国联合攻打楚国，大获全胜而立下战功。

【注释】

①蓝田：地名，在今陕西蓝田县西部。秦夺取楚地汉中，楚怀王大怒，又出兵袭秦，最终楚军再次战败于蓝田。②邓：邑名，在今河南郾城县东南，战国时属楚。③三国：指齐、韩、魏三国。④重使：肩负重要使命的使者。

【解析】

前312年,秦楚蓝田之战中,韩、魏趁机攻击楚国的邓地。前303年,韩、魏、齐又联合攻楚。他们担心秦国救援楚国,因此先派说客以四国合力攻秦诱使楚国上当,离间秦楚关系,然后再对楚国发动进攻,终于打败楚军。

【处世策】

孙子说,兵不厌诈。任何斗争都涉及拉拢与打击,常规思维是,拉拢对手,打击敌人。但有的时候,拉拢就是打击,打击就是拉拢。这样说可能容易造成一些混乱,换一种说法则为:拉拢是为了便于打击,打击是为了便于拉拢,拉拢与打击并用。这是古老的中国人早就懂得的辩证方法,他同样可以为今人提供智慧。

薛公入魏而出齐女

【原文】

薛公入魏而出齐女。韩春谓秦王曰:"何不取为妻,以齐①、秦劫魏,则上党,秦之有也。齐、秦合而立负刍,负刍立,其母在秦,则魏,秦之县也已。眠欲以齐①、秦劫魏而困薛公,佐欲定其弟,臣请为王因眠与佐也②。魏惧而复之,负刍必以魏殁世事秦。齐女入魏而怨薛公,终以齐奉事王矣。"

【译文】

薛公田文离开齐国去到魏国,魏国任命他为相国,驱逐了魏公子负刍之母齐女。韩春对秦昭王说:"您为何不娶齐女为妻呢?如果齐、秦联合进攻魏国,魏国的上党就归秦国所有。齐、秦联合而又立齐女子负刍为太子,负刍既立,而他母亲在秦国,那么魏国就像秦国的属地一样被控制了。这样,韩眠就会想借助齐、秦来威胁魏国,使薛公受困;负刍的哥哥佐也想要立他弟弟为太子。我愿为大王去亲近韩眠。魏国看到这种情势,有所畏惧,就会接回齐女,负刍也一定会拿魏国来终身讨好秦国。齐女返回魏国,就会怨恨薛公,她终究会拿齐国来讨好大王。"

【注释】

①眠:韩眠,魏国大臣。②因:亲近。

【解析】

公元前294年,薛公田文因为"田甲劫王"事件出逃到魏国,并且做了相国。他将魏昭王娶自齐国的王妃驱逐出境。韩春为秦昭王出主意,让他借此机会,娶齐女为妻,实现联合齐国威胁魏国,以达到最终能够控制魏国的目的。

大事情固然重要,有些小事儿做出彩了,也同样能给我们的事业带来帮助。最终的结果是,能够把不起眼的小事儿,把各种利害关系编织起来,做到左右逢源,谋取我们的利益,这其实也就是点石成金术。

三国攻秦入函谷

【原文】

三国攻秦,入函谷。秦王谓楼缓,曰:"三国之兵深矣,寡人欲割河东而讲。"对曰:"割河东,大费也;免于国患,大利也。此父兄之任也。王何不召公子池而闻焉?"

王召公子池而问焉,对曰:"讲亦悔,不讲亦悔。"王曰:"何也?"对曰:"王割河东而讲,三国虽去,王必曰:'惜矣!三国且去,吾特以三城从之。'此讲之悔也。"王曰"钧吾悔也①,宁亡三城而悔,无危咸阳而悔也。寡人决讲矣②。"卒使公子池以三城讲于三国之兵,乃退。

【译文】

齐、韩、魏三国联合攻秦,攻入了函谷关。秦王对相国楼缓说:"三国军队进攻紧迫,情势已经很严重了,我打算把河东之地割给他们,和他们讲和。"楼缓说:"割让河东之地,代价太大了,但是能使国家避免大灾难,又有很大的利益。这样大的事,应该由宗室贵族来商定,大王为何不召见公子池向他询问呢?"

秦王召见公子池询问他,公子池说:"和三国讲和要后悔,不和他们讲和也要后悔。"秦王说:"为什么?"公子池说:"大王割让河东之地,和他们讲和,三国即使撤兵离去,大王一定会说:'可惜啊!三国还是撤兵了,我白白地送掉了三个城邑。'这是指讲和的后悔;大王如果不和他们讲和,三国已经攻进了函谷关,咸阳一定会处境危险,大王又会说:'可惜啊!我为了爱惜三个城邑,而没有和他们讲和。这又是不讲和的后悔。"秦王说:"反正都得后悔,我宁愿失掉三个城邑而后悔,也不能因危及咸阳而后悔。我已经决定讲和了。"终于他派出公子池拿割让三城去和三国讲和,三国这才撤兵。

【注释】

①钧:通"均",全,都。②决:一定。讲:讲和。

【解析】

前298年,田文进入秦国作相国,但为人所诉,最终潜逃出关。第二年,他率领齐、韩、魏三国联合攻秦,成功攻入函谷关。前296年,秦国割让河东三城与齐、韩、魏讲和,三国退兵。

【处世策】

生活有时会逼迫你，不得不交出权力，不得不放走机遇。干大事业者不会计较一时的得失，他们都知道放弃，放弃些什么，如何放弃。只有放得下，才能将该拿得起的东西更好地把握住，从而抓住最重要的东西。所以，在生活中应该学会放弃。没有放弃就没有选择，没有选择就没有发展。

秦昭王谓左右

【原文】

秦昭王谓左右曰："今日韩、魏，孰与始强？"对曰："弗如也。"王曰："今之如耳、魏齐，孰与孟尝、芒卯之贤？"对曰："弗如也。"王曰："以孟尝、芒卯之贤，帅强韩、魏之兵以伐秦，犹无奈寡人何也！今以无能之如耳、魏齐，帅弱韩、魏以攻秦，其无奈寡人何亦明矣！"左右皆曰："甚然。"

中期推琴对曰："王之料天下过矣。昔者六晋之时①，智氏最强，灭破范、中行，帅韩、魏以围赵襄子于晋阳。决晋水以灌晋阳，城不沉者三板耳。智伯出行水，韩康子御，魏桓子骖乘。智伯曰：'始，吾不知水之可亡人之国也，乃今知之。'汾水利以灌安邑，绛水利以灌平阳。魏桓子肘韩康子，康子履魏桓子，蹑其踵②。肘足接于车上，而智氏分矣。身死国亡，为天下笑。今秦之强，不

【译文】

秦昭王问左右的侍臣说："你们看现在的韩、魏两国和当年相比什么时候强大啊？"左右的侍臣回答说："不如当年强大。"秦昭王又问："现在的韩国大臣如耳、魏国大臣魏齐，与当年的田文、芒卯相比谁更贤能呢？"左右的侍臣说："不如田文、芒卯贤能。"秦昭王说："当年，田文与芒卯率领强大的韩魏联军前来攻打秦国，依然没有把我怎么样！如今换了没有什么才能的如耳、魏齐做了统帅，率领疲弱的韩魏两国军队来进攻秦国，他们更不能奈何我了！"左右的侍臣都说："大王说得非常对。"

这时有个叫中期的大臣推开面前的琴，回答说："大王对各国的情况预料错了。过去晋国拥有六个卿相的时候，其中智氏最为强大，后来智氏灭掉了范、中行氏，并且率领韩、魏联军，把赵襄子围困在了晋阳。决开晋水来淹晋阳，只差三块木板的高度就要把全城淹没。当智伯坐战车出去巡视水势时，韩康子给他驾着马车，魏桓子陪他坐在马车上。这时智伯说：'当初我不知道水可以灭掉人的国家，现在我是知道了。'汾水便于淹魏都安邑，而绛水便于淹韩都平阳。于是，魏桓子就用肘碰了碰韩康子，韩康子用脚踩了踩魏桓子，踢了踢他的脚跟。他们就在车上碰碰肘、踢踢脚的工夫，就决定了智伯国家的分裂命运。后来智伯身死国亡，被天下人耻笑。现在秦国的强大还

能过智伯；韩、魏虽弱，尚贤在晋阳之下也。此乃方其用肘足时也，愿王之勿易也③。"

没有超过智伯，韩、魏两国即使衰弱，却也仍然胜过赵襄子被围困在晋阳的时候。所以现在就是韩、魏碰肘踢脚的时候，但愿君王不要轻忽。"

【注释】

①六晋：指晋国的六个大臣韩氏、赵氏、魏氏、范氏、中行氏、智氏，后来韩氏、赵氏、魏氏三家分晋。②踵：用脚踩。踵：脚后跟。③易：轻视。

【解析】

秦昭王和左右大臣的对话显示出他已经开始有了骄傲自负的思想。有一个名叫中期的大臣觉察出了秦昭王的思想变化和大臣们的附和态度。于是就推开面前的琴，向秦昭王提出了忠言。

【处世策】

"谦受益，满招损"。中国的古训中一直在强调这个命题，谦虚才能时刻保持谨慎，才能认真对付对手、才能保持完满不致亏损。人一旦对自己的功业成绩骄傲自满、得意忘形，那么他注定要吃亏，这是一个千古不变的法则。

楚魏战于陉山

【原文】

楚魏战于陉山。魏许秦以上雒，以绝秦于楚。魏战胜，楚败于南阳。秦责赂于魏①，魏不与。营浅谓秦王曰："王何不谓楚王曰：魏许寡人以地，今战胜，魏王倍寡人也。王何不与寡人遇②。魏畏秦、楚之合，必与秦地矣。是魏胜楚而亡地于秦也；是王以魏地德寡人，秦

【译文】

楚、魏两国战于陉山，魏国答应给秦国上雒之地，希望不要援助楚国。魏国在南阳战胜了楚国，秦国向魏国要求割让上雒之地，魏国不给。

秦人营浅对秦王说："大王为何不对楚王说：'当初魏王以秦不助楚为条件，答应割让上雒之地给秦国，现在魏国打了胜仗，却违背前约，楚王您怎么不与秦国联合呢。魏国由于怕秦、楚联合，必会割地给秦。这样，魏国虽然战胜了楚国，却割地给秦国。这乃是大王拿魏国的土地去与秦国友好。

之楚者多资矣。魏弱，若不出地，则王攻其南，寡人绝其西，魏必危。"秦王曰："善。"以是告楚。楚王扬言与秦遇，魏王闻之恐，效上雒于秦。

秦国将派使臣去楚国，多赠财币，与楚国友好。魏国力弱，如果不割地给秦国，大王就进攻它的南部，秦国截击它的西部，这样魏国必亡。'"秦王说："好。"于是把这番话告诉了楚王。

楚王扬言与秦国联合。魏王听说秦、楚联合，很害怕，于是割让上雒之地给了秦国。

【注释】

①责：索取。略：赠送的财物，指上郡。②遇：合，联合。

【解析】

前329年，楚、魏在陉山交战，魏国为解后顾之忧，向秦国许诺割让上雒，以阻止秦国救楚。战后，魏国拒绝割地，秦国便联合楚国伐魏，迫使魏国兑现诺言。

【处世策】

对付出尔反尔的宵小之徒，光靠讲道理，说道德是没有效果的。要维护自己的利益，就要拿出实力。如果自己实力不足，就寻找同样是受害者的人，联合起来，一起夺回自己的权益。如果不让出尔反尔的人付出代价，我们终究还会在这种人身上吃亏。

楚使者景鲤在秦

【原文】

楚使者景鲤在秦，从秦王与魏王遇于境。楚怒秦合，周最为楚王曰："魏请无与楚遇而合于秦①，是以鲤与之遇也。弊邑之于与遇善之，故齐不合也。"楚王因不罪景鲤而德周、秦。

【译文】

楚国使者景鲤在秦国，随秦王与魏王去秦、魏边界会晤。楚王感到气愤。秦派周最对楚王说："魏国要求不与楚王会晤，而希望秦、齐联合，所以秦王让景鲤参加了这次会晤。因秦国对楚使景鲤参加这次会晤，表示甚为友好，这样就使齐国产生了疑虑，怀疑秦、楚友好，而不与齐国联合。"楚王因此没有加罪于景鲤，而感激周最与秦国。

【注释】

①请：请求。无：通"不"。

【解析】

前313年，秦、魏两国君相会，正在秦国出使的楚臣景鲤参与了会盟，楚王很不高兴。秦国派周最去向楚王说明了其中的道理，楚王这才释怀。

楚王使景鲤如秦

【原文】

楚王使景鲤如秦①。客谓秦王曰："景鲤，楚王所甚爱，王不如留之以市地②。楚王听，则不用兵而得地；楚王不听，则杀景鲤，更与不如景鲤者，是便计也③。"秦王乃留景鲤。

景鲤使人说秦王曰："臣见王之权轻天下④，而地不可得也。臣之来使也，闻齐、魏皆且割地以事秦。所以然者，以秦楚为昆弟国，今大王留臣，是示天下无楚也，齐、魏有何重于孤国也⑤。楚知秦之孤，不与地，而外结交诸侯以图⑥，则社稷危，不如出臣。"秦王乃出之。

【译文】

楚王派景鲤出使秦国。有人对秦王说："景鲤是楚王很宠爱的人，大王不如把他扣留在秦国，借此向楚国求地。楚王如果答应割地，就不费一兵一卒而可以得地；楚王如果不答应，那就杀掉景鲤，换一个不如景鲤的人来。这是万全之计。"秦王于是扣留了景鲤。

景鲤派人说服秦王，说："我看大王这样做，将会失势于天下，反而得不到割地。我从楚国出使秦国，听说齐、魏将割地给秦国。其所以这样，因为秦、楚是兄弟之邦。现在大王把我扣留在秦国，是向诸侯表明：秦、楚两国要断绝关系了。既然知道秦国孤立，就不会给秦国割地，而且会结交诸侯来图谋秦国。这样，秦国就会处境危险了。您不如还是放我回去。"秦王果然放了景鲤。

【注释】

①楚王：指楚怀王。②市地：使楚以地赎景鲤。③便：便利。④权轻天下：权势为天下人所轻贱。⑤有：犹"又"。孤国：是说秦无楚援，则为孤国，齐、魏再也不会尊重秦国了。⑥以图：以此图谋秦国。

【解析】

楚王派景鲤出使秦国，秦惠文王听信说客之言，扣留景鲤，想利用它敲诈楚国。景鲤向惠文王陈述了秦楚联盟的重要性，劝秦王不要因小失大。惠文王听信了他的话，就把景鲤放回楚国。

【处世策】

做事需要将眼光放长远，看到大是大非，大义大利，不可为眼前利益蒙蔽心智，而妨碍了长久的大计，因小失大，得不偿失。这其中尤其要懂得诚信之道，丢掉诚信追求效益无异于杀鸡取卵，不懂诚信实际上就是不懂经济之道，经营之道，最终会自取灭亡。

秦王欲见顿弱

【原文】

秦王欲见顿弱①，顿弱曰："臣之义不参拜，王能使臣无拜，即可矣。不即不见也②。"秦王许之。于是顿子曰："天下有有其实而无其名者，有无其实而有其名者，有无其名又无其实者。王知之乎？"王曰："弗知。"顿子曰："有其实而无其名者，商人是也。无把铫推耨之势③，而有积粟之实，此有其实而无其名者也。无其实而有其名者，农夫是也。解冻而耕，暴背而耨④，无积粟之实，此无其实而有其名者也。无其名又无其实者，王乃是也。已立为万乘，无孝之名；以千里养，无孝之实。"秦王悖然而怒。

【译文】

秦王想要召见顿弱，顿弱说："按照我的道理，我不对君王行参拜礼。如果大王能允许我不行参拜礼，我就去见大王；否则的话，我就不见大王。"秦王答应了他的要求。就这样顿弱进入宫中，见了秦王说："天下有有实无名的人，有有名无实的人，还有无名无实的人，大王知道这些吗？"秦王说："我不知道。"顿弱说："有实无名的人，指的是商人，不用耕作的劳苦，却有积蓄满仓的粮食，这就是有实无名的人。有名无实的人，指的是农夫。他们冒着春寒耕地，顶着烈日耘田，却没有积蓄的粮食，这就是有名无实的人。无名无实的人，指的就是大王您，您身为万乘之尊，却没有行孝之名；坐拥千里，却无行孝之实。"秦王听了勃然大怒。

【注释】

①秦王：即秦始皇嬴政。顿弱：秦国游说之士。②前"不"（fǒu）：同"否"。后"不"（bù）：副词。③铫（yáo）：古代的锄。耨（nòu）：古代锄草的工具。④暴（pù）：同"曝"，晒。

【原文】

顿弱曰："山东战国有六①，威不掩于山东②，而掩于母，臣窃为大王不取也。"秦王曰："山东之战国可兼与？"顿子曰："韩，天下之咽喉；魏，天下之胸腹。王资臣万金而游，听之韩、魏，入其社稷之臣于秦，即韩、魏从。韩、魏从，而天下可图也。"秦王曰："寡人之国贫，恐不

【译文】

顿弱说："崤山以东六个大国，大王的威权不能施加在它们之上，却施加于母后身上，我私下里认为，大王这样做是不可取的。"秦王说："你看我能吞并山东六国吗？"顿弱说："韩国扼住天下的咽喉，魏国处在天下的胸腹。大王如果愿意给我万两黄金去游说的话，我愿向东到韩、魏两个国家，使两国的大臣听命于秦国，从而使韩、魏两个国家臣服，然后就可以图天下。"秦王说："我的国家贫穷，恐怕拿不出黄金万两来给你东游韩、魏。"顿弱说："天下现在并非平安无事，各国不是缔结合纵的盟约，就是采取

能给也。”顿子曰：“天下未尝无事也，非从即横也。横成，则秦帝；从成，即楚王。秦帝，即以天下恭养；楚王，即王虽万金，弗得私也[3]。”秦王曰：“善。”乃资万金，使东游韩、魏，入其将相。北游于燕、赵，而杀李牧。齐王入朝，四国必从，顿子之说也。

连横的策略。如果连横的策略能够成功，那么秦国就会称王天下；如果合纵的盟约实现，那么楚国就会称王天下。秦国成为帝王，就能富有整个天下；如果楚国成为帝王，那么大王即使拥有万两黄金，也无法独自享有。”秦王说：“很好。”于是就给了顿弱万两黄金，让他到山东游说韩、魏，笼络两国执政的大臣。向北游说燕、赵两国，施行反间计，除掉了赵国大将李牧。后来齐王建入秦，燕、赵、魏、韩四国也都归附了秦国，这都是顿弱游说的结果啊。

【注释】

①山东：崤山以东。战国：交战之国。指诸侯。②掩：覆盖，包。③私：占有。

【解析】

在战国时期，君王和臣子之间的关系是有些民主成分的。这个时期的君臣关系，并不像中央集权的国家政权建立之后所形成的君臣关系那样等级森严。所以说顿弱在秦王要召见自己的时候，要求不对秦王行君臣之间的礼数，并且他还敢于直接指出秦王的缺点，指责他不孝。这样的劝说方法，比较能够引起君王的注意。

顿弱的劝说，主要涉及两个方面的内容。一方面是他指出秦王不孝顺他的母后，所以他希望秦王能够孝顺他的母后。另一方面，他为秦王分析了各个国家所处的地理位置和国家之间的力量对比，为他指出了统一天下的战略方针，并主动要求秦王能够给万两黄金，代表秦国出使六国，从而分散六国的合纵联盟。

《鬼谷子·谋篇》中写道："正不如奇,奇流而不止者也。故说人主者必与之言奇。"我们对显要人物、权贵人物游说献策、毛遂自荐时,一定要出奇谋。对于显贵人物来说,普通的说话方式及寻常计谋已经见识得太多了。如果一开始就指责他的过失,反而会引起对方的重视,对方会欣赏你的勇气和胆识,而对你的说辞会存在很大程度的信任。

顷襄王二十年

【原文】

顷襄王二十年,秦白起拔楚西陵,或拔鄢、郢、夷陵,烧先王之墓。王逃东北,保于陈城。楚遂削弱,为秦所轻。于是白起又将兵来伐。

楚人有黄歇者①,游学博闻,襄王以为辩,故使于秦。说昭王曰:"天下莫强于秦、楚,今闻大王欲伐楚,此犹两虎相斗而驽犬受其弊,不如善楚。臣请言其说。臣闻之:'物至而反,冬夏是也。致至而危②,累棋是也。'今大国之地半天下,有二垂,此从生民以来,万乘之地未尝有也。先帝文王、庄王、王之身,三世而不接地于齐,以绝从亲之要③。今王三使盛桥守事于韩,成桥以北入燕。是王不用甲,不伸威,而出百里之地,王可谓能矣。王又举甲兵而攻魏,杜大梁之门,举河内,拔燕、酸枣、虚、桃人,楚、燕之兵云翔不敢校④,王之功亦多矣。王休甲

【译文】

楚顷襄王二十年,秦将白起攻下楚国的西陵,另外一支军队攻下鄢、郢、夷陵,放火焚烧楚国先王的陵墓,顷襄王被逼迁都到东北的陈城,来保存社稷。楚国从此日渐削弱,被秦国轻视。就在这个时候,白起又率领军队攻打楚国。

楚国有个名叫黄歇的人,到各地游学,博学多闻,楚襄王认为他是辩才,因此派他出使秦国,去游说秦王。黄歇到秦国后对秦昭王说:"天下诸侯实力,没有比秦、楚两国再强大的了,如今听说大王想要攻打楚国,我以为这样无异于两虎相争、最终说不定会让猎犬占了便宜,大王倒不如与楚修好。请允许我说说其中的缘由。我听说:'物极必反,正如冬夏相替;安极而危,好比堆叠棋子。'如今秦国据有天下一半的土地,西北两方都达到极边远的地方,有史以来,没有哪个大国能和秦国比肩而立。从先帝孝文王、庄襄王,到大王共历三代,从未忘记开疆拓土以求与齐接壤共边,从而切断诸侯合纵抗秦的交通之道。大王多次派盛桥到韩国担任监国要职,盛桥不负所托,并北燕之地入秦国,这样大王不用劳师动众,不费吹灰之力就可以拓地百里。大王再发兵攻魏,封锁大梁城,占领河内,攻取南燕、酸枣、虚、桃人等地,楚、燕两国军队只是在旁边观看,不敢和秦军交锋,大王之功也算不小了。这时候如果大王

息众三年，然后复之，又取蒲、衍、首垣，以临仁、平兵，小黄、洛阳婴城，而魏氏服矣。王又割濮、磨之北属之燕⑤，断齐、韩之要，绝楚、魏之脊。天下五合、六聚而不敢救也，王之威亦惮矣。王若能持功守威，省攻伐之心而肥仁义之诚，使无复后患，三王不足四，五伯不足六也。

能休兵两年，再出兵攻取蒲、衍、首垣，兵临仁、平丘，那么小黄、济阳这些地方将不战而降，魏氏俯首臣服。大王再割濮、磨以北的土地给燕国，那么掌握齐秦之间的通道，斩断楚魏之间的联系，这样一来，崤山以东的各国即使合纵联盟，也无法挽救它们灭亡的命运了。眼下大王威名正盛，如果能守住成业，停止攻伐而施行仁义，不仅免除后患，而且那'三王'就不愁变成'四王'，而五霸也不难变成'六霸'了。

【注释】

①黄歇：即春申君，姓黄名歇，出身于战国晚期的楚国贵族。曾担任楚国令尹。②致(zhuì)：积累。③从(zòng)亲：崤山以东的六国之间合纵联盟。④云翔：盘旋反顾。校(jiào)：对抗、较量。⑤属(zhǔ)：连接。

【原文】

"王若负人徒之众，杖兵甲之强①，乘毁魏氏之威，而欲以力臣天下之主，臣恐有后患。《诗》云：'靡不有初，鲜克有终②。'《易》曰：'狐濡其尾。'此言始之易，终之难也。何以知其然也？智氏见伐赵之利，而不知榆次之祸也；吴见伐齐之便，而不知干隧之败也。此二国者，非无大功也，设利于前，而易患于后也。吴之信越也，从而伐齐，既胜齐人于艾陵，还为越王禽于三江之浦。智氏信韩、魏，从而伐赵，攻晋阳之城，胜有日矣，韩、魏反之，杀智伯瑶于凿台之上。今王妒楚之不毁也，而忘毁楚之强韩魏也。臣为大王

【译文】

"反之，如果大王倚仗兵威，乘着击败魏国的余威压服天下诸侯，我担心秦国从此以后就会后患无穷。《诗经》说：'凡事都有一个很好的开始，却少有圆满的结局。'《易经》中也有类似的例子：'狐狸涉水过河，开始时小心翼翼，生怕弄湿了尾巴，可是由于多种原因，到达对岸时还是把尾巴弄湿了。'这些都说明了开始容易而结尾难的道理。凭什么断定事理必然如此呢？智伯只看到攻打赵国很有利，可惜却没有注意到榆次之祸，吴王发现攻打齐国有利可图，可惜料不到有干遂之败。这两个国家都曾战功赫赫，只是由于贪图眼前利益，最终不免灭国亡身。吴王相信越国，放心地全力攻齐，取得了艾陵大捷，胜利归来却被越王擒杀于三江之浦；智伯轻信韩、魏，与之合力攻赵，围攻晋阳，不料大胜在即，韩、魏两军阵前倒戈杀智伯于凿台之上。如今大王念念不忘灭掉楚国，却没有注意到楚国的覆灭会增强魏国的实力。臣因而替大王深感忧虑。《诗经》中说：'有威望的大国，不必征战，

虑而不取。《诗》云：'大武远宅不涉。'从此观之，楚国，援也；邻国，敌也。

"《诗》：'他人有心，予忖度之。跃跃毚兔③，遇犬获之。'今王中道而信韩、魏之善王也，此正吴信越也。臣闻，敌不可易，时不可失。臣恐韩、魏之卑辞虑患，而实欺大国也。此何也？王既无重世之德于韩、魏，而有累世之怨矣。韩、魏父子兄弟接踵而死于秦者，累世矣。本国残，社稷坏，宗庙隳，刳腹折颐④，首身分离，暴骨草泽，头颅僵仆，相望于境；父子老弱系虏，相随于路；鬼神狐祥无所食，百姓不聊生，族类离散，流亡为臣妾，满海内矣。韩、魏之不亡，秦社之忧也。今王之攻楚，不亦失乎！且王攻楚之日，则恶出兵？王将藉路于仇雠之韩、魏乎？兵出之日而王忧其不反也，是王以兵资于仇雠之韩、魏。王若不藉路于仇雠之韩、魏，必攻随阳、右壤，随阳、右壤，此皆广川大水，山林溪谷不食之地，王虽有之，不为得地。是王有毁楚之名，无得地之实也。

自能怀敌附远。'由此可见，地处僻远的楚国应当是秦国的盟友，邻近之国才是肘腋之患。

"《诗经》说：'别人有害我之心，我应时刻提防，再狡猾的兔子，也躲不过猎犬的追捕。'如今大王为韩、魏所惑而加以亲信，无异于吴王轻信越国，到头来后悔莫及。我听说：'敌人不可轻视，时机不容错过。'我认为韩、魏两国是担心亡国灭族才卑躬屈膝臣服于大王的，并非真心臣服，为什么这样说呢？因为大王历来既无恩德于韩、魏，却世代和他们结有怨仇。韩、魏两国人民的父子兄弟，历代死于秦人手中的不可胜数，国家残破，宗庙坍塌，百姓被剖腹毁容，身首异处，暴尸于荒野，触目可见，而被掳掠押送的，相随于路。鬼神无人供奉，而百姓无法生存，沦落为别人奴仆臣妾的，遍布诸侯各国。韩、魏不亡，秦国则永难安枕无忧，此时大王却全力攻楚，难道不是大大的失策吗？何况大王出兵伐楚，将取道何处呢？大王不会向仇敌韩、魏借道吧？恐怕出兵之日，大王就开始担忧能否再回秦国了。借道两国，无异于大王把大批兵马拱手赠与韩、魏。如果大王不向两国借道，那只能攻打楚国随阳、右壤。而随阳、右壤都是高山大河、森林溪谷，人烟稀少，大王即使占有这些地方，又有什么用？徒有灭楚之名，而无得地之实。

【注释】

①杖：通"仗"，依靠。②鲜：少。克：能够。③跃跃：跳跃急速的样子。毚(chán)：狡猾。④刳(kū)：剖开。颐：面颊。

"且王攻楚之日，四国必悉起应王。秦、楚之构而不离，魏氏将出兵而攻留、方与、胡陵、砀、萧、相，故宋必尽。齐人南面，泗北必举。此皆平原四达，膏腴之地也①，而王使之独攻。王破楚以肥韩、魏于中国而劲齐，韩、魏之强足以校于秦矣。齐南以泗为境，东负海，北倚河，而无后患，天下之国，莫强于齐。齐、魏得地葆利而详事下吏②，一年之后，为帝若未能，于以禁王之为帝有余。夫以王壤土之博，人徒之众，兵革之强，一举众而注怨于楚，诎令韩、魏归帝重于齐③，是王失计也。

"臣为王虑，莫若善楚。秦、楚合而为一，临以韩，韩必授首④。王襟以山东之险，带以河曲之利，韩必为关中之候⑤。若是，王以十万戍郑，梁氏寒心，许、鄢陵、婴城，上蔡、召陵不注来也。如此，而魏亦关内候矣。王一善楚，而关内二万乘之主注地于齐，齐之右壤可拱手而取也。是王之地一注东海，要绝天下也⑥。是燕、赵无齐、楚，齐无燕、赵也。然后危动燕、赵，持齐、楚，此四国者，不待痛而服矣。"

【注释】

①膏腴之地：肥沃的土地。②葆：通"保"。详(yáng)：通"佯"，假装。下吏：低级官吏。③诎：反而。重：权势。④授首：投降。⑤候：通"侯"。⑥要绝：中断。要(yāo)，同"腰"。

"况且大王攻打楚国的时候，齐、赵、韩、魏四国势必乘虚而入。秦国军队陷于对楚国的战争，无暇顾及，魏国必定攻取留、方与、胡陵、砀、萧、相等地，宋国故地尽属于魏国。齐国南下攻取泗北之地，大王出兵击溃楚国，不料让他人坐收渔人之利，既扩张了韩、魏国土，又增强了齐国实力。韩、魏两国强大起来，就会与秦分庭抗礼。而齐国以泗水为西境，东临大海，北靠黄河，再无后顾之忧，将成为诸侯中的最强者。齐、魏获得土地葆有利益，再加上官吏的悉心治理，一年之后虽然尚无能力称帝，但有足够的力量阻拦大王建号称帝。以大王疆土之广，民众之多，兵革之强，出兵与楚国结怨，反倒让韩、魏支持齐王称帝，这是大王失策之处。我诚心为大王考虑，最好是和楚国言归于好，和睦相处。秦楚一体，兵临韩境，韩必俯首称臣。大王占据崤山之险，保有河曲之利，韩国必然成了替秦伺察天下诸侯动静的吏属。这时大王以十万大兵进逼郑地，魏国必然震恐，许和鄢陵两城马上会闭城自守，上蔡、召陵都不和魏国往来。这样，魏国也就成为秦在东方的侦察官。大王一旦与楚国修好，韩、魏两国自会戮力攻齐，齐国右方的土地大王就唾手可得。这时秦之土地，自西海至东海，横绝天下。燕、赵与齐、楚相互隔绝，然后加以胁迫，四国不待出兵攻打，便会臣服于秦。"

【解析】

秦国展开对六国的战争,秦国著名将领白起,攻占了楚国的部分领土之后,稍事休整,又率领军队前来攻打。楚国派出春申君到秦国去劝说秦王停止对楚国的战争。

古代外交家很早就注意到地缘政治,从每个国家在天下的分布和各个国家相邻位置,来决断国家的利害所在、动向如何。秦国统一天下,也是悟透了地缘政治学的奥秘才按部就班、有步骤有计划地消灭了六国。如果想维护楚国的利益,只有从地缘政治出发,指出只有秦楚两个大国联合,秦国才有最大的利益,其他五国才会臣服秦国,只有此说才能挽救濒临灭亡的楚国。

春申君从秦国的实际利益出发,侧重分析了秦国的地位和实力,为秦国指出了一条名利双收的道路,从而想从客观上来避免秦国对楚国的战争,实现秦国和楚国之间的友好交往。他在论说的过程中切实地为秦国的利益考虑,并列举了史实加以佐证秦国发动对楚作战的潜在危险,从正反两方面来竭力阻止秦国的穷兵黩武。

或为六国说秦王

【原文】

或为六国说秦王曰[1]:"土广不足以为安,人众不足以为强。若土广者安,人众者强,则桀、纣之后将存。昔者,赵氏亦尝强矣。曰赵强何若?举左案齐,举右案魏,厌案万乘之国二[2],由千

【译文】

有人代表六国游说秦王说:"国土辽阔不足以永保安定,人民众多不足以逞强特能。如果土地辽阔就能够国家安定,人民众多就能够国家强盛的话,那么夏桀、商纣的后代至今应该还存在。过去,赵氏也曾经强盛啊。要说赵国强大到什么程度?它向东可以压制齐国,向西可以控制魏国,控制这两个万乘大国,就如同控制千乘之国宋国一样。赵国人修建起刚平城,就使得卫国都城的东门几乎没有郊野,卫国人连

乘之宋也。筑刚平，卫无东野，刍牧薪采，莫敢窥东门。当是时，卫危于累卵。天下之士相从谋曰：'吾将还其委质，而朝于邯郸之君乎？'于是天下有称伐邯郸者，莫令朝行③。魏伐邯郸，因退为逢泽之遇④，乘夏车，称夏王，朝为天子，天下皆从。

放牧打柴的都不敢出东门。在那个时候，如同石头下的卵，岌岌可危。各国的士人在一起谋划说：'我们怎甘心质子邯郸，向它赵国俯首称臣？'就这样有人提议要攻打赵国的邯郸，各国便群起响应，晚上才发出命令，第二天早上就行动起来。魏国出兵攻破邯郸，在逢泽这个地方主持诸侯会盟，他乘坐夏车，自称夏王，率领诸侯朝见周天子，各国诸侯都跟从。

【注释】

①或：有人。秦王：即秦昭王。②厌案：压制。厌(yā)，通"压"。③莫(mù)：同"暮"。④遇：会见。

【原文】

"齐太公闻之，举兵伐魏，壤地两分，国家大危。梁王身抱质执璧①，请为陈侯臣，天下乃释梁。郢威王闻之，寝不寐，食不饱，帅天下百姓，以与申缚遇于泗水之上，而大败申缚。赵人闻之，至枝桑，燕人闻之，至格道。格道不通，平际绝。齐战则不胜，谋则不得，使陈毛释剑撤委②，南听罪，西说赵，北说燕，内喻其百姓，而天下乃齐释。于是夫积薄而为厚，聚少而为多，以同言郢威王于侧牖之间③。臣岂以郢威王为政衰谋乱以至于此哉？郢为强，临天下诸侯，故天下乐伐之也！"

【译文】

"齐太公听说了这回事，出兵讨伐魏国。魏国国土被分作两半，国家处在灭亡的边缘。魏惠王不得已，带上礼物和玉璧，向齐太公请罪，表示愿俯首称臣。各国诸侯这才放了魏国。楚威王听说了这件事情，就睡不好觉，吃不好饭，就率领天下的百姓，与齐将申缚大战于泗水之上，结果大败齐军。赵人得知了消息，乘机占领了枝桑，燕人听到了消息，乘机占领了格道。格道不通了，就隔绝了齐国平际的道路。齐国想要作战不能，想要另谋出路也不得，只好派陈毛为使者，南向向楚王请罪，还游说西面的赵国和北面的燕国，并在国内安抚百姓，这样天下诸侯才放过齐国。由此看来，积薄为厚，积少成多，天下各国共同商议如何来讨伐楚威王。我怎么能认为这是因为楚威王政治衰败、谋略失误才造成这样的结果的呢？楚王恃能逞强，来威胁天下各国诸侯，因此天下就乐于讨伐他啊！"

【注释】

①抱质执璧：质，礼品。璧，中间有小孔的圆形玉器。②撤委：布冠。撤，当为"撮"。③侧牖之间：指街巷。牖，窗户。

【解析】

公元前 288 年,齐国和秦国并称为帝。谋士苏秦劝说齐闵王放弃帝王的称号,来防止自己成为各个国家攻击的对象。齐国放弃帝王称号之后,本文中的说客去秦国劝说秦王也放弃帝王的称号。

说客依次说出霸主们的次序:赵王——魏惠王——齐侯——楚威王,总结出各国称霸更替的规律,揭示出凡是称霸者必是一时的、必有人代替的必然性,说明各国逞强出头、野心勃勃就会招致他国的妒羡怨恨、讨伐攻击的事实。说客说理清楚、逻辑分明,用归纳、举例法将史实一件一件摆在前面,其中的道理就不言自明。

【处世策】

中国人一向把谦虚、内敛作为做人的第一美德,民间有"万事不要强出头""枪打出头鸟"的说法,成熟的人一定不是锋芒毕露、处处争强好胜之人。强出头容易招人怨恨和攻击,生活和工作也会到处受掣肘、非难,不但难以可持续发展,还有可能身败名裂。所以在人群中称霸、好为人师、好为领袖的人,实际上危机丛生、覆亡在即。

卷七　秦五

谓秦王

谓秦王曰①："臣窃惑王之轻齐易楚，而卑富韩也。臣闻王兵胜而不骄，伯主约而不忿②。胜而不骄，故能服世；约而不忿，故能从邻。今王广德魏、赵，而轻失齐，骄也；战胜宜阳，不恤楚交，忿也。骄忿非伯主之业也。臣窃为大王虑之而不取也。"

"《诗》云：'靡不有初，鲜克有终。'故先王之所重者，唯始与终。何以知其然？昔智伯瑶残范、中行③，围逼晋阳，卒为三家笑；吴王夫差栖越于会稽，胜齐于艾陵，为黄池之遇，无礼于宋，遂与勾践禽④，死于干隧；梁君伐楚胜齐，制赵、韩之兵，驱十二诸侯以朝天子于孟津，后子死，身布冠而拘于齐。三者非无功也，能始而不能终也。"

【译文】

有人对秦武王说："我私下里疑惑大王为什么轻视齐国小看楚国，而且把韩国看得很卑下。我听说王者的军队战胜了但并不骄傲，霸主的军队战败了但并不忿恨。胜而不骄，所以能服众；败而不忿，所以能和其他各国和睦共处。现在大王对魏、赵两国广施恩德，但却淡薄与齐国的交往，这可是骄傲的表现；在宜阳之战中取得胜利，就疏远了楚国，这是忿恨的表现。骄傲和忿恨让您难以成就霸业，我私下里认为大王应当加以考虑，不该这样做啊。

"《诗》上说：'人们做事情总是有个好的开头，但很少有善始善终的。'因此先王所特别注重的，就只有事情的开头和结束。如何知道是这样的呢？过去智伯灭掉范、中行氏，又围攻晋阳，以求灭赵，结果为韩、赵、魏三家所灭；吴王夫差把越王勾践围困在会稽山上，又在艾陵之战中大败齐国，后来他在黄池主持诸侯会盟，对宋国无礼，最后却被勾践擒杀，死在干隧这个地方；魏惠王当年攻打楚国，战胜齐国，打败了韩、赵两国的军队，还邀集十二家诸侯在孟津朝见天子，最后太子在马陵之战中死去，自己素衣布冠被齐国囚禁。这三人当初都建有赫赫战功，之所以会遭到后来的惨败，是因为他们都能做到善始但不能做到善终。

【注释】

①秦王：即秦武王，秦惠文王的儿子，名荡。②主约：主盟。忿：怨恨。③智伯瑶：即知伯，春秋

末期人，晋国六卿之一。公元前458年，灭范氏和中行氏，后被韩氏、赵氏、魏氏所灭。④与：为。禽：通"擒"。

【原文】

"今王破宜阳，残三川，而使天下之士不敢言，雍天下之国①，逼两周之疆，而世主不敢交阳侯之塞；取黄棘，而韩、楚之兵不敢进。王若能为此尾，则三王不足四，五伯不足六②。王若不能为此尾，而有后患，则臣恐诸侯之君，河、济之士，以王为吴、智之事也。

"《诗》云：'行百里者，半于九十。'此言末路之难。今大王皆有骄色，以臣之心观之，天下之事，依世主之心，非楚受兵，必秦也。何以知其然也？秦人援魏以拒楚，楚人援韩以拒秦，四国之兵敌，而未能复战也。齐、宋在绳墨之外以为权，故曰先得齐、宋者伐秦。秦先得齐、宋，则韩氏铄；韩氏铄，则楚孤而受兵也。楚先得齐，则魏氏铄③；魏氏铄，则秦孤而受兵矣。若随此计而行之，则两国者必为天下笑矣。"

【注释】

①雍：通"壅"，堵塞。②不足：不难。③铄：削弱。

【译文】

"如今秦国攻破宜阳，占领三川，使得天下的策士都闭口不敢说话，隔绝诸侯之间联系，多次更改东、西二周的疆界，使各路诸侯不敢聚集策划攻打秦国的事情；还攻取了黄棘，使韩、楚两国的军队不敢西进。大王已经取得这么大的成就，您如果能够善始善终，称霸天下的大业就指日而待了。但如果大王能够善始但不能善终的话，就会后患无穷。我担心各国的诸侯，河、济一带的有识之士，就会让大王走夫差和智伯的老路。

"《诗》上说：'走一百里路，即使走了九十里还只是完成了一半。'这句话说的是最后一段道路是十分难走的。如今大王常常有骄傲的情绪，以我的观点看来，现在的天下之事，根据各国诸侯的想法，不是联合起来攻打楚国，就是联合起来进攻秦国。如何知道是这样的呢？秦国支援魏国抵抗楚国，楚国支援韩国抵抗秦国，四个国家的军队势均力敌，正处在相持不下的局面。而齐、宋两国在这四个国家之外，就变得非常重要了，所以说秦、楚两国谁先争取到齐、宋两国，谁就能取得最后的成功。秦国如果争得两家外援，就能遏制削弱韩国；韩国受到遏制，那么楚国就孤立无援而遭到攻击；如果楚国先得到齐国的援助，魏国就会衰败，魏国衰败之后，秦国就会陷入孤立境地，被动挨打。如果按照这条计策实行的话，那么秦、楚两国必然有一国将遭到灭国之辱。"

【解析】

战国时期，孔孟之道还没有成为国家的意识形态，所以没有流行。国家之间混战不已，社会也没有什么统一的意识形态，人们的言论相当自由。君臣之间也没有

纲纪的约束，所以做臣子的都敢于向做国君的直言不讳，这样轻松自由的氛围很有助于人们讨论更好的治国策略，使国家能够得到更加有效的治理。

这位无名说客指责秦王外交政策失误，并指出秦王在个性上的缺陷，要求其应该"胜而不骄、败而不忿"，并且指出谦虚谨慎、贯彻始终尤其是坚持住后半段、坚持到底才是真正的胜者本色、英雄本色。在进谏之后，又给秦王的外交政策献上良谋，指出秦楚之争其实最终取决于第三国，第三国才是政治决胜的砝码。

【处世策】

第三国才是政治决胜的砝码的理论，也可以充分运用在现代人际交往中。我们平时处世时一定要笼络人心、广施恩德，就是最普通的人，也要与其和睦相处，因为说不定什么时候，那些平时不起眼的人，才是你最后成功取胜的关键。

秦王与中期争论

【原文】

秦王与中期争论，不胜。秦王大怒，中期徐行而去。或为中期说秦王曰："悍人也①。中期适遇明君故也，向者遇桀、纣，必杀之矣。"秦因不罪。

【注释】

①悍人：恶人。引申为此人胆大包天的性格。

【译文】

秦王与秦臣中期发生争论，没有争赢。秦王大怒，中期慢吞吞地走了，有人为中期对秦王游说，说："中期实在胆大包天，太鲁莽了！他恰好遇上英明的君王，如果遇上以前的桀、纣，一定会遭到杀身之祸。"秦王因此没有惩治中期。

替中期辩解的大臣实在是一个具有上乘口才的人物。他知道直接向秦王求情,可能会给秦王火上添油,而如果采用迂回曲线式的说话方式,以赞扬的口吻来对秦王说话,秦王肯定喜欢听。这样看似在褒扬秦王是个明君,实际上是在告诫秦王不要作夏桀、商纣,如此一来,任何一个君王都不敢胡来。

【处世策】

伴君如伴虎,在领导者面前,再有能力的下属也是弱者。你的职位、薪水实际上都不掌握在自己手里,得与失,去或留,命运都掌握在领导者的一喜一怒之间。跟领导的"碰撞",怎么可以不慎之又慎呢?

献则谓公孙消

【原文】

献则谓公孙消曰:"公,大臣之尊者也,数伐有功。所以不为相者,太后不善公也。芈戎者,太后之所亲也。今亡于楚,在东周。公何不以秦、楚之重,资而相之于周乎①?楚必便之矣。是芈戎有秦、楚之重,太后必悦公,公相必矣。"

【译文】

献则对秦臣公孙消说:"您是大臣中受尊重的,屡次建立战功,之所以没有被任命为相国,是因为太后对您不怀好感,芈戎是太后的亲弟弟,现在逃到东周。您为何不利用秦、楚在诸侯中的声威,帮助芈戎在东周担任相国呢?这样对楚国有利。芈戎借重秦、楚之力在东周担任了相国,太后对您定有好感,你在秦国担任相国那就必定无疑了。"

【注释】

①资:资助,帮助。

【解析】

前306年,秦昭王初立,宣太后执政。献则替宣太后之弟芈戎游说秦国大臣公孙消,让他帮助芈戎取得东周的相位,以便为自己取得秦国相位做铺垫。

【处世策】

本篇充分显明了人脉的重要性。人际关系的复杂性、重要性,在我们这个人情国度,无论怎么估计都不过分。摸清人际脉络,对症下药,总能事半功倍。

楼梧约秦魏

【原文】

楼梧约秦、魏，魏太子为质，纷强欲败之。谓太后曰："国与还者也，败秦而利魏，魏必负之。负秦之日，太子为粪矣①。太后坐王而泣。王因疑于太子，令之留于酸枣。楼子患之。昭衍为周之梁，楼子告之。昭衍见梁王，梁王曰："何闻？"曰："闻秦且伐魏。"王曰："为期与我约矣。"曰："秦疑于王之约，以太子之留酸枣而不之秦。秦王之计曰：'魏不与我约，必攻我；我与其出而诗之见攻，不如先伐之。'以秦强折节而下与国②，臣恐其害于东周。"

【译文】

魏臣楼梧邀约秦、魏结盟，以魏太子作人质。魏臣纷强想从中破坏，对魏太后说："任何国家总是为了本国的利益而周旋的。一旦秦国失败了，魏国得利，形势好转，魏国必然会背约，魏国一旦背约，太子的生命将会不保。'太后于是为了阻止魏王派太子去秦做人质而悲泣。魏王因而也为太子做人质的事犹豫不决，并让太子留在酸枣，不去秦国做人质。楼梧为此而担心。

东周之臣昭衍为东周去到魏国，楼梧把魏太子留在酸枣的事告诉了他。昭衍拜见魏王，魏王说："你听到什么情况了吗？"昭衍说："听说秦国准备进攻魏国。"魏王说："可秦国与魏国已经订了盟约啊！"昭衍说："秦国怀疑大王的盟约，因为太子还留在酸枣，没有去秦国做人质。秦王考虑说：'魏国不实践盟约，就定会进攻秦国。与其让秦国等待着被魏国进攻，倒不如先进攻魏国。'以强秦毁约而进攻我们的东邻盟国魏国，我担心一定会危及东周。"

【注释】

①粪：粪便，人皆厌而弃除。此处比喻为太子像粪便一样被人抛弃。②折节：改变志节行为。

【解析】

前307年，楼梧主张秦、魏联合，积极奔走秦魏联合，并让魏太子入质秦国。魏太后与魏襄王中途留太子不遣，楼梧借助周国使者昭衍以秦国要出兵攻打魏国为名，迫使太子成行。

濮阳人吕不韦

【原文】

濮阳人吕不韦贾于邯郸①，见秦质子异人②，归而谓其父曰："耕田之利几倍？"曰："十

【译文】

濮阳人吕不韦在邯郸做生意，见到了在赵国作质子的秦国公子异人。回到家里，吕不韦对他的父亲说："耕田种庄稼能获得几倍的利益

倍。""珠玉之赢几倍？"曰："百倍。""立国家之主赢几倍？"曰："无数。"曰："今力田疾作，不得暖衣余食；今建国立君，泽可以遗世。愿往事之。"

故往说之曰："子傒有承国之业③，又有母在中。今子无母于中，外托于不可知之国，一旦倍约，身为粪土。今子听吾计事，求归，可以有秦国。吾为子使秦，必来请子。"

啊？"他父亲回答说："十倍。"吕不韦问："珠宝生意能获得几倍的利益啊？"他父亲回答说："一百倍。"吕不韦问："让一个人做了国君能获得几倍的利益啊？"他父亲回答说："无数倍。"吕不韦说："现在我即使努力地种田，勤奋地劳作，依然不能达到衣食无忧，而现在有一个机会来拥立国君，恩泽可以流传到后世。我愿意做这笔生意。"

因此吕不韦去游说异人，说："公子傒有资格继承王位，再加上他的母亲也在宫中。现在公子没有母亲在宫中照应，自身又处于祸福难料的国家，一旦秦国背弃盟约，和赵国打起来的话，公子就如同粪土一样了。如果公子按照我的计策行事，我就有办法让您回到秦国，还可以继承秦国的王位。我为公子出使秦国，必定会使他们来接您回国。"

【注释】

①贾(gǔ)：做买卖。②质子：做抵押的人质，多为诸侯王的儿子。异人：秦孝文王的儿子，在赵国作质子，后来在吕不韦的帮助下继承王位为庄襄王。③业：条件。

【原文】

乃说秦王后弟阳泉君曰："君之罪至死，君知之乎？君之门下无不居高尊位，太子门下无贵者。君之府藏珍珠宝玉，君之骏马盈外厩，美女充后庭。王之春秋高①，一日山陵崩②，太子用事，君危于累卵，而不寿于朝生。说有可以一切而使君富贵千万岁，其宁于太山四维，必无危亡之患矣。"阳泉君避席，请闻其说。不韦曰："王年高矣，王后无子，子傒有承国之业，士仓又辅

【译文】

于是吕不韦到秦国，游说秦王王后华阳夫人的弟弟阳泉君说："您有死罪，您知道吗？您门下的宾客无不位高势尊，但太子门下没有一个尊贵的人。并且您的府里藏有珍珠宝玉，您的骏马充满了外面的马厩，后宫里有很多美女。现在大王的年事已经很高，有朝一日驾崩了，太子继承了王位执掌了政权，您就危如累卵，生死就朝夕之间了。我这里有一个计策，能够使您保全富贵千万年，稳定就如同泰山的四个柱子，必定没有危亡的忧患。"阳泉君听了，离开坐席，请求听听吕不韦的计策。吕不韦说："大王年事已高，王后没有子嗣，子傒有资格继承王位，他又有士仓扶持。大王有朝一日驾崩了，子傒继承了王位，士仓掌握了实权，到那个时候，王后的门庭里一定会长满蓬蒿野草。公子异人是一个贤才，现在正在赵国作质子，没有母亲在宫中保护，翘首

之。王一日山陵崩，子傒西立，士仓用事，王后之门，必生蓬蒿。子异人贤材也，弃在于赵，无母于内，引领西望③，而愿一得归。王后诚请而立之，是子异人无国而有国，王后无子而有子也。"阳泉君曰："然。"入说王后，王后乃请赵而归之。

向西眺望自己的家乡，因此非常想回到自己的国家。如果王后能够请求大王把异人立为太子，这样即使异人不该继承王位也能拥有国家，而华阳夫人本来没有儿子也有了儿子可以依靠了。"阳泉君说："你说得很有道理！"就进了王宫说服王后，王后就请求秦王，要求赵国将公子异人遣返到秦国。

【注释】

①春秋：年龄。②一日：一旦。山陵崩：喻秦王死。③引领：伸长脖子。

【原文】

赵未之遣①，不韦说赵曰："子异人，秦之宠子也，无母于中，王后欲取而子之。使秦而欲屠赵，不顾一子以留计②，是抱空质也。若使子异人归而得立，赵厚送遣之。是不敢倍德畔施，是自为德讲。秦王老矣，一日晏驾，虽有子异人，不足以结秦。"赵乃遣之。

异人至，不韦使楚服而见。王后悦其状，高其知，曰："吾楚人也。"而自子之，乃变其名曰"楚"。王使子诵，子曰："少弃捐在外，尝无师傅所教学，不习于诵。"王罢之。乃留止。间曰："陛下尝轫车于赵矣③，赵之豪杰，得知名者不少。今大王反国，皆西面而望。大王无一介之使以存之④，臣恐其

【译文】

但是赵国并不愿意遣返异人，吕不韦游说赵王说："公子异人是秦王所宠爱的儿子，但没有母亲在宫里照顾，现在华阳王后想要让他做自己的儿子。如果秦国想要侵略赵国，是不会因为一个公子的原因而耽误国家的重大计策的，这样赵国就徒有一个人质了。但是赵国如果让异人回国继承王位，并以厚礼把他送回去。这样一来，公子是不会忘记大王大恩大德的，这是以礼相待的做法。再说现在秦王已经年老了，有朝一日驾崩了，赵国即使依然有异人作质子，也不足以和秦国结盟了。"于是赵王遣返异人回秦国。

公子异人回到秦国，吕不韦让他穿着楚国的衣服去见华阳夫人。原本是楚国人的华阳夫人见到他的穿戴十分高兴，认为他很聪明，说："我是楚国人。"于是认公子异人为自己的儿子，还将他的名字改为"楚"。秦王让异人诵读诗书。异人说："我从小就生长在外国，没有师傅教育，没有学习过诵读诗书。"秦王也就作罢。让他留宿在宫中。有一次，异人对秦王说："陛下也曾羁留赵国，赵国有许多豪杰之士都知道陛下的大名。现在陛下回到秦国做了国君，他们都很想念您，但是陛下不曾派遣一个使臣去看望他们，我担心他们都会心生怨恨之心。希望陛下将边境城门早闭晚开，来确保边境的安全。"秦王认为他说的话很

皆有怨心。使边境早闭晚开。"王以为然，奇其材。王后劝立之。王乃召相，令之曰："寡人子莫若楚。"立以为太子。子楚立，以不韦为相，号曰文信侯，食蓝田十二县。王后为华阳太后，诸侯皆致养邑。

有道理，惊奇于他的才能。华阳夫人乘机劝秦王将他立为太子。秦王于是召来丞相，下令说："寡人的儿子当中没有比楚更有才能的。"于是立异人做了太子。

公子楚继承了秦国的王位以后，任用吕不韦做丞相，封他为文信侯，将蓝田十二个县分给他。而王后改称华阳太后，之后各个诸侯也都向太后奉送了养邑。

【注释】

①未之遣：倒装用法，正常语序应是"未遣之"。②顾：顾惜。留计：停止攻赵的计划。③轫车于赵：在赵国居留。轫车：停车。轫，阻止车轮滚动的木头。④存：看望，问候。

【解析】

吕不韦是中国历史上的一个奇人，他的谋略和口才都是中国历史人物中第一流的。他凭着一人之力、三寸不烂之舌，就促成了自己的荣华富贵。他是那种善于进行大的策划、善于实施和完成这个策划的人，这种人要口才出众，自己就是自己谋划的贯彻实施者。

就谋略而言，吕不韦不仅谋得深、算得远，而且谋得全，算得广，他共分了四个步骤来进行谋划：其一，当他看到公子异人时就觉得奇货可居，是一个能够赢得整个未来的上佳投资项目，于是他说服异人听他指挥。其二，这个"奇货"要想推销出去、这份投资由风险转化为巨大利润，还是需要作出艰苦的努力。他不仅要安排好接人，而且要安排好放人。他算计到华阳夫人及其弟弟的潜在的、迫切的需要，使华阳夫人能够为了自己的利益而为异人奔走，使秦国开始向赵国要人。其三，他又游说赵王，以长远的利益说动赵王送归异人。其四，

人接回后，为更上一层楼，他在异人身上下了点工夫，使秦王最终立异人为太子。吕不韦在两国间穿针引线、巧妙安排、运筹得当、步步递进，他真是一个一流的策划家、设计家。完成他的这次交易，实际上是个大工程。要调动事主、接人的秦国、放人的赵国、认儿子的王后、立太子的秦王等等，庞大而复杂，非得要高屋建瓴和周全细致不可。

【处世策】

想使自己的说辞被对方欣然接受，就要深刻地洞察对方的需求，能够预见到事情的未来变化，以替对方着想的角度来使对方轻易就范。说服对方，首先必须要有一个将自己置换成对方的过程。掌控对方的需求，才能投其所好、对症下药，使对方为我所用。

文信侯欲攻赵，以广河间

【原文】

文信侯欲攻赵①，以广河间，使刚成君蔡泽事燕三年，而燕太子质于秦。文信侯因请张唐相燕，欲与燕共伐赵，以广河间之地。张唐辞曰："燕者，必泾于赵，赵人得唐者，受百里之地。"文信侯去而不快。少庶子甘罗曰②："君侯何不快甚也？"文信侯曰："吾令刚成君蔡泽事燕，三年，而燕太子已入质矣。今吾请张卿相燕，而不肯行。"甘罗曰："臣行之。"文信君叱去曰："我自行之而不肯，汝安能行之也？"甘罗曰："夫项橐生七岁为而为孔子师③，今臣生十二岁于兹矣！君其试臣，奚以遽言叱也？"

【译文】

文信侯吕不韦想要进攻赵国，来扩大他在河间的封地，他派刚成君蔡泽侍奉燕国，经过三年时间的努力，燕太子丹来到秦国作质子。文信侯又请秦国的张唐到燕国当丞相，想联合燕国进攻赵国，来扩大他在河间的封地。张唐推辞说："到燕国去必定要经过赵国，而且赵国人正在悬赏捉拿我，抓住我的会得到方圆百里的土地。"文信侯让他退下，心里很不高兴。少庶子甘罗说："君侯您为了什么事情这么不高兴啊？"文信侯说："我让刚成君蔡泽侍奉燕国，三年过去了，现在燕国的太子丹已经来到我朝做了质子。今天我请张唐到燕国去做丞相，他竟然不愿意去。"甘罗说："我能让他去。"文信侯大声呵斥说："我亲自请他他都不愿意去，你哪里有什么办法能让他去？"甘罗说："过去项橐七岁的时候就能做孔子的老师，何况我今年都十二岁了，君侯何不让我试试，为何没来由地就呵斥我呢？"

【注释】

①文信侯：秦相吕不韦。②甘罗：战国末期秦国下蔡（今属安徽颍上县甘罗乡）人。甘茂之孙，战国时著名的少年英雄。③项橐：传说中的神童。

142

【原文】

甘罗见张唐曰:"卿之功,孰与武安君?"唐曰:"武安君战胜攻取,不知其数;攻城堕邑①,不知其数。臣之功不如武安君也。"甘罗曰:"卿明知功之不如武安君与?"曰:"知之。""应侯之用秦也,孰与文信侯专与?"曰:"应侯不如文信侯专。"曰:"卿明知为不如文信侯专软?"曰:"知之。"甘罗曰:"应侯欲伐赵,武安君难之②,去咸阳七里,绞而杀之。今文信侯自请卿相燕,而卿不肯行,臣不知卿所死之处矣?"唐曰:"请因孺子而行!"令库具车,厩具马,府具币,行有日矣。甘罗谓文信侯曰:"借臣车五乘,请为张唐先报赵。"见赵王,赵王郊迎。谓赵王曰:"闻燕太子丹之入秦与?"曰:"闻之。""闻张唐之相燕与?"曰:"闻之。""燕太子入秦者,燕不欺秦也;张唐相燕者,秦不欺燕也。秦、燕不相欺,则伐赵,危矣!燕秦所以不相欺者,无异故③,欲攻赵而广河间也。今王贵臣五城以广河间,请归燕太子,与强赵攻弱燕。"赵王立割五城以广河间,归燕太子。赵攻燕,得上谷三十六县,与秦什一④。

【译文】

甘罗见到了张唐,说:"您认为您的功劳和武安君相比怎么样呢?"张唐说:"武安君战无不胜,攻无不取,取得的胜利,不可胜数;攻下的城池不计其数。我的功劳不如武安君啊。"甘罗说:"您的确认为您的功劳不如武安君吗?张唐说:"确实认为不如他啊。""当年应侯范睢执掌秦国的政权,和如今的文信侯相比,哪一个权力更重呢?"张唐说:"应侯不如文信侯的权力重。"甘罗说:"您的确认为应侯不如文信侯的权力重吗?"张唐说:"确实认为不如他啊。"甘罗说:"当年应侯想要进攻赵国,但武安君阻拦他,结果应侯在离咸阳七里的地方,用绞刑杀死了武安君。现在文信侯亲自请您去燕国做丞相,而您不愿意去,我不知道您会死在哪里啊?"张唐说:"请您跟文信侯说我张唐愿意去燕国做丞相。"于是他让管库房的人准备好车,喂马的人准备好马匹,管账的人准备好了费用,选择日子起程。甘罗又去对文信侯说:"请您准备好五辆车子,让我先去赵国替张唐疏通关节。"于是甘罗就去见赵王,赵王听说之后亲自到郊外迎接他。甘罗对赵王说:"大王听说燕国的太子丹到秦国作质子的事情吗?"赵王说:"我已经听说了这件事。""燕国的太子丹到秦国做了质子,说明燕国不敢背叛秦国;张唐到燕国做丞相,秦国就不会欺辱燕国。秦、燕两国不互相欺骗,目的就是为了攻打赵国,赵国已经危险了!秦燕两国之所以不互相欺骗,没有其他的原因,只是想要攻打赵国,从而来扩大河间的地盘罢了。如今大王如果能送给我五座城池来扩大河间的底盘,就能让秦国遣返燕国的太子丹,并联合赵国一起攻打燕国。"赵王马上就割让五座城池来扩大河间的地盘,秦国也遣返了太子丹回到了燕国。赵国攻打燕国,得到上谷的三十六个县,分给秦国十分之一的土地。

①堕（huī）：同"隳"，毁坏。②难之：责备应侯。指不受命。③异故：别的原因。④什一：十分之一。

【解析】

俗话说得好，有志不在年高，自古英雄出少年，小甘罗年仅十二岁，就凭借聪明才智参与到国家政治生活当中来。甘罗悟透了人性的善恶和国家作为主体的利益所在，他用祸患来威胁张唐，终于使他就范。他也用对赵国国家安全将要构成的巨大灾难来震惧赵国，也使赵国屈服。

【处世策】

大凡人性当中，有两个方面的取向。有时，人们表现出积极的态度，这时候就要用激励的方式来劝说他做你想让他做的事情。而成功说服他的手段，就是利诱，用实实在在的利益和名声来促使他去做事情。有时，人们表现出消极的态度，这时候就要用恐吓、威胁的方式，促使他去做事情。

文信侯出走

【原文】

文信侯出走，与司空马之赵，赵以为守相①。秦下甲而攻赵。司空马说赵王曰："文信侯相秦，臣事之，为尚书，习秦事，今大王使守小官，习赵事。请为大王设秦、赵之战而亲观其孰胜。赵孰与秦大？"曰："不如。""民孰与之众？"曰："不如。""金钱粟孰与之富？"曰："弗如。""国孰与之治？"曰："不如。""相孰与之贤？"曰："不如。""将孰与之武？"曰："不如。""律令孰与之明？"曰："不

【译文】

文信侯吕不韦被罢免了相国的职位，和司空马一起逃到赵国，赵王让他做了代理相国。秦国调集军队正准备进攻赵国。司空马游说赵王说："文信侯担任秦国的相国的时候，我是侍奉他的下属，做过尚书，因此熟悉秦国的情况。如今大王让我做代理小官，我也熟悉赵国的情况，请大王允许我假设一下秦赵两国之间的战争，来看看哪个国家会取得胜利。依大王看来，赵国和秦国相比而言，哪一个国家强大？"赵王说："赵国不如秦国强大。"司空马说："两国的人口相比而言，哪一国家的人口多？"赵王说："赵国不如秦国的人口多。"司空马说："两国的粮食钱币相比而言，哪一个国家更富有？"赵王说："赵国不如秦国富有。""两国相比哪个一国家政令更严明？""赵国不如秦国政令严明。"司空马说："既然这样的话，大王的国家各个方面没有能够比得上秦国的，那么大王

如。"司空马曰："然则大王之国，百举而无及秦者，大王之国亡。"赵王曰："卿不远赵，而悉教以国事，愿于因计②。"

司空马曰："大王裂赵之半以赂秦，秦不接刃而得赵之半，秦必悦。内恶赵之守，外恐诸侯之救，秦必受之。秦受地而却兵，赵守半国以自存。秦衔赂以自强，山东必恐；亡赵自危，诸侯必惧。惧而相救，则从事可成。臣请大王约从。从事成，则是大王名亡赵之半，实得山东以敌秦，秦不足亡。"

赵王曰："前日秦下甲攻赵，赵赂以河间十二县，地削兵弱，卒不免秦患。今又割赵之半以强秦，力不能自存，因以亡矣。愿卿之更计。"司空马曰："臣少为秦刀笔③，以官长而守小官，未尝为兵首④，请为大王悉赵兵以遇。"赵王不能将。司空马曰："臣效愚计，大王不用，是臣无以事大王，愿自请。"

的国家要灭亡了。"赵王说："请先生不要远离赵国而去，请教国家大事，我愿意听从先生的计策。"

司空马说："如果大王用一半以上的国土来贿赂秦国，秦国兵不血刃就得到半个赵国，必然会非常高兴。秦对内担心赵国军队的死死防守，对外恐怕各个诸侯国前来救援赵国，秦王一定迫不及待接受割让的土地。秦国得到土地，就会退兵，赵国虽然只剩下了半壁江山，但还可以凭借它自存。秦国得到贿赂的土地就会更加强大，山东各国必然十分恐慌；如果赵国灭亡就会使他们陷入危险的境地，他们一定会惊恐不安，从而出兵援救赵国，这样一来合纵抗秦的事情就可以形成。我请求为大王联络各路诸侯。如果联络成功的话，那么大王虽然名义上失去了半壁江山，但是实质上却得到山东各国的援助来共同抗击秦国，秦国也不难被灭亡了。"

赵王说："前日秦国派出军队进攻赵国，我为了求得自保，就拿河间十二个县贿赂秦国，国土减少，兵力削弱，最终也免不了秦国军队的进攻。现在你又建议割让我一半的国土，来使秦国变得更加强大，赵国更加无力自保，难免因此就会遭受亡国之灾。你还是再想一个别的计策吧。"司空马说："我年少的时候做过刀笔小吏，做了那么多年了，还是尚书小官，从来没有做过将帅，我请求带领赵国的全部军队去抗击秦国大军。"赵王不肯让司空马作将帅。司空马说："我只有进献这个愚蠢的计策，大王不愿意采用，这样的话我也没什么能够侍奉大王的了，请允许我离开赵国吧。"

【注释】

①守相：代理丞相。守(shòu)：摄，暂时代理职务。②于：犹"为"。因：犹"受"。③刀笔：主办文书的官吏，又称刀笔吏。④兵首：带兵的人。

司空马去赵，渡平原。平原津令郭遗劳而问："秦兵下赵，上客从赵来，赵事何如？"司空马言其为赵王计而弗用，赵兴亡。平原令曰："以上客料之，赵何时亡？"司空马曰："赵将武安君，期年而亡①；若杀武安君不过半年。赵王之臣有韩仓予，以曲合于赵王，其交甚亲，其为人粉疾贤妒功臣。今国危亡，王必用其言，武安君必死。"

韩仓果恶之，王使人代。武安君至，使韩仓数之②，曰："将军战胜，王觞将军③。将军为寿于前而捝匕首④，当死。"武安君曰："繵病钩，身大臂短，不能及地，起居不敬，恐获死罪于前，故使工人为木杖以接手。上若不信，繵请以出示。"出之袖中，以示韩仓，状如杖梱⑤，缠之以布。"愿公入明之。"韩仓曰："受命于王，赐将军死，不赦。臣不敢言。"武安君北面再拜赐死，缩剑将自诛，乃曰："人臣不得自杀宫中。"过司空马门，趣其疾，出诚门也⑥。右举剑将自诛，臂短，不能及，衔剑征之于柱以自

司空马离开赵国，从平原津渡过。平源津的长官郭遗得到了消息，就热情地接待了他，并向他问道："听说秦国的军队正在进攻赵国，您从赵国来，请问战况进行得怎样了啊？"司空马对郭遗讲述了一遍他为赵王出谋划策但又不被赵王采纳的经过，并预料赵国必定要走向灭亡。郭遗说："那么就您预料这件事，赵国到什么时候灭亡啊？"司空马说："赵王如果能够坚持让武安君李牧作将帅的话，赵国就能支持一年的时间；如果赵王杀掉了武安君，那么赵国就超不过半年就要灭亡。赵王的大臣当中有个叫韩仓的，对赵王阿谀奉承、曲意逢迎，和赵王非常亲近。他为人妒贤嫉能，常进谗言毒害功臣。现在赵国正处在生死存亡的关头，赵王一定会听信韩仓的话，如果真是这样的话，那么武安君就必死无疑啊。"

韩仓果然对赵王进了谗言，赵王派人取代了李牧的将帅的职位。武安君回到了国都之后，赵王就派韩仓前去指责李牧，说："将军在战场上取得了胜利，大王向你敬酒庆祝，但是将军回敬大王的时候，手里却紧握着匕首，犯下这样的罪过应该处死。"武安君说："我胳膊患了曲挛的疾病，无法伸直，并且我的身躯高大，跪拜的时候双手不能够到地面，我深恐对大王不敬而犯了死罪，因此就让木工做了一个假臂，大王如果不相信的话，请让我拿出来让大王看看。"于是从袖中取出假肢给韩仓看。那假肢状如木橛，用布条缠着。李牧恳求韩仓向赵王解释一下。韩仓说："我也只是受到大王的差遣，大王赐将军死，绝不赦免，我不敢替你说话。"李牧面朝北方，拜了几拜，感谢赵王赐死，抽出宝剑就准备自杀，但又说："做人臣的不能在宫中自杀。"于是他快步走出宫殿，路过司空马住所的门前。当他前行走出门之后，用右手拿剑打算自杀，但由于他胳膊太短，宝剑无法刺透，于是以嘴咬着剑，将剑柄抵在柱子上

刺。武安君死。五月赵亡。

平原令见诸公，必为言之曰："嗟乎，司空马！"又以为司空马逐于秦，非不知也；去赵，非不肖也。赵去司空马而国亡。国亡者，非无贤人，不能用也。

自刺而死。李牧死后才过了五个月，赵国就灭亡了。

平原令郭遗见到他的朋友，必定为司空马而叹惜不已，说："可惜啊！司空马！"司空马为秦所放逐，不是因为他不智慧；离开赵国，也不是因为他不贤能。赵国走了一个司空马，导致国家灭亡，可见国家灭亡，并不是因为没有贤能的人才，原因在于有贤能的人才不被任用罢了。

【注释】

①期(jī)年：一周年。②数：责备，列举罪状。③觞：向人敬酒。④为寿：祝寿、祝酒。捭(bǎi)：两手横向旁击。⑤杖：木杖。梱(kǔn)：门槛。⑥谡(jí)门：即棘门。古代宫门插戟，故称宫门为棘门。

【解析】

面对敌人力量的强大和自己国家力量的相对弱小，司空马一心为国家，看透了形势发展的趋势，所以为赵王提出了暂时委曲求全的对外策略，这在当时的形势之下是不得已而为之的。但这样近乎苛刻的条件，是赵王所无法接受的。司空马深深懂得政治的较量就是实力的较量，所以他向赵王反复询问赵国与秦国的实力对比，要让赵王感到自己的实力不够，实力不够就不能贸然行事，就不能为清名而牺牲，相反，只有保存实力、徐图长计，只有退缩、忍耐和委曲求全才是正确的抉择。

【处世策】

做人做事太过刚直容易受到伤害，必要时选择退却、容忍一时的道德损失，是为日后大踏步前进准备的一种战略手段，保全自己、休养生息、寻找机会，然后出击。

【原文】

四国为一①，将以攻秦。秦王召群臣宾客六十人而问焉，曰："四国为一，将以图秦，寡人屈于内②，而百姓靡于外，为之奈何？"群臣莫对。姚贾对曰③："贾愿出使四国，必绝其谋，而安其兵。"乃资车百乘，金千斤，衣以其衣，冠带以其剑。姚贾辞行，绝其谋，止其兵，与之为交以报秦。秦王大悦。贾封千户，以为上卿。

【译文】

燕、赵、吴、楚四个国家联合起来，准备进攻秦国。秦王召集众位大臣和宾客总共六十多人，向他们询问对策。秦王说："现在四个国家联合进攻我国，而我国正处于财力衰竭的时候，而外面的战争又接连失利，应该怎么办呢？"大臣们都不知道如何回答。这时姚贾回答说："我愿意替大王出使四个国家，必定能破坏掉他们的阴谋，使他们停止进兵。"于是秦王就给了他战车百辆，黄金千斤，并让他穿戴自己的衣冠，佩带自己的宝剑。姚贾辞别秦王，游说四国，破坏了四个国家联合进攻秦国的谋划，使联军停止进兵，并且和四国建立了友好的外交关系来报效秦国。秦王大为高兴。就封给姚贾一千户的城邑，并让他做了上卿。

【注释】

①四国：燕、赵、吴、楚四国。②屈(jué)：枯竭。③姚贾：魏国人，秦始皇时在秦国做官。

【原文】

韩非知之，曰："贾以珍珠重宝，南使荆、吴，北使燕、代之间三年，四国之交未必合也，而珍珠重宝尽于内。是贾以王之权、国之宝，外自交于诸侯，愿王察之。且梁监门子，尝盗于梁，臣于赵而逐。取世监门子、梁之大盗、赵之逐臣，与同知社稷之计①，非所以厉群臣也②。"

王召姚贾而问曰："吾

【译文】

秦国的大臣韩非知道了这件事情，在秦王的面前进言说："姚贾带着珍珠重宝，向南出使荆、吴两国，向北出使燕、代等地，期间耗费时间长达三年，这四个国家未必真心实意地与秦国结盟，但是我国国库中的珍宝却已经被他分散完了。这实际上是姚贾借大王的权势和我们秦国的珍宝，在外面私自结交各国的诸侯，请求大王对这件事情明察。更何况姚贾不过是魏国国都大梁的一个守门人的儿子，曾经在大梁做过盗贼，虽然他在赵国做过大臣，但是后来被赵国驱逐了。让这么一个看门人的儿子、大梁的盗贼、赵国的逐臣，来和我们秦国的大臣们一起参与商讨国家大事，不是用来勉励群臣的好方法！"

于是秦王召来姚贾，问他说："我听说你用我秦国

闻子以寡人财交于诸侯,有诸?"对曰:"有。"王曰:"有何面目复见寡人?"对曰:"曾参孝其亲,天下愿以为子;子胥忠于君,天下愿以为臣;贞女工巧,天下愿以为妃③;今贾忠王而王不知也。贾不归四国④,尚焉之?使贾不忠于君,四国之王尚焉用贾之身?桀听谗而诛其良将,纣闻谗而杀其忠臣,至身死国亡。今王听谗则无忠臣矣。"

的珍宝在外面结交各国诸侯,有这样的事情吗?"姚贾回答说:"有这样的事。"秦王说:"既然有这样的事情,那你还有什么脸面再来见我呢?"姚贾回答说:"过去曾参顺他的父母,天下的人都希望有曾参这样的儿子;伍子胥对国君忠诚不二,天下的诸侯都希望用他这样的臣子;贞女的女工做得精巧,天下的男人都希望娶她这样的女子做妻子。如今我效忠于大王,但大王并不知道,我不把财宝分送给那四个国家,还能让他们归服谁呢?如果我对大王不忠诚的话,四个国家的国君凭什么这么信任我呢?夏桀听信谗言就杀死了他的良将关龙逢,纣王听信谗言就杀死了他的忠臣比干,导致了身死国亡。如今大王听信了谗言,就没有忠臣了。"

【注释】

①知:主持,掌管。②厉:勉励,激励。③妃:配偶。④归:通"馈",赠送。

【原文】

王曰:"子监门子,梁之大盗,赵之逐臣。"姚贾曰:"太公望,齐之逐夫,朝歌之废屠①,子良之逐臣,棘津之雠不庸,文王用之而王。管仲,其鄙人之贾人也,南阳之弊幽②,鲁之免囚,桓公用之而伯。百里奚,虞之乞人,传卖以五羊之皮,穆公相之而朝西戎。文公用中山盗,而胜于城濮。此四士者,皆有诟丑,大诽于天下,明主用之,知其可与立功。使若卞随、务光、申屠狄,人主岂得其用

【译文】

秦王又说道:"我听说你是看门人的儿子、大梁的盗贼、赵国的逐臣。"姚贾说:"姜太公吕望,只是一个被老婆赶出家门的齐国人,在朝歌卖肉,肉都臭了也卖不出去的屠夫,也是被子良驱逐的家臣,他在棘津时出卖劳力但没有人雇用他。文王任用他做自己的辅佐大臣,最终建立了王业。管仲,不过是齐国边邑的一个小商贩,在南阳的时候非常贫穷,在鲁国时曾经做过囚犯,齐桓公任用他辅佐自己,就建立了霸业。百里奚,原来是虞国的一个乞丐,用五张羊皮就被买走了,秦穆公任用他做秦国的丞相,使西戎向秦国朝贡。过去晋文公任用中山国的盗贼,最终在城濮之战中取得胜利。这四类人,都是出身卑贱,身背丑陋的名声,被天下人看不起,但是英明的君主任用他们,是因为他们知道这些人能够为国家立下功劳。如果人人都像卞随、务光、申屠狄那样,做国君的谁会任用他们呢?所以英明的君主不会计较做臣子的过去干过什么,不听信别人对他们的非

哉！故明主不取其污，不听其非，察其为己用。故可以存社稷者，虽有外诽者不听；虽有高世之名，而无尺寸之功者不赏。是以群臣莫敢以虚愿望于上③。"

秦王曰："然。"乃可复使姚贾而诛韩非。

议，而只考察他们是否对自己有用。所以能够安邦定国的英明的君主，即使有人在面前诽谤进谗，也不听信他们；有的大臣即使有清高的名声，如果他们没有建立丝毫的功劳，也不赏赐他们。这样所有做大臣的都不敢用虚名，来对大王提出什么要求了。"

秦王说："很好。"于是仍然让姚贾出使各个国家，而诛杀了韩非。

【注释】

①废屠：指不会经营的屠夫。②弊幽：隐蔽，埋没。弊：通"蔽"。③虚愿：不切实际的想法。望：期望，希求。

【解析】

韩非用一些无关国事的个人道德问题来污蔑姚贾，试图改变秦王对姚贾的信任和看法。姚贾没有被权臣的诬陷吓倒，他首先说明了自己用珍宝结交诸侯，完全是为了秦国和秦王的利益，根本不是什么"私交"。接着列举姜太公、管仲、百里奚、晋文公的例子，说明是人才就不怕出身低。更进一步，他指出能为国出力作贡献者，并不需要虚名和清名，作为在上者，一定要有讲究实效、纳污纳垢的作风和胸襟。

姚贾所指出的不重清名而重功利的作风正是战国时代的优点所在，那时儒家还没有列为正统，后代那种道德至上的虚骄之气还没有充斥官场，务实精神而非泛道德化为国家增添了活力、为战国时代成为中华文明的巅峰时期起到了关键的作用。

【处世策】

作为一个领导者，在决定任用一个人之前要做一定的考察，从而来保证所任用的人在道德修养上值得信任，在个人能力上能够胜任所交办的工作。既然任用他了，那么就要对他深信不疑，正所谓"疑人不用，用人不疑"。

卷八　齐一

楚威王战胜于徐州

【原文】

楚威王战胜于涂州，欲逐婴子于齐①。婴子恐，张丑谓楚王曰："王战胜于涂州也，盼子不用也。盼子有功于国，百姓为之用。婴子不善，而用申缚。申缚者，大臣是百姓弗为用，故王胜之也。今婴子逐，盼子必用。复整其士卒以与王遇②，必不便于王也。"楚王因弗逐。

【注释】

①逐：驱逐。②遇：敌，对付。

【解析】

公元前341年，齐国在马陵之战中大胜魏国。到了公元前334年，魏惠王采用惠施的办法，尊齐威王为"王"，楚国不满。在公元前333年，楚国围攻齐国徐州，大胜。之后趁势要挟齐国驱逐相国田婴。

张丑掌握了朴素的

【译文】

楚威王在徐州战胜了齐国，想要齐国驱逐田婴。田婴畏惧。齐臣张丑为田婴对楚王说："大王在徐州取得了胜利，是因为田盼不被齐王任用的缘故。田盼为国家建立了功勋，百姓都为他效力。田婴与田盼不和，齐国不任用田盼，而任用齐将申缚，申缚是田婴的亲信，可是人民不愿为他效力，所以大王在徐州才战胜了申缚。如果您要齐国驱逐田婴，田盼必然会被任用。田盼如果被任用，就会整顿他的军队而与大王对抗，这必然不利于您。"因此，楚威王就放弃了要齐国驱逐田婴的打算。

矛盾观念。在楚王看来毫无价值的楚国相国田婴，却被张丑找到了他的利用价值，使楚王在齐国的利益最大化。

【处世策】

无论是投资，还是结交"贵人"，"知之"是很重要的，特别是能够通过研究，知道别人不知道的消息，看见其他人看不见的东西，发现别人看不到的投资价值，这样就有可能获取超额回报，这也就是所谓的"研究创造价值"。

齐将封田婴于薛

【原文】

齐将封田婴于薛。楚王闻之，大怒，将伐齐。齐王有辍志①。公孙闬曰："封之成与不，非在齐也，又将在楚。闬说楚王，令其欲封公也又甚于齐。"婴子曰："愿委之于子。"

公孙闬为谓楚王曰："鲁、宋事楚而齐不事者，齐大而鲁、宋小。王独利鲁、宋之小，不恶齐大②，何也？夫齐削地而封田婴是其所以弱也。愿勿止。"楚王曰："善。"因不止。

【译文】

齐王将要封赏田婴于薛邑。楚王听说后十分恼怒，准备出兵攻齐。齐王有意放弃封赏田婴。公孙闬对田婴说："您是否封赏得成，关键不在齐国，还在楚国。待我去说服楚王，让他比齐王更想封赏您。"田婴说："我就把这件事委托给您吧。"

公孙闬为田婴对楚王说："鲁、宋两国讨好楚国，而齐国却不讨好楚国，这是因为齐国强大，鲁、宋弱小的缘故，大王为什么偏偏只看到弱小的鲁、宋之利，却不担心齐国强大呢？齐国给田婴封地，将使他势力渐渐扩大，以致权倾国君，这是使齐国弱小的做法，希望您不要去阻止。"楚王说："好。"因此就放弃了阻止齐国封赏田婴的打算。

【注释】

①辍志：放弃原来的意愿。②恶：担忧，担心。

【解析】

公元前322年，齐王想把薛邑封给田婴，楚国不同意。公孙闬替田婴游说楚怀王，说齐封田婴将削弱自身，对楚国有利，楚怀王因此而释怀，放弃了阻止把薛邑封给田婴的想法。

【处世策】

19世纪英国外相巴麦尊曾经说："没有永恒的朋友，只有永恒的利益。"商界、职场的人也应当明白，没有永恒的敌人，只有永恒的利益。当敌我结为利益共同体时，对手也可以变成朋友。所以，职场、生意场上的朋友，并不建立在感情的基础上，而是建立在利益之上。

靖郭君将城薛

【原文】

靖郭君将城薛①，客多以谏。靖郭君谓谒者无为客通。齐人有请者曰："臣请三言而已矣②！益一言，臣请烹。"靖郭君因见之。客趋而进曰："海大鱼。"因反走。君曰："客有于此。"客曰："鄙臣不敢以死为戏。"君曰："亡③，更言之。"对曰："君不闻大鱼乎？网不能止，钩不能牵，荡而失水，则蝼蚁得意焉。今夫齐，亦君之水也。君长有齐阴，奚以薛为？失齐，虽隆薛之城到于天，犹之无益也。"君曰："善。"乃辍城薛。

【译文】

靖郭君田婴打算在薛地修筑城墙，很多门客去进谏阻止他。田婴下令负责接待引见的人，不许为前来进谏的门客通报。有个门客请求拜见田婴，说："我只说三个字就走，如果多一个字，我情愿领受烹刑。"田婴于是就接见了他。门客快步走到他面前，说："海大鱼。"然后转身就走。田婴赶忙问："先生有话就在这里说吧。"门客说："我不敢拿性命当儿戏。"田婴说："没有的事情，你有话就说。"门客回答说："您不知道海里的大鱼吗？渔网无法让它停止游动，钓钩无法钓到它。但是如果游到了海水之外失去了海水，那么就是小小的蝼蚁也能将它吃掉。同样，现在的齐国也就是您的水。如果你永久地掌管了齐国，就是再有了薛地还能做什么呢？你如果没有了齐国，即使将薛邑的城墙筑到天上去，也起不到什么作用了。"田婴说："你说的很对。"于是就停止了在薛地筑城墙的工程。

【注释】

①靖郭君：齐国大臣田婴，封号靖郭君。城：筑城墙。②三言：三个字。③亡：不然。

【解析】

靖郭君想要打算大兴土木，加强薛城的城防建设。这一举动引起了邻国的恐惧，同时也引起了身边人们的质疑。有个人用一种特殊的方式来劝谏。他求见靖郭君的方式就很特殊，要求只说三个字，多说一个字就情愿领受刑罚。这就引起了靖郭君的注意，想要知道他所要说的三个字是什么。接下来，这个人为靖郭君打了一个比方。他将靖郭君和海里的大鱼类比，用海里的大鱼所可能遭到的情况来类比靖郭君所可能遭到的情况，这样就把那些曾经来劝谏的人都说过的道理以巧妙的比喻说到了靖

郭君的心里,达到了劝谏的目的。这也就应了那句话:"以正合,以奇胜"。

本篇为我们提出了一个关于如何劝说不愿意听从别人劝谏的人的问题。劝说这样的人,就不能用一般的方法来劝谏了,而要采用特殊的方法,引起劝说对象的注意和重视。当然,这需要下格外的心思,耗格外的精力,首先要引起劝说对象的重视,使他愿意听一听我们的说辞,然后才有机会达成我们的目标。

靖郭君谓齐王

【原文】

靖郭君谓齐王曰:"五官之计①,不可不日听而数览也。"王曰:"诺。"五日而厌之,令与靖郭君。

【注释】

①计:书、簿等。

【译文】

靖郭君田婴对齐王说:"五官呈上了各类工作报告,大王不可不每天听取他们的汇报,并及时阅览他们的书面报告。"齐王说:"好啊。"过了五天就厌倦了,把这些事交给靖郭君,让他去处理。

【解析】

齐王厌倦繁杂的国事,把处理日常事务的权利统统给了田婴。

【处世策】

职场中类似齐王的人并不少见。能少做就不多做,能不做绝不少做。实际上,在远离工作的同时,也丢失了自己说话的权利。不清不楚,不明不白,到了该说话的场合,不知道该拿什么应付。在整个的生命历程中,懒惰是最致命的缺陷,是一切失败的根源。

靖郭君善齐貌辨

【原文】

靖郭君善齐貌辨。齐貌辨之为人也多疵,门人弗说。士尉以证靖郭君,靖郭君不听,士尉辞而去。孟尝君又窃以谏,靖郭君大怒曰:"刬而类,

【译文】

靖郭君对齐貌辨很好。可是齐貌辨的为人常常不拘小节,因此门客们都讨厌他。有个叫士尉的人曾为此去劝说过靖郭君,靖郭君没有接受,士尉拂袖而去。这时孟尝君田文也在暗中劝谏驱逐齐貌辨,不料田婴却大发脾气说:"即使将来有

破吾家。苟而慊齐貌辨者，吾无辞为之。"于是舍之上舍，令长子御，旦暮进食。

数年，威王薨，宣王立①。靖郭君之交，不大善于宣王，辞而之薛，与齐貌辨俱留。无几时，齐貌辨辞而行，请见宣王。靖郭君曰："王之不说婴甚，公注，必得死焉。"齐貌辨曰："固不求生也，请必行。"靖郭君不能止。

齐貌辨行至齐，宣王闻之，藏怒以待之。齐貌辨见宣王，王曰："子，靖郭君之所听爱夫！"齐貌辨曰："爱则有之，听则无有。王之方为太子之时，辨谓靖郭君曰：'太子相不仁，过颐豕视，若是者信反。不若废太子，更立卫姬婴儿效师②。'靖郭君泣而曰：'不可，吾不忍也。'若听辨而为之，必无今日之患也。此为一。至于薛，昭阳请以数倍之地易薛③，辨又曰：'必听之。'靖郭君曰：'受薛于先王④，虽恶于后王⑤，吾独谓先王何乎！且先王之庙在薛，吾岂可以先王之庙与楚乎！'又不肯听辨。此为二。"宣王太息，动于颜色，曰："靖郭君之于寡人一至此乎！寡人少，殊不知此。客肯为寡

人铲除我们这个家族，捣毁我们这片家业，只要能对齐貌辨有好处，我也在所不惜！"于是田婴就给齐貌辨上等的客舍住，并且派长子去赶车，朝夕侍候不懈。

几年以后，齐威王驾崩，由田婴的异母兄宣王即位。田婴跟宣王合不来，于是就离开首都到自己的封国薛地去，齐貌辨也跟他一同到了薛城。没多久，齐貌辨决定辞别田婴回齐国去晋见宣王，这时田婴就说："君王既然很讨厌我田婴，那你此去岂不是找死！齐貌辨说："臣根本就不想活，所以臣势在必行。"田婴也无法阻止。

于是齐貌辨就去见宣王。当他回到齐国首都临淄时，宣王很早就知道他来，他满心怒气地等着齐貌辨。齐貌辨拜见宣王后，宣王首先问他说："你是靖郭君手下的宠臣，靖郭君是不是一切都听你的吗？"齐貌辨回答说："臣是靖郭君的宠臣并不错，要说什么都听臣的那倒未必。例如当君王还是太子时，臣曾对靖郭君说：'太子长得一副不仁相貌，因为他的下巴太大，看起来好象一只猪。让这种人当国王，施政必然违背正道，所以不如把太子废掉，改立卫姬之子效师为太子。'可是靖郭君竟然哭着对臣说：'不可以这样做，因为我不忍这样做。'假如靖郭君是一切都听臣的话，那么靖郭君也不会遭受今天这样的迫害，此其一。当靖郭君到了薛城，楚相昭阳要用几倍的土地来换薛地，我又向靖郭君说：'一定要接受这个请求。'靖郭君说：'从先王那里接受薛地，现在即使与后王关系不好，如果把薛地交换出去，将来我对先王说什么！况且先王的宗庙就在薛地，我难道能把先王的宗庙交给楚国吗！'又不肯听从我的。这是第二件事。"齐宣王听了不禁长声叹息，脸上的颜色变了，说："靖郭君对寡人的感情竟然深到这种程度啊！我太年轻了，很不了解这些事情。您愿意替我把靖郭君请回来吗？"齐貌辨回答说："好吧。"

人来请郭君乎？"齐貌辨对曰："敬诺。"

靖郭君衣威王之衣，冠舞其剑，宣王自迎靖郭君于郊，望之而泣。靖郭君至，因请相之。靖郭君辞，不得已而受。七日，谢病强辞。靖郭君辞不得，三日而听。

当是时，靖郭君可谓能自知人矣！能自知人，做人非之不为沮⑥。此齐貌辨之所以外生乐患趣难者也。

靖郭君穿戴上齐威王赐给的衣服帽子，佩戴着赐给的宝剑。齐宣王亲自到效外迎接靖郭君，望着他哭泣。靖郭君到了朝廷，齐宣王就请他做相国。靖郭君表示辞谢，不得已才接受了。七天以后，又以有病为名坚决要求辞职，三天以后齐宣王才答应了他的要求。

当这个时候，靖郭君才可以说自己能够了解别人了！自己能够了解别人，所以即使有人非议某个有才能的人，他也不终止自己的行动。这就是齐貌辨所以把生死置之度外、乐于解人忧患、急于救人危难的原因。

【注释】

①宣王：名辟疆，齐威王之子。②效师：卫姬之子，宣王庶弟。③昭阳：楚怀王之将。④先王：指齐威王。⑤后王：指齐宣王。⑥沮：终止、停止。

【解析】

齐貌辨果然不负靖郭君的器重和信任，以卓越的口才与谋略使自己的主人挽回了一切。齐貌辨对齐王先是沉默，这样可以先揣摩齐王的心理，静侯齐王开口以找到机会。当齐王开口就说到靖郭君是否对齐貌辨言听计从时，齐貌辨终于找到机会，把自己一番丑化，从而衬托出了靖郭君的忠心和伟大来。这实际上是游说中的苦肉计，通过污损自己来换取信任，来达到目的。

【处世策】

让一个人甘心为自己赴汤蹈火、肝脑涂地是很不容易的，这既需要物质上的接济帮助，更需要心灵上的肝胆相照、心心相印。"女为悦己者容，士为知己者死"。当你成为一个人的知己时，那么他才有可能为你作出牺牲和付出。光有一番雄才大略,而没有几个知己,是绝不能成大事的。

邯郸之难

【原文】

邯郸之难,赵求救于齐。田侯召大臣而谋曰①:"救赵孰与勿救?"邹子曰:"不如勿救。"段干纶曰:"弗救,则我不利。"田侯曰:"何哉?""夫魏氏兼邯郸,其于齐何利哉!"田侯曰:"善。"乃起兵,曰:"军于邯郸之郊。"段干纶曰:"臣之求利且不利者,非此也。夫救邯郸,军于其郊,是赵不拔而魏魏也。故不如南攻襄陵以弊魏,邯郸拔而承魏之弊②,是赵破而魏弱也。"田侯曰:"善。"乃起兵南攻襄陵。七月,邯郸拔。齐因承魏之弊,大破之桂陵。

【译文】

赵都邯郸被魏军围困,赵国向齐国求救。齐宣王召集大臣共同商议,他问道:"救赵和不救赵哪个好些呢?"相国邹忌说:"不如不去救赵。"段干纶说:"不救赵,则对我们将不利。"宣王问:"为什么?"段干纶回答说:"让魏国吞并了邯郸,这对我们齐国又有什么好处呢?"齐宣王说:"好。"于是出兵救赵,下令:"驻军于邯郸郊外。"段干纶说:"我所说的救赵有利或不利,并不是指直接出兵邯郸。解救邯郸之围,如果驻军于邯郸郊外,赵、魏两国就一定会休战,这样,赵国既不会被魏国打败,魏国也保全了实力。所以,不如出兵南下,进攻魏国的襄陵,使魏军南北都疲于奔命。若邯郸被魏军攻克,我军就趁魏军疲惫之际去攻击魏军。这样,赵军虽被魏军打败,但魏军又被我军乘机攻击而削弱。"宣王说:"好。"于是出兵南下进攻襄陵,七月,邯郸被魏军攻克,齐军趁魏军疲惫之际加紧攻击,大败魏军于桂陵。

【注释】

①田侯:齐侯。田成子杀齐简公,吕氏绝祀,田氏有之,故曰田侯,此为齐宣王。②承:通"乘",趁着。

【解析】

公元前354年的桂陵之战,是在齐威王、段干纶的决策下,在田忌、孙膑的指挥下,对魏作战所取得的一次重大胜利。"围魏救赵"一战,成了经典战例,被载入许多兵法之中。它的指导思想就是攻其所必救,以达到趋利避害、机动歼敌的目的。

【处世策】

身怀特长,要想到理想的单位工作,而这个单位又对你提出一些限制时,可以先答应部分条件,然后再提出和此单位相竞争单位的用人优惠条件,依此使原来的单位提

高待遇。整个聘用过程看似"水到渠成",实则是运用"围魏救赵"的谋略延伸出来的高明的谋职手法。

南梁之难

南梁之难,韩氏请救于齐。田侯召大臣而谋曰:"早救之,孰与晚救之便?"张丐对曰:"晚救之,韩且折而入于魏,不如早救之。"田臣思曰:"不可。夫韩、魏之兵未弊,而我救之,我代韩而受魏之兵,顾反听命于韩也①。且夫魏有破韩之志,韩见且亡,必东诉于齐。我因阴结韩之亲而晚承魏之弊②,则国可重,利可得,名可尊矣。"田侯曰:"善。"乃阴告韩使者而遣之。

韩自以专有齐国,五战五不胜,东诉于齐,齐因起兵击魏,大破之马陵。魏破韩弱,韩、魏之君因田婴北面而朝田侯。

魏国进攻韩国的南梁,韩国向齐国求救。齐威王召集大臣共同商议,他说:"早救韩与晚救韩,到底哪种做法有利呢?"张丐回答说:"如果晚救韩,韩国必将转而投靠魏国,不如早救韩。"田臣思说:"不行,韩、魏之兵还未疲惫,我们出兵救韩,这等于我们代替韩军去遭受魏军的攻击,反会使我们受韩国的控制。况且魏国存心要灭掉韩国,韩国眼看自己将要被灭,一定会求诉于齐国,我们就秘密地和韩国结为友好,慢慢地等待魏军疲惫。这样,齐国就可以举足轻重,利可以得,名可以尊了。"威王说:"好。"就秘密和韩国使臣结为友好,让他返国。

韩国自恃有齐国援助,和魏国五战而五不胜,就求救于齐国,齐国于是出兵进攻魏国,大败魏军于马陵。这时魏国损兵折将,而韩国因为与魏国多次激战,也被削弱,因此,韩、魏两国的君主都通过相国田婴来朝拜齐威王。

【注释】

①顾反:反而。②阴结:秘密结盟。

|||解析|||

公元前342年,魏攻打韩国,韩军大败。韩君随即向齐国求救。齐威王接受大臣田忌的主张,暂缓援助韩国。等到韩、魏两败俱伤,韩国告急时再去救它,可获得丰厚的利益。公元前341年,齐军大败魏军于马陵。

|||处世策|||

坐在高位的人,最忌讳的是武断与跋扈。能够不耻下问,才懂得领导的艺术。现今有些管理人员,因为多些资历与头衔,便怕别人说自己不懂,实际上,又有哪一个人是万事通呢？虚心求教,自身受益,还能得到谦逊的美名,何乐而不为。

成侯邹忌为齐相

【原文】

成侯邹忌为齐相,田忌为将,不相说。公孙闬谓邹忌曰:"公何不为王谋伐魏?胜,则是君之谋也,君可以有功;战不胜,田忌不进,战而不死,曲挠而诛。"邹忌以为然,乃说王而使田忌伐魏。

田忌三战三胜,邹忌以告公孙闬,公孙闬乃使人操十金而往卜于市①,曰:"我,田忌之人也,吾三战而三胜,声威天下,欲为大事②,亦吉否?"卜者出,因令人捕为人卜者,亦验其辞于王前。田忌遂走。

【译文】

成侯邹忌是齐国的相国,田忌是齐国的将帅,两人关系不好。公孙闬对邹忌说:"您为什么不让大王下令,让田忌去率兵攻打魏国。如果打了胜仗,那是您策划得好,您就借此立了大功;如果战败了,田忌即使不战死,回国也必定会被军法处死。"邹忌认为他说得有道理,于是劝说齐威王下令派田忌攻打魏国。

田忌三战三胜,邹忌把这件事告诉了公孙闬,公孙闬于是派人带着十斤黄金到市场上找先生占卜,说:"我是田忌的属下,现在将军三战三胜,名扬天下,想要谋划大事,不知道吉利不吉利?"前来占卜的人离开后,公孙闬派人逮捕了那个给人占卜的人,又让他在齐王的面前验证了刚才占卜的卦相。田忌听说之后极为害怕,于是逃走避祸。

【注释】

①十金:二十两为一金。②大事:指返齐称王。

【解析】

本篇讲述了齐国大将田忌功劳卓著,相国邹忌担心他会取代自己的位置,就设计把田忌赶出了齐国。

【处世策】

我们相信人性的善良,但也必须提防小人的阴险和丑恶。在既得利益的面前,总有一些人人性中的狰狞会流露出来,为了利益而不惜置人于死地。他们为了利益,施展口舌之功,搬弄是非,甚至无中生有,可以无所不用其极。身居高位者、功勋卓著者更需要留心自己的安全。

田忌为齐将

【原文】

田忌为齐将，系梁太子申，禽庞涓。孙子谓田忌曰：“将军可以为大事乎？”田忌曰：“奈何？”孙子曰：“将军无解兵而入齐①。使彼罢弊老弱守于主。主者，循轶之途也②，鎋击摩车而相过。使彼罢弊老弱守于主，必一而当十，十而当百，百而当千。然后背太山，左济，右天唐，军重踵高宛③，使轻车锐骑冲雍门。若是，则齐君可正，而成侯可走。不然，则将军不得入于齐矣！”田忌不听，果不入齐。

【译文】

田忌担任齐将，俘虏了魏太子申，擒获了魏将庞涓。孙膑对田忌说：“将军有意做一番大事吗？”田忌说：“该怎么做呢？”孙膑说：“将军最好是不要解除武装返回齐国，而让那些疲惫老弱的士兵来把守‘主’这个地方。‘主’地的道路狭窄，车辆只能依次通行，碰撞摩擦而过。如果让那些疲惫老弱的士兵把守‘主’地，定能以一当十，以十当百，以百当千。然后，将军背靠太山，左有济水，右有天唐。辎重直达高宛，只需轻车战马就可以直冲齐都临淄的雍门。如此，齐国的君主就可由将军掌握决定了，而成侯邹忌必定逃跑。否则，将军就回不了齐国。”田忌没有听从，果然未能返回齐国。

【注释】

①解兵：解除武装。②循轶之途：谓道路险阻，兵车相随而行。轶，车辙。③军重：辎重。踵：抵达。

【解析】

田忌率领军队取得了马陵之战的胜利。孙膑预见到田忌功高盖主，必将受到国内大臣的谗毁，就劝田忌乘胜率军还军攻打齐都，争取王位。田忌不听，结局正如孙膑所料，田忌最终不得不逃离齐国。

【处世策】

无论你的上司是多么平易随和，他对你多么赏识，他始终是你上司，上司与下属之间不可以持熟卖熟，毫不客气地将工作成绩据为己有。若你的工作表现出色，受到公司各部门同事的赏识,这个时候切勿将功劳只归于自己;而要懂得借此机会,发挥团队合作精神,顺势把所有参与此工作的同事答谢一番,也感谢上司领导有方,将功劳归于直属上司。功劳归上司,工作归自己,虚心向上司学习,是保住岗位的方法。

田忌亡齐而之楚

【原文】

田忌亡齐而之楚,邹忌代之相齐。恐田忌欲以楚权复于齐,杜赫曰:"臣请为君留楚①。"谓楚王曰:"邹忌所以不善楚者,恐田忌之以楚权复于齐也。王不如封田忌于江南,以示田忌之不返齐也,邹忌以齐厚事楚。田忌亡人也,而得封,必德王。若复于齐,必以齐事楚。此用二忌之道也②。"楚果封之于江南。

【译文】

田忌遭到邹忌的诬陷,逃离齐国,来到楚国。邹忌代替他兼任了将军的职位。但他恐怕有一天田忌将要借助楚国的权力,重又回到齐国掌握了大权。杜赫对他说:"请让我为您将田忌留在楚国。"杜赫对楚宣王说:"齐国的相国邹忌之所以不想和楚国交好,是因为他恐怕田忌借助楚国的权力重又回到齐国掌握了大权。大王不如把田忌封官到江南,借此向邹忌表明田忌不会再返回到齐国。邹忌因此感激大王,必定会让齐国善待楚国。田忌是个逃亡避祸的人,如果能够得到封地,必然会非常感激大王。如果他能回到齐国重新掌握大权,也必定会让齐国善待楚国。这就是充分利用邹忌和田忌的完美计策啊。"楚王果然将田忌封在江南。

【注释】

①为君留楚:君即邹忌,为邹忌留田忌于楚国,不让他返回齐国。②二忌:指邹忌、田忌。

【解析】

田忌在战场上功勋卓著,但在政治战场上却一败涂地,他遭到邹忌的陷害不得不逃亡到楚国。邹忌还是不放过他,又利用国际关系想彻底消除自己的政治对手。

【处世策】

每个人都应该懂一点"职场政治",一个没有职场政治意识的职员,即使不被淘汰,也会在前进的路上经历风雨、遭遇坎坷。以"洁身自好"为借口,希望能远离职场政治的想法是不现实的。职场政治是一门好学问,而具有职场政治意识的职场人,才会最终获得成功。

邹忌事宣王

【原文】

邹忌事宣王，仕人众①。宣王不悦。晏首贵使仕人寡，王悦之。邹忌谓宣王曰："忌闻以为有一子之孝，不如有五子之孝。今首之所进仕者，以几何人？"宣王因以晏首壅塞之②。

【译文】

邹忌是齐宣王的臣子，他推荐了很多私人，让他们任职，宣王不高兴。晏首是齐王的公族，推荐的人却不多，宣王很高兴。邹忌便对宣王说："我听说：'家里有一个孝子，不如有五个孝子。'现在晏首才推荐了几个贤人呢？"宣王因此认为晏首是堵塞了荐贤之路。

【注释】

①仕人：推荐人做官。②壅塞：堵塞。

【解析】

邹忌死在齐宣王元年。此章言邹忌事宣王则当在齐宣王元年，即公元前319年。邹忌向齐宣王推荐了很多官员，宣王不太满意。邹忌就用"一子之孝"与"五子之孝"的区别说服了齐宣王。

【处世策】

在当今社会，有口才就是人才，是人才就应当有口才。口语交际是最直接、最及时、最经济、最有效地了解、考核人的才华志趣的"窗口"，口才不仅是传递信息，交流思想的手段，还可以成为审美创造的手段。就经济工作而言：协商洽谈，要能说会道；争辩解纷，要能言善辩；谈心劝慰，要娓娓动听。"听君一席话，胜读十年书"；谈判交涉，要既能鞭辟入里，直陈要害；又能睿智幽默，应变自如。随着现代通信和传声技术的迅速发展，口才已成为人才内涵的重要部分。

邹忌修八尺有余

【原文】

邹忌修八尺有余，身体昳丽①。朝服衣冠，窥镜，谓其妻曰："我孰与城北徐公美？"其妻曰："君美甚！徐公何能及也？"城北徐公，齐国之美丽也。忌不自信，

【译文】

邹忌身高六尺有余，仪表俊美，早晨，他穿好衣服，戴好帽子，对着镜子端详，对他的妻子说："我跟城北徐公比，谁美？"妻子说："您太美了，徐公怎能比得上您呢！"城北徐公是齐国的美男子。邹忌不相信自己，又问他的妾说："我跟

而复问其妾,曰:"吾孰与涂公美?"妾曰:"涂公何能及君也!"旦日,客从外来,与坐谈,问之客曰:"吾与涂公孰美?"客曰:"涂公不若君之美也。"明日,涂公来,孰视之,自以为不如;窥镜而自视,又弗如远甚。暮,寝而思之,曰:"吾妻之美我者,私我也②;妾之美我者③,畏我也;客之美我者,欲有求于我也。"

于是入朝见威王,曰:"臣诚知不如涂公美,臣之妻私臣,臣之妾畏臣,臣之客欲有求于臣,皆以美于涂公。今齐地方千里,百二十城;宫妇左右,莫不私王;朝廷之臣,莫不畏王;四境之内,莫不有求于王。由此观之,王之蔽甚矣!"王曰:"善。"乃下令:"群臣吏民,能面刺寡人之过者,受上赏;上书谏寡人者,受中赏;能谤议于市朝,闻寡人之耳者,受下赏。"

令初下,群臣进谏,门庭若市。数月之后,时时而间进④。期年之后⑤,虽欲言,无可进者。燕、赵、韩、魏闻之,皆朝于齐。此所谓战胜于朝廷。

徐公比,谁美?"妾说:"徐公怎么能比得上您呀!"第二天,来了一位客人,坐下交谈时,他就问客人说:"我和徐公比,谁美?"客人回答说:"徐公可不如您美啊!"第二天,徐公来了,邹忌仔细端详一番,自认为不如徐公,又对着镜子照了照,觉得相差很远。晚上,睡在床上,心里琢磨着,认识到:"妻子说我美,是因为她偏爱我;妾说我美,是因为害怕我;客人说我美,是因为他有求于我。"

于是,他上朝拜见齐威王,说:"我明明知道自己不如徐公美,我的妻偏爱我,我的妾害怕我,我的客人有求于我,他们便都说我比徐公美。现在齐国土地方圆千里,有一百二十个城邑,嫔妃、近臣都偏爱大王;朝廷大臣都害怕大王;全国人民都有求于大王。由此看来大王受蒙蔽实在太深了。"威王说:"好。"于是下令:"文武大臣,官吏百姓,能当面指出我的错误的,给上赏;书面提出劝谏的,给中赏;在大庭广众之中议论批评我,传到我耳朵里的,给下赏。"

命令刚刚宣布,文武百官纷纷前来提出批评意见,好象市场和庙会那样拥挤。几个月以后,有时偶尔有人来提意见。过了一年,虽然想提意见,但是也提不出什么了。

燕、赵、韩、魏四国听到这种情况,都来朝拜齐国,这就是所谓:身在朝廷,修明国内政治,不用出兵,就能战胜敌国,使别国臣服。

【注释】

①映(yì)丽:美丽。②私我:对我偏私。③美我:美,形容词动用。以我为美。④间(jiàn)进:断断续续地进谏。⑤期(jī)年:一周年。

【解析】

城北徐公和邹忌都是美男子,但不知道两个人谁更俊美一些。一天早晨,邹忌在照镜子的时候突然想到了这个问题。通过询问身边的妻子和小妾,以及前来拜

访的客人，他得到了相同的答案：城北徐公比不上自己。而他从这个司空见惯的奉承中，抽象出了一般的心理学结论来。不仅如此，他还将这个问题联系到国君身上，使国君也意识到自己遭受了蒙蔽。

【处世策】

下级劝说一上级，由于尊卑关系不得不谦言以谏，否则会招来祸害。忠言是完全可以顺着耳说的。说话是语言的艺术，如何去说，大有学问。一个好的建议或意见，倘若出自真心，完全可以使自己的话如和风细雨，娓娓道来。如此，往往更容易达到劝说的目的。"良药蜜口利于病，忠言顺耳利于听"。只有这样，才能营造和谐的人际关系，达到与被说的双赢。

秦假道韩魏以攻齐

【原文】

秦假道韩、魏以攻齐，齐威王使章子将而应之。与秦交和而舍①，使者数相往来，章子为变其激章，以杂秦军。

候者言："章子以齐入秦。"威王不应。顷之间，候者复言："章子以兵降秦。"威王不应，而此三者。有司请曰："言章子之败者，异人同辞。王何不发将而击之？"王曰："此不叛寡人明矣！曷为击之？"顷间，言："齐兵大胜，秦军大败。"于是秦王拜西藩之臣而谢于齐。

左右曰："何以知之？"曰："章子之母启得罪其父，其父杀

【译文】

秦国借道韩、魏去进攻齐国，齐威王派匡章率兵迎击秦军。与秦军对垒，双方各有使节互相交往。匡章便更改了旗帜，让士兵另换号衣，冒充秦军，混入秦军之中。齐国的侦察人员不知匡章之意，报告说："匡章让齐兵投降了秦军。"齐威王听了，不予理睬。过了不久，侦察人员又报告说："匡章让齐兵投降了秦军。"齐威王听了，还是不予理睬。就这样，一连三次。有关的军吏请示说："说匡章已叛变投敌的人，都异口同声，大王为何不派大将军去讨伐呢？"威王说："这就充分说明匡章不会叛变投敌，又为何要去讨伐呢？"

过了不久，有报告说："齐军大胜，秦军大败。"于是，秦王向齐王俯首称作"西藩之臣"请求恕罪。左右大臣都说："大王为什么会知道匡章不会叛变投敌呢？"威王说："匡章的母亲启，得罪了他的父亲，匡章的父亲杀了她，就埋在马栈下面。

之而埋马栈之下②。吾使章子将也，勉之曰：'夫子之强，全兵而还，必更葬将军之母。'对曰：'臣非不能更葬先妾也③。臣之母启得罪臣之父，臣之父未教而死；夫不得父之教而更葬母，是欺死父也。故不敢。'夫为人子而不欺死父，岂为人臣欺生君哉？"

我派遣匡章率兵迎击秦军，勉励他说：'您如果打了胜仗，全军返还，我一定为将军的母亲迁葬。'匡章说：'我并不是不能为我母亲迁葬。我的母亲启得罪了我父亲，被我父亲所杀，埋在马栈之下。我父亲未能让我迁葬，就去世了。我没有得到父亲的指示，就迁葬母亲，这乃是对死去父亲的欺骗。所以，我不敢迁葬。'作为人子都不敢欺骗死去的父亲，那么作为人臣又怎敢欺骗活着的国君呢。"

【注释】

①交和：两军对峙。②马栈：马棚内防潮湿的木制栅板。③先妾：对先父之妻的谦称。

【解析】

齐威王相信，孝顺父母的人就一定会忠诚于国君。正是出于这种认识，他抵挡住了许多人对章子的诋毁和诽谤，一直坚信章子对自己对国家是忠诚的。也正是他的信任，才保证了战场上的胜利。

【处世策】

作为现代职场中的领导者，应该学习齐威王知人善任的做法，用正确的态度处理诋毁和诽谤。首先要坚定自己的立场，对所任用的人绝对信任。其次要对流言加以明辨，置之不理，于是一切诋毁和诽谤就自然消除，不会给工作带来不利的影响。

楚将伐齐

【原文】

楚将伐齐，鲁亲之，齐王患之。张丐曰："臣请令鲁中立。"乃为齐见鲁君。鲁君曰："齐王惧乎？"曰："非臣所知也。来吊足下！"鲁君曰："何吊？"曰：'君之谋过矣！君不与胜者而与不胜者，何故也？"鲁君曰："子以

【译文】

楚国将要进攻齐国，而鲁国与楚国亲善，齐王为此担忧。张丐对齐王说："我可以让鲁国保持中立。"

于是张丐为齐王去见鲁君。鲁君说："齐王是害怕了吗？"张丐说："这个我不了解；我是来哀悼您的。"鲁君说："哀悼我做什么？"张丐说："您的主意打错了。您不去帮助战胜者，而去帮助失败者，这是为什么呢？"鲁君说："您以为齐、楚两国谁可以获胜

齐、楚为孰胜哉?"对曰:"鬼且不知也。""然则子何以吊寡人?"曰:"齐、楚之权,敌也,不用有鲁与无鲁①。足下岂如全众而合二国之后哉!楚大胜齐,其良士选卒必殪②,其余兵亡以待天下③;齐为胜,其良士选卒亦殪。而君以鲁众合战胜后,此其为德也亦大矣,其见恩德亦甚大也!"

鲁君以为然,身退师。

呢?"张丐说:"鬼都不知道。""那么,您为什么哀悼我呢?"张丐说:"齐、楚两国势均力敌,并不是因为是否有鲁国参与,就有什么变化。您何不静观两国相斗,等有了胜负结果以后,再决定行动,这样不就可以保全自己的兵力了吗?如果楚国战胜齐国,楚国精兵锐卒必定都会战死,剩下的士卒便不能抵御其他诸侯;如果齐国战胜楚国,齐国精兵锐卒也必定都会战死,这时,您出兵援助战胜者,定将大有收获,他们也将非常感激您的援助。"

鲁君听了以后,觉得很对。于是立即撤兵。

【注释】

①不用:不在乎。②殪(yì):死。③亡:通"无",待:防备,抵御。

【解析】

公元前334年,齐、魏盟会于徐州,魏惠王尊齐威王为"王"。楚国不满,于次年兴师伐齐,鲁国被胁迫同时出兵。在经过张丐劝说后,鲁国退师,但楚国仍进兵攻齐,并发生了徐州之役,齐师大败。

【处世策】

对于社会中的弱小团队而言,平时能依傍上一个强大的团队自然不错,可如果是在非常状态下,冒失地投靠一个团队却可能是一个灾难。时机、时机,做任何抉择都要选对时机。

秦伐魏

【原文】

秦伐魏,陈轸合三晋,而东谓齐王曰:"古之王者之伐也,欲以正天下而立功名,以为后世也。今齐、楚、燕、赵、韩、梁六国之递甚也①,不足以立功名,适足以强秦而自弱也。非山东之上计也。能

【译文】

秦国攻打魏国,陈轸联络赵、魏、韩三国组成联合阵线,然后再去齐国,对齐王说:"古代王者出兵讨伐,目的是匡正天下,建立功业,以利于后世。现在齐、楚、燕、赵、韩、梁六国互相激烈地攻打,这是不能建立功业,流传美名的,正好可以增强秦国,削弱自己,绝不是六国的上策。真正能颠覆六国的,只有强秦。六国不去担心强秦,却互相攻打,彼此削弱,以致

危山东者，强秦也。不忧强秦，而递相罢弱，而两归其国于秦，此臣之所以为山东之患！天下为秦相割，秦曾不出力；天下为秦相烹，秦曾不出薪；何秦之智而山东之愚耶！愿大王之察也。古之五帝三王五伯之伐也，伐不道者。今秦之伐天下不然，必欲反之；主必死辱②，民必死虏③。今韩、梁之目未尝干而齐民独不也，非齐亲而韩、梁疏也，齐远秦而韩、梁近。今齐将近矣！今秦欲功梁绛、安邑。秦得绛、安邑以东下河，必表里河而东攻齐④。

"举齐，属之海，南面而孤楚、韩、梁，北向而孤燕、赵，无齐无所出其计矣。愿王熟之！今三晋已合矣，复为兄弟，约而出锐师以戍梁绛、安邑，此万世之计也。齐非以锐师合三晋，必有后忧！三晋合，秦必不敢攻梁，必南攻楚。楚、秦构难，三晋怒齐不与己也⑤，以东攻齐。此臣之所谓齐必有大忧。不如急以兵合于三晋。"

齐王敬诺，果以兵合于三晋。

两败俱伤，使秦国坐享渔人之利，这是我深为山东六国所忧虑的。诸侯为了秦国，互相残杀，可是秦国竟连一把刀子也不出；诸侯为了秦国，互相煎熬，可是秦国竟不拿出一把柴禾。为什么秦国就那样聪明，而山东六国就这样愚蠢呢？希望大王深思熟虑。

"古代五帝、三王、五霸，他们出兵讨伐，是讨伐昏庸无道之君。现在秦国出兵讨伐诸侯，却不是这样，它必然是倒行逆施，违反古道。诸侯之君必受辱而死，百姓必被俘而亡。韩、梁民众屡遭兵祸，人们为死亡的战士深感哀痛，眼泪从未干过，难道齐国就不会步韩、梁的后尘吗？并不因为秦国与齐国关系密切，与韩、梁关系疏远，它才攻打韩、梁，而是因为秦国距离齐国遥远，距离韩、梁近。现在齐国与秦国的距离就要拉近了！秦国想要进攻梁国的绛、安邑，他占领了绛、安邑两地之后，往东直指黄河，那就会以东河为表，以西河为里，占领东河与西河广阔之地，作为后方，向东进发，去攻打齐国，齐国被兼并后，秦的领土就会一直延伸到东海边上。这样，南边将使楚、韩、梁孤立，北边将使燕、赵孤立，如果南、北不能呼应，齐国就会一筹莫展，无可奈何。希望大王深思熟虑！

"现在赵、魏、韩已经组成联合阵线，恢复了兄弟友好关系，派出了精锐部队驻扎在绛、安邑，这是千秋万世的长远大计。齐国如果不立刻派出精锐部队与三国联合，必有后患。赵、魏、韩三国如果联合，秦国必然不敢攻打魏国，而一定会南下进攻楚国。楚、秦交战之后，赵、魏、韩怨恨齐国不与他们联合，必然会进攻齐国。这就是我所说的齐国必有后患。您倒不如迅速派兵与赵、魏、韩三国联合。"

齐王说："敬从您的指教。"果真派兵与赵、魏、韩三国联合。

【注释】

①递：迭相攻伐。②死辱：受辱而死。③死虏：被俘而死。④表里河：以黄河为界。黄河以内

为秦,黄河以外为齐。⑤与:亲近,友善。

【解析】

公元前 298 年，秦国攻打魏国，陈轸在魏国任职。他主张合纵,于是就去游说齐王，使他派军队加入联军。但齐王并不同意派兵。陈轸就列举了三种截然不同的战争，来让齐王认识到派兵的重大意义。这三种战争分别是:一是古代帝王为了讨伐无道而发动的战争，可以"正天下而立功名"。二是六国之间的互相征伐攻打，这无异于自相残杀,然后让秦国来坐收渔翁之利。三是秦国所发动的侵略战争，使六国"主辱而民死"。并在此基础上指出，如果秦国攻下了韩国和魏国，那么齐国就危险了。然后又为齐王分析了不派兵加入联军的危害,恐吓齐王听信了他的计策。

苏秦为赵合从论齐宣王

【原文】

苏秦为赵合从，说齐宣王曰:"齐南有太山，东有琅邪，西有清河,北有渤海,此所谓四塞之国也。齐地方二千里,带甲数十万,粟如丘山。齐车之良,五家之兵,疾如锥矢①,战如雷电,解如风雨。即有军没，未尝倍太山，绝清河,涉渤海。临淄之中七万户,臣窃度之②,下户三男子,三七二十一万，不涛发于远县，而临淄之卒，固以二十一万矣。临淄甚富而实，其民无不吹竽鼓瑟、击筑弹琴③、斗鸡走犬、六博蹹踘者④。临淄之余，车毂击,人

【译文】

苏秦为赵国组织合纵联盟，劝齐威王说:"齐国南有太山，东有琅琊山，西有清河，北有渤海，这是人们所说的固若金汤之国啊。齐国领地方圆两千里，战士有数十万，粮食堆积如山，全军训练有素，调动迅速，快如飞箭，作战声威，势如雷电，分散变动，疾如风雨。即使发生战事，敌人也从未越过太山，横跨清河，渡过渤海。齐都临淄有七万户，依我猜测，根据最低标准估计，每户有三个男子，三七就二十一万人，不必调遣远地的兵力，就凭临淄的士卒也有二十一万。临淄的百姓十分富裕殷实，人们无不吹竽鼓瑟，击筑弹琴，斗鸡赛狗，下棋蹴鞠，盛况空前，而街道上，车辆络绎不绝，互相碰撞，行人拥挤，挨肩擦背，连起衣襟，可成帷幔，接起衣袖，可成幕帐，挥洒汗水，可成大雨，

肩摩、连衽成帷⑤，举袂成幕⑥，挥汗成雨。家敦而富，志高而扬。夫以大王之贤与齐之强，天下不能当。今乃西面事秦，窃为大王羞之！

"且夫韩、魏之所以畏秦者，以与秦接界也，兵出而相当，不至十日，而战者存亡之机决矣。韩、魏而胜秦，则兵半折，四境不守；战而不胜，以亡随其后。是故韩、魏之所以重与秦战而轻为之臣也。今秦攻齐则不然：倍韩、魏之地，至卫阳晋之道，泾乎亢父之险⑦，车不得方轨，骑不得比行，百人守险，千人不能过也。秦虽欲深入，则狼顾，恐韩、魏之议其后也。是故恫疑虚猲⑧，高跃而不敢进。则秦不能害齐，亦已明矣！夫不深料秦之不奈我何也，西欲西面事秦，是君臣之计过也。今无臣事秦之名，而有强国之实，臣固愿大王之少留计！"

齐王曰："寡人不敏，今主君以赵王之教诏之，敬奉社稷以从。"

家庭殷富，意志高昂，像大王这样贤能，齐国这样强大，天下无可匹敌，现在却要向秦国卑躬屈膝，我真为大王感到惭愧。

"而且韩、魏之所以害怕秦国，是因为与秦国接壤。出兵相抗，不到十天，胜败存亡的结局就可以决定。韩、魏如果战胜了秦国，兵力就将损失过半，国境也不能固守；如果不能战胜秦国，灭亡之祸就要临头。这就是韩、魏之所以要与秦国作战，而不愿向秦国卑躬屈膝的原因。

"现在秦国进攻齐国就不是这样，韩、魏两国可以抄秦国的后路，而秦国通过卫国的阳晋，经过亢父地方的关隘，那儿车子不能并进，马匹不能并行。百人把关，千人也休想通过。秦国虽想深入齐境，可是总有后顾之忧，提心吊胆，生怕韩、魏从后面袭击。所以才虚张声势，借以威胁，装腔作势，又不敢前进。如此看来，秦国并不能损伤齐国，这已十分清楚。不深刻考虑到秦国对齐国无可奈何这一事实，却只想向秦国卑躬屈膝，这是群臣谋划的错误。现在既可以避免向秦国卑躬屈膝的丑名，而又能获得强国的实惠，我希望大王稍加留意，再加仔细考虑。"

齐王说："我办事无能。现在您把赵王的旨意告诉我，我完全同意参加合纵联盟。"

【注释】

①鍭(hóu)：箭头。②度(duó)：预测。③筑(zhú)：弦乐器，形似筝，以竹尺击打琴弦发音。④蹋踘(tà jū)：即蹴鞠，练武的一种游戏。⑤衽：衣襟。⑥袂(mèi)：衣袖。⑦径：经过。⑧恫(dòng)疑：恐惧。虚猲(hè)：虚张声势，恐吓威胁。猲，同"喝"。

【解析】

战国时期，齐国是六国当中的大国，曾经和秦国分别称帝。而对于合纵派来

说,有齐国的加入对于增强合纵联盟的力量有非常大的作用,所以苏秦为了实现他合纵联盟的理想,前来游说齐王,想让齐国加入联盟,共同抵抗秦国。

《战国策》中的一篇苏秦游说秦国实行连横政策和几篇游说六国参加合纵联盟的文字,所用的游说策略大体上是相同的,都体现了苏秦极尽铺张渲染之能事,充分展现了语言和修辞的巨大力量。除了劝说秦王实行连横政策由于时机不到没有成功之外,他劝说六国参加合纵基本上都成功了。苏秦的演说,为我们学习劝说别人的技巧和提高我们的论辩能力提供了范例。

【处世策】

任何事物都是不断运动变化的,困难也只是暂时的,时间会让形势发生变化,把困难变成便利;可时间也会消磨斗志,销蚀掉原本激情澎湃的冲动。只要我们认准了方向,坚持理想,不向困难低头,困难就自然会向时间低头,向我们低头。

张仪为秦连横齐王

【原文】

张仪为秦连横,说齐王曰:"天下强国,无过齐者;大臣父兄殷众富乐,无过齐者。然而,为大王计者,皆为一时说而不顾万世之利。从人说大王者①,必谓'齐西有强赵,南有韩、魏,负海之国也。地广人众,兵强士勇,虽有百秦,将无奈我何!'大王览其说②,而不察其至实!夫从人朋党比周③,莫不以从为可。臣闻之,齐与鲁三战而鲁三胜,国以危,亡随其后,虽有胜名,而有亡之实,是何故也?齐大而鲁小。今赵之与秦也,犹齐之于鲁也。秦、赵战于河漳之上,再战而再胜秦;战于番吾之下,再战而再胜秦。四战之后,

【译文】

张仪为秦国组织连横阵线,游说齐王,说:"天下强国没有哪一国能超过齐国,朝廷大臣、宗室贵族,势众而富有,也没有哪一国能超过齐国。可是,给大王出谋划策的人,只看到眼前利益,而不顾及万世的长远利益。主张合纵政策的人游说大王,他们一定会说:'齐国西有强赵,南有韩、魏,是一个靠海的国家,地广人众,兵强士勇,即使有一百个秦国,对我们也没有办法。'大王只欣赏他们的一番游说之辞,而不去考察实际效果。

"主张合纵联盟的人,他们相互勾结,结党营私,排斥异己,无不宣传合纵联盟的优越可行。我听说,齐国与鲁国三次交战,鲁国虽三次取胜,可是鲁国却处境危险,而亡国之祸接踵而来,虽然名义上胜利了,却有实际的灭亡之祸,这是为什么呢?因为齐国大而鲁国小。现在赵国跟秦国就相当于鲁国跟齐国。秦、赵战于黄河、漳水之间,两次交战,两次赵国都战胜秦国;战

赵亡卒数十万，邯郸仅存，虽有胜秦之名，而国破矣！是何故也？秦强而赵弱也。今秦、楚嫁子取妇④，为昆弟之国。韩献宜阳，魏效河外，赵入朝邑池，割河间以事秦。大王不事秦，秦驱韩、魏攻齐之南地，悉赵涉河关，指搏关，临淄、即墨，非王之有也！国一日被攻，虽欲事秦，不可得也！是故愿大王熟计之。"

齐王曰："齐僻陋隐居，托于东海之上，未尝闻社稷之长利。今大客幸而教之，请奉社稷以事。"献鱼盐之地三百于秦也。

于番吾，两次交战，两次都战胜秦国。赵国四次作战之后，损兵数十万，仅仅保住国都邯郸。即使有战胜秦国之名，可是国家却遭到了严重的损伤。这是为什么呢？因为秦国强而赵国弱。现在，秦国嫁女，楚国娶妇，两国结为兄弟之国。韩国献出宜阳，魏国献出河外，赵国在邑池朝秦，献出河间，向秦国表示友好，大王如果不向秦国表示友好，秦国就会迫使韩、魏从南面进攻齐国，赵国就动员全国大军渡过清河漳水，直指博关，而临淄、即墨就不会为大王所有了。齐国一旦遭到进攻，那时想要向秦国表示友好，也就不可能了。所以，希望大王要深思熟虑啊！"

齐王说："齐国地处边远鄙陋，寄居于东海之上，从来也不懂得如何为国家的长远利益深谋远虑，现在幸蒙贵客教导，我同意与秦国结为友好。"于是给秦国献出了鱼盐之地三百里。

【注释】

①从(zòng)人：主张合纵的人。②览：接受，采纳。③朋党比周：结党营私，排斥异己。④子：女儿。取：同"娶"。

【解析】

继苏秦游说齐王之后，主张连横的张仪又代表秦国的利益来游说他，希望齐国放弃合纵政策，亲善秦国。

本篇是张仪来到齐国，游说齐王。张仪向齐王强调了国家力量的重要意义，强调国家力量要比一两次战争的胜败更为重要。他极力宣扬秦国力量的强大，要求齐国向秦国称臣，割地以求得国家的安全。

张仪一边论证秦国连横政策的可行性，说明中原国家在和秦国的斗争过程中逐渐衰落下去的事实；一边不忘攻击合纵政策的不合时宜。一边拉拢，一边恐吓威胁。最后使齐王不得不慑服于秦国的淫威，通过割地来取得暂时的安全。

卷九　齐二

韩齐为与国

韩齐为与国。张仪以秦、魏伐韩。齐王曰："韩，吾与国也。秦伐之，吾将救之。"田臣思曰："王之谋过矣，不如听之①。子哙与子之国，百姓不戴②，诸侯弗与。秦伐韩，楚、赵必救之，是天下以燕赐我也。"王曰："善。"乃许韩使者而遣之。

韩自以得交于齐，遂与秦战。楚、赵果遽起兵而救韩，齐因起兵攻燕，三十日而举燕国。

【译文】

韩国与齐国为同盟国，秦相张仪联合魏军攻韩。齐王说："韩国是我的盟国，秦国攻韩，我要出兵援救。"大臣田臣思说："大王的打算错了，不如听任他们去吧。燕王哙把燕国让给相国子之，百姓不拥护子之，诸侯也不援助。秦国攻打韩国，楚、赵必救援韩国。秦、韩、赵、魏、楚陷于战争之中，这正是上天把燕国赐给我们齐国呀！"齐王说："太好了。"于是答应了韩国派来的使臣，把他打发了回去。

韩国自认为和齐国建立了联盟，就大胆与秦国开战；楚、赵果然马上出兵救韩。齐国就趁此机会大举进攻燕国，只三十天的工夫就攻下了燕都。

【注释】

①听之：听任秦、魏伐韩。②戴：拥戴。

【解析】

公元前314年，秦、魏攻打韩国，楚、赵救韩，这场战事把五国都牵连进来了。此时恰逢燕国内乱，齐国攻打燕国，其他五国无力干涉齐国。因此田臣思就对齐宣王说，韩国虽然是齐国的盟国，但不救援韩国，趁机攻打燕国，才最符合齐国利益。

【处世策】

俗语讲："仗义每从屠狗辈，负心最是读书人。"会思考、理性的人总是能够分得清利益短长,在现今这"利"字当先的时代,朋友并不值得信赖。这就要求现代人首先要自强,并具体问题具体分析,找到利益共同体,促使与自己利益相关的人成为自己的朋友。

张仪事秦惠王

【原文】

张仪事秦惠王。惠王死,武王立。左右恶张仪曰:"仪事先王不忠。"言未已,齐让已至①。

张仪闻之,谓武王曰:"仪有愚计,愿效之王。"王曰:"奈何?"曰:"为社稷计者,东方有大变,然后可以多割地。今齐王甚憎张仪,仪之所在,必举兵而伐之。故仪愿乞不肖身而之梁,齐必举兵而伐之。齐、梁之兵连于城下,不能相去,王以其间伐韩,入三川,出兵函谷而无伐,以临周,祭器必出。挟天子,案图籍②,此王业也!"王曰:"善。"乃具革车三十乘,纳之梁③。

【译文】

张仪在秦惠王时任丞相。惠王死后,他儿子武王继位。大臣们诽谤张仪,说:"张仪对待先王不忠……"话还没有说完,齐国派来谴责张仪的人就到了。

张仪听后,便对武王说:"我有一个愚计。愿意贡献给大王。"武王说:"什么样的计谋?"张仪说:"为国家考虑起见,山东六国如果发生大的战事,然后大王就可以多割得领土。现在齐国非常痛恨我,我在哪里,他们一定会出兵进攻哪里。所以我要求到魏都大梁去,齐国一定会出兵进攻魏国,齐、魏交战于大梁城下,而不能抽身,大王乘此机会去进攻韩国,出兵函谷关,进入三川,您无讨伐之名,就进逼周君。周君必然会拿出名器重宝来。大王挟持天子,考察地图,审理户籍,这乃是称王的大业。"武王说:"好。"于是准备战车三十辆,把张仪送到了魏国。

【注释】

①让:责备。②案:掌握。图籍:地图和户籍。③纳之梁:送张仪到魏国。

【原文】

齐果举兵伐之,梁王大恐。张仪曰:"王勿患,请令罢齐兵①。"乃使其舍人冯喜之楚,藉使之齐。

齐、楚之事已毕,因谓齐王:"王甚憎张仪,虽然,厚矣王

【译文】

齐国果然出兵进攻魏国。魏王十分惧怕。张仪说:"大王不必担忧,让我立即去让齐国撤军。"于是张仪派了他的舍人冯喜假借楚使之名到齐国去。把齐、楚的外交事宜办完以后,乘机对齐王说:"大王很痛恨张仪。可是,您却让张仪取信于秦王,他也太受优待了。"齐王说:

之托仪于秦王也！"齐王曰："寡人甚憎仪，仪之所在，必举兵伐之，何以托仪也？"对曰："是乃王之托仪也！仪之出秦，因与秦王约曰：'为土计者，东方有大变，然后王可以多割地。齐王甚憎仪，仪之所在，必举兵伐之，故仪愿乞不肖身而之梁，齐必举兵伐梁。梁、齐之兵，连于城下不能去，王以其间伐韩，入三川，出兵函谷无伐，以临周，祭器必出，挟天子，案图籍，是王业也！'秦王以然，与革车三十乘而纳仪于梁。而果伐之，是王内自罢而伐与国②，广邻敌以自临③，而信仪于秦王也。此臣之所谓托仪也！"

王曰："善。"乃止。

"我很痛恨张仪，张仪在哪儿，我就出兵进攻哪儿，怎么说是让张仪取信于秦王呢？"冯喜回答说："您就是让张仪取信于秦王啊。张仪离开秦国时，本来就和秦王约定，说：'为大王国家考虑起见，山东六国如果发生大的战事，然后大王就可以多割得领土。齐王非常痛恨我，我在哪里他一定会出兵进攻哪里。所以，我要求到魏都大梁去，齐国便一定会出兵进攻魏国。齐、魏交战于大梁城下，不能抽身，您乘此机会去进攻韩国，出兵函谷关，进入三川，您无讨伐之名，就进逼周君，周君必然会拿出名器重宝来，大王挟持天子，考察地图，审理户籍，这乃是称王的大业。'秦王听信了张仪，给他战车三十辆，魏王又接待了张仪。齐国果真出兵进攻魏国，这是大王在使国内疲困，而又去进攻自己的盟国，以广大邻邦为敌，而又自相残杀，让张仪取信于秦王。这就是我所说的'让张仪取信于秦王啊！'"齐王说："好。"于是停止进攻魏国。

【注释】

①今：立即，马上。②罢(pí)：通"疲"。③广邻敌：把邻国变成敌人。

【解析】

张仪凭借自己的努力和三寸不烂之舌，在秦国取得了荣华富贵，但同时遭到了同僚的嫉妒。秦惠王死后，秦武王继位。张仪的势力和地位受到威胁。除了来自同僚在新王面前的诽谤和诋毁，同时也遭到了来自国外的指责。

但张仪是靠自己的能力取得现有的荣华富贵的，虽然由于秦国朝廷政治的变化对自己带来不利影响，但他还是靠着自己的努力保全了自己所取得的一切，并进一步取得了新的秦王的信任。

【处世策】

弱势群体要时刻鼓励自己、相信自己，要在实际行动中逐步磨炼自己。一个人的自信心并非与生俱有，而是在不断战胜困难中逐步培养起来的。一定要挑战自我、充满信心，处在强势地位的群体，要用拼搏使自己获得自尊、自立、自强，从而实现自我价值。

犀首以梁为齐战于承匡而不胜

【原文】

犀首以梁为齐战于承匡而不胜①。张仪谓梁王不用臣言以危国。梁王因相仪，仪以秦、梁之齐合横秦。犀首欲败，谓卫君曰："衍非有怨于仪也，值所以为国者不同耳②。君必解衍。"卫君为告仪，仪许诺，因与之参坐于卫君之前③。犀首跪行，为仪千秋之祖。明日张子行，犀首送之至于齐疆。齐王闻之，怒于仪，曰："衍也吾雠，而仪与之俱，是必与衍鬻吾国矣。"遂不听。

【译文】

公孙衍率领魏军与齐军战于承匡，未能取胜。张仪，这时在魏，认为魏王不听他的话，致使国家处境危险。魏王因此任命张仪为丞相。张仪要秦、魏两国和齐国结成连横阵线。

公孙衍想破坏张仪的连横阵线，便对卫君说："我和张仪没有什么怨仇，只是治理国家的方法不同而已。您一定要在张仪面前替我解释解释。"卫君就把这番话告诉了张仪。张仪答应了，因此与公孙衍一块坐在卫君之前。公孙衍跪着前行，祝张仪长寿。第二天，张仪动身到齐国去，公孙衍给张仪送行，一直送到齐国的边界上。

齐王听说有这种情况后，对张仪很生气，说："公孙衍是我的仇敌，可是张仪却和他在一起，这一定是要和公孙衍出卖我的国家。"于是，就不听信张仪的游说。

【注释】

①犀首：即公孙衍，魏国大臣。②值：通"直"。③参：通"三"。

【解析】

公元前310年，公孙衍与齐国交战失败，张仪准备入齐游说连横，公孙衍通过卫君巧施妙计，使得齐王怀疑张仪的用意，因此连横的计谋失败了。

【处世策】

"笑里藏刀"的原意在职场上是不提倡的，但它的引申义却值得我们效仿。"精诚所至，金石为开"，在推销工作中，一次一次的登门或免费使用，产品最终被用户认可。在找工作中，想应聘被拒绝

后，也不要气馁，仍微笑面对对方，多次的求教，最后"摧毁"对方的心理防线，得到聘用。如此等等，这些都属于在职场上对"笑里藏刀"的引申。学习和领会"笑里藏刀"的本义，也是有好处的，职场中当面一套，背后一套，对着你说好，扭脸就骂娘的两面派也大有人在。我们要学会认识别人的"庐山真面目"。

昭阳为楚伐魏

昭阳为楚伐魏①，覆军杀将得八城。移兵而攻齐。陈轸为齐王使，见昭阳，再拜贺战胜，起而问："楚之法，覆军杀将，其官爵何也？"昭阳曰："官为上柱国②，爵为上执圭③。"陈轸曰："异贵于此者何也？"曰："唯令尹耳。"陈轸曰："令尹贵矣！王非置两令尹也，臣窃为公譬可也。楚有祠者，赐其舍人卮酒。舍人相谓曰：'数人饮之不足，一人饮之有余。请画地为蛇，先成者饮酒。'一人蛇先生，引酒且饮之，乃左手持卮，右手画蛇，曰：'吾能为之足。'未成，人之蛇成，夺其卮曰：'蛇固无足，子安能为之足。'遂饮其酒。为蛇足者，终亡其酒。今君相楚而攻魏，破军杀将得八城，又移兵，欲攻齐，齐畏公甚，公以是为名居足矣，官之上非可重也。战无不胜而不知止者，身且死，爵且后归，犹为蛇足也。"昭阳以为然，解军而去。

【译文】

楚国的大将昭阳率领楚国军队进攻魏国，打败了魏国的军队，杀了魏军的将领，攻取了八座城池。然后，又调动军队转战攻打齐国。陈轸担任齐王的使者，会见昭阳，拜了两拜之后，向他祝贺楚军取得的胜利，起来向昭阳问道："依照楚国的法律，打败敌军杀死敌将会封什么官爵？"昭阳说："官可以封为上柱国，爵可以封为上执圭"。陈轸说："比这更尊贵的官爵还有什么？"昭阳说："那就只有令尹了。"陈轸说："令尹是最尊贵的官位啊！但是楚王是不会设置两个令尹，我私下可以为将军打个比方。楚国有个贵族祭祀祖先，把一壶酒赐给他的门客。门客商量说：'只有一壶酒，几个人喝不够喝，一个人喝喝不完。请大家都在地上画一条蛇，谁先画成谁一个人喝这壶酒。'其中有一个门客先完成了，把酒壶拿在手里正准备喝，左手拿着酒，右手还在地上画蛇，说：'我还能为蛇添上脚呢。'蛇足还没有添完，另外一个门客的蛇也画好了，夺过他手中的酒杯，说：'蛇本来是没有脚的，你哪里能硬给它添上脚呢？'说完就将酒喝完了。而画蛇脚的那个门客最终也没有喝到酒。如今将军辅佐楚王攻打魏国，打败了魏国的军队，杀了魏军的将领，攻取了八座城池又转战想要攻打齐国，齐国人非常害怕您，就凭这些，将军足以立身扬名了，而在官位上是不会再有什么加封的。战无不胜却不懂得适可而止的人，只会招来杀身之祸，官爵也将被别人所占有，就像画蛇添足一样！"昭阳认为他说的有道理，就撤兵离去了。

【注释】

①昭阳：楚国的大将，掌管军事大权。②上柱国：官名，楚国最先设立，为国家最高武官。③上执圭：先秦时诸侯国最高爵位名。圭，上尖下长方形的贵重玉器。

【解析】

公元前323年，楚国大将昭阳率领楚国军队打败了魏国军队，取得了进攻胜利之后，他似乎上了瘾，转而又攻打齐国。陈轸代表齐国的利益前去劝说昭阳停止军事行动，适可而止，不要做画蛇添足的事情。

【处世策】

现在市面上很多培训书籍都教我们不要偷懒，别人都推脱不干的事，我要主动接过来做；和每个人都友好相处是非常重要的；要守着这样的规矩，职场上打拼的你，是不是也发现自己越来越累，却不见得讨了所有人的好？别人不但不领情，似乎还对你的才干和人品有了微词？做事情要掌握适度的原则，勤劳任干也得适可而止，切莫"画蛇添足"，否则在前面等待你的可能就是失败。

秦攻赵

【原文】

秦攻赵。赵令楼缓以五城求讲于秦①，而与之伐齐。齐王恐，因使人以十城求讲于秦。楼子恐因以上党二十四县许秦王。赵足之齐，谓齐王曰："王欲秦、赵解乎？不如从合于赵，赵必倍秦。倍秦则齐无患矣②。"

【译文】

秦国进攻赵国，赵国派楼缓以五城为条件请求与秦国媾和，并与秦国对结盟共同进攻齐国。齐王畏惧，因此派人以十城为条件请求与秦国媾和。楼缓也很害怕，因此答应将上党二十四县割让给秦国。赵人赵足来到齐国，对齐王说："大王想要解散秦、赵联盟吗？倒不如齐、赵合纵结盟。这样，赵国一定会背离秦国，赵国背离了秦国，齐国就无忧无虑了。"

【注释】

①楼缓：赵国亲秦派，曾经在秦国任过相国。②倍：通"背"，背叛。

【解析】

秦国攻打赵国，赵国希望割地讲和，嫁祸于齐国。赵足因此劝齐王援助赵国，不要与赵国"鹬蚌相争"，而让秦国渔翁得利。

弱小势力要实现生存,不能一味向强大势力低头,而与其他弱小势力斗争。弱小势力之间的"内讧"只能是壮大敌人,削弱自己。最好的方式,当然是"孙刘抗曹",只有弱小的联合才是争取自己出路的方式,依附强大势力但求一日平安只能是苟延残喘。

权之难

【原文】

权之难,燕再战不胜,赵弗救。哙子谓文公曰:"不如以地请合于齐,赵必救我。若不吾救,不得不事①。"文公曰:"善"。令郭任以地请讲于齐。赵闻之,遂出兵救燕。

【译文】

燕、齐在权地交战,燕军两次出战都没有获胜,赵国没有去援救。哙子对燕文公说:"您不如割地请求与齐国联合,赵国必然会来救我们。如果不来救我们,齐、赵两国必然发生战争。"文公说:"好。"便派郭任献地与齐国结盟。赵国听说后,就派兵救燕。

【注释】

①事:指战争。

【解析】

公元前 296 年,齐国伐燕,两军在权地交战。秦国与燕国为盟国,秦昭王派魏冉催促赵国出兵助燕攻齐。齐国相国田文派魏处去游说赵国相国李兑,劝赵国按兵不动,等齐、燕两败俱伤时再渔翁得利。李兑答应了齐国的请求,致使权地之战燕国失败,齐军胜利。

【处世策】

鹬蚌相争渔翁得利的战术方式,每个人都懂。但却不能够机械地理解这种战术方式。鹬蚌相争,毕竟也有和解的时候。倘若一直静待鹬蚌相争到鱼死网破才去"得利",就有可能贻误战机,"鹬蚌"一旦和解,"渔翁"也就无利可图了。

秦攻赵长平

【原文】

秦攻赵长平,齐、楚救之。秦计曰:"齐、楚救赵,亲,

【译文】

秦国攻打赵国的长平,齐、楚两国发兵援救赵国。秦王分析说:"齐、楚两国来救赵国,如果他们联

则将退兵；不亲，则且遂攻之。"赵无以食，请粟于齐，而齐不听。周子谓齐王曰①："不如听之以却秦兵，不听则秦兵不却，是秦之计中，而齐、燕之计过矣。且赵之于燕、齐，隐蔽也②，犹齿之有唇也，唇亡则齿寒。今日亡赵，则明日及齐、楚矣。且夫救赵之务，宜若奉漏瓮，沃焦釜。夫救赵，高义也；却秦兵，显名也。义救亡赵，威却强秦之兵，不务为此，而务爱粟，则为国计者过矣。"

合作战，我就退兵；如果他们不联合在一起，我就乘势攻打它。"赵军没有了粮草，派人向齐国借粮，但是齐王不答应借粮。周子对齐王说："大王不如把粮米暂借赵国，让他击退秦兵，如果不借的话，秦兵就不会退兵。这样一来就中了秦国的计谋，而齐、燕两国的计策就落空了。而且赵对于燕、齐两国来说，正是阻挡秦国的天然屏障，这正如同牙齿和嘴唇的关系一样，没有了嘴唇，牙齿就会感到寒冷。今天赵国遇到亡国的灾祸，明天亡国的灾祸就会降临到齐、楚头上。因此救援赵国就如同捧着漏瓮来浇灭烧焦的锅一样，是当务之急啊！再说救赵是一种高尚的义举，能打退秦国，也可以使名声显耀。仗义援救面临危亡的赵国，凭我国的威力打退强大的秦国军队，不来做这件事，却只是各啬粮食，这是国家战略决策的失误啊！"

【注释】

①周子：《战国策》中以周子指称为苏秦。②隐蔽：犹"屏障"。隐，短墙；蔽，屏障。

【解析】

公元前260年，秦围赵括于长平时，有谋士以"义救亡赵，威却强秦"来游说齐王，说理本非常明了，但齐王却没有采纳。致使赵国大败。

【处世策】

企业的领袖要想在竞争中获胜，并保持长盛不衰，无非是做到"知己知彼"而已。具体而言，就是在参与竞争的同时，对自身的力量有充分了解，同时对产业环境和对手的情况也基本清楚。只要做到"知己知彼"，才能够在激烈的市场竞争中制定出合适的战略，获得并保持竞争优势。

【原文】

或谓齐王曰："周、韩西有强秦，东有赵、魏。秦伐周、韩之西，赵、魏不伐，周、韩为割①，韩却周害也。及韩却周割之后，赵、魏亦不免与秦为患矣。今齐、秦伐赵、魏，则亦不异于赵、魏之应秦而伐周、韩。今齐入于秦而伐赵、魏，赵、魏亡之后，秦东面而伐齐，齐安得救天下乎？"

【译文】

有人对齐王说："周、韩两国西有强秦，东有赵、魏。秦国进攻周、韩之西，赵、魏也进攻周、韩，这样，韩国被分割，周国必退却。等到韩被分割，周已退却之后，赵、魏也就免不了秦国的战祸。现在齐国策应秦国进攻赵、魏，也与当初赵、魏策应秦国去进攻周、韩没两样。现在齐国投靠秦国，去进攻赵、魏，当赵、魏灭亡后，秦国又会向东进攻齐国，您又怎么可能得到诸侯的救援呢？"

【注释】

①割：分割。

【解析】

公元前230年，秦国灭掉韩国，赵、魏危亡在即。齐王建听任母后干预朝政，对秦国非常恐惧，坐视秦军东侵而不理。有说客告诫齐王建：赵、魏灭亡之后，秦国必然东向伐齐，劝齐王建出兵救助赵、魏。

【处世策】

本篇其实讨论了关于眼前利益和长远利益的辩证关系。人人都不舍眼前利益，可倘若不把眼光放长远一些，眼下的些许小利也许是"糖衣炮弹"，最终葬送自己。

楚王死

【原文】

楚王死①，太子在齐质。苏秦谓薛公曰②："君何不留楚太子以市其下东国③？"薛公曰："不可，我留太子，郢中立王，然则是我抱空质而行不义于天下也④。"苏秦曰："不然，郢中立王，君因谓其新王曰：'与我下东国，吾为王杀太子，不然，吾将与三国共立之。'然则下东国必可得也。"

苏秦之事，可以请行；可以令楚王亟入下东国；可以益割于楚；可以忠太子而使楚益入地；可以为楚王走太子；可以忠太子，使之亟去；可以恶苏秦于薛公；可以为苏秦请封于楚；可以使人说薛公以善苏子；可以使苏子自解于薛公。

【译文】

楚怀王死在了秦国，而这个时候太子正在齐国充当质子。苏秦就对担任齐国相国的孟尝君田文说："您为什么不扣留楚国太子，用他和楚国交换下东国的土地呢？"孟尝君说："我不能这样做，如果我扣留了楚国太子，而楚国又册立了新的国君，这样的话我就白白挟持了一个质子，还会落下不义的名声。"苏秦说："事情不是这样的，楚国一旦册立新的国君，您就可以挟持着太子对新册立的楚王说：'如果楚国能割让下东国的土地，我就为大王杀掉太子，不这样的话，我就要联合秦国、韩国和魏国，共同拥立太子为楚国的国君。'这样下东国的土地必定能够得到。"

仔细考虑苏秦的计谋，它可以请求出使楚国；可以迫使楚王尽快割让下东国的土地给齐国；可以继续让楚国割让更多的土地给齐国；可以假装忠于太子，迫使楚国增加割让土地的数量；可以替楚王赶走太子；可以假装替太子着想而让他离开齐国；可以借此事在孟尝君那里诋毁自己趁机取得楚国的封地；也可以让人说服孟尝君，用苏秦自己的计谋来解除孟尝君对自己的戒心。

【注释】

①这里的楚王是楚怀王，被张仪所欺骗，到秦国和秦武王相会，被秦国挟持，死在秦国。②薛公：田婴，靖郭君，田文的父亲。③下东国：楚的东部城邑，靠近齐国。④抱空质：意思是说楚自立国君，楚国在齐国的质子就没有用处了。

苏秦谓薛公曰："臣闻'谋泄者事无功，计不决者名不成。'今君留太子者①，以市下东国也。非亟得下东国者，则楚之计变，变则是君抱空质而负名于天下也②。"薛公曰："善。为之奈何？"对曰："臣请为君之楚，使亟入下东国之地。楚得成，则君无败矣。"薛公曰："善。"因遣之。

谓楚王曰："齐欲奉天子而立之。臣观薛公之留太子者，以市下东国也。今王不亟入下东国，则太子且倍王之割而使齐奉己。"楚王曰："谨受命。"因献下东国。故曰可以使楚亟入地也。

谓薛公曰："楚之势，可多割也。"薛公曰："奈何？""请告天子其故，使太子谒君，以忠太子，使楚王闻之，可以益入地。"故曰可以益割于楚。

谓太子曰："齐奉太子而立之，楚王请割地以留太子，齐少其地。太子何不倍楚之割地而资齐，齐必奉太子。"太子曰："善。"倍楚之割而延齐③。楚王闻之恐，益割地而献之，尚恐事不成。故曰可以使楚益入地也。

苏秦对孟尝君说："我听说，'计谋泄露所做的事情就不会成功，遇事犹豫不决就难以成名'。现在您扣留太子，是为了得到下东国的土地，如果不尽快行动，恐怕楚人会另有算计，您便会处于白白扣留质子而身负不义名声的尴尬境地。"孟尝君说："您说得很对，但是我该怎么办呢？"苏秦回答说："我愿意为您出使楚国，游说它尽快割让下东国的土地。一旦得到土地，您就成功了。"孟尝君说："好吧。"于是派苏秦出使楚国。

苏秦来到楚国，对新册立的楚王说："齐国人想要奉太子为楚国的国君。我看薛公想要用太子来交换贵国下东国的土地。现在大王如果不尽快割让下东国的土地给齐国，那么太子就会用比大王多出一倍的土地来换取齐国人对自己的支持。"楚王说："我谨遵命令！"于是献出下东国的土地。可见苏秦的计策能使楚王马上割让土地。

苏秦回到齐国，对孟尝君说："看楚国的态势，还可以割取更多的土地。"孟尝君说："那该怎么办？"苏秦回答说："请让我把内情告诉太子，让他前来见您，您假意表示支持他回国执政，然后故意让楚王知道，可以以这来让他割让更多的土地。"可见苏秦的计策可以从楚国割取更多的土地。

苏秦去见楚国太子，对他说："齐国拥立太子为楚王，可是新立的楚王却以土地贿赂齐国来扣留太子。齐国嫌得到的土地太少，太子为什么不用更多数的土地许诺齐国呢？如果这样的话，齐国人一定会支持您。"太子说："好。"就把比楚王割让的多出一倍的土地许诺给齐国。楚王听到这个消息，非常恐慌，就割让更多的土地，即使这样还是恐怕事情不能成功。可见苏秦的计策可以让楚王割让更多的土地。

【注释】

①太子：楚怀王的儿子。②负名：负不义之名。③延：进献。

【原文】

谓楚王曰："齐之所以敢多割地者，挟太子也①。今已得地而求不止者，以太子权王也。故臣能去太子。太子去，齐无辞，必不倍于王也。王因驰强齐而为交，齐辞，必听王。然则是王去仇而得齐交也。"楚王大悦，曰："请以国因。"故曰可以为楚王使太子亟去也。

谓太子曰："夫刬楚者②，王也，以空名市者③，太子也，齐未必信太子之言，而楚功见矣。楚交成，太子必危矣。太子其图之。"太子曰："谨受命。"乃约车而暮去。故曰可以使太子亟去也。

苏秦使人请薛公曰④："夫劝留太子者，苏秦也。苏诚非诚以为君也，且以便楚也。苏秦恐君之知之，故多割楚以灭迹。今劝太子者，又苏秦也，而君弗知，臣窃为君疑之。"薛公大怒于苏秦。故曰可使人恶苏秦于薛公也。

【译文】

苏秦又来到楚国，对楚王说："齐人之所以胆敢割取楚国那么多的土地，是因为他们挟持着太子。如今虽然得到了土地，但还是在那里要求割让土地，不知休止，这还是有太子作要挟的缘故。我愿意设法赶走太子，太子一走，齐国就没有了人质，必然再不敢向大王索要土地了。大王趁着这个机会和齐国达成一致协议，和齐国结交，齐国人一定会接受大王的要求。这样一来，既消除了让大王寝食难安的政敌，还结交到了强大的齐国。"楚王听了十分高兴，说："寡人以楚国托付给先生了。"可见苏秦的计策可以替楚王早日赶走太子。

苏秦又来见太子，对他说："如今掌握国家政权的是楚王，太子您不过是空有虚名，齐国人未必相信太子的许诺，而新楚王已经割让土地给齐国。一旦齐、楚两国交好，太子就有可能成为其中的牺牲品，请太子早作打算。"太子说："谨听您的命令。"于是准备好车辆，乘车连夜逃走了。可见苏秦的计策能尽早打发太子离开齐国。

苏秦又派人对孟尝君说："劝您扣留太子的，是苏秦。但他不是忠诚于您的人，他其实在为楚国的利益而奔忙。他唯恐您察觉这件事，就通过多割让楚国土地的做法以掩饰自己的真实目的。这次劝说太子连夜逃走的也是苏秦，可您又不知道，我私下里为您怀疑他的用心。"可见苏秦的计策可以使人到孟尝君那里诋毁自己。

【注释】

①挟：倚仗。②刬(zhì)：同"制"，控制，制约。③以空名市：凭空话与齐国做交易。④请：告诉。

又使人谓楚王曰："夫使薛公留太子者,苏秦也;奉王而代立楚太子者,又苏秦也;割地固约者,又苏秦也;忠王而走太子者,又苏秦也;今人恶苏秦于薛公,以其为齐薄而为楚厚也。愿王之知之。"楚王曰。"谨受命。"因封苏秦为武贞君。故曰可以为苏秦请封于楚也。

又使景鲤请薛公曰①："君之所以重于天下者,以能得天下之士,而有齐权也。今苏秦天下之辩士也,世与少有。君因不善苏秦,则是围塞天下士而不利说途也②。夫不善君者且奉苏秦,而于君之事殆矣。今苏秦善于楚王,而君不蚤亲③,则是身与楚为仇也。故君不如因而亲之,贵而重之,是君有楚也。"薛公因善苏秦。故曰可以为苏秦说薛公以善苏秦。

【译文】

苏秦又派人对楚王说:"让孟尝君扣留太子的是苏秦,奉王而代立楚太子的也是苏秦,割地来达成协议的是苏秦,忠于大王而驱逐太子的依然是苏秦。现在有人在孟尝君那里诋毁苏秦,说他厚楚而薄齐,一心为大王效劳,希望大王能知道这些情况。"楚王说:"我知道了。"于是封苏秦为武贞君。可见苏秦的计策能为自己求得楚国的封赏。

苏秦又通过景鲤对孟尝君说:"您之所以名重天下,是因为您能招揽天下有才能的人士,从而控制齐国的政局。如今苏秦乃是天下出类拔萃的辩说之士,当世少有。阁下如果不加以接纳,一定会闭塞吸纳贤才的道路,也不利于开展游说策略。万一您的政敌重用苏秦,您就会产生危机了。现在苏秦很得楚王的宠信,如果不及早结交苏秦,就很容易和楚国结下仇恨。所以说您不如顺水推舟,和他亲近,给他荣华富贵,您就能得到楚国的支持。"于是孟尝君和苏秦言归于好。可见苏秦的计策可以说服孟尝君善待自己。

【注释】

①景鲤:姓景名鲤,楚怀王的相国。②围塞:闭塞。说途:谋士进说之路。③蚤:通"早"。

【解析】

本篇充分展示了苏秦作为谋臣的风范,凭借着他那三寸不烂之舌,使齐国和楚国之间的国际关系千变万化,而这一切似乎都掌握在他一个人的手中,从始至终控制着事态的发展。让人们不得不佩服纵横家高深的智慧。

【处世策】

一件事情有许多的发展趋势和可能,但它具体朝向哪个方向发展,人们只能在一定程度上进行控制。这种程度,可以很大,也可以很小。而正是这种程度大小的区别,区别出了人的因素在参与事件的过程中的能力高下。培养个人能力,就是培养个人控制事态发展,操纵事件结果的能力。

齐王夫人死

【原文】

齐王夫人死，有七孺子皆近。薛公欲知王所欲立，乃献七珥①，美其一，明日视美珥所在，劝王立为夫人。

【注释】

①珥：耳饰。

【解析】

田文通过送耳环，来判断哪个妃子是齐王的最爱。

【处世策】

机灵的人善于通过小事来明察秋毫之末，干大事者不能不留意小节。通过最细致入微的变化，我们可以获取非常有用的信息。不仅要被动观察变化，最宝贵的是我们要会设计变化，再通过对方应对变化的方式，就可探知到他的本质。

【译文】

齐威王的夫人死了，有七个贵妾都是威王所宠爱的。薛公田文想要知道威王打算立哪一个为夫人，就献给威王七副耳环，其中一副最美。第二天，看到最美的那副耳环谁戴着，就劝威王立她为夫人。

孟尝君将入秦

【原文】

孟尝君将入秦①，止者千数而弗听。苏秦欲止之，孟尝曰："人事者，吾已尽知之矣；吾所未闻者，独鬼事耳。"苏秦曰："臣之来也，固不敢言人事也，固且以鬼事见君。"

【译文】

孟尝君准备到秦国去，前来劝阻他的人非常多，但他一概不听。苏秦也想劝阻他，孟尝君说："关于人的事情，我已经都知道了；我所没有听说过的，只有鬼的事情了。"苏秦说："我这次来，本来就没有打算谈人的事情，本来就是打算和您谈论鬼的事情才来见您的。"

孟尝君接见了他。苏秦对孟尝君说："我这次

孟尝君见之。谓孟尝君曰："今者臣来，过于淄上，有土偶人与桃梗相与语②。桃梗谓土偶人曰：'子，西岸之土也，挺子以为人③，至岁八月，降雨下，淄水至，则没残矣。'土偶曰：'不然。吾西岸之土也，吾残，则复西岸耳。今子，东国之桃梗也，刻削子以为人，降雨下，淄水至，流子而去，则子漂漂者将何如耳。'今秦四塞之国，譬若虎口，而君入之，则臣不知君所出矣。"孟尝君乃止。

来齐国，路经淄水，听见一个土偶和一个桃人在说话。桃人对土偶说：'你原是西岸的土，被捏成人的模样，到八月的时候，天降大雨，淄水冲过来，你就会被冲得残缺不全了。'土偶说：'你说的不对。我是西岸的土，即使我残缺不全了，那也是仍旧在西岸。但是你呢，你是东国的桃木，被雕刻成人的模样，天降大雨，淄水冲过来，就会把你给冲走，那么你还不知漂流到哪里去呢？'现在秦国四面都是险山要塞，就像虎口一样，您进去了，我不知道您是不是能够出得来了。"孟尝君于是就不去秦国了。

【注释】

①孟尝君：薛公靖郭君田婴的儿子，名文，号孟尝君。②土偶：泥塑的偶像。桃梗：用桃木制作的木偶。③挺（shān）：糅合，抟。

【解析】

苏秦劝孟尝君不要离开自己的封地，而去前途未卜的秦国。

【处世策】

"皮之不存，毛将焉附"，社会上的人一定要有自己的根据地、要有自己的根，要将属于自己的范围经营好，而且轻易不要离开自己的根据地，否则就像一叶飘萍，没有根基，经不住风浪。要经营和发展人生，在地域的选择上初期一定要固定，要选择自己人际关系比较多、各方面比较适应的地方发展，等有足够实力，再向外拓展不迟。

孟尝君在薛

【原文】

孟尝君在薛，荆人攻之。淳于髡为齐使于荆，还反过薛。而孟尝令人体貌而亲郊迎之①。谓淳于髡曰：

【译文】

孟尝君住在他的封地薛邑，楚人发兵进攻薛邑。淳于髡为齐国出使到楚国，任务完毕，返回齐国，经过薛邑，孟尝君派人以礼相迎，自己也亲自到郊外迎接。孟尝君对淳于髡说："楚人攻薛，您不为此担忧，薛邑一旦危亡，我就不能再侍奉您了。"淳

"荆人攻薛，夫子弗忧，文无以复侍矣。"淳于髡曰："敬闻命。"

至于齐，毕报。王曰："何见于荆？"对曰："荆甚固，而薛亦不量其力。"王曰："何谓也？"对曰："薛不量其力，而为先王立清庙。荆固而攻之，清庙必危。故曰薛不量力，而荆亦甚固。"齐王和其颜色曰："嘻！先君之庙在焉！"疾兴兵救之。

颠蹶之请②，望拜之谒，虽得则薄矣。善说者，陈其势，言其方③，人之急也，若自在隘窘之中④，岂用强力哉！

于髡说："我领教了。"

淳于髡到了齐都，向齐王汇报完毕，齐王说："您在楚国有什么见闻？"淳于髡说："楚国十分强固，有侵略之意，可是薛邑也实在自不量力。"齐王说："这是什么意思？淳于髡说："薛邑自不量力，偏偏要在他那儿给先王建立宗庙，楚国很强固，想进攻薛邑，先王的宗庙，就一定很危险。所以我说：'楚国十分强固，可是薛邑也实在是自不量力。'"齐王听说后，显露出紧张的神情，说："啊！先王的宗庙在薛邑呀！"于是，迅速派兵去救助薛邑。

奔走劳顿地去请求，情真意切地去礼拜，虽然可以得到别人的援助，可是终究是情不深、意不厚，擅长游说的人，巧于陈述形势，善于设想办法，让人感到别人处境危急，就好象自己也处在困难危急中一样，难道用得着强力吗？

【注释】

①体：古通"礼"。②颠蹶：奔波劳碌。③方：义理、道理。④隘窘：出境困窘，没有办法。隘(è)，通"厄"。

【解析】

公元前300年，楚军攻打齐国薛邑。当时孟尝君与齐闵王关系不好，担心齐王不会救援薛邑。时逢淳于髡使楚归来，孟尝君对他以礼待之，淳于髡略施巧计，就让齐王全力救援薛邑。

【处世策】

每个人都有弱点，而有些致命的弱点能够成为对手的把柄。手握对手的把柄，对手大多数时候不得不向我们摆出友善的模样。一旦两方敌对相向，要拿住把柄灵活地左右对手的态度，但不能在众人面前公开他那个把柄。我们只能以能够使他明白的方式闪烁其词，把他掌握得死死的。在这种情况下，他只能向我们投诚，再不会有攻击性。

孟尝君奉夏侯章

【原文】

【原文】

　　孟尝君奉夏侯章以四马百人之食，遇之甚欢①。夏侯章每言，未尝不毁孟尝君也。或以告孟尝君，孟尝君曰："文有以事夏侯公矣，勿言！"董之繁菁以问夏侯公，夏侯公曰："孟尝君重非诸侯也，而奉我四马百人之食，我无分寸之功而得此。然吾毁之，以为之也；君所以得为长者，以吾毁之也。吾以身为孟尝君②，岂得持言也？"

【译文】

　　孟尝君以上等食客的待遇款待夏侯章，使他能够称心快意。而夏侯章每每谈到孟尝君时，都要说他的坏话，有人把这一情况告诉了孟尝君，孟尝君说："我是以朋友的身份对待夏侯公的，你们以后不要再提起这事了。"

　　董之繁菁把这一情况告诉了夏侯章，并责问他，夏侯章说："孟尝君虽然声望闻达于诸侯，但他毕竟不是诸侯，却以上等食客的待遇款待我。我没有丝毫功劳，竟得到这样优厚的待遇，我说他的坏话，正是为了这个缘故，以报答他知遇之恩。孟尝君之所以获得'长者'的美名，这是由于有我说他的坏话。我以自己的'身败名裂'去成全孟尝君，这哪里是仅仅凭几句话就能做到的呢？"

【注释】

①遇：对待。欢：友好。②以身：牺牲自己的声誉。

【解析】

　　孟尝君对待夏侯章很好，可是夏侯章却常常诋毁他。于是有人责问夏侯章，夏侯章却说着是自己用一种特别的方式来帮助孟尝君树立起长者的形象。此章大约也为辩士拟托之作。

【处世策】

　　老子说"欲先取之必先与之"。要树立一个人的形象就先诋毁他的形象。但这一方式需要慎之又慎。弄不好，真败坏了对方的形象，也搞臭了自己的名声。

孟尝君燕坐

【原文】

　　孟尝君燕坐，谓三先生曰："愿闻先生有以补之阙者。"一人

【译文】

　　孟尝君在家中闲坐时，对三位先生说："希望听听先生们的意见，帮助我改正缺点。"

曰："譬天下之主①，有侵君者，臣请以臣之血溅其社②。"田瞀曰："车蚁之所能至，请掩足下之短者，诵足下之长；千乘之君与万乘之相，其欲有君也，如使而弗及也。"胜瞀曰："臣愿以足下之府库财务，收天下之士，能为君决疑应卒，若魏文侯之有田子方、段干目也。此臣之所为君取矣。"

一位先生说："如果天下诸侯有谁敢冒犯您，我就用自己的鲜血来溅他们的衣襟。"田瞀说："只要在人迹所到的地方，我就要掩饰您的短处，赞扬您的长处。千乘的国君和万乘的国君，都争着与您交往，就像是争着要任用您，又生怕做不到那样。"胜瞀说："我希望您能用府库的财物收罗天下的贤士，为您决断疑难事件，应付突发变故，就像魏文侯以田子方为师，以段干木为友那样。这就是我为您所要做的。"

【注释】

①訾：通"咨"。语气词。②溅：同"溅"。

【解析】

孟尝君与门客们闲谈，当问及他们有什么建议时，他们都表示愿为孟尝君竭忠尽智，这体现了当时"士为己者死"的时代精神。

【处世策】

问题是需要解决的，而不是需要解释的。因此应当少一些解释问题的能力，多一些解决问题的能力。

孟尝君舍人有与君之夫人相爱者

【原文】

孟尝君舍人有与君之夫人相爱者①。或以问孟尝君曰②："为君舍人而内与夫人相爱，亦甚不义矣，君其杀之③。"君曰："睹貌而相悦者，人之情也，其错之，勿

【译文】

孟尝君有个家人和他姬妾有私情。有人告诉孟尝君说："他身为您的家人，竟然和您姬妾有私情，这也太不道义了。您应该把他杀了。"孟尝君说："看见美貌的人，产生爱慕之心，这也是人之常情，算了吧，别再提了。"

言也④。"

居期年，君召爱夫人者而谓之曰："子与文游久矣，大官未可得，小官公又弗欲。卫君与文布衣交⑤，请具车马皮币，愿君以此从卫君游。"于卫甚重。

齐、卫之交恶，卫君甚欲约天下之兵以攻齐。是人谓卫君曰："孟尝君不知臣不肖，以臣欺君⑥。且臣闻齐、卫先君，刑马压羊⑦，盟曰：'齐、卫后世无相攻伐，有相攻伐者，令其命如此⑧。今君约天下之兵以攻齐，是足下倍先君盟约而欺孟尝君也，愿君勿以齐为心。君听臣则可；不听臣，若臣不肖也，臣辄以颈血湔足下衿⑨。"卫君乃止。

齐人闻之曰："孟尝君可语善为事矣，转祸为功。"

过了一年，孟尝君召见那个与姬妾有私情的人，对他说："您和我交往，已经有很长时间了，大官得不到，小官又不愿做。卫嗣君和我交情很好。我给您准备车马、皮裘、缯帛等见面礼物，希望您去同卫嗣君交朋友。"这个门客到了卫国以后，卫嗣君很器重他。

齐国和卫国关系不好后，卫嗣君很想联合诸侯之军进攻齐国。这个被孟尝君派到卫国去的家人，对卫嗣君说："孟尝君错用了我，我欺骗了他，我实在是个没出息的人。我听说齐、卫两国的先君曾杀马宰羊，结盟宣誓说：'齐、卫两国的后代不能互相攻打，如果双方互相攻打，让他们就像今天的马、羊一样，遭到杀戮。'现在您联合诸侯之军来进攻齐国，这表明您违背了齐、卫先君的誓言，欺凌自己的知交孟尝君。希望您不要着意于攻齐。您要是听从我的劝告就行，如果不听从我的劝告，我们就同归于尽。"卫嗣君就放弃了进攻齐国的打算。

齐国人听到这事以后，都说：孟尝君真可算是善于处理事情的人啦，他不杀门客而使齐国不遭攻击，把灾祸变成了他的功劳。"

【注释】

①爱：犹言私通。②以问：以之告。问，告诉。③其：表示委婉的语气词，可译为"还是"。④错之：把这事放置一边。错，同"措"，放置。⑤布衣交：普通百姓时就有交情，犹言老交情。皮币：犹言金帛之类。皮，鹿皮。币，束帛。⑥以臣欺君：用臣下欺骗了君王。犹言臣下不才，孟尝君当贤人推荐，欺骗了您。⑦刑马压羊：杀马宰羊。压，杀，宰。⑧令其命如此：使他的命像马羊一样。⑨辄：即，就。

【解析】

孟尝君是战国四君子之一，他的门下养了许多门客。他之所以能够领导和管理好众多的门客为他服务，一个很重要的方面就是他有很宽广的胸怀和度量。正所谓"宰相肚里能撑船"，孟尝君的这个优点成就了他一世英名和盖世的事业。

【处世策】

做领导的一定要有宽广的胸怀，要有容人的肚量。只有这样才能吸引和管理好更多的人才为自己服务。金无足赤，人无完人。做领导的需要人才所做的只是专业方面的贡献,如果要对人才进行全面的严格的要求,那么也就没有几个人可以为自己所用了。

孟尝君有舍人而弗悦

【原文】

孟尝君有舍人而弗悦,欲逐之。鲁连谓孟尝君曰①:"猿猴错木据水,则不若鱼鳖;历险乘危,则骐骥不如狐狸②。曹沫奋三尺之剑③,一军不能当;使曹沫释其三尺之剑,而操铫鎒与农夫居垅亩之中,则不若农夫。故物舍其所长,之其所短,尧亦有所不及矣。今使人而不能,而谓之不肖;教人而不能,则谓之拙。拙则罢之,不肖则弃之,使人有弃逐,不相与处,而来害相报者,岂非世之立教首也哉!"孟尝君曰:"善!"乃弗逐。

【译文】

孟尝君田文因为瞧不起他食客中的某人,因而就想把他赶走。鲁仲连对他说:"猿猴如果离开树木浮游水面,它们动作没有鱼鳖灵敏;要说经过险阻攀登危岩,良马也赶不上狐狸。曹沫手提三尺长剑,万夫难挡;假如叫曹沫丢下他的三尺长剑,让他改拿耕田的农具,和农夫一样在田里工作,那他连一个农夫都不如。由此可见,一个人如果舍弃他的所长,改而使用他的所短,即使是尧舜也有做不到的事。现在让人干他不会干的,别人会说你无才;教人做他做不了的,就说他笨拙。所谓笨拙就斥退他,所谓无才就遗弃他,假使人人驱逐不能共处的人,将来那些被放逐的人必然逃往国外,并且谋害我们以报往日的怨恨,这难道不是为后事开了一个坏头吗?"孟尝君说:"先生的话很有道理。"于是决定还是留下这个食客。

【注释】

①鲁连:姓鲁名仲连,也称鲁连。齐人,游侠义士。②骐骥:千里马。③曹沫:鲁庄公时的武士。

【解析】

鲁仲连和孟尝君的交谈,就如何对待一个人的长处和短处,作了深刻的阐述。

【处世策】

金无足赤,人无完人。每个人都有自己的优点,也有自己的缺点。优点用错了地方,会是缺点;而缺点用对了位置,也会变成优点。所以别人的优缺点不能机械地看待,要善于"改造"对方的缺点,转变成对我们的优点。

【原文】

孟尝君出行国①，至楚，楚献象床。郢之登徒直送之，不欲行。见孟尝君门人公孙戍曰："臣，郢之登徒也，直送象床。象床之值千金，伤此若发漂，卖妻子不足偿之②。足下能使仆无行，先人有宝剑，愿得献之。"公孙曰："诺。"

【译文】

孟尝君出巡，来到了楚国，楚王要送给他一张象牙床。郢都一个姓登徒的人正好值班负责送象牙床给他，但他不想去。于是找到孟尝君的门客公孙戍说："我是郢人登徒，如今我负责护送象牙床。象牙床价值千金，如果稍有损坏，即使卖掉了妻室儿女也赔不起。您不如设法替我取消这个差使，我的先人留下来一口宝剑，我愿意拿它来回报您。"公孙戍说："好的。"

【注释】

①出：巡行，巡视。②妻子：古代指妻子和孩子。现代只指妻子。

【原文】

入见孟尝君曰："君岂受楚象床哉？"孟尝君曰："然。"公孙戍曰："臣愿君勿受。"孟尝君曰："何哉？"公孙戍曰："五国所以皆致相印于君者，闻君于齐能振达贫穷①，有存亡继绝之义。五国英杰之主，皆以国事累君②，诚说君之义慕君之廉也。君今到楚而受床，所为至之国，将何以诗君？臣戍愿君勿受。"孟尝君曰："诺。"

公孙戍趋而去③。未出，至中闱，君召而返之，曰："子教文无受象床，甚善。今何举足之高，志之扬也？"公孙戍曰："臣有大喜三，重之宝剑一④。"

【译文】

于是公孙戍到孟尝君的住处去见他，说："贤公准备接受楚王送给您的象牙床吗？"孟尝君说："是的。"公孙戍说："我希望您不要接受。"孟尝君说："为什么呢？"公孙戍说："五国之所以都拿相印授予您，只是因为听说您在齐国能赈济贫穷的善行，有存亡继绝的义举。五国英明杰出的国君，都将国家大事交给您，这实在是仰慕您的廉洁。今天您来到楚国接受了贵重的象牙床，所到的其他的国家，又拿什么礼物送给您呢？所以我希望您不要接受楚国的礼物。"孟尝君说："好的。"

公孙戍快步退了出去，还没有离开，刚走到中门，孟尝君又把他叫了回来，说："你叫我不要接受象牙床，这是一条很好的建议。但现在你为什么把脚抬得这么高，又这么神采飞扬呢？"公孙戍说："我有三件大喜事，还有一口宝剑。"孟尝君说："你所说的是什么意思？"公孙戍说："您有门客几百人，但没有人敢来进谏，这我的一大

孟尝君曰:"何谓也?"公孙戌曰:"门下百数,莫敢入谏,臣独入谏,臣一喜;谏而得听,臣二喜;谏而止君之过,臣三喜。输象床,郢之登徒不欲行,许戌以先人之宝剑。"孟尝君曰:"善。受之乎?"公孙戌曰:"未敢。"曰:"急受之。"因书门版曰:"有能扬文之名,止文之过,私得宝于外者,疾入谏。"

喜事;进谏又被采纳,这是我的第二大喜事;进谏又能阻止您的过失,这是我的第三大喜事。负责送象牙床的郢人登徒,不愿意来送床,他答应我如果取消了他的差使,就答应送我一口先人留下的宝剑。"孟尝君说:"很好。你接受了吗?"公孙戌说:"没有得到您的允许,我没敢接受。"孟尝君说:"赶快收下!"因为这件事,孟尝君在门板上写道:"谁能宣扬田文的名声,阻止田文犯错误,即使私自在外获得珍宝,也可迅速来进谏。"

【注释】

①振达贫穷:即振贫达穷。振,同"赈",救济;达,使显达;贫,贫穷;穷,不得志,不显贵。②累:委托,托付。③趋:小步快走。④重(chóng):加上。

【解析】

孟尝君来到楚国,楚国要送给他一张象牙床来作为礼物。但负责运送象牙床的差人担心万一将象牙床弄坏,就是卖掉自己的妻子孩子也赔偿不起,所以就干脆不冒这个风险。但作为差人,又不能不执行命令。无奈只好向公孙戌求救,并以自家的祖传宝剑来作为报酬。

公孙戌成功地劝谏孟尝君放弃接受象牙床礼物。公孙戌之所以能够劝谏成功,也是因为孟尝君是一个善于纳谏的人,这在后来他在门板上写"有能扬文之名,止文之过,私得宝于外者,疾入谏"就可以证明。

淳于髡一日而见七人于宣王

【原文】

淳于髡一日而见七人于宣王①。王曰："子来,寡人闻之,千里而一士,是比肩而立②;百世而一圣,若随踵而至也③。今子一朝而见七士,则士不亦众乎?"淳于髡曰："不然。夫鸟同翼者而聚居,兽同足者而俱行。今求柴葫、桔梗于沮泽④,则累世不得一焉。及之睾黍、梁父之阴,则郄车而载耳⑤。夫物各有畴⑥,今髡,贤者之畴也。王求士于髡,譬若挹水于河,而取火于燧也⑦。髡将复见之,岂特七士也。

【译文】

淳于髡一天之内向齐宣王引荐七个人。齐宣王说："您过来,我听说千里之内有一位贤士,那天下贤士就是并肩而立了;百代之中如果出一个圣人,那天下贤士就像接踵而至了。如今您一个早晨就引荐七位贤士,那贤士不也太多了吗?"淳于髡说："不对。那翅膀相同的鸟类聚居在一起生活,足爪相同的兽类一起行走。如今若是到低湿的地方去采集柴葫、桔梗,那世世代代采下去也不能得到一两,到睾黍山、梁父山的北坡去采集,那就可以敞开车装载。世上万物各有其类,如今我淳于髡是贤士一类的人。君王向我寻求贤士,就譬如到黄河里去取水,在燧中取火。我将要再向君王引荐贤士,哪里只是七个人。"

【注释】

①见(xiàn):使之见,此处有引荐之意。②比肩:并肩。③随踵:接踵。④柴葫、桔梗:中药名,生长在山上。沮泽:低湿的地方。⑤郄车而载:犹言敞开车装载。⑥畴:类。⑦燧:古代取火的工具,有金燧、木燧两种。

【解析】

淳于髡一天之内连向齐宣王引荐了七个人。宣王怪其太多,淳于髡就用"物以类聚,人以群分"的道理向齐宣王做了解释。

【处世策】

孔子曾对弟子们说:"不要和不如自己的人做朋友。"可见,孔子在交友方面,有着非常严格的标准。现代职场中人,事业成功的重要因素之一也在于结交朋友。结交到好的朋友,不仅可以学得诸多做人的道理,而且可以在职场中乘风破浪。而这种朋友,无论贫富、贵贱,位居何职,都是你的"贵人"。什么样的朋友,会成就什么样的自己,交友,一定要慎重。

齐欲伐魏

【原文】

齐欲伐魏。淳于髡谓齐王曰："韩子卢者，天下之疾犬也。东郭逡者，海内之狡兔也。韩子卢逐东郭逡，环山者三，腾山者五，兔极于前①，犬废于后②，犬兔俱罢，各死其处。田父见而获之，无劳倦之苦，而擅其功。今齐、魏久相持，以顿其兵，弊其众，臣恐强秦、大楚承其后，有田父之功。"齐王惧，谢将休士也。

【译文】

齐王想发兵攻打魏国。淳于髡对他说："韩子卢，是天下跑得最快的狗，东郭逡则是世上数得着的狡兔。韩子卢追逐东郭逡，接连环山追了三圈，翻山跑了五趟，前面的兔子筋疲力尽，后面的狗也筋疲力尽，大家都跑不动了，各自倒在地上活活累死。有个老农夫看到了，不费吹灰之力捡走了它们。与此相同，要是齐、魏两国相持不下，双方士兵百姓都疲惫不堪，臣担忧秦、楚两个强敌会抄我们后路，以博取农夫之利。"齐王听后很是害怕，就下令休养将士，不再出兵。

【注释】

①极：精疲力竭。②废：因疲劳而倒下。

【解析】

我们对"鹬蚌相争，渔翁得利"的寓言都很熟悉，本篇淳于髡劝谏齐王所引用的寓言和"鹬蚌相争，渔翁得利"有异曲同工之妙。它们所蕴涵的是同样一个道理。

【处世策】

最实惠的收获莫过于不劳而获，在现实的各种竞争当中我们要学会这种最实惠的收获。要善于发现和利用对手之间的矛盾，甚至设法扩大对手的矛盾，从而坐收渔翁之利。但我们更应该注意的是，要警惕不要成为别人手中的鹬和蚌。当我们陷入了惨烈的竞争之后，不但没有成功，而且还被人轻而易举地掠了去。这是最悲惨的失败。

国子曰

【原文】

国子曰："秦破马服君之师，围邯郸。齐、魏亦佐秦伐邯

【译文】

齐大夫国子说："秦国打败了马服君赵括的军队，包围了赵都邯郸。齐、魏也帮助秦国进攻邯

郸,齐取淄鼠,魏取伊是。公子无忌为天下循便计①,杀晋鄙,率魏兵以救邯郸之围,使秦弗有而失天下。是齐入于魏而救邯郸之功也。安邑者,魏之桂国也;晋阳者,赵之桂国也;鄢郢者,楚之桂国也。故三国欲与秦壤界,秦伐魏取安邑,代赵取晋阳,伐楚取鄢郢矣。福三国之君②,兼二周之地,举韩氏,取其地,且天下之半。今又劫赵、魏,疏中国③,封卫之东野,兼魏之河南,绝赵之东阳,则赵、魏亦危矣。赵、魏危,则非齐之利也。韩、魏、赵、楚之志,恐秦兼天下而臣其君,故专兵一志以逆秦。三国之与秦壤界而患急,齐不与秦壤界而患缓,是以天下之势不得不事齐也。故秦得齐,则权重于中国,赵、魏、楚得齐,则足以敌秦。故秦、赵、魏,得齐者重,失齐者轻。齐有此势,不能以重于天下者,何也?其用者过也。"

郸,齐攻下了淄鼠,魏国夺得了伊是。魏公子无忌根据当时情况,采取变通的办法,杀了魏将晋鄙,率领魏军解救了邯郸之围,使秦国一无所得,而失去了独霸天下的良机。这是齐国当时倒向魏国,两国联合,共同解救邯郸之围的结果。

"安邑是魏国的国都,晋阳是赵国的国都,鄢郢是楚国的国都。魏、赵、楚三国本来就与秦国接界,秦国攻魏就可以夺取安邑,攻赵可以夺取晋阳,攻楚就可以夺取鄢郢。秦国威逼三国的国君,兼并了东周、西周,灭掉了韩国,所得之地合计起来将有天下之半。现在又威胁赵、魏,疏远中原各国,占领卫国的东地,兼并魏国的河内,切断赵国的东阳之路,这样,赵、魏南北失去联系,也就十分危急了。赵、魏危急,就不利于齐国。魏、赵、楚三国担心秦国兼并天下诸侯,而使三国臣服于秦,所以,他们集中兵力要一心一意地共同抗秦。魏、赵、楚三国与秦国接界,所以十分担忧;齐国没有与秦国接界,所以就不那么担忧。因此,根据这种形势,诸侯就不得不与齐国建立友好关系。如果秦国把齐国拉过去,它就会在诸侯中占压倒优势;赵、魏、楚三国把齐国拉过来,就可以对抗秦国。所以,秦国和赵、魏、楚三国谁能争取到齐国,谁就可以处于支配的地位;谁要失去了齐国,谁就会处于被支配的地位。齐国有这样的地位,却不能在诸侯中起到举足轻重的作用。这是为什么呢?就因为任用的人有错误啊。"

【注释】

①循:行。便计:简单易行之计。指窃符夺兵事。②福:应作"逼",逼迫。③疏:疏远。中国:指中原的诸侯。

【解析】

公元前230年,齐国大夫国子纵论天下大势。他指出,齐国之所以不被天下诸侯所重视,是因为当权者的策略失误。从历史发展角度来看,国子当时已然很清晰地预测到了诸侯关系变化的走势。

【处世策】

　　管理之道,唯在用人。人才是事业的根本。杰出的领导者应善于识别和运用人才。只有做到唯贤是举,唯才是用,才能在激烈的社会竞争中战无不胜。人才就是效率,人才就是财富。得人者得天下,失人者失天下。

卷十一　齐四

齐人有冯谖者

齐人有冯谖者，贫乏不能自存，使人属孟尝君^①，愿寄食门下。孟尝君曰："客何好？"曰："客无好也。"曰："客何能？"曰："客无能也。"孟尝君笑而受之曰："诺。"左右以君贱之也，食以草具^②。

居有顷，倚柱弹其剑，歌曰："长铗归来乎^③！食无鱼。"左右以告。孟尝君曰："食之，比门下之鱼。"居有顷，复弹其铗，歌曰："长铗归来乎！出无车。"左右皆笑之，以告。孟尝君曰："为之驾，比门下之车客。"于是乘其车，揭其剑^④，过其友，曰："孟尝君客我。"后有顷，复弹其剑铗，歌曰："长铗归来乎！无以为家。"左右皆恶之，以为贪而不知足。孟尝君问："冯公有亲乎？"对曰："有老母。"孟尝君使人给其食用，无使乏。于是冯谖不复歌。

【译文】

齐国有个名叫冯谖的人，家境贫寒无法养活自己，托人请求孟尝君，愿意在他的门下当门客。孟尝君说："他有什么爱好吗？"门人说："他没有什么爱好。"孟尝君说："他有什么才能？"门人说："他也没有什么才能。"孟尝君就笑了笑把他收纳下来，说："好的。"孟尝君身边的人因为主人轻视冯谖，就让他吃粗茶淡饭。

在这里呆了不久，冯谖倚着柱子，弹剑打着节拍，唱道："长剑呀，咱们回去吧！饭里没有鱼。"左右的人就把这件事告诉孟尝君。孟尝君吩咐说："给他鱼吃，待遇和其他的门客一样。"又呆了不久，冯谖又弹着他的剑，唱道："长剑呀，我们还是回去吧！出门没有车坐。"孟尝君说："给他车坐，待遇和其他门客一样。"于是冯谖坐着车子，带着他的剑，去拜访他的朋友，向他们夸耀说："孟尝君把我当做上客。"又过了一段时间，冯谖又弹着他的剑，唱道："长剑呀，咱们回去吧！没有什么可以用来养家。"左右的人都讨厌他，认为他贪得无厌。孟尝君问他："冯先生父母还健在吗？"左右答道："老母亲健在。"孟尝君于是就给他家送来吃的和用的，不使他母亲穷困。于是冯谖从此就不再唱歌了。

【注释】

①属(zhǔ)：托付。②食：给……吃。草：粗劣。具：饭食。③铗(jiá)：剑柄。④揭：高举。

【原文】

后孟尝君出记，问门下诸客："谁习计会①，能为文收责②于薛者乎？"冯谖署曰："能。"孟尝君怪之，曰："此谁也？"左右曰："乃歌夫'长铗归来'者也。"孟尝君笑曰："客果有能也，吾负之，未尝见也。"请而见之，谢曰："文倦于事，愦于忧③，而性懧愚④，沉于国家之事，开罪于先生。先生不羞，乃有意欲为收责于薛乎？"冯谖曰："愿之。"于是约车治装，载券契而行，辞曰："责毕收，以何市而反？"孟尝君曰："视吾家所寡有者。"驱而之薛，使吏召诸民当偿者，悉来合券。券遍合，起，矫命以责赐诸民，因烧其券，民称万岁。

【译文】

后来，孟尝君出了一个告示，问门下的食客说："哪一位懂得会计，能为我到薛地收债呢？"冯谖署上自己的名字说："我能。"孟尝君看了感到奇怪，说："这是哪一位呀？"左右的人回答说："就是那个唱'长剑呀，我们回去吧'的那个人。"孟尝君笑着说："这个门客果然有才能，我真对不起他，还没有见过他的面呢！"于是请他来相见，向他道歉说："田文整天被琐事缠身，劳累忧心，神昏意乱，而且性情愚笨，只因政务缠身，而怠慢了先生。所幸先生不怪我，先生愿意替我到薛地收债吗？"冯谖说："愿意效劳。"于是孟尝君叫人为他准备好车马和行装，让他载着债券契约出发，告别的时候，冯谖问："收完债后，买些什么回来？"孟尝君说："先生看我家里缺少什么东西，就看着买吧。"冯谖赶着马车到了薛地，叫官吏把欠账该还的百姓都叫来，核对债券。债券都核对好之后，冯谖站起身来，假托孟尝君的名义将债款赏给这些百姓，并烧掉券契文书，百姓感激高呼万岁。

【注释】

①计会：会计，总计收入。②责：通"债"。③愦(kuì)：混乱。④懧：同"懦"，懦弱。

【原文】

长驱到齐，晨而求见。孟尝君怪其疾也，衣冠而见之，曰："责毕收乎？来何疾也！"曰："收毕矣。""以何市而反？"冯谖曰："君云'视吾家所寡有者'，臣窃计，君宫中

【译文】

冯谖直接驱车返回，一大早就求见孟尝君，孟尝君很奇怪他这么快就回来了，穿戴好衣帽然后接见了他，说："债都收完了吗？为什么回来得这么快啊？"冯谖说："都收完了。""先生替我买了些什么东西回来呀？"冯谖说："您说过'买些家中所缺少的东西'，我私下里考虑，您宫中珍宝堆积，犬马

积珍宝，狗马实外厩，美人充下陈①。君家所寡有者，以义耳！窃以为君市义。"孟尝君曰："市义奈何？"曰："今君有区区之薛，不拊爱子其民，因而贾利之。臣窃矫君命②，以责赐诸民，因烧其券，民称万岁。乃臣所以为君市义也"孟尝君不说，曰："诺，先生休矣！"

满厩，美女成行。您家中所缺少的，只有仁义罢了！因此我自作主张为您买了仁义回来。"孟尝君说："你怎么买仁义的呢？"冯谖说："殿下封地只有小小的薛地，不体恤薛地的百姓，反而在他们身上榨取利益。我就私下里假传您的命令，将所有的债券都还给了他们，并烧掉了所有的债券，百姓都高声欢呼万岁，这就是我为您买的仁义呀！"孟尝君很不高兴，说："我知道了，先生退下去休息吧！"

【注释】

①下陈：堂下的庭院。②矫：假传。

【原文】

后期年，有毁孟尝君于闵王①，齐王谓孟尝君曰："寡人不敢以先王之臣为臣。"孟尝君就国于薛②，未至百里，民扶老携幼，迎君道中。孟尝君顾谓冯谖："先生所为文市义者，乃今日见之。"冯谖曰："狡兔有三窟，仅得免其死耳。今君有一窟，未得高枕而卧也。请为君复凿二窟。"孟尝君予车五十乘，金五百斤，西游于梁，谓惠王曰："齐放其大臣孟尝君于诸侯，诸侯先迎之者，富而兵强。"于是，梁王虚上位③，以故相为上将军，遣使者，黄金千斤，车百乘，注聘孟尝君。冯谖先驱，诫孟尝君曰："千金，重币也；百乘，显使也。齐其闻之矣。"梁使三反，孟尝君固辞不注也。

【译文】

过了一年，有人在齐闵王跟前诋毁孟尝君，之后齐闵王就对孟尝君说："我不敢用先王的旧臣来做我的臣子。"孟尝君回到封地薛，还有一百里没有到，当地的百姓就扶老携幼，在路两旁迎接孟尝君。孟尝君回过头来对冯谖说："先生为我买的义，今天才看到。"冯谖对孟尝君接着进言说："狡兔有三窟，才能够免掉一死啊。现在您只有一个洞穴，还不能做到高枕无忧，我愿为您再凿两个洞穴。"孟尝君就给了他五十辆车，五百斤黄金往西去游说魏国。冯谖来到了大梁，对惠王说："齐国放逐了大臣孟尝君，诸侯当中谁能够先得到他，谁就能富国强兵。"于是魏王空出相位，让原来的相国当上将军，派出使节，以千斤黄金、百乘马车去聘请孟尝君。冯谖先赶回薛地对孟尝君说："千斤黄金是很贵重的聘礼，百乘马车是很隆重的使节。齐国应该已经知道这件事了。"魏国的使者连续来了三次，但是孟尝君坚决推辞不去任职。

【注释】

①毁：诋毁，诽谤。②就：归，回。国：封邑。③虚上位：空出相位。

【原文】

齐王闻之，君臣恐惧，遣太傅赍黄金千斤①，文车二驷②，服剑，封书谢孟尝君曰："寡人不祥③，被于宗庙之祟④，沉于谄谀之臣，开罪于君，寡人不足为也。愿君顾先王之宗庙，姑反国统万人乎？"冯谖诫孟尝君曰："愿请先王之祭器，立宗庙于薛。"庙成，还报孟尝君曰："三窟已就，君姑高枕为乐矣。"孟尝君为相数十年，无纤介之祸者，冯谖之计也。

【译文】

齐王听到了这件事情，君臣上下都感到恐惧，就派遣太傅带着一千斤黄金，两乘四马花车，并带着一把宝剑，写了一封书信，向孟尝君道歉说："我不好，被祖宗降下了祸患，听信了谄谀大臣的谗言，得罪了先生，我愧为国君。请您看在先王宗庙的份上，暂且回国执掌政务好吗？"冯谖告诫孟尝君说："请您将先王的祭器请来，将宗庙立在薛地。"宗庙落成之后，冯谖向孟尝君报告说："三窟都已经造成，您可以高枕无忧，享受安乐了。"孟尝君做了几十年的相国，连一个细微的祸患都没有，所凭借的正是冯谖的计策啊！

【注释】

①赍(jī)：怀抱着，带着。②文车：雕刻有花纹的彩车。③祥：好，善良。④被：遭受。祟：鬼神降下的灾祸。

【解析】

这是一个关于"狡兔三窟"的故事。冯谖具有长远的战略眼光。他把薛邑所有的欠账的老百姓都集中到一起，收回债券和契约，并将它们付之一炬，为孟尝君筑造了第一窟。随后，冯谖出使到魏国，说服了魏国国君，为孟尝君在魏国谋到了一上将军的官位——开凿了第二个藏身之地。齐王看到魏国的举动，发现自己决策的失误，因此就重新礼遇孟尝君，第三窟也顺势造成了。

经济学上有言"别把鸡蛋都放在同一个篮子里",强调分散风险的必要性,通俗讲就是"给自己留条后路",永远不要孤注一掷,永远别把自己逼到绝路上。

"狡兔三窟"的目标是自身价值实现的最大化。这可以是职位的晋升,可以是待遇的丰厚,甚至可以是闲暇时间的富余。因而从踏入职场的那刻起,就应当塑造"狡兔"的秉性,做一个时刻有准备的人。

孟尝君为从

【原文】

孟尝君为从。公孙弘谓孟尝君曰:"君不如使人先观秦王。意者秦王帝王之主也,君恐不得为臣,奚暇从以难之?意者秦王不肖之主也[①],君从以难之未晚!"孟尝君曰:"善。愿因请公往矣。"公孙弘敬诺,以车十乘之秦。

昭王闻之,而欲丑之以辞[②]。公孙弘见,昭王曰:"薛公之地,大小几何?"公孙弘对曰:"百里。"昭王笑而曰:"寡人地数千里,而因欲难敢以有难也!今孟尝君之地方百里,而因欲难寡人,犹可乎?"公孙弘对曰:"孟尝君好人[③],大王不好人。"昭王曰:"孟尝君之好人也奚如?"公孙弘曰:"义不臣乎天子,不友乎诸侯,得志不惭为人主,不得志不肯为人臣,如此者三人;而治可为管商之师,说义听行,能致其主霸王,如此者五人;万乘

【译文】

孟尝君要组织合纵联盟。齐人公孙弘对孟尝君说:"您不如派人先了解了解秦王的情况。如果秦王是帝王那样英明的国君,您就是做臣子恐怕也不能够,还有什么条件组织合纵联盟,去与秦国对抗呢?如果秦王是无能的国君,您再组织合纵联盟去对抗,也不晚呀!"孟尝君说:好,那就请您去跑一趟吧。"公孙弘说:"遵命。"他带了十辆兵车,便出使秦国。

秦昭王听说公孙弘来到秦国,准备用言语侮辱他一番,公孙弘拜见了昭王,昭王说:"薛公田文的封地有多大呢?公孙弘答道:"方圆一百里。"昭王笑了笑,说:"我有土地方圆千里,还不敢与别人对抗,现在孟尝君只有土地方圆一百里,就想来和我对抗,这还行吗?"公孙弘回答说:"孟尝君尊重贤士,大王却不尊重贤士。"秦昭王说:"孟尝君尊重贤士,又怎么样?"公孙弘说:"只要合乎正义,即使不做天子之臣,不做诸侯之友,也在所不顾,得志,即使做人君,也当仁而不让;不得志,也不曲意作为人臣。像这样的贤人,他有三个。如果说到治理国家,可以做管仲、商鞅的老师,他的君主喜爱正义之理,听信正义之行,他能使君主成就称霸称王的大业,像这样的贤人,他有五个。如果大王身为令人敬畏

之严主也，辱其使者，退而自刭，必以其血洿其衣④，如臣者七人。"昭王笑而谢之，曰："客胡为若此？寡人直与客论耳⑤！寡人善孟尝君，欲客之必谕寡人之志也！"公孙弘曰："敬诺！"

公孙弘可谓不侵矣！昭王，大国也；孟尝，千乘也。立千乘之义而不可陵，可谓足使矣！

的万乘之君，却侮辱外交使节，他就将和您同归于尽。像我这样的人，他有七个。"昭王笑了笑，道歉说："您何必这样，我只不过和您说说而已。我和孟尝君很友好，希望您在孟尝君面前转告我这番意思。"公孙弘说："可以。"

公孙弘可算得是不辱使命了。秦昭王是大国的君王，孟尝君是千乘之主，公孙弘维护了千乘之国的正义，而又不受凌辱，可说是很有才能的使节啊。

【注释】

①不肖：不贤。②丑：侮辱，羞辱。③好（hào）人：喜欢贤士。④洿（wū）：同"污"，污染，弄脏。⑤直：只，仅仅。

【解析】

公元前 300 年，孟尝君准备联合魏、韩、赵三国讨伐秦国，先派公孙弘出使秦国，观察秦国国内形势。秦昭王因为知道他是孟尝君派来的使者，便故意羞辱他。公孙弘仗义执言，最终不辱使命。孟尝君最后也听从了公孙弘的建议，最终放弃了率先主张合纵的打算。

【处世策】

生活中很多人，遇见点事儿，就忙着表现自己，以为机会不可错过，舞台不可闲置，可是任何事情，都是机会与风险共存。自己的观点要是对了，自然是添彩儿的事儿，若是不对，反倒惹上麻烦。所以话还要三思而后说，事儿还是权衡之后再办。

鲁仲连谓孟尝

【原文】

鲁仲连谓孟尝："君好士未也。雍门养椒亦，阳得子养，饮食衣裳，与之同之，皆得其死。今君之家富于二公，而士未有为君尽游者也！"君曰："文不得二人故也。使文

【译文】

鲁仲连对孟尝君说："您所谓的好士，其实并不好士。雍门收养椒亦，阳得供养子养，吃饭、穿衣都和他们相同，他们也都为雍门和阳得卖命。如今，您家里比雍门、阳得二公都富裕，但您收养的士人，没有一个为您尽心竭力的。"孟尝君说："我碰不到像椒亦和子养那样的士人啊，如果我能得到像他们那样的士人，怎么不能为我尽心竭力

得二人者，岂独不得尽？"对曰："君之厩马百乘，无不被绣衣而食菽粟者①，岂有骐麟、騄耳哉②？后宫十妃，皆衣缟纻③，食粱肉④，岂有毛嫱、西施哉？色与马取于今之世⑤，士何必待古哉？故曰君之好士未也。"

呢？"鲁仲连说："您牲口棚里的马很多，它们穿的莫不是锦绣麻衣，吃的莫不是豆类、小米，可有骐麟、騄耳那样的骏马吗？您后宫里的美女，穿的都是素丝、细麻，吃的都是白米、精肉，可有毛嫱、西施那样的美女吗？美女、骏马取用的是现在的，而士人为什么一定要用古代的呢？所以，我说：'您所谓的好士，其实并不好士。'"

【注释】

①被：穿。绣衣：华丽的衣服。菽粟：泛指粮食。②骐麟、騄耳：良马名。③缟(gǎo)：白色生丝做成的衣服。纻(zhù)：苎麻纤维织成的布。④粱：古时大米的一种，称粱米。⑤色：美色，此处指美女。

【解析】

鲁仲连借古讽今，讽谏孟尝君并不是真心喜欢养士，所以贤士并没有为他尽忠尽责。

【处世策】

企业对人才的重视并不能全部通过薪水表现出来。高工资虽然是尊重知识、尊重人才的具体表现，但是这种人才政策未必能够形成良性的用人机制。要真正体现对人才的重视，除了薪水待遇，还需要在"软环境"上下工夫，让人才感受到被重视，被信赖，体现出价值，感受到荣誉。

孟尝君逐于齐而复反

【原文】

孟尝君逐于齐而复反。谭拾子迎之于境，谓孟尝君曰："君得无有所怨齐士大夫①？"孟尝君曰："有。""君满意杀

【译文】

孟尝君被逐出齐都，后来又返回，齐人谭拾子在国都边界上迎接他，并问孟尝君说："在齐国的士大夫中，有没有你怨恨的人呢？"孟尝君说："有。""您把他们杀了，就满意了吧？"孟尝君说：

之乎②？"孟尝君曰："然。"谭拾子曰："事有必至，理有固然，君知之乎？"孟尝君曰："不知。"谭拾子曰："事之必至者，死也；理之固然者，富贵则就之，贫贱则去之。此事之必至，理之固然者，请以市谕③。市，朝则满，夕则虚，非朝爱市而夕憎之也。求存故注，亡故去。愿君勿怨。"孟尝君乃取所怨五百牒削去之，不敢以为言。

"是的。"谭拾子说："事物总有它发展的必然结果，道理也有它发展的必然规律，您知道吗？"孟尝君说："不知道。"谭拾子说："人总有一死，这就是事物发展的必然结果。人有钱有势，别人就会来亲近他；若贫穷低贱，别人就会远离他，这就是道理发展的必然规律。让我拿市场来打个比喻：早晨市场上人很拥挤，晚上市场上人就空虚，这并不是人们早晨喜欢市场，晚上就厌恶市场。只是因为早晨市场上有人们所需要的东西，所以大家都奔赴那里。晚上市场上没有东西了，所以大家都离开那里。希望您不要怨恨齐国的士大夫。"于是孟尝君就从簿子上全部划去了五百个他所怨恨的人的姓名。不再提起这件事了。

【注释】

①得无：莫非，是不是。②满意：决意。③谕：比喻。

【解析】

孟尝君被齐国放逐以后，又重新回到齐国，准备杀掉曾经谗毁他的齐国大夫。这时候，谭拾子用"市朝则满，夕则亏"的道理劝谏孟尝君，孟尝君觉得很有道理，听从了他的意见。

【处世策】

功利之心、虚荣之心，人皆有之。无论是做事情还是交朋友，都要认识到这一点，所以对所谓的世态炎凉，还是包容一些、宽容一些的好。

齐宣王见颜斶

【原文】

齐宣王见颜斶，曰："斶前①！"斶亦曰："王前！"宣王不悦。左右曰："王，人君也。斶，人臣也。王曰'斶前'，斶亦曰'王前'，可乎？"斶对曰："夫斶前为慕势，王前为趋士。与使斶为慕势，不

【译文】

齐宣王召见颜斶，对他说："颜斶你上前来。"颜斶也说："大王您上前来。"齐宣王听了不高兴。左右的侍臣都责备颜斶说："大王是一国之君，而你颜斶，只是区区一介臣民，大王唤你上前，你也唤大王上前，这样做成何体统？"颜斶说："如果我上前，那是贪慕权势，而大王过来则

如使王为趋士。"王忿然作色曰："王者贵乎?士贵乎?"对曰："士贵耳,王者不贵。"王曰："有说乎?"斶曰："有。"昔者秦攻齐,令曰:'有敢去柳下季垒五十步而樵采者②,罪死不赦。'令曰:'有能得齐王头者,封万户侯,赐金千镒。'由是观之,生王之头,曾不若死士之垒也③。"宣王默然不悦。

是谦恭待士。与其让我蒙受趋炎附势的恶名,倒不如让大王获取礼贤下士的美誉。"齐宣王恼怒,变了脸色说:"是君王尊贵,还是士人尊贵?"颜斶说:"士人尊贵,而君王不尊贵。"齐王问:"这话怎么讲?"答道:"以前秦国征伐齐国,秦王下令:'有敢在柳下惠坟墓周围五十步内打柴的,一概处死,决不宽赦!'又下令:'能取得齐王首级的,封侯万户,赏以千金。'由此看来,活国君的头颅,比不上死贤士的坟墓。"宣王哑口无言,内心极不高兴。

【注释】

①前:走过来,靠近。②去:距离。③死士之垒:这里指已经死去的贤士的坟墓。

【原文】

左右皆曰："斶来!斶来!大王据千乘之地,而建千石钟,万石簴①。天下之士,仁义皆来没处;辩知并进②,莫不来语;东西南北,莫敢不服。求万物不备具,而百无不亲附。今夫士之高者,乃称匹夫,徒步而处农亩,下则鄙野、监门、闾里,士之贱也,亦甚矣!"

斶对曰："不然。斶闻古大禹之时,诸侯万国。何则?德厚之道,得贵士之力也。故舜起农亩,出于野鄙,而为天下。及汤之时,诸侯三千。当今之世,南面称寡者,乃二十四。由此观之,非得失之策与?稍稍诛灭,灭亡无族之时,欲为监门、闾里,安可得而有乎哉?"

【译文】

左右侍臣都指责说:"颜斶!颜斶!大王据千乘之国,重视礼乐,四方仁义辩智之士,仰慕大王圣德,都争相投奔效劳;四海之内,都来臣服;万物齐备,百姓心服。而即使是最清高的士人,其身份也不过是普通民众,徒步而行,耕作为生。至于一般士人,则居于鄙陋穷僻之处,以看守门户为生涯,应该说,士的地位是十分低贱的。"

颜斶回答说:"这话不对。我听说上古大禹之时有上万个诸侯国。为什么呢?道德淳厚而得力于重用士人。由于尊贤重才,虞舜这个出身于乡村鄙野的农夫,得以成为天子。到商汤之时,诸侯尚存三千,时至今日,只剩下二十四。由此来看,难道不是因为政策的得失才造成了天下治与乱吗?当诸侯面临亡国灭族的威胁时,即使想成为乡野穷巷的寻常百姓,又怎么能办到呢?"

【注释】

①簴(jù):古代悬挂钟磬的架子两旁的柱子。②辩知:擅长论辩的人和智慧的人。

【原文】

"是故《易传》不云乎:'居上位,未得其实,以喜其为名者,必以骄奢为行。据慢骄奢,则凶从之。是故无实而喜其名者削,无德而望其福者约,无功而受其禄者辱,祸必握①。'故曰:'矜功不立,虚愿不至。'此皆幸乐其名②,华而无其实德者也。是以尧有九佐,舜有七友,禹有五丞,汤有三辅,自古及今而能虚成名于天下者,无有。是以君王无羞亟问③,不丑下学④,是故成其道德而扬功名于后世者,尧、舜、禹、汤、周文王是也。故曰:'无形者,形之君也。无端者,事之本也。'夫上见其原,下通其流,至圣人明学,何不吉之有哉!老子曰:'虽贵,必以贱为本;虽高,必以下为基。是以侯王称孤、寡、不谷⑤,是其贱必本于非!夫孤寡者,人之困贱下位也,而侯王以自谓,岂非下人而尊贵士与?夫尧传舜,舜传禹,周成王任周公旦,而世世称曰明主,是以明乎士之贵也。"

【注释】

①握:当为"渥",厚、重。②幸乐(yào):喜欢。③无羞亟问:不以屡次请教于人为羞耻。亟(qì),屡次。④不丑下学:不以向臣子学习为耻辱。丑,耻辱。⑤孤、寡、不谷:都是古代帝王和诸侯的自称。

【译文】

"所以《易传》不就这样说吗:'身居高位而才德不济,只一味追求虚名的,必然骄奢傲慢,最终招致祸患。无才无德而沽名钓誉的会被削弱;不行仁政却妄求福禄的要遭困厄;没有功劳却接受俸禄的会遭受侮辱,祸患深重。'所以说,'居功自傲不能成名,光说不做难以成事',这些都是针对那些企图侥幸成名,华而不实的人,正因为这样,尧有九个佐官,舜有七位师友,禹有五位帮手,汤有三大辅臣,自古至今,还未有过凭空成名的人。因此,君主不以多次向别人请教为羞,不以向地位低微的人学习为耻,以此成就道德,扬名后世。唐尧、虞舜、商汤、周文王都是这样的人。所以又有'见微知著'这样的说法。若能上溯事物本源,下通事物流变,睿智而多才,则哪里还有不吉祥的事情发生呢?《老子》上说:'虽贵,必以贱为本;虽高,必以下为基。'所以诸侯、君主都自称为孤、寡或不谷,这大概是他们懂得以贱为本的道理吧。孤、寡指的是生活困窘、地位卑微的人,可是诸侯、君主却用以自称,难道不是屈己尚贤的表现吗?像尧传位给舜、舜传位给禹、周成王重用周公旦,后世都称他们是贤君圣主,这足以证明贤士的尊贵。"

【原文】

宣王曰:"嗟乎!君子焉可侮哉,寡人自取病耳!及今闻君子之言,乃今闻细人之行,愿请

【译文】

宣王说:"可叹呀!怎么能够侮慢君子呢?我这是自取其辱呀!今天听到君子高论,才明白轻贤慢士是小人行径。希望先生能收我为弟子。如

受为弟子。且颜先生与寡人游，食必太牢①，出必乘车，妻子衣服丽都。"

颜斶辞去，曰："夫玉生于山，制则破焉，非弗宝贵矣，然夫璞不完②。士生乎鄙野，推选而禄焉，非不尊遂也③，然形神不全。愿得归，晚食以当肉，安步以当车，无罪以当贵，清静贞正以自虞。制言者王也，尽忠直言者斶也。言要道已备矣，愿得赐归，安行而反臣之邑屋。"则再拜辞去也。斶知足矣，归反于朴，则终身不辱也。

果先生与我相从交游，食必美味，行必安车，先生的妻子儿女也必然锦衣玉食。"

颜斶听到宣王的话，就要求告辞回家，对宣王说："美玉产于深山，一经琢磨则破坏天然本色，不是美玉不再宝贵，只是失去了它本真的完美。士大夫生于乡野，经过推荐选用就接受俸禄，这也并不是说不尊贵显达，而是说他们的形神从此难以完全属于自己。臣只希望回到乡下，晚一点进食，即使再差的饭菜也一如吃肉一样津津有味；缓行慢步，完全可以当作坐车；无过无伐，足以自贵；清静无为，自得其乐。纳言决断的，是大王您；秉忠直谏的，则是颜斶。我要说的意思已经很明显了，请大王准许我回乡，让我安步返回家乡。"于是，再拜而去。颜斶可以说是知足的人了，返璞归真，那么就终生不会受到羞辱。

【注释】

①太牢：古代祭祀宴会时，牛、羊、豕三牲具备为太牢。②璞：含有玉的石头，未经雕琢的玉。③遂：通达。

【解析】

颜斶通过对齐宣王傲慢无礼的态度和桀骜不驯但非常有道理的言辞，给齐宣王上了一课，让他明白了作为国君要善待贤能之士的道理。颜斶的劝谏是以自己的身体行为和犀利言辞来实现的，从这里我们也可以看出战国时期的君臣关系是相当宽松的。

【处世策】

高贵与低贱、君主与臣子之间是一种相互依存的关系。孤家、寡人必须以大臣、民众为根本，百姓、贤臣是君王们之所以存在、显贵的根本依据。在现代社会，作为领导者也要认清自己的地位和民众的重要性,那种蔑视人才、轻视民众的人实际上也使自己失去了存在的合理性。

先生王斗造门而欲见齐宣王

【原文】

先生王斗造门而欲见齐宣王①,宣王使谒者延入。王斗曰:"斗趋见王为好势,王趋见斗为好士,于王何如?"使者复还报。王曰:"先生涂之,寡人请从。"宣王因趋而迎之于门, 与入,曰:"寡人奉先君之宗庙,守社稷,闻先生直言正谏不讳。"王斗对曰:"王闻之过。斗生于乱世,事乱君,焉敢直言正谏?"宣王忿然作色,不说。

【注释】

①造:至,到。

【原文】

有间①,王斗曰:"昔先君桓公所好者五,九合诸侯,一匡天下,天子受籍②,立为大伯。今王有四焉。"宣王说,曰:"寡人愚陋,守齐国,惟恐失拄之③,焉能有四焉?"王斗曰:"否。先君好马,王亦好马。先君好狗,王亦好狗。先君好酒,王亦好酒。先君好色,王亦好色。先君好士,是王不好士。"宣王曰:"当今之世无士,寡人何好?"王斗曰:

【译文】

王斗先生来到王宫,想要求见齐宣王。齐宣王派负责接待的人将他引进来。王斗说:"我快步赶上前去见大王是趋炎附势,而大王快步来接见我,就是礼贤下士,不知大王怎么看待?"负责接待的人将他的话如实地报告给齐王。齐宣王说:"先生先别进来,我亲自去迎接!"齐宣王于是快步来到门外,迎接王斗,并和他一起进宫。齐宣王说:"我继承了先王的宗庙,奉守社稷,平时听说先生能正言进谏,直言不讳。"王斗回答说:"大王听错了,我生在乱世,侍奉一个胡作非为的国君,怎么敢直言进谏?"齐宣王忿然变了脸色,很不高兴。

【译文】

过了一会儿,王斗说:"过去先王桓公,所喜欢的有五样,后来九合诸侯,一匡天下,周天子赐给他封地,承认他是诸侯中的霸主。现在大王所喜欢的有四样和先王是相同的。"齐宣王听了很高兴,说:"我愚笨浅陋,执守齐国的大业,唯恐有所过失,所喜欢的哪里能有先王的四样?"王斗说:"大王说的不对。先王喜欢马,大王也喜欢马;先王喜欢狗,大王也喜欢狗;先王喜欢酒,大王也喜欢酒;先王喜欢美色,大王也喜欢美色;先王喜欢士,但是大王却不喜欢。"齐宣王说:"当今世上没有士,我怎样喜欢他们呢?"王

"世无骐麟、騄耳④，王驷已备矣。世无东郭逡、卢氏之狗，王之走狗已具矣。世无毛嫱、西施，王宫已充矣。王亦不好士也，何患无士？"王曰："寡人忧国爱民，固愿得士以治之。"王斗曰："王之忧国爱民，不若王爱尺縠也⑤。"王曰："何谓也？"王斗曰："王使人为冠，不使左右便辟而使工者何也⑥？为能之也。今王治齐，非左右便辟无使也，臣故曰不如爱尺縠也。"

宣王谢曰："寡人有罪国家。"于是举士五人任官，齐国大治。

斗说："当世没有骐骥、騄耳这样的骏马，大王的良马已经够用了；当今之世没有东郭逡、卢氏那样的良犬，大王的猎狗已经够用的了；当今之世没有毛嫱、西施这样的美女，可大王的后宫已经充盈了。大王只是不喜欢贤士而已，哪里是因为当世没有贤士？"齐宣王说："我忧国爱民，本来就希望得到贤士来治理齐国。"王斗说："我以为大王忧国爱民远不如爱惜一尺縠纱。"宣王问道："你说的是什么意思？"王斗说："大王做帽子，不用身边的人而请能工巧匠，是什么原因？这是因为他们有很高超的技艺。可是现在大王治理齐国，不是左右的人就不加以重用，故我说大王忧国爱民还不如爱惜一尺縠纱。"齐宣王向王斗道歉说："我对国家有罪。"于是就选拔了五位贤士，委任他们官职，齐国得到很好的治理。

【注释】

①有间：过了一会儿。②受：同"授"，授予。籍：通"阼(zuò)"，王位，此指侯伯之位。③抎(yǔn)：丧失。④骐麟、騄耳：千里良马的名字。⑤縠(hú)：有皱纹的纱。⑥便辟(pián bì)：擅于阿谀逢迎，受君王宠信的人。辟，同"嬖"。

【解析】

战国时期人们谈论治国问题，很喜欢追溯到三皇五帝的伟大事迹，对三皇五帝充满了景仰和崇敬之情。有了这样的传统，人们在意识里总是认为古代的名人才是真正的人才，而纵观当代，发现没有能够和古代那些贤能的人相比的人才，所以大多数人都会像齐王那样哀叹当今的时代没有士人。

实际上，江山代有才人出。任何时代都有这个时代的英雄人物，只是选拔人才的人缺乏发现的眼光。这也正是王斗所劝谏齐王，让齐王重新认识到的一点。只有承认当代是有贤能之人的这个观点，才能看到身边人们身上所具有的优点，才能选拔出真正的人才来。在王斗的劝说之下，齐王转变了以前的思维定势和陈腐观念，于是就选拔了五个贤能之人，给予他们官职，使齐国得到很好的治理。

【处世策】

在今天这个双向选择的市场经济时代，老板和员工都可以自由地选择你所欣赏的员工或老板,至于能不能选择好,关键就在于你的眼光了。有眼光的人是看未来,而不看现在。不管是老板选择员工也好,员工选择老板也好,你都要以发展的眼光来预测对方的未来,因为他的未来跟你的选择有关系。如果对方未来很成功,那么你就选择对了;如果对方未来很失败,那么你就选择错了。所以这种选择既需要知识,又需要智慧。用知识了解他的现在,用智慧洞察他的未来。

齐王使使者问赵威后

【原文】

齐王使使者问赵威后。书未发, 威后问使者曰:"岁亦无恙耶? 民亦无恙耶? 王亦无恙耶?"使者不说, 曰:"臣奉使使威后, 今不问王而先问岁与民, 岂先贱而后尊贵者乎?"威后曰:"不然! 苟无岁, 何以有民? 苟无民, 何以有君? 故有问舍本而问末者耶?"乃进而问之曰:"齐有处士曰钟离子, 无恙耶? 是其为人也, 有粮者亦食①, 无粮者亦食; 有衣者亦衣②, 无衣者亦衣。是助王养其民也, 何以至今不业也③? 叶阳无恙乎? 是其为人, 哀鳏寡, 恤孤独, 振困穷④, 补不足。是助王息其民者也⑤, 何以至今不业也? 北宫之女婴儿子无恙耶? 彻其环瑱⑥, 至老不嫁, 以养父母。是皆率民而出于孝情者也, 胡为至今不朝也? 此二士弗业, 一女不朝, 何以王齐国、子万民乎? 于陵子仲尚书存乎? 是其为人也, 上不臣于王,

【译文】

齐王派使臣去问候赵威后,威后还没有拆开齐王送来的信,便问使者说:"年成可好吗? 人民可好吗? 大王可好吗?"使者很不高兴,说:"我奉齐王的派遣,来拜见威后,现在您先不问大王,却先问年成和人民,岂不是先卑贱而后尊贵吗?"威后说:"不对,如果年成不好,怎么还会有人民? 如果没有人民,怎么还会有国君? 怎么有舍本而问末的道理呢?"

于是她进一步问使臣说:"齐国有个处士叫钟离子,他可好吗? 他为人,有粮食吃时,他给别人粮食吃;没有粮食吃时,他也给别人粮食吃;有衣服穿时,他给别人衣服;没有衣服穿时,他也给别人衣服穿。这是帮助国君养活人民啊! 为什么至今还不给他工作呢? 叶阳子可好吗? 他为人,痛爱鳏寡的人,供养孤独的人,救济穷困的人,补给不足的人。这是帮助国君让人民活下去啊! 为什么至今还不给他工作呢? 北宫的女儿婴儿子可好吗? 她不修饰打扮自己,已经老了,也不出嫁,而在家奉养父母。她是为民表率,教大家都行孝道的人啊! 为什么至今还不封婴儿子为命妇让她入朝呢? 这两位贤士没给工作,一位孝女不给加封,您怎能统治齐国,做万民的父母啊? 于陵仲子还活着吗? 这个人为人,对上,不为国君服务;在下,也不治理其

下不治其家，中不索交诸侯。此率民而出于无用者，何为至今不杀乎？"

家庭；又不结交诸侯；这是带头要人们做一个对国家不负责任的人，为什么至今还不杀掉他呢？"

【注释】

①食(sì)：供养，给人饭吃。②衣(yì)：穿。③业：使……成就功业。④振：通"赈"，救济。⑤息：繁殖。⑥彻：同"撤"，除去。环：耳环或臂环。填(tiàn)：古人冠冕上垂在两侧的装饰物，用玉、石、贝等制成。

【解析】

这是一篇记载我国古代民本思想的文字，也强调了任用和表彰贤德之人在治理国家过程中的重要意义。赵威后提出了年成、百姓和君王这三个在国家治理过程中需要正确处理其间关系的要素。齐国的使者心里是没有这样的思想高度的，所以他错误地认为治理国家国君是第一位的，赵威后通过两个反问表明她对三个要素之间关系的认识，"苟无岁，何以有民？苟无民，何以有君"，指出年成是百姓生活的根本，而百姓是国家的根本。赵威后能够在战国时期就提出这样的观点，实在是难能可贵的。

【处世策】

赵威后提出了树立好的和坏的两个方面的典型对倡导良好的社会风气的重要作用，这一点在现代管理群体的时候也应该效仿。我们不提倡偶像崇拜，但不可否认榜样的力量是无穷的。榜样的力量就如黑夜中远处的灯塔，一方面指引着黑夜中行人的路向，另一方面更是增强夜行人的信心与力量。每个人都有仰望他人的时候，每个人都有迷茫看不清方向的时候，而在此时此刻，锁定职场发展之榜样，放低心态，承认自己之不足，向榜样学习，见贤思齐，就可以度过发展之迷茫期，向着更广阔的职场康庄大道挺进。

齐王见田骈

【原文】

齐人见田骈，曰："闻先生高议，设为不宦，而愿为役。"田骈曰："子何闻之？" 对曰："臣闻之邻人之女。"田骈曰："何谓也？" 对曰："臣邻人之女，设为不嫁，行年三十而有七子，不嫁则不嫁，然嫁过毕矣。今先生设为不宦，赀养千钟①，徒百人，不宦则然矣，而富过毕也。"田子辞。

【译文】

有个齐国人去见田骈，说："听说先生道德高尚的主张，说不愿意入仕做官，而是愿意为百姓出力。"田骈问："你是从哪里听来的？"那人回答说："我是从我邻家的一个女子那里听来的。"田骈问："你说这话是什么意思啊？" 那人回答说："我邻居家的女子立志不嫁，年龄刚到三十岁却已经有了七个子女，不嫁就不嫁吧，却比出嫁还要严重。如今先生不仕，却有俸禄千钟，仆役百人，说的是不入仕做官，现在却比做了官还要富有啊！"田骈听了很惭愧。

【注释】

①赀：通"资"，钱财。

【解析】

说客讽谏田骈名实不符的做法。他宣称不做官，而愿意为百姓服务，但实际是他所聚揽的钱财要超过做官的人，所以这是一种欺世盗名的行径。

【处世策】

一些职场人总想用踏实苦干，甘于贫贱来向老板表达忠诚。对摊派过来的工作，他不推卸；对于当得的利益，他不争抢。摆出一副"清高"的姿态。殊不知这样老板会真的以为你安于现状，且任劳任怨，对你的关注倒会减少了。聪明人知道，应当适当地去争取，"争"是争给人看的，向老板表示自己有更进一步发展的决心和能力，向下属表示自己体恤下情，并不是为自己争的。这样的积极争取，反倒能让老板更加赏识，更快地提拔你。

管燕得罪齐王

【原文】

管燕得罪齐王,谓其左右曰:"子孰而与我赴诸侯乎?"左右嘿然莫对。管燕连然流涕曰:"悲夫!士何其易得而难用也!"田需对曰:"士三食不得餍①,而君鹅鹜有余食;下宫糅罗纨②,曳绮縠,而士不得以为缘③。且财者君之所轻,死者士之所重,君不肯以所轻与士,而责士以所重事君,非士易得而难用也。"

【译文】

管燕得罪了齐王,便对他的左右亲近说:"你们有谁能为我到诸侯中去奔走一番呢?"左右亲近没有一个人回答。管燕伤心地流着泪说:"可悲啊!士人为什么那样容易得到,却这样难以使用啊?"田需回答说:"士人在您这儿一日三餐还吃不饱,您养的鹅、鸭,饲料却吃不完;您的后宫仆妾穿着都是绫罗绸缎,而士人想用它们做个衣上的沿边儿也不可能。而且财货是您所看轻的,死是士人所看重的。您不肯把您所看轻的财货给予士人,却要求士人以他们所看重的死为您效劳,这不能说'士人容易得到却难以使用'啊!"

【注释】

①餍(yàn):同"饱"。②下宫:后宫。糅:混杂。纨:细绢。③缘:边缘。

【解析】

齐国臣子管燕获罪,想奔走他国,门客们不肯随行,管燕因此感叹"士易得而难用"。田需则明确指出,造成这个局面的根本原因是管燕重财而轻士。此章年世不可考,田需对管燕说的话,对当时贵族生活的奢侈颇有揭露。

【处世策】

生活中也常听见人说,自己对别人如何好,别人却怎样地忘恩负义。实际上,与其抱怨别人,不如反省自己,首先,减少怨气能减少怨气带给身体上的伤害。其次,自己也能进步,避免了重蹈覆辙。

苏秦自燕之齐

【原文】

苏秦自燕之齐,见于章华东门。齐王曰:"嘻,子之来也!

【译文】

苏秦从燕国来到齐国,齐王在章华宫门口迎接他。齐王说:"啊!你来得正好。秦国派魏冉

秦使魏冉致帝，子以为何如？"对曰："王之问臣也卒①，而患之所从生者微。今听是恨秦也；听之，是恨天下也。不如听之以卒秦，勿庸称也以为天下。秦称之，天下听之，王亦称之。先后之事，帝名为无伤也。秦称之而天下不听，王因勿称，其于以收天下，此大资也。"

来，要我称帝，您以为怎样？"苏秦说："您提出这个问题太突然了。不过，大凡祸患总是从小处产生的，不能不慎重考虑。如果不同意秦国的要求，这将会与秦国发生矛盾；如果答应了秦国，这将会与诸侯发生矛盾。您不如答应称帝以对付秦国，而又不马上宣称帝号以对付诸侯。秦国称帝，诸侯都同意，那么大王也称帝，先立帝号，后立帝号，这无伤大雅。如果秦国称帝，诸侯不同意，大王就不称帝，以此取信于诸侯，这样大有好处。"

【注释】

①卒：仓促，突然。

【解析】

公元前 288 年，秦昭王派魏冉出使齐国，约请齐闵王共同称帝。闵王问计于苏秦，苏秦劝闵王不要急于称帝，以观察各诸侯国的反应，再做决断。

【处世策】

面对突然之变或者需要作出重大抉择却不知如何下手时，不妨静观其变。有时候不作为，就是最大的作为。

苏秦谓齐王

【原文】

苏秦谓齐王曰："齐、秦立为两帝，王以天下为尊秦乎？且尊齐乎？"王曰："尊秦。""释帝则天下爱齐乎①？且爱秦

【译文】

苏秦对齐王说："齐国和秦国都建立了帝号，大王认为诸侯将尊重秦国还是尊重齐国呢？"齐王说："尊重秦国。"苏秦说："放弃帝号，那么诸侯是亲近齐国还是亲近秦国呢？"齐王说："亲近齐

乎?"王曰:"爱齐而憎秦。""两帝立，约伐赵，孰与伐宋之利也?"王曰:"不如伐宋。"对曰:"夫然与秦为帝，而天下独尊秦而轻齐;齐释帝，则天下爱齐而憎秦;伐赵不如伐宋之利。故臣愿王明释帝，以就天下;倍约傧秦②，勿使争重;而王以其间举宋。夫有宋则卫之阳城危;有淮北则楚之东国危;有济西则赵之河东危;有阴、平陆则梁门不启。故释帝而贰之以伐宋之事③，则国重而名尊，燕、楚以形服，天下不敢不听，此汤、武之举也。敬秦以为名，而后使天下憎之，此所谓以卑易尊者也!愿王熟虑之也!"

国而痛恨秦国。""齐、秦都建立帝号，结盟共同进攻赵国，这与进攻宋国，哪个更有利呢?"齐王说:"不如进攻宋国有利。"苏秦说:"齐国与秦国相约建立帝号，可是诸侯只尊重秦国而看轻齐国;齐国如果放弃帝号，那么诸侯将亲近齐国而痛恨秦国;进攻赵国不如进攻宋国有利。根据以上三点。所以我希望大王公开放弃帝号，以亲近诸侯;解除盟约，抛弃秦国，不与秦国争高下。大王可乘此时机灭掉宋国。占有了宋国，卫国的阳城就会危急;占有了淮北，楚国的东地就会危急;占有了济西，赵国的河东就会危急;占有了陶邑、平陆，魏国就会闭门防守。所以，放弃帝号，改变主意，进攻宋国，那么齐国就可以举足轻重，而大王的名声可以尊显。燕国、楚国都会因为形势的变化而臣服齐国，天下诸侯不敢不听从。这是商汤、周武王那样的功业啊!放弃帝号名义上是尊秦，实际上会使诸侯憎恶秦国，这就是所谓'以卑易尊'的策略啊!希望大王深思熟虑吧。"

【注释】

①释帝:放弃帝号。②倍:通"背",背叛。傧(bīn):同"摈",抛弃。③贰:改变。

【解析】

公元前288年，齐、秦相约共同称帝，这使它们成为两个超级大国，地位在其他各国之上。两帝兵力，并非徒有虚名，而是有伐赵而瓜分其地的约定。苏秦劝齐闵王放弃帝号，让天下诸侯"爱齐而憎秦"，然后联合各国摒弃秦国，自己趁机攻占宋国。实际上，苏秦唆使齐国攻打宋国，是想让齐军疲惫，而为燕国伐齐准备条件。但客观来看，苏秦劝齐王放弃称帝也是符合当时的实际情况的。为一虚名，不够强大的齐国将招来许多无妄之灾。

【处世策】

人各有所长，人也各有机遇。职场人要努力寻觅自己中意的工作，但也要明白一点:好工作每个人都想要，自己是否有实力胜任心仪的工作。一个人有清晰的自我定位，也在很大程度上体现了成熟。画饼不能充饥。一定要琢磨，自己是否有把蓝图变成现实的能力。如果没有，还是做一些自己力所能及的事为好。

卷十二　齐五

苏秦说齐闵王

【原文】

苏秦说齐闵王曰："臣闻用兵而喜先天下者忧，约结而喜主怨者孤。夫后起者藉也，而远怨者时也。是以圣人从事，必藉于权而务兴于时。夫权藉者，万物之率也；而时势者，百事之长也。故无权藉，倍时势，而能事成者寡矣。今虽干将、莫邪①，非得人力，则不能割刿矣②。坚箭利金，不得弦机之利，则不能远杀矣。矢非不钴③，而剑非不利也，何则？权藉不在焉。何以知其然也？昔者赵氏袭卫，车舍人不休，傅卫国城刚平，卫八门土而二门堕矣④，此亡国之形也。卫君跣行⑤，告诉于魏。魏王身被甲底剑，挑赵索战。邯郸之中骛⑥，河、山之间乱。卫得是藉也，亦收余甲而北面，残刚平，堕中牟之郭。

【译文】

苏秦游说齐闵王说："我听说率先挑起战争的人必然后患无穷，而不顾招人忌恨，带头缔结盟约来攻打其他国家的最终要陷于孤立境地。后发制人就能有所凭借，顺应时势就可以远离仇怨。因此圣贤做事情，必定借势而为，顺天而动。借助形势，有利于展开步骤；倚重天时，则是做任何事情取得成功的关键。因此，不懂得借势顺天之理，能成就大事的人实在是太少了。现在即使有干将、莫邪一类的宝剑，如果没有施加人的力量，那么也不能割断毫发；再坚硬的箭矢，如果不借助于弓弩，那么也无法杀伤远处的敌人。箭并不是不锐利，剑并不是锉钝，那是什么缘故呢？只是由于没有借力之物。为什么这样说呢？过去赵国进攻卫国，车不停歇，人不喘息，一下子就包围了卫国都城，在刚平筑起土城来加以控制。当时卫都八个城门都被堵塞，两个城门被摧毁，亡国的灾祸迫在眉睫。卫国国君在形势紧急的情况下，光着脚逃奔到魏国去请求援助。魏武侯亲自披甲带剑，帮助卫国，向赵国挑战。邯郸大乱，黄河与太行山之间也无法收拾。卫国乘机重整旗鼓，北向攻打赵国，夺取了刚平，攻下了赵邑中牟的外城。

【注释】

①干将、莫邪：古代的宝剑名。相传春秋吴国人干将和他的妻子莫邪善铸剑，铸成雌雄二剑，

一把名字叫干将，一把名字叫莫邪。②割：截断。刿(guì)：刺伤。③铦(xiān)：锋利。④土：通"杜"，堵塞。⑤跣(xiǎn)：赤脚。堕：同"隳"，毁坏。⑥骛(wù)：乱跑。

【原文】

"卫非强于赵也，譬之卫矢而魏弦机也，藉力于魏而有河东之地。赵氏惧，楚人救赵而伐魏，战于州西，出梁门，军舍林中①，马饮于大河。赵得是藉也，亦袭魏之河北，烧棘沟，坠黄城。故刚平之残也，中牟之堕也，黄城之坠也，棘沟之烧也，此皆非赵、魏之欲也。然二国劝行之者，何也？卫明于时权之藉。今世之为国者不然矣。兵弱而好敌强，国罢而好众怨，事败而好鞠之，兵弱而慑下人也，地狭而好敌大，事败而好长诈②。行此六者而求伯，则远矣。臣闻善为国者，顺民之意，而料兵之能，然后从于天下。故约不为人主怨，伐不为人挫强。如此，则兵不费，权不轻，地可广，欲可成也。昔者，齐之与韩、魏伐秦、楚也，战非甚疾也，分地又非多韩、魏也，然而天下独归咎于齐者③，何也？以其为韩、魏主怨也。且天下遍用兵矣，齐、燕战，而赵氏兼中山，秦、楚战韩、魏不休，而宋、越专用其兵。此十国者，皆以相敌为意，而独举心于齐者④，何也？约而

【译文】

"卫国并非比赵国强大，只是有了魏国的支持。如果把卫国比作箭，而魏国就好比机弩和弓弦，卫国借助魏国的力量攻占了河东的土地。这时赵国非常恐惧，楚国就援救赵国而讨伐魏国，双方在州西这个地方进行决战，楚国穿越魏国都成大梁的城门，驻军林中而饮马黄河。赵国军队得到楚国的援助，也去攻打魏国河北的地方，纵火焚烧了棘沟而夺取了黄城。毁掉刚平、攻破中牟、攻陷黄城、焚烧棘沟，这并非是赵国、魏国的初衷，可他们为什么要这么做呢？这是因为卫国能看清时势，明白轻重权变的缘故啊。现在执国施政的国君就不是这样了，自己军队弱小却喜欢挑斗强敌；国家疲惫却又要触犯众怒；败局已定却仍然一意孤行；没有相当的实力，却不能屈志甘居下位；领土狭小，却要和大国抗衡为敌；事情失败却不改诈伪之心。犯下这六种错误还妄想建立霸业，其实离霸业是越来越远了。我听说善于治理国家的君主，应该顺应民心，如实地估计自己的兵力，然后才能联合其他诸侯来实现自己的抱负。所以缔约时不以自己为主就承担怨怒，作战时不替他人去抵抗强敌。这样就能保全自己的兵力来控制全局，而且可以实现拓展疆土的愿望。以前，齐王联合韩、魏两国讨伐秦、楚两国，作战的时候不是特别卖力，分得的土地又不比韩、魏两国多，可是天下要将战争的责任归咎于齐国，为什么呢？是因为齐国率先倡导讨伐秦、楚两国，触犯了众怒。再说那时天下正混战不已，齐、燕两国争斗，赵国图谋中山国，秦、楚两国与韩、魏两国之间不断发生冲突，而宋、越两国也集中力量进行战争。这十个国家，互相攻伐，然而天下只埋怨齐国，这又是什么道理呢？因为在缔约的时候，齐国喜欢充当联盟的领袖，两军开始交

好主怨，伐而好挫强也。

战的时候喜欢攻打强敌的缘故。

【注释】

①舍：驻扎。②长(zhàng)：多。③归咎于齐：归罪于齐国。④举心于齐：用心，注意。

战国策精华［上］

【原文】

"且夫强大之祸，常以王人为意也①；夫弱小之殃，常以谋人为利也。是以大国危，小国灭也。大国之计，莫若后起而重伐不义。夫后起之籍，与多而兵劲，则是以众强适罢寡也②，兵兴立也。事不塞天下之心，则利兴附矣。大国行此，则名号不攘而至，伯王不为而立矣③。小国之情，莫如谨静而寡信诸侯。谨静，则四邻不反；寡信诸侯，则天下不卖。外不卖，内不反，则遽祸；蓄积朽腐而不用，币帛矫蠹而不服矣。小国道此，则不祠而福矣，不贷而见足矣。故曰："祖仁者王，立义者伯，用兵穷者亡。'何以知其然也？昔吴王夫差以强大为天下先，袭郢而栖越，身从诸侯之君，而卒身死国亡，为天下戮者，何也？此夫差平居而谋王，强大而喜先天下之祸也。昔者莱、莒好谋，陈、蔡好诈，莒恃越而灭，蔡恃晋而亡，此皆内长诈，外信诸侯之殃也。由此观之，则强弱大小之祸，可见于前事矣。

【译文】

"再说强国招致祸患，往往是因为一心想凌驾在诸侯之上；而弱国遭受灾殃，往往是由于它想图谋别的国家来夺取好处。所以强国陷入危险，小国也要覆灭。为大国考虑，不如后发制人，派大军来讨伐那些不讲道义的国家。后发制人能有所倚仗。盟国众多，兵力强大，能够形成以人多势强的军队来对付疲弊衰弱军队的有利局面，战争必能取得胜利。做事情合乎公道，就能取得利益。强国凭借这来做事情，名声不必去争就能得到，霸业也能随之成就。至于小国最好的策略则莫过于谨慎从事，不轻信诸侯。小心谨慎，四邻之国就没有借口寻仇犯境；不轻信，就不会被诸侯出卖，成为利益的牺牲品。在外不被出卖，在内没有争斗，就可远离祸患，有利于国内实力的积储和增长。小国若能如此，那么不用祈祷就能享福，无须借贷自能富足。所以说，施行仁政可以称王，建立信义可以称霸，而穷兵黩武只会招致灭亡。为什么这样说呢？过去吴王夫差倚仗国大兵强，率领诸侯四方征战，攻击楚国，占据越国，并对诸侯们发号施令，俨然君临天下，最后却落得身死国亡的下场，为天下所耻笑。为什么是这样的结果呢？原因在于夫差平时总是想成为天下之主，倚仗国力强盛率先挑起战争。以前莱、莒两国喜欢施用阴谋，而陈、蔡两国则专行诈术，结果，莒国因倚仗晋国而灭亡了，蔡国因依仗越国而灭亡了。这些都是在内使用诈术，在外轻信诸侯招来的横祸。由此看来，国家无论强弱大小，都有各自的祸患，前车之鉴，在历史上都有印证。

①王人：欲为人王，好为人上。②适(dí)：通"敌"。罢：同"疲"。③伯：通"霸"。诸侯的盟主。

【原文】

"语曰：'骐骥之衰也①，驽马先之；孟贲之倦也②，女子胜之。'夫驽马、女子，筋力骨劲，非贤于骐骥、孟贲也。何则？后起之藉也。今天下之相与也不并灭，有而案兵而后起，寄怨而诛不直③，激用兵而寄于义，则亡天下可蹻足而须也④。明于诸侯之故，察于地形之理者，不约亲，不相质而固，不趋而疾⑤，众事而不反，交割而不相憎，惧强而加以亲。何则？形同忧而兵趋利也。何以知其然也？昔者齐、燕战于桓之曲，燕不胜，十万之众尽。胡人袭燕楼烦数县，取其牛马。夫胡之与齐非素亲也，而用兵又非约质而谋燕也，然而甚于相趋者，何也？形同忧而兵趋利。由此观之，约于同形则利长，后起则诸侯可趋没也。

【译文】

"俗话说：'千里马衰老的时候，也跑不过劣马；孟贲身体疲倦的时候，也打不过女子。'劣马、女子的筋力骨劲，远远比不上千里马和勇士孟贲，但为何会出现这样的情况呢？这是因为后发制人就有所凭藉。现在天下诸侯相互借重而相互牵制，并且对峙的时间还很长，如果哪个国家能够按兵不动，后发制人，同时善于转嫁仇怨，隐去用兵的真实意图，凭借正义的口号来讨伐无道的国家，那么兼并诸侯取得天下也就指日可待了。掌握诸侯的国情，明了天下的地理形势，不和其他国家结盟，不互相扣留人质，关系会更牢固；不急躁冒进，事情就会进展更为顺利。一起共事能坚守承诺，一起受害而不相互埋怨，彼此都强大了就越发亲近。如何能做到这样呢？在于形势让他们忧患相同、利害一致。有什么事实可作佐证呢？过去齐、燕两国在桓曲交战，燕兵败北，十万兵众匹马无归。胡人乘势袭击燕国楼烦等地，掳掠牛马。胡人与齐国，没有交往，也没有订立盟约，却联合在一起，什么原因呢？就是因为他们忧患相同、利害相关！由此可见，联合形势相同的国家就可以最大程度地获取利益，后发制人就可使诸侯归附并役使他们。

【注释】

①骐骥：骐，有青黑色花纹的马，其纹状如棋盘。骥，千里马。在这里泛指骏马。②孟贲(bēn)：一力大无穷的勇士。③寄怨：借他人之手以报己怨。④蹻(jú)：把脚举高。须：等待。⑤趋(cù)：督促，驱使。疾：尽力。

【原文】

"故明主察相，诚欲以伯王为志，则战攻非所先。战者，国之残也，而都县之费也。残费已先，而能从诸侯者寡矣①。波战者之为残也，士闻战则输私财而富军市，输饮食而待死士，令折辕而炊之，杀牛而觞士②，则是路君之道也。中人祷视，君醵酿③，通都小县置社，有市之邑莫不止事而奉王，则此虚中之计也。夫战之明日，尸死扶伤，昌若有功也，军出费，中哭泣，则伤主心矣。死者破家而葬，夷伤者空财而共药④，完者内酺而华乐⑤，故其费与死伤者均。故民之所费也，十年之田而不偿也。军之所出，矛戟折，镮弦绝⑥，伤弩，破车，罢马，亡矢之大半。甲兵之具，官之所私出也，士大夫之所匿，厮养士之所窃，十年之田而不偿也。天下有此再费者，而能从诸侯寡矣。攻城之费，百姓理襜蔽⑦，举冲橹⑧，家杂总，穿窟穴。众罢于刀金，而士困于土功。将不释甲，期数而能技城者为亟耳。上倦于教，士断于兵，故三下城而能胜敌者寡矣。故曰：波战攻者，非所先也。何以知其然也？昔智伯

【译文】

"所以英明的君主和有远见卓识的相国，如果致力于霸业，就不要把使用武力摆在首位。战争既耗损国力，又扰乱百姓。国家的实力遭到损耗，便再也无力号令诸侯。战争对国家的损耗是显而易见的。士人听说将有战事，就捐献财产，来充当军用物资，而商人就运送酒肉粮食来犒劳战士，长官让人拆下车辕当柴烧，杀牛设宴款待军兵。其实这些都是坑害百姓危害国家的做法。国人祈祷，君王设祭，大城小县都设有神庙，凡有市场的城邑都要停业为战争服役，其实这是损耗国家的做法。

决战的沙场，尸横满地，哀鸿遍野，人们扶着受伤的将士，表面看来将士立功，国家取得了战争的胜利，但实际上，损耗大量的资财，国人悲惨地痛哭，足以令国君忧心如焚。阵亡将士的家属为安葬父兄而倾尽家财，负伤的将士也耗尽积储来治疗战争中受的伤，那些侥幸全身而回的军人，在家中大摆筵席以示庆贺，花费也很多。所以战争使人民耗费的钱财，十年耕种所得的收获也难以抵偿。军队出战，矛戟弓弩，车马刀矢，损失大半，再加上被人盗窃藏匿所造成的损失，也是十年耕种无法抵偿的。国家负担这两笔费用，已是力竭筋疲，哪里还能对诸侯施以号令呢？攻城的费用更是浩大，百姓制作遮蔽矢石的器具，升举陷阵的战车，全家编入军队中服役，住在地道里，民众疲惫于制作兵戈之中，士兵困苦在修筑营垒等土木工事的劳动中，将军也不能脱下甲胄休息，日夜督战，数月能攻下城池就算很快了。将士疲弊，连下三城，相信再没有余力战胜敌人。

所以说，明君贤相图谋天下，并不把使用武力放在第一位。这在历史上是有先例的。过去，智伯攻灭范、中行氏，接着又麾兵西向，围攻晋阳，

瑶攻范、中行氏，杀其君，灭其国，又西围晋阳，吞兼二国，而怵一主，此用兵之盛也。然而智伯卒身死国亡，为天下笑者，何谓也？兵先战攻，而灭二子患也。昔者，中山悉起而迎燕、赵，南战于长子，败赵氏；北战于中山，克燕军，杀其将。夫中山千乘之国也，而敌万乘之国二，再战比胜，此用兵之上节也。然而国遂亡，君臣于齐者，何也？不啬于战攻之患也。由此观之，则战攻之败，可见于前事。

吞并两国，又逼得赵襄子走投无路，军威可以说盛极一时。然而后来智伯却落得身死国亡的下场，为天下人所耻笑，这是什么缘故呢？是因为智伯挑起祸端，灭亡之祸威胁到韩、魏两国君主的缘故。过去中山国调动全国的军队，来迎击燕、赵两国的军队，在南方的长子大败赵国的军队，在国境内大败燕国的军队，并杀掉领兵的大将。中山国只是个千乘小国，与两个万乘大国同时为敌，连续取得两次决定性的胜利，成为用兵的典范。然而这样的善战之国终究免不了灭亡的命运，导致国君逃往到齐国做了臣子，原因是什么呢？是因为它不考虑战争的祸患，接连不断地发动战争。由此看来，战争的弊端在史书上的记载是很多的。

【注释】

①从：率领。②觭：这里是犒劳的意思。③君：通"群"，指"中人"。醵酿：古代一种驱邪消灾的祭祀活动。④夷：通"痍"，受伤。共：同"供"。⑤完者：未伤亡的人。内：国内。酺（pú）：会聚饮食。⑥镮（huán）：刀环。弦：弓弦。⑦理：修理。襜蔽：遮挡矢石的工具。襜（chān），车帏。⑧举：兴办。冲：攻城的战车。橹：战车的一种。

【原文】

"今世之所谓善用兵者，终战比胜而守不可拔，天下称为善，一国得而保之，则非国之利也。臣闻战大胜者，其士多死而兵益弱；守而不可拔者，其百姓罢而城郭露①。夫士死于外，民残于内，而城郭露于境，则非王之乐也。今夫鹄的非咎罪于人也②，便弓引弩而射之，中者则善，不中则愧，少长贵贱，则同心于贯之者，何也？恶其示人以难也。今穷战比胜，守必不拔，则是非徒示人以难也，又且害

【译文】

"现在称得上善于用兵的人，屡战屡胜，攻则取，守则固，天下人给予高度颂扬，而举国上下莫不倚之若长城，其实这并非是国家的好事。我听说战争取得大捷，士卒伤亡惨重，百姓因防务而疲惫不堪，城郭也会损毁得面目全非。士兵在战争中死去，百姓在国内为战争所累，城郭破败，国君是不会高兴的。以箭靶来打比方，它并没有与人结怨，可是人人都会以强弓硬弩对待它，射中的就高兴，没有射中的则会满脸羞愧，不论老少和尊卑，都以一射为快。原因是什么呢？是讨厌他难以让人射中。现在有的国家屡战屡胜不可攻拔，这不仅仅是示人以难，同时还妨害到别国的利益，别国的敌视情绪也就更重了。像这样既劳

人者也，然则天下仇之必矣。夫罢士露国，而多与天下为仇，则明君不居也③；素用强兵而弱之，则察相不事。彼明君察相者，则五兵不动而诸侯从，辞让而重赂至矣。故明君之攻战也，甲兵不出于军而敌国胜，冲橹不施而边城降，士民不知而王业至矣。彼明君之从事也，用财少，旷日远而为利长者。故曰：'兵后起则诸侯可趋没也'。

累百姓、损耗国家，又成为众矢之的之事，圣明的国君是不会这样做的。

有远见卓识的明君贤相也不会动不动就动用军队，以至于损兵折将，大伤国家的元气。明君贤相，总是力求不用攻伐就臣服诸侯，用谦恭辞让来获得更多的财货和土地。因为明君作战，不动用军队就能战胜敌国，不动用武力就可掠夺到土地，别人尚未察觉而王业就已经完成。明君做事情，不费财力，而以长期的策划来取得永久性的利益。所以说，后发制人可以让诸侯归附并加以驱使。

【注释】

①城郭：城，指内城的墙，郭，指外城的墙。泛指城邑。②鹄的(gǔ dì)：箭靶子的中心。③不居：不采取。

【原文】

"臣之所闻，攻战之道非师者，虽有百万之军，北之堂上；虽有阖闾、吴起之将，禽之户内①；千丈之城，拔之尊俎之间②；百尺之冲，折之衽席之上。故钟鼓竽瑟之音不绝，地可广而欲可成；和乐倡优侏儒之笑不乏，诸侯可同日而致也。故名配天地不为尊，利制海内不为厚。故夫善为王业者，在劳天下而自佚，乱天下而自安，佚治在我，劳乱在天下，则王之道也。锐兵来则拒之，患至则趋之。使诸侯无成谋，则其国无宿忧也。何以知其然矣？昔者魏王拥土千里，

【译文】

"据我所知：'攻战的方法主要不是用兵。'即使有百万军队，也能败之于朝堂之上帷幄之中；即使遭遇阖闾、吴起那样的将帅，也能通过室内的策划来擒获他；即使有千丈深的城池，也可以在酒席之间涉过它；即使有百尺高的战车，也可以在坐卧之时摧折它。所以说，丝管之声在朝堂不绝于耳、和着优伶欢笑歌舞的时候，国土已经扩张，诸侯已经前来臣服。这样的君王，名号与天地相等不算高贵，政权控制海内也不算强大。

因此，善于开创王业的君主，在于能使诸侯劳顿而自己闲逸，使天下混乱而本国安宁。安逸与大治在我方，而劳顿与混乱在别的国家，这就是王霸之道。积蓄国力来等待前来侵犯的敌人，来消除战祸，那么他的国家就没有隔夜的忧患。有什么事实能够加以证明呢？过去魏惠王拥有领土上千里，甲士三十六万，倚仗自己实力强大，攻取邯郸，西围定阳，又邀集十二家诸侯来朝拜周天子，为图谋秦国作了种种准

带甲三十六万，其强而拔邯郸，西围定阳，又从十二诸侯朝天子，以西谋秦。秦王恐之，寝不安席，食不甘味，令于境内，尽堞中为战具③，竟为守备，为死士置将，以待魏氏。卫鞅谋于秦王曰：'夫魏氏其功大，而令行于天下，有从十二诸侯而朝天子，其与众。故以一秦而敌大魏，恐不如。王何不使臣见魏王，则臣请必北魏矣。'秦王许诺。卫鞅见魏王曰：'大王之功大矣，令行于天下矣。今大王之所从十二诸侯，非宋、卫也，则邹、鲁、陈、蔡，此固大王之所以鞭箠使也④，不足以王天下。大王不若北取燕，东伐齐，则赵必从矣；西取秦，南伐楚，则韩必从矣。大王有伐齐、楚之心，而从天下之志，则王业见矣。大王不如先行王服，然后图齐、楚。'魏王说于卫鞅之言也，故身广公宫，制丹衣，建九斿之旄⑤，从七星之旗⑥。此天子之位也，而魏王处之。于是齐、楚怒，诸侯奔齐，齐人伐魏，杀其太子，覆其十万之军。魏王大恐，跣行按兵于国，而东于齐，然后天下乃舍之。当是时，秦王垂拱受西河之外，而不以德魏王。故卫鞅之始与王计也，谋约不下席，言于尊俎之间，谋成于堂上，而魏将以禽于齐矣；冲橹未施，而西河之外入于秦矣。此臣之所谓北之堂上，禽将户内，拔城于尊俎之间，折冲席上者也。"

备。秦孝公得到消息，忧心忡忡，寝食难安，食不甘味，动员全国，修缮守战的器具，在国内严加防守，同时招募敢死的士兵，任命善战的将领，来等待前来侵犯的敌人。

卫鞅向秦孝公献计说：'魏王有匡扶周室的功劳，号令施行于天下，既能邀集十二家诸侯朝见天子，以区区一个秦国，恐怕还不能与之争锋竞胜，大王能不能让我来出使魏国拜见魏王？我有把握挫败魏国。'秦王就答应了他的请求。卫鞅前往魏国拜见魏王，大加称颂：'我听说大王劳苦功高而能号令天下。可是现在大王率领的十二家诸侯，不是宋、卫，就是邹、鲁、陈、蔡，大王固然可以随意加以驱使，然而就凭这样的力量还不足以称霸天下。大王不如向北联合燕国，东伐齐国，赵国自然就会臣服；再联合西方的秦国，南伐楚国，韩国也自然就会臣服。大王有讨伐齐、楚的愿望而且行事合乎道义，实现霸王业绩的日子就不远了。大王自可顺从天下之志，加天子衣冠，再图齐、楚两国。'魏王听了，大为高兴，就依天子体制，大建宫室，制作丹衣和九斿、七星旗。对魏王的妄自尊大、越礼不轨，齐、楚两国君主大为恼怒，而各路诸侯也都投到齐国攻打楚国的旗帜下面。齐人讨伐魏国，杀掉了魏太子申，歼师十万。惠王震恐，急忙下令收兵，又向东臣服齐国。各国诸侯这才停止武力攻伐。那时候，秦孝公乘机取得了魏国的河西地区，而且对魏王毫无感激之情。所以卫鞅当初与秦孝公商议对策的时候，谋约于坐席之上，策划于酒席之间，定计于高堂之上，而魏国大将庞涓已为齐国擒获，不动用军队已经收西河以外的土地。这就是臣所讲的'败敌于厅堂之上，擒获敌将于帷幄之中，在酒宴上攻下敌城，在枕席上折断敌人兵车。'"

【注释】

①禽:通"擒"。捉住。②尊俎:代称宴席。尊,酒器。俎(zǔ):盛肉的工具。③堞(dié):城上如齿状的矮墙。④箠(chuí):马鞭。使:役使。⑤斿(liú):同"旒",古代旗帜边缘悬挂的装饰品。⑥从:用。旟(yú):旗的一种。

【解析】

苏秦游说齐闵王,强调了国家有所凭借的重要性。国家采取行动,必须在时势上有所凭借,这样才可以用最少的力量来取得最大的胜利。苏秦还强调国家要后发制人,绝对不能采取激进的行动,否则就会成为众矢之的,落得身死国亡的悲惨下场。

这篇文字提出了一个重要的观点,那就是以和平的方式来使各国诸侯前来臣服,来统一天下,成就霸王之业。这也就是所谓的文伐策略。在本篇里,我们可以看出这种思想的渊源。苏秦列举了大量的事例来证明自己的观点,使他的立论有很强的说服力。

【处世策】

在人际交往中,如果与他人产生了摩擦,产生冲突,要尽量占有道义,尽量要"不战而屈人之兵",绝对不能好战,更不能强出头。要根据自己的情况,做好自己的发展战略,对待朋友、对待竞争者都要有智慧,有谋略。

卷十三　齐六

齐负郭之民有狐咺者

【原文】

齐负郭之民有狐咺者①，正议，闵王斮之檀衢②，百姓不附。齐孙室子陈举直言，杀之东闾，宗族离心。司马穰苴，为政者也，杀之，大臣不亲。以故燕举兵，使昌国君将而击之。齐使向子将而应之。齐军破，向子以舆一乘亡。达子收余卒，复振，与燕战，求所以偿者，王不肯与，军破走。

王奔莒，淖齿数之曰："夫千乘、博昌之间，方数百里，雨血沾衣，王知之乎？"王曰："不知。""嬴、博之间，地坼至泉③，王知之乎？"王曰："不知。""人有当阙而哭者，求之则不得，去之则闻其声，王知之乎？"王曰："不知。"淖齿曰："天雨血沾衣者，天以告也；地坼至泉者，地以告也；人有当阙而哭者，人以告也。天地人皆以告矣，而王不知戒焉，何得无诛乎？"于是杀闵王于鼓里④。

【译文】

齐国有个靠着城墙居住的人，名字叫狐咺，他直言批评齐闵王的过失，被齐闵王杀死在檀衢，从此百姓不再服从齐闵王。齐国宗室中有个叫陈举的人，也是直言不讳，被闵王处死在东城门外，齐国宗族从此和齐闵王离心。司马穰苴在齐为政，也被齐闵王杀死，大臣们从此不再亲近齐闵王。因为这些原因，燕国发动军队，派昌国君乐毅作统帅进攻齐国，齐国派向子率领军队迎战。齐国大败，向子驾着一辆车子逃跑了。齐国大将达子收拾残兵败将，重振旗鼓，与燕国军队作战，达子要求齐闵王对士兵进行犒劳，齐闵王不愿意犒劳，齐国军队再次败北。

齐闵王逃跑到了莒城，齐国相国淖齿面见闵王，列举了齐闵王的数条罪状，说："那次在千乘与博昌之间数百里的地方，天降血雨，污秽了人衣，这件事大王知道吗？"齐闵王说："不知道。""嬴、博之间，大地裂开涌出泉水，这件事大王知道吗？"齐闵王说："不知道。""有人在宫门前哭泣，去寻找却找不到人，离开了却又听见哭泣的声音，这件事大王知道吗？"齐闵王说："不知道。"淖齿说："天下血雨沾到了衣服上，这是老天在警告；地裂出泉，这是大地在警告；有人在宫门哭泣，这是人事在警告。天、地、人都给您警告，但您却不知道警惕，又怎能不遭受上天的诛杀呢？"于是就在鼓里这个地方杀死了齐闵王。

【注释】

①负郭：靠着外城的城墙。②斮(zhuó)：斩首。③坼(chè)：裂开。④鼓里：地名。

【解析】

苏秦劝说齐闵王采取和平的手段来取得霸业，而他却对他的良民和忠臣大开杀戒。他先后杀了对他直言的负郭之民狐咺、齐孙室子陈举和辅助他治理国家的司马穰苴。他的残暴行为导致了百姓不附、宗族离心、大臣不亲。不仅如此，就连邻国燕国都看不下去了，派出军队来讨伐齐国。无道的国家无力抵抗前来讨伐的燕国军队，齐闵王只好逃亡到莒城外地。

齐闵王的残暴行径引起一个名叫淖齿的大臣的强烈不满，他陪齐闵王逃亡到莒城，开始指责齐闵王的罪过，问他雨血沾衣、地坼至泉、有人当阙而哭这三件事他是否知道，但齐闵王是一问三不知，一怒之下，淖齿将齐闵王杀死了。

【处世策】

能否建立良好的同事关系，是考验员工人品的试金石。虽然，我们不能说一个具有良好人品的人就一定拥有良好的人缘，但我们可以肯定的是，一个道德品质低下，人品低劣的人绝对不会拥有好人缘。物以类聚、人以群分，人品好坏是决定人缘好坏的决定因素。要在职场中不被孤立，不成为孤家寡人，首先要做出正确的道德抉择。

王孙贾年十五，事闵王

【原文】

王孙贾年十五，事闵王。王出走，失王之处。其母曰："女朝出而晚来，则吾倚门而望；女暮而不还，则吾倚闾而望①。女今事王，王出走，女不知其处，女尚何归？"王孙贾乃入市中，曰："淖齿乱齐国，杀闵王，欲与我诛者，袒右！"市人从者四百人，与之诛淖齿，刺而杀之。

【译文】

王孙贾十五岁了，侍奉齐闵王。这时燕国打进国都，闵王逃跑了，王孙贾不知闵王逃到何处。他的母亲对他说："你早出晚归，我就倚着家门盼望你回来；等到晚上你还未归，我就倚着闾门盼望你回来。你现在侍奉大王。大王逃跑了，你不知他逃到何处，你为什么还回家来呢？"

王孙贾于是走到市场上，说："淖齿在齐国作乱，杀了闵王，愿意跟我去讨伐淖齿的，就脱下右边的衣袖！"市场上跟随去的有四百人，都去讨伐淖齿，终于杀掉了淖齿。

【注释】

①闾：里门，巷口的门。古时二十五家为一闾。

【解析】

公元前 286 年，王孙贾的母亲以母子之情比喻君臣之义，激发了十五岁的王孙贾，王孙贾因此邀集百姓诛杀了淖齿。

【处世策】

子谓南容："邦有道，不废；邦无道，免于刑戮。"职场中，碰到领导者自身有各种缺点和不足时，若能做到不被指责，独善其身，这不也是一种能力吗？

燕攻齐

【原文】

燕攻齐，取七十余城，唯莒、即墨不下。齐田单以即墨破燕①，杀骑劫。初，燕攻下聊城，人或谗之。燕将惧诛，遂保守聊城不敢归。田单攻之岁余，士卒多死而聊城不下。鲁连乃书②，约之矢以射城中，遗燕将曰："吾闻之，智者不倍时而弃利③，勇士不怯死而灭名，忠臣不先身而后君④。今公行一朝之忿，不顾燕王之无臣，非忠也；杀身亡聊城，而威不信于齐，非勇也；功废名灭，后世无称，非知也。故知者不再计⑤，勇士不怯死。今死生荣辱，尊卑贵贱，此其一时也。愿公之详计而无与俗同也。

【译文】

燕国攻打齐国，夺取了七十多座城池，只有莒和即墨两地没有攻下。齐国大将田单就拿即墨作为根据地打败燕国军队，杀死了燕国大将骑劫。当初，有位燕国大将攻占了聊城，可是却被人在燕王那里进了谗言，这位燕将害怕自己会被处死，就死守在聊城不敢回国。齐将田单为收复聊城，打了一年多，将士死伤许多，但是聊城还是无法攻下。齐国谋臣鲁仲连就写了一封信，绑在箭杆上，射到城内，信中说："我听说，智者不违背时势而去做有损利益的事，勇士不会害怕死去而去做毁掉名声的事，忠臣总是处处为君王着想而后才想到自己。现在将军竟因为一时的愤怒，不顾燕王将失去一个大臣，这不是忠臣所做的事情；城破身死，威名不会流传在齐国，这不是勇士所做的事情；战功废弃，英名埋没，后人不会称道，这不是聪明人的举动。因此，明智的人不会踌躇不决，勇敢的人不会贪生怕死，如今生死荣辱、尊卑贵贱，都取决于您转念之间的决断，希望将军能够慎重考虑，不要和世俗的人持一般的见识。

而且楚国进攻南阳、魏国进逼平陆，齐国已无且楚攻南阳，魏攻平陆，齐无南面之心，以为亡南阳之害，不若得济北之利，故定计而坚守之。今秦人下兵，魏不敢东面，横秦之势合，则楚之形危。且弃南阳，断右壤，存济北，计必为之。今楚、魏交退，燕救不至，齐无天下之规⑥，与聊城共据期年之弊⑦，即臣见公之不能得也。齐必决之于聊城，公无再计。波燕国大乱，君臣过计⑧，上下迷惑，栗腹以百万之众，五折于外，万乘之国，被围于赵，壤削主困，为天下戮，公闻之乎？今燕王方寒心独立，大臣不足恃，国弊祸多，民心无所归。今公又以弊聊之民，距全齐之兵，期年不解，是墨翟之守也；食人炊骨，士无反北之心⑨，是孙膑、吴起之兵也。能以见于天下矣。

意向南进攻楚国、魏国了，因为齐国认为失去南阳之害，赶不上获取济北的利益，所以一心一意攻打聊城。如今秦王出兵助齐，魏国再不敢出兵平陆；秦齐连横之势已定，楚国此刻岌岌可危。何况即使弃南阳、失平陆，只要能保全聊城之地，齐国也会一意孤行，在所不惜。如今楚、秦先后退兵，可燕国的援军仍然毫无消息，齐国既没有了外患，就会与你相持下去直至最终定出成败。一年之后，我恐怕就见不到将军之面了。齐国一定要在聊城与你们决战，您千万不要犹豫不决。目前燕国发生内乱，君臣失措，上下惶惑。燕将栗腹率领百万军队进攻赵国，却屡战屡败，燕国本是万乘强国，却被赵国围困。土地被掠夺，国君遭到围困，被天下诸侯所耻笑。现在，大臣不足以倚仗，战祸不断发生，国难深重，民心涣散。燕王正处在心惊胆战、孤立无援的境地，而你却能指挥早已疲惫不堪的聊城百姓，抗拒整个齐国的兵马，已经一年过去了，聊城如今依然安如磐石，将军确实像墨翟一般善于防守；士兵们饥饿到食人肉炊人骨的地步，而始终没有背弃你的想法，你确实像孙膑、吴起一样善于用兵。就凭这两条，将军足可成名于天下！

【注释】

①田单：齐国大将。②鲁连：亦称鲁仲连。战国时齐国名士。善于出谋划策，常周游各国，为其排难解纷。③倍时：违背时势。倍，通"背"。④先身：把自己的事放在前面。后君：把国家的事放在后面。⑤再计：重复盘算，指优柔寡断。⑥规：谋求。⑦据：抵抗。期（jī）年：一整年。⑧过计：失策。⑨反北：叛逃。北，败逃。

【原文】

"故为公计者，不如罢兵休士，全车甲，归报燕王，燕王必喜。士民见公，如见父母，交游攘臂而议于世，功业可明矣。上辅孤主，以制群臣；下

【译文】

"因此，我为您考虑，不如罢兵休斗，保全车仗和甲胄，回国向燕王复命，他一定会很高兴。燕国的官吏和子民见到您，就如同见到父母一样，交游的人会抓着你的胳膊赞扬将军的赫赫战功，您的功业就会显扬。将军上可辅佐国君，统制群

养百姓，以资说士。矫国革俗于天下，功名可立也。意者①，亦捐燕弃世，东游于齐乎？请裂地定封，富比陶、卫②，世世称孤，与齐久存，此亦一计也。二者显名厚实也，愿公熟计而审处一也。

"且吾闻效小节者不能行大威；恶小耻者不能立荣名。昔管仲射桓公中钩，篡也；遗公子纠而不能死，怯也；束缚桎梏，辱身也。此三行者，乡里不通也，世主不臣也。使管仲终穷抑幽囚而不出，惭耻而不见，穷年没寿③，不免为辱人贱行矣。然而管子并三行之过，据齐国之政，一匡天下，九合诸侯，为五伯首，名高天下，光照邻国。曹沫为鲁君将，三战三北，而丧地千里。使曹子之足不离陈④，计不顾后，出必死而不生，则不免为败军禽将。曹子以败军禽将，非勇也；功废名灭，后世无称，非知也。故去三北之耻，退而与鲁君计也。曹子以为遭。齐桓公有天下，朝诸侯。曹子以一剑之任，劫桓公于坛位之上，颜色不变而辞气不悖。三战之所丧，一朝而反之，天下震动，诸侯惊骇，威信吴、楚，传名后世。若此二公者，非不能行小节，死小耻也，以为杀身绝世，功名不立，非知也。故去忿恚之心⑤，而成

臣；下可存恤百姓，招纳说客。矫正国家的弊端，改革社会的陋俗，完全能够建立更大的功名。如果将军不愿回去，是否能考虑一下抛弃世俗的成见，隐居于齐国呢？我会让齐王赐你封地，与秦国的魏冉、商鞅一样富有，代代相袭，和齐国并存，这是另一条路。这两者，要么扬名当世，要么富贵安逸，希望您能慎重考虑，选择其中的一个。

"而且我还听说，看重小节，就难以建立大的功业；不能忍受小的侮辱，就难以成就威名。过去管仲弯弓射中桓公的带钩，这是篡逆作乱的行为；又不能为公子纠死义，这是贪生怕死的行为；身陷牢囚，这是奇耻大辱。有了这三种行为，即使是乡民野老也不会与他交往，君主也不会让他做大臣。如果管仲因为这样的困顿和侮辱就抑制了自己的志向，不再出仕，那么他就会卑贱劳作辱没一生。可是他却在身背三种恶劣的名声之下，执掌齐国的政事，扶正天下，九次召集诸侯会盟，使桓公得以成为春秋五霸之首，他自己也名震天下，光耀邻邦。曹沫是鲁国的将军，三战三败，失地千里。如果他发誓永远不离开疆场，不顾后果一意孤行，他一定会战死沙场，那就不过是一个丧师身死的败将罢了。这样一来，就不能称为勇士；功名淹没，不能算作聪明。可是，他能隐忍三次失败的耻辱，和庄公重新谋划。齐桓公威服天下之后，召集诸侯会盟，曹沫就凭着一柄宝剑，在祭坛之上劫持桓公，从容不迫，义正词严，一朝收回失地，天下都为之震动。他的威名更是远播吴楚，名重后世。以上说的管仲、曹沫这两个人，并不是不能遵行小节，为小耻而死，只是他们认为功名未立，壮志未酬，就一怒之下死掉是不明智的做法。所以才决定抛弃内心的愤恨，来成就一世功名；

经身之名;除感忿之耻,而立累世之功。故业与三王争流,名与天壤相敝也。公其图之!"燕将曰:"敬闻命矣。"因罢兵到读而去⑥。故解齐国之围,救百姓之死,仲连之说也。

忍受一时的耻辱,建立万世的功业。他们的功业可以和三王争高低,声名可与天地共短长,愿将军慎重考虑!"燕将说:"谨遵先生的命令。"于是就撤军回国了。所以说,解除齐国军队对聊城的围困,使百姓免遭战祸,全是靠的鲁仲连的口才。

【注释】

①意者:或者,或许。②陶:指陶朱公范蠡。卫:指子贡。③穷年:老年。没寿:寿命将尽。④陈:通"阵",指战场。⑤忿:愤怒。恚(huì):怨恨。⑥到读:当为"倒椟",倾倒箭筒,以示不战。

【解析】

这是一个书面的劝谏,反映了《战国策》反战的主题。

田单攻打聊城。由于燕国大将负隅顽抗,田单攻城很不顺利。在一筹莫展之际,鲁仲连前来劝和。提笔给燕国大将写了一封信,用箭射到城里,以"攻心为上"。鲁仲连先是结合齐、燕两国的局势,谆谆告诫燕将死守孤城是非忠、非勇、非智;又站在燕将的角度上,分析归燕、降齐的不同好处;最后又用曹沫和管仲的例子指出"行小节,死小耻"是不明智的做法,劝诱燕将以小节而成终身之名,以小耻而立累世之功,放弃聊城。就这样,鲁仲连一箭书退敌百万兵,创造了中国军事史和论辩史上的奇迹。

燕攻齐齐破

【原文】

燕攻齐,齐破。闵王奔莒①,淖齿杀闵王。田单守即墨之城,破燕兵,复齐

【译文】

燕国军队进攻齐国军队,临淄被攻破,齐闵王逃跑到了莒地,淖齿将他杀死。田单死守即墨,后来大败燕国军队,收复了齐国的国都临淄。迎回躲在民间的

墟。襄王为太子激。齐以破燕，田单之立疑，齐国之众皆以田单为自立也。襄王立，田单相之。过菑水，有老人涉菑而寒，出不能行，坐于沙中。田单见其寒，欲使后车分衣，无可以分者，单解裘而衣之。

太子，立为襄王。齐军打败燕军，齐人对田单立谁为国君感到怀疑，齐国的老百姓都怀疑田单会自立为王。后来田单立太子为襄王，而他自己做了相国，辅佐齐襄王。一次田单路过菑水，看到一个老人渡河非常寒冷，不能再走路了，坐在岸边的沙土里。田单见到老人身体寒冷，想要随从分件衣服给他，但随从们没有多余的衣服，田单于是就脱下自己的裘衣给老人穿上。

【注释】

①奔：逃亡。

【原文】

襄王恶之，曰："田单之施，将欲以取我国乎？不早图，恐后之。"左右顾无人，岩下有贯珠者①，襄王呼而问之曰："汝闻吾言乎？"对曰："闻之。"王曰："汝以为何若？"对曰："王不如因以为己善。"王曰："奈何？"曰："嘉单之善，下令曰：'寡人忧民之饥也，单收而食之②；寡人忧民之寒也，单解裘而衣之；寡人忧劳百姓，而单亦忧之，称寡人之意。'单有是善，而王嘉之，单之善，亦王之善已。"王曰："善。"乃赐单牛酒，嘉其行。

后数日，贯珠者复见王曰："王至朝日，宜召田单而揖之于庭，口劳之。乃布令求百姓之饥寒者，收谷之。"乃使人听于闾里，闻丈夫之相

【译文】

齐襄王厌恶田单的这种做法，说："田单这样施舍小恩惠来收买人心，难道是想要图谋我的王位吗？如果我不先发制人的话，恐怕将来就被动了。"说完，看看左右没有什么人，只在岩石的下面有个采珠的人，齐襄王就把他叫过来，问他说："你听到我说什么了吗？"采珠的人说："都听到了。"齐襄王说："你认为我该怎么做？"采珠的人回答说："大王不如把它当做自己的善行。"齐襄王说："怎么办？"采珠的人说："您可以嘉奖田单的行为。发布诏令说：'我担心我的子民挨饿，相国就分赐他们食物；我担心我的子民受冻，相国就分赐他们衣服；我担心我的子民劳苦，而相国也担心他们，这正合我的心意。'田单既有这些优点，而大王又嘉奖他，田单的善行，也是大王的善行。"齐襄王说："很好！"于是赐给田单牛酒，嘉奖他的善行。

几天后，采珠的人又去拜见齐襄王，说："大王等到百官上朝的日子，您最好召见田单，并在朝堂上对他行礼，亲口慰问他。然后下令调查遭受饥寒的百姓，赈济他们。"齐襄王做了这些之后，就派人到街头里巷打探民众的态度，听见老

与语，举曰："田单之爱人！嗟，乃王之教泽也！"

百姓都在互相谈论，称赞说："相国爱护百姓！真是可叹啊！这是咱们的大王教导得好啊！"

「战国策精华【上】

232

【注释】

①贯珠者：采珠的人。②食(sì)：给以饭吃。

【解析】

田单的德行受到了百姓的推崇和信赖，这就使齐襄王感到很不高兴。他想运用国君所拥有的生杀予夺的权力，解决功高震主的问题。采珠人给他出了一个主意，使他可以温和而人道地解决这一问题。采珠人告诉他可以通过嘉奖和认可的方式将田单的德行转化为自己的德行，从而就解决了田单功高震主的问题。采珠人的方式应该为做领导者的人所借鉴，从而使世间少些血腥和极端的处理方式。

【处世策】

手下能力太强，对领导者的位置终归是威胁。置其于死地是一个选择，但不是最好的办法。一则，手下终归少了一员得力干将；二则，也给自己安了个心胸狭窄，嫉贤妒能的恶名。最好的办法是充分利用他的能力，把他的成绩归于自己的名下，既有成绩，又有好声誉。

貂勃常恶田单

【原文】

貂勃常恶田单，曰："安平君，小人也！"安平君闻之，故为酒而召貂勃，曰："单何以得罪于先生，故常见誉于朝？"貂勃曰："跖之狗吠尧，非贵跖而贱尧也，狗固吠非其主也。且今使公孙子贤而涂子不肖，然而使公孙子与涂子斗，涂子之狗，犹时撠公孙子腓而噬之也①！若乃得去不肖者而为贤者狗，岂特撠其腓而噬之

【译文】

齐人貂勃常说田单的坏话，他说："安平君田单是个小人。"安平君听说后，特别备了宴席，请貂勃赴宴，田单说："我有什么得罪了先生的，为什么先生常常在朝廷中跟我过不去啊！"貂勃说："盗跖的狗向尧狂叫，并不是狗尊重盗跖，鄙视尧帝，狗本来是向不是他主人的人狂叫的。如果我说公孙子贤能，徐子无能，让他们互相争斗起来，徐子的狗还是会去抓公孙子的小腿肚子，去咬他的。如果你能让那只狗离开无能的人，寻找贤能的人当它的主人，那只狗的回报岂止仅仅是咬仇人的小腿肚子呢？"安平君田单说："敬从您的指教。"第二天，他上朝便向齐王推荐了貂勃。

齐王有九个宠爱的大臣，他们想毁谤安平君，就互相在齐王面前说："燕国进攻齐国时，楚王派将军

耳哉！"安平君曰："敬闻命！"明日，任之于王。

王有所幸臣九人之属，欲伤安平君，相与语于王曰："燕之伐齐之时，楚王使将军将万人而佐齐。今国已定，而社稷已安矣，何不使使者谢于楚王？"王曰："左右孰可？"九人之属曰："貂勃可。"貂勃使楚，楚王受而觞之②，数日不反。九人之属相与语于王曰："夫一人之身而牵留万乘者，岂不以据势也哉？且安平君之与王也，君臣无礼，而上下无别。且其志，欲为不善：内牧百姓，循抚其心，振穷补不足，布德于民；外怀戎翟、天下之贤士，阴结诸侯之雄俊豪英，其志欲有为也。愿王之察之！"异日，而王曰："召相单来！"田单免冠、徒跣、肉袒而进③，退而请死罪。五日而王曰："子无罪于寡人，子为子之臣礼，吾为吾之王礼而已矣。"

带领了一万大军援助齐国，现在国家已经安定，为什么不派使臣去酬谢楚王呢？"齐王说："派谁去合适呢？"这九个宠臣说："貂勃可以。"貂勃便出使楚国，楚王接待了他，并且设宴款待他，好几天后，他没有回国。这九个宠臣又互相在齐王面前说："貂勃这个普通的人，被万乘之君楚王挽留，这难道不是因为他仗着国内田单的势力吗？况且安平君对待大王，不遵君臣之礼，没有上下之别，他内心是想要图谋不轨啊，您看他，笼络百姓，收买人心，救济穷人，补助困难户，对内给人民以小恩小惠，对外怀柔外族及诸侯的贤士，暗地里交结诸侯中的英雄豪杰。他的阴谋可不小啊！希望大王仔细审查。"另一天，齐王忽然下令："要丞相田单来。"田单没有戴帽子，没有穿鞋子，半露出身子，打着赤脚，惶恐地去请罪，退出时又请求死罪。五天以后，齐王说："你没有罪，你还是行你的臣子之礼，我还是行我的国君之礼，就这样吧！"

【注释】

①攫：夺取。腓(féi)：腿肚子。②觞：古代喝酒用的器物。这里指设酒宴招待。③徒跣(xiǎn)：赤脚而行。肉袒：去衣露体。

【原文】

貂勃从楚来，王觞诸前，酒酣，王曰："召相田单而来！"貂勃避席稽首曰①："王恶得此亡国之言乎②？王上者孰与周文王？"王曰："吾不若也。"貂勃曰："然！臣固知王不若也！下者孰与齐桓公？"王曰："吾不若也。"貂勃曰：

【译文】

貂勃从楚国回到了齐国，齐王设宴款待他，当酒兴正浓时，齐王说："去叫丞相田单来。"貂勃离开坐席，行大礼参拜，说："大王怎么说出这种亡国的话来啊！大王跟周文王相比，怎么样呢？"齐王说："我不如。"貂勃说："我本来就知道您不如。那么，跟齐桓公比又怎么样呢？"齐王说："我不如。"貂勃说："我本来就知道您不如。那么，周文王得到了

234

"然！臣固知王不若也！然则周文王
得吕尚以为'太公'，齐桓公得管夷
吾以为'仲父'，今王得安平君而独
曰'单'！且自天地之辟，民人之始，
为人臣之功者，谁有厚于安平君者
哉？而王曰：'单！单'！恶得此亡国
之言乎？且王不能守先王之社稷，
燕人兴师而袭齐墟，王走而之城阳
之山中。安平君以惴惴之即墨，三
里之城，五里之郭，敝卒七千③，禽其
司马而反千里之齐。安平君之功
也！当是时也，阖城阳而王④，天下
莫之能止。然而计之于道，归之于
义，以为不可，故为栈道木阁而迎
王与后于城阳山中，王乃得反，子
临百姓。今国已定，民已安矣，王乃
曰'单'！且婴儿之计不为此！王不
亟杀此九子者以谢安平君⑤，不然，
国危矣！"王乃杀九子而逐其家，益
封安平君以夜邑万户。

吕尚，尊他为'太公'；齐桓公得到了管夷吾，
尊他为'仲父'。现在大王得到了安平君，为
何叫他的名字'单'，从开天辟地，有人类以
来，做臣子的功劳，谁能胜过安平君呢？可
是，大王竟然叫他的名字'单''单'。大王怎
么能说出这种亡国的话来呢？当初大王不能
保住自己的国家，燕人出兵侵犯齐国，您逃
到城阳山中，安平君凭着区区即墨的三里之
城，五里之郭，带领着七千疲惫的士卒，俘获
了燕将司马骑劫，收复了千里的失地，这都
是安平君的功劳。在那时，如果他挟持在城
阳的太子，而自立为王，诸侯也不能阻止他。
可是，安平君完全从道义出发，认为不能这
样做，所以修筑栈道，从城阳山中迎接了大
王和王后，您这才能返回国都，治理国家。现
在国家已经安定，您却直呼安平君的名字
'单'，就是小孩子也不会这样做的。大王还
不赶快杀掉这九个人，向安平君道歉。不然
的话，国家前途就危险了。"齐王于是杀掉这
九个宠臣，驱逐他们的全家，又把万户人口
的夜邑封给平安君。

【注释】

①避席：离开坐席。稽(qǐ)首：叩头至地。②恶(wū)：何。得：犹"出"。③敝卒：疲劳的士兵。
④阖：关闭。王(wàng)：称王。⑤不亟(jí)杀：即亟杀。不，语助词。亟，赶快。

【解析】

貂勃想要出仕，因此故意处
处中伤田单。当田单责问他时，
他以"跖犬吠尧""吠非其主"作
答，田单就推荐他出仕。后来，襄
王宠臣日夜诽谤田单，以致襄
王怀疑田单并屡次侮辱他。貂勃
就用周文王称吕尚为"太公"，齐桓

公称管仲为"仲父"的典故劝谏襄王,最终使得襄王诛杀了宠臣而宠信了田单。

【处世策】

林肯曾说,消灭敌人最好的办法,就是把他变成你的朋友。最好的企业,最优秀的管理者,最有竞争力的员工,在工作的过程中最优秀之处不是把所有和自己意见不合或者性格不符的人统统赶出企业,而是去宽容他们,团结他们,把他们和自己的力量合为一体,这样的企业才更有力量。

田单将攻狄

【原文】

田单将攻狄①,往见鲁仲子。仲子曰:"将军攻狄,不能下也。"田单曰:"臣以五里之城,七里之郭,破亡余卒,破万乘之燕,复齐墟。攻狄而不下,何也?"上车弗谢而去。遂攻狄,三月而不克之也。

齐婴儿谣曰:"大冠若箕,修剑拄颐,攻狄不下,垒枯丘。"田单乃惧,问鲁仲子曰:"先生谓单不能下狄,请闻其说。"鲁仲子曰:"将军之在即墨,坐而织蒉,立则丈插,为士卒倡曰:'无可往矣,宗庙亡矣,魂魄尚矣,归于何党矣!'当此之时,将军有死之心,而士卒无生之气,闻若言,莫不挥泣奋臂而欲战,此所以破燕也。当今将军,东有夜邑之奉,西有菑上之虞,黄金横带而驰乎淄、渑之间②,有生之乐,无死之心,所以不胜者也。"田单

【译文】

田单将要进攻狄城,去拜见鲁仲连,鲁仲连说:"将军进攻狄城,是攻不下的。"田单说:"我曾以区区即墨五里之城,七里之郭,带领残兵败将,打败了万乘的燕国,收复了失地,为什么进攻狄城,就攻不下呢?"说罢,他登车没有告辞就走了。随后,他带兵进攻狄城,一连三月,却没有攻下。

齐国的小孩唱着一首童谣说:"高高的官帽像簸箕,长长的宝剑托腮齐,攻打狄城不能下,枯骨成丘空伤悲。"田单听了很担忧,便去问鲁仲连:"先生说我攻不下狄城,请听听您讲的道理吧。"鲁仲连说:"将军从前在即墨时,坐下去就编织草袋,站起来就舞动铁锹,身先士卒,您号召说:'勇敢地杀上战场,神圣的祖国将要灭亡,我们个个就会走进坟场,只有一条路,勇敢地杀上战场。'在那时,将军有决死之心,士卒无生还之意,听了您的号召,莫不挥泪振臂,奋勇求战。这就是当初您打败燕国的原因。现在,将军您,东可收纳夜邑封地的租税,西可在淄水之上尽情地欢乐,金光闪闪的宝剑横挎在腰间,驰骋在淄水、渑水之间,现在您有贪生的欢乐,而无战死的决心。这就是您攻不下狄城的原因。田单说:"我有决死之心,先生您就看着吧!"第二

曰:"单有心,先生志之矣。"明日,乃厉气循城,立于矢石之所及,援枹鼓之③,狄人乃下。

天,他就激励士气,巡视城防,选择箭弩能命中敌人的优势地势,擂鼓进军,狄城终于被攻下了。

「战国策精华〔上〕」

236

【注释】

①狄:齐国一邑,春秋时长狄所居,故名。故城在今山东高青东南。②黄金横带:以黄金装饰带钩。③援:拿,持。枹(fú):鼓槌。

【解析】

田单在攻打狄城的战斗中,最初居功自傲,意志消沉,使战斗屡遭挫折。后来经过鲁仲连批评,幡然悔悟,最终攻下了狄城。

【处世策】

作为一个领导者,应该具备多种条件,"勇"是其中之一。勇是要善于鼓舞士气,激励部下决战决胜的勇气。勇士要果断决断,毫不退缩,对战争的前景充满必胜的信心。吃苦在前,享乐在后,一切行为都要为部下起到表率作用。

濮上之事

【原文】

濮上之事,赘子死,章子走,盼子谓齐王曰:"不如易余粮于宋,宋王必说,梁氏不敢过宋伐齐。齐固弱,是以余粮收宋也。齐国复强,晏复责之宋,可;不偿①,因以为辞而攻之,亦可。"

【译文】

秦、魏、韩与齐国在濮上的那次战役中,齐国的赘子战死,章子败逃。老将田盼对齐王说:"您不如把我们的余粮送给宋国,宋王一定很高兴。魏国因此就不敢通过宋国来进攻齐国了,齐国已经很衰弱了,可这是用送余粮的办法去收买宋国;如果齐国强盛起来,那时可以再向宋国讨回我们现在给他们的粮食,他们不归还,我们以此为借口出兵攻宋,也可以。"

【注释】

①偿:偿还。

【解析】

公元前312年,齐、宋攻打魏国,经过濮上一战,齐国战败。田盼劝齐王借粮给宋国,利用宋国阻止魏军继续东进。

要获得别人的帮助,不付出一些代价,幻想"空手套白狼"是不现实的。只有舍得付出大代价,才可能有大收获。

齐闵王之遇杀

【原文】

齐闵王之遇杀,其子法章变姓名①,为莒太史家庸夫。太史敫女奇法章之状貌②,以为非常人,怜而常窃衣食之,与私焉。莒中及齐亡臣相聚,求闵王子,欲立之。法章乃自言于莒。共立法章为襄王。襄王立,以太史氏女为王后,生子建。太史敫曰:"女无谋而嫁者,非吾种也,污吾世矣。"终身不睹。君王后贤,不以不睹之故,失人子之礼也。

【译文】

齐闵王遭到杀害之后,他的儿子法章改换了姓名,做了莒地一个姓太史的人家的奴仆。太史敫的女儿看见法章的相貌感到很奇怪,认为他不是普通人,也就很怜可他,而且经常偷偷地送他衣服和食物,并且和他私通。莒地的人以及从国都逃到莒地的大臣们聚在一起,商议要寻找齐闵王的儿子,想要立他为王。法章这时才从莒地出来自称自己是太子。于是大臣们立他为襄王。襄王即位,又把太史敫的女儿立为王后,后来生了一个儿子叫建。太史敫说:"女儿没有通过媒人就出嫁,不是我们家的后代,玷污了我在世上的名声。"就终身不再见他的女儿。王后贤惠,不因父亲不再见她的缘故而失去作为女儿对父亲应有的礼节。

【注释】

①法章:齐闵王的儿子,即后来的齐襄王。②奇法章之状貌:对法章的相貌感到奇怪。

【原文】

襄王卒,子建立为齐王,君王后事秦谨①,与诸侯信,以故建立四十有余年不受兵。秦始皇尝使使者遗君王后玉连环,曰:"齐多知,而解此环不②?"君王后以示群臣,群臣不知解。君王后引椎椎破之,谢秦使,曰:"谨以解矣。"及君王

【译文】

齐襄王死后,他的儿子建即位成为齐王,王后对待秦国很谨慎,和各国诸侯交往也很诚信,因此齐王建在位的四十多年里,国家没有遭受战乱。秦始皇曾经派使者给王后一副玉连环,说:"齐国人都很聪明,但是能解开这个玉连环吗?"王后把玉连环给群臣看,群臣中也没有人知道怎样解开。王后拿起一把锤子将玉连环敲破,告诉秦王的使者说:"玉连环已经解开了。"到了王后病危,弥留之

后病,且卒,诫建曰:"群臣之可用者某。"建曰:"请书之。"君王后曰:"善。"取笔牍受言。君王后曰:"老妇已亡矣③!"君王后死后,后胜相齐,多受秦间金玉④,使宾客入秦,皆为变辞,劝王朝秦,不修攻战之备。

际,她告诫齐王建说:"群臣中某某人可以任用。"齐王建说:"请写下来他们的名字。"王后说:"好。"于是,齐王取来笔和木简,准备记录。王后说:"我已经忘记了。"王后死后,后胜担任了齐国的相国,收纳了秦国的间谍送来的金玉,派去秦国的宾客,都说符合秦国利益的诡辩的话,他们劝齐王建朝贡秦国,不修建防御战争的工事。

【注释】

①君王后:太史敫的女儿,齐襄王的妻子,齐王建的母亲。②不(fǒu):即"否"。③亡:同"忘",忘记。④间(jiàn):间谍。

【解析】

本篇记载的是战国时期一位才能卓绝的女子——太史氏女的故事。当落魄的太子流落到她家的时候,她以不同凡人的眼光看出了太子的"非常人",毅然决然地以身相许,将自己的一生托付在落魄的太子身上。后来事态的发展果然符合了她的判断。太子当上了齐王,是为齐襄王。当齐襄王死后,她参与了朝政。她在世的几十年间,齐国大治,国内国外的关系都处理得很好。

【处世策】

攀贵人总是一件很难的事情,但我们可以寻找"潜力股",培养"贵人",在他们还功不成名不就,"英雄失路"的时候,我们去亲近他,帮助他。几个"潜力股"中,只要有一支最终成为绩优股,我们也就成功了。

齐王建入朝于秦

【原文】

齐王建入朝于秦，雍门司马戟当马前曰："所为立王者，为社稷耶①？为王耶？"王曰："为社稷。"司马曰："为社稷立王，王何以去社稷而入秦？"齐王还车而反。即墨大夫与雍门司马谏而听之，则以为可与为谋，即入见齐王曰："齐地方数千里，带甲数百万。夫三晋大夫，皆不便秦而在阿、鄄之间者百数，王收而与之百万之众，使收三晋之故地，即临晋之关可以入矣；鄢、郢大夫，不欲为秦而在城南下者百数，王收而与之百万之师，使收楚故地，即武关可以入矣。如此，则齐威可立，秦国可亡。夫舍南面之称制，乃西面而事秦，为大王不取也。"齐王不听。秦使陈驰诱齐王，内之②，约与五百里之地。齐王不听即墨大夫而听陈驰，遂入秦。处之共松柏之间③，饿而死。先是齐为之歌曰："松邪！柏邪！住建共者，客耶！"

【译文】

齐王建到秦国去朝见秦王，临淄西门的官吏把戟横在他的马前，说："我们是为国家立王呢，还是为大王而立王呢？"齐王说："为国家。"司马说："既然为国家立王，那么您为什么抛弃国家而要到秦国去呢？"齐王就调转车头又回去了。即墨大夫因为齐王接受了临淄西门司马官的劝谏，就认为可以和齐王共谋，于是就进宫拜见齐王，说："齐国的土地方圆数千里，拥有大军数百万。赵、魏、韩三国的大夫们都不愿为秦国谋利，而在东阿和鄄城两地之间聚集了数百人。大王能够和赵、魏、韩三国军队联合，联军就有百万之多，能收复三国被秦国占领的土地，还可以攻打秦国东边的临晋关；楚国的大夫们也不愿意为秦国谋利，而在我国南部的城南下面聚集了数百人，大王和楚国军队联合，可以有百万大军，收复楚国被秦国占领的失地，还可以攻入秦国南边的武关。这样一来，齐国的威势就可以建立，秦国就可以被灭亡。您舍弃南面称王的机会，而往西去侍奉秦国，大王这样做是不可取的。"齐王没有听从。秦王派宾客陈驰引诱齐王，使他来到了秦国，相约给他方圆五百里的土地。齐王不听信即墨大夫的建议，却听从陈驰的引诱，于是来到秦国。秦王把他安置在共邑，让他住在山林中的松柏之间，最终饿死在那里。在这之前，齐国人编了一首歌唱道："松树啊！柏树啊！让齐王死在共邑的，是那些奸诈的宾客啊！"

【注释】

①社稷：国家。②内：通"纳"。③共：地名。今甘肃泾川县北。

【解析】

齐王建被秦国使者陈驰所骗,听不进即墨大夫的良言相劝,一意孤行要去秦国。结果被流放共邑山林间的松柏之间,最终被活活饿死在那里。

【处世策】

常言道:听人劝,吃饱饭。刚刚进入一个新的工作环境,一定要认真观察,谨言慎行,本着"多干多看少说"的原则,认真做事,少发言论。对公司内部的事情,寻找合适的时机,征询一下老员工的建议。尤其在员工餐时间,尽量将耳朵伸长一点儿,多方面搜集信息,形成对工作环境的判断。

齐以淖君之乱

【原文】

齐以淖君之乱仇楚,其后秦欲取齐,故使苏涓之楚,令任固之齐。齐明谓楚王曰:"秦王欲楚,不若其欲齐之甚也。其使涓来,以示齐之有楚,以资固于齐。齐见楚,必受固。是王之听涓也,适为固驱以合齐、秦也。齐、秦合,非楚之利也!且夫涓来之辞,必非固之所以之齐之辞也!王不如令人以涓来之辞谩固于齐①,齐、秦必不合。齐、秦不合,则王重矣。王欲收齐以攻,汉中可得也;王即欲以秦攻齐,淮泗之间亦可得也。"

【译文】

齐以淖齿杀死闵王之乱而仇视楚国。此后,秦国想争取齐国,就派苏涓去到楚国,又派任固到齐国。说客齐明对楚王说:"秦王想争取楚国,不如他想争取齐国更为迫切。秦国派苏涓来楚国,是为了向齐国表示秦、楚亲善,并用来帮助任固在齐国的活动。齐国见秦、楚两国亲善,一定会同意任固的要求。这样,大王同意苏涓的要求,正好是帮助任固去做联合齐、秦的工作。但齐、秦联合,对楚国并没有什么利益,而且苏涓来楚国说的一套,必定不会是任固去齐国说的那一套,大王不如派人去齐国把苏涓来楚国说的那套重楚轻齐的话说出来,使得齐国轻慢而不相信任固,这样,齐、秦必不会联合。齐、秦不能联合,那么大王的地位就提高了。大王若想联齐攻秦,那么被秦国夺去的楚汉中之地就可以收回了;大王若想联秦攻齐。那么齐国的淮北,泗水之间也就可以得到了。"

【注释】

①谩:轻慢。

淖齿原为楚国将领,后来杀死了齐闵王。所以齐国人非常痛恨楚国。公元前276年,秦国趁机派使者入楚,想借此与齐国结成联盟。说客齐明察觉了这一阴谋,劝楚王不可听信秦国使者,而应取信于齐国,以阻止齐、秦结成联盟。

【处世策】

当别人有求于你的时候,他说的话是不可靠的。例如酒桌上的应酬话,总是信誓旦旦、言之凿凿,但都不过是求人给予方便的恭维之语,如果我们信以为真,要求对方去兑现,那是一定会碰钉子的。

卷十四 楚一

齐楚构难

【原文】

齐、楚构难①，宋请中立。齐急宋②，宋许之。子象为楚谓宋王曰："楚以缓失宋，将法齐之奇也。齐以急得宋，后将常急矣。是从齐而攻楚，未必利也。齐战胜楚，势必危宋；不胜，是以弱宋干强楚也。而今两万乘之国常以急求所欲，国必危矣！"

【译文】

齐国与楚国交战，宋国要求中立。齐国去胁迫宋国，宋国便同意帮助齐国。子象为楚王对宋王说："楚国因为没有胁迫宋国，所以失掉了宋国的援助，看来它得效法齐国来胁迫宋国。齐国因为胁迫宋国，所以得到了宋国的援助，那么以后它就会经常来胁迫您。这样，宋国跟着齐国进攻楚国。对宋国未必有利。如果齐国战胜了楚国，必然危及宋国；如果不能战胜楚国，这等于以弱小的宋国去触犯强大的楚国啊。如果宋国让两个万乘大国齐、楚经常来进行胁迫，以实现各自的愿望，那么，国家就必定处境危险了。"

【注释】

①构难：交战遭难。②急：逼迫。

【解析】

公元前301年，齐、楚两国发生战争，齐国联合了魏、韩、秦三国攻打楚国，宋国保持中立。齐国威逼宋国，宋王偃只好依从了齐国。楚国派子象游说宋王，他说，如果宋王屈从了齐王的压力，那么各个诸侯国一定会常常威胁宋国屈从自己，宋国就危险了。

【处世策】

处在强势包围下的弱势群体的生存法则，想不被强势所利用，唯一可行的出路就是阳奉阴违。表面上要顺从强势群体，但行动上要有所保留，免得自己成为他人斗争的牺牲品。

五国约以伐齐

【原文】

五国约以伐齐①。昭阳谓楚王曰②："五国已破齐，秦义南图楚。"楚王曰："然则奈何？"对曰："韩氏辅国也，好利而恶难。好利，可营也③；恶难，可惧也。我厚赂之以利，其心义营。我悉兵以临之，其心义惧我。彼惧我兵而营我利，五国之事义可败也。约绝之后，虽勿与地，可。"楚王曰："善。"乃命大公事之韩，见公仲曰："夫牛阑之事，马陵之难，亲王之所见也。王苟无以五国用兵，请效列城五，请悉楚国之众也，以图于齐。"韩之反赵、魏之后，而楚果弗与地，则五国之事困也。

【译文】

赵、魏、韩、燕、楚五个国家结成联军进攻齐国。楚国国相昭阳对楚王说："五国如果攻破了齐国，秦国一定会乘着这个机会向南进攻楚国。"楚王说："这可怎么办啊？"昭阳回答说："韩国的辅国，贪图私利，畏惧危难。贪图私利，就可以对他进行利诱；畏惧危难，就可以对他实施威胁。我用财物珍宝去拉拢他，他的心思就必定会被眼前的利益所诱惑；我再带领全军逼迫威胁他，他心里必定会恐惧我，他害怕我们的大军，又贪图我们的财物，这样五国联军攻打齐国的战事，一定会失败。他们的联盟分散之后，即使不给韩国割地也是完全可行的。"楚王说："很好"。于是就派大公事到韩国，见到了韩国的相国公仲，说："牛阑之事，马陵之难，是您亲眼所看到的。大王如果不和五国军队联合，我们愿意献出五个城邑。否则的话，我们就出动全部的军队来和齐国共同对敌。"韩国和赵、魏解除了盟约之后，楚国果然没有割地给韩国，于是五国军队联合攻打齐国的事情也落空了。

【注释】

①五国：赵、魏、韩、燕、楚五国。②昭阳：楚国大将。③营：迷惑，指动摇。

【解析】

中国的历史之所以是连横政策、远交近攻取得了最终的胜利，原因有很多方面。从六国合纵联盟本身来找原因，恐怕这与六国各自好利有根本的关系吧。六国的政策一直在繁忙穿行往来于六国的谋臣策士的游说过程中频繁更换，也就是说，六国没有共同的利益和统一的思想认识，虽然他们为了暂时的利益关系结成联盟，但这些都是暂时的。联盟很快就被利害的取舍而破裂。而秦国在张仪的连横政策的推行下，后来又在范雎的远交近攻的具体思想指导下，经过几代人的坚持不懈的努力，终于完成了国家的统一，成就了霸业。

【处世策】

昭阳提出了劝说人们的一般的方法，这是他在对人性当中"好利而恶难"的深刻洞察基础上得出的人生经验。"好利，可营也；恶难，可惧也。我厚赂之以利，其心必营。我悉兵以临之，其心必惧我。彼惧我兵而营我利"，那么任何事情都是可以做成功的。这就是人性的弱点。

荆宣王问群臣

【原文】

荆宣王问群臣曰："吾闻北方之畏昭奚恤也①，果诚何如？"群臣莫对。江乙对曰②："虎求百兽而食之，得狐。狐曰：'子无敢食我也。天帝使我长百兽，今子食我，是逆天帝命也。子以我为不信，吾为子先行，子随我后，观百兽之见我而敢不走乎③？'虎以为然，故遂与之行。兽见之皆走。虎不知兽畏己而走也，以为畏狐也。今王之地方五千里，带甲百万，而专属之于昭奚恤。故北方之畏昭奚恤也，其实畏王之甲兵也，犹百兽之畏虎也。"

【译文】

楚宣王问群臣，说："我听说北方的诸侯都畏惧昭奚恤，果真是这样吗？"群臣无人回答。江乙回答说："老虎捕捉各种野兽把它们吃掉，一次，老虎捉住一只狐狸。这只狐狸对老虎说：'您不敢吃我。天帝派我来管理各种野兽，今天如果您吃掉我，这就违背了天帝的命令。您如果不相信我所说的话，我在前面走，您跟在我的后面，看看群兽见了我，有哪一个敢不逃跑？'老虎信以为真，于是就与狐狸同行。各种野兽见了它们，都逃跑了。老虎不明白群兽是因为害怕自己才逃跑的，却以为是因为害怕狐狸。现在大王的国土方圆达五千里，拥有百万军队，却都由昭奚恤一人管理和统帅；因此，北方的诸侯畏惧昭奚恤，但实际上是害怕大王的军队，这就刚才我所说的群兽害怕老虎是一个道理啊。"

【注释】

①昭奚恤：楚国的令尹。②江乙：魏国人，在楚国做官。③走：逃跑。

这段文字讲述了一个著名的寓言故事:狐假虎威。江乙通过狐狸借助老虎的威风来吓跑群兽的故事,通过类比,生动形象地说明了北方的诸侯之所以害怕昭奚恤的真实原因。

楚国就是威风的老虎,而昭奚恤就是那狐狸,昭奚恤借助楚国的强大实力,引来了北方各国诸侯的恐惧。楚宣王看不透这其中的真相。昭奚恤通过一个寓言故事就将道理说得清清楚楚。所以我们在说话的时候,要善于利用这样的故事来帮助我们将复杂的道理表述清楚。

昭奚恤与彭城君议于王前

【原文】

昭奚恤与彭城君议于王前,王召江乙而问焉。江乙曰:"二人之言皆善也①,臣不敢言其后。此谓虑贤也。"

【注释】

①善:很好。

【解析】

楚宣王在和朝廷重臣商谈国事后,要江乙发表自己的见解,江乙拒绝了。

【处世策】

人事的复杂,绝非是一个"是""非"所能断得了的。是是非非,众说纷纭,莫衷一是。不涉及到自己切身利益的时候,时机尚不成熟的时候,还是不要妄议的好。古人说,沉默是金,不是没有道理。

【译文】

昭奚恤与彭城君在楚宣王面前谈论问题。宣王召见江乙,问他对他们两人议论的看法。江乙说:"他们说的都很好,我不敢对他们的言论发表意见,否则,这将是议论贤者。"

邯郸之难

【原文】

邯郸之难,昭奚恤谓楚王曰:"王不如无救赵,而以强魏。魏强,其割赵必深矣①。赵

【译文】

赵都邯郸被魏军围困,楚令尹昭奚恤对楚王说:"大王不如不去救赵,而出兵来援助魏国;魏国实力加强了,它一定会要赵国多割让土地。但赵国

不能听，则必坚守，是两弊也。"

景舍曰："不然。昭奚恤不知也。夫魏之攻赵也，恐楚之攻其后，今不救赵，赵有亡形，而魏无楚忧，是楚、魏共赵也，害必深矣！何以两弊也？且魏全兵以深割①赵，赵有亡形，而见楚之不救己也，必与魏合而以谋楚。故王不如少出兵，以为赵援。赵恃楚劲，必与魏战。魏怒于赵之劲，而见楚救之不足畏也，必不释赵。赵、魏相弊，而齐、秦应楚，则魏可破也。"楚因使景舍起兵救赵，邯郸拔，楚取睢、濊之间。

不可能顺从魏国，必定会坚守国土，这样，一强攻，一坚守。赵、魏就会两败俱伤。"

景舍说："不对，昭奚恤不了解情况。魏国进攻赵国，却担心楚国从后面进攻它。如果我们不援救赵国，赵国出现了危亡的形势，而魏国又没有楚国攻魏的后顾之忧，这就等于楚、魏两国在共同进攻赵国，赵国割让的土地就一定很多了。为什么说赵、魏会是两败俱伤？再说魏国不损伤兵力，可多割得赵国土地，赵国出现了危亡的形势，又因楚国不援救它，它必定会与魏国联合，来进攻楚国。所以，大王不如少出兵，但仍援救赵国，赵国依仗楚国的援助，必然会与魏国对抗，而魏国恼怒赵国力量的加强，又看出楚国的救助不足畏惧，它肯定不会放松对赵国的进攻。赵国、魏国互相削弱了，齐、秦两国便乘着楚助赵、赵、魏互相攻战之机进攻魏国，那么魏国肯定会被打败。"楚王于是就派景舍带兵去援救赵国。赵都邯郸被攻下，楚国也取得了魏国的睢、濊两水之间的土地。

【注释】

①割：同"害"，损害。

【解析】

公元前353年，魏惠王攻破赵都邯郸。赵国求救于楚。楚令尹昭奚恤主张不救赵，以等待赵、魏两败俱伤。而楚将景舍则主张少出兵力救援赵国，才能达到使赵、魏两败俱伤的目的，还可以联合齐、秦两国共同破魏。楚王最后听从了景舍的意见。

江乙欲恶昭奚恤于楚王

【原文】

江乙欲恶昭奚恤于楚王①，而力不能，故为梁山阳君请封于楚。楚王曰："诺。"昭奚恤曰："山阳君无功于楚国，不当封。"江乙因得山阳君与之共恶昭奚恤。

【译文】

大臣江乙想在楚王面前毁伤楚令尹昭奚恤，可是力量不足。所以，他就为当时在楚国的魏国山阳君请求封地。楚王说："可以。"昭奚恤说："山阳君对楚国没有功劳，不当受封。"于是，江乙就得到山阳君的支持，与他共同来毁伤昭奚恤。

【原文】

魏氏恶昭奚恤于楚王,楚王告昭子。昭子曰:"臣朝夕以事听命,而魏入吾君臣之间,臣大惧。臣非畏魏也,夫泄吾君臣之交①,而天下信之,是其为人也近苦矣。夫苟不难为之外,岂忘为之内乎?臣之得罪无日矣!"王曰:"寡人知之,大夫何患②!"

【译文】

来自魏国的江乙和山阳君在楚王面前诽谤昭奚恤,楚王把这事告诉了昭奚恤,昭奚恤说:"我早晚侍奉君王,而魏人江乙等却介入我们君臣之间,进行离间,我实在害怕。我并不是害怕魏人,他们泄漏我们君臣的关系,而诸侯又听信那些离间之辞,这种人为人也太险恶了。假如一个外国人这样做感到不难,难道国内别有用心的人会忘记这样干吗?我获罪的日期已不远了。"楚王说:"我明白了。大夫还有什么可顾虑的呢?"

【注释】

①泄:疏远。②患:顾虑。

【解析】

公元前352年,江乙想在楚王哪里谗毁昭奚恤,可是有些势单力薄,于是他使用计策,联合山阳君一起在楚宣王哪里谗毁昭奚恤。

【处世策】

给对手制造对手,就是给自己制造朋友。联合一切可以联合的力量,才能最大程度地壮大自己。

江乙恶昭奚恤

【原文】

江乙恶昭奚恤,谓楚王曰:"人有以其狗为有执而爱之①。其狗尝溺井,其邻人见狗之溺井

【译文】

江乙诽谤楚令尹昭奚恤,他对楚王说:"有人因为他的狗凶猛有力,就很喜爱它。这只狗曾往井里撒尿。邻居看到狗往井里撒尿,要去

也,欲入言之。狗恶之,当门而噬之。邻人惮之,遂不得入言。邯郸之难,楚进兵,大梁取矣,昭奚恤取魏之宝器。以臣居魏知之,故昭奚恤常恶臣之见王。"

告诉它的主人,狗怨恨他,就堵在门口要咬他。邻居怕狗咬,就不能进去告诉它的主人。魏国围攻赵都邯郸时,楚国如果进攻魏都大梁,就可以攻下。但昭奚恤收受了魏国给他的宝器,我住在魏国时知道他受贿的事,因此昭奚恤常常嫉恨我,不让我和大王见面。"

【注释】

① 有执:会看守门户。

【解析】

此章为公元前352年的事。狗噬告知者的故事,在《通鉴·周纪二》中也有记载。所谓欲加之罪,何患无辞。饶是昭奚恤万分小心,还是被江乙逮着机会在楚王面前诋毁了一番。

【处世策】

从领导者的角度讲,心里应当记着一条古训,"来说是非者,必是是非人"。对他人的是非要斟酌妥当,妥善处理人际矛盾,避免造成损失。

江乙欲恶昭奚恤于楚

【原文】

江乙欲恶昭奚恤于楚,谓楚王曰:"下比周,则上危;下分争,则上安。王亦知之乎?愿王勿忘也!且人有好扬人之善者①,于王何如?"王曰:"此君子也,近之。"江乙曰:"有好扬人之恶者,于王何如?"王曰:"此小人也,远之。"江乙曰:"然则且有子杀其父,臣弑其主者,而王终己不知者,何也?以王好闻人之美而恶闻人之恶也。"王曰:"善。寡人愿两闻之!"

【译文】

江乙想在楚国诽谤楚令尹昭奚恤,他对楚王说:"大臣结党营私,国君的地位就危险;大臣钩心斗角,国君的地位就安稳。大王您也知道这一点吗?希望大王不要忘记这一点。有这样一个人,他喜欢说别人的好话,大王您认为这个人怎么样?"楚王说:"这是个君子,我要接近这种人。"江乙说:"有这样一个人,他喜欢说别人的坏话,大王您认为这个人怎样?"楚王说:"这是个小人,我要远避这种人。"江乙说:"这么说来,有儿子杀死他父亲,大臣杀死他国君的,但大王终究不曾知道,这是为什么?是因为您只喜欢听别人的好话,而不喜欢听别人的坏话的缘故啊!"楚王说:"好,我两方面的话都听。"

①扬人:背后说人。

【解析】

江乙劝告楚王,偏听将有被弑杀的危险,因为和楚王王位利益攸关,所以他的建议容易为楚王所采纳。楚王意见两听,那么就能够得到真实的情况,有利于政权的巩固。

江乙说于安陵君

【原文】

江乙说于安陵君曰:"君无咫尺之功,骨肉之亲,处尊位,受厚禄,一国之众,见君莫不敛衽而拜,抚委而服,何以也?"曰:"王过举而已。不然,无以至此。"

江乙曰:"以财交者,财尽而交绝;以色交者,华落而爱渝①;是以嬖女不敝席②,宠臣不敝轩。今君擅楚国之势,而无以深自结于王,窃为君危之。"安陵君曰:"然则奈何?"江乙曰:"愿君必请从死,以身为殉,如是必长得重于楚国。"曰:"谨受令。"

【注释】

①华:这里指女子的青春美貌。渝:改变。②嬖(bì)女:受宠爱的女人。

【译文】

江乙劝说安陵君,说:"您没有为楚国立下丝毫的功劳,也没有骨肉亲人可以依靠,但是您却身居高位,享受着丰厚的俸禄,全国的百姓见到您,没有不整理好衣服冠带向您行礼的,这是凭什么呢?"安陵君回答说:"这是楚王过分地抬举了我罢了。如果不是这样的话,我是不可能享受到现在的这个待遇的。"

江乙说:"拿钱财来和别人交往,当钱财用完的时候,和人的交情也就断绝了;拿美色来和别人交往,当美色衰退的时候,爱情也就没有了。因此说,爱妾床上的席子还没有睡破,就被遗弃了;宠臣的马车还没有使用到坏掉的程度,就已经被罢黜了。如今您独揽楚国的权势,但是自己并没有可以用来和楚王结交的资本,对这件事我为您感到担忧。"安陵君说:"这该怎么办呢?"江乙说:"希望您一定请求楚王和他一起死,亲自为他殉葬,这样的话,您必定能够在楚国长久地受到尊重。"安陵君说:"谨遵您的教诲。"

【原文】

三年而弗言。江乙复见曰："臣所为君道，至今未效。君不用臣之计，臣请不敢复见矣。"安陵君曰："不敢忘先生之言，未得间也。"

于是，楚王游于云梦，结驷千乘，旌旗蔽日，野火之起也若云霓，兕虎嗥之①，声若雷霆，有狂兕撞车依轮而至，王亲引弓而射，壹发而殪②。王抽旃旄而抑兕首，仰天而笑曰："乐矣，今日之游也！寡人万岁千秋之后，谁与乐此矣？"安陵君泣数行而进曰："臣入则编席，出则陪乘。大王万岁千秋之后，愿得以身试黄泉，蓐蝼蚁，又何如得此乐而乐之。"王大说，乃封坛为安陵君。

君子闻之曰："江乙可谓善谋，安陵君可谓知时矣。"

【注释】

①兕虎：一种老虎。②殪：死。

【译文】

过了三年，安陵君却没有对楚王表明什么。江乙又拜见他，说："我所给您说过的话，到现在您也没有去做，您既然不采纳我的计策，我以后就不敢再见您了。"安陵君说："我不敢忘记先生给我的忠言教诲，只是我没有遇到机会啊！"

就在这个时候，楚王要到云楚地区去游猎，随从的车辆达到一千乘，旌旗遮天蔽日，野火烧起来，就像彩虹一样，老虎咆哮的声音，就像打雷一样。忽然一头发了狂的犀牛朝着车轮冲撞过来，楚王搭弓射箭，一箭就将犀牛射死了。楚王随手拔了一面旗，盖住犀牛的头，仰天大笑说："今天的游猎，实在是太尽兴了！我要是百年之后，和谁共同享受这种快乐呢？"安陵君泪流满面，上前对楚王说："我在宫里和大王挨着席子坐，出外和大王乘坐一辆车子。大王万岁千秋之后，我愿意在黄泉之下做大王的席垫，来为大王驱赶蝼蚁，又有什么比这更快乐的事情呢！"楚王听了大为高兴，就正式封他为安陵君。

君子听说了这件事情说："江乙真可以说是善于出谋划策，安陵君也真算是善于发现时机啊。"

【解析】

江乙深知这无功不受禄的道理，就去劝谏安陵君，劝他想办法立功，向王室表达他的忠心。但安陵君一直找不到合适的时机立功。时间过了三年，江乙的劝谏依然没有能够实现。后来，楚王在云梦地区游猎的时候，当他感到人生快意但依然不免人生的必然宿命的时候，安陵君抓住了这个千载难逢的好机会，向楚王表达了自己的忠诚，为自己后半生的荣华富贵找到了充分理由。

管理者在交往中要廉洁奉公，不要掉进"馈赠"的陷阱。无功受禄，往往容易掉进别人设下的圈套，从而受制于人。有功于人，也不要居功自傲，否则施恩图报、投桃报李、你来我往，不知不觉就被"裙带"缠住，也会受制于人。

江乙为魏使于楚

【原文】

江乙为魏使于楚，谓楚王曰："臣入竟，闻楚之俗不蔽人之善①，不言人之恶，诚有之乎？"王曰："诚有之。"江乙曰："然则白公之乱，得无遂乎？诚如是，臣等之罪免矣！"楚王曰："何也？"江乙曰："州侯相楚，贵甚矣而主断②，左右俱曰'无有'，如出一口矣。"

【译文】

江乙为魏国出使到楚国，对楚王说："我刚到楚国境内。听说楚国有一种习俗：不埋没别人的优点，不谈论别人的缺点。真有这样的事吗？"楚王说："真有这样的事。"江乙说："那么，白公之乱岂不就可以成功了吗？果真这样，我们的罪过就可以免掉了。"楚王说："这是什么意思呢？"江乙说："州侯出任楚相时，极端尊贵，独断专行，左右近臣都说'州侯没有独断专行的事。'好象这话出于一人之口。"

【注释】

①蔽：隐蔽，埋没。②主断：武断。

【解析】

此章之事当在公元前352年。江乙所言，在于讽谏楚王当听臣下不同的意见。

【处世策】

古语说"兼听则明，偏信则暗"。人们在发表意见时，受各种条件的制约，从不同的角度出发，往往各有所得，也各有所失。偏听则信，常常会把事情弄糟。

郢人有狱三年不决

【原文】

郢人有狱三年不决者，故令人请其宅，以卜其罪①。客因为之谓昭奚恤曰②："郢人某氏之宅，臣愿之。"昭奚恤曰："郢人某氏，不当服罪，故其宅不得。"

客辞而去。昭奚恤已而悔之，因谓客曰："奚恤得事公，公何为以故与奚恤？"客曰："非用故也。"曰："请而不得，有说色，非故如何也？"

【译文】

郢城一个人有讼事三年没有判决，因此委托一个人假装请求买他的住宅，用这种方法来试探他是否有罪。受他委托的人因此假装对昭奚恤说："郢城某某人的住宅，我希望买下它。"昭奚恤说："郢城某某人，不应当判罪，所以他的住宅您是得不到的。"

受委托的人辞谢要走。昭奚恤旋即对自己说出的话很后悔，就对受委托的人说："奚恤十分尊重您，您为什么设圈套来探试我的意思呢？"受委托的人说："我并没有什么圈套。"昭奚恤说："请求而没有得到，但却表现出喜悦的脸色，不是圈套是什么。"

【注释】

①狱：讼事，罪案。决：判决。令人请其宅：使人请求买他的住宅。因为当时有罪的人住宅入官，官府可以变卖。如果官府不卖，就证明他无罪。②客：指为别人奔走活动的人。

【解析】

楚国有个人惹上了官司，可三年过去了，官方那里一直没有判决。此人于是设计了一个小计谋，让执政昭奚恤说出了"不当服罪"的话，解决了此事。当然，昭奚恤久经磨炼，最终也猜透了这个人的心思。

城浑出周

【原文】

城浑出周，三人偶行①。南游于楚，至于新城。城浑说其令曰："郑、魏者，楚之㼭国②，而秦、楚之强敌也。郑、魏之弱，而楚以上梁应之；宜阳之大也，楚以弱新城围之。蒲反、平阳，相

【译文】

楚国人城浑离开周，有其他两人同行，往南一道去楚国，来到了楚国北界的新城。城浑对新城县令说："郑国、魏国对楚国来说，是弱国；而秦国则是楚国的强敌。郑、魏虽是弱国。楚国却以上梁的兵来对付他们；秦国的宜阳强大，楚国却以弱小的新城来抵御。蒲反、平阳相距百里，秦国一夜之间就可以进袭蒲反，而安邑不能发

去百里，秦人一夜而袭之，安邑不知；新城、上梁，相去五百里，秦人一夜而袭之，上梁亦不知也。今边邑之所恃者，非江南、泗上也。故楚王何不以新城为主郡也？边邑甚利之！"新城公大说，乃为具驷马乘车五百金之楚。城浑得之，遂南交于楚，楚王果以新城为主郡。

觉；新城、上梁相距五百里，秦国一夜之间就可以进袭新城，上梁更不能发觉。现在楚国边界的防守，难道仅仅依靠江南、泗上两个郡吗？所以说，楚王为什么不把新城设置为主郡？这将对边防更加有利。"新城公听后大为高兴，于是为城浑准备车马，又拿出五百金赠给城浑。请他为此事去楚国活动。城浑收了赠金，就到楚王面前进行活动，楚王果然决定把新城设置为主郡。

【注释】

①偶：二人称偶。这里指一人先行，另二人后行。②耎(ruǎn)：弱。

【解析】

周人城浑游历楚国，用楚国边境大势去游说新城县令，县令就资助他去游说楚国国王，让楚国将新城升格为郡，加强戒备力量以防御秦国。

【处世策】

机会并非遥不可及，要成为一个善于发现机会或者创造机会的人，就要经常反思自己，打破一些常规习惯，善于逆向思考。

韩公叔有齐魏

【原文】

韩公叔有齐、魏，而太子有楚、秦以争国。郑申为楚使于韩，矫以新城、阳人予太子。楚王怒，将罪之。对曰："臣矫予之，以为国也。臣为太子得新城、阳人，以与公叔争国而得之，齐、魏必伐韩。韩氏急，必悬命于楚，又何新城、阳人之敢求？太子不胜，幸而不死，今将倒冠而至①，

【译文】

韩公叔有齐国和魏国支持，太子几瑟有楚国和秦国支持，两人各有所恃，便争夺太子的权位。郑申为楚国出使去韩国，他假托楚王之命把新城、阳人两地许给了几瑟，楚王很生气，要惩处郑申。郑申禀报说："我假传王命，把新城、阳人许给几瑟，完全是为了楚国。我为几瑟争取了新城、阳人两地，这是为他与公叔争夺太子权位而争取的，齐、魏两国得知必定会出兵进攻韩国，韩国紧急，必定会完全依靠楚国去救援，又有哪个敢要求新城、阳人两地呢？如果几瑟不能战胜齐、魏，侥幸活着，就将慌急地逃奔到楚国来，又怎么敢提起新城、阳人两地的事呢？"

又安敢言地？"楚王曰："善。"乃不罪也。 | 楚王说："好"。因此就不惩处郑申了。

【注释】

①倒冠：倒转头冠。指慌忙逃奔，连头冠倒置都不理。

【解析】

韩襄王十三年(公元前300年)，太子婴死，诸子争立。其中以几瑟和公叔两人最为激烈，两人各有诸侯势力支持，相持不下。

【处世策】

事物的相互关联性，让事情发生之后的反应变得复杂多变。聪明的人可以看到事件之后的连锁反应，愚钝的人只能看到单个事件本身，所以常常遭受蒙蔽和欺骗。聪明人由于看得远，就可以摆布他人、从事态变化中谋取自身的巨大利益，所以我们处事决策，一定要考虑事情的连锁反应和效应，谋划一定要长远而周全。

楚杜赫说楚王以取赵

【原文】

楚杜赫说楚王以取赵，王且予之五大夫而令私行。陈轸谓楚王曰："赫不能淂赵，五大夫不可收也，是赏无功也。淂赵而王无加焉，是无善也。王不如以十乘行之①，事成，予之五大夫。"王曰："善。"乃以十乘行之。杜赫怒而不行。陈轸谓王曰："是不能淂赵也！"

【译文】

楚国杜赫游说楚王去争取赵国，楚王将给他五大夫的爵位，让他以个人身份去赵国办理这事。

陈轸对楚王说："杜赫如果争取不到赵国，他既无功，也无过，而爵位已定，五大夫的爵位就收不回来了，这样，他就是无功受赏。如果他争取到赵国，那么他已经是五大夫，就无法再提升。这样，就是忘掉了别人的功劳。大王不如给他十辆车派他去赵国，如果任务完成了，就给他五大夫的爵位。"楚王说："好。"于是给杜赫备好十辆车，派他去赵国。可是杜赫生气不去。陈轸对楚王说："这就说明杜赫不可能把赵国争取过来。"

【注释】

①十乘：十辆车。

【解析】

楚王任命杜赫为五大夫去联络赵国，楚国令尹陈轸嫉贤妒能，劝楚王换以十

辆车护送他。杜赫怒而不行,联络赵国的事情因此告吹。

【处世策】

管理者万不可没有自己的主见,而一味听取别人的建议。朝令夕改,将使下属离心离德,事情也无从做起。

楚王问于范环

【原文】

楚王问于范环曰:"寡人欲置相于秦,孰可?"对曰:"臣不足以知之。"王曰:"吾相甘茂可乎?"范环对曰:"不可。"王曰:"何也?"曰:"夫史举,上蔡之监门也。大不知事君,小不知处室,以苟廉闻于世。甘茂事之,顺焉①。故惠王之明,武王之察,张仪之好谮②,甘茂事之,取十官而无罪。茂诚贤者也!然而不可相秦。秦之有贤相也,非楚国之利也!且王尝用滑于越而纳句章,昧之难,越乱,故楚南塞濑胡而郡江东。计王之功,所以能如此者,越乱而楚治也。今王以用之于越矣,而忘之于秦,臣以为王钜速忘矣!王若欲置相于秦乎?若公孙郝者可!夫公孙郝之于秦王,亲也。少与之同衣,长与同车,被王衣以听事,真大王之相已!王相之,楚国之大利也!"

【译文】

楚王问范环说:"我想推荐一个人到秦国去做相国,谁可以去呢?"范环回答说:"我不可能知道。"楚王说:"我打算派甘茂去秦国做相国,可以吗?"范环回答说:"不可以。"楚王说:"为什么?"范环说:"史举是上蔡地方看城门的小吏。大事,不可能治国;小事,不可能治家。但以刚直、严厉闻名于世。这样的人很难和他相处,可是,甘茂和他相处得很好,能顺他的意。所以,就像秦惠王那样英明,秦武王那样精干,张仪那样好进谗,甘茂给他们做事,却一连提升了十次,也没有获罪,甘茂真是一个贤能的人。然而您不能让他去秦国做相国。因为秦国有了贤相,这对楚国不利。再说大王曾经派召滑到越国去做事,得到了越地句章;虽然楚国有唐昧之难,但因越国内乱,所以楚国还能统治越国南边的濑湖,使楚境一直扩展到江东。估计大王您之所以能有这样的功绩,是因为越国遭受了内乱,而楚国治理得好的缘故,如今大王已经在越国运用了治世的办法,却忘了在秦国用这种办法,我不理解大王何以遗忘得这么快啊。您若要推荐人去秦国做相国,那么公孙郝这人可以。公孙郝对秦王来说,他们是亲戚。少年时共穿一套衣服,长大后同坐一辆马车,还穿着秦王的衣服上朝听政,他可真是大王推荐的相国了。您派他去秦国做相国,这对楚国大有好处。"

【注释】

①顺焉：顺，顺从。指顺从他的意愿。②谮：进谗。

【解析】

战国时，国君为了在别国培养亲近自己的势力，往往推荐自己中意的人担任要职，所以楚怀王向范环提出应当支持谁出任秦国相国的问题。范环认为应当支持公孙郝，而不能支持甘茂。因为甘茂是贤才，他在秦国得势，对秦国的邻国不利。公孙郝是秦王的亲信，碌碌无能，他任相国是对楚国最有利的事情。邻国有贤人是己国的隐患，看来范环是深明此理的。

苏秦为赵合从

【原文】

苏秦为赵合从，说楚威王曰："楚，天下之强国也。大王，天下之贤王也。楚地西有黔中、巫郡，东有夏州、海阳，南有洞庭、苍梧，北有汾陉之塞、郇阳。地方五千里，带甲百万，车千乘，骑万匹，粟支十年①，此霸王之资也。夫以楚之强与大王之贤，天下莫能当也②。今乃欲西面而事秦，则诸侯莫南面而朝于章台之下矣。秦之所害于天下莫如楚，楚强则秦弱，楚弱则秦强，此其势不两立。故为王至计，莫如从亲以孤秦。大王不从

【译文】

苏秦为赵国进行合纵联盟游说楚威王，说："楚国是天下的强国。大王是天下的贤主。楚国西有黔中、巫郡，东有夏州、海阳，南有洞庭、苍梧，北有汾陉、郇阳，全国土地方圆五千里，拥有百万雄兵，千辆战车，万匹战马，粮食可供十年，这是大王建立霸业的资本。凭借着楚国这么强大，大王这么贤能，天下没有能够抵挡的。可现在您却打算向西侍奉秦国，那么诸侯没有人会再来朝贡楚国的章台了。秦国最担忧的莫过于楚国，楚国强盛则秦国削弱，楚国衰弱则秦国强盛，楚、秦两国是势不两立的。所以我为大王考虑，不如六国结成合纵联盟来孤立秦国。大王如果不参加六国的合纵联盟，秦国必然会从两路进军：一路出武关，一路下汉中。如果真的这样的话，楚国的国都鄢、郢必然会引起震动。我听说平定天下，要在国

亲，秦必起两军：一军出武关，一军下黔中。若此，则鄢、郢动矣。臣闻治之其未乱，为之其未有也；患至而后忧之，则无及已。故愿大王早计之。

家还未混乱的时候着手；做一件事情要在还没有开始的时候就做好准备。祸患到来了，然后才去担忧，那就来不及了。所以，我希望大王及早谋划这件事。

【注释】

①粟：泛指粮食。②当：匹敌。

【原文】

"大王诚能听臣，臣请令山东之国，奉四时之献，以承大王之明制，委社稷宗庙，练士厉兵，在大王之所用之。大王诚能听臣之愚计，则韩、魏、齐、燕、赵、卫之妙音美人，必充后宫矣。赵、代良马橐驼，必实于外厩。故从合则楚王①，横成则秦帝。今释霸王之业，而有事人之名，臣窃为大王不取也。夫秦，虎狼之国也，有吞天下之心。秦，天下之仇雠②也。横人皆欲割诸侯之地以事秦，此所谓养仇而奉雠者也。夫为人臣而割其主之地，以外交强虎狼之秦，以侵天下，卒有秦患，不顾其祸。夫外挟强秦之威，以内劫其主，以求割地，大逆不忠，无过此者。故从亲，则诸侯割地以事楚；横合，则楚割地以事秦。此两策者，相去远矣，有亿兆之数。两者大王何居焉？故弊邑赵王，使臣效愚计，奉明约，在大王命之。"

【译文】

"您如果真的能听取我的建议，我可以让山东各国一年四季都来朝贡，来奉行大王的诏令，将国家和宗庙都委托给楚国，训练士兵，来供大王使用。如果大王真的能听从我的愚计，那么，韩、魏、齐、燕、赵、卫各国的歌女和美人必定会充满您的后宫，越国、代郡的良马、骆驼一定会充满您的马厩。所以说，实现了合纵联盟，楚国就可以称王；实现了连横联盟，秦国就会称帝。现在您放弃成就霸王的大业，反而落个侍奉别人的名声，我私下实在认为大王不该这么做啊。秦国是如同老虎豺狼一样的贪婪的国家，并且有吞并山东六国的野心，秦国是各个诸侯的共同的仇敌。主张连横的人却想以割让诸侯的土地去侍奉秦国，这就是所谓的奉养仇敌的做法啊。身为人臣却要主张割让主人的土地，来结交像虎狼一样强大的秦国，帮助它去侵略天下各国，最终一旦遭受到秦国带来的祸患，他们又根本不顾本国将要遭受的灾祸而离去。他们对外依靠强秦的威势，对内胁迫自己的国君，来割让自己国家的土地。大逆不道不忠不义，没有比这种人更厉害的了。所以说，实现合纵联盟，那么各个诸侯国就会割让土地来侍奉楚国；实现连横联盟，楚国就得割让土地来侍奉秦国。合纵与连横这两种谋略，所达到的结果相距真是太远了，真有亿兆倍那么多。对于这两个谋略，大王如何取舍呢？因此，敝国的国君赵王特派我来献上这个愚计，想共同遵守这个盟约，全在大王的决定。"

【注释】

①合：成。王：称王。②仇雠：仇人。

【原文】

楚王曰："寡人之国，西与秦接境，秦有举巴蜀、并汉中之心。秦，虎狼之国，不可亲也。而韩、魏迫于秦患，不可与深谋，与深谋恐反以入于秦，故谋未发而国已危矣。寡人自料，以楚当秦，未见胜焉。内与群臣谋，不足恃也。寡人卧不安席，食不甘味，心摇摇然如悬旌，而无所终薄①。今主君欲一天下，安诸侯，存危国，寡人谨奉社稷以从。"

【译文】

楚王说："我的国家，西边和秦国接壤，秦国有夺取巴蜀、吞并汉中的野心。秦国是如同老虎豺狼一样贪婪凶残的国家，是不可能和它亲近的。而韩、魏两国迫于秦国的威胁，又不能和他们有过深的共同谋划，如果和他们过深的谋划，恐怕他们反而会和秦国联合起来。所以说，计谋还没有付诸实施，楚国就已经处于危险境地了。我自己预料，只靠楚国一个国家来抵抗秦国，未必就能够取得胜利。和众位大臣一起谋划，他们也不足以依靠。我是觉也睡不好，饭也吃不香，心里七上八下就如同悬挂着的旗子一样，最终没有什么可以依靠。现在您想要联合天下各国诸侯一起行动，拯救处于危险境地的国家，我谨奉国家参加合纵联盟。"

【注释】

①薄：停止，依附。

【解析】

苏秦为了实现六国的合纵联盟而到各个国家游说。但与此同时，他的同学张仪也在六国之间奔走，为了推行连横政策而游说各国的君主。在他们的游说中，一方面他们要极力推销自己所主张的政策的正确性和可行性，另一方面还要同时推翻对方的立论，来确立自己的论点，说服眼前的国君放弃对方的论点，而接受自己的主张。

苏秦来到楚国，见到了楚威王，他首先为楚威王分析了楚国的实力和优势。其实这些实力和优势是楚威王所心知肚明的，但苏秦为了让楚威王接受自己的观点，还是要富有夸张性地加以申明，让楚威王认识到楚国的现行政策是错误的，是不应该参加连横而西面侍奉秦国的。接下来他又用富有感染力的语言描绘了参加合纵联盟的美好前景。然后苏秦批驳了连横政策的弊端，指出秦国是一个贪得无厌的虎狼国家，而那些主张合纵的说客和谋臣们则是大逆不道、为国不忠的奸臣，苏秦极尽运用自己的论说才能，使楚王深刻地感到参与推行连横政策是丧权辱国

的，只有参加合纵联盟才是楚国唯一的出路。这一破一立，苏秦终于说服了楚威王。楚威王同意参加他所倡导的六国联盟。

张仪为秦破从连横

【原文】

张仪为秦破从连横，说楚王曰："秦地半天下，兵敌四国，被山带河，四塞以为固。虎贲之士百余万，车千乘，骑万匹，粟如丘山。法令既明，士卒安难乐死。主严以明，将知以武。虽无出兵甲，席卷常山之险。折天下之脊，天下后服者先亡。且夫为从者，无以异于驱群羊而攻猛虎也。夫虎之与羊，不格明矣①。今大王不与猛虎而与群羊，窃以为大王之计过矣②。大王不与秦，秦下甲兵，据宜阳，韩之上地不通；下河东，取成皋，韩必入臣于秦。韩入臣，魏则从风而动。秦攻楚之西，韩、魏攻其北，社稷岂得无危哉？

【注释】

①格：斗。②窃：私下里。

【原文】

"且夫约从者，聚群弱而攻至强也。夫以弱攻强，不料敌而轻战，国贫而骤举兵，此危亡之术也。臣闻之，'兵不如者，勿与挑战；粟不如者，勿与持久。'夫

【译文】

张仪为秦国瓦解合纵，谋求横盟去游说楚王，说："秦国的土地占有天下土地的一半，而且兵力强大，可以和各个诸侯相对抗，四周环山，东据黄河，四周险阻，固若金汤。拥有一百多万勇猛的士兵，战车千辆，战马万匹，粮食堆积如山。法令严明，士兵视死如归。国君严厉英明，将帅善谋勇武。即使秦国军队不出动，夺取常山的险隘也轻而易举。控制了天下的最有利的地区，天下各国谁后屈服就会先灭亡。况且主张合纵联盟的人，和驱赶群羊去进攻猛虎没有什么区别。柔弱的羊是斗不过猛虎的，这是不用打斗就可以知道的。现在大王不和猛虎结交，却和群羊联合，我认为大王的计策是错误的。如果大王不与秦国联合，秦国发动大军，攻占宜阳，韩国的上党要道被切断；他们进而出兵河东，攻取成皋，韩国必定臣服秦国。韩国臣服秦国，魏国也必然跟着臣服秦国。秦国进攻楚国的西边，韩、魏两国进攻楚国的北边，楚国怎么会没有危险呢？

【译文】

"况且那合纵联盟，联合了一群弱小的国家，去进攻最为强大的秦国。凭借着弱小的国家去进攻强大的国家，不预料一下敌人的力量大小就轻易作战，导致国家贫穷而又经常发动战争，这是危险亡国的做法啊。我听说，兵力没有

从人者，饰辩虚辞，高主之节行，言其利而不言其害，卒有秦祸，无及为已，是故愿大王之熟计之也。

"秦西有巴蜀，方船积粟①，起于汶山，循江而下②，至郢三千余里。舫船载卒，一舫载五十人，与三月之粮，下水而浮，一日行三百余里；里数虽多，不费马汗之劳，不至十日而距扞关；扞关惊，则从竟陵已东，尽城守矣，黔中、巫郡非王之有已。秦举甲出之武关，南面而攻，则北地绝。秦兵之攻楚也，危难在三月之内。而楚待诸侯之救，在半岁之外，此其势不相及也。夫待弱国之救，而忘强秦之祸，此臣所以为大王患也。

对方强大，就不要向对方挑战；粮食没有对方充足，就不要和对方进行持久作战。那些主张合纵联盟的人，矫饰巧辩，满口虚辞，高赞国君的节操和品行。但是只说好处，不说害处，一旦楚国遭遇到大祸，就来不及了，因此希望大王能深思熟虑。

"秦国西面有巴、蜀，两船并行运送粮食，从汶山开船，沿长江而下，到楚都有三千多里。用舫船运载士兵，一艘船能载五十个人，每个人配备三个月的粮食，顺流而下，一天可走三百多里。路程虽然很长，但不费车马劳顿，不到十天就到达扞关；扞关受到惊动，那么从竟陵往东，所有的城池都要加倍防守。黔中、巫郡就不会再为大王所有了。秦国又挥师武关，向南进攻，这样一来，楚国的北部交通被切断。秦国军队进攻楚国，危急的形势也只是在三个月之内。但是楚国等待诸侯的援军，要在半年之后才能到达，这样一来，形势已经无济于事了。依靠弱国的救援，忘记强秦的灾祸就在眼前，这就是我之所以为大王所担忧的。

【注释】

①方船：两船相并。②循江：沿着长江。

【原文】

"且大王尝与吴人五战三胜而亡之，陈卒尽矣①；有偏守新城而居民苦矣。臣闻之：'攻大者易危②，而民弊者怨于上。'夫守易危之功而逆强秦之心，臣窃为大王危之。且夫秦之所以不出甲于函谷关十五年以攻诸侯者，阴谋有吞天下之心也。楚尝与秦构难，战于汉中。楚人不胜，通侯、执珪

【译文】

"而且大王曾经和吴国交战，五战三胜灭掉了吴国，但您的军队也遭到了严重的创伤；还要派人驻守在新得到的城池，百姓对这感到非常痛苦。我听说：'进攻强大的敌人就容易处于危险境地，百姓生活贫困，就容易抱怨国君。'守护容易陷入危险境地的功业，却违背强大秦国的意愿，我私下里为大王感到危险。至于秦国之所以十五年不出兵函谷关来攻打诸侯，是因为它有吞并诸侯统一天下的野心。楚国曾经和秦国在汉中地区作战，楚国被打败了，通侯、执珪以上的官员战死

死者七十余人③，遂亡汉中。楚王大怒，兴师袭秦，战于蓝田，又却。此所谓两虎相搏者也。夫秦、楚相弊，而韩、魏以全制其后，计无危于此者矣，是故愿大王熟计之也。秦下兵攻卫、阳晋，必扃天下之匈，大王悉起兵以攻宋，不至数月而宋可举。举宋而东指，则泗上十二诸侯，尽王之有已。

的有七十多人，于是失掉了汉中。楚王大为恼怒，派兵进攻秦国，在蓝田交战，但又一次遭受惨败。这就是所说的两虎相搏啊！秦国和楚国作战，互相削弱对方，韩、魏两国却保存着实力，借机进攻楚国的后方，没有比这更加错误的了，因此希望大王对这能深思熟虑。如果秦楚两个国家能够联合，秦国出兵进攻卫国、阳晋，必然阻塞住诸侯的交通要道，大王发动全部的军队来进攻宋国，用不了几个月，就能够灭掉宋国。灭掉了宋国之后再向东开进，那么泗上的十二个诸侯就都是大王的了。

【注释】

①陈卒：战士。陈，同"阵"。②攻：同"功"，功劳。③通侯、执珪：官职名。

【原文】

"凡天下所信约从亲坚者苏秦，封为武安君而相燕，即阴与燕王谋破齐共分其地。乃伴有罪，出走入齐，齐王因受而相之。居两年而觉，齐王大怒，车裂苏秦于市。夫以一诈伪反覆之苏秦，而欲经营天下，混一诸侯，其不可成也亦明矣。

"今秦之与楚也，接境壤界，固形亲之国也①。大王诚能听臣，臣请秦太子入质于楚，楚太子入质于秦，请以秦女为大王箕帚之妾，效万家之都，以为汤沐之邑，长为昆弟之国②，终身无相攻击。臣以为计无便与此者，故敝邑秦王使使臣献书大王之从车下风，须以决事③。"

楚王曰："楚国僻陋，托东

【译文】

"天下所坚决主张合纵联盟的苏秦，被封为武安君，出任燕国的相国，就暗地里和燕王谋划着能攻破齐国，从而瓜分齐国的土地。他假装在燕国犯下了罪过，逃到了齐国，齐王因此让他做了相国。过了两年，真相被发现，齐王大为恼怒，就在市场上车裂了苏秦。一贯凭借欺诈虚伪、反复无常的苏秦，却企图左右天下，统一诸侯，这明显是不可能成功的。

"如今秦国和楚国，土地接壤，本来就是关系友好的国家。大王果真能听从我的劝告，我可以请求让秦国太子来楚国做质子，也让楚国的太子到秦国去做质子，让秦国献出美女作为大王侍奉洒扫的妾，献出有万户人家的城邑来作为大王的汤沐邑，从此秦、楚两国结为永久的兄弟国家，永远互不侵犯。我认为没有比这更好的计策了，所以秦王派我出使贵国，呈献国书，恭候您定夺。"

楚王说："楚国地处穷乡僻壤，靠近东海之滨。我年幼无知，不熟悉国家的长远大计。今天

海之上。寡人年幼，不习国家之长计。今上客幸教以明制，寡人闻之，敬以国从。"乃遣车百乘，献鸡骇之犀、夜光之璧于秦王。

有幸得到先生的指教，我听了之后，感到非常有道理，我楚国就参加连横盟约。"于是派出使车百辆，向秦王进献了鸡骇犀角和夜光璧玉。

【注释】

①形亲：地理形势紧密相依。②昆弟之国：友好邦国。③须：等待。

【解析】

苏秦和张仪是同在鬼谷子门下学习的同学。他们对对方是非常了解的，他们为了各自的政治理想，互相揣测对方的想法，然后给以无情的批驳，从而确立自己的主张，推行两种截然相反的政策。他们代表不同的国家利益，奔走于六国之间。

相比之下，苏秦的游说策略要在张仪之上，他往往以理服人，真切地指出事情的利害关系所在，让对方口服心服地参加他的合纵联盟。而张仪却是常常以秦国的强大势力来压倒对方，通过恐吓和利诱来达到自己的目的。不仅如此，他还对他的政治对手苏秦进行人身的攻击，指出苏秦的人格上的缺陷。这就使得张仪的游说策略相形见绌了。

【处世策】

游说只能在一定程度上起到一定的作用，能够起到根本作用的只有团体利益和团体力量。无论被游说的团体采取什么样的策略，都是从自己的团体利益和实力两个方面来抉择的。

张仪相秦

【原文】

张仪相秦，谓昭雎曰："楚无鄢、郢、汉中，有所更得

【译文】

张仪在秦国做相国时，对楚国谋臣昭雎说："楚国失去鄢郢、汉中，还会有像鄢郢、汉中那样的

乎?"曰:"无有。"曰:"无昭过、陈轸,有所更得乎?"曰:"无所更得。"张仪曰:"为仪谓楚王逐昭过、陈轸,请复鄢、郢、汉中。"昭雎归报楚王,楚王说之①。

有人谓昭过曰:"甚矣,楚王不察于争名者也!韩求相工陈籍而周不听,魏求相綦母恢而周不听,何以也?周曰:'是列富我也!'今楚,万乘之强国也;大王,天下之贤主也。今仪曰'逐君与陈轸',而王听之,是楚自行不如周,而仪重于韩、魏之王也。且仪之所行,有功名者,秦也,所欲贵富者,魏也。欲为功于魏兴南伐楚。故攻有道,外绝其交,内逐其谋臣。陈轸,夏人也②,习于三晋之事,故逐之,则楚无谋臣矣;今君能用楚之众,故亦逐之,则楚众不用矣。此所谓内攻之者也,而王不知察。今君何不见臣于王③,请为王使齐交不绝。齐交不绝,仪闻之,其效鄢、郢、汉中兴缓矣。是昭雎之言不信也,王兴薄之④。"

城邑吗?"昭雎说:"不会再有了。"张仪问:"楚国失去了昭过、陈轸,还会有像他们那样的谋臣吗?"昭雎说:"不会再有了。"张仪说:"请您为我对楚王说:若赶走昭过、陈轸,我可以让秦王把鄢郢、汉中归还给楚国。"昭雎回到楚国,把这件事告诉了楚王,楚王对此很高兴。

有人对昭过说:"楚王对争名夺利的人竟不能明察。以前,韩国要求东周任命工师籍为相国,东周不同意;魏国要求西周任命綦母恢为相国,西周不同意,为什么?周君说:'他们把我当作一个县吏看待。'现在楚国是万乘强国,大王是天下贤明的国君。如果张仪要求大王赶走您和陈轸,而大王又同意张仪。这样,楚国就会使自己不如东周,张仪将要比韩、魏两国的国君还尊贵。况且张仪这样做,是为了给秦国建立功名,而想从魏国取得富贵。想要从魏国取得大功,必定会向南进攻楚国。因此,进攻就要有一定的方法,对外要使对方与盟国断交,对内要设法除掉对方的谋臣。陈轸是夏地人,他熟悉韩、赵、魏三国的政事,如果把他赶走,那么楚国就没有得力的谋臣了。现在您指挥楚国的民众,如果也把您赶走,那么,楚国的民众就不会听从指挥了。这就是所谓内攻的战术。可是楚王并不懂得这一点。您为什么不推荐我去拜见楚王,我可以让楚、齐两国不至绝交;楚、齐不绝交,张仪知道后,就会拖延献出鄢郢和汉中。这样,昭雎所说的秦国会归还鄢郢、汉中的话,楚王就不会相信,而大王也就不会再重用昭雎了。"

【注释】

①说:同"悦"。②夏:中原。③见(xiàn):介绍。④薄:薄待,不重用。

【解析】

张仪出任秦国相国,让楚国人昭雎去游说楚王,如果楚王能驱逐昭过、陈轸,那么秦国就把鄢郢、汉中归还给楚国。有人对昭过揭穿了张仪的阴谋,请劝张仪请缨齐使,如果能让齐、楚友好往来,张仪的阴谋就必然失败。

【处世策】

张仪既揣度了昭睢的私心，又利用了楚王的贪婪，这两个人的欲望都能满足，自然也就不能拒绝张仪的要求。所以，帮助别人，就是帮助自己；满足别人，才能满足自己。此言不虚。

威王问于莫敖子华

【原文】

威王问于莫敖子华曰："自从先君文王以至不谷之身①，亦有不为爵劝，不以禄勉，以忧社稷者乎？"莫敖子华对曰："如章不足知之矣。"王曰："不于大夫，无所闻之。"莫敖子华对曰："君王将何问者也？波有廉其爵，贫其身，以忧社稷者；有崇其爵，丰其禄，以忧社稷者；有断脰决腹②，一瞑而万世不视，不知所益，以忧社稷者；有劳其身，愁其志，以忧社稷者；亦有不为爵劝，不为禄勉，以忧社稷者。"王曰："大夫此言，将何谓也？"

【译文】

楚威王问莫敖子华，说："从先君文王直到我这一辈，真的有不贪求爵位不贪求俸禄，而忧虑国家安危的大臣吗？"莫敖子华回答说："这个问题不是我所能回答的。"楚威王说："如果不向您请教的话，就更无从知道了。"莫敖子华回答说："君王您问的是哪一类的大臣呢？有廉洁奉公，安于贫困，而忧虑国家安危的；有为了提升他的爵位，增加他的俸禄，而忧虑国家安危的；有不怕断头剖腹，视死如归，不顾个人安危，而忧虑国家安危的；有劳其筋骨，苦其心志，而忧虑国家安危的；也有既不贪求爵位，不贪求俸禄，而忧虑国家安危的。"楚威王说："您所说的这几类人，说的都是谁呢？"

【注释】

①不谷之身：古代诸侯对自己的谦称，这里是楚威王自称。②脰(dòu)：脖子，颈。决：剖开。

【原文】

莫敖子华对曰："昔令尹子文，缁帛之衣以朝①，鹿裘以处；未明而立于朝，日晦而归食；朝不谋夕，无一月之积。故波廉其爵，贫其身，以忧社稷者，令尹子文是也。

"昔者叶公子高，身获于表

【译文】

莫敖子华回答说："过去有个令尹子文，他上朝的时候身穿简朴的黑丝绸衣服，在家的时候，身穿简朴的鹿皮衣。天还没有亮就起来，等在了朝堂上，太阳落山了才回家去吃饭。吃完早饭就顾不上晚饭。连一个月的粮食都没有储存。所以，我说的那个廉洁奉公，安于贫困，而忧虑国家安危的，说的就是令尹子文。

薄，而财于柱国；定白公之祸，宁楚国之事，恢先君以掩方城之外，四封不侵②，名不挫于诸侯。当此之时也，天下莫敢以兵南乡。叶公子高，食田六百畛③。故波崇其爵，丰其禄，以忧社稷者，叶公子高是也。

"昔者吴与楚战于柏举，两湄之间夫卒交。莫敖大心抚其湄之手，顾而大息曰④：'嗟乎子乎，楚国亡之日至矣！吾将深入吴军，若扑一人，若掉一人⑤，以与大心者也。社稷其为庶几乎？'故断脰决腹，一暝而万世不视，不知所益，以忧社稷者，莫敖大心是也。

"过去有个叶公子高，长相并不出众，但他有柱国之才；他平定了白公叛乱，使楚国得到了安定，发扬了先君的遗德，影响到方城以外，四面八方的诸侯都不敢前来侵犯，使楚国的威名在诸侯中没有受到损害。在那个时候，诸侯都不敢出兵向南进犯。叶公子高的封地就多达六百畛。所以，我说的那个为了提升他的爵位，增加他的俸禄，而忧虑国家安危的，说的就是叶公子高。

"过去吴、楚两国在柏举交战，两国的军队相对，士卒已经短兵相接。莫敖大心拉着驾车士兵的手，望着他们说：'唉呀！楚国亡国的时候就要到了，我要深入吴国军队里，你们如果能打倒一个敌人，就助我一臂之力，这样我们楚国也许还能够保存。'所以，我说的那个不怕断头剖腹，视死如归，不顾个人安危，而忧虑国家安危的，说的就是莫敖大心。

【注释】

①缁帛之衣：卿大夫的衣服。缁，黑色。②封：疆界。③食田：封赐的田地。畛(zhěn)：田地间小路。④大(tài)息：叹息。⑤掉(zuó)：揪，抓。

【原文】

"昔吴与楚战于柏举，三战入郢①。君王身出，大夫悉属，百姓离散。棼冒勃苏曰：'吾被坚执锐，赴强敌而死，此犹一卒也，不若奔诸侯。'于是赢粮潜行，上峥山，逾深谷，蹠穿膝暴②，七日而薄秦王之朝③。崔立不转④，昼吟宵哭。七日不得告。水浆无入口，瞋而弹闷⑤，旋不知人。秦王闻而走之，冠带不相及，左奉其

【译文】

"过去吴、楚两国在柏举交战，吴军连攻三次，攻进了郢都。国君逃亡，大夫都跟随在后面，百姓流离失所。棼冒勃苏说：'我如果身披铠甲，手拿武器和强敌拼死作战，就是战死了，也只相当于一个普通士卒的作用，还不如向诸侯请求援助。'于是，他背着干粮秘密出发了，越过高高的山岭，渡过深深的山谷，鞋子磨烂了，裤子也破了，露出了膝盖。走了七天，来到了秦王的朝廷。踮着脚跟翘望，日夜哭号，希望能感动秦王出兵援助。经过七昼夜，也没有能当面把事情告诉秦王。他滴水没喝，以致头昏眼花，晕倒在地，不省人事。秦王听说后，来不及穿戴好衣帽就跑来看

首,右濡其口,勃苏乃苏。秦王身问之:'子孰谁也?'梦冒勃苏对曰:'臣非异,楚使新造鬵梦冒勃苏⑥。吴与楚人战于柏举,三战入郢,寡君身出,大夫悉属,百姓离散。使下臣来告亡,且求救。'秦王顾令之起:'寡人闻之,万乘之君,得罪一士,社稷其危,今此之谓也。'遂出革车千乘,卒万人,属之子蒲与子虎。下塞以东,与吴人战于浊水而大败之,亦闻于遂浦。故劳其身,愁其思,以忧社稷者,梦冒勃苏是也。

他,左手捧着他的头,右手给他灌水,勃苏这才慢慢地苏醒过来。秦王亲自问他说:'你是什么人啊?'梦冒勃苏回答说:'我不是别人,是楚王派来的因不死于国难刚刚获罪的梦冒勃苏。吴、越两国现在柏举交战,吴国连攻三次,进入郢都,楚王逃亡,大夫都跟随在后面,百姓流离失所。敝国君王特派我来告诉您眼下楚国所面临的亡国危难,并且请求援救。'秦王一再要他起身,但他一直不起来。秦王说:'我听说,万乘大国的国君,哪怕得罪了一个志士,国家也会危险,眼下的楚国就是这样啊。'于是,秦王派出战车千辆,士兵万人,让公子蒲和公子虎统率。出了边关向东开进,与吴军在浊水大战,并大败了吴军,又听说还在遂浦作战。所以,我说的那个劳其筋骨,苦其心志,而忧虑国家安危的,说的就是梦冒勃苏。

【注释】

①郢:楚国的都城。②蹠(zhí):脚掌。暴:露出来。③薄:到达。④雚(hè)立:翘首企盼。雚,通"鹤"。⑤瘨:同"癫",晕倒。殚闷:呼吸困难。殚,气绝。⑥鬵(lì):罪过。

【原文】

"吴与楚战于柏举,三战入郢。君王身出,大夫悉属,百姓离散。蒙谷给斗于宫唐之上,舍斗奔郢曰:'若有孤,楚国社稷其庶几乎?'遂入大宫,负离次之典以浮于江,逃于云梦之中。昭王反郢,五官失法①,百姓昏乱;蒙谷献典,五官得法而百姓大治。比蒙谷之功,多与存国相若,封之执圭,田六百畛。蒙谷怒曰:'谷非人臣,社稷之臣。苟社稷血食,余岂患无君乎②?'遂自弃于磨山之中,至今无胄③。

【译文】

吴、楚两国在柏举交战,吴国连攻三次,攻入郢都,楚国的国君逃亡,大夫都跟随在后面,百姓流离失所。蒙谷在宫唐和吴军相遇,蒙谷没有和吴军交战,而是跑到了郢都,说:'如果有孤子可以继承王位,楚国大概就能够保存。'于是他就来到了楚宫,背上楚国的离次大典,乘船过了长江,逃到了云、梦地区。后来楚昭王返回到了郢都,官员们没有法律可以依靠,百姓一片混乱;蒙谷就献出了离次大典,朝里的官员就有了法律可以依靠,因此百姓才得以治理。蒙谷的功劳,几乎相当于保全了楚国的功劳。于是,楚王封他为执圭,赏赐他六百畛的封地。但蒙谷恼怒地说:'我不是贪图爵禄的大臣,而是忧虑国家安危的大臣;国家平安无事,我难道会去忧虑个人有无官做吗?'于

故不为爵劝，不为禄勉，以忧社稷者，蒙谷是也。"

王乃大息曰："此古之人也。今之人，焉能有之耶？"

莫敖子华对曰："昔者先君灵王好小要，楚士约食，冯而能立④，式而能起，食之可欲。忍而不入；死之可恶，就而不避。章闻之，其君好发者，其臣抉拾。君王直不好，若君王诚好贤，此五臣者，皆可得而致之。"

是他就隐居在磨山之中，到现在仍然没有爵禄。所以，我说的那个既不贪求爵位，也不贪求俸禄，而忧虑国家安危的，说的就是蒙谷啊！"

楚王于是叹息道："这些都是古人，现在还有这样的人吗？"莫敖子华回答说："过去楚灵王喜欢细腰，楚国的人就少吃饭，来使腰变得更细，以致要扶着东西才能站立和起来，即使想吃东西，也总是忍着不吃，这样饿下去，就有死的危险，但人们并不怕。我听说国君喜好射箭，大臣也会去学习射箭。大王您只是不喜欢贤臣，如果大王喜欢贤臣，上面所说的这五类贤臣，都是可以招来的。"

【注释】

①五官：分司天、地、神、民、物这五种事物的官职。②无君：不得仕。③无胄：无后，子孙无显位者。④冯：通"凭"，凭借，依靠。

【解析】

楚威王和莫敖子华讨论的是关于忠臣的问题。当楚威王对是否真的有不贪求爵位不贪求俸禄，而忧虑国家安危这样的大臣的时候，莫敖子华为他列举了五种类型的大臣。虽然都是忧虑国家安危，但他们的出发点并不相同。接下来，他具体列举了这五种类型大臣的例子。

【处世策】

忠诚的管理者，是一个企业的真正栋梁。所以，高级领导者要能够识别和选拔各种类型的下属，来加封官职，委以重任，这样才能更好地管理好企业。

卷十五 楚二

魏相翟强死

【原文】

魏相翟强死。为甘茂谓楚王曰："魏之几相者，公子劲也。劲也相魏，魏、秦之交必善。秦、魏之交完，则楚轻矣。故王不如与齐约，相甘茂于魏。齐王好高人以名。今为其行人请魏之相，齐必喜。魏氏不听，交恶于齐①。齐、魏之交恶，必争事楚。魏氏听，甘茂与樗里疾，贸首之仇也；而魏、秦之交必恶，又交重楚也。"

【译文】

魏国的相国翟强死了。有人为甘茂对楚王说："魏国有希望继任相国的是公子劲。如果公子劲做了魏国的相国，魏、秦两国必然交好。魏、秦两国交好了，那么楚国在诸侯中的地位就会降低。因此大王您不如和齐国盟约，来让甘茂做魏国的相国。齐王因好居人之上而出名。现在让他的使者出面，请求让甘茂做魏国的相国，齐王一定会很高兴。如果魏国不同意，和齐国的关系就会恶化；齐、魏两国关系恶化了，他们必定都要结交楚国。如果魏国同意了让甘茂做相国，而甘茂和现在秦相樗里疾，是不共戴天的仇人；这样一来魏、秦两国的关系必定会恶化，他们两国就都会重视楚国了。"

【注释】

①交恶：外交关系恶化。

【解析】

谋士为了国家利益，在所采取的策略中无所不用其极，想尽一切办法来分化别的国家，分散自己国家的敌对势力。战国时期国家之间的斗争充斥在谋士活动的方方面面。魏国的相国死了，产生了一连串的反应。新任的相国是谁引起了各国谋士的推测，他们都想参与进去，使魏国任用对自己国家有利的人来当相国。因为相国的人选关系到魏国

将来一个时期的对外政策，影响到各国之间的关系，最重要的是关系到自己国家的切身利益。

【处世策】

在竞争激烈的现代社会，我们可能参与许多形式的竞争。在这些竞争当中，不可避免地要涉及各方面力量的分化和整合。也许我们需要分化对方的力量，来增加我方的胜算，使我方的利益最大化。另一方面，我们还要有防止被对手分化的意识和具体的防御机制。只有这样我们才能在竞争中立于不败之地。

齐秦约攻楚

【原文】

齐、秦约攻楚，楚令景翠以六城赂齐，太子为质。昭雎谓景翠曰："秦恐，且因景鲤、苏厉而效地于楚。公出地以取齐，鲤与厉且以收地取秦，公事必败。公不如令王重赂景鲤、苏厉，使入秦。齐恐，必不求地而合于楚。若齐不求，是公与约也①。"

【译文】

齐国和秦国相约共同进攻楚国，楚国派大将景翠拿六座城邑送给齐国，并用太子做人质，与齐国结为友好。楚国的谋臣昭雎对景翠说："秦国担心齐、楚两国联合，就要通过景鲤和苏厉献地给楚国。您要拿出土地争取齐国，景鲤、苏厉却要接受秦的献地，来结好秦国，这样您割地与齐国结好的事，就必定受到报怨而失败。您不如要楚王派景鲤、苏厉带上重金出使秦国。这样，齐国就会疑心秦、楚联合而担心害怕，它就一定不会向楚国索地，而与楚国联合。若齐国不向楚国索地，而与楚国联合，那么，您就一举共结两国之盟约。"

【注释】

①与约：和好签订盟约。

【解析】

公元前 305 年，齐国、秦国相约共同进攻楚国。楚王派大将景翠欲送六座城池给齐国，并让太子到齐国做人质，以求和齐国和解，恢复友好。谋臣昭雎劝景翠，让他劝楚王派人出使秦国，以达到挟制齐国的目的。景翠听从了昭雎的建议，避免了自己辛苦，却成全对手的结果出现。

【处世策】

每个人都不愿意"苦恨年年压金线，为他人作嫁衣裳"。而这需要我们准确地预测到自己辛苦后的报酬,所得所失,孰轻孰重,最后来确定自己的行动。

术视伐楚

【原文】

术视伐楚,楚令昭鼠以十万军汉中。昭雎胜秦于重丘。苏厉谓宛公昭鼠曰:"王欲召雎之乘秦也,必分公之兵以益之。秦知公兵之分也,必出汉中。请为公令芈戎谓王曰:'秦兵且出汉中,'则公之兵全矣①。"

【译文】

秦人术视进攻楚国,楚王派昭雎率领十万大军驻扎在汉中。昭雎在重丘打败了秦军。苏厉对宛公昭鼠说:"楚王想要昭雎乘胜进击秦军,一定会调动你的部分兵力去加强昭雎,秦国知道你的兵力分散了,一定会乘机进军汉中。请让我为您派华阳君芈戎对楚王透露:'秦国将进军汉中。'那么,你的军队就得以保全了。"

【注释】

①全:保全。

【解析】

公元前312年,秦、楚交战,楚将昭雎在重丘打败了秦军,请求大将昭鼠分兵于己,以便乘胜追击。昭鼠借口秦兵将出兵汉中,拒绝了昭雎,最终导致楚军大败,汉中丧失。昭雎本有机会立功成名的,只因为得罪了苏厉,援军不出,结果丧失大好前程。

【处世策】

人在社会,能不为难别人就不要为难别人,与人方便于己方便。正所谓"多个朋友多条路,多个仇人多堵墙"。

四国伐楚

【原文】

四国伐楚,楚令昭雎将以距秦。楚王欲击秦,昭雎不欲。桓臧为昭雎谓楚王曰:"雎战胜,三国恶楚之强也,恐秦之变而听楚也,必

【译文】

秦、燕、赵、魏四国联合进攻楚国,楚王派昭雎领兵抵抗秦军。楚王要出击秦军,而昭雎不同意。其党羽桓臧为昭雎对楚王说:"如果昭雎战胜秦国,燕、赵、魏三国忌恨楚国强大,又怕秦国改变主意与楚国联合,他们一定会加紧进攻楚国,来增强秦国,秦国因战败而激愤,就会动员全国兵力进攻楚国;

深攻楚以劲秦①；秦王怒于战不胜，必悉起击楚②。是王与秦相罢而以利三国也。战不胜秦，秦进兵而攻。不如益昭睢之兵，令之示秦必战。秦王恶与楚相弊而全天下，秦可以少割而收也。秦、楚之合，而燕、赵、魏不敢不听，三国可定也。"

这样，秦、楚两国互相削弱，而使三国坐享渔人之利。如果楚国被秦国战败，秦国就会乘胜加紧进攻楚国。大王不如增强昭睢的兵力，以此向秦国表明，楚国要与秦国决战到底。秦国害怕与楚国互相削弱，而让三国得利，楚国就可以少割地而结束战争。秦、楚两国联合了。燕、赵、魏三国就不敢不听从，于是三国就会休兵，不进攻楚国了。"

【注释】

①深：重，加紧。劲(jìng)：加强。②悉：悉数，倾力。

【解析】

公元前 301 年，秦、燕、赵、魏四国联合攻打楚国，楚将昭睢抵御秦军，坚守不出，楚王催他出战，他就派桓臧向楚王陈述了自己的理由。楚王不听，派唐昧替代了他，结果为四国联军杀败，楚国丧失了宛、叶等大片领土。

【处世策】

有人将人们那些一触而发的爆发性情绪比作是圈在牢笼中的猛虎，一旦放出去危害是难以估量的。所以那些办事高手们总是能够克制自己的情绪，让笼中猛虎温顺而服帖。身在社会，一定要学会克制，学会冷静、客观地处理问题，因感情用事者，十之八九都会遭遇失败。

楚怀王拘张仪

【原文】

楚怀王拘张仪，将欲杀之。靳尚为仪谓楚王曰："拘张仪，秦王必怒。天下见楚之无

【译文】

楚怀王扣押了张仪，打算杀掉他。佞臣靳尚为张仪对怀王说："大王扣留了张仪，秦王必定因此愤怒。天下各国见楚国没有秦国作为盟国，楚

秦也,楚必轻矣。"又谓王之幸夫人郑袖曰①:"子亦自知且贱于王乎②?"郑袖曰:"何也?"尚曰:"张仪者,秦王之忠信有功臣也。今楚拘之,秦王欲出之。秦王有爱女而美,又简择宫中佳丽习音者,以欢从之;资之金玉宝器,奉以上庸六县为汤沐邑,欲因张仪内之楚王。楚王必爱,秦女依强秦以为重,挟宝地以为资,势为王妻以临于楚。楚王惑于虞乐,必厚尊敬亲爱之而忘子。子益贱而日疏矣。"郑袖曰:"愿委之于公,为之奈何?"曰:"子何不急言王,出张子。张子得出,德子无已时,秦女必不来,而秦必重子。子以擅楚之贵,外结秦之交。畜张子以为用,子之子孙必为楚太子矣,此非布衣之利也。"郑袖遽说楚王出张子③。

【注释】

①郑袖:楚国王后,楚怀王的夫人。②且贱于王:将要被轻视。③遽:急忙。

国必定会遭到各国的轻视了。"接着靳尚又对怀王的宠妃郑袖说:"你可知道你马上要在大王的面前失宠吗?"郑袖说:"这是为什么啊?"靳尚说:"张仪是为秦王立下功劳的忠信大臣,如今大王把他扣押了,秦国一定会让楚国释放张仪。秦王有一个公主,长得非常美丽,同时又挑选了懂得音乐的貌美宫女作为陪嫁,来使她高兴;陪嫁了各种金玉宝器,献上上庸六个县来作为她的汤沐邑,这次正是想让张仪献给楚王。大王必定很喜欢秦国的公主,而秦国的公主也依靠强大的秦国来为自己抬高身价,同时更是用珠宝和土地作为资本,她势必会被立为大王的王后,到那时秦国的公主就君临楚国了。大王每天都沉迷于享乐,必定会宠爱他喜欢的秦国公主而把你给忘掉。你就更加被大王轻视,被一天一天地疏远了。"郑袖说:"我愿意把这一切都拜托给您来处理,您将要怎么办呢?"靳尚说:"您为什么不赶快劝说大王将张仪给放了。如果张仪被释放,心里就会对您感激不尽,秦国的公主也就不会来了,秦国也必定会尊重您。您在国内能够拥有楚国的高贵的地位,在国外和秦国交好。并且把张仪留下使唤,您的子孙必然会成为楚国的太子,这可不是寻常老百姓所能得到的利益啊。"郑袖马上就去说服楚怀王释放了张仪。

【解析】

当游说的人干涉到别国的内政的时候,就可能带来自身的危险。苏秦就被齐国斩杀。而张仪也遇到过这样的危险,但他凭借着靳尚的聪明才智,巧妙地运用计谋全身而退。让人不禁惊叹谋略的巨大威力。靳尚就是巧妙地利用了郑袖的女性心理,迂回曲折地让郑袖为自己说情,从而改变了楚王对自己的态度。靳尚对女性心理的利用就是谋略的关键点。如果靳尚直接求郑袖为张仪说情,必然不会得到郑袖的鼎力相助。

谋略的根本特征在于它能够充分利用各方面因素之间的内在联系和矛盾,然后巧妙地参与进去,调动各方面因素来为我所用。在使用谋略的过程中,最重要的是要巧妙地利用各种因素。对于那些熟悉谋略的人来说,一切都可以成为为我所用的工具。而运用之妙存于一心。

楚王将出张子

【原文】

楚王将出张子,恐其欺己也。靳尚谓楚王曰:"臣请随之,仪事王不善,臣请杀之。"

楚小臣,靳尚之仇也。谓张旄曰:"以张仪之知,而有秦、楚之用,君必穷矣。君不如使人激要靳尚而刺之①,楚王必大怒仪也。彼仪穷,则子重矣。楚、秦相难,则魏无患矣。"张旄果令人要靳尚刺之。楚王大怒秦,构兵而战。秦、楚争事魏,张旄果大重②。

【译文】

楚王打算释放张仪,又担心他以后会害自己。靳尚对楚王说:"我愿意跟随他去,如果张仪对待大王不好,我就把他杀了。"

楚王有个侍从小臣,是靳尚的仇人,对魏臣张旄说:"凭张仪那样的聪明,又为秦、楚两国所重用,您一定会穷困而无计可施了。您不如派人秘密拦截靳尚,把他杀了,楚王定会以为是张仪干的,大为恼怒。张仪受困,无所作为,那么,您就会受到重用。秦、楚两国成为仇敌,魏国也就会没有祸患了。"张仪果然派人拦截靳尚,把他杀了。楚王以为是张仪干的,对秦国大为恼怒,于是秦、楚两国交兵。两国都来争取魏国,张旄果然大受尊重。

【注释】

①激要:暗中劫持。②大重:意为大受尊重。

【解析】

公元前311年,楚王释放了张仪,又不放心,这个时候靳尚请求监视张仪。结果靳尚的仇人趁机借魏国相国张旄之手刺杀了靳尚而归罪于张仪,导致了秦楚交战。

【处世策】

所谓明枪易躲,暗箭难防。靳尚本也是个人才,却也被自己得罪的小人暗算,猝死他国。不要以为不起眼儿的人,就可以随便得罪,往往越是这样的人,心胸越是狭小,报复起来越是不择手段。

秦败楚汉中

【原文】

秦败楚汉中。楚王入秦，秦王留之。游腾为楚谓秦王曰："王挟楚王而与天下攻楚，则伤行矣；不与天下共攻之，则失利矣。王不如与之盟而归之。楚王畏，必不敢倍盟①。倍盟，王因与三国攻之，义也。"

【译文】

秦国在汉中击败了楚军。楚王去到秦国，秦王扣留了他。楚臣游腾为楚国对秦王说："大王挟持了楚王，与齐、魏、韩三国一道进攻楚国，这是不义之行；可是，不与三国一道进攻楚国，又会失利。您不如与楚国结盟，放楚王回国。他害怕秦国，必然不敢背约；如果他背约，大王再与三国一道进攻楚国，这就名正言顺了。"

【注释】

①倍：同"背"，背弃。

【解析】

公元前299年，楚怀王被骗入秦国，被秦王扣留。游腾为楚国游说秦昭王，劝昭王遣返楚怀王，与楚国结盟。

楚襄王为太子之时

【原文】

楚襄王为太子之时，质于齐。怀王薨，太子辞于齐王而归。齐王隘之①："予我东地五百里，乃归子。子不予我，不得归。"太子曰："臣有傅②，请追而问傅。"傅慎子曰："献之地，所以为身也。爱地不送死父，不义。臣故曰献之便。"太子入，致命齐王曰："敬献地五百里。"齐王归楚太子。太子归，即位为王。齐使车五十乘，来取东地于楚。楚王告慎子曰："齐使来求

【译文】

楚襄王做太子的时候，在齐国作质子。他的父亲楚怀王死了，太子向齐王提出要回楚国奔丧。齐王不准许，说："你要割让给我位于东地方圆五百里的土地，我才放你回去。你如果不割让的话，你就回不去。"太子说："我有个老师，请允许我问问他再说。"太子的老师慎子说："您答应割让给齐国土地吧。土地是为了安身的，因为吝惜土地，却不为父亲送葬，是不符合道义的。所以我说，割让土地对你有利。"太子进宫，答复齐王说："我敬献方圆五百里的土地。"齐王这才允许太子返回楚国。太子回到楚国，继承了王位。齐国派来五十辆使车，来楚国索取位于东部的土地。楚王告诉慎子说："齐国的使臣索取东地，这该

东地，为之奈何？"慎子曰："王明日朝群臣，皆令献其计。"

怎么办呢？"慎子说："大王明天召见群臣，让大家都来想办法。"

【注释】

①隘：阻止。②傅：老师。

【原文】

上柱国子良入见①。王曰："寡人之得来反王坟墓、复群臣、归社稷也，以东地五百里许齐。齐今使来求地，为之奈何？"子良曰："王不可不与也。王身出玉声，许强万乘之齐而不与，则不信，后不可以约结诸侯。请与而复攻之。与之信，攻之武，臣故曰与之。"

子良出，昭常入见②。王曰："齐使来求东地五百里，为之奈何？"昭常曰："不可与也。万乘者，以地大为万乘。今去东地五百里，是去战国之半也，有万乘之号而无千乘之用也，不可。臣故曰勿与。常请守之。"

【译文】

上柱国子良进宫拜见楚王。楚王说："我能够回到楚国，来办理父王的丧事，又能再次见到群臣，使国家恢复正常，是以答应割让给齐国东地方圆五百里的土地为条件的。现在齐国派使臣来索要土地，这该怎么办呢？"子良说："大王不能不给啊！您亲口说出的话，一诺千金，答应了拥有万乘的强大的齐国，却又不割让土地，是不守信用的行为，将来您就无法和诸侯各国谈判结盟了。我建议应该割让给齐国土地，然后再出兵攻打齐国。割让土地是守信用，进攻齐国是使用武力，所以我认为应该割让土地给它。"

子良离之后，昭常进宫拜见楚王。楚王说："齐国使臣来索要东地方圆五百里的土地，这该怎么办呢？"昭常说："不能给。所谓万乘之国，是因为土地幅员辽阔才称为万乘之国的。现在如果割让东地方圆五百里的土地，这样就减少了我国一半的战斗力啊！这样楚国虽有万乘之国的名声，却连千乘之国的实力也没有了，不能割让。所以我说不能割让。请让我来守卫东地。"

【注释】

①子良：楚国大臣，官任上柱国。②昭常：楚国大臣。

【原文】

昭常出，景鲤入见①。王曰："齐使来求东地五百里，为之奈何？"景鲤曰："不可与也。虽然②，楚不能独守。王身出玉声，许万

【译文】

昭常离开之后，景鲤进宫拜见楚王。楚王说："齐国使臣来索要东地方圆五百里的土地，这该怎么办呢？"景鲤说："不能给。虽然如此，不能单靠楚国一国的力量独守东地。大王亲口说

乘之强齐也而不与，负不义于天下。楚亦不能独守。臣请西索救于秦。"

景鲤出，慎子入。王以三大夫计告慎子曰："子良见寡人曰：'不可不与也，与而复攻之。'常见寡人曰：'不可与也，常请守之。'鲤见寡人曰：'不可与也，虽然，楚不能独守也，臣请索救于秦。'寡人谁用于三子之计？"慎子对曰："王皆用之！"王怫然作色曰③："何谓也？"慎子曰："臣请效其说，而王且见其诚然也。王发上柱国子良车五十乘，而北献地五百里于齐。发子良之明日，遣昭常为大司马，令往守东地。遣昭常之明日，遣景鲤车五十乘，西索救于秦。"王曰："善。"乃遣子良北献地于齐。遣子良之明日，立昭常为大司马，使守东地。又遣景鲤西索救于秦。

出来的话，一诺千金，答应了拥有万乘的强大的齐国，却又不割让土地，这就在天下落了个不义的坏名声。也不能单靠楚国一国的力量来独守东地。请让我去往西向秦国求救。"

景鲤离开之后，太子的老师慎子进宫。楚王把三位大夫的计策告诉给慎子，说："子良见到我说，'不能不给，给了之后再出兵攻打齐国'。昭常见了我说，'不能给，请让我去守卫东地。'景鲤见了我说，'不能给，却也不能单靠楚国一国的力量来独守东地，请让我往西去向秦国求救。'不知道他们三个人的计策我到底采用谁的好？"慎子回答说："大王都采用。"楚王愤怒地变了脸色，说："这是什么意思？"慎子说："请让我说出我的道理，大王就会知道我说的确实符合道理。大王您先派遣上柱国子良带着五十辆车子，往北到齐国去进献东地方圆五百里的土地；在派遣子良北去的第二天，派遣昭常为大司马，让他去守卫东地；在派遣昭常东去的第二天，派遣景鲤带着五十辆车子，往西到秦国去求救。"楚王说："好"。于是派子良往北到齐国去敬献土地。在派遣子良北去的第二天，任命昭常为大司马，派他去守卫东地。又派遣景鲤去往西向秦国求救。

【注释】

①景鲤：楚国大臣。②虽然：即使如此。③怫(fú)然：发怒的样子。作色：改变脸色。

【原文】

子良至齐，齐使人以甲受东地①。昭常应齐使曰："我典主东地，且与死生。悉五尺至六十，三十余万弊甲钝兵，愿承下尘。"齐王谓子良曰："大夫来献地，今常守

【译文】

子良到了齐国，齐国派人带着士兵来接受东地。昭常回答齐国使臣说："我负责管理东地，要与东地共存亡。我已动员了从小孩到六十岁的老人全部入伍，共三十多万人，虽然我们的铠甲破旧，武器鲁钝，但我们愿意奉陪到底。"齐王对子良说："您来献地，但现在昭常却守卫东地，这是怎么回

之，何如？"子良曰："臣身受弊邑之王，是常矫也。王攻之。"齐王大兴兵，攻东地，伐昭常。未涉疆，秦以五十万临齐右壤②。曰："夫隘楚太子弗出，不仁；又欲夺之东地五百里，不义。其缩甲则可，不然，则愿待战。"齐王恐焉，乃请子良南道楚③，西使秦，解齐患。士卒不用，东地复全。

事啊？"子良说："我是受了敝国大王的命令来进献东地，昭常守卫东地，这是他假传王命。大王去攻打他吧。"齐王于是发动大军进攻东地，攻打昭常。但大军还没有到达东地的边界，秦国已经派了五十万大军逼近齐国西边边境。说："你们扣押楚国太子，不让他回国，这是不仁之举；又想抢夺楚国东地方圆五百里的土地，这是不义之举。如果你们收兵的话还可以，不收兵的话，我们愿等待和你们一战。"齐王害怕了，就请求子良往南与楚国讲和，又派人往西出使秦国，解除了齐国的祸患。楚国没有派一兵一卒，却保全了东地。

【注释】

①甲：军队。②临齐右壤：逼近齐国右边边境。③道楚：返回楚国。道，取道。

【解析】

楚襄王面对齐国的强力威胁，听取了上柱国子良、昭常、景鲤、慎子四个人的意见，最后慎子的建议集中了前三个人的意见，没有动用一兵一卒，就解决了齐国所带来的棘手问题，维护了国家的安全。

【处世策】

人和人之间最大的区别就是对事物的认识和理解不同，所以每个人思考问题和解决问题的方法也不同。听一听不同的人对同一个问题的不同看法，就能使自己得到不同的对这一问题的认识和理解，也就有了更多的分析问题的角度，也就有了更多可供选择的解决问题的方法。所以我们思考问题、分析问题和解决问题的时候，最好能够多听取不同的人的意见。集思广益地解决问题，把要做的事情做得更好。

女阿谓苏子

【原文】

女阿谓苏子曰："秦栖楚王、危太子者,公也。今楚王归①,太子南,公必危。公不如令人谓太子曰:'苏子知太子之怨己也,必且务不利太子。太子不如善苏子,苏子必且为太子入矣。'"苏子乃令人谓太子,太子复请善于苏子。

【译文】

女阿对苏秦说。"秦国拘留了楚王,谋害太子的是您苏秦,如今楚王已死,太子要南归回楚,您的处境必定危险。您不如派人对太子说:'苏秦知道太子怨恨他,定会想方设法对太子不利。太子不如善待苏秦,苏秦必将设法让太子平安回国。'"苏秦就派人对太子说了这番话。于是,太子又善待苏秦。

【注释】

①归:此处指死。

【解析】

楚国太子的保姆对苏秦说,秦国扣留楚王是因为苏秦的缘故。劝苏秦实施计策结交太子,不然楚国太子将对苏秦不利。苏秦与楚国太子关系紧张,但双方出于各自利益考虑,都有改善关系的愿望。

【处世策】

世上的一切都处于变化的状态之中,敌人会变成朋友,朋友也会变成敌人,这是一种社会现实。当朋友因某种缘故成为你的敌人时,你不必过于忧伤感叹,因为有一天他有可能再成为你的朋友!有了这种心态,你就能以一颗平常心来交友!

卷十六　楚三

苏子谓楚王

苏子谓楚王曰①："仁人之于民也，爱之以心，事之以善言。孝子之于亲也，爱之以心，事之以财。忠臣之于君也，必进贤人以辅之②。今王之大臣父兄，好伤贤以为资，厚赋敛诸百姓，使王见疾于民③，非忠臣也。大臣播王之过于百姓，多赂诸侯以王之地，是故退王之所爱，亦非忠臣也，是以国危。臣愿无听群臣之相恶也，慎大臣父兄；用民之所善，节身之嗜欲，以安百姓。人臣莫难于无妒而进贤。为主死易，垂沙之事，死者以千数。为主辱易，自令尹以下，事王者以千数。至于无妒而进贤，未见一人也。故明主之察其臣也，必知其无妒而进贤也。贤臣之事其主也，亦必无妒而进贤。夫进贤之难者，贤者用且使己废，贵且使己贱，故人难之。"

苏秦对楚王说："仁人爱护百姓，用真心爱他们，用好话抚慰他们。孝子孝敬自己的父母亲，用真心爱他们，用钱财奉养他们；忠臣忠诚于自己的国君，必须推荐贤能的人来辅助国君。现在大王的重臣和宗亲喜好毁谤贤能的人，用这来当做他们进身的条件，对百姓课以沉重的赋税，导致国君被百姓怨恨，他们称不上是忠臣。那些大臣在百姓当中传播国君的不是，用您的土地大肆地贿赂诸侯。因此和大王的所爱相违背，这也称不上是忠臣。这样下去，国家就危险了。我希望您不要去听信大臣们之间互相攻击诋毁的话，要审慎地任用大臣和宗亲。要任用那些百姓所喜欢的人，节制自己的嗜好和欲望，依据百姓的喜好来决定各种事情。

做人臣的最难做到的是莫过于没有嫉妒心又能推荐贤才。为国君去死是很容易的，就拿垂沙之战来说，死的人数以千计。为国君而忍受屈辱，也是很容易的，像令尹以下的人，侍奉大王的人也数以千计。至于没有嫉妒之心又能推荐贤才的人，没有见到一个人。所以英明的国君考察他的臣子，必须了解他们是不是没有嫉妒心又能推荐贤才。贤能的人侍奉国君，也必须没有嫉妒心又能推荐贤才。推荐贤才之所以很难做到，是因为被推荐的贤才一旦被任用了就会使自己遭到废弃，被推荐的贤才地位尊贵了，就会使自己显得低贱，所以人们难以做到。"

【注释】

①苏子：即苏秦。②进：举荐，推荐。③见疾：被怨恨。

【解析】

苏秦在和楚王的谈话中勾画了贤能忠臣的一个标准，指出一个国家要想保持政治清明和长治久安，作为国家的最高统治者和他们的下属官僚们所应该遵循的原则。

战国时期的纵横家在往来奔走于各个诸侯国之间，靠他们的积极的思考和机智的论辩，发展了我国古代的政治科学，为后代提出了许多的政治学命题和基本的理念，丰富了我国的政治学宝库，为我们留下了丰富的政治传统遗产。

【处世策】

"职场嫉妒症"的危害很多，虽然嫉妒可能有一定的现实基础，但这毕竟是一种心理层面的敌意与竞争，既容易造成同事间不必要的冲突，也可能得罪领导，形成人际关系的恶性循环，对自身的身心健康不利。应该采取豁达的心胸看世界，努力做好自己的本职工作。对于别人的问题，采取"随他去吧"的态度，顺其自然，就会减少很多不必要的烦恼。

苏秦之楚

【原文】

苏秦之楚，三月乃得见乎王。谈卒，辞而行。楚王曰："寡人闻先生，若闻古人；今先生乃不远千里而临寡人，曾不肯留。愿闻其说。"对曰："楚国之食贵于玉，薪贵于桂，谒者难得见如鬼，王难得见如天帝。今臣食玉炊桂，因鬼见帝。"王曰："先生就舍，寡人闻命矣①。"

【注释】

①闻：同"遵"。

【译文】

苏秦来到楚国，过了三个月，才见到楚王。交谈完毕，就要向楚王辞行。楚王说："我听到您的大名，就像听到古代贤人一样，现在先生不远千里来见我，为什么不肯多待一些日子呢？我希望听到您的意见。"苏秦回答说："楚国的粮食比宝玉还贵，楚国的柴禾比桂树还贵，禀报人员像小鬼一样难得见面，大王像天帝一样难得见面；现在大王要我拿玉当粮食吃，拿桂当柴禾烧，由小鬼引见来见天帝吗？"楚王说："请先生到客舍住下吧。我遵命了。"

苏秦没有因为拒绝召见而心灰意冷，而当他见到楚王后也没有忘乎所以，把想法和要求和盘托出，而是以退为进，马上辞行。这样反倒掌握了心理上的主动权，让楚王十分迫切地想听从他的意见、答应他的要求，把他奉为上宾。

【处世策】

在说服他人时，光有学识是不能被人接纳的，顽强的毅力和冷静的心态是取胜的必备素质。

楚王逐张仪于魏

【原文】

楚王逐张仪于魏[①]。陈轸曰："王何逐张子？"曰："为臣不忠不信。"曰："不忠，王无以为臣；不信，王勿与为约。且魏臣不忠不信，于王何伤？忠且信，于王何益？逐而听则可，若不听，是王令困也。且使万乘之国免其相，是城下之事也[②]。"

【译文】

楚王要魏国赶走相国张仪。陈轸对楚王说："大王为什么要赶走张仪呢？"楚王说："张仪作为人臣不忠不信。"陈轸说："张仪不忠，大王可以不要他做您的大臣，张仪不信，大王可以不要和他定下诺言。况且，他是魏国的大臣，不忠不信，对大王有什么损害呢？他既忠且信，对大王又有什么好处呢？大王要魏国把他赶走，如果魏国听从您的意思，那还好；如果不听您的意见，这就会使大王处境尴尬，下不了台。再说，要一个万乘大国按照别国的命令罢免本国的相国，这就如同订立城下之盟那样，是奇耻大辱。"

【注释】

①楚王：此处为楚怀王槐。张仪欲联系秦韩魏三国进攻齐楚二国，故楚王逐之。②城下之事：即城下之盟，指在敌方兵临城下时被迫签订的屈服的和约。

【解析】

张仪做了魏国的相国，楚王因为张仪不忠不信，想叫魏国驱逐他。陈轸则以张仪虽然不忠不信却也无害于楚为由，劝阻了楚王不要干涉他人的事情，不要强加自己的意志于别人身上。

【处世策】

如果希望别人接受你的观点和意志，则需要足够的谋划，找出足够的理由说服对方，让他人心安理得地接受。倘若强加给别人意志，双方的关系必将变得紧张，而且于事无补。

张仪之楚贫

【原文】

张仪之楚，贫。舍人怒而归①。张仪曰："子必以衣冠之敝，故欲归。子待我为子见楚王。"当是之时，南后、郑袖贵于楚。张子见楚王，楚王不说。张子曰："王无所用臣，臣请北见晋君。"楚王曰："诺。"张子曰："王无求于晋国乎？"王曰："黄金珠玑犀象出于楚，寡人无求于晋国。"张子曰："王徒不好色耳！"王曰："何也？"张子曰："彼郑、周之女，粉白黛黑，立于衢闾②，非知而见之者以为神。"楚王曰："楚，僻陋之国也，未尝见中国之女如此其美也。寡人之独何为不好色也？"乃资之以珠玉。

【译文】

张仪到了楚国之后，生活很贫困。他的侍从很生气，想要回去。张仪说："你一定是因为衣冠破烂，所以想要回去的吧。你等着，让我替你去见楚王。"就在这个时候，南后和郑袖正受楚王的宠爱，在楚国地位尊贵。张仪拜见楚王，楚王不高兴。张仪说："大王没有什么可以用得上我的地方，请让我往北去见晋王。"楚王说："好吧！"张仪说："难道大王对晋国的出产就没有什么想要的吗？"楚王说："黄金、珍珠、玑珠、犀皮、象牙都出产于楚国，我对晋没有什么想要的。"张仪说："大王不喜欢美色吗？"楚王说："你所说的是什么？"张仪说："那郑国和周国的女子，打扮得十分漂亮，站在大街巷口，如果不知道的话，初次见她的还以为见到了仙女。"楚王说："楚国是一个地处偏僻的国家，我从来没有见过有中原女子这么美丽。我怎么就不喜欢美色呢？"于是给张仪珍珠和玉器作为资用，为他寻找美丽的中原女子。

【注释】

①舍人：门客。②衢闾：大街和巷口。

【原文】

南后、郑袖闻之大恐，令人谓张子曰："妾闻将军之晋国，偶有金千斤，进之左右，以供刍秣①。"郑袖亦以金五百斤。张子辞楚王曰："天下关闭不通，未知见日也，愿王赐之觞。"王曰："诺。"乃觞之。张子中饮，再拜而请曰："非有他人于此也，愿王召所便习而觞之②。"王曰："诺。"乃召南后、郑袖而觞之。张子再拜而请曰："仪有死罪于大王。"王曰："何也？"曰："仪行天下遍矣，未尝见人如此其美也。而仪言得美人，是欺王也。"王曰："子释之。吾固以为天下莫若是两人也。"

【译文】

南后和郑袖知道了这件事，大为惊恐，就派人对张仪说："我们听说将军要到晋国去，我这里有一千斤黄金，送给您左右的人，作为粮草钱。"郑袖也给了张仪五百斤黄金。

张仪向楚王辞行，说："各国诸侯互相隔绝，不知哪天才能再见到大王，请大王赐酒辞行。"楚王说："很好。"于是设宴和张仪饮酒辞行。酒至半酣，张仪施礼，请求说："这里没有外人，请大王召来左右亲近的人敬酒。"楚王说："好。"于是找来南后和郑袖一起饮酒。张仪施礼，请罪说："我对大王犯有死罪。"楚王说："有什么罪啊？"张仪说："我走遍天下，从来没有见过像南后、郑袖二位这样美丽的女子。而我说要为您寻找美人，这是在欺骗大王啊！"楚王说："你放心吧。我本来就认为天下没有比她们两人更美丽的人了。"

【注释】

①刍秣：粮草，这里的意思是酒食饭钱。②便(pián)习：君王左右受宠幸的近臣或后妃。

【解析】

张仪来到楚国推行他的连横政策，但遭到了囊中羞涩的尴尬。张仪了解了楚王喜欢女色的心理，于是就紧紧抓住他的这个心理大做文章，调动各方面的因素和矛盾，巧妙地为自己筹到了经费。

楚王令昭雎之秦重张仪

【原文】

楚王令昭雎之秦重张仪，未至，惠王死。武王逐张仪，楚王因收昭雎以取齐①。桓臧为雎谓楚王曰："横亲之不合也②，仪贵惠王而善雎也。今惠王死，武王

【译文】

楚王派昭雎去秦国，帮助张仪得到秦国的重用。昭雎还没到秦国，秦惠王已死。武王即位后，赶走了张仪。楚王因此也罢免了昭雎，以此讨好秦国。

臧桓为昭雎对楚王说："秦、韩、魏三国的连

立，仪走，公孙郝、甘茂贵。甘茂善魏，二人固不善雎也，必以秦合韩、魏。韩、魏之重仪，仪有秦而雎以楚重之。今仪困秦而雎收楚，韩、魏欲得秦，必善二人者。二人将收韩、魏，轻仪而伐楚，方城必危！王不如复雎而重仪于韩、魏③。仪据楚势，挟魏重，以与秦争。魏不合秦，韩亦不从，则方城无患。"

横阵线没有成功，是因为秦惠王倚重张仪，而张仪和昭雎友好。现在秦惠王已死，武王即位，张仪又被秦国赶跑，公孙郝、甘茂被重用。甘茂和魏国友好，公孙郝与韩国友好。他们两人本来就不和昭雎友好，必然会使秦国和韩、魏联合，结成连横阵线。韩、魏当初倚重张仪，是因为张仪有秦国做靠山，而昭雎又借楚国的势力帮助张仪得到秦国重用。现在张仪被秦国赶跑，处境困窘，昭雎又被楚国罢免，韩、魏两国要想争取秦国，必须对甘茂和公孙郝友好。这两人将会联合韩、魏，贬低张仪，来进攻楚国，这样，楚国的方城必定危险。大王不如恢复昭雎的地位，而使张仪得到韩、魏的重用。张仪依靠楚国的势力，借助魏国对他的重用，去与秦国对抗，这样魏国与秦国不能联合。韩国与秦国也不能联合，楚国的方城就安稳无患了。"

【注释】

①收：指收监，拘捕。②横亲：横向结亲。也即当时的"连横"，与"合纵"完全对立。③复：恢复地位。

【解析】

秦武王元年，张仪入魏。昭雎素与张仪交好，楚怀王就罢免他以迎合秦国。桓臧替昭雎游说楚怀王，分析了当时的态势，指出只有让昭雎复职，支持张仪在魏国执政，楚国才能免除祸患。

【处世策】

人在江湖，身不由己。"站队"是一门艺术。选对了，你就会有更多的机会升职、加薪。选择了错误的队伍，结果只有两种，一是弃暗投明，二是黯然走人。

为了避免站错队的惨剧发生，适当的思考很有必要。你是哪种类型的人？公司是哪种类型的公司？公司文化是什么风格？公司牛人都有哪些？升职达人有哪些过人之处？内部的圈子是怎么来的？搞清楚这些问题之前，一定不要蠢蠢欲动。

张仪逐惠施于魏

【原文】

张仪逐惠施于魏。惠子之楚，楚王受之。冯郝谓楚王曰："逐惠子者，张仪也。而王亲与约，是欺仪也。臣为王弗取也！惠子为仪者来，而恶王之交于张仪，惠子必弗行也。且宋王之贤惠子也，天下莫不闻也；今施之不善张仪也，天下莫不知也。今为事之故，弃所贵于雠人，臣以为大王轻矣①！且为事耶？王不如举惠子而纳之于宋，而谓张仪曰：'请为子勿纳也。'仪必德王。而惠子穷人，而王奉之，又必德王。此不失为仪之实，而可以德惠子。"楚王曰："善。"乃奉惠子而纳之宋。

【译文】

张仪在魏国挤走惠施。惠施来到楚国，楚王接待了他。

大臣冯郝对楚王说："挤走惠施的是张仪，可是大王又与惠施结交，这是在欺骗张仪，我认为大王这样做不可取。惠施是因为张仪排挤他才来到楚国的，他也定会怨恨您与张仪结交，如果惠施知道这种情况，他一定不会来楚国，而且宋王偃善待惠施，诸侯中无人不知。现在，惠施与张仪结仇，诸侯中也无人不晓。如今惠施因与大王结交，您便为了张仪的仇人惠施而抛弃张仪。我不理解大王这样做，是有些轻率呢？还是为了国家的大事呢？大王不如帮助惠施，送他到宋国去。然后，对张仪说：'我是因为您才没有接待惠施的。'张仪必然感激大王。而惠施是个被排挤、遭困窘的人，大王却帮助他，把他送到宋国去，惠施也必然感激大王。这样您实际上不失为张仪着想，又可以使惠施感恩戴德。"楚王说："好。"就把惠施送到宋国去了。

【注释】

①轻：指轻率。

【解析】

张仪和惠施不友好，冯郝分析了各种利害关系，为楚王找到了一条与两人都能友好相处的办法。

【处世策】

本篇讲述怎样妥善地处理人际关系。人是各种社会关系的总和。每个人都生活在复杂的社会关系当中,尤其是我们中国人,向来注重人情,所以人际关系相当复杂。我们做事情的时候要了解相关的人之间的关系情况,亲疏远近都必须顾及到,否则的话就会把事情办砸,为以后的工作和生活埋下许多的障碍。

五国伐秦

【原文】

五国伐秦。魏欲和,使惠施之楚,楚将入之秦而使行和。杜赫谓昭阳曰:"凡为伐秦者,楚也。今施以魏来,而公入秦。是明楚之伐而信魏之和也。公不如无听惠施,而阴使人以请听秦。"昭子曰:"善。"因谓惠施曰:"凡为攻秦者①,魏也。今子从楚为和,楚得其利,魏受其怨。子归,吾将使人因魏而和。"惠子反,魏王不说。

杜赫谓昭阳曰:"魏为子先战,折兵之半,谒病不听,请和不得,魏折而入齐、秦,子何以救之?东有越累②,北无晋,而交未定于齐、秦,是楚孤也。不如速和。"昭子曰:"善。"因令人谒和于魏。

【译文】

魏、韩、赵、楚、燕五国联合攻秦,五国败,魏国想求和,派惠施到楚国去。楚国将送他到秦国去议和。

楚臣杜赫对楚将昭阳说:"统帅五国进攻秦国的,是楚国,现在惠施奉魏王之命来楚国,您却派人把他送到秦国去,这显然是告诉秦国,楚国是主张攻秦的,魏国是主张议和的。您不如不要听从惠施的,秘密派人去与秦国讲和,听命于秦国。"昭阳说:"好。"于是对惠施说:"魏国是带头进攻秦国的,现在您跟随楚国去秦国议和,楚国得利,魏国却受怨。您还是回去,我将派人以魏国的名义去与秦国议和。"

惠施返回魏国,魏王很不高兴。杜赫对昭阳说:"魏国为您打头阵,损失了一半的兵力,求援既没有答应,请和又不得要领,魏国转而倒向秦、齐,您怎么挽救这种局势呢?东边要顾虑越国,北边又无韩、赵、魏三国的援助,而且与齐、秦的邦交还不巩固,这样就会使楚国孤立。还不如赶快和秦国议和。"昭阳说:"好。"于是派人去告诉魏国,与秦国议和。

【注释】

①凡:统帅。②越累:意指越有伤楚之心。

【解析】

公元前318年,五国攻秦不利,楚、魏都想和秦国议和,以便脱身。魏国派惠施入楚,通报这一想法。楚国谋士杜赫向昭阳建议,最好是拒绝惠施,然后暗中与秦国讲和,因为谁最先和秦国讲和,谁就和秦国改善了关系。

【处世策】

做事情应当全面周详地统筹计划,不能只盯着利益,而忽略了潜在的危险。只有利害兼顾,才能制定出完备的对策,确保事情顺利地完成。

陈轸告楚之魏

【原文】

陈轸告楚之魏。张仪恶之于魏王曰:"轸犹善楚,为求地甚力。"左爽谓陈轸曰:"仪善于魏王,魏王甚信之。公虽百说之[1],犹不听也。公不如以仪之言为资,而得复楚。"陈轸曰:"善。"因使人以仪之言闻于楚。楚王喜,欲复之。

【译文】

陈轸离开楚国到了魏国,张仪在魏王面前诽谤陈轸,说:"陈轸还是对楚国好,他一个劲儿地为楚国争取地盘。"左爽对陈轸说:"张仪受到魏王的优待,魏王很信任他,您即使费尽唇舌,魏王也不会听您的。您不如拿张仪诽谤您的话做借口,还可以回楚国去。"陈轸说:"好。"于是派人把张仪的那番话传给楚王。楚王知道后,很高兴,准备再起用陈轸。

【注释】

①百说:多次劝说。百,量词。

【解析】

公元前322年,陈轸离开楚国来到了魏国,张仪排挤陈轸。左爽劝陈轸趁机回到楚国去。陈轸把对方对自己的攻击转移到别处,转化成对自己的帮助,借力打力,是一种极高的智慧。

【处世策】

要在办公室里成为生存高手,不仅需要悟性,还要熬得起时间,我们总说办公室武功中的最高境界就是太极拳,推来绕去,不着痕迹。首先你需要了解办公室里的人事结构,哪些是资深群众,哪些是领导的眼线,这样才不会因为不必要的事情得罪那些不该得罪的人;其次你要了解领导的行事方法,不要一不小心踩中"地雷";最后重要的是用心,眼观六路耳听八方,随时搜集有利信息。最后学会"借力打力",通过借势和转移矛盾,实现自己的安全。

秦伐宜阳

【原文】

秦伐宜阳。楚王谓陈轸曰①："寡人闻韩侈巧士也②，习诸侯事，殆能自免也。为其必免，吾欲先据之以加德焉③。"陈轸对曰："舍之。王勿据也。以韩侈之知，于此困矣。今山泽之兽无黠于麋。麋知猎者张罔，前而驱己也，因还走而冒人。至数，猎者知其诈，伪举罔而进之，麋因得矣。今诸侯明知此多诈，伪举罔而进者必众矣。舍之，王勿据也。韩朋之知于此困矣。"楚王听之，宜阳果拔。陈轸先知之也。

【译文】

秦国进攻韩国的宜阳。楚王对陈轸说："我听说韩侈是能言善辩的智士，又熟悉诸侯之事，他必能自免于危亡。因为他能解救于危亡，我想事先掌握他，多给他一些好处。"陈轸说："舍弃他吧，您不要掌握他了。即使凭韩侈的智谋，也得被困在这次战役里。山泽的野兽，没有比麋鹿再狡猾的了。麋鹿知道猎人在前面设有兽网，要驱赶自己落进网里去，因此就回过头来对着猎人跑，不论怎么赶它，它总是这样。猎人知道麋鹿很狡猾，就举起兽网迎着麋鹿跑，这样就捕获了麋鹿。现在诸侯明知韩侈很狡猾，可是要想捉他的人却很多。舍弃他吧，大王不要掌握他了。韩侈的智谋是要被困在这次战役里的。"楚王听了陈轸的话。宜阳果然被攻下来了，陈轸事先就预料到了。

【注释】

①楚王：怀王。②韩侈：即公仲侈，韩相国。③据：控制，掌握。

【解析】

公元前 308 年，秦国攻打韩国的宜阳，韩将韩侈驻守宜阳。公元前 307 年，宜阳危急，楚怀王想帮助韩侈守城。陈轸用猎人巧计捕麋鹿的故事作比喻，断言宜阳难守，劝阻楚王。后来果如其言，宜阳失守。

【处世策】

知己知彼，百战百胜。这要求参与竞争的人在尽可能摸清对方底细的同时，还要隐藏自己，迷惑对方，让对方不能把握我方情况。这样我方的胜利就能够把握了。

唐且见春申君

【原文】

唐且见春申君曰："齐人饰身

【译文】

唐且拜见楚相春申君，说："齐国人修身养

修行得为益,然臣羞而不学也。不避绝江河,行千余里来,窃慕大君之义,而善吾之业。臣闻之:'贲、诸怀锥刃而天下为勇①;西施衣褐而天下称美。'今君相万乘之楚,御中国之难,所欲者不成,所求者不得,臣等少也。夫枭棋之所以能为者②,以散棋佐之也。夫一枭之不胜五散,亦明矣。今君何不为天下枭,而令臣等为散乎?"

行,是为了得到爵禄,可是我以此为耻,所以不去学它。我不避远涉江河,行走千余里,来到这里,是因为敬慕您的大义,想辅佐您完成大业。我听说,孟贲、专诸怀藏锥、刃,而天下的人称他们为勇士,西施身穿褐衣,而天下的人称她为美人,现在您身为万乘楚国的相国,抵抗着中原诸侯这样的大敌,可是您想完成的却没有完成,想得到的却没有得到,就是因为缺少像我们这样的人,枭棋之所以能够取胜,这因为有散棋辅佐的缘故。单独一个枭棋,不能战胜五个散棋,这也是很明显的。现在您为何不做天下的枭棋,而让我们做散棋呢?"

【注释】

①贲、诸:指孟贲和专诸,古代壮士。②枭:六博彩名,为博头。散:即五白,除枭子外的五个棋子,博得五白可以胜枭。

【解析】

唐且用一个枭棋无法战胜五个散棋作比喻,劝说春申君要团结部下,共同成就功业,并借以谋求职位。

【处世策】

当今社会,单枪匹马做事业早就不可行了,团队协作变得空前重要。强大的团队抗风浪,有强大的团队才不怕欺,有强大的团队就有持久的企业,百年老店绝不是靠一个伟大的构想,也不是靠一个伟大的领袖,而是靠一个强大的团队。

卷十七 楚四

或谓楚王

【原文】

或谓楚王曰："臣闻从者欲合天下以朝大王，臣愿大王听之也。夫因诎为信①，奋患有成，勇者义之；摄祸为福，裁少为多，知者官之。夫报报之反②，墨墨之化，唯大君能之。祸与福相贯，生与亡为邻。不偏于死，不偏于生，不足以载大名；无所寇艾③，不足以横世。夫秦捐德绝命之日久矣，而天下不知。今夫横人礐口④利机，上干主心，下牟百姓，公举而私取利。是以国权轻于鸿毛，而积祸重于丘山。"

【译文】

有人对楚王说："我听说，那些主张合纵联盟的人，想要联合诸侯以尊奉大王，我希望您答应他们。由于受到挫折，却可以得到伸张；由于受到患难的激励，却可以得到成功，勇敢的人应该如此。因为遭受灾祸，却可以转祸为福，因为收获微少，却可以转少为多，聪明的人理解它们之间相辅相成的关系，才甘愿去做这种事。屈与伸、患与成、祸与福、少与多，它们之间反反复复，相反相成的变化，是没有一定规则的。它们都是在无形中进行变化的。只有您大王才能够这样做。有祸就有福，有福就有祸；有生就有死，有死就有生。为了正义当死而苟生，为了正义当生而轻死，是不可能成就王霸大业的。没有经过战争灾祸的考验和磨炼，不可能具有盖世的本领。长期以来，秦国捐弃道德、不顾性命，无所畏惧，而诸侯不知。现在主张连横一伙的人，夸夸其谈，以利相诱，对上惑乱君主的心意，对下侵害百姓的利益，国家一有行动，那些主张连横的家伙就乘机谋取私利。因此，国家权力比鸿毛还轻，而积祸比丘山还重。"

【注释】

①诎：同"屈"，弯曲。信：同"伸"，伸展。②报报之反：反反复复地变化。③艾(yì)：通"刈"，斩割。④礐(hǎn)口：巧言利舌。

【解析】

合纵者游说楚王攻击连横者，极力怂恿楚王合纵抗秦。

能在社会中一帆风顺大展宏图自然最好不过。可正所谓"人生不如意十之八九"，坎坷、失败、挫折伴随了人生绝大多数的时光。要告诉自己，失意不忘形，大丈夫能屈能伸，后退是为了更好地向前。有这样的心态，有这样的志气，人生必将多姿多彩。

魏王遗楚王美人

【原文】

魏王遗楚王美人①，楚王说之。夫人郑袖知王之说新人也，甚爱新人。衣服玩好，择其所喜而为之；宫室卧具，择其所善而为之，爱之甚于王。王曰："妇人所以事夫者，色也；而妒者，其情也。今郑袖知寡人之说新人也，其爱之甚于寡人，此孝子所以事亲，忠臣之所以事君也。"郑袖知王以己为不妒也，因谓新人曰："王爱子美矣。虽然，恶子之鼻。子为见王，则必掩子鼻。"新人见王，因掩其鼻。王谓郑袖曰："夫新人见寡人，则掩其鼻，何也？"郑袖曰："妾知也。"王曰："虽恶，必言之。"郑袖曰："其似恶闻君王之臭也②。"王曰："悍哉！"令劓之，无使逆命。

【译文】

魏惠王赠送楚怀王一个美女，怀王很喜欢这个美女。楚怀王的夫人郑袖，知道楚怀王宠爱这个新来的美人，所以表面上也装出一副很喜爱这个新来人的样子。衣服首饰尽挑她喜欢的送给她；宫室和用具也都挑她所喜欢的让她使用。看起来比楚王更喜欢她。楚王说："女人所以用来侍奉丈夫的就是她的美色；而嫉妒是人之常情。如今郑袖知道我喜欢这个新来美人，可是她喜欢她要超过我，这就如同孝子侍奉双亲，忠臣侍奉君主一样啊！"

郑袖知道楚王认为她不嫉妒，就对新人说："大王爱你的美貌。虽然如此，但是他很讨厌你的鼻子。所以你见了大王，就一定要捂住你的鼻子。"从此新人每次见到楚王就用手捂住自己的鼻子。楚王对郑袖说："新人看见我的时候，就捂住自己的鼻子，这是什么原因呢？"郑袖说："我知道什么原因。"楚王说："即使再难听的话，你也一定要说。"郑袖说："她好象是讨厌大王身上的气味吧。"楚王说："不讲理的悍妇！"于是下令割掉美女的鼻子，不准违抗命令。

【注释】

①遗：赠送，送给。②臭：这里指体味。

【解析】

郑袖作为王后，历经宫中的锤炼，耍弄其明暗两手来，真是令人咂舌。她首先在表面上表现得很喜欢魏女，无论什么都顺着魏女的心意来做，实际上这是做给楚怀王看的表面文章，从而让楚怀王相信自己并没有什么嫉妒的心理。得到楚怀王的信任之后，郑袖又装出一副十分关心魏女的样子来，让魏女捂着鼻子去见楚怀王，实际上利用了楚怀王身上有狐臭而又怕人揭短的心理，终于使他对魏女下了毒手。

【处世策】

工作中要提防"笑里藏刀"的人。因为他可能甜言蜜语地和你套近乎，却是为了窃取你的劳动成果；他可能在当面把你夸得飘飘然，背后却拿你不经意透露的信息去跟领导告密；他可能经常在你面前装得可怜兮兮，只是为了让你主动让出升职的机会；他可能热心邀请你跟他一起负责某个项目，只是为了在出问题时让你背黑锅……害人之心不可有，防人之心不可无。我们提倡以诚相待，但是也不能因此而让你的善良成了他人利用的对象。

楚王后死

【原文】

楚王后死，未立后也。谓昭鱼曰："公何以不请立后也？"昭鱼曰："王不听，是知困而交绝于后也！""然则，何不买五双珥①，令其一善而献之王？明日，视善珥所在，因请立之。"

【译文】

楚国的王后死了，还没有新立王后。有人对昭鱼说："您为什么不请求新立王后呢？"昭鱼说："大王如果不听从我的意见，这样，我不仅十分尴尬，而且新立的王后和我的关系就会恶化。"这人说："那么，您就买五双耳环献给大王，其中一双是最好的，第二天看看谁戴着那双最好的耳环，您就请求立谁为王后。"

【注释】

①珥：耳环。

【解析】

投其所好，是政客们最常用的手段。此章与《齐策二·齐王夫人死》几乎相同，疑为后世策士拟托之作。

【处世策】

当自己迷失了进攻方向的时候，不要贸然出击，最好的方式是诱导对手出手，判断好对手的方向，我们再全力一击。

【原文】

庄辛谓楚襄王曰①："君王左州侯,右夏侯,辇从鄢陵君与寿陵君②,专淫逸侈靡,不顾国政,郢都必危矣。"襄王曰："先生老悖乎? 将以为楚国祅祥乎?"庄辛曰："臣诚见其必然者也,非敢以为国祅祥也。君王卒幸四子者不衰,楚国必亡矣。臣请辟于赵,淹留以观之。"庄辛去之赵。留五月,秦果举鄢、郢、巫、上蔡、陈之地,襄王流掩于城阳。于是使人发驺③,征庄辛于赵。庄辛曰:"诺。"

【译文】

庄辛对楚襄王说:"君王左有州侯右有夏侯,鄢陵君和寿陵君在车后跟从,生活淫逸奢侈、毫无节制,不理国家朝政,这样下去会使郢都变得很危险。"楚襄王说:"先生老糊涂了?还是认为楚国将遇到不祥呢?"庄辛说:"臣当然是看到了您这样下去的必然后果,而不敢认为国家会遇到不祥。如果大王始终宠幸这四个人,不稍加收敛的话,那楚国一定会因此而灭亡。请大王准许臣到赵国避难,在那里来静观楚国的变化。"庄辛离开楚国到了赵国,他在赵国呆了五个月,秦国果然发兵攻占了鄢、郢、巫、上蔡、陈这些地方,楚襄王也流亡到城阳。到了这样的境地楚襄王才派人率骑士到赵国召请庄辛。庄辛说:"好。"

【注释】

①庄辛:楚庄王的后代。②辇从:车后跟着。辇,用人拉的车子。③发:派遣。驺:侍从骑士。

【原文】

庄辛至,襄王曰:"寡人不能用先生之言,今事至于此,为之奈何?"庄辛对曰:"臣闻鄙语曰:'见兔而顾犬,未为晚也;亡羊而补牢,未为迟也。'臣闻昔汤、武以百里昌,桀、纣以天下亡。今楚国虽小,绝长续短,犹以数千里,岂特百里哉?

"王独不见夫蜻蛉乎①? 六足四翼,飞翔乎天地之间,俯啄蚊虻而食之,仰承甘露而饮之,自以为无患,与人无争也。不知

【译文】

庄辛到了城阳,楚襄王说:"我当初不听先生的话,如今事情发展到这地步,对这事该怎么办呢?"庄辛回答说:"我知道一句俗语:'见到兔子以后再放出猎犬去追并不算晚,羊丢掉以后再去修补羊舍还不算迟。'我听说过去商汤王和周武王,依靠方圆百里的土地,就使天下昌盛,而夏桀王和殷纣王,虽然拥有天下,到头来也不免身死国亡。现在楚国的土地虽然狭小,然而如果取长补短,还能有方圆几千里,岂止百里啊?

"大王难道没有见过蜻蜓吗? 蜻蜓长着六只脚和四只翅膀,在天地之间飞舞,低下头来啄食蚊虫,抬头起来喝甘美的露水,自以为无忧无患,和别的昆虫没有什么争执。岂不知那几岁的孩

夫五尺童子，方将调饴胶丝，加己乎四仞之上②，而下为蝼蚁食也。蜻蛉①其小者也，黄雀因是以。俯啄白粒，仰栖茂树，鼓翅奋翼，自以为无患，与人无争也。不知夫公子王孙，左挟弹，右摄丸，将加己乎十仞之上，以其颈为招。昼游乎茂树，夕调乎酸咸，倏忽之间，坠于公子之手。夫雀其小者也，黄鹄因是以。游于江海，淹乎大沼，俯啄鳝鲤③，仰啮菱蘅，奋其六翮而凌清风④，飘摇乎高翔，自以为无患，与人无争也，不知夫射者，方将修其碆卢⑤，治其矰缴，将加己乎百仞之上。被礛磻引微缴⑥，折清风而抎矣⑦，故昼游乎江河，夕调乎鼎鼐。

子，正在调糖饴涂在丝网上，将要在高空之上黏住它，它的下场就是被蚂蚁吃掉。蜻蜓的事可能是小事，其实黄雀也是如此。它俯下身去啄草籽，仰起身来栖息在茂密的树丛中，舞动翅膀奋力高飞，自己也认为没有什么祸患，和别的鸟也没有什么争执，却不知那公子王孙左手拿着弹弓，右手捏着弹丸，将要射向数十尺高空的黄雀。黄雀白天还在茂密的树丛中游玩，晚上就成了桌上的佳肴，转眼之间落入王孙公子的手中。

"黄雀的事情可能是小事情，其实黄鹄也是如此。黄鹄在江海上飞翔，停留在大沼泽旁边，低下头吞食黄鳝和鲤鱼，抬起头来吃菱角和水草，振动它的翅膀而驾驭清风，自由自在飞翔于高空，自认为不会有什么祸患，又不和别的鸟争夺。但是它们却不知道有射箭的人，已准备好箭和弓，将射向数百尺的高空。它将带着箭，拖着细微的箭绳，从清风中坠落下来，掉在地上。黄鹄白天还在江河里游泳，晚上就成了锅里的美味。

【注释】

①蜻蛉：即蜻蜓。②仞：古代的长度单位，八尺为一仞。③鳝（yǎn）：鲇鱼。④六翮（hé）：鸟翅上的六根长羽毛。⑤修：整治。碆（bō）：石箭头。⑥被：遭受。礛（jiān）：锋利。磻（bō）：缀在缴上的石头。此处指石箭头。⑦折：断，指划过。抎（yǔn）：通"陨"，坠落。

【原文】

"夫黄鹄其小者也，蔡圣侯之事因是以。南游乎高陂，北陵乎巫山，饮茹溪流，食湘波之鱼，左抱幼妾，右拥嬖女①，与之驰骋乎高蔡之中，而不以国家为事。不知夫子发方受命乎宣王，系己以朱丝而见之也。蔡圣侯之事其小者也，君王之事因是以。左州

【译文】

"黄鹄的事可能是小事，而蔡灵侯的事也是这样的。他往南到高陂，往北到巫山，饮茹溪里的水，吃湘江里的鱼；左手抱着年轻貌美的侍妾，右手搂着如花似玉的宠妃，和这些人同车驰骋在高蔡城中，而不把国家朝政当回事。他不知道那子发正在接受宣王的进攻命令，他将要成为阶下囚。蔡灵侯的事只是当中的小事，其实大王您的事也是这样的。大王左边是州侯，右边是夏侯，鄢陵君和寿陵君始终跟随

侯,右夏侯,辇从鄢陵君与寿陵君,饭封禄之粟,而戴方府之金^②,与之驰骋乎云梦之中,而不以天下国家为事,不知夫穰侯方受命乎秦王,填黾塞之内,而投己乎黾塞之外。"

襄王闻之,颜色变作,身体战栗。于是乃以执珪而授之为阳陵君,与淮北之地也。

着大王的车辆,驰骋在云梦地区,而不把国家朝政当回事。然而大王却没有想到,穰侯魏冉已经接过秦王的命令,在黾塞之南布满军队,而把大王抛弃在黾塞之外。"

楚襄王听了庄辛的话,脸色大变,全身战栗。在这时才把执珪的爵位授予庄辛,封他阳陵君,在庄辛的辅助之下收复了淮北的失地。

【注释】

①嬖女:宠爱的妃子。②戴:通"载"。方府:国库。

【解析】

庄辛的论辩气势磅礴、立意高远,整体上是一种由小到大,由远及近,循序渐进的论辩方法。他从最普通的现象、最寻常的事物谈起,然后一环扣一环地剖析人们都熟知的那些现象或事件,从中挖掘出不同寻常的深刻道理,使那种由于利害冲突引发的生存竞争、相互残杀的现象,同楚王自身联系起来,令楚王触目惊心,再也不敢等闲视之。

【处世策】

我们做事要顾全大局,听取他人的意见,三思而后行。最重要的是,做事不仅要想到眼前的利益,还要顾到自己身后的隐患,如果像蝉、螳螂,黄雀那样,敌人就有可能趁我们享受最后的快乐时,一举把我们消灭了。

齐明说卓滑以伐秦

【原文】

齐明说卓滑以伐秦,滑不听也。齐明谓卓滑曰:"明之来

【译文】

齐明自韩国至楚,游说楚国大夫卓滑去进攻秦国,卓滑不同意。齐明对卓滑说:"我来到楚

也，为樗里疾卜交也①。明说楚大夫以伐秦，皆受明之说也。唯公弗受也。臣有辞以报樗里子矣。"卓滑因重之。

国，是为了给樗里疾探听各国与韩国的关系如何。我劝楚大夫进攻秦国，他们都接受我的意见。唯独您不接受，我有话可以报告樗里疾了。"卓滑因此而看重齐明。

【注释】

①卜：探。

【解析】

齐明是战国时东周人，当时著名的策士。卓滑是楚国大臣。齐明假托樗里疾之名游说卓滑伐秦。

【处世策】

有时候，他人貌似很诚恳的建议其实是一种试探，探听我们实际的想法。当不清楚别人是否以诚相待时，我们是否要全抛一片心，可得仔细权衡啊。

或谓黄齐

【原文】

或谓黄齐曰："人皆以谓公不善于富挚。公不闻老莱子之教孔子事君乎①？示之其齿之坚也，六十而尽相靡也②。今富挚能，而公重不相善也，是两尽也。谚曰：'见君之乘，下之；见杖，起之。'今也，王爱富挚而公不善也，是不臣也！"

【注释】

①老莱子：指老子。②靡：同"磨"。

【译文】

有人对楚人黄齐说："人们都认为您和富挚的关系不好。您没听说老莱子教导孔子如何侍奉国君吗？他指着牙齿说：'人的牙齿很坚硬，到了六十岁，牙齿就损坏完了，这是因为牙齿经常互相磨损的缘故。现在，富挚是楚王的宠臣，而您与他关系很不好，这是两败俱伤的做法。常言说得好：'见到国君的车马，如果自己在车上，就应该下车；见到国君的木杖，如果自己坐着，就应该起来。'对国君的车马、木杖尚且如此尊重有礼，现在国君宠爱富挚，您却不对他友善，这不是做臣子的本分。"

【解析】

黄齐是楚国大臣，春秋时亡于楚的黄国后代，以国为姓。游士以老莱子教孔子的故事劝说黄齐与富挚相友善。

大臣不和,于社稷不利;管理者不和,于企业不利。企业当中的中高层管理者,每个人晋升的方式都不尽相同。有凭真本事慢慢挤上去的,也有凭借人际关系"空投"进去的。一些有真才实学的管理者似乎有理由瞧不起这些靠关系进来的人。殊不知"存在即合理",每个人占据自己的位置都是有其原因的。做好自己的事情,远比恃才傲物要好得多,在免得树敌过多的同时,也不会对企业的发展构成威胁。

长沙之难

▓【原文】▓

长沙之难,楚太子横为质于齐。楚王死,薛公归太子横,因与韩、魏之兵,随而攻东国。太子惧。昭盖曰:"不若令屈署以新东国为和于齐,以动秦①。秦恐齐之败东国而令行于天下也,必将救我。"太子曰:"善。"遽令屈署以东国为和于齐。秦王闻之惧,令芈戎告楚曰:"毋与齐东国!吾与子出兵矣。"

▓【译文】▓

在长沙战役中,楚国太子横作为人质被送到齐国去。楚王死后,齐相孟尝君送回太子横。随后联合韩、魏两国之兵,进攻楚国的东地。楚太子害怕。昭盖说:"您不如派屈署假称给齐国以东地,和齐国讲和。用这来诱劝秦国。秦国担心齐国真的夺得楚国的东地,而在诸侯中占据发号施令的地位,一定会派兵救援楚国。"太子说:"好。"马上下令派屈署假称以楚国的东地与齐国讲和。秦王听说后,很担心,就派华阳君芈戎告诉楚王说:"不要给齐国东地,我就要为您派出援兵了。"

【注释】

①动:指诱劝。

▓【解析】▓

楚怀王死后,齐国联合韩国、魏国想要攻打楚国。楚国大臣昭盖献策,令秦国救援楚国。

有献不死之药于荆王者

【原文】

有献不死之药于荆王者①,谒者操以入。中射之士问曰②:"可食乎?"曰:"可。"因夺而食之。王怒,使人杀中射之士。中射之士使人说王曰:"臣问谒者,谒者曰可食,臣故食之。是臣无罪而罪在谒者也。且客献不死之药,臣食之而王杀臣,是死药也。王杀无罪之臣而明人之欺王。"王乃不杀。

【译文】

有人给楚王献来不死的药,禀报人员拿了药进宫去。侍卫官问禀报人员说:"它可以吃吗?"禀报人员回答说:"可以吃。"侍卫官夺过不死之药便把它吃了。楚王大怒,派人要杀侍卫官,侍卫官给楚王解释说:"我问过禀报人员,他告诉我可以吃。所以,我就吃了。这说明我是无罪的,有罪的是禀报人员。再说,有人给大王献来不死的药,我吃了,大王就把我杀死,这药就成了催命药。大王杀了无罪之臣,说明有人拿了所谓不死之药来欺骗大王。"楚王于是没有杀侍卫官。

【注释】

①荆王:楚王,疑为顷襄王。②中射之士:即中射士。射士,王宫的卫士。

【解析】

卫士与传递人对"可以吃"三个字有不同的理解,传递人理解为该药的服用方式是食用,所以说是可以吃。而卫士的理解是可以允许我吃。对语句的理解看来谁都没错。另外长生不死的含义,到底是得病可以不死、砍头可以不死,还是吃了要在任何条件下都可以不死,这些都没有限定,所以卫士就可以钻语句多义的空子,故意搞了一个语句上的恶作剧。

客说春申君

【原文】

客说春申君曰:"汤以亳,武王以镐,皆不过百里以有天下。今孙子,天下贤人也。君籍之以百里势,臣窃以为不便于君。何如?"春申君曰:"善。"

【译文】

有人对春申君说:"商汤以亳为根据地,武王以镐为根据地,他们的领地都不过百里,可是得了天下,现在荀子是天下的贤人,如果您资助他百里之地,我私自认为将会对您不利。您看怎么办?"春申说:"好。"于是,派人谢绝了荀子。荀子离开楚国,去到赵国,赵国任命荀子为上卿。

于是使人谢孙子。孙子去之赵，赵以为上卿。

客又说春申君曰："昔伊尹去夏入殷，殷王而夏亡；管仲去鲁入齐，鲁弱而齐强。夫贤者之所在，其君未尝不尊，国未尝不荣也。今孙子，天下贤人也，君何辞之？"春申君又曰："善。"于是使人请孙子于赵。

客人又对春申君说："以前伊尹离开夏，去到殷，因此殷得了天下而称王，夏失去天下而灭亡。管仲离开鲁国，去到齐国，因此鲁国衰弱，齐国富强。贤人在哪个国家，哪个国家的君主便定会受人尊敬，那个国家也一定会兴盛。现在荀子是天下的贤人，您为何辞绝了他呢？"春申君说："好。"于是，派人到赵国去召请荀子。

【原文】

孙子为书谢曰："疠人怜王①，此不恭语也。虽然，不可不审察也，此为劫弑死亡之主言也。夫人主年少而矜材，无法术以知奸，则大臣主断国私以禁诛于己也，故弑贤长而立幼弱，废正适而立不义。《春秋》戒之，曰：'楚王子围聘于郑①，未出竟，闻王病，反问疾，遂以冠缨绞王，杀之，因自立也。齐崔杼之妻美，庄公通之。崔抒帅其群党而攻。庄公请与分国，崔杼不许；欲自刃于庙，崔杼不许。庄公走出，逾于外墙，射中其股，遂杀之，而立其弟景公。'近代所见：李兑用赵，饿主父于沙丘，百日而杀之；淖齿用齐，擢闵王之筋②，县于其庙梁③，宿夕而死。夫疠虽痈肿疱疾，上比前世，未至绞缨射股；下比近代，未至擢筋而饿死也。夫劫弑死亡之主

【译文】

荀子写信谢绝了，信上说："'得麻风病的人还可怜被臣下杀死的君王。'这是一句不恭敬的话。即使如此，但也不可不加审察，这是对被大臣胁迫而杀死的国君说的。人主年幼，自以为有才能，却没有方法识察坏人坏事，这样，大臣就会独断专行，图谋私利，一切权力归于自己，所以，他们废弃年长而有才能的，立了年幼而懦弱的；废掉嫡亲当继承王位的，立了不当继承王位的。《春秋》上告诫说："楚共王的儿子围，出使郑国，未离开国境，听说楚君生病，就返回宫中，去探病，于是他用帽带将父王勒死，自立为国君。齐大夫崔杼之妻很美，与齐庄公私通。崔杼便带领他的私党进攻庄公。庄公请求与崔杼平分国家，崔杼不许；庄公请求在宗庙自杀，崔杼仍不许。庄公逃跑，翻墙而出，崔杼用箭射中了庄公的大腿，将庄公杀死，另立庄公之弟为景公。'近代所见的：李兑在赵国专权，困饿赵国主父赵武灵王于沙丘宫，以致他一百天就饿死了；淖齿在齐国专权，抽掉齐闵王的筋，把他吊在宗庙的大梁上，一夜他就死了。麻风病是先天性的病，但往上与前代比，还不至于有像楚共王被绞死、齐庄公被杀死的悲惨下场；往下与近代比，还不至于有像齐闵王被抽筋而死、赵武灵王被活活饿死的悲惨下场。那

也，心之忧劳，形之困苦，必甚于疠矣④！由此观之，疠虽怜王可也！"因为赋曰："宝珍隋珠，不知佩兮。杂布与锦，不知异兮。闾姝子奢，莫知媒兮。嫫母求之⑤，又甚喜之兮。以瞽为明，以聋为聪，以是为非，以吉为凶。呜呼上天！曷惟其同！"《诗》曰："上天甚神，无自瘵也！"

些被大臣杀害的国君，心中忧虑，形体痛苦，一定超过麻风病人。由此看来，说'得麻风病的人还可怜被臣下杀死的君王'是可以的。"因此荀子写了一首赋，说："珍宝、隋侯之珠不知戴呀，杂布锦绣杂乱安排呀！美女闾姝、美男子奢没人说媒啊，丑女嫫母反而被人爱啊！人说瞎子是千里眼啊！聋子硬当做顺风耳啊！正确硬要说是错误啊！吉利硬要说是灾祸啊！唉呀！老天爷啊！为什么人世间颠倒黑白，混淆是非，如此相同啊！"《诗经》说："上天神明，如要违犯，自取灾祸。"

【注释】

①聘：即出使。②擢：抽。③县：同悬。④疠：疾病，此处指麻风病。⑤嫫母：古代丑妇。

【解析】

荀子对春申君的答复毫不客气、直接预言了后者的悲惨下场，嘲笑他比长癞疮的更可怜，整个答复确实是够"恶毒"的。春申君作为楚国政要，被下面的奸佞之徒左右，在短时间内作出相反的决定，王者的威严扫地，性格上的优柔寡断、懦弱无能表露无遗。荀子通过这样一件小事，就洞见了春申君的能力与性情，看到了他的最终结局，在话语中说古论今、用历史上被乱臣贼子所害的君主指出了春申君的未来。这样的论辩方式，可谓最能表达人的怨恨、显得非常的有力。

天下合从

【原文】

天下合从。赵使魏加见楚春申君曰①："君有将乎？"曰："有矣，仆欲将临武君。"

【译文】

天下各国的诸侯联合起来抵抗秦国。赵国派魏加去见楚国的春申君说："您有带兵的将领了吗？"春申君说："有了，我想让临武君做为大将。"

魏加曰："臣少之时好射,臣愿以射譬之,可乎?"春申君曰："可。"加曰："异日者,更赢与魏王处京台之下②,仰见飞鸟。更赢谓魏王曰:'臣为王引弓虚发而下鸟。'魏王曰:'然则射可至此乎?'更赢曰:'可。'有间,雁从东方来,更赢以虚发而下之。魏王曰:'然则射可至此乎?'更赢曰:'此孽也。'王曰:'先生何以知之?'对曰:'其飞徐而鸣悲。飞徐者,故疮痛也;鸣悲者,久失群也。故疮未息③,而惊心未去也。闻弦音,引而高飞,故疮陨也。'今临武君尝为秦孽,不可为拒秦之将也。"

魏加说："我年少的时候喜欢射箭,我就用射箭来打个比方,可以吗?"春申君说："可以。"魏加说:"有一天,魏国大臣更赢和魏王站在京台的下面,抬头看见飞鸟。更赢对魏王说:'我为您拉弓虚发一弦,就能把鸟射死在您的面前。'魏王说:'你的射技有这么高超吗?'更赢说:'我能做到。'过了一会儿,有一只大雁从东方飞来,更赢虚拉了一弦就把这大雁射落在地上。魏王说:'但是你的射箭的技艺怎么达到了如此高超的地步呢?'更赢说:'因为这是一只受伤的大雁。'魏王说:'你是怎么知道的?'更赢说:'这只大雁飞得很慢,叫声很悲伤。飞得很慢,是因为它旧伤疼痛;叫声悲伤,是因它离开雁群已经很长时间了;身上的旧伤还没有愈合,而且心里的惊惧还没有退去,一听见弓弦响声就吓得拼命向高处飞,从而导致它的旧伤口破裂而掉落下来。'现在的临武君,也曾经被秦军打败,所以不能派他做抵抗秦国大军的将领。"

【注释】

①魏加:赵国臣子。②更赢:战国时期的名射手。③息:消失。

【解析】

本篇讲述了一个著名的寓言故事:惊弓之鸟。更赢以丰富的射猎经验发现了鸟畏惧弓箭的习性,于是就拿来对春申君做类比,劝谏他不要派临武君作将领和秦国作战。其实鸟的习性和人的心理有相通的地方,恐惧都发自本能。更赢用生动而形象的比喻向春申君说明了临武君的被秦军打败之后的心理状态,用浅显的射猎经验巧妙地解决了国家任用将帅的问题,我们不能不佩服更赢非凡的洞察力。

【处世策】

细致的观察、严密的分析、准确的判断是更赢虚拉弓弦就能射落大雁的原因。这种观察、分析、判断的能力,只有通过长期刻苦的学习和实践才能培养出来。现在常用"惊弓之鸟"这一成语来形容受过惊吓,遇到类似情况就惶恐不安的人。

汗明见春申君

【原文】

汗明见春申君，候问三月而后得见。谈卒，春申君大说之。汗明欲复谈，春申君曰："仆已知先生，先生大息矣！"汗明憱焉①，曰："明愿有问君而恐固②，不审君之圣孰与尧也？"春申君曰："先生过矣，臣何足以当尧！"汗明曰："然则君料臣孰与舜？"春申君曰："先生即舜也。"汗明曰："不然，臣请为君终言之。君之贤实不如尧，臣之能不及舜。夫以贤舜事圣尧，三年而后乃相知也。今君一时而知臣，是君圣于尧，而臣于舜也。"

春申君曰："善。"召门吏为汗先生著客籍，五日一见。汗明曰："君亦闻骥乎？夫骥之齿至矣，服盐车而上太行。蹄申膝折，尾湛胕溃，漉汁洒地③，白汗交流，中阪迁延，负辕不能上。伯乐遭之。下车攀而哭之，解纻衣以幂之。骥于是俯而喷，仰而鸣，声达于天，若出金石声者，何也？彼见伯乐之知己也。今仆之不肖，阨于州部，堀穴穷巷、沉洿鄙俗之日久矣，君独无意溯拔仆也，使得为君高鸣屈于梁乎？"

【译文】

汗明拜见楚相春申君，等候了三个月，才见了面。双方谈完，春申君很高兴。汗明想再继续谈，春申君说："我已经了解先生了，先生请休息吧。"汗明很感不安地说："我想向您请教，又怕问得浅薄。您和尧比，不知谁更圣明一些？"春申君说："先生错了，我怎么配与尧比呢？"汗明说："您看我和舜比，怎么样？"春申君说："先生就是舜啊！"汗明说："不对，请让我把话说完。您的圣明实在不如尧，我的贤能也不如舜。以贤能的舜去侍奉圣明的尧，经过三年才彼此了解。现在您一下子就了解我了，这说明您比尧还圣明，而我比舜还贤能。"春申君说："您说得好。"于是，请门吏把汗先生的名字登记在宾客簿上，每隔五天春申君就接见他一次。

汗明对春申君说："您听说过千里马吗？千里马成年了，驾着盐车上太行山，后蹄伸得很直，前膝弯得很曲，尾巴夹在两股之间，气喘吁吁，浑身流汗，车到半坡前，无论怎么用劲也不能前进一步。这时正好遇到伯乐，他赶快下车，抚着马背，为它难过得流了眼泪，他解下麻衣，给千里马罩上。这时千里马向前低下头，喷着气，抬起头，大叫一声，声音直冲云霄，好象金、石发出的声音，这是为什么？因为千里马知道伯乐很赏识它。现在，我没有出息，困厄在底层，处在穷乡僻壤，地位低下，长期如此，您难道就不想推荐我，让我能够借您的助力，施展我的抱负，在魏国崭露头角吗？"

【解析】

汗明为楚国春申君黄歇的门客。汗明见春申君,以尧和舜的故事作比喻,以达到自荐的目的。

【处世策】

本篇对求职者而言很有意义。其一,在期待"伯乐"之前,务必提高自己的水平,把自己打造成一匹"千里马";其二,不要奢望"伯乐"发现自己,而是应该积极地自我推荐。

楚考烈王无子

【原文】

楚考烈王无子①,春申君患之,求妇人宜子者进之,甚众,卒无子。赵人李园,持其女弟②,欲进之楚王,闻其不宜子,恐又无宠。李园求事春申君为舍人。已而谒归,故失期。还谒,春申君问状。对曰:"齐王遣使求臣女弟,与其使者饮,故失期。"春申君曰:"聘入乎?"对曰:"未也。"春申君曰:"可得见乎?"曰:"可。"于是园乃进其女弟,即幸于春申君。

【译文】

楚考烈王没有儿子,相国春申君为这件事感到忧虑,寻求能生育的妇人进献给楚王,虽然进献了很多妇人,但最终还是没有生下儿子来。赵国人李园,带着自己的妹妹,想要把她进献给楚王,可是又听人说自己的妹妹并无生子之相,又担心将来得不到楚王的宠信。李园就请求能当春申君的舍人,当上舍人不久,请假回家,又故意晚回来。回来见到春申君,春申君问他为什么迟到。李园回答说:"齐王派使者来娶我的妹妹,我和使者一起喝酒,所以耽误了回来的时间。"春申君说:"送过聘礼了吗?"李园说:"还没有。"春申君说:"我能见一下你的妹妹吗?"李园说:"可以。"于是李园就把妹妹进献给了春申君,就受到春申君的宠爱。

【注释】

①楚考烈王:芈姓,名熊完立,前262年至前238年在位。②女弟:即李园的妹妹,名叫李嫣。

【原文】

知其有身①,园乃与其女弟谋。园女弟承间说春申君曰②:"楚王之贵幸君,虽兄弟不如。今君相楚王二十余年,而王无子,即百岁后,将更立兄弟。即楚王更立,彼亦各贵其故所亲,君又安得长有宠乎?非徒然也,君用事久,多失礼于王兄弟,兄弟诚立,祸且及身,奈何以保相印、江东之封乎?今妾自知有身矣,而人莫知。妾之幸君未久,诚以君之重而进妾于楚王,王必幸妾。妾赖天而有男,则是君之子为王也,楚国封尽可得,孰与其临不测之罪乎?"春申君大然之,乃出园女弟谨舍③,而言之楚王。楚王召入,幸之。遂生子男,立为太子,以李园女弟立为王后。楚王贵李园,李园用事。

【译文】

当李园知道妹妹有了身孕,就和妹妹商量了一个计谋。李园的妹妹找个机会对春申君说:"大王宠信你,即使是他的兄弟也不如你。现在你当楚国相国已经二十多年,但是楚王还是没有儿子。等到楚王死后,必定会拥立他的兄弟为王。楚国王位更换,必然重用他自己故交和亲人,您又哪里能长时间地受到宠信呢?不仅这样,您出任宰相的时间很长,难免对大王的兄弟有失礼得罪的地方。将来大王的兄弟如果真能登上王位,您定会身受大祸,又怎能保全相国和江东的封地呢?现在臣妾已经知道怀孕了,但外人都不知道。臣妾受你的宠爱时间还不长,如果能凭借您的高贵身份而把臣妾献给楚王,楚王必定会宠幸我。如果我能得到上天的保佑生个儿子的话,那就是你的儿子当上了楚王,到那时楚国一切都是你的了,这和面对着不可猜测的罪过相比,哪一个更好呢?"春申君认为她说得非常对,于是就把李园的妹妹迁到府外,严加保护,并告诉楚王说要进献李园的妹妹。楚王把李园的妹妹召进宫里来,对她非常宠爱。后来还生了一个男孩,被立为太子,并立李园的妹妹为皇后。楚王也很看重李园,因而李园也就掌握大权。

【注释】

①有身:怀有身孕。②承间:找机会。③谨舍:严格守护馆舍。

【原文】

李园既入其女弟为王后,子为太子。恐春申君语泄而益骄,阴养死士,欲死春申君以灭口,而国人颇有知之者。

春申君相楚二十五年,考烈王病。朱英谓春申君曰①:世有无妄之

【译文】

李园已经把自己的妹妹送入宫中,并做了皇后,妹妹的孩子又做了太子。但他担心春申君说漏了嘴或者变得更加骄纵,所以就暗中蓄养起刺客,打算杀死春申君来灭口,但当时国内已经有很多人知道了这件事。

当春申君作楚相国第二十五年时,考烈

福，又有无妄之祸。今君处无妄之世，以事无妄之主，安不有无妄之人乎？"春申君曰："何谓无妄之福？"曰："君相楚二十余年矣，虽名为相国，实楚王也。五子皆相诸侯。今王疾甚，旦暮且崩，太子衰弱。疾而不起，而君相少主，因而代立当国，如伊尹、周公。王长而反政，不，即遂南面称孤，因而有楚国。此所谓无妄之福也。"春申君曰："何谓无妄之祸？"曰："李园不治国，王之舅也。不为兵将，而阴养死士之日久矣。楚王崩，李园必先入。据本议制断君命，秉权而杀君以灭口。此所谓无妄之祸也。"春申君曰："何谓无妄之人？"曰："君先仕臣为郎中，君王崩，李园先入，臣请为君𠲿其胸杀之②。此所谓无妄之人也。"春申君曰："先生置之，勿复言已。李园，软弱人也。仆又善之，又何至此？"朱英恐，乃亡去。

后十七日，楚考烈王崩，李园果先入，置死士，止于棘门之内。春申君后入，止棘门。园死士夹刺春申君，斩其头，投之棘门外。于是使吏尽灭春申君之家。而李园女弟，初幸春申君有身，而入之王所生子者，遂立为楚幽王也③。是岁，秦始皇立九年矣。嫪毐亦为乱于秦。觉，夷三族，而吕不韦废④。

王生病了。这时朱英对春申君说："世间有出人意外的鸿福，也有始料不及的横祸。现在您正处在出人意外的世界里，去侍奉出人意外的君主，怎能得不到出人意外的人呢？"春申君说："什么叫出人意外的福呢？"朱英说："您当楚国的相国已经二十多年了，虽然名是楚国的相国，实际上是楚国的国王。五个儿子都当上了诸侯的辅相。现在君王病得很重，早晚是会死的，一旦大王彻底病倒了，您就得做少主的相国，太子又很弱小，你就得代少主掌管国政，就像伊尹和周公一样，等少主长大再让他亲政，要不然，您就可以南面称王，掌握楚国。这就是所谓出人意外的福。"春申君问："那什么叫出人意外的祸呢？"

朱英说："李园不是治理国家的相国，而是君王的大舅子。他既然不是领兵大将，却在暗中豢养刺客，这事已经很久了。楚王死后，李园必定入宫，据本奏议，假传君王命令杀死阁下灭口，这就是所谓意想不到的祸。"春申君说："什么叫意想不到的人呢？"朱英说："阁下先任命臣为郎中卫士官，君王死后，李园一定先入宫，请让臣替您以利剑刺入他的胸膛把他杀死，这就是所谓意想不到的人。"春申君说："先生先别提这事，李园为人诚恳老实，我又和他很要好，怎么能用这种毒辣的手段呢？"朱英一看春申君不肯听他的话，心里便害怕起来，就赶紧离开楚国。

17天后，楚考烈王驾崩，李园果然先入宫中，暗中在棘门内布置刺客。当春申君经过棘门时，李园的刺客从门两边跳出杀死他，然后将他的头割下丢到棘门外，同时又派人杀死春申君的全部家族。李园的妹妹所生的孩子，被立为幽王。同一年，秦始皇即位已经九年了。嫪毐在秦国叛乱，被发觉，灭三族，吕不韦被免去相国职位。

【注释】

①朱英：关津人，春申君客。②劖(chōng)：刺。③楚幽王：原名芈悍，前237年至前228年在位。④嫪毐(lào ǎi)：本为吕不韦舍人，因与秦始皇母私通，受宠幸，权倾一时。

【解析】

读了本篇，在惊叹李园的心计之毒的同时，我们也会很自然地想到前面的吕不韦。李园和吕不韦的荣身方式大同小异，都是利用古代的宗法制度来实现自己的既定目标。

在我国古代社会里实行的是人治，这种制度根源于宗法制度。王室在那个社会里占据着社会的几乎所有的资源，所以要想实现自己的荣身梦想，除了生在帝王家，那就只有千方百计地和帝王家发生血缘关系。生在帝王家是

无法求取的，那么像吕不韦和李园的容身之路就是除此之外的唯一选择了。从他们的发迹过程来看，人为了想要得到的东西，真是可以付出一切，也可以不顾一切，哪怕是别人的生命。正是这样的人让这个世界变得险恶，让人性变得不再善良。

虞卿谓春申君

【原文】

虞卿谓春申君曰："臣闻之《春秋》：'于安思危，危则虑安。'今楚王之春秋高矣，而君之封地，不可不早定也！为主君虑封者，莫如远楚。秦孝公封商君，孝公死而后不免杀之；秦惠王封冉子，惠王死而

【译文】

虞卿对春申君说："我听说：'居安思危，危则思安。'现在楚王年老，您的封地不可不及早确定。为您着想，封地最好远离楚国。从前秦孝公封公孙鞅为商君，孝公死后，他就遭到杀害；秦惠王封赏冉子，惠王死后，就夺了他的封地。公孙鞅是有功的大臣，冉子是国君的姻亲，然而最后公孙鞅不免被杀害，冉子的封地不免被剥

后王夺之。公孙鞅功臣也，冉子亲姻也①，然而不免夺、死者，封近故也。太公望封于齐，邵公奭封于燕，为其远王室矣。今燕之罪大而赵怒深，故君不如北兵以德赵，践乱燕以定身封②，此百代之一时也！"

君曰："所道攻燕，非齐则魏、齐、魏新怨楚，楚君曷欲攻燕，将道何哉？"对曰："请令魏王可。"君曰："何如？"对曰："臣请到魏而使所以信之。"

【注释】

①亲姻：即姻亲。②践：通"翦"，除灭。

【原文】

乃谓魏王曰："夫楚亦强大矣，天下无敌！乃且攻燕。"魏王曰："乡①也，子云'天下无敌'！今也，子云'乃且攻燕'者，何也？"对曰："今谓马多力则有矣，若曰胜千钧则不然者，何也？夫千钧非马之任也。今谓楚强大则有矣，若越赵、魏而斗兵于燕，则岂楚之任也故？非楚之任而楚为之，是敝楚也。敝楚是强魏也。其于王孰便也②？"

【注释】

①乡(xiàng)：往昔，往日。②便：有利。

夺。这都是因为封地太近的缘故。太公望封在齐国，邵公封在燕国，他们都能世代继承，这是因为封地远离王室的缘故。现在燕国罪大恶极，而赵国对他怨恨很深，所以您不如出兵北上，进攻燕国，而施惠于赵国，又可以确定您的封地，这真是千载难逢的机会啊！"

春申君说："进攻燕国的路线，不是经过齐国，就是经过魏国，而齐、魏两国又与楚国结了新怨，虽然想进攻燕国，可是取道哪里进兵呢？"虞卿说："还是请魏王同意吧！"春申君问："怎么办？"虞卿回答说："我愿去魏国，我会使他们相信的。"

【译文】

虞卿到了魏国，就对魏王说："楚国是一个强国，天下无敌，现在又要进攻燕国。"魏王说："刚才您说'楚国很强大'，此刻又说'要进攻燕国'，这是什么原因？"虞卿说："如果说'马的力量很大'，这是可能的。如果说'马可以载三万斤重的东西'，那可不一定。这是为什么？因为三万斤的重量绝不是马力所能胜任的。所以，如果说'楚国很强大'，这是可能的。如果说'他可以越过赵、魏两国去进攻燕国'，楚国怎能胜任呢？楚国既不能胜任，而又要去进攻燕国，那是自取败弱，让楚国败弱，还是让楚国强大，这两者哪个对您有利呢？"

【解析】

虞卿是个游说之士,以游说赵孝成王得以成为赵国上卿,封于虞,世称虞卿。公元前248年,虞卿先以远封地为名游说楚国春申君,令楚国远攻燕国以帮助赵国,后又以"蔽楚"为由,说服魏王假道于楚。

【处世策】

对于职场人士来说,无论身处何等企业、居何等职位,都必须有强烈的危机感并形成危机应对策略,这种危机感是一种居安思危的前瞻,是一种步步为营的稳健处世风格,只有这样才能更好地保障自身在企业的长久发展。

卷十八 赵一

知伯从韩魏兵以攻赵

知伯从韩、魏以攻赵①，围晋阳而水之，城下不沉者三板。郗疵谓知伯曰："韩、魏之君兴反矣！"知伯曰："何以知之？"郗疵曰："以其人事知之②。"夫从韩、魏之兵而攻赵，赵亡，难必及韩、魏矣。今约胜赵而三分其地，今城不没者三板③，臼灶生蛙，人马相食，城降有日，而韩、魏之君无喜志而有忧色，是非反如何也？"

明日，知伯以告韩、魏之君，曰："郗疵言君之且反也。"韩、魏之君曰："夫胜赵而三分其地，城今且将拔矣，夫二家虽愚，不弃美利于前，背信盟之约，而为危难不可成之事，其势可见也。是疵为赵计矣，使君疑二主之心而解于攻赵也④。今君听谗臣之言，而离二主之交，为君惜之！"趋而出。郗疵谓知伯曰："君又何以疵言告韩、魏之君为？"知伯曰："子安知之？"对曰："韩、魏之君视疵端而趋疾。"

【译文】

知伯率领韩、魏两方的军队进攻赵国，围困了晋阳，并且往晋阳城内灌水，水面离城墙顶还有六尺。郗疵对知伯说："韩康子及魏宣子一定会谋反。"知伯说："您怎么知道？"郗疵说："是根据人的行为、表现知道的。知伯率领韩、魏两方的军队进攻赵国，赵国被灭亡后，祸患必然落到韩、魏双方的头上。如果与韩、魏共同战胜了赵国，就三家平分其地。现在晋阳城被水淹得离城墙顶还剩下六尺，石臼和灶里已有水，生出了青蛙，城内人、马相食，攻下晋阳城已指日可待，可是韩康子和魏宣子没有高兴的表现，却面带愁容。这不是想谋反又是什么呢？"

第二天，知伯把郗疵这番话告诉了韩康子及魏宣子，说："郗疵说你们要谋反。"韩康子、魏宣子说："战胜赵国，我们三家平分其地，晋阳城马上就要攻下了。我们两家虽然愚蠢，也不至于把眼前的利益抛掉，违背盟约，去做那种危险、困难而又不可能成功的事，这是显而易见的。郗疵为赵国出谋划策，让您怀疑我们二人的诚心，放松对赵国的进攻。现在您听信奸臣播弄是非的话，任他离间我们之间的关系，我们实在为您痛惜。"他说完转身就走。郗疵对知伯说："您为什么又把我的话告诉韩康子和魏宣子呢？"知伯说："您怎么知道的？"郗疵回答说："韩康子、魏宣子看见我发愣，有些惊慌，很快就走过去了。"

郄疵知其言之不听，请使
于齐，知伯遣之。韩、魏之君果
反矣。

郄疵知道知伯不会听他的话，就请求到
齐国去，知伯同意派遣他到齐国，果然韩康
子、魏宣子反叛了知伯。

【注释】

①从：率领。②人事：人情事理。③不没：没有淹没。板：古人筑城用的夹板。一板高二尺。
④解：通"懈"。

战国策精华［上］

【解析】

知伯作为晋国的权臣，做
了韩国和魏国联军的统帅，但
他是一个不能明察秋毫的领
导者。与他不同的是郄疵从细
微处看到了事情的玄机，发现
韩国和魏国两国的国君必将
背叛。但无奈领导握着大权，
却没有看到这一点，所以无法
阻止事态的恶化。

【处世策】

作为领导者一定要能够做
到明察秋毫，这是做领导者的
必备的一项素质。做不到这一
点就无法掌握事情的全局，就无法作出正确的决策，所做的事情就必然会遭遇挫折。

此外，作为领导者，虽然不能明察秋毫，那么就要善于采纳来自不同方面的意见和
建议，这样可以在一定程度上弥补自身素质的不足。

知伯帅赵韩魏而伐范中行氏

【原文】

知伯帅赵、韩、魏而伐范、中
行氏，灭之。休数年①，使人请地
于韩。韩康子欲勿与，段规谏曰：
"不可！夫知伯之为人也，好利而
鸷愎。来请地，不与，必加兵于韩

【译文】

知伯带领赵、韩、魏三家的军队进攻范氏和
中行氏，并把他们灭掉了。休整了几年之后，知
伯便派人到韩国去索地。韩康子想不给，谋臣段
规劝韩康子说："不行，知伯为人，贪利而凶残，
他来索地，如果不给，一定会向我们出兵。您还

矣。君其与之！与之，彼狃②，又将请地于他国。他国不听，必乡之以兵。然则韩可以免于患难而待事之变。"康子曰："善。"使使者致万家之邑一于知伯。

知伯说，又使人请地于魏。魏宣子欲勿与，赵葭谏曰："彼请地于韩，韩与之；请地于魏，魏弗与。则是魏内自强而外怒知伯也。然则其错兵于魏必矣③！不如与之。"宣子曰："诺。"因使人致万家之邑一于知伯。

是给他吧。如果满足了他的要求，惯坏了他的凶性，他还会贪得无厌，又到别国去索地，别国不从，又必定向这个国家出兵。这样，我们就可以免受战祸，等待形势的变化。"韩康子说："好吧。"就派使者送给知伯一个万户大的县邑。

知伯很高兴。知伯又派人到魏国索地，魏宣子想不给，大臣赵葭劝魏宣子说："知伯向韩氏索地，韩康子给了；向魏氏索地，魏氏不给。魏氏自恃强大，可是对外却激怒了知伯。这样，知伯一定会出兵向我们进攻，您不如还是给他。"魏宣子说："好吧。"就派人送给知伯一个万户的大县，知伯很高兴。

【注释】

①休：休整。②狃：习以为常。③错：通"措"，举，用。

【原文】

知伯说，又使人之赵，请蔡、皋狼之地。赵襄子弗与。知伯因阴结韩、魏，将以伐赵。赵襄子召张孟谈而告之，曰："夫知伯之为人，阳亲而阴疏。三使韩、魏而寡人弗与焉，其移兵寡人必矣。今吾安居而可？"张孟谈曰："夫董安于，简主之才臣也，世治晋阳①，而尹铎遁之，其余政教犹存。君其定居晋阳。"君曰："诺。"乃使延陵生将车骑先之晋阳，君因从之。

至，行城郭②，案府库③，视仓廪。召张孟谈曰："吾城郭已完，府库足用，仓廪实矣。无矢，奈何？"张孟谈曰："臣闻董子之治晋阳也，公宫之垣，皆荻蒿楛楚墙之④，其高至丈

【译文】

知伯又派人到赵国，要求得到蔡和皋狼两地，赵襄子不给。知伯就秘密和韩、魏结盟，要共同进攻赵氏。赵襄子召见他的大臣张孟谈说："知伯为人，表面亲热，背后却疏远，他三次派人和韩、魏联系，而跟我毫不通气，看样子他转向我们进攻，是毫无问题的了。现在我可怎么对付呢？" 张孟谈说："董安子是赵简子出色的大臣，世代治理晋阳，以后赵简子家臣尹铎又遵循董安子的办法治理晋阳，他们的传统仍然保存到现在，您就定居在晋阳吧。"赵襄子说："行。"

于是派延陵生率领车骑先到晋阳，赵襄子也随后就去。到了晋阳，巡视了城防，查验了府库，检查了粮仓，然后召见张孟谈，说："我们的城郭已很完善，府库也很充足，粮食也很富裕，就是没有箭，可怎么办呢？"张孟谈说："我听说董安子治理晋阳时，官署的垣墙都是用荻蒿、楛、牡荆加固了的，高达丈余，您可以把它们取

余，君发而用之。"于是发而试之⑤，其坚则箇簬之劲不能过也⑥。君曰："足矣，吾铜少，若何？"张孟谈曰："臣闻董子之治晋阳也，公宫之室，皆以炼铜为柱质，请发而用之，则有余铜矣。"君曰："善。"号令以定，备守以具。

出来用啊！"于是把它们都取了出来，真是很坚实，连最好的箭杆材料也超不过它们。赵襄子说："箭足够了，我还缺少铜，可怎么办？"张孟谈说："我听说董安子治理晋阳时，官署室内都用炼铜做柱子的基础，您就取出它们来用，用也用不完。"赵襄子说："好。"号令已经发出，防御的器具已经齐备。

【注释】

①晋阳：今陕西太原市。②行：巡视。③案：同"按"，考查。府库：藏储财物的仓库。④萩(qiū)：一种形似芦苇的植物。楛(hù)：荆一类的植物，茎可制箭杆。楚：落叶灌木，树干坚劲。⑤发：征集，征收。⑥箇簬(jùn lù)：一种竹子，可作箭。

【原文】

三国之兵乘晋阳城①，遂战，三月不能拔，因舒军而围之②，决晋水而灌之③。围晋阳三年，城中巢居而处④，悬釜而炊，财食将尽，士卒病嬴。襄子谓张孟谈曰："粮食匮，城力尽，士大夫病，吾不能守矣。欲以城下，何如？"张孟谈曰："臣闻之，亡不能存，危不能安，则无为贵知士也。君释此计勿复言也！臣请见韩、魏之君。"襄子曰："诺。"

张孟谈于是阴见韩、魏之君，曰："臣闻'唇亡则齿寒'，今知伯帅二国之君伐赵，赵将亡矣。亡则二君为之次矣！"二君曰："我知其然。夫知伯为人也，粗中而少亲⑤，我谋未遂而知，则其祸必至，为之奈何？"张孟谈曰："谋出二君之口，入臣之耳，

【译文】

知、韩、魏三家的大军已逼近晋阳城，于是和他们开战。过了三个月三家也没攻下，因此，三家把兵散开，包围了晋阳城，决开晋水，淹灌城内。三家包围晋阳城已整整三年，城内的人在树上搭巢居住，挂起锅来煮饭，钱财和粮食快用完了，士卒疲弱。赵襄子对张孟谈说："粮食吃光了，力量用尽了，士卒、大夫们疲困，劳苦不堪，我守不住了，想去投降。您看怎么办？"张孟谈说："我听说，'国家将要灭亡，却不能保存它；国家有了危险，却不能去安定它，那何必要尊贵而有才智的人呢？'您就放弃这种打算吧，不要再说这些了。我要求去见韩康子、魏宣子。"赵襄子说："行。"

于是张孟谈秘密地会见韩康子和魏宣子，说："我听说'唇亡则齿寒'，现在知伯带领你们两家进攻赵氏，赵氏必亡。赵氏亡了，就必然轮到你们头上。"韩、魏二君说："我们也知道会这样。知伯为人，内心粗暴而又不仁，我们的计谋还没有成功，他就会知道，必然大祸临头，那可怎么办呢？"张孟谈说："计谋出于你们两位之

人莫之知也。"二君即与张孟谈阴约三军，与之期日。夜，遣入晋阳。张孟谈以报襄子，襄子再拜之。

【注释】

①乘：迫近，攻击。②舒：展也。言远围而不迫近城。③晋水：在陕西太原市西，源出悬瓮山，注于汾水。④巢居：像鸟一样在高处筑屋。⑤粗：粗暴，粗野。

【原文】

张孟谈因朝知伯而出，遇知过辕门之外。知过入见知伯曰："二主殆将有变。"君曰："何如？"对曰："臣遇张孟谈于辕门之外，其志矜，其行高。"知伯曰："不然。吾与二主约谨矣，破赵三分其地，寡人所亲之，必不欺也。子释之，勿出于口！"知过出，见二主，入说知伯曰："二主色动而意变，必背君矣！不如今杀之。"知伯曰："兵箸①晋阳三年矣，旦暮当拔之而飨其利②，乃有他心，不可，子慎勿复言！"知过曰："不杀，则遂亲之。"知伯曰："亲之奈何？"知过曰："魏宣子之谋臣曰赵葭，韩康子之谋臣曰段规，是皆能移其君之计。君其与二君约，破赵则封二子者各万家之县一。如是，则二主之心可不变，而君得其所欲矣。"知伯曰："破赵而三分其地，又封二子者各万家之县一，则吾所得者少，不可！"知过见君之不用也，言之不听，

【译文】

口，进入我一人之耳，没有任何人知道。"韩康子、魏宣子于是就与张孟谈秘密订立了军事盟约，约定举事的日期。当天晚上，派张孟谈返回晋阳城，把这事报告了赵襄子。赵襄子行大礼拜谢张孟谈。

张孟谈去朝见知伯，出来以后，在军门外遇见了知伯的大臣知过。知过进去拜见知伯，说："韩、魏二主必将叛变。"知过问："何以见得？"知过回答说："我在军门外遇见赵襄子的大臣张孟谈，他的神情傲慢，趾高气扬。"知伯说："不会这样的，我和韩、魏二主已经订立了盟约，消灭赵氏后，我们三家将瓜分其地，这是我亲自和他们订立的盟约，一定不会被骗的。您就放心吧，别再说了。"知过出来后，碰上了韩、魏二主，又进去劝说知伯："韩康子、魏宣子二人神情不正常，一定会反叛，不如现在就杀掉他们。"知伯说："大军围困晋阳已经整整三年，早晚要攻下晋阳城，分享其利，怎么会生外心呢？这是不可能的，您千万别再说起这事。"知过说："如果不杀掉他们，那就要对他们亲善。"知伯说："怎么亲善呢？"知过说："魏宣子的谋臣叫赵葭，韩康子的谋臣叫段规，他们都是能够改变国君计谋的人，您就和他们约定，灭赵后，给他们两人各封一个万户的县邑。这样，韩、魏二主内心可以不叛变，您就能够得到您想要得到的一切。"知伯说："灭赵而三家平分其地，又各封给韩、魏两个谋臣一个万户的县邑，那我所得的就少了。不行。"知过见知伯既不明智，又不听从他的计策，出来以后，改姓

出,更其姓为辅氏,遂去不见。

辅氏,就到了别处,再也不见知伯了。

【注释】

①箸(zhuó):附,包围。②旦暮:早晚。飨:同"享"。

【原文】

张孟谈闻之,入见襄子,曰:"臣遇知过于辕门之外,其视有疑臣之心①;入见知伯,出更其姓。今暮不击,必后之矣!"襄子曰:"诺。"使张孟谈见韩、魏之君。以夜期,杀守堤之吏而决水灌知伯军,知伯军救水而乱,韩魏翼而击之②,襄子将卒犯其前,大败知伯军而禽知伯。知伯身死、国亡、地分,为天下笑,此贪欲无厌也。夫不听知过,亦所以亡也。知氏尽灭,唯辅氏存焉。

【注释】

①视:指眼神、神色。②翼而击之:从两翼夹击。

【译文】

张孟谈听说后,进去拜见赵襄子,说:"我在军门外遇到知过,看样子他对我起了疑心。他进去见了知伯,出来以后,就改了姓氏。今天晚上如果不出兵攻打知伯,就会失去先下手的良机。"赵襄子说:"行。"就派张孟谈去对韩康子、魏宣子说:"约定就在今夜举事。"于是首先杀了知伯守堤的小吏,又决开晋水淹灌知伯的军队。知伯的军队因为都去救水,一片混乱,韩康子和魏宣子从两边夹攻,赵襄子带兵从正面进攻,大败知伯之军,活捉了知伯。

知伯身死、国亡、地被瓜分,被天下诸侯所耻笑,乃是因为贪得无厌的缘故。他不听从知过的计谋,也是造成灭亡的原因。知氏被消灭了,只有辅氏还生存到现在。

【解析】

晋阳之围有三个重要的人物:知伯骄傲自大又贪得无厌,赵襄子沉着冷静而善于用人,张孟谈聪明睿智又老谋深算。这三个人的不同性格决定了晋阳攻防战的命运。最终,知伯身死国亡,成为天下人的笑柄。而赵襄子、张孟谈上下一心,在敌强我弱的形势下,争取到了韩、魏两家,从而反戈一击,最终反败为胜。

伊壁鸠鲁曾说："不要奢求你没有的东西,而不知享受已有的东西,须知你现有的东西一度也曾是你向往的东西。"永远不应该奢望生活平白无故地给予我们很多。只有抓住手中已有的东西,实实在在地做事,安安心心地做人,不骄不躁、不气不馁、认认真真地对待生命中每一个时日,把握住今天,我们才会拥有一个美丽而灿烂的明天,才会拥有一份真实、沉甸的成功与幸福。

张孟谈既固赵宗

【原文】

张孟谈既固赵宗,广封疆,发千百,乃称简之途①,以告襄子曰:"昔者,前国地君之御有之曰:'五伯之所以致天下者约两:主势能制臣,无令臣能制主。故贵为列侯者,不令在相位;自将军以上,不为近大夫。'今臣之名显而身尊,权重而众服,臣愿捐功名、去权势以离众②。"

襄子恨然曰:"何哉? 吾闻辅主者名显,功大者身尊,任国者权重,信忠在己而众服焉。此先圣之所以集国家安社稷乎! 子何为然?"张孟谈对曰:"君之所言,成功之美也。臣之所谓,持国之道也。臣观成事,闻注古,天下之美同,臣主之权均之能美,未之有也! 前事不忘,后事之师。君若弗图,则臣力不足。"怆然有决色③。

【译文】

张孟谈既已巩固了赵襄子的政治地位,开拓了国土,整顿了田亩,于是颂扬先主赵简子当初的治国之道,告诉赵襄子,说:"从前,先君简主治理赵国,有遗训说:'五霸能够统帅诸侯,其原因概括起来有两条:一、国君的权势足以控制群臣;二、不能让群臣的权势控制国君。所以,到了列侯这样地位的人,不能让他身居宰相之位;将军以上的人,不能让他们亲近文官大夫。因为上述两种人,挟权势,恃功劳,容易控制国君。现在,我的声誉已很显赫,地位也很尊贵,权力很大,大家都很服从;我希望放弃功名,丢掉权势,成为普通群众的一员。"赵襄子听了以后,很不高兴地说:"这是为什么? 我听说,辅助国君的人,应该有显赫的美名;为国立大功的人,应该有尊贵的地位;领导国家的人,应该有重大的权力。自己心怀忠信,大家都会服从他。这是先圣之所以使国家安定的原因啊!您为什么要这么说呢?"张孟谈说:"您所说的,是成功之美;我所说的,是治国之理。根据当前以及古往今来的事实,我认为,天下一切美好都是相同的;可是,大臣与国君的权力如果完全相等,却还能美好,这是从来没有过的。记取过去的教训,可以作为今后做事的借鉴。您如果不考虑这方面的问题,重蹈历史的覆辙,我将无能为力。"说着他一阵心酸,有诀别之意。

【注释】

①途：道路，这里指治国之道。②离众：成为普通人。③决：同"诀"。

【原文】

襄子去之。卧三日，使人谓之曰："晋阳之政，臣下不使者①，何如？"对曰："死僇。"张孟谈曰："左司马见使于国家②，安社稷，不避其死，以成其忠，君其行之！"君曰："子从事。"乃许之。张孟谈便厚以便名③，纳地释事以去权尊，而亲耕于负丘。故曰："贤人之行，明主之政也。"

耕三年，韩、魏、齐、楚负亲以谋赵，襄子注见张孟谈而告之，曰："昔者知氏之地，赵氏分则多十城，而今诸侯复来熟谋我，为之奈何？"张孟谈曰："君其负剑而御臣以之国，舍臣于庙，授吏大夫，臣试计之。"君曰："诺。"张孟谈乃行，其妻之楚，长子之韩，次子之魏，少子之齐。四国疑而谋败。

【译文】

赵襄子让他离开了，张孟谈闲卧了三天，使人对赵襄子说："国家的政务，臣下不听命，这可怎么办？"襄子回答说："处以死刑。"张孟谈说："左司马被国家使用，安定了国家，不躲避死亡，以成就他的忠诚，君王还是动手吧。"赵襄子说："您还是做你想做的事情去吧。"于是赵襄子同意了张孟谈回去的要求。张孟谈既有了很高的地位，又有很好的声誉，可是他归还了大好的封地，放弃了宰相的尊位，既不要权力，又不要地位，亲自到负山去种庄稼，所以说：只有英明的国君当政，才会有贤能的大臣。

张孟谈在负山耕种了三年，韩、魏、齐、楚四国背弃原来的盟约，准备出兵攻赵。赵襄子去见张孟谈，告诉他说："从前瓜分知伯的领地，我们多分了十座城。现在诸侯又来打我们的主意，这怎么办？"张孟谈说："您为我背着剑，驾车载我回到国都，让我住在王宫的前殿，把任命官吏大夫的权利给我，臣下试着为您谋划谋划。"赵襄子说："好的。"张孟谈于是派他的妻子出使楚国，派他的长子出使韩国，派他的次子出使魏国，派他的幼子出使齐国。四国都认为赵国和自己交深，故互相猜疑，因而四国进攻赵国的阴谋便不攻自破。

【注释】

①使：听从，顺从。②左司马：张孟谈自谓之词。见使：被用。③便：擅长。厚：指财富。以：而，又。

【解析】

张孟谈在帮助赵襄子击败了知伯后，为树立赵襄子的家主权威，毅然归隐。当赵氏再度面临险境时，他又出山帮助襄子，使赵氏转危为安。

主动吃亏是风姿:任何时候,情分不能蹂躏。主动吃亏,山不转水转,也许以后还有合作的机遇,又走到一起。若一个人处处不肯吃亏,则处处必想占便宜,于是,妄图日生,骄心日盛。而一个人一旦有了骄狂的态势,难免会损害别人的好处,于是便起纷争,在四面楚歌之中,又焉有不败之理?

晋毕阳之孙豫让

【原文】

晋毕阳之孙豫让①,始事范中行氏而不说,去而就知伯②,知伯宠之。及三晋分知氏,赵襄子最怨知伯,而将其头以为饮器。豫让遁逃山中,曰:"嗟乎!士为知己者死,女为悦己者容。吾其报知氏之仇矣。"乃变姓名为刑人③,入宫涂厕,欲以刺襄子。襄子如厕,心动,执问涂者,则豫让也。刃其扞曰:"欲为知伯报仇!"左右欲杀之。赵襄子曰:"彼义士也,吾谨避之耳。且知伯已死,无后,而其臣至为报仇,此天下之贤人也。"

卒释之。豫让又漆身为厉④,灭须去眉,自刑以变其容。为乞人而注气,其妻不识,曰:"状貌不似吾夫,其音何类吾夫之甚也。"又吞炭变其音。其友谓之曰:"子之道甚难而无功,谓子有志

【译文】

晋国毕阳的孙子豫让,最初的时候侍奉范、中行氏,那时候不受重用,于是他就离开了范、中行氏,前去投靠知伯,知伯对他很宠信。到了韩、赵、魏三国瓜分知伯的土地,赵襄子最痛恨知伯,而将知伯的头盖骨拿来作饮酒的容器。豫让逃到了山里,说:"哎呀!志士为了解自己的人而抛弃生命,女子为喜爱自己的人而修饰打扮。我要为知伯报仇啊。"于是豫让就隐姓埋名,装扮成一个遭受过刑罚的人,潜伏到赵襄子的宫殿里,用做洗刷厕所的工作来掩饰自己,打算找机会刺杀赵襄子。赵襄子去厕所,忽然心里有感觉,就派人把刷厕所的人抓来审问,得知这个人是豫让。豫让把利刃藏在了刷厕所的工具当中,说:"我要为知伯报仇!"左右的卫士要杀了他。赵襄子阻止说:"他是一位义士,我小心避开他就行了。而且知伯已经死了,也没有后代,但他的臣子中有愿意来为他报仇的,这一定是天下有气节的贤人。"

最后赵襄子把豫让放了。豫让在自己的身上涂上漆,好象生癞一样,根除胡须和眉毛,毁坏自己的面容,装扮成一个乞丐到他妻子那里去乞讨。他的妻子也不认识他了,看着他说:"这个人的容貌不像我的丈夫,但是他的声音为什么这么像我的丈夫呢?"于是豫让又吞了一块火炭,改变了自己的声音。他的朋友见到他,对他说:"你采取的这种办法做起来很艰难,而且不会成功,要说你是一个有志气的人,你

则然矣，谓子知则否。以子之才，而善事襄子，襄子必近幸子。子之得近而行所欲，此甚易而功必成。"豫让乃笑而应之曰："是为先知报后知⑤，为故君贼新君⑥，大乱君臣之义者，无过此矣。凡吾所谓为此者，以明君臣之义，非从易也⑦。且夫委质而事人⑧，而求弑之，是怀二心以事君也。吾所为难，亦将以愧天下后世人臣怀二心者。"

确实是；但要说你是一个聪明的人，那就错了。就凭你的才能，如果用心去侍奉赵襄子的话，他必定会接近你、宠幸你。你如果能接近他的话，再去做你想做的事情，这是非常容易而且必定会成功。"豫让于是笑着回答说："这是为先知遇我的人而去报后知遇我的人，为旧日的主人而去杀新主人，败坏君臣大义的做法没有比这更严重的了。我所做的一切，都是为了阐明君臣之间的大义，并不是图容易啊。况且已经委身来侍奉别人，却又阴谋刺杀他，这是怀有二心来侍奉主人。我之所以选择困难的去做，也就是为了让天下后世怀有二心的人臣感到羞愧。"

【注释】

①豫让，先秦时期晋国的一位著名刺客。生卒年不详，主要活动在三家分晋(公元前453年)前后。②去：离开。就：归附。③刑人：受刑服劳役的人。④厉：通"癞"，恶疮。⑤先知：从前的知己。报：报复。⑥贼：杀害。⑦从易：做容易的事。⑧质：通"贽"，古人初次见面，执贽以为礼，称委贽。

【原文】

居顷之，襄子当出，豫让伏所当过桥下。襄子至桥而马惊。襄子曰："此必豫让也。"使人问之，果豫让。于是赵襄子面数豫让曰①："子不尝事范、中行氏乎？知伯灭范、中行氏，而子不为报仇，反委质事知伯。知伯已死，子独何为报仇之深也？"豫让曰："臣事范、中行氏，范、中行氏以众人遇臣，臣故众人报之；知伯以国士遇臣，臣故国士报之。"襄子乃喟然叹泣曰："嗟乎，豫子！子之为知伯，名既成矣，寡人舍子

【译文】

过了不久，得知赵襄子要外出，豫让就埋伏在赵襄子必经的桥下。赵襄子走到桥边的时候，他的马忽然受惊，赵襄子说："这肯定是豫让。"派人搜捕，发现果然是豫让。于是赵襄子就当面责备豫让说："你不是曾经侍奉过范、中行氏吗？知伯灭了范、中行氏，你不但不替范、中行氏报仇，却忍辱屈节去侍奉知伯。知伯已经死了，你怎么还要为他报仇呢？"豫让说："当我侍奉范、中行氏的时候，他们只把我当做一般的人对待，所以我也用一般人的态度对待他们；但是知伯把我作为国士来礼遇，所以我也就用国士的态度报答他。"于是赵襄子慨叹地抽泣说："唉！豫让啊，你能够为知伯报仇，你已经是一个忠臣义士了。但我已经释放过你，对你也是仁至义尽了。你自己考虑一下，我不能再释放你！"于是赵

亦以足矣②。子自为计,寡人不舍子。"使兵环之。豫让曰:"臣闻明主不掩人之义,忠臣不爱死以成名。君前已宽舍臣,天下莫不称君之贤。今日之事,臣故伏诛,然愿请君之衣而击之,虽死不恨。非所望也,敢布腹心③。"于是襄子义之,乃使使者持衣与豫让。豫让拔剑三跃,呼天击之曰:"而可以报知伯矣。"遂伏剑而死。死之日,赵国之士闻之,皆为涕泣。

襄子就命令手下把豫让包围起来。

豫让说:"我知道,贤明的君主不会去阻挡别人的义行,忠诚的臣子为了志节不会吝惜生命。您以前已经宽恕释放过我一次,天下没有不称赞您的贤德的。今天的事情,我应该被处死。但是我想得到您的王袍,我把它当做您本人来刺杀,我即使死了也没有遗憾。不知君王能不能答应我的请求?"赵襄子认为他的做法是符合道义的,就答应了豫让的请求,就脱下自己的王袍让侍臣交给了豫让。豫让接过王袍,拔出佩剑,跳了几下,大叫着用剑刺王袍:"我为知伯报仇了!"然后就自杀而死。这一天,赵国的忠义之士听说这件事情以后,都为豫让伤心落泪、惋惜不已。

【注释】

①面数:当面指责。②舍子:指释放豫让。以:通"已"。③布:宣告,公开。

【解析】

本篇可以看做是豫让的一篇传记。战国时代,想在政治上有所作为的人都蓄养了大量的门客,来作为他们争取政权和职位,最终成就一番大事的幕僚。当时有著名的四君子,都蓄养了大量的门客。豫让就是其中的一位。由于门客非常多,在各人的能力方面,人外有人天外有天,所以有很多无法得到主子的发现和赏识,因此没有出头之日。豫让最先在范氏和中行氏的门下做门客,但不幸沦为不被重视的一个。后来他转投知伯门下,知伯将他当做国士来对待,使豫让大为感激,最后甚至以一种极端的方式报答了知伯。

豫让行刺赵襄子,舍生忘死,备尝艰辛,虽然没有成功,却用生命报答了知伯的知遇之恩。他为知己献身的精神令人感佩。他为知伯报仇,是因为知伯重视他,

尊重他,给了他尊严,所以,他不惜生命为知伯复仇,用生命捍卫知伯的尊严。他是一个未能成功的刺客,但正是他的失败成就了他的人格,使他虽死犹生,虽败犹荣。

魏文侯借道于赵

【原文】

魏文侯借道于赵攻中山,赵侯将不许。赵利曰:"过矣!魏攻中山而不能取,则魏必罢,罢则赵重;魏拔中山,必不能越赵而有中山矣。是用兵者魏也,而得地者赵也。君不如许之。许之大劝,彼将知君利之也,必辍①。君不如借之道而示之不得已。"

【译文】

魏文侯想要经过赵国国境去进攻中山,赵烈侯不同意。大臣赵利对烈侯说:"您这样做就错了。魏国进攻中山,如果不能取胜,魏国就会疲弱,魏国疲弱,赵国在诸侯中的地位就会提高。如果魏国灭掉了中山,他一定不会越过赵国去占有中山。这样,出兵作战的是魏国,而实际上占有中山的倒是赵国,您不如答应魏国通过赵国国境去进攻中山。可是,答应得太痛快,魏文侯会认为您是想利用他进攻中山而得利,他就会中止进攻中山。您不如答应借道给他,但又表示,这完全是因为赵,魏两国的友好关系,不得已而为之。"

【注释】

①辍:停止,废止。

【解析】

公元前408年,魏文侯借道于赵,欲攻打中山,赵侯不答应。赵利以"魏疲""赵重"为由力劝赵侯允许。

【处世策】

孟子早有过"舍利而取义"的教诲,对个人修养而言,道义至高无上;但对现代企业而言,利益远比道义更有说服力。许多职员见不得公司管理者利欲熏心的作为,换位思考一下,自己如果坐在管理者的位置上统筹大局时,也不得不把利益放在第一位置。

秦韩围梁

【原文】

秦、韩围梁，燕、赵救之。谓山阳君曰："秦战而胜三国，秦必过周、韩而有梁；三国而胜秦，三国之力虽不足以攻秦，足以拔郑①。计者不如构三国攻秦。"

【译文】

秦、韩两国联合，围攻魏都大梁；燕、赵两国共同出兵援救。有人对韩臣山阳君说："秦国如果战胜魏、燕、赵三国，它必然越过周、韩而占有大梁；三国如果战胜秦国，三国之力，虽然不足以进攻秦国，却足以消灭韩国。为韩国的安全考虑，还不如和魏、燕、赵三国联合，去进攻秦国。"

【注释】

①郑：指韩国国都郑地。

【解析】

公元前283年，秦、韩两国围攻魏都大梁，燕、赵派人向山阳公献计：与其救魏，不如与燕、赵、魏三国联合并力攻秦。

【处世策】

当身处矛盾重围，无法脱身时，要综合分析可能产生的各种后果，选择其中对自己伤害最小的方式解围。有时候，无论我们怎么筹划也不能全身而退，总会有一些损失，此时切不能犹犹豫豫，坐失最好的解脱机会，一旦确定了解脱方式，就要立即行动，免得矛盾越积越深。

腹击为室而钜

【原文】

腹击为室而钜①，荆敢言之主。谓腹子曰："何故为室之钜也？"腹击曰："臣羁旅也②，爵高而禄轻，宫室小而帑不众。主虽信臣。百姓皆曰：'国有大事，击必不为用。'今击之钜宫，将以取信于百姓也。"主君曰："善。"

【译文】

腹击建造巨大的宫室，荆敢把这件事告诉了主君。主君对腹击说："建造这么巨大的宫室是什么缘故？"腹击说："臣下是作客他乡的人，爵位高而俸禄低，宫室狭小而家属不多。主君虽然信任臣下，可是百姓都说：'国家有什么大事，腹击一定不被重用。'如今我建造巨大的宫室，将用它来取得百姓的信任。"主君说："好。"

【注释】

①腹击:赵臣。②羁旅:寄居他国。

【解析】

楚国人腹击在赵国做官,但赵人却不信任他。于是,腹击把俸禄都用在砖瓦木料上,建了一所巨大的住房。赵王问他这是为什么,他说是为了赢得百姓的信任。

【处世策】

商业心理学的研究告诉我们,人与人之间的沟通所产生的影响力和信任度,是来自语言、语调和形象三个方面。它们的重要性所占比例是:语言占7%;语调占38%;视觉(即形象)占55%,由此可见形象的重要性。一个人的形象应该为自己增辉,当你的形象成为有效的沟通工具时,那么塑造和维护个人形象就成了一种投资,长期持续下去会带来丰厚的回报,让美的价值积累,让个人消费增值。没有什么比一个人许多内在的东西都没有机会展示,还没领到通行证就被拒之门外的损失更大了。

苏秦说李兑

【原文】

苏秦说李兑曰①:"洛阳乘轩里苏秦②,家贫亲老,无罢车驽马③,桑轮蓬箧④赢縢履蹻⑤,负书担橐⑥,触尘埃,蒙霜露,越漳、河⑦,足重茧,日百而舍,造外阙,愿见于前,口道天下之事。"

李兑曰:"先生以鬼之言见我则可,若以人之事,兑尽知之矣。"苏秦对曰:"臣固以鬼之言见君,非以人之言也。"李兑见之。

苏秦曰:"今日臣之来也暮,后郭门,藉席无所,寄宿人田中,傍有大丛。夜半,土

【译文】

苏秦游说李兑说:"我是洛阳乘轩里的苏秦,家里贫穷,双亲都已经年老,就是连一辆劣马驾着、有桑木轮子、草编车厢的破车子都没有,我打着绑腿穿着草鞋,背着书卷担着口袋,顶着飞扬的尘土,冒着寒霜和露水,越过了漳河和黄河,脚上磨出了厚厚的老茧,每天走一百里路方才住宿,如今来到您的宫门外,请求拜见您,亲口和您谈谈天下的大事。"

李兑说:"先生如果谈的是鬼的事情,那么见我是可以的。如果谈的是人的事情的话,我已经都知道了。"苏秦回答说:"我本来就是来和您谈论鬼的事情的,而不是谈论人的事情的。"李兑于是就接见了他。

苏秦说:"今天我来的时候,天已经到了黄昏,外城的城门已经关闭了,就是连块草席都没找到,就借宿在人家的田里,旁边有一个大丛祠。半夜时

梗与木梗斗曰：'汝不如我，我乃土也。使我逢疾风淋雨，坏沮，乃复归土。今汝非木之根，则木之枝耳。汝逢疾风淋雨，漂入漳、河，东流至海，汜滥无所止。'臣窃以为土梗胜也。今君杀主父而族之，君之立于天下，危于累卵。听臣计则生，不听臣计则死。"李兑曰："先生就舍，明日复来见兑也。"

分，土偶对木偶说：'你不如我，我是土做的，如果我遇到大风暴雨的话，就会被淋坏，就又回到土里。但你不过是树根，或者是树枝罢了。你遇上大风暴雨的话，就会被漂到漳河或黄河里去，向东漂流到大海中，随波逐流没有可以依靠的地方。'我私下里认为是土偶得胜了。现在您杀了武灵王灭了他的宗族，您生活在天地之间，正处在危如累卵的境地。您听从我的计谋就能生存，不听从我的计谋就会死亡。"李兑说："您先到客舍住下，明天再来见我。"

【注释】

①李兑：战国时赵国大臣。号奉阳君。他对外主张合纵，曾与苏秦协力，发动五国联兵攻秦。②洛阳乘轩里：苏秦的家乡。③罢(pí)：破、敝。④桑轮：桑树做的轮子。蓬箧(qiè)：蓬蒿编的车厢。⑤赢縢(téng)：打着绑腿。赢，通"累"，捆绑、缠绕。縢，绑腿布。履蹻(juē)：穿着草鞋。⑥橐(tuó)：一种口袋。⑦漳、河：漳河和黄河。

【原文】

苏秦出，李兑舍人谓李兑曰："臣窃观君与苏公谈也，其辩过君，其博过君①，君能听苏公之计乎？"李兑曰："不能。"舍人曰："君即不能，愿君坚塞两耳，无听其谈也。"

明日复见，终日谈而去。舍人出送苏君，苏秦谓舍人曰："昨日我谈粗而君动②，今日精而君不动，何也？"舍人曰："先生之计大而规高，吾君不能用也。乃我请君塞两耳，无听谈者。虽然，先生明日复来，吾请资先生厚用。"明日来，抵掌而谈。李兑送苏秦明月之珠，和氏之璧，黑貂之裘，黄金百镒。苏

【译文】

苏秦出去了。李兑的一个家臣对李兑说："我暗中观察了您和苏秦的谈话，他的论辩要超过您，他的学识也比您广博，您会听信苏秦的计策吗？"李兑说："不会。"家臣说："您如果不会听信他的话，就请您牢牢地堵上您的两只耳朵，不要听信他的话。"

第二天，苏秦又来拜见李兑，和李兑谈论了一整天才离去。那位家臣出来送苏秦，苏秦对他说："昨天我谈得粗略，相国被我说动了；今天我谈得详细，但相国不再动心，这是什么原因呢？"那位家臣说："先生的计策宏大而见解高远，我们的相国是不能采用的，这是我请他牢牢地堵住两只耳朵，不让他听信你的话。虽然如此，请先生明天再来，我请相国资助您丰厚的财物。"第二天苏秦又来了，和李兑抵掌而谈。李兑于是赠送苏秦明月珠、和氏璧、黑貂裘、一百镒黄金。苏秦得到这些财

秦得以为用，西入于秦。

物，就把它们作为资用，向西进入秦国。

【注释】

①过：超过，是说李兑的辩论功夫不如苏秦。②粗：粗略，简单。动：感动。

【解析】

这是一篇苏秦向李兑推销自己的文字。向陌生人推销自己要进行试探。一开始苏秦想要用自己的贫寒和落魄来求得李兑的同情，但这种方式很快失效，因为李兑并不是那么容易就给他同情心的人。不仅如此，李兑还用鬼事来刁难苏秦。

三番两次苏秦终于有了和李兑对话的机会。苏秦用富有渲染力的语言描述了李兑将要面临的灾祸和危机，他为李兑编造了一个小故事，形象地说明了李兑的处境。其实，身居高位的人最关注的莫过于自己的前程。因此接受了苏秦的请求，并赠送给他财物。

赵收天下

【原文】

赵收天下，且以伐齐。苏秦为齐上书说赵王曰："臣闻古之贤君，德行非施于海内也；教顺慈爱，非布于万民也；祭祀时享①，非当于鬼神也。甘露降，风雨时至，农夫登，年谷丰盈，众人喜之，而贤主恶之。今足下功力非数痛加于秦国，而怨毒积恶非曾

【译文】

赵国联合诸侯，准备进攻齐国。苏秦为齐国上书赵王说："我听说，古代的贤君，虽然他的英明政治措施尚未施行于全国，他的思想教育、仁爱之心尚未遍及百姓，祭神祭鬼的四时供享尚未符合鬼神的要求，可是，风调雨顺，农民年年丰收。这样，人民喜悦，贤主因无德而获福却心情忧惧不安。现在，您对秦国既未出大力，又未建奇功，齐国对您也未深恶痛绝。可

深于齐也。臣窃外闻大臣及下吏之议，皆言主前专据，以秦为爱赵而憎齐。臣窃以事观之，秦岂得爱赵而憎齐哉？欲亡韩、吞两周之地，故以齐为饵，先出声于天下，欲邻国闻而观之也。恐其事不成，故出兵以佯示赵、魏；恐天下之惊觉，故微韩以贰之[2]；恐天下疑己，故出质以为信。声德于与国，而实伐空韩[3]。臣窃观其图之也，意秦之谋计必出于是。

是，我听说，群臣在议论，都说大王以前总认为秦国爱怜赵国而怨怪齐国。我根据事实看，秦国怎能怨怪齐国而爱怜赵国呢？只因想消灭韩国，并吞两周之地，所以才拿齐国当诱饵，事先造出舆论，放出空气，使邻国听了都以为秦要伐齐，而对秦国放心，失去警惕。秦国怕他的诡谋不能实现，所以假意出兵，做给赵国和魏国看，又怕诸侯警觉，所以向韩国征兵，迷惑天下人的耳目。又怕诸侯疑惑自己，所以派出人质，以取得信任。这样，在舆论上尽力宣扬秦国对盟国如何友好。实际上却暗中孤立无援的韩国。我看秦国的意图，它的计谋一定是这样。

【注释】

①享：鬼神享用的祭品。②贰：重复。③空(kòng)：穷困。

【原文】

"且夫说士之计皆曰：'韩亡三川，魏亡晋国，特韩未穷，而祸及于赵。'且物固有势异而患同者，又有势同而患异者。昔者楚人久伐而中山亡。今燕尽齐之河南，距沙丘，而至巨鹿之界三百里，距于扞关，至于榆中千五百里。秦尽韩、魏之上党，则地与国都邦属而壤挈者七百里[1]。秦以三军强弩坐羊唐之上[2]，即地去邯郸百二十里。且秦以三军攻王之上党而危其北，则句注之西非王之有也。今逾句注，禁常山而守，三百里通于燕之唐、曲逆，此代马、胡驹不东，而昆山之玉不出也。此三宝

【译文】

"再说，一般游说之士，总认为韩国失去了三川，魏国失去了旧都安邑，因此韩国处境还未困窘，赵国就要大祸临头。何况事情的发展总会有情势不同而祸患相同、情势相同而祸患不同的呢？从前，中山国依靠齐、魏，对赵失去警惕，因秦和齐、魏长期进攻楚国，赵国就乘机灭了中山。现在燕国尽得了齐国黄河以南之地，而离沙丘至钜鹿只有三百里，离赵国的扞关至榆林只有一千五百里。秦国尽得了韩、魏的上党，这两地各国接界只有七百里。秦国以强大的武装力量坐守羊肠阪道，则距邯郸仅仅一百二十里。而且，秦国又以大军进攻赵国的上党，而危其北，则句注以西将被秦国占据。如果秦国驻守句注，控扼常山，只有三百里就通往燕国的唐、曲吾。这样，代地的马、胡地的狗，昆山的美玉将不会为您所有。所以说，如果大王要跟着强秦去进攻齐国，我担心这就是大祸的根源。

"从前，秦、齐、韩、魏、燕五国连横，合谋进攻赵国，三分其国，他们的盟约刻在盘盂上，写在书

者，又非王之有也。今从于强秦久伐齐，臣恐其祸出于是矣。昔者五国之王，尝合横而谋伐赵，参分赵国壤地，著之盘盂，属之雠柞③。五国之兵出有日矣，齐乃西师以禁秦国，使秦废令，素服而听，反温、枳、高平于魏，反三公、什清于赵，此王之明知也。夫齐事赵，宜为上交。今乃以抵罪取伐，臣恐其后事王者之不取自必也④。今王收齐，天下必以王为义；齐抱社稷以事王，天下必重王。然则齐义，王以天下就之；下至齐暴，王以天下禁之，是一世之命制于王已。臣愿大王深与左右群臣详计某言，先事成虑而熟图之也！"

册中，五国即将出兵，而齐国却背约攻秦，迫使秦国败服而听命于齐；把温、积、高平等地归还给魏国；把圣分、先俞两地归还给赵国，这是大王清楚了解的。

"应该说，齐国帮助了赵国，正好与它建立亲密关系。可是，现在赵国却兴师问罪，去讨伐齐国，我担心以后帮助大王的国家就不敢自信，很难预料自己的命运了。如果大王联合齐国，诸侯将认为大王很讲恩义，齐国也将倾心维护大王。这样，诸侯必以大王为重。如果秦国按道理行事，大王就可以和他联合；如果秦国不讲道理，肆意逞凶，大王可以联合诸侯攻取秦国。这样，天下的命运将控制在大王一人之手。我希望大王与左右大臣仔细想想我的话，事先深谋远虑，认真策划才是。"

【注释】

①邦属而壤挈：指边境相连。属(zhǔ)，连接。挈(qiè)，接壤。②坐：据守。③属(zhǔ)：撰写。雠柞(zhù)：书册。④自必：相信自己。必，信任。

【解析】

公元前285年，秦与赵共谋伐齐。苏秦为齐王致书赵王，陈述了利害，欲制止秦、赵伐齐。

【处世策】

机遇和风险往往同时存在，可许多人却只盯住了机遇，却忘了机遇后边隐藏的风险。人生固然要不惧风险，勇敢地把握机遇；可也需要时时考量自己承受风险的能力，毕竟机遇总是难以把握，而风险却总是不请自来。

【原文】

齐攻宋，奉阳君不欲。客谓奉阳君曰："君之春秋高矣①，而封地不定，不可不熟图也。秦人贪，韩、魏危，燕、楚僻，中山之地薄，宋罪重，齐怒深，残伐乱宋，定身封，德强齐，此百代之一时也。"

【译文】

齐国要进攻宋国，赵国奉阳君李兑不想和齐国联合行动。有人劝奉阳君说："您的年纪很大了，可是封地还没有确定，不能不为这事深思熟虑，多作打算。秦国人贪得无厌，而韩、魏又与秦国邻近，封地如定在韩、魏，则凶多吉少；如定在燕、楚，又太偏远；中山故地，土质贫瘠，宋康王罪孽深重，齐国对宋康王深恶痛绝，如果共同消灭无道的宋国，确定自己的封地，则有恩德于齐国，他们会感激您，这真是千载难逢的良机啊！"

【注释】

①春秋：指人的年龄。

【解析】

齐国要攻打宋国，奉阳君李兑不想出兵助齐攻宋。有说客劝他应该抓住时机，攻打混乱的宋国，可以确定自己的封地。

【处世策】

说客提供的思路实际上是"假公济私"，利用赵国的力量替自己谋取私利。这种行为并不值得我们效仿，但从看似没有机遇的事件中，变换思维寻找对自己有利的条件的能力还是值得我们学习的。

秦王谓公子他

【原文】

秦王谓公子他曰："昔岁殽下之事，韩为中军，以与诸侯攻秦。韩与秦接境壤界，其地不能千里①，展转不可约②。昔者，秦、楚战于蓝田，韩出锐师以佐秦，秦战不利，因转与楚，不固信盟，唯便是从。韩之在我，心腹之疾。

【译文】

秦王对公子他说："从前齐、韩、魏三国联军和秦国在殽山之下交战，韩国是联军的主帅，和齐、魏两国进攻秦国。韩国与秦国接界，它的国土不足千里，韩国反覆无常，不能和他定结盟约。从前秦国和楚国战于蓝田，韩国派出精锐部队帮助秦国，秦国作战失利，韩国又投靠楚国，不坚守信约，唯利是图。韩国对于我，乃是心腹之患，我要讨伐他，你看怎么

吾将伐之，何如？"公子他曰："王出兵韩，韩必惧，惧则可以不战而深取割。"王曰："善。"乃起兵，一军临荥阳，一军临太行。

韩恐，使阳城君入谢于秦，请效上党之地以为和。令韩阳告上党之靳黖曰："秦起二军以临韩，韩不能有。今王令韩兴兵以上党入和于秦，使阳言之太守，太守其效之。"靳黖曰："有人言，'挈瓶之知③，不失守器。'王则有令，而臣太守。虽王与子亦其猜焉，臣请悉发守以应秦。若不能卒，则死之。"韩阳趋以报王④，王曰："吾始已诺于应侯矣。今不与，是欺之也！"乃使冯亭代靳黖。

样？"公子他说："大王出兵进攻韩国，韩国一定害怕，韩国害怕就可以不战而多割地。"秦王说："好。"于是就两路出兵：一路进攻荥阳，一路进攻太行。

韩国果然害怕，派阳城君到秦国去赔礼道歉，提出献出上党，希望讲和。又派韩阳去告诉上党太守靳黖说："秦国两路出兵进攻韩国，韩国不能保住，现在大王已派阳城君拿上党与秦国讲和，派我来通知太守，希望您献出上党。"靳黖说："人们常说'即使有如用瓶子盛水那一点点小聪明，也要保住它，不能让它丧失。'大王本来有令，而我要尽太守的职责；即使是大王和您，我也不能不猜疑。我要求发动全郡的兵力对抗秦国，如果不能完成使命，就是为国牺牲，也在所不惜。"韩阳连忙把这个情况报告了韩王，韩王说："我已经答应秦相应侯范睢了，如果不献出上党，这就是欺骗他。"于是派冯亭去接替靳黖的太守职务。

【注释】

①不能：不足。②展转：反复无常。③挈瓶之知：只有用瓶子盛的水一样的小智慧。挈(qiè)，提。④趋(cù)：急速，赶快。

【原文】

冯亭守三十日，阴使人谓赵王曰："韩不能守上党，且以与秦，其民皆不欲为秦而愿为赵①。今有城市之邑十七，愿拜内之于王，唯王才之②。"赵王喜，召平阳君而告之曰："韩不能守上党，且以与秦，其吏民不欲为秦而皆愿赵。今冯亭令使者以与寡人，何如？"赵豹对曰："臣闻圣人甚祸无故之

【译文】

冯亭到了上党三十天，就秘密派人去面见赵王，说："韩国不能守住上党，将把上党送给秦国，上党的百姓都不愿意给秦国，而愿意给赵国。上党有十七个大县，愿意献给大王，只希望大王决定。"赵王很高兴，请来平阳君赵豹，告诉他说："韩国不能守住上党，将把上党献给秦国，上党的吏民不愿意给秦国，都愿意献给赵国，现在上党太守冯亭派使臣来，要把上党交给赵国，你看怎么样？"赵豹回答说："我听说，圣人把获得无缘无故的利益当做大祸害。"赵王说："人家因我的仁义而归顺我，怎么能说无缘无故呢？"

利。"王曰:"人怀吾义,何为无故乎?"对曰:"秦蚕食韩氏之地,中绝不令相通,故自以为坐受上党也。且夫韩之所以内赵者,欲嫁其祸也。秦被其劳而赵受其利,虽强大不能得之于小弱,而小弱顾能得之强大乎?今王取之,可谓有故乎?且秦以牛田、水通粮③,其死士皆列之于上地,令严政行,不可与战,王其图之。"王大怒,曰:"夫用百万之众攻战,逾年历岁,未得一城也!今不用兵而得城十七,何故不为?"赵豹出。

【注释】

①为:给予,归附。②才:通"裁",裁决。③牛田:牛耕耕田;水通粮:水漕运粮。

原文

王召赵胜、赵禹而告之,曰:"韩不能守上党,今其守以与寡人,有城市之邑十七。"二人对曰:"用兵逾年,未得一城,今坐而得城,此大利也。"乃使赵胜注受地。

赵胜至,曰:"敝邑之王使使者臣胜,太守有诏,使臣胜谓曰:'请以三万户之都封太守,千户封县令,诸吏皆益爵三级;民能相集者,赐家六金。'"冯亭垂涕而勉曰:"是吾处三不义也!为主守地而不能死,而以与人,不义一也;主内之秦①,不顺主命,不

译文

赵豹回答说:"秦国蚕食韩国的领土,切断了上党和国都的通路,所以他们以为不动一兵一卒就可以轻易地拿下上党。再说,韩国之所以要把上党献给赵国,是想嫁祸于赵国啊。秦国遭受了攻打上党的痛苦,而赵国得到上党的利益;即使是强大的国家也不可能从弱小的国家得到这种利益,而弱小国家又怎么能从强大的国家得到这种利益呢?现在大王想取得上党,能说有道理吗?而且秦国以牛耕积累谷粮,漕运运输物资,勇敢决死的战士都安排在上党,军令严谨,政教风行,我们决不能和秦国作战,希望大王考虑。"赵王大怒,说:"用百万的兵力,经年累月地作战,也得不到一座城池,现在不用一兵一卒,就能得十七座大城,为什么不干呢?"赵豹便出来了。

赵王又找赵胜、赵禹,告诉他们说:"韩国守不住上党,现在上党太守要把上党交给我,上党郡包括十七个城市。"赵胜、赵禹回答说:"用兵一年多,也没有得到一座城,现在不动一兵一卒就得到上党十七座大城,这可是莫大的收益啊。"于是赵王派赵胜去接收上党。

赵胜来到上党,说:"我们小国的国王,派我赵胜作为接收的使节。贵太守有求于赵王,赵王让我转告:'愿以三万户的都邑封赏太守,以千户的都邑赏县令,郡内大小官吏都晋升三级,百姓能安定服从的,每家赐金六斤。'上党太守冯亭听了以后,痛哭流涕地推辞说:"这样的话,我犯了三个不义的错误;为国君不能舍身守地,却把它交给了别人,这是第一个不义;国君把上党献给秦国,我不从命,这是第二个

义二也;卖主之地而食之,不义三也。"辞封而入韩,谓韩王曰:"赵闻韩不能守上党,今发兵已取之矣。"韩告秦曰:"赵起兵取上党。"秦王怒,令公孙起[2]、王龁以兵遇赵于长平。

不义;出卖了国君之地,而自己因此升官发财,这是第三个不义。"于是,他拒绝受封,到了韩都,对韩王说:"赵国听说韩国守不住上党,现在已出兵来接收上党了。"韩王就告诉秦王,说:"赵国现已出兵来接收上党了。"秦王大怒,便派白起,王龁出兵和赵军大战于长平。

【注释】

①内:通"纳"。②公孙起:即白起。

【解析】

公元前 263 年,秦昭王出兵攻打韩国,一支部队攻打荥阳,切断韩军的来路;一支部队穿越太行山,直插上党的心脏地区。韩王恐惧,要求献上上党郡,与秦讲和,上党太守不从。韩国改派冯亭为太守。冯亭守不住上党,于是将上党之地转授予赵。赵王只看到上党地区的"利",却忽视了秦军的"险"。或者明知道可能与秦军交战,但利欲熏心而丧失理智,不顾赵豹的反对,派平原君接受上党。于是秦起兵攻打赵国,引发了后来的长平之役。

【处世策】

正所谓"路逢险处须当避,不是才人莫献诗"。做事情一定要量力而行。一件事,只有在衡量了它的难易程度和自己的能力层次之后,才能决定自己能否胜任。量力而行是要求我们要理智地选择。不要给自己施加太多不必要的负担,不要为难自己,伤害自己,必须懂得,你就是你,你只要"量力而行,尽力而为",才能有属于你自己的美好人生。

苏秦为赵王使于秦

【原文】

苏秦为赵王使秦，反，三日不得见。谓赵王曰："秦乃者过柱山，有两木焉，一盖呼侣[1]，一盖哭。问其故，对曰：'吾已大矣，年已长矣，吾苦夫匠人，且以绳墨案规矩刻镂我。'一盖曰：'此非吾所苦也，是故吾事也[2]。吾所苦夫铁钻然，自入而出夫人者！'今臣使于秦而三日不见，无有为臣为铁钻者乎？"

【译文】

苏秦为赵王出使秦国，自秦国返回赵国，过了三天，赵王未接见苏秦。随后苏秦对赵王说："我从前路过柱山，那儿有两棵树，一棵树在呼唤伴侣，另一棵树在哭泣。我问它们为什么这样，哭泣的树回答我说：'我已长大了，工匠要用绳墨裁锯我，要按规矩雕刻我，因此我很痛苦。'另一个回答说：'我并不以此为苦，这是我的本分，我所感到痛苦的是，像铁钻那样的东西，自己钻入别人体内却把木屑挤了出来。'现在我出使秦国，回到赵国，您过了三天也不见我。难道没有人对大王说我苏秦是铁钻一样的东西吗？"

【注释】

①侣：伴侣。②事：职务，本分。

【解析】

公元前332年，苏秦为赵王出使秦国，回来后赵王整整三天没有接见他。苏秦就用铁钻钻木作比喻，暗示有人在赵王面前谗毁他。

【处世策】

在指出对方错误的同时，也要反省自己是否说话得体，如果是因为没有讲究方式方法而造成关系紧张，就要考虑自我调整，克服过于直率的毛病了。有话当面说，不在背后说长道短，这无疑是对的，但也不能因此而忽视了人与人之间的复杂性，只求敢说，不讲效果，这根本就无助于问题的解决。

甘茂为秦约魏

【原文】

甘茂为秦约魏，以攻韩宜阳，又北之赵。冷向谓强国曰："不如令赵拘

【译文】

甘茂为秦国联合魏国，来共同进攻韩国的宜阳，又北上为秦去联合赵国。秦臣冷向对赵臣强国说："您不如要赵王拘留甘茂，不让他出来活动。这样，齐、

甘茂，勿出，以与齐、韩、秦市。齐王欲求救宜阳，必效县狐氏；韩欲有宜阳①，必以路、涉、端氏赂赵②；秦王欲得宜阳，不爱名宝。且拘茂也，且以置公孙赫、樗里疾。"

韩、秦三国必然买通赵国。齐王想救援宜阳，一定会献出县狐氏之地给赵；韩国要保住宜阳，一定会献出路、涉、端氏之地给赵；秦王要得到宜阳，定想让甘茂出来，为他进攻宜阳进行活动，也一定会献出名贵的宝器给赵。况且，赵国拘留了甘茂，秦国将任用公孙赫、樗里疾，这样，赵国将有恩于他们二人。"

【注释】

①有：保存。②路、涉：即《汉书·地理志》的路县、涉县。路属上党郡，在今陕西潞城县东北；涉在今河北涉县西北。端氏：邑名，故城在今山西沁水县东。

【解析】

公元前308年，秦使甘茂约魏攻韩。甘茂又到了赵国，冷向主张拘禁甘茂，以从韩、齐、秦求得贿赂。

【处世策】

谋求个人利益并没有错，但不能损害集体利益。只有在保证集体利益的基础上，个人才能从其中分得一部分权益。否则，集体如果没有了，个人利益从何而出呢？

谓皮相国

【原文】

谓皮相国曰："以赵之弱，而据之建信君、涉孟之雠，然者何也？以从为有功也。齐不从，建信君知从之无功。建信君安能以无功恶秦哉？不能以无功恶秦，则且出兵助秦攻魏，以楚分齐，则是强毕矣。建信、春申从，则无功而恶秦①，分齐亡魏，则有功而善秦。故两君者，夏择有功之无功为知哉②？"

【译文】

有人对齐国的皮相国说："凭赵国这样的弱国，却任用建信君，涉孟这样的人，这是为什么？这是因为赵国认为合纵联盟能够成功，对它有利的缘故。齐国如果不参加合纵联盟，建信君也就知道合纵联盟不会成功。建信君怎么能明明知道合纵联盟不会成功，却损害与秦国的关系呢？他既然不能因合纵联盟不会成功而损害与秦国的关系，那就会出兵帮助秦国进攻魏国。与楚国联合瓜分齐国，就定能自强。赵国建信君、楚国春申君组织合纵联盟，既然不会成功，又会损害与秦国的关系；赵、楚两国联合瓜分齐国，帮助秦国灭亡魏国则会成功有利，又不损害与秦国的关系，建信君和春申君在这两者之间到底如何抉择，采取行动呢？"

战国策精华［上］

【注释】

①恶：得罪。②择：抉择。

【解析】

公元前241年，诸侯欲合纵攻秦。有游说者以不合纵攻秦，而齐国会被侵害为由，游说齐国皮相国。崤山六国，齐与秦国距离最远，受到的威胁最小，但最终齐国最终参与了合纵联盟。这是权衡利弊之后，做出的最终决定。

或谓皮相国

【原文】

或谓皮相国曰："魏杀吕辽而卫兵，亡其北阳而梁危，河间封不定而赵危，文信不得志，三晋倍之，忧也。今魏耻未灭，赵患又起，文信侯之忧大矣。齐不从，三晋之心疑矣。忧大者不计而构，心疑者事秦急。秦魏之构①，不待割而成。秦从楚、魏攻齐，独吞赵，齐、赵必俱亡矣。"

【译文】

有人对齐国的皮相国说："魏国杀了秦臣吕辽，秦国出兵进攻卫国，攻下了北阳，因而魏国处境危险。赵国的河间还未封给文信侯吕不韦，赵国就总是惴惴不安。文信侯的封地尚未定在河间，赵、魏、韩三国都会背叛秦国，这是文信侯所忧虑的。现在魏国遭受秦国的耻辱尚未洗雪，而赵国想组织合纵联盟的忧患又起。如此，文信侯的忧虑就大了。齐国不参与赵、魏、韩三国组织合纵联盟，那么赵、魏、韩三国就担忧合纵计谋会失败。受秦威胁最大的魏国不必与秦国商量，也会和秦国联合，而三心二意的国家则急于要与秦国妥协。秦、魏两国不必割地就可以先实现联合。秦魏两国既已联合，就会让楚、魏攻齐，而秦国就可以独吞赵国。这样，齐，赵都必定被秦消灭。"

【注释】

①构：结合，联盟。

【解析】

公元前239年，连横者以秦将联合楚、魏攻打齐国，独立攻赵，齐赵将亡为理由，游说皮相国割让赵国河间贿赂秦国。吕不韦何时受封于河间之地史不可考，此章是皮相国欲以河间地来扩大吕不韦的封地。说客对人性的把握非常到位。他分析吕不韦在面对国恨和家仇的抉择时，会优先选择家仇。并基于此判断为齐国的皮相国出谋划策。

【处世策】

在职场中,有时候触犯了集体的利益,后果并不可怕。可如果阻碍了一些人的私人利益,哪怕这是在维护集体利益,也注定要经历一些背后的伤害。揣摩一些人性,对个人的工作是会有帮助的。

赵王封孟尝君以武城

【原文】

赵王封孟尝君以武城,孟尝君择舍人以为武城吏,而遣之曰:"鄙语岂不曰'借车者驰之,借衣者被之'哉?"皆对曰:"有之。"孟尝君曰:"文甚不取也!夫所借衣车者,非亲友则兄弟也。夫驰亲友之车,被兄弟之衣,文以为不可。今赵王不知文不肖①,而封之以武城。愿大夫之注也。毋伐树木,毋发屋室,訾然使赵王悟而知文也②!谨使可全而归之。"

【译文】

赵王把武城封给孟尝君。孟尝君在他的门客中挑选了一些人去担任武城守吏,并对他们说:"俗话不是说:借来的车子可以使劲地跑,,借来的衣服可以随意披在外面?"他们都说:"有这样的说法。"孟尝君说:"我可很不以为然。那借来的衣服和车子,若不是亲友的就是兄弟的。赶着亲友的车子使劲地跑,把兄弟的衣服披在外面,我认为不能这样做。现在赵王不了解我无能,而把武城封给我。希望你们去后,不要砍伐树木,不要破坏房屋,谨慎从事,让赵王了解我善于治理。这样,我们才可以完全管辖武城。"

【注释】

①不肖:无能。②訾(zǐ)然:省量;衡量。

【解析】

孟尝君深知人性当中的这个污点,所以在他将封地交给属下来管理的时候,为这些门客强调了要爱惜借来的东西,好好管理托付给他们的封地。

【处世策】

"借车者驰之,借衣者被之"。本篇就说明了这样一个道理:借来的东西就不知道珍惜。这也是我们在现实生活中常碰见的一种现象。由于借来的东西不是自己的,所以就不加以爱惜,有一种不用白不用,用了不白用的心理。往深里说,这也是我们人性当中的一种污点。

【原文】

谓赵王曰①："三晋合而秦弱，三晋离而秦强，此天下之所明也。秦之有燕而伐赵，有赵而伐燕；有梁而伐赵，有赵而伐梁；有楚而伐韩，有韩而伐楚。此天下之所明见也。然山东不能易其路，兵弱也。弱而不能相一，是何秦之知、山东之愚也！是臣所为山东之忧也。虎将即禽②，禽不知虎之即己也，而相斗两罢，而归其死于虎。故使禽知虎之即己，决不相斗矣。今山东之主，不知秦之即己也，而尚相斗，两敝而归其国于秦，知不如禽远矣。愿王熟虑之也！"

【译文】

陈轸对赵王说："赵、魏、韩三国联合则秦弱，赵、魏、韩三国破裂则秦强，这是诸侯清楚了解的。秦国控制燕国则会进攻赵国，控制赵国则会进攻燕国；控制魏国则会进攻赵国，控制赵国则会进攻魏国；控制楚国则会进攻韩国，控制韩国则会进攻楚国，这也是诸侯清楚了解的。可是山东六国却不能改变这种形势，这是因为他们的兵力很弱的缘故。兵力很弱，又不能团结一致。为什么秦国就那么聪明，而六国就那么愚蠢呢？这就是我为山东六国所担忧的。老虎将要吃野兽，野兽不知老虎将要吃自己，反而自相搏斗，结果双方疲惫，都给老虎送死。如果野兽知道老虎要吃掉自己，那就决不会去自相搏斗了。现在六国的国君不了解秦国就要吞并他们，仍要互相搏斗，结果是双方疲惫，都给秦国送死。六国国君的智慧远远不如野兽啊。希望大王深思熟虑！

【注释】

①赵王：此为武灵王雍，在其二十七年（公元前299年）。②禽：泛指鸟兽。

【原文】

"今事有可急者，秦之欲伐韩、梁、东窥于周室甚，惟寐亡之①。今南攻楚者，恶三晋之大合也②。今攻楚，休而复之，已五年矣，攘地千余里③。今谓楚王：'苟来举玉趾而见寡人，必与楚为兄弟之国，必为楚攻韩、梁，反楚之故地。'楚王美秦之语，

【译文】

"现在情况非常紧急。秦国想进攻韩国和魏国，而且想急于取周而代之，除非睡着的人谁也不会忘记这件事。现在他向南进攻楚国，是因为他担心赵、魏、韩三国联合。现在秦国对楚国罢兵已经五年了，扩充了国土有一千多里。秦王现在对楚王说：'如果您能动大驾来与我会晤，我们两国一定结为兄弟之国，一定可以共同进攻韩、魏两国，收回楚国以前的失地。'楚王听信了秦王的甜言蜜语，又对韩、魏两国以前不援助自己大为不满，一定会倒向秦国。秦国又

怒韩、梁之不救己，必入于秦。秦有谋发使之赵，以燕饵赵，而离三晋。今王美秦之言，而欲攻燕。攻燕，食未饱而祸已及矣。楚王入秦，秦、楚为一，东面而攻韩。韩南无楚，北无赵，韩不待伐，割挈马兔而西走④。秦与韩为上交，秦祸安移于梁矣。以秦之强，有楚、韩之用，梁不待伐矣，割挈马兔而西走。秦与梁为上交，秦祸案攘于赵矣。以强秦之有韩、梁、楚，与燕之怒，割必深矣。国之举亡，臣之所以来。臣故曰：事有可急为者。及楚王之未入也，三晋相亲相坚，出锐师以戍韩、梁西边，楚王闻之，必不入秦，秦必怒而循攻楚，是秦祸不离楚也，便于三晋。若楚王入，秦见三晋之大合而坚也，必不出楚王，即多割，是秦祸不离楚也，有利于三晋。愿王之熟计之也急！"

赵王因起兵，南戍韩、梁之西边。秦见三晋之坚也，果不出楚王而多求地。

要设谋，就会派使臣去赵国，用灭掉燕国来引诱赵国，以离间赵、魏、韩三国的联盟。现在大王听信秦王的甜言蜜语，想进攻燕国。从燕国还没有得到多少实际利益，大祸就要临头。楚王去到秦国，秦、楚两国联合，向东进攻韩国。韩国在南面失去楚国，在北面失去赵国，韩王不等秦国进攻，就会拿着割让的土地像马和兔一样迅疾向西跑到秦国去求和。秦、韩两国结为亲密联盟，秦国的危害就会转移到魏国。凭如此强大的秦国，又有楚、韩两国为他所驱使，魏王不等秦国出兵，就会牵马俯首向西跑到秦国去求和，听命于秦国。秦、魏两国结为亲密联盟。秦国的危害就会转移到赵国。凭如此强大的秦国，又有韩、魏、楚三国为他所驱使，再加上贵国要进攻燕国而激怒于燕人，这样，祸害必重，国将灭亡。这就是我来到贵国的原因。所以，我说现在情况非常紧急。"

"在楚王还没有去秦国之时，赵、魏、韩三国互相友好，坚守盟约，赵国派出精锐部队，驻守韩、魏两国的西部边界，楚王得知，一定不会去秦国，而秦国一定会恼怒，就会出兵进攻楚国。这样，秦国的危害就会紧随着楚国，而有利于赵、魏、韩三国。如果楚王去到秦国，秦国见赵、魏、韩三国结盟，而且牢不可破，一定不会放出楚王，它就会要求楚国多割让土地给秦国。这样，秦国的危害仍然紧随着楚国，而有利于赵、魏、韩三国。希望大王对此深思熟虑。"赵王于是派兵驻守韩、魏两国的西部边界。秦国见赵、魏、韩三国很坚决，果然不放出楚王，以此相要挟，向楚国要求多割土地。

【注释】

①亡：同"忘"。②恶：畏惧、害怕。③攘：偷、窃取。引申为侵夺。④割：通"盖"。挈：牵引。兔：通"俯"，屈身，低头。西走：指奔秦。

【解析】

公元前299年，秦国将领讨伐韩国、魏国。有人游说赵武灵王联合韩、魏抗秦，转祸于楚。实际上这并不是一个尽善尽美的计策，但这个计策建立在"割必深矣"的基础之上，也是陈轸不得已之计。

【处世策】

本篇讲述了一个唇齿相依的道理。在现代职场应用中，如果赏识你的上司地位不稳固，那你能帮则帮，帮不了就不要勉强。所谓"一朝天子一朝臣"，领导人更换后，随之而来的可能就是员工的大换血。自己如果不情愿接受这种后果，那就要主动为上司分忧。

传世名著典藏丛书

中华传统经典解读

主编 ◎ 蔡瑶

精华（下）

战国策

传世典藏

【西汉】刘 向 著

杨广杰 译注

辽宁人民出版社

秦兴师临周而求九鼎，周君患之，以告颜率。颜率曰：“大王勿忧，臣请东借救于齐。”颜率至齐，谓齐王曰：“夫秦之为无道也，欲兴兵临周而求九鼎，周之君臣内自尽计，与秦，不若归之大国。夫存危国，美名也；得九鼎，厚宝也。愿大王图之。”齐王大悦，发师五万人，使陈臣思将以救周，而秦兵罢。

目

录

卷十九 赵二

苏秦从燕之赵

苏秦从燕之赵①，始合从，说赵王曰："天下之卿相人臣，乃至布衣之士，莫不高贤大王之行义，皆愿奉教陈忠于前之日久矣。虽然，奉阳君妒，大王不得任事，是以外客游谈之士，无敢尽忠于前者。今奉阳君捐馆舍，大王乃今然后得与士民相亲，臣故敢献其愚，效愚忠。为大王计②，莫若安民无事，请无庸有为也。安民之本，在于择交，择交而得则民安，择交不得则民终身不得安。请言外患：齐、秦为两敌，而民不得安；倚秦攻齐，而民不得安；倚齐攻秦，而民不得安。故夫谋人之主，伐人之国，常苦出辞断绝人之交，愿大王慎无出于口也。

【注释】

①之：来到。②计：考虑。

【译文】

苏秦从燕国来到赵国，开始倡导联合山东六国对抗秦国的合纵策略，他游说赵王说："普天之下，各国的卿相大臣，乃至普通的老百姓，没有不称道大王施行仁义的行为的。很长时间以来，他们都希望接受您的教诲，向大王进献忠心。即使这样，奉阳君妒忌贤能，使大王不能够治理国家，这样一来，导致宾客和游说也都变得疏远，都不敢来到大王的近前来进献忠言。如今奉阳君死掉了，大王才可以和士人百姓亲近，因此我才敢来进献我的愚智，进效我的愚忠。我为大王考虑，治理国家没有比能够使百姓安居乐业、国家平安无事更重要的事情了，其他的就不用再做什么了。让百姓安居乐业的根本，在于选择好交往的国家，选择好的国家交往，那么百姓就能够安居乐业，选择不好的国家交往，那么百姓终身都不得安宁。请允许我再说说外面的祸患：秦国和齐国是赵国的两个敌国，他们使赵国百姓不得安宁；依靠秦国进攻齐国，百姓不得安宁；依靠齐国进攻秦国，百姓也无法得到安宁。所以说图谋别国的国君，讨伐别的国家，常常冥思苦想出动听的话，来和别的国家断绝关系，所以我请大王要谨慎，不要说这样的话。

【原文】

"请屏左右①，白言所以异，阴阳而已矣。大王诚能听臣，燕必致毡裘狗马之地，齐必致海隅鱼盐之地，楚必致橘柚云梦之地，韩、魏皆可使致封地汤沐之邑，贵戚父兄皆可以受封侯。夫割地效实，五伯之所以覆军禽将而求也；封侯贵戚，汤、武之所以放杀而争也。今大王垂拱而两有之，是臣之所以为大王愿也。大王与秦，则秦必弱韩、魏；与齐，则齐必弱楚、魏。魏弱则割河外，韩弱则效宜阳。宜阳效则上郡绝，河外割则道不通。楚弱则无援。此三策者，不可不熟计也。夫秦下轵道则南阳动②，劫韩包周则赵自销铄③，据卫取淇则齐必入朝。秦欲已得行于山东，则必举甲而向赵。秦甲涉河逾漳，据番吾，则兵必战于邯郸之下矣。此臣之所以为大王患也。

【译文】

"请您让左右的侍臣退下，我来谈谈合纵与连横的区别所在，它们只是阴阳所用不同罢了。大王如果真的能够听信我的计策，燕国一定会把出产毡、裘、狗、马的地方献给您，齐国一定会把海边出产鱼盐的地区献给您，楚国一定会把出产橘柚的云梦地区献给您，韩国、魏国也一定会把很多城池献给您，大王的亲人父兄都能够得以封侯。割取别国的土地得到别国财货，这是五霸不惜牺牲将士的生命去追求的；使贵戚得以封侯，也是从前商汤放逐夏桀、周武王讨伐殷纣王才夺取的。现在大王不费力气就可以得到这两样，这是我为大王感到欣慰的。大王如果和秦国结盟，秦国必然去侵略韩、魏；大王与齐国结盟，齐国必然去侵略楚、魏；魏国衰弱后就必然割河外之地；韩国如果软弱了，它就会献出宜阳。献出了宜阳，则通往上郡的路就切断了；河外割让了，道路就不能通行到上郡；楚国衰弱，赵国就孤立无援。这三个计策，是不可不慎重考虑的。秦国攻下轵道，那么南阳就被动摇；劫持韩国，包围周王室，那么赵国就会自己变得削弱；秦国占领卫都濮阳夺取淇水地区，那么齐国必然向秦国称臣。如果秦国能在山东得到它要得到的，那么就必然会发兵去进攻赵国。秦军渡过黄河，穿过漳水，据有番吾，那么秦兵必将在邯郸城下交战。这就是我为大王感到担忧的事情啊！

【注释】

①屏（bǐng）：屏退。②动：动摇，震撼。③销铄：削弱、消亡。

"当今之时，山东之建国，莫如赵强。赵地方二千里①，带甲数十万，车千乘，骑万匹，粟支十年；西有常山，南有河、漳，东有清河，北有燕国。燕固弱国，不足畏也。且秦之所畏害于天下者，莫如赵。然而秦不敢举兵甲而伐赵者，何也？畏韩、魏之议其后也。然则韩、魏，赵之南蔽也。秦之攻韩、魏也，则不然。无有名山大川之限，稍稍蚕食之②，傅之国都而止矣③。韩、魏不能支秦，必入臣。韩、魏臣于秦，秦无韩、魏之隔，祸中于赵矣。此臣之所以为大王患也。

【注释】

①方：方圆。②稍稍：渐渐。③傅：通"附"，迫近，至。

【原文】

"臣闻尧无三夫之分，舜无咫尺之地，以有天下。禹无百人之聚，以王诸侯。汤、武之卒不过三千人，车不过三百乘，立为天子，诚得其道也。是故明主外料其敌国之强弱，内度其士卒之众寡、贤与不肖，不待两军相当，而胜败存亡之机节①，固已见于胸中矣，岂掩于众人之言，

【译文】

"看现在的形势，崤山以东这几个国家，没有哪个能够像赵国这么强大的。赵国的疆域方圆两千里，有精兵数十万，战车千辆，战马万匹，粮食能够供给军队食用十年；西边有常山，南边有黄河和漳水，东边有清河，北边有燕国。燕国实际上是一个弱国，不足以畏惧。而且在天下各国当中，秦国最害怕的莫过于赵国。虽然这样，秦国不敢发兵进攻赵国的原因是什么呢？是因为秦国害怕韩、魏两国在后边算计它。这样看来，韩、魏两国就是赵国南边的屏障。如果秦国进攻韩、魏两个国家，那么情况就不是这样了。韩、魏两个国家没有名山大川的阻隔，秦国只要对它进行吞食，直到把国都蚕食掉就可以了。韩、魏两国无力抗拒秦国，必然会向秦国称臣。韩、魏臣服于秦国之后，秦国就没有韩、魏的障碍，灾祸就不可避免地要降落到赵国的头上。这也是我为大王担忧的事情啊！

【译文】

"我听说，尧帝最初的时候所拥有的土地不超过三百亩，舜帝最初根本就没有土地，但他们都拥有了整个天下。禹帝最初的时候所拥有的不过是一个不到百人的小部落，但最终能够在各诸侯中称王。商汤、周武王所拥有的士兵不超过三千人，战车不超过三百辆，最后也成为天子。这都是因为他们确实掌握了治理国家的规律。所以说英明的国君，对外要预料到敌国的强弱，对内要考察士卒的多寡、贤与不贤，不必等到两军短兵相接，胜败存亡的关键和环节，就都已经了然于胸了。怎

而以冥冥决事哉！

"臣窃以天下地图案之。诸侯之地五倍于秦，料诸侯之卒，十倍于秦。六国并力为一，西面而攻秦，秦必破矣。今见破于秦，西面而事之，见臣于秦。夫破人之与破于人也，臣人之与臣于人也，岂可同日而言之哉！夫横人者，皆欲割诸侯之地以与秦成。与秦成，则高台，美宫室，听竽瑟之音，察五味之和②，前有轩辕，后有长庭，美人巧笑。卒有秦患，而不与其忧。是故横人日夜务以秦权恐猲诸侯③，以求割地。愿大王之熟计之也。

么能被众人的观点所蒙蔽，糊涂之下就决定事情呢！"

"我私下里察看天下各国的地图，各国的土地面积是秦国的五倍，各国的兵力是秦国兵力的十倍。如果六国能够团结一致，联合起来向西进攻秦国，秦国必定要被灭掉。现在各国将要被秦国所灭，却面朝西方侍奉秦国，共同向秦国称臣。灭掉别的国家和被别的国家灭掉，让别的国家臣服和臣服于别的国家，这怎么能相提并论呢！那些主张连横的人，他们都想割让诸侯的土地来和秦国一起成功。如果他们和秦国一起成功，那么他们就可以得到高楼台榭，华丽的宫室，欣赏悦耳的音乐，享用可口的美味，前有华丽的车子代步，后有长庭供游玩，又有美女一起嬉笑陪伴左右。但一旦秦国军队突然进攻各国，他们不会和各国共同担当忧患。所以说主张连横的人日夜寻求依靠秦国的权势来威吓各国，以为秦国赢得割地。请大王对此要好好考虑。"

【注释】

①机节：关键。②察：品尝。和：美味，恰到好处。③猲(hè)：通"喝"，恫吓，吓唬。

【原文】

"臣闻明王绝疑去谗①，屏流言之迹②，塞朋党之门，故尊主广地强兵之计，臣得陈忠于前矣。故窃为大王计，莫如一韩、魏、齐、楚、燕、赵六国从亲，以傧畔秦。今天下之将相，相与会于洹水之上，通质刑白马以盟。约曰：'秦攻楚，齐、魏各出锐师以佐之，韩绝食道，赵涉河、漳，燕守常山之北。秦攻韩、魏，则楚绝其后，

【译文】

"我听说贤明的君主不轻易怀疑所任用的人，也不轻易听信谗言，摒弃一切流言蜚语的传播，杜绝朋党之间的争斗。因此，使国君尊贵、疆地扩大、增强兵力的计策，我才能够有机会献给大王，在大王的面前效忠。所以我私下里为大王考虑，不如联合韩、魏、齐、楚、燕、赵，六国合纵，结为盟友，来抗拒秦国。通令各国的将相，都到洹水岸边集会，交换质子，杀白马缔结盟约。盟约可以这样说：'如果秦国进攻楚国，齐、魏都要各出精兵帮助楚国；韩国军队负责切断秦国的粮道；赵国军队渡过黄河、漳水，逼近秦国；燕国军队防守在常山以北。如果秦国攻打韩、魏两国，楚国军队切断秦国的后路；

齐出锐师以佐之，赵涉河、漳，燕守云中。秦攻齐，则楚绝其后，韩守成皋，魏塞午道，赵涉河、漳、博关，燕出锐师以佐之。秦攻燕，则赵守常山，楚军武关，齐涉渤海，韩、魏出锐师以佐之。秦攻赵，则韩军宜阳，楚军武关，魏军河外，齐涉渤海，燕出锐师以佐之。诸侯有先背约者，五国共伐之。六国从亲以摈秦，秦必不敢出兵函谷关以害山东矣。如是则伯业成矣。"

赵王曰："寡人年少，莅国之日浅③，未尝得闻社稷之长计。今上客有意存天下，安诸侯，寡人敬以国从。"乃封苏秦为武安君，饰车百乘，黄金千镒，白璧百双，锦绣千纯，以约诸侯。

齐国派出精兵帮助韩、魏；赵国军队渡过黄河、漳水，进逼秦国；燕国军队防守在云中。如果秦国进攻齐国，那么楚国军队负责切断秦国的后路；韩国军队防守成皋；魏国军队截断午道；赵国军队越过黄河、漳水、博关，进逼秦国；燕国派出精兵支援齐国。如果秦国进攻燕国，那么赵国军队防守在常山；楚国军队驻扎在武关；齐国军队通过渤海渡过黄河，进逼秦军；韩、魏两国各出精兵支援燕国。如果秦国进攻赵国，那么韩国军队防守宜阳；楚国军队驻扎在河外；魏国军队驻扎在河外；齐国军队通过渤海渡过黄河，进逼秦军；燕国派出精兵援救赵国。六个国家当中有先背叛盟约的，其他五个国家共同出兵讨伐它。只要六个国家形成合纵，联合起来抵抗秦国，秦国一定不敢出兵函谷关，来侵犯山东六国了。如果这样的话，大王的霸业就可以成就了。

赵王说："我年纪还小，登上王位的时间也很短，还没有听到过使国家社稷长治久安的计策。今天听到您有志于保存天下、安定各国，我愿意缔结合纵之盟。"于是赵王就封苏秦做了武安君，给他装饰好的车子百辆，黄金千镒，白璧百双，锦绣千匹，派他去用合纵之策和各国缔结盟约共同抗秦。

【注释】

①谗：谗言，诋毁之语。②屏：消除，清除。③莅国：继承王位。

【解析】

苏秦在论说的时候很注意论证的逻辑。他先向赵肃侯指出了国家的根本在于安民和邦交这两个方面，在此基础上很自然地引出了他所主张的合纵政策。接下来他用华丽夸张的语言，勾画了赵国参加合纵联盟之后的美好前景，又描述了若干赵国不参加合纵，而参加连横侍奉秦国的不利后果，同时又为赵王分析了赵国的有利因素,接着指出赵王完全可以建立尧、舜的功业而不必要向秦王臣服。最后,苏秦通过对比六国与秦的实力,揭露了主张连横的人只顾自己私利的真实面目,并为赵国设计了具体的参加合纵联盟的方案。

苏秦的言论富有逻辑性,语言铺陈华丽,气势磅礴,立意高远,有很强的说服力和感染力。所以,他的言论成为后世人们锻炼口才的范本。

秦攻赵

【原文】

秦攻赵,苏予谓秦王曰:"臣闻明王之于其民也,博论而技艺之①,是故官无乏事而力不困;于其言也,多听而时用之,是故事无败业而恶不章②。臣愿王察臣之所谒,而效之于一时之用也!臣闻'怀重宝者不以夜行,任大功者不以轻敌'。是以贤者任重而行恭,知者功大而辞顺,故民不恶其尊,而世不妒其业。臣闻之:'百倍之国者,民不乐后也;功业高世者,人主不再行也③;力尽之民,仁者不用也;求得而反静,圣主之制也;功大而息民,用兵之道也。'今用兵终身不休,力尽不罢,赵怒必于其己邑,赵仅存哉!然而四输之国也④,今邑得邯郸,非国之长利也。意者,地广而不耕,民嬴而不休,又严之以刑罚,则邑从

【译文】

秦国进攻赵国,苏秦对秦王说:"我听说,英明的国君对于他的人民,广泛地选拔,然后根据不同的技术和能力任用他们,因此百官各尽其能,有用不完的才干。对他们的意见,多多听取,善于采用,因此,国家进行各种事业就不会失败,错误也不会明显。我希望大王审察我所说的,并在实践过程中加以验证。我听说,怀着珍宝的人不能在晚上行路,有大功劳的人不能对敌人掉以轻心。因此,贤能的人担负的工作愈重,他就愈加恭谨,聪明的人功劳愈大,他就愈加谦逊。所以,人们不会憎恶他们尊贵的地位,世人也不会忌妒他们的功业。我听说,百倍于别国的大国,人民不再想有战争困扰;建立卓越功业的国家,国君就不想再劳烦百姓;人们已经精疲力竭,真正仁爱的国君是不愿再去动员他们的;要想有所要求而要达到目的,反而要不去困扰百姓,这是圣贤的国君采取的办法;战功很大,要使人民得以休息,这是用兵应该遵守的原则。现在用兵,使人民终身不得休息,精疲力竭,还不休止。秦国恼怒赵国,它一定会把赵国当作秦国国土的一部分,这样,赵国想存就很困难了。然而,赵国四通八达,现在秦国即使占领了赵都邯郸,而自己兵困力尽,四方来攻,也不是秦国长久之利。或者,秦国占领了赵国,由于四方来攻,土地虽广,但不能耕种;人民疲困而不得休息,再加上用严刑峻法对待他们,虽然以力压服了他们,终究是待不住的。常言说:'打了胜仗,可是国家仍然处境危险,这是因为战

而不止矣。语曰：'战胜而危者，物不断也；功大而权轻者，地不入也。'故过任之事，父不得于子；无已之求，君不得于臣。故激之为著者强，察乎息民之为用者伯，明乎轻之为重者王。"

争不止的缘故；建立了卓越的功业，可是国家的统治权力仍然很小，这是因为虽然得到了大片土地，但人民不服，实际上土地还是没有真正为自己所有。'所以推行错误措施，父亲也不能要求于自己的儿子；提出没有止境的要求，国君也不能要求于自己的大臣。所以，知道由微弱不断地发展而至显著的，可以使国家强盛；懂得使人民休息，善用民力，不致疲竭的，可以称霸于诸侯；明白了积微弱而至于举足轻重这个道理的，可以称王于天下。"

【注释】

①博论：广泛地选取。论，通"抡"。②章：通"彰"，彰显，显著。③行：役使。④四输：四通八达。

【原文】

秦王曰："寡人案兵息民，则天下必为从，将以逆秦。"苏子曰："臣有以知天下之不能为从以逆秦也。臣以田单、如耳为大过也①。岂独田单、如耳为大过哉？天下之主亦尽过矣！夫虑收亡齐、罢楚、敝魏与不可知之赵，欲以穷秦、折韩，臣以为至愚也！夫齐威、宣，世之贤主也。德博而地广，国富而用民，将武而兵强。宣王用之，后逼韩、威魏，以南伐楚，西攻秦，秦为齐兵困于殽塞之上，十年壤地，秦人远迹不服而齐为虚戾②。夫齐兵之所以破，韩、魏之所以仅存者，何也？是则伐楚、攻秦而后受其殃也。今富非有齐威、宣之余也，精兵非有逼韩、劲魏之军

【译文】

秦王说："我停止出兵，使民休息，诸侯就一定会搞合纵联盟，来对抗秦国。"苏秦说："我可以断定，诸侯不可能组成合纵联盟来对抗秦国。我认为田单、如耳他们是大错特错了。岂只田单、如耳大错特错了呢，天下的诸侯也都大错特错。大抵，去联合破败的齐、楚、魏三国，和那个存亡未可知的赵国，却想去困厄秦国，挫败韩国的，我认为这是最愚蠢的做法。齐威王和宣王是当时诸侯中贤明的国君，德行广博，土地广阔，国家殷富，人民听命，将领勇武，士兵强悍。宣王凭借着这些条件而后进逼韩国，威胁魏国，南面伐楚，西面攻秦，秦军被齐军困阻在殽塞以西，十年来齐国开拓疆土，秦人退避，但心里不服，以致齐国终成废墟，人民惨遭屠杀。齐军之所以惨遭失败，而韩、魏却能保存，这是什么原因呢？是因为讨伐楚国，进攻秦国，而后遭到他们祸害的缘故。现在诸侯没有威王、宣王时那样富饶，论兵器，也没有当初能够进逼韩国、威胁魏国时那样的武器库，而将领又没有田单、司马穰苴那样的谋略。联合破败的齐、楚、魏三国，和那个存亡未可知的赵国，

也，而将非有田单、司马之虑也。收破齐、罢楚、弊魏、不可知之赵，欲以穷秦、折韩，臣以为至误。臣以从一不可成也！客有难者，今臣有患于世。夫刑名之家皆曰：'白马非马也已。'如白马实马，乃使有白马之为也。此臣之所患也。

却想去困厄秦国，挫败韩国。我认为这是极端错误的，所以，我认为合纵联盟是不可能组成的。有人责难我的看法，这是臣下现在所担心的地方。因为刑名家们认为'白马不是马。'不如说白马的确是马，假如有白马非马之说，这就是臣下所感到担心的地方。

【注释】

①田单：齐臣，破燕军，辅佐齐襄王复国。如耳：魏臣。②虚戾：国空人绝。

【原文】

"昔者，秦人下兵攻怀，服其人，三国从之。赵奢、鲍佞将，楚有四人起而从之。临怀而不救，秦人去而不从。不识三国之憎秦而爱怀邪？亡其憎怀而爱秦邪①？夫攻而不救，去而不从，是以三国之兵困，而赵奢、鲍佞之能也。故裂地以封于齐。田单将齐之良，以兵横行于中十四年，终身不敢设兵以攻秦、折韩也，而驰于封内。不识从之一成恶存也。"于是秦王解兵，不出于境。诸侯休，天下安，二十九年不相攻。

【译文】

"从前秦国出兵进攻魏国的怀地，打败魏军。赵、齐、楚三国要去援救怀地，赵将赵奢、齐将鲍佞，加上楚国有四人也领兵前来援救。当大军接近怀地时，却不去援救；当秦军撤退时，又不去追击。不知这三国是憎恨秦国，怜惜怀地呢？还是憎恨怀地，怜惜秦国呢？秦军进攻却不去援救，秦军撤退又不去追击，这是因为三国之兵疲劳困窘了，而赵奢、鲍佞也无能为力啊！所以他们才答应割地献给秦国。田单是齐国的良将，领兵称雄于国内二十四年，然而终生不敢出兵进攻秦国，挫败韩国，他只不过称雄于国内。这样，我不知合纵联盟又怎么能够组成。"

听了苏秦这番话，于是秦王松懈了战备，不出国境，诸侯因此得以休息，天下得以太平，二十九年以来诸侯不曾互相攻打。

【注释】

①亡其：还是。

【解析】

秦国进攻赵国，苏秦为赵国游说秦王。他的游说中，充满了以民为重、以人为本的思想，这种政治思想，在群雄争霸、连战不停，民生哀怨的战国时期，尤其显得珍贵。但结合史实来看，此次战争应当发生在燕军攻破齐国及田单复国之后，此时

苏秦已死,那么此篇应为后世策士拟托之作。

【处世策】

在现代社会,由于经济的发展,人们交往频繁,口头表达能力的重要性日益增强,口才越来越被认为是现代人所应具有的能力之一。说话、谈判、演讲、说服别人、事业成功需要口才,从职场到情场,从社交到谈判,从演讲到辩论,口才无处不在。若有口才,就能博得对方的好感;若善于说服人,就足以证明自己的能力;若能巧舌如簧,就会比别人多一些成功的机会。所以说,口才就是资本。

张仪为秦连横

【原文】

张仪为秦连横,说赵王曰:"弊邑秦王,使臣敢献书于大王御史。大王收率天下以摈秦,秦兵不敢出函谷关十五年矣。大王之威,行于天下山东。弊邑恐惧慑伏,缮甲厉兵①,饰车骑,习驰射,力田积粟,守四封之内,愁居慑处,不敢动摇,唯大王有意督过之也。今秦以大王之力,西举巴蜀,并汉中,东收两周而西迁九鼎,守白马之津。秦虽僻远,然而心忿悁含怒之日久矣②。今寡君有敝甲钝兵,军于渑池,愿渡河逾漳,据番吾,迎战邯郸之下。愿以甲子之日合战,以正殷纣之事。敬使臣先以闻于左右。

【注释】

①缮甲厉兵:修缮武器战备,操练士兵。②悁(yuān):恼怒。

【译文】

张仪为秦国推行连横政策,游说赵武王道:"敝国的国君我通过御史给大王献上国书。大王率领天下诸侯来对抗秦国,导致秦国军队不敢出函谷关已经有十五年了。大王的威信通行于天下和崤山以东的六个国家。敝国感到非常恐惧,于是便修缮铠甲磨砺兵器,整顿战车,操练骑射,勤于耕作,积蓄粮食,严守四面的防御,忧愁而又恐惧地守在国内,不敢有轻率的举动,唯恐大王有意责备我们的过错。如今秦国仰仗大王的力量,西面收复了巴、蜀两地,并吞了汉中,东面征服了东、西两周,把九鼎迁运到了秦国,镇守在白马津渡。秦国虽然地处偏僻边远,但是秦国人心里怀恨的时间已经很久了。如今敝国秦王只有敝甲钝兵,驻扎在渑池,希望渡过黄河,越过漳水占领番吾,和赵军在邯郸城下会战。希望在甲子日那天和赵军会战,来效仿武王讨伐纣王的先例。秦王特派我将这件事预先敬告大王和您的左右。

【原文】

"凡大王之所信以为从者，特苏秦之计。荧惑诸侯①，以是为非，以非为是。欲反覆齐国而不能，自令车裂于齐之市。夫天下之不可一亦明矣。今楚与秦为昆弟之国，而韩、魏称为东蕃之臣，齐献鱼盐之地，此断赵之右臂也。夫断右臂而求与人斗，失其党而孤居，求欲无危，岂可得哉？今秦发三将军，一军塞午道，告齐使兴师渡清河，军于邯郸之东；一军军于成皋，驱韩、魏而军于河外；一军军于渑池。约曰：'四国为一以攻赵，破赵而四分其地。'是故不敢匿意隐情，先以闻于左右。臣窃为大王计，莫如与秦遇于渑池，面相见而身相结也②。臣请案兵无攻，愿大王之定计。"

【译文】

"大王之所以听信合纵政策，原因就在于依靠的是苏秦的计谋。苏秦惑乱诸侯，颠倒是非。他想要覆灭齐国却没有做到，反而使自己被车裂在齐国的集市上。天下各国的诸侯是无法联合在一起的。如今楚国和秦国结为兄弟国家，韩、魏两国也自称是秦国的东方附属，齐国献出了出产鱼盐的土地，这就切断了赵国的右臂。一个被割断了右臂的人去和人进行打斗，就失去了同盟而孤立无援，所以想要不发生危险，怎么可能呢？现在秦国已经派出了三路大军：一路堵塞午道，通知齐国让它发动军队渡过清河，驻扎在邯郸以东；一路驻扎在成皋，一路为韩、魏两国联军，驻扎在河外；一路军队驻扎在渑池。几路大军盟誓说：'四国团结一致攻打赵国，灭掉赵国后由四个国家瓜分赵国的土地。'因此我不敢隐瞒真相，预先通知大王和左右的人。我私下里为大王考虑，大王不如和秦王在渑池相会，相见之后商议两国联合起来。我请求秦王不去进攻赵国，希望大王尽快决定计划。"

【注释】

①荧惑：扰乱，使困惑。②身：亲身。

【原文】

赵王曰："先王之时，奉阳君相，专权擅势，蔽晦先王，独断官事。寡人宫居，属于师傅，不能与国谋。先王弃群臣，寡人年少，奉祠祭之日浅，私心固窃疑焉。以为一从不事秦①，非国之长利也。乃且愿变心易虑，剖地谢前过以事秦。方将约车趋行，而适闻使者之明

【译文】

赵武王说："先王在位的时候，奉阳君做相国，专断跋扈，蒙蔽先王，独断朝政。我在深宫居住，跟老师读书，不能参与国家大事的谋划。到了先王丢下群臣去世的时候，我年龄还小，在国君的位子上时间还不长，心里本来就暗自疑惑。认为和各国诸侯订立合纵之盟抗拒秦国，不符合国家长治久安的长远利益。于是就想重新谋划国家的政策和策略，向秦国割地，来为以前参加合纵的罪过认错，来和秦国修好。我正准备车马到秦

诏。"于是乃以车三百乘入朝渑池,割河间以事秦。

国去,而正好听说您到来,使我能够领受您的明教。"于是赵武王带着三百乘车子到渑池去朝见秦惠王,并割让河间的土地来侍奉秦国。

【注释】

①从:合纵。

【解析】

张仪和苏秦游说各国国君的最大不同就是,张仪往往要以秦国的强大军事力量作为自己的后盾,虽然他和苏秦有同样令人折服的口才,但张仪出招则更为狠毒,擅长以恐吓与威胁来让人就范。

张仪在游说赵国的时候,苏秦已经死去。没有了针锋相对的政治对手的存在,所以他的游说有了更大的优势。他游说赵王,首先为赵王分析了赵国的基本情况,指出赵国的实力是非常强大的。接着他直接指出赵国以前参加合纵联盟损害了秦国的利益,这使得秦国对赵国有了仇恨,并且决定和赵国开战。然后,他就避开了战事的问题,强调合纵联盟的分解已经成为必然的趋势,只有连横才是六国的最佳出路,最后将自己的论说归结为战争方面,用武力来威胁赵王接受自己的连横政策,读来始终让人感到一种咄咄逼人的气势。

武灵王平昼间居

【原文】

武灵王平昼间居①,肥义侍坐②,曰:"王虑世事之变,权甲兵之用,念简、襄之迹,计胡、狄之利乎?"王曰:"嗣立不忘先德,君之道也;错质

【译文】

赵武灵王平日里闲居,肥义在旁边侍奉陪坐,说:"大王您是不是在考虑时事的变化,权衡如何用兵,想念简子、襄子的辉煌功绩,考虑如何从胡、狄那里得到利益呢?"赵武灵王回答说:"继承了先王的君位不忘先王的功德,这是做君王的原则;委

务明主之长，臣之论也。是以贤君静而有道民便事之教，动有明古先世之功。为人臣者，穷有弟长辞让之节，通有补民益主之业。此两者，君臣之分也。今吾欲继襄主之业，启胡、翟之乡，而卒世不见也。故弱者，用力少而功多，可以无尽百姓之劳，而享注古之勋。夫有高世之功者，必负遗俗之累；有独知之虑者，必被庶人之恐。今吾将胡服骑射以教百姓，而世必议寡人矣。"

身于国君，致力于彰显国君的优长，这是做臣子的本分。所以贤明的君王在和平的时候要教导百姓为国家出力，战争期间就要争取建立前所未有的功绩。做臣子的，在不得志的时候要保持尊敬长辈谦虚退让的品行，官运通达之后要做出有益于百姓和君王的事业。这两个方面，是做国君的和做臣子的职责所在。现在我想要继承襄主的事业，开发胡、翟居住的地区，但是我担心到死也没有人理解我的想法。敌人的力量薄弱，我们付出的力气就少，而获得的成绩却很大，可以不用多少百姓的力量就会得到简子和襄子那样的功勋。那些建立了盖世功勋的人，必然会遭到世俗小人的责难和连累；而有独到见解的人，也必然会遭到众人的怨恨。现在我准备教导百姓穿着胡服练习骑马射箭，但是国内必然会有人非议指责我了。"

【注释】

①平昼：平日里。②侍坐：陪坐。

【原文】

肥义曰："臣闻之，疑事无功，疑行无名。今王即定负遗俗之虑，殆毋顾天下之议矣①。夫论至德者不和于俗，成大功者不谋于众。昔舜舞有苗，而禹袒入裸国②，非以养欲而乐志也，欲以论德而要功也③。愚者暗于成事，智者见于未萌，王其遂行之。"王曰："寡人非疑胡服也，吾恐天下笑之。狂夫之乐，知者哀焉；愚者之笑，贤者戚焉。世有顺我者，则胡服之功

【译文】

肥义说："我听说，要想做一件事情但又犹豫不决，就无法成功，该行动的时候却顾虑重重，就不会成就功名。现在大王既然下定决心违背世俗的偏见，那就坚决不要顾虑天下人的非议了。要追求最高道德的人都不会去附和世俗的偏见，要成就伟大功业的人都不会去听从众人的意见。从前舜跳有苗族的舞蹈，禹裸体进入不知穿衣服的部落，他们并不是想放纵情欲而娱乐心志，而是想要借此宣扬道德和建立功业。愚蠢的人即使是在事情发生之后还是不明白发生了什么事情，而智慧的人在事情还没有发生之前就已经觉察到了，大王请您按您的想法实施吧。"赵武灵王说："我不是对'胡服骑射'这件事有顾虑，而是担心天下人耻笑我。狂妄的人认为高兴的事，理智的人会对这些事情感到悲哀；愚蠢的人感到高兴的事，贤明的人却对这些事情感到忧虑。如果百姓都支

未可知也。殆毋①驱世以笑我④，胡地、中山吾必有之。"

王遂胡服。使王孙绁告公子成曰："寡人胡服，且将以朝，亦欲叔之服之也。家听于亲，国听于君，古今之公行也。子不反亲，臣不逆主，先王之通谊也⑤。今寡人作教易服，而叔不服，吾恐天下议之也。夫制国有常，而利民为本；从政有经，而令行为上。故明德在于论贱，行政在于信贵。今胡服之意，非以养欲而乐志也。事有所出，功有所止。事成功立，然后德且见也。今寡人恐叔逆从政之经，以辅公叔之议。且寡人闻之：事利国者行无邪，因贵戚者名不累。故寡人愿募公叔之义，以成胡服之功。使绁谒之叔，请服焉。"

持我要做的事情的话，那么胡服骑射的功绩就大得无法估量。即使世上的百姓都耻笑我，北方的胡人居住的地方和中山国我也一定会得到它。"

于是赵武灵王改穿胡人的服装。他派王孙绁将自己的意思转告公子成，说："我已经改穿胡服了，而且将要穿着上朝，我希望王叔也改穿胡服。在家里要听命于父母，在朝廷要听命于君王，这是从古到今一直通行的惯例。子女不能违背父母的命令，臣子不能违背国君的命令，这是先王所立下的原则。现在我改革改换服装，如果王叔您都不穿它，我担心天下的人对此会大加非议。治理国家要有一定法则，但要以有利于民众为根本；处理政事有一定的规则，但要以政令能够顺利施行为上。所以要想修明德政，就必须考虑百姓的利益，要想执掌国家的政权首先要取得贵族的信任。现在我改穿胡服的目的，并不是想要纵欲而娱乐心志。事情只要开始做了，就要奠定成功的基础，这样才能显示出政绩来。现在我恐怕是王叔违背了从政的规则，从而助长了王公贵族对这件事情的非议。何况我曾经听说，只要你做的事情有利于国家那么就不要顾忌别人的非议，按照王公贵族的意见来办事，就不会遭到人们的非议。所以我想要依靠王叔的威望，来达成改穿胡服这件事。我特地派王孙绁来禀告您，请求您也穿上胡服。"

【注释】

①殆毋：千万不要。②裸国：未开化的部落。③要：同"徼"，求、取。④驱世：举世。⑤通谊：通行的道理。谊，同"义"。

【原文】

公子成再拜曰："臣固闻王之胡服也，不侫寝疾，不能趋走，是以不先进①。王令命之，臣固敢竭其愚忠。臣闻之：中国者，聪明睿知

【译文】

公子成拜了两拜，说："我本来就已经听说大王改穿胡服这件事了，但我卧病在床，无法行走，因此没有先去拜见大王，对您陈述我的看法。今天大王派人来通知我，我就来尽我的愚忠。我听说，中原地区是聪明而有远见的人士所生活的地方，是各种物资和财富聚集的地方，是圣贤推行教化的地方，是仁

之所居也，万物财用之所聚也，贤圣之所教也。仁义之所施也，诗书礼乐之所用也，异敏技艺之所试也，远方之所观赴也，蛮夷之所义行也。今王释此，而袭远方之服，变古之教，易古之道，逆人之心，畔学者，离中国，臣愿大王图之。"

使者报王。王曰："吾固闻叔之病也。"即之公叔成家，自请之曰："夫服者，所以便用也；礼者，所以便事也。是以圣人观其乡而顺宜，因其事而制礼，所以利其民而厚其国也。被发文身，错臂左衽，瓯越之民也。黑齿雕题②，鳀冠秫绌③，干吴之国也。礼服不同，其便一也。是以乡异而用变，事异而礼易。是故圣人苟可以利其民，不一其用；果可以便其事，不同其礼。儒者一师而礼异，中国同俗而教离，又况山谷之便乎？故去就之变，知者不能一；远近之服，贤圣不能同。穷乡多异，曲学多辨。不知而不疑，异于己而不非者，公于求善也。今卿之所言者，俗也。吾之所言者，所以制俗也。今吾国东有河、薄洛之水，与

德所普遍施行的地方，是《诗》《书》《礼》《乐》所实行的地方，是各种奇巧技艺所施展的地方，是各国诸侯不远千里前来考察学习的地方，是四方落后的少数民族效法的地方。但是大王却丢弃了这些优秀的文化，而改穿落后少数民族的服装，这是改变先人的教化，变易先人的制度，背离人们的心理，背叛了先王的成法，丢弃了中原的先进制度。我请大王慎重地做这件事。"

王孙绁把公子成的话汇报给赵武灵王。赵武灵王说："我本来就知道王叔会反对这件事。"于是立即来到公叔的家里，亲自向他表明了自己的想法："衣服，是为了方便穿用的；礼制，是为了方便做事的。所以说圣贤观察当地的风俗习惯，然后制定与之相适应的措施，根据具体的情况来制定礼制，这样做既有利于百姓，也有利于国家。披散着头发，在身上刺花纹，两条胳膊交错着站立，衣襟向左边掩起，这是瓯越百姓的习惯。染黑牙齿，在额头雕上图案，头上戴着鱼皮的帽子，身上穿着做工粗劣的衣服，这是吴国百姓的习惯。礼制和服饰虽然不一样，但是它方便百姓的作用却是一样的。所以说，地方不同所采取的风俗习惯就会不一样，情况不同所使用的礼制也会改变。所以说，圣贤的君主只制定有利于百姓的政策，但是不会统一他们的用具；如果可以方便人们做事，可以不规定相同的礼制。

"儒生虽都师从同一老师，可是传下来的礼法却各不相同；中原地区风俗相同，但各国的政教不同，更何况地处偏僻山区，难道不更应该考虑便宜行事吗？所以说对于风俗礼制的取舍变化多端，即使聪明人也无法统一；不同地区的服饰，即使圣贤君主也难以使其一致。偏僻的地方人们少见而多怪，孤陋寡闻的人喜欢争辩，不熟悉的事情不要轻易怀疑，对和自己不同的意见不非议，这才是无私地追求真理的态度。现在王叔您所说的是有关适应风俗的意见；我所说的则是如何改变旧的传统。现在，我国东面有黄

齐、中山同之，而无舟楫之用。自常山以至代、上党，东有燕、东胡之境，西有楼烦、秦、韩之边，而无骑射之备。故寡人且聚舟楫之用，求水居之民，以守河、薄洛之水；变服骑射，以备其参胡、楼烦、秦、韩之边。且昔者简主不塞晋阳，以及上党，而襄主兼戎取代，以攘诸胡，此愚知之所明也。先时中山负齐之强兵，侵掠吾地，系累吾民④，引水围鄗，非社稷之神灵，即鄗几不守。先王忿之，其怨未能报也。今骑射之服，近可以备上党之形，远可以报中山之怨。而叔也顺中国之俗以逆简、襄之意，恶变服之名而忘国事之耻，非寡人所望于子！"

河、漳水，是和齐国、中山共同拥有的边境，但却没有战船守御它。从常山到代郡、上党郡，东面与燕国和东胡接壤，西面与楼烦、秦国、韩国紧紧相邻，但我们没有骑兵部队防守。所以我准备制造战船，招募习于水战的居民，让他们来防守黄河、漳水；改穿胡服，练习骑马射箭，防备与燕国、东胡、楼烦、秦国、韩国的边境。从前简子不把自己限于晋阳和上党两个地方，襄子兼并了戎族和代郡，以抵御胡人。这些道理不论是愚笨之人还是聪明之人都明白。过去，中山国依仗齐国强大的军队的支持，侵犯掠夺我国的土地，掳掠囚禁我国的人民，引水围灌鄗城，假若不是祖宗神灵的保佑，鄗城几乎被攻破。先王对这事非常气愤，直到今天，他们的仇怨还没有报。现在我们推行胡服骑射的政策，从近处说，可以扼守上党这样形势险要的地方；从远处说，可以报中山侵略先王的仇恨。可王叔您却偏偏要因袭中原的旧俗，违背简子和襄子的遗愿，憎恶改变服式的做法，却忘记了国家曾遭受的耻辱，这绝不是我期望您做的啊！"

【注释】

①先进：及早进言。②黑齿：用草汁染黑牙齿。雕题：在额头刺刻，涂上青丹。题，额头。③鳀(tí)冠：用鲇鱼皮制成的冠。秫(shú)缝：用长针缝纫。谓针线粗拙。④系累：掳掠。系，捆绑。累(léi)，捆绑。

【原文】

公子成再拜稽首曰："臣愚不达于王之议①，敢道世俗之闻。今欲继简、襄之意，以顺先王之志，臣敢不听令。"再拜，乃赐胡服。

赵文进谏曰："农夫劳而君子养焉，政之经也。愚者陈意而知者论焉，教之

【译文】

公子成听了，又对武灵王进行礼拜，说："我愚蠢，没有体会到大王的良苦用心，所以才不加思考胡乱地说了一些世俗的看法。现在大王想要继承简子和襄子的愿望，来实现先王的遗志，我怎么敢不听从大王的命令呢！"公子成又拜了两拜。于是赵武灵王就赐给他胡服。

赵文进谏赵武灵王说："农夫辛苦耕作来供养君子，这是国家能够得到治理的途径。愚笨的人陈述不同的意见，而智慧的人来决断定夺，这是处理

道也。臣无隐忠，君无蔽言，国之禄也。臣虽愚，愿竭其忠。"王曰："虑无恶扰，忠无过罪，子其言乎。"赵文曰："当世辅俗，古之道也。衣服有常，礼之制也。修法无愆，民之职也。三者，先圣之所以教。今君释此，而袭远方之服，变古之教，易古之道，故臣愿王之图之。"

王曰："子言世俗之闻。常民溺于习俗②，学者沉于所闻。此两者，所以成官而顺政也③，非所以观远而论始也。且夫三代不同服而王，五伯不同教而政④。知者作教，而愚者制焉。贤者议俗，不肖者拘焉。夫制于服之民，不足与论心，拘于俗之众，不足与致意。故势与俗化，而礼与变俱，圣人之道也。承教而动，循法无私，民之职也。知学之人，能与闻迁，达于礼之变，能与时化。故为己者不待人，制今者不法古⑤，子其释之。"

问题的方法。做臣子的不隐瞒自己对问题的不同看法，做君王的不阻塞臣子进言的途径，这是国家社稷的福分。我虽然愚笨，但还是希望竭尽自己的忠心。"赵武灵王说："替别人着想的人不应加以苛求，竭尽忠心的人不能指责他的错误，有什么话你就直接说吧。"赵文说："顺应时势遵从百姓的习俗，这是自古以来的法则；衣服讲究一定的样式，这是礼法所规定的；遵守法纪不犯错误，这是老百姓的职责。以上我所说的这三个方面，都是古代圣贤所教导的道理。如今大王却将这些都丢弃在一旁，而要改穿偏远少数民族的衣服，改变古代的教化，改变古代的制度，因此我愿大王慎重地考虑。"

赵武灵王说："你所说的是世俗的看法。一般的老百姓只是沉溺于惯常的习俗当中，而那些所谓的读书人又总是拘泥于书上所记载的东西。这两种人，是只能谨守职责和遵守法令罢了，不能和他们谋划长远的事业和谈论创立功业。而且夏、商、周三个朝代虽然服装不同，但是都能够统一天下，春秋五霸的政教各不相同，但都能够治理好国家。聪明的人制订法令，愚蠢的人就被法令制约。贤明的人改革习俗，而愚笨的人却拘泥于陈规陋俗。因此那些受世俗礼法制约的百姓，不足以和他们讨论意见；那些拘泥于陈规陋俗的人，没有必要向他们说明你的意图。因此习俗随时势的发展而变化，而礼法是和新的革新了的习俗相统一的，这才是圣贤治理国家的根本原则。接到国家的政令就马上行动，遵守法制而没有个人的私念，这才是百姓的本分。有学问的人能听从意见而改变自己的观点，通晓礼法的人能跟着时代的变化而变化。因此为自己考虑的人不会考虑他人的利益，要改变现状就不能完全效法古代，您就放心大胆地去改革吧！"

【注释】

①达：通晓。议：建议，主张。②溺：习惯于，拘泥于。③成官：守职。④伯：通"霸"。⑤法古：效法古代的习俗和制度。

赵造谏曰:"隐忠不竭,奸之属也。以私诬国,贼之类也。犯奸者身死,贼国者族宗。此两者,先圣之明刑,臣下之大罪也。臣虽愚,愿尽其忠,无遁其死。"王曰:"竭意不讳,忠也。上无蔽言,明也。忠不辟危,明不距人①。子其言乎。"

赵造曰:"臣闻之,圣人不易民而教,知者不变俗而动。因民而教者,不劳而成功;据俗而动者,虑泾而易见也②。今王易初不遁俗,胡服不顾世,非所以教民而成礼也。且服奇者志淫,俗辟者乱民。是以莅国者不袭奇辟之服,中国不近蛮夷之行,非所以教民而成礼者也。且遁法无过,修礼无邪,臣愿王之图之。"

【注释】

①距人:拒绝人的意见。②虑泾:谋划问题简捷方便。

王曰:"古今不同俗,何古之法?帝王不相袭,何礼之遁?宓戏、神农教而不诛①,黄帝、尧、舜诛

赵造劝谏赵武灵王,说:"知道却不说出来,不对国君竭尽忠心,这是奸臣的行为;为了私利去欺骗君主,这是损害国家的做法。犯了奸佞罪的人处以死刑,危害国家的人诛灭宗族。这两条规定是上古的圣王所明确制定的刑法,也是作臣子的人所能够犯下的大罪。我虽然愚笨,但愿竭尽自己的忠诚,而绝不逃避死亡。"赵武灵王说:"臣子说出自己全部的想法而不加以任何的隐讳,就是忠诚的臣子;国君不阻塞言路,能够接受不同的意见,这就是贤明的国君。忠臣不害怕危险,贤主不拒绝臣子的意见。所以您有什么意见就尽管直说吧!"

赵造说:"我听说过,圣贤的人不去改变百姓的风俗习惯就可以教化他们,聪明的人不改变习俗就能够治理好国家。根据百姓的意愿来进行教化,就不用耗费多大力气,却能成功;根据不同的习俗来治理国家,就不用耗费太多的脑筋,实行起来却容易有功效。如今大王您改变原来的服饰而不遵循习俗,改穿胡服而不顾世人的议论,这不是按照礼仪法则教化民众的方式。再说穿着奇装异服,就会使人的心思不正,习俗怪僻会使民心散乱。所以做国君的人不应去接受奇异怪僻的衣服,中原地区的人民不应效法那些蛮夷民族的生活方式,这不是依照礼法来教化百姓,成就礼教的途径。何况遵循过去的法令不会有差错,遵循古代的礼法就不会产生邪念。我希望大王能够慎重地考虑这件事情。"

赵武灵王说:"古代和现在的风俗习惯是不一样的,那么我们能够效法什么时候的礼法呢?帝王的礼法也并非是世代因袭的,我们要遵循哪位帝王的礼法呢?伏羲和神农,对民众只是进行教化,而不进行诛杀;

而不怒。及至三王，观时而制法，因事而制礼，法度制令，各顺其宜；衣服器械，各便其用。故治世不必一道，便国不必法古。圣人之兴也，不相袭而王。夏、殷之衰也，不易礼而灭。然则反古未可非，而循礼未足多也②。且服奇而志淫，是邹、鲁无奇行也③；俗辟而民易，是吴、越无俊民也。是以圣人利身之谓服，便事之谓教，进退之谓节，衣服之制，所以齐常民，非所以论贤者也。故圣与俗流，贤与变俱。谚曰：'以书为御者，不尽于马之情。以古制今者，不达于事之变。'故循法之功，不足以高世；法古之学，不足以制今。子其勿反也。"

黄帝、尧帝和舜帝，虽然有了死刑，但并不普遍实行。到了夏、商、周三代圣王的时候，观察当时的形势来建立法制，根据具体的情况来制定礼法。法度和政令都是因时、因地制宜，衣服和器械，都是为了方便使用。所以治理国家不一定非要按照同样的礼法，只要对国家有利，不一定就要效法古代的制度。圣人能够出现，不是因为互相承袭才能统治天下。夏朝和殷朝的衰亡，不会因为改变礼法就遭受灭亡的命运。按照这样的道理来说，不沿袭古时候的礼法，不一定就要遭到非议，谨守陈规陋俗也未必就要给予称赞。而且，如果服饰奇异就会使人心思不正的话，那么最遵守礼法的邹国和鲁国就不会有行为怪僻的人了；如果习俗怪僻就会使百姓心思散乱的话，那么吴、越地区就不会出现优秀人才了。所以说圣人把方便穿着的叫做衣服，把方便行事的叫做教化，进退举止合乎人情的叫做礼节，服饰上的规定，只是用来让一般的老百姓行为一致，而不是用来衡量是不是贤明。所以说，圣明的人能够适应任何形式的习俗，贤能的人能随着时势的变化而变化。有句谚语说：'按照书本来驾车的人，就不能完全了解马的习性和能力。按照古代的礼法来治理现在的国家，就不能符合当今国家的实际情况。'因此遵循古代的制度而建立起来的功业不可能超过当世，效法古人的礼教，就无法管理好现在的国家。您就不要反对了吧。"

【注释】

①宓戏：即伏羲，传说中的圣王，教导百姓畜牧。②多：称赞。③奇行：品行优异杰出的人。

【解析】

为了富国强兵，赵武灵王提出"着胡服""习骑射"的主张，决心取胡人之长补中原之短。但这一主张遭到了皇族的强烈反对。赵武灵王对反对势力进行了大量的说服工作。赵武灵王亲自教习士兵，这使国民生产能力和军事防御能力都得到

了很大的提高，其后，在与北方民族及中原诸侯的抗争中起了很大的作用。从胡服骑射的第二年起，赵国的国力逐渐强大起来。后来打败了经常侵扰赵国的中山国，并且夺取了林胡、楼烦等地区，向北方开辟了上千里的疆域，并设置云中、雁门、代郡行政区，管辖范围达到今河套地区。

赵武灵王"胡服骑射"是我国古代军事史上的一次大变革。他的敢为天下先的进取精神，在中原各国把少数民族看作"异类"的大背景下，在一片"攘夷"的声浪中，力排众议，冲破守旧势力的阻挠，坚决实行向夷狄学习的国策，表现出他作为古代社会改革家的魄力和胆识。

王立周绍为傅

【原文】

王立周绍为傅，曰："寡人始行县，过番吾，当子为子之时，践石以上者皆道之孝，故寡人问子以璧①，遗子以酒食，而求见子。子谒病而辞。人有言子者曰：'父之孝子，君之忠臣也。'故寡人以子之知虑为辨足以道人②，危足以持难，忠可以写意，信可以远期。诗云：'服难以勇，治乱以知，事之计也；立傅以行，教少以学，义之经也，循计之事，失而不累；放议之行③，穷而不忧。'故寡人欲子之胡服以傅王子。"

【译文】

赵王任命周绍为王子的太傅，对周绍说："我当初到各地巡视，经过番吾，正是你年幼之时，大夫以上的官员都说你孝敬父母，所以，我赠给你玉璧，又招待你宴席，希望见到你。你声称有病，却拒绝了。有人对我说：'你是父母的孝子，国君的忠臣。'所以，我认为你明辨是非，足以诱进善导；才干超群，足以力挽狂澜；忠心耿耿，能够尽心竭力；身许国君，能够经久不渝。有诗说：'勇敢可以赴难，智谋可以治乱，这是办事成功的要略；设立辅导之官根据品行，教导年轻人依靠学问，这是达到正义的坦途。'根据'要略'去做事，有了差错，也不至苦累；根据'正义'去行动，遭到困窘，也不至忧愁。所以，我想让你穿上胡服，担任王子的太傅。"

【注释】

①问：馈赠。②知虑：智谋。辨：通"辩"，言辞漂亮动听。道：通"导"，开导。③放：依据。

【原文】

周绍曰："王失论矣，非贱臣所敢任也！"王曰："选子莫若父，论臣莫若君。君，寡人也。"周绍曰："立傅之道六。"王曰："六者何也？"周绍曰："知虑不躁达于变①，身行宽惠达于礼，威严不足以易于位，重利不足以变其心，恭于教而不快②，和于下而不危③。六者傅之才，而臣无一焉。隐中不竭，臣之罪也。傅命仆官④，以烦有司，吏之耻也。王请更论！"王曰："知此六者，所以使子。"周绍曰："乃国未通于王胡服。虽然，臣，王之臣也，而王重命之，臣敢不听令乎？"再拜，赐胡服。

王曰："寡人以王子为子任，欲子之厚爱之，无所见丑，御道之以行义，勿令溺苦于学。事君者，顺其意不逆其志；事先者，明其高不倍其孤。故有臣可命，其国之禄也。子能行是以事寡人者毕矣。《书》云：'去邪无疑，任贤勿贰。'寡人与子，不用人矣。"

遂赐周绍胡服衣冠，具带、黄金师比，以傅王子也。

【注释】

①躁：狡猾。②快：放纵。③危：同"诡"。④傅：同"附"。仆：辱。

【译文】

周绍说："大王选错了，这不是我所能胜任的。"赵王说："挑选儿子，谁也不如他的父亲；评定大臣，谁也不如他的国君。这个国君，就是我呀。"周绍说："任命王子的太傅，有六条标准。"赵王说："哪六条标准？"周绍说："智谋深稳，又通于时变；待人宽厚，又通于礼法；威武不可屈其志；富贵不可乱其心；严肃认真，遵守教令，一丝不苟；谦虚谨慎，对待下属，平易近人。这六条是担任王子太傅应具备的德才标准，而我连一条也没有。无才无德，不能竭尽忠心，这是我的罪过。大王任命不称职的人，这有辱太傅的职称，以此来烦劳当局，这就有辱王命。请求大王重新任命。"

赵王说："我了解这六条标准，所以才任命你做王子的太傅。"周绍说："全国还不了解大王实行胡服的意图，但是，我既然是大王的臣属，大王又任命我重要的职位，我怎么敢不听从呢？"周绍再拜，赵王赐给他胡服。

赵王说："我把王子交托给你，想让你很好地爱护他，不要嫌弃他。以正义的行为去教导他，不要让他醉心于书本学习。侍奉君主的人，应顺从君王的心意，不违背君王的志向。侍奉先君的人，应顺从先君的遗德，不能遗弃先君的遗孤。所以，有你这样的臣子可以任命，这是国家的幸福啊！你能按照这样为我去做，就算你已经做到了应该做的一切。《尚书》上说："铲除邪恶，不要犹豫不决；任用贤人，不要三心二意。'我信任你，不再任用别人了。

于是，赵王赐给周绍胡服衣冠，具带和黄金师比，任命他为王子太傅。

公元前 301 年，赵武灵王巡逻边县，听说周绍不仅有很高的才学，而且品行很好，就任命他为太子的老师。周绍辞谢，并阐述了作为老师应该具备的六种品德，从而更加坚定了武灵王要立周绍为太傅的决心。

【处世策】

职业品行比职业技能更重要！在现实工作与生活中，很多基本的常识往往被我们日渐繁琐的理论与频发的道德失败事件淡化了，人们愈发变得淡漠与缺乏起码的价值观。积极的职业品行铸造更高效的规范管理，消极的职业品行导致更被动的官僚管理。优秀的职业品行一定会寻求职业技能的补益，形成组织的团队互补效应；卑劣的职业品行可能积极或消极地排斥职业技能的作用，形成保守组织的人才挤出效应。

赵燕后胡服

【原文】

赵燕后胡服，王令让之，曰①："事主之行，竭意尽力，激谏而不哗，应对而不怨，不逆上以自伐②，不立私以为名。子道顺而不拂③，臣行让而不争。子用私道者家必乱，臣用私义者国必危。反亲以为行，慈父不子；逆主以自成，惠主不臣也④。寡人胡服，子独弗服，逆主罪莫大焉。以从政为累⑤，以逆主为高，行私莫大焉。故寡人恐亲犯刑戮之罪，以明有司之法。"

赵燕再拜稽首曰："前吏命胡服，施及贱臣，臣以失令过期，更不用侵，辱教⑥，王之惠也。臣敬循衣服以待令日⑦。"

【译文】

赵国的宗族赵燕不及时穿上胡服，赵王派人去责备他，说："为国君效劳，应尽心竭力，委婉规劝，而不宣扬；受到国君的怒斥而不怨恨。不违背国君的意志以居功自傲；不据私利以建立个人威信。做儿子的应该孝顺，而不违背父母的意愿；做人臣的应该谦让，而不与国君相争。做儿子的一心为私，家庭必遭破败；做人臣的一心为私，国家必遭危险。违背父母而胡作乱为，慈爱的父亲也不会把他当做自己的儿子；违背国君另搞一套，仁惠的国君也不会把他当做自己的臣下。我穿胡服，你偏偏不穿，这是违背国君，罪大莫过于此。以实行胡服为累赘，以违背国君为高行，私心之大莫过于此。所以，我担心你要触犯刑法而被杀身，正国法。"

赵燕再拜叩头，说："前已有令要穿胡服，而且命令已下达给我。我因没有执行命令，误了期，却没有惩罚我，辱蒙赐教，这是大王对我的宽惠。我要立即准备胡服，敬承尊命。"

【注释】

①赵燕:赵国大臣。让:责备。②微谏:用含义深远的言辞进谏。哗:喧哗。逆上:指违背君王的意愿。自伐:自我夸耀功绩。③道顺:顺道,犹言遵循教导。拂:违反,违背。④惠主:犹言慈主。惠,犹慈。⑤以从政为累:犹言把改穿胡服的政事作为负担。政,指胡服之政。⑥失令过期:指违反穿胡服的命令超过限期。更:改。侵辱:指刑罚。⑦令日:下命令的日子。

【解析】

赵武灵王推行“胡服骑射”,期限过了,赵燕仍然无动于衷。武灵王下令斥责赵燕,以刑戮之罪恐吓他,赵燕不得已才穿上胡服。

【处世策】

人和人之间的感情,是世上最难能可贵的东西。在事业上有所建树的人,往往都有一张非常密切的人际关系网。打造人际关系,需要一定物质、利益方面的付出,然而更多的,是感情上的投资。你付出真挚的感情,给人以温暖,反过来就会收获大把的友谊、大把的人情。

王破原阳

【原文】

王破原阳,以为骑邑。牛赞进谏曰:“国有固籍①,兵有常经;变籍则乱,失经则弱。今王破原阳以为骑邑,是变籍而弃经也!且习其兵者轻其敌;便其用者易其难。今民便其用而王变之,是损君而弱国也!故利不百者不变俗;功不什者不易器②。今王破卒散兵以奉骑射,臣恐其攻获之利,不如所失之费也!”

王曰:“古今异利,远近易用。阴阳不同道,四时不一宜。故贤人观时而不观于时,制兵而不制于兵。子知官府之籍,

【译文】

赵王攻下原阳,把它作为骑邑,赵将牛赞规劝赵王说:“国家有成文法典,军队有固定兵制。改变法典,国家就要混乱;抛弃兵制,军队就要削弱。现在大王攻下原阳,把它作为骑邑,这是改变法典,抛弃兵制。再说,熟悉以前的兵制,就容易克敌制胜,用惯了以前的武器,就不会有什么困难。现在兵士都用惯了以前的各种武器,而您又要完全改换,这是伤害群众,削弱国力。所以,‘没有百倍的利益,就不要改变习俗;没有十倍的功效,就不要改换器具。’现在大王抛弃本国的军事制度和兵器,而实行胡人的骑射,我担心这样做,所得之利抵偿不了所失之费呀!”

赵王说:“古与今对待利益各不相同,远与近使用器具也各不一样;阴阳变化不同道理,四时气候各不统一。所以,贤能的人根据客观条件去行动,而不被客观条件所限制;操纵兵器,而不被兵

不知器械之利。知兵甲之用，不知阴阳之宜。故兵不当于用，何兵之不可易？教子便于事，何俗之不可变？昔者，先君襄主，与代交地③，城境封之，名曰'无穷之门'，所以昭后而期远也。今重甲修兵④，不可以逾险；仁义道德，不可以来朝。吾闻'信不弃功，知不遗时'。今子以官府之籍乱寡人之事，非子所知！"

牛赞再拜稽首曰："臣敢不听令乎！王遂胡服，率骑入胡，出于'遗遗之门'逾九限之固，绝五泾之险，至榆中，辟地千里。

器所操纵。你只知道官府的旧法典，而不知道器械的便利；只知道一般地使用兵器、铠甲，而不知道根据阴阳变化去使用它们。所以，兵器如果使用不便当，为什么就不可以改换呢？教化如果不符合客观情况。为什么旧的礼法就不能改变呢？从前，先君襄主当政时，与代国国界相接，在国界上筑城加强防卫，城门叫'无穷之门'，以此昭示后世子孙，希望获得长远利益。现在穿着沉重的铠甲，拿着长长的武器，不便于越过险隘之地；讲究仁义道德，不可能让胡人降服。我听说：忠信不放弃建功，聪明不忘记时机。现在你拿官府的旧法典来破坏我的事业，这是你所不了解的。"

牛赞再拜叩头，说："我怎么敢不听从大王的命令呢？"于是赵王穿好胡服，率领骑兵，出了"遗遗之门"，跨过九原要隘，通过五径险阻，来到榆中，扩地千里。

【注释】

①固籍：固定的法令。②什：同"十"，十倍。③交地：接壤。④重甲：沉重的铠甲。修兵：长兵器。

【解析】

公元前300年，赵武灵王为贯彻"胡服骑射"的政策，准备以原阳作为骑兵基地。大臣牛赞以固有的法令与制度不宜改变为由反对。武灵王申述了"古今异利"，应观时而变的观点，说服了牛赞，并"率骑入朝"，"辟地千里"，取得了巨大的战果。

【处世策】

在职场中，由于员工和领导的位置不同，因此思考问题的角度、方法都不尽相同。这使得员工有时候无法理解领导做出的决策，怀有怀疑、抵触情绪。其实大多数时候，领导层高屋建瓴，权衡利弊，做出的决策有可能会伤害一部分员工的利益，但对公司的全局利益是有帮助的。所以，更多的时候，员工需要的不是理解，而是执行。

卷二十 赵三

赵惠文王三十年

【原文】

赵惠文王三十年，相都平君田单问赵奢曰①："吾非不说将军之兵法也，所以不服者，独将军之用众。用众者，使民不得耕作，粮食挽赁不可给也②。此坐而自破之道也，非单之所为也。单闻之，帝王之兵，所用者不过三万，而天下服矣。今将军必负十万、二十万之众乃用之，此单之所不服也。"

【译文】

赵惠文王三十年，相国安平君田单问赵奢说："我不是不喜欢将军的用兵方法，让我感到无法佩服的是您使用的士卒数量太多了。使用的士卒多，就会使百姓无法很好地进行耕种，粮食也要靠别国的供给，并且要远距离地输送，无法保证充足的供应。这是坐以待毙、不攻自破的作战方法，这不是我所采用的方法。我听说过，帝王所用的兵力不超过三万人，天下就能顺服。现在将军您每次一定要靠十万甚至二十万的兵力才能作战，这是我所不佩服的地方。"

【注释】

①田单：齐国大将，号安平君。后来做了赵相，号都平君。赵奢：战国后期赵国名将，赵王室同宗贵族，号马服君，汉族"马"姓起源。②挽赁：运输。挽，用车拉。赁，同"任"，负担。

【原文】

马服曰："君非徒不达于兵也，又不明其时势。夫吴干之剑，肉试则断牛马，金试则截盘匜①；薄之柱上而击之，则折为三，质之石上而击之，则碎为百。今以三万之众而应强国之兵，是薄柱击石之类也。且夫吴干之剑材，难夫毋背之厚，而

【译文】

马服君赵奢说："看来您不仅不通晓用兵之道，而且也不明了如今的军事形势。那吴国的干将之剑，砍肉的话就可以砍断牛、马，砍金属的话就可以砍断盘匜。如果把它靠在柱子上砸，就会折为三段；把它垫在石头上砸，就会碎为上百片。现在用三万的兵力去对付强国的军队，这就如同把宝剑靠在柱子上、垫在石头上砸它一样。而且吴国的干将之剑虽然锋利，更难得的是如果剑背不够厚的话，那么剑刃就容易卷；剑面不够轻薄的话，剑刃就无法砍

锋不入；无牌之薄，而刃不断。兼有是两者，无钩罕镡蒙须之便②，操其刃而刺，则未入而手断。君无十余、二十万之众，而为此钩罕镡蒙须之便，而徒以三万行于天下，君焉能乎？且古者四海之内，分为万国。城邑大，不过三百丈者。人邑众，不过三千家者。而以集兵三万，距此奚难哉！今取古之为万国者，分以为战国七，能具数十万之兵，旷日持久数岁，即君之齐已。齐以二十万之众攻荆，五年乃罢。赵以二十万之众攻中山，五年乃归。今者齐韩相方③，两国围攻焉，岂有敢曰，我其以三万救是者哉？今千丈之城，万家之邑相望也，而索以三万之众，围千丈之城，不存其一角，而野战不足用也，君将以此何之？"都平君喟然太息曰："单不至也！"

断东西。即使有了这样的剑背和剑面，但是没有剑环、剑刃、剑珥、佩带这些附属的东西，那就只好用手握着剑柄去砍刺东西了，这样的话，剑还没有刺进去，自己的手指就先被割断了。您如果没有十几万、二十万的兵力，来做剑环、剑珥这些附属部分的话，而只想凭借三万兵力就横行天下，您怎么能够做到呢？而且古时候的天下，分成了很多的诸侯国。即使是大城邑，城墙也没有超过三百丈那么厚的。人口即使再多，也没有超过三千家的。如果用训练有素的三万军队，来攻打这样的城邑，哪里有什么困难呢？但是现在，古时候那么多的诸侯国已经合并成为战国七雄，它们能够集合起十万的兵力，旷日持久地作战，这样持续几年的话，就会出现你们齐国被燕国军队所攻破那样的情况。齐国动用二十万的兵力进攻楚国，用了五年的时间才结束战争。赵国出动了二十万的兵力灭掉中山国，用了五年的时间才将中山打下来。现在齐、韩两国势均力敌，两个国家又相互围攻，双方谁敢说他能用三万兵力去援救这两个国家呢？现在方圆达到千丈的大城池、拥有上万家的大城邑相互对峙，而想用仅有的三万兵力去包围方圆千丈的大城池，恐怕连这城池的一个角都围不住，如果进行野战的话，那就更不够用了，你能用这点兵力做什么呢？"安平君田单长叹一口气，说："我真是没有您高明呀！"

【注释】

①盥匜(yí)：古代盛水洗手的用具。②钩：附于剑柄的环。罕(hàn)：剑柄。镡(xín)：剑柄与剑身衔接处的突起部分。蒙须：剑绳。③方：相当，差不多。

【解析】

赵奢和田单在一起谈论用兵打仗的问题。两人争论的焦点是战争中所使用的兵力多了好还是少了好。赵奢不仅是久经沙场、曾经打败秦军的将军，而且还具有高超的论辩能力。他用干将之剑作比喻，形象地说明了士兵数量对于战争胜利的重大意义。

赵奢有丰富的军事思想。他吸取了孙武、孙膑的军事思想,有较高的军事造诣。他与田单论兵法,重视对战争形势和特点的研究,作战注意审时度势,料敌后动,坚持因敌而变,灵活用兵为原则,最后使田单折服地说"单不至也"。

赵使机郝之秦

【原文】

赵使机郝之秦①,请相魏冉。宋突谓机郝曰:"秦不听,楼缓必怨公,公不若阴辞楼子,曰:'请无急秦王。'秦王见赵之相魏冉之不急也,且不听公言也②,是事而不成,魏冉固德公矣。"

【注释】

①机郝:人名。有版本作仇郝。②且:将。

【译文】

赵国派遣机郝到秦国去,请求秦王任命魏冉为相国。机郝之客宋突对机郝说:"秦王不任命魏冉为相国,楼缓如果仍为相国,一定会怨恨您,这对您不利。您不如暗地告诉楼缓说:'让我去请求秦王不要急于任命魏冉。'秦王见赵国不急于要求任命魏冉,一定不会听您的话。这样,秦王任命魏冉为相国之事不成,楼缓一定会感激您,秦王任命了魏冉为相国,魏冉也一定会感激您。"

【解析】

公元前295年,秦昭王任命赵人楼缓为相国,损害了赵国的利益,于是赵国派遣机郝去秦国游说秦昭王,要求任魏冉为相国。机郝此行,两方都不讨好。后来经过宋突略施谋略,变得左右逢源。

【处世策】

职场中要有健康的心态,处理任何事情都以积极、主动、乐观的态度去思考和行动,促使事物朝有利的方向转化。正面思维使人在逆境中更加坚强,在顺境中脱颖而出;让坏事变好事,变不利为有利;从认知上改变命运,是事业成功和实现自我的有效途径;它的本质是发挥人的主观能动性,挖掘潜力,体现人的创造性和价值。

齐破燕

【原文】

齐破燕,赵欲存之①。乐毅谓赵王曰:"今无约而攻齐②,齐必仇赵,不如请以河东易燕地于齐。赵有河北,齐有河东,燕、赵必不争矣。是二国亲也。以河东之地强齐,以燕、以赵辅之。天下憎之,必皆事王以伐齐,是因天下以破齐也。"王曰:"善。"乃以河东易齐。楚、魏憎之,令昭滑、惠施之赵,请伐齐而存燕。

【译文】

齐国大败燕国,赵国想帮助燕国救亡图存,乐毅对赵王说:"现在您没有同盟国,就单独进攻齐国,齐国必定与赵国为敌。您不如拿赵国的河东之地交换齐国从燕国得来的河北之地。赵国有河北之地,齐国有河东之地,燕国与赵国就一定不会发生争执,这也会使齐、赵两国友好。用河东之地增强齐国,又以燕、赵两国辅助它,诸侯就会痛恨齐国,都会倒向您,去共同讨伐齐国。这样正是借诸侯之力来击败齐国啊!"赵王说:"好。"于是拿河东之地与齐国交换河北之地。

楚、魏两国憎恨这件事。楚国派昭滑,魏国派惠施,都到赵国去,要求共同进攻齐国,帮助燕国救亡图存。

【注释】

①存:保存,图存。②无约:不邀约同盟国。

【解析】

齐人攻打燕国,战火延烧到了赵国门口,再不加以援助,将把自己置于危险的境地。赵国筹划救燕,势在必行。战国七雄之间,大体维持着一种均势,互相联系又互相牵制,所以能保持平衡。齐国吞并燕国,将使均势遭到破坏,各国诸侯都要救援燕国,共同把矛头对准齐国。救燕国也是救自己,齐国成为众矢之的也是必然的。

秦攻赵

【原文】

秦攻赵,蔺、离石、祁拔。赵以公子郚为质于秦,而请内焦、黎、牛狐之城,以易蔺、离石、祁

【译文】

秦国进攻赵国的蔺、离石、祁三地,并已攻下,赵国派公子郚到秦国去做人质,请求献出焦、黎、牛狐三城,与秦国交换蔺、离石、祁。赵国

于秦。赵背秦，不予焦、黎、牛狐。秦王怒，令公子缯请地。

赵王乃令郑朱对曰："夫蔺、离石、祁之地，旷远于赵，而近于大国。有先王之明与先臣之力，故能有之。今寡人不逮①，其社稷之不能恤，安能收恤蔺、离石、祁乎？寡人有不令之臣②，实为此事也，非寡人之所敢知！"卒倍秦。

秦王大怒，令卫胡易伐赵，攻阏与。赵奢将救之，魏令公子咎以锐师居安邑以挟秦③。秦败于阏与，反攻魏几。廉颇救几大败秦师。

背约，不献出焦、黎、牛狐三城。秦王发怒，派公子缯去赵国要求交出三城。赵王派贵人郑朱对公子缯说："蔺、离石、祁三地，离赵国很远，而离贵国很近。因有先王的圣明，又有先臣的努力，所以我们有了这三地。现在我不如先王，连国家都顾不上治好，怎么能顾得上蔺、离石、祁呢？只因寡人有不好的臣子，竟然拒绝把土地割让给贵国，绝对不是寡人所敢背信弃义的。"赵王终究和秦国背约。

秦王大怒，派胡易出兵讨伐赵国，进攻阏与。赵将赵奢领兵援救。魏国派公子咎带领精锐部队驻扎在安邑，两面夹攻秦军。在阏与大败秦军，秦军返回，又进攻魏将魏几。赵将廉颇救援魏几，大败了秦军。

【注释】

①逮：及。②令：善。③挟：挟制，牵制。

【解析】

秦国进攻赵国，占领了赵国的蔺地、离石、祈等地，赵国准备献出焦、黎、牛狐等城邑换回失地，可后来又违约。秦王大怒，派胡易率军讨伐赵国。

【处世策】

职场种也常用"缓兵之计"。比如客户常常要直接找老板，但老板又不愿意接待他们。这时候秘书就说，"对不起，我们老板出差去了，请你过几天再打来吧。"这就是职场上的"缓兵之计"：遇到难题了，先把对方稳住，然后再想对策。如果这招能用得炉火纯青，你的职场就处处有生机了。

富丁欲以赵合齐魏

【原文】

富丁欲以赵合齐、魏，楼缓欲以赵合秦、楚。富丁恐主父之听楼缓而合秦、楚也。

【译文】

赵人富丁想让赵国联合齐、魏，楼缓却想让赵国联合秦、楚。富丁担心主父赵武灵王听从楼缓的话，而与秦、楚联合。

司马浅为富丁谓主父曰："不如以顺齐。今我不顺齐伐秦，秦、楚必合而攻韩、魏。韩、魏告急于齐，齐不欲伐秦，必以赵为辞①，则伐秦者赵也，韩、魏必怨赵。齐之兵不西，韩必听秦违齐；违齐而亲秦，兵必归于赵矣！今我顺而齐不西，韩、魏必绝齐；绝齐，则皆事我。且我顺齐，齐无不西。日者，楼缓坐魏三月，不能散齐、魏之交。今我顺而齐、魏果西，是罢齐、敝秦也。赵必为天下重国！"

主父曰："我与三国攻秦，是俱敝也。"曰："不然。我约三国而告之，以未构中山也②。三国欲攻秦之果也，必听我，欲和我。中山听之，是我以三国饶中山而取地也③。中山不听，三国必绝之，是中山孤也。三国不能和，我亦少出兵可也。我分兵而孤炼中山，中山必亡。我已亡中山而以余兵与三国攻秦，是我一举而两取地于秦、中山也。"

【注释】

①辞：借口。②构：同"媾"，讲和。③饶：当为"挠"。

【解析】

赵人司马浅为富丁对赵主父说："不如和齐国一致行动。如果我们不跟随齐国去进攻秦国，秦、楚两国必然联合进攻韩、魏。韩、魏两国向齐国告急求救，齐国不想攻秦，必然拿赵国不联齐攻秦为借口，那么不攻秦的帽子就要戴在赵国头上，而韩、魏必然抱怨赵国。齐国不向西攻秦，韩国必然听从秦国，对抗齐国，韩国对抗齐国而与秦国亲善，必出兵进攻赵国。如果我们与齐国一致行动，而齐国不向西攻秦，韩、魏两国必然与齐国绝交。韩、魏与齐国绝交，他们都会为我所用。况且，即使我们和齐国联合，齐国必然向西攻秦。前些时候，楼缓住在魏国三月，未能拆散齐、魏的邦交。现在我们站在齐、魏一边，而齐、魏两国必定向西攻秦，这样，齐、魏两国疲惫了，赵国必将成为诸侯中举足轻重的国家。"

赵主父说："我们和齐、韩、魏三国一道进攻秦国，就都会弄得疲惫不堪。"司马浅说："不会这样。我赵国和三国缔结同盟，但赵国与中山的战争尚未讲和。只要三国决定攻秦，他们就一定会听命于赵国。等赵国和中山国讲和以后再去攻秦，中山国如果同意与赵国讲和，这就是我们利用三国的力量使中山国屈服，让它割地；中山国如果不听从，三国必定会与中山国绝交，这样中山国就孤立。三国如果不能使我们与中山国讲和，那么，我们以此为理由，可少出兵攻秦，三国也无话可说。我们一方面进攻中山国，另一方面又与三国攻秦，而遭削弱孤立的是中山国，中山国必亡。我们灭了中山国，以多余的兵力与三国一道攻秦，这样，我们一举就可以获得秦和中山两国的地盘。"

公元前298年，秦、楚与齐、韩、魏两大集团东西对立，赵国内部的外交政策不统一，主要有富丁的亲齐派与楼缓的亲秦派。亲齐派对赵武灵王透彻地分析了形势，提出了正确的外交政策，为主父武灵王所采纳，使赵国趁齐、秦对立之际，完全占有了中山。

【处世策】

管理要充分发扬民主，广泛倾听各方面意见。古人常说："兼听则明、偏听则暗"。真懂了这个道理，公司内部外部必然"言路大开、集思广益"。信任和尊重别人的意见不是没有风险，但倾听是一种美德。民主管理有时也需要付出代价，但这是成长的代价。如果老板和员工对立起来，企业的一切都无解。公司内部如果没有无拘无束，畅所欲言的氛围，首席执行官就很难做出正确决策。只要公司能创造一个"知无不言、言无不尽"的宽松氛围，员工必然全力以赴、献计献策。公司真正的动力之源，创新之本，就是发展公司与员工，基于双方长期利益共同的良性互动。这是成功老板最得意、也是最重要的一项能力。

魏因富丁且合于秦

【原文】

魏因富丁且合于秦，赵恐，请效地于魏而听薛公。李欬谓李兑曰①："赵畏横之合也，故欲效地于魏而听薛公，公不如令主父以地资周最，而请相之于魏。周最以天下辱秦者也，今相魏，魏、秦必虚矣②。齐、魏虽劲，无秦不能伤赵。魏王听，是轻齐也。秦、魏虽劲，无齐，不能得赵。此利于赵而便于周最也。"

【译文】

魏国想通过富丁与秦国联合。赵国害怕，要求割地给魏国，听命于齐国的薛公。李欬对赵相李兑说："赵国害怕连横阵线成功，所以要求割地给魏国，而听从薛公之命。您不如让赵主父拿土地去帮助周最，请求魏国任命周最为相国。周最在诸侯中对秦国是很不友好的，如果他做了魏相，魏、秦两国的关系就会产生裂痕；齐、魏两国虽强，可是没有秦国支持，就不能对赵国有所损害。魏国如果不同意任命周最为相国，这就削弱了齐国；秦、魏两国虽强，没有齐国支持，也不能获取赵国。所以，请求魏国任命周最为相国，这样做，既有利于赵国，又有利于周最。"

【注释】

①李欬(ài)：赵国臣子。②虚：虚弱。表示两国关系产生裂痕。

【解析】

魏、秦两国想要结成联盟，赵国非常恐惧，因此富丁让人游说赵相李兑，让他劝赵王恳求魏国任命周最为宰相。因为周最主张天下诸侯联合进攻秦国，假如让

周最出任魏国的宰相,那魏、秦之间的连横就必然会失败。

【处世策】

事业发展总有几个突破性的关口,就像从量到质的突破需要一个量的积累,职业发展也如是,当你费了九牛二虎之力仍然没有突破的时候,你就要考虑方法和方向是否对头了。进入高位,可能一步登天,也可能一步踩空,但是,只要掌握一些关键的规律,借"力"撑竿,就可以轻松跳上高位,拿到高薪。

魏使人因平原君请从于赵

【原文】

魏使人因平原君请从于赵,三言之,赵王不听。出遇虞卿,曰:"为入①,必语从!"虞卿入,王曰:"今者,平原君为魏请从,寡人不听,其于子何如?"虞卿曰:"魏过矣②。"王曰:"然,故寡人不听。"虞卿曰:"王亦过矣。"王曰:"何也?"曰:"凡强弱之举事,强受其利,弱受其害。今魏求从而王不听,是魏求害而王辞利也!臣故曰:'魏过,王亦过矣。'"

【译文】

魏国派人到赵国去,通过平原君请求与赵国结成合纵联盟。平原君向赵王谈了三次。赵王不同意。平原君出来后与虞卿相遇,对虞卿说:"您如果进去见赵王,一定要谈合纵联盟的事。"虞卿入见赵王,赵王说:"现在平原君为魏国请求与赵国结成合纵联盟,我没有同意,你的意见如何?"虞卿说:"魏国错了。"赵王说:"是啊,所以我没有同意。"虞卿说:"大王也错了。"赵王说:"为什么?"虞卿说:"凡是强国与弱国共事,总是强国得利,弱国受害。现在魏国要求与赵国结成合纵联盟,而您不同意,这是魏国要求受害,而赵国推辞得利。所以我说:'魏国错了,大王也错了啊。'"

【注释】

①为:如果。②过:同"错"。

【解析】

秦国攻打魏国,魏国谋求与赵国结成联盟,赵孝成王不同意。虞卿于是以合纵有利于赵国为由游说赵王。

【处世策】

给别人提意见,由于提意见涉及人家的过错,暴露人家的短处,这就容易引起对方不高兴,甚至产生对立情绪。其中主要有三个原因:一是可能对方认识不到自己的问题,反过来会否定你的意见;二是对方气量比较小,不是闻过则喜,而是听不进不同意见;三是并非不愿意接受意见,而是提意见的人口气不对,说话使人家难堪。正确认识到这三种原因,再相应地做出自己语言上的调整,进言才更有可能被采纳。

平原君谓冯忌

【原文】

平原君谓冯忌曰:"吾欲北伐上党,出兵攻燕,何如?"冯忌对曰:"不可!夫以秦将武安君公孙起乘七胜之威,而与马服子战于长平之下,大败赵师,因以其余兵围邯郸之城。赵以七败之余众,收破军之敝守①,而秦罢于邯郸之下。赵守而不可拔者,以攻难而守者易也。今赵非有七克之威也,而燕非有长平之祸也。今七败之祸未复,而欲以罢赵攻强燕,是使弱赵为强秦之所以攻,而使强燕为弱赵之所以守。而强秦以休兵承赵之敝。此乃强吴之所以亡,而弱越之所以霸。故臣未见燕之可攻也。"平原君曰:"善哉!"

【注释】

①敝守:隐蔽坚守。

【译文】

平原君问门客冯忌说:"我想北伐上党,出兵攻燕,你看怎么样?"冯忌回答说:"不行,当初秦将武安君公孙起乘七战七胜的威势,与马服子赵括战于长平城下,大败了赵军,又以多余兵力包围了赵都邯郸。赵国以七战七败的兵力,收集残兵败将死守邯郸,秦军却被困于邯郸城下,不能攻克。这是因为守城容易而攻城困难啊!现在赵国没有七战七胜的威势,燕国又没有长平的战祸。可是赵国七战七败的困局尚未恢复,又想拿疲弱之兵去进攻强燕,这就等于要弱赵替强秦去进攻燕国,而要强燕固守本国去消耗弱赵的力量,强秦大军就会养精蓄锐乘赵军疲惫之时攻赵。这就像当年强吴之所以亡国,而弱越之所以称霸那样,因此我看不出燕国是可以进攻的。"平原君说:"很好。"

公元前 256 年,平原君要兴兵攻打燕国,辩士冯忌据理力争,以邯郸之战堪比吴越之争为例,陈说攻难而守易之理,谏阻平原君攻打燕国,切中了赵国的弊害,最终说服了平原君。

【处世策】

在职场中拼搏的过程中,要勇敢地追求自己的目标,要具有宏伟的魄力与坚定必胜的气势,而在指导思想上又需要严谨慎重、深思熟虑。在具体事情上要小心,要及时总结经验。每走一步都要总结经验教训,哪些事情进度要快一点,哪些要慢一点,哪些还要收一收,都要考虑清楚,不能蛮干。

平原君谓平阳君

【原文】

平原君谓平阳君曰:"公子牟游于秦①,且东,而辞应侯。应侯曰:'公子将行矣,独无以教之乎②?'曰:'且微君之命命之也,臣固且有效于君。夫贵不与富期,而富至;富不与粱肉期③,而粱肉至;粱肉不与骄奢期,而骄奢至;骄奢不与死亡期,而死亡至。累世以前,坐此者多矣!'应侯曰:'公子之所以教之者厚矣。'仆得闻此,不忘于心。愿君之亦勿忘也!"平阳君曰:"敬诺。"

【译文】

平原君赵胜对平阳君赵豹说:"公子牟在秦国游历,准备返回魏国,向秦相应侯告辞。应侯说:'公子就要回国了,难道没有什么要指教我的吗?'公子牟说:'您就是不提起,我本来也想说说自己的愚见。人们已经尊贵了,不去追求富裕,富裕也会到来;已经富裕了,不去追求美味佳肴,美味佳肴也会到来;已经享受了美味佳肴,不去追求骄奢,骄奢也会到来;已经骄奢了,不去追求死亡,死亡也会到来。世世代代因为这样而败毁的,实在太多了。'应侯说:'公子对我的这番教导,实在太深刻了。'我听了这番话,牢牢地记在心上。希望您也不要忘记。"平阳君说:"遵命。"

【注释】

①游:游历。②独:难道。之:我,指范雎。③粱:细粮,精美的饭食。

【解析】

平原君赵胜告诫平阳君赵豹,不要过分骄奢,否则会带来灾祸。

【处世策】

　　权力会带来财富，财富会带来美食，美食会带来骄奢，如果任由骄奢发展下去，漫无止境，则会失掉生命。平原君的话，主旨在于说明事物的联系性。他告诉我们，应当防微杜渐，从小事开始注意，把祸患消弭于无形之中。

秦攻赵于长平

【原文】

　　秦攻赵于长平①，大破之，引兵而归，因使人索六城于赵而讲。赵计未定，楼缓新从秦来②，赵王与楼缓计之，曰："与秦城何如不与？"楼缓辞让曰："此非臣之所能知也。"王曰："虽然，试言公之私。"

　　楼缓曰："王亦闻夫公甫文伯母乎③？公甫文伯官于鲁，病死。妇人为之自杀于房中者二八。其母闻之，不肯哭也。相室曰④：'焉有子死而不哭者乎？'其母曰：'孔子，贤人也，逐于鲁，是人不随；今死而妇人为死者十六人。若是者，其于长者薄而于妇人厚！'故从母言之，之为贤母也；从妇言之，必不免为妒妇也。故其言一也，言者异则人心变矣。今臣新从秦来，而言勿与，则非计也；言与之，则恐王以臣之为秦也。故不敢对。使臣得为王计之，不如予之。"王曰："诺。"

【译文】

　　秦军在长平进攻赵军，大败了赵军，便引兵返回秦国。随后派人到赵国去，要求割让六个城邑，才与赵国讲和。赵国还没有决策，楼缓刚从秦国来，赵王与楼缓商量，说："给秦割城，和不给秦割城，哪个有利呢？"楼缓推辞说："这可不是处在我这种地位的人所能了解的。"赵王说："即使这样，也请您谈谈个人的想法吧。"楼缓说："大王可曾听说过鲁大夫公甫文伯的母亲吗？公甫文伯在鲁国做官，病死了，他房中有十六个妇人为他自杀，他母亲听说后，不肯哭。管家说：'哪有自己的儿子死了不哭的呢？'他母亲说：'孔子是贤人，在鲁国被逐，可是公甫文伯不跟随孔子去。现在他死了，他房中有十六个妇人为他自杀。可见他是对待长者情薄，却对待妇人情重。'这话既是出于母亲之口，她乃是一位贤良的母亲；要是出于妇人之口，一定难免被人称为忌妒的女人。由此看来，同样一句话，因为说话的人不同，表现出的思想感情也不同。我现在刚从秦国来，如果说'不割'，那就不算是为君王献计；如果说'割'，又怕您认为我在替秦国讲话。所以，我不敢回答。如果要我为大王考虑，不如割城给秦国。"赵王说："好吧！"

【注释】

①长平：赵邑，故址在今陕西高平县西北。②楼缓：赵人，但始终为秦献策。③公甫文伯：春秋时鲁国季康子的堂弟，名歜(chù)，其母名敬姜。④相室：随嫁之女。

【原文】

虞卿闻之，入见王，王以楼缓言告之。虞卿曰："此饰说也①！"王曰："何谓也？"虞卿曰："秦之攻赵也，倦而归乎？亡其力尚能进②，爱王而不攻乎？"王曰："秦之攻我也，不遗余力矣。必以倦而归也。"虞卿曰："秦以其力攻其所不能取，倦而归，王又以其力之所不能攻以资之，是助秦自攻也。来年秦复攻王，王无以救矣！"

王又以虞卿之言告楼缓，楼缓曰："虞卿能尽知秦力之所至乎？诚知秦力之不至，此弹丸之地，犹不予也，令秦来年复攻，王得无割其内而媾乎？"王曰："诚听子割矣，子能必来年秦之不复攻我乎？"楼缓对曰："此非臣之所敢任也。昔者三晋之交于秦，相善也，今秦释韩、魏而独攻王，王之所事秦必不如韩、魏也。今臣为足下解负亲之攻，启关通敝③，齐交韩、魏，至来年而王独不取于秦，王之所以事秦者，必在韩、魏之后也。此非臣之所敢任也！"

【译文】

辩士虞卿听说后，就去见赵王，赵王把楼缓的话告诉了虞卿。虞卿说："这不过是花言巧语而已。"赵王说："为什么？"虞卿说："秦国进攻赵国是因为打疲了才撤回呢？还是有余力进攻，只因为怜惜您才不进攻呢？"赵王说："秦国进攻我国，不遗余力，他一定是因为打得疲倦才撤回去的。"虞卿说："秦国极力进攻赵国，而又一无所得，打疲倦了才撤回，可大王又把秦力不能得的城邑送给它，这简直是在帮助秦国来攻打自己。明年，秦国再进攻大王，您就会无法挽救了。"

赵王又把虞卿的这番话告诉了楼缓，楼缓说："虞卿能够完全了解秦军具有的战斗力吗？假如他确知秦军力量不够，那这弹丸之地也不给秦国，假使秦军明年再来进攻，您岂不是要割更重要的城池才能与秦国讲和吗？"赵王说："果真听从您的意见割让六城，您能保证明年秦军不再来进攻了吗？"楼缓答道："这不是我所敢承担的。从前，韩、赵、魏三国与秦国邦交友好，如今秦国不攻韩、魏，独攻大王，看来您侍奉秦国必定不如韩、魏好。现在为臣为君王消除由于赵国疏远亲密关系而招来的秦祸，重新打开关塞，派出使者，跟韩、魏交好。假如到了明年，大王还不能与秦友好，那肯定是您侍奉秦国落在韩、魏后面了。到那时就不是我所敢承担的。"

【注释】

①饰说：用巧辩来掩饰本意的话。②亡其：还是。③通敝：即通币，指互通使节。

【原文】

王以楼缓之言告虞卿，虞卿曰："楼缓言，不媾①，来年秦复攻，王得无更割其内而媾。今媾，楼缓又不能必秦之不复攻也，虽割何益？来年复攻，又割其力之所不能取而媾也，此自尽之术也②。不如无媾。秦虽善攻，不能取六城；赵虽不能守，亦不至失六城。秦倦而归，兵必罢；我以五城收天下以攻罢秦，是我失之于天下而取偿于秦也。吾国尚利③，孰与坐而割地，自弱以强秦！今楼缓曰：'秦善韩、魏而攻赵者，必王之事秦不如韩、魏也。'是使王岁以六城事秦也，即坐而地尽矣！来年秦复求割地，王将予之乎？不与，则是弃前资而挑秦祸也；与之，则无地而给之。语曰：'强者善攻，而弱者不能自守。'今坐而听秦，秦兵不敝而多得地，是强秦而弱赵也！以益愈强之秦，而割愈弱之赵，其计固不止矣。且秦，虎狼之国也，无礼义之心。其求无已，而王之地有尽，以有尽之地，给无已之求，其势必无赵矣！故曰：'此饰说也。'王必勿与！"王曰："诺。"

【译文】

赵王把楼缓的话告诉虞卿。虞卿说："楼缓说，不和秦国讲和，明年秦军再来进攻，大王岂不要割让更多的城邑，才能同秦国讲和了吗？现在同秦国讲和，楼缓又不能保证秦军必不再来进攻，这样，即使赵国给秦割让六城，又有何益呢？明年秦军再来进攻，若又割给他力不能得的城邑，同他讲和，这样做简直是自取灭亡，还不如不同秦国讲和。秦国虽然善攻，但也不可能夺得六城，赵国虽然不能守，但也不致失去六城，秦军攻倦而归，必会休兵。我们再拿出五城去联合诸侯，进攻疲困的秦军。这样，我们在诸侯那里失去的，就可从秦国得到补偿。我们还是有利。这同坐等割地削弱自己、增强秦国，哪个好些呢？现在楼缓说：'秦国对韩、魏友好，却进攻赵国，一定是大王侍奉秦国不如韩、魏好，'这简直是要大王每年拿出六城去讨好秦国。依此说来，赵地眼看就会丧失殆尽了。明年秦军再要求割地，大王准备给他吗？若不给，那么前功尽弃，又招来秦兵的战祸；给他，就没地可给了。常言说：'强者善攻，弱者不能自守。'现在坐等受命于秦，秦军不劳攻战就可多得土地，这简直是在增强秦国、削弱赵国自己，去增强更加强大的秦国、削弱更加疲弱的赵国。采取这种计策，结局就会没完没了，况且，秦国是个虎狼般贪婪的国家，无礼义之心。它的要求没有穷尽，而您的土地有限，以有限的土地，去满足无穷无尽的要求，赵国势必只有灭亡了。所以说：'楼缓这些话是花言巧语。'您一定不要割地。"赵王说："好的。"

【注释】

①媾：讲和。②自尽：自己耗尽自己的土地。③尚利：还是占便宜。

楼缓闻之,入见于王,王又以虞卿言告之,楼缓曰:"不然。虞卿得其一,未知其二也。夫秦、赵构难,而天下皆说①,何也?曰:'我将因强而乘弱②。'今赵兵困于秦,天下之贺战者,则必尽在于秦矣。故不若亟割地求和,以疑天下,慰秦心。不然,天下将因秦之怒③,乘赵之敝而瓜分之。赵且亡,何秦之图!王以此断之,勿复计也!"

虞卿闻之,又入见王,曰:"危矣,楼子之为秦也!夫赵兵困于秦,又割地为和,是愈疑天下,而何慰秦心哉?是不亦大示天下弱乎?且臣曰勿予者,非固勿予而已也。秦索六城于王,王以五城赂齐。齐,秦之深雠也,得王五城,并力而西击秦,齐之听王,不待辞之毕也。是王失于齐而取偿于秦,而示天下有能为也。王以此发声,兵未窥于境,臣见秦之重赂至赵而反媾于王也。从秦为媾,韩、魏闻之,必尽重王。是王一举结三国之亲,而与秦易道也!"

赵王曰:"善。"因发虞卿东见齐王,与之谋秦。虞卿未反,秦之使者已在赵矣④。楼缓闻之,逃去。

楼缓得知虞卿的话后,又去拜见赵王,赵王又把虞卿的话告诉他,楼缓说:"不对。虞卿只知其一,不知其二。秦、赵交战,诸侯都高兴,这是为什么?他们要说:'我们要借助强者去战胜弱者。'现在赵军被秦军所困,诸侯中庆贺胜利的人,必定纷纷派使者往秦国。所以,您不如极力割地求和,以迷惑诸侯,安定秦国。否则,诸侯们将借助秦国的强大,对赵国趁火打劫,来瓜分赵国。赵国就快灭亡了,哪里还能对付秦国呢?大王就这样决定吧,不要再考虑了。"

虞卿听说后,又去拜见赵王,说:"楼缓完全是在为秦国打算,这太危险了。赵军已被秦军所困,还要割地言和,这只会使诸侯更加迷惑,怎能安定秦国呢?这不也在诸侯面前公开暴露自己软弱吗?而且我说不割,不是简单地不割。秦国向大王索取六城,大王把五城送给齐国。齐国是秦国的大敌,得了您的五城,不等把话说完,定会与您联合攻秦,听命于您。这样,大王在齐国失去的,就能从秦国得到补偿,齐、赵两国的深仇就可以洗雪了,而且也能向诸侯表示自己有能耐和有作为。大王这样宣扬出去,当赵军还未到秦国边境,我就可以见到秦国将送给赵国重礼,反而要和赵国讲和。秦国要讲和,韩、魏两国知道后,一定会都来尊重大王,他们尊重大王,就定会拿出贵重的珍宝来献给大王。这样,您一举而与齐、魏、韩三国结成友好联盟,从而改变了以前跟秦国的地位和形势。"赵王说:"很好。"于是派虞卿去拜见齐王,与他策划,共同谋秦。

虞卿还没有从齐国返回,秦国使者已到赵国,请求讲和。楼缓听说后,便从赵国逃跑了。

【注释】

①说,通"悦"。②因:凭借。乘:欺凌、欺压。③怒:强大。④秦闻赵与齐合,惧而遣使求和。

【解析】

楼缓为秦国游说,想让赵王拱手献上秦军在战场上得不到的东西,真可谓机关算尽。虞卿的驳议,捍卫了赵国的领土完整,义正词严,铿锵有力,最终说服了赵王,拒绝给秦国割地。交涉失败的楼缓,只好灰溜溜地逃走了。

【处世策】

社会中有各种各样的骗术。有以重要领导人的亲戚或亲信的面目出现的;有以有资历有钱人的面目出现;有借用高科技手段以短信,电子邮件等骗钱的;有以大公司的名义骗取保证金的;有以代理经销的名义骗取加盟费的;有以名山大寺出家人的身份故弄玄虚骗钱的。大言欺人,经不起检验。

秦攻赵,平原君使人请救于魏

【原文】

秦攻赵,平原君使人请救于魏,信陵君兵至邯郸城下,秦兵罢。虞卿为平原君请益地,谓赵王曰:"夫不斗一卒,不顿一戟①,而解二国患者,平原君之力也。用人之力而忘人之功,不可!"赵王曰:"善。"将益之地。

公孙龙闻之,见平原君曰:"君无覆军杀将之功,而封以东武城,赵国豪杰之士,多在君之

【译文】

秦国进攻赵国,平原君赵胜派人去魏国求救。魏国信陵君无忌出兵到邯郸城下,秦国才撤兵。

虞卿请求给平原君增加封地,他对赵王说:"您不费一兵一卒,不损一件武器,就消除了国家的祸患,这是平原君的功劳啊。得了人家的力,却忘掉人家的功劳,这可不行。"赵王说:"好。"于是准备给平原君增加封地。

公孙龙听说后,去见平原君,说:"您并没有立下败军杀将的功劳,却封给了您东武城,赵国

右②；而君为相国者，以亲故。夫君封以东武城，不让无功，佩赵国相印，不辞无能。一解国患，欲求益地，是亲戚受封而国人计功也。为君计者，不如勿受便。"平原君曰："谨受令！"乃不受封。

有才能的豪杰多半才干都在您之上，可是您高居相国之位，这是因为您和赵王有亲属关系的缘故。给您封在东武城，您不因无功而谦让；让您佩带相国印，您也不因无能而推辞；一旦消除国家祸患，您又想要增加封地。这意味着亲戚可以无功而受封；普通人定要计功才能受封。为您考虑，不如不接受封地对您有利。"平原君说："敬遵您的教导。"因此他没有接受封地。

【注释】

①陨：同"损"。②右：上。秦汉以前，以右为上。

【解析】

长平之战后，秦兵围困邯郸城，平原君派人向魏国求援，魏兵来到后，邯郸之围遂解。虞卿劝赵王为平原君加封，平原君的宾客公孙龙则劝他不要接受。

【处世策】

古人说：为了天下平民百姓的举止措施，就叫做事业；为了一家的举止措施，就叫做产业；损害天下人的举止措施，而对一家人有利的，就叫做冤业。把产业作为事业，人们必然怨恨；把产业作为冤业，天就会毁灭它。不要过分贪恋功名利禄，过分追求一己私利，摆正自己的位置，展望未来的道路，它自会宽广平坦，你的胸襟也随之拓展。

秦赵战于长平

【原文】

秦赵战于长平，赵不胜，亡一都尉。赵王召楼昌与虞卿曰："军战不胜，尉复死，寡人使卷甲而趋之，何如？"楼昌曰："无益也。不如发重使而为媾。"虞卿曰："夫言媾者，以为不媾者军必破，而制媾者在秦。且王之论秦也①，欲破王之军乎？其不邪？"王曰："秦不遗余力矣，必且破

【译文】

秦、赵两国在长平交战，赵军未能战胜，死了一位都尉。赵王召见楼缓之弟楼昌和虞卿，对他们说："我军不胜，又死了一位都尉，我想下令全军紧束铠甲，去偷袭秦军，你们的意见如何？"楼昌说："这没有用，您不如派特使去与秦国讲和。"虞卿说："那些主张和谈的人，认为不与秦国讲和，赵军必败。而掌握和谈的主动权却在秦国，大王估计秦国是想打败赵军呢？还是不想打败？"赵王说："秦国不遗余力，一定想要打败赵军。"虞卿说："大王且听我的，您派出使臣，携带贵重的宝器，去亲附

赵军。"虞卿曰:"王卿听臣,发使出重宝以附楚、魏②。楚、魏欲得王之重宝,必入吾使。赵使入楚、魏,秦必疑天下合从也。且必恐。如此,则媾乃可为也。"

赵王不听,与平阳君为媾,发郑朱入秦,秦内之。赵王召虞卿曰:"寡人使平阳君媾秦,秦已内郑朱矣。子以为奚如?"虞卿曰:"王必不得媾,军必破矣!天下之贺战胜者,皆在秦矣!郑朱,赵之贵人也,而入于秦,秦王与应侯必显重以示天下;楚、魏以赵为媾,必不救王;秦知天下不救王,则媾不可得成也。"赵卒不得媾,军果大败。王入秦,秦留赵王而后许之媾。

楚、魏,楚、魏两国都想得到大王的贵重宝器,一定会接待我们的使臣。赵国的使臣到了楚、魏,秦国必定会怀疑诸侯组织了合纵阵线,必定有所畏惧。这样,去与秦国和谈,才能成功。"

赵王不听虞卿的计谋,与平阳君赵豹决定跟秦国议和,并派贵人郑朱去秦国。秦国接待了郑朱。赵王召见虞卿,说:"我让平阳君与秦国议和,秦国已经接待了使臣郑朱,你认为和谈的结果会如何呢?"虞卿说:"大王和谈一定得不到成功,赵军一定会被打败,诸侯中庆贺战胜的人,会都在秦国。郑朱是赵国的贵人,去到秦国,秦王和应侯范雎也一定会大张旗鼓,郑重其事地向诸侯宣传。楚、魏以为赵国已和秦国媾和,必不会出兵救援。秦国得知诸侯不来救赵。和谈就肯定不会成功。"

赵、秦和谈终究未能成功,赵军果然被打得大败。赵王到了秦国,秦国留下赵王,然后才同意媾和。

【注释】

①论:分析,推断。②重宝:贵重宝物。

【解析】

公元前260年,秦赵之间爆发了长平之战。战初,赵军小有失利,赵孝成王在和战之间举棋不定。楼昌建议派使者去秦国求和。虞卿则建议拉拢楚、魏作为声援,对秦形成压力,才有可能在有利的条件下讲和。赵王不自知,没有听从虞卿的计策,派亲信郑朱入秦,坐失良机,失去了楚、魏援助,终于导致军败国弱,和秦国订立了城下之盟。

【处世策】

人贵有自知之明。知道事、知道理、知道学、知道人,都不算"知";真正的"知",要知道自己。然而,人之不自知,正如"目不见睫";人的眼睛可以看见百步以外的东西,却看不见自己的睫毛。对于自己的理想、自己的责任、自己的使命,如果不能认识,往往庸碌一生,一事无成。因此,人要自知,有自知之明,才能明理,才能成为一个健全的人。

秦围赵之邯郸

【原文】

秦围赵之邯郸①。魏安釐王使将军晋鄙救赵②。畏秦，止于汤阴不进。魏王使客将军辛垣衍间入邯郸，因平原君谓赵王曰："秦所以急围赵者，前与齐湣王争强为帝，已而复归帝，以齐故。今齐湣王已益弱。方今唯秦雄天下，此非必贪邯郸，其意欲求为帝。赵诚发使尊秦昭王为帝，秦必喜，罢兵去。"平原君犹豫未有所决。

【译文】

秦国围困赵国的都城邯郸。魏安釐王派大将晋鄙前去援救赵国。但是魏王和晋鄙都害怕秦军，魏军就驻扎在汤阴这个地方，不再前进。魏王又派客将军辛垣衍秘密地潜入邯郸城中，通过平原君对赵王说："秦国之所以急切地围攻邯郸，是因为过去它和齐湣王互相争做帝王，后来齐王取消了帝号。因为齐国不称帝，秦国也取消了帝号。现在齐湣王已经逐渐衰弱。只有秦国能在诸侯之中称雄了，所以说秦国不是为了贪图邯郸的土地，它的真正目的是想要称帝。如果赵国真的能派遣使者去尊称秦昭王为帝的话，秦国必定会很高兴，这样秦兵就会撤兵而去。"平原君很犹豫，没有作出决定。

【注释】

①邯郸：赵国的都城。②晋鄙：魏国大将。

【原文】

此时鲁仲连适游赵①，会秦围赵②。闻魏将欲令赵尊秦为帝，乃见平原君曰："事将奈何矣？"平原君曰："胜也何敢言事？百万之众折于外，今又内围邯郸而不能去。魏王使将军辛垣衍令赵帝秦，今其人在是，胜也何敢言事？"鲁仲连曰："始吾以君为天下之贤公子也，吾乃今然后知君非天下之贤公子也。梁客辛垣衍安在？吾请为君责而归之。"平原君曰："胜请召而见之与先生。"平原君遂见辛垣衍曰："东国有鲁仲连先生，其人

【译文】

这个时候，鲁仲连恰好在赵国，正赶上秦军围攻邯郸。他听说魏国打算让赵国尊称秦王为帝，就去拜见平原君，说："事情打算怎么办啊？"平原君回答说："我哪里还敢谈论战事？赵国的百万大军在长平战败，如今秦军又进攻到赵国，围困了邯郸，而且没有什么办法能够让他们撤兵。魏王派将军辛垣衍来，让赵国尊秦为帝，现在辛将军就在邯郸城里，我哪里还敢谈论战事呢？"鲁仲连说："刚开始我认为您是天下贤明的公子，直到今天我才知道您其实并不贤明。魏国的客将军辛垣衍在哪里？请让我为您当面去斥责他，让他回到魏国去。"平原君说："我叫他来和先生见一面吧！"平原君于是

在此，胜请为绍介而见之于将军③。"辛垣衍曰："吾闻鲁仲连先生，齐国之高士也。衍，人臣也，使事有职。吾不愿见鲁仲连先生也。"平原君曰："胜已泄之矣。"辛垣衍许诺。

就去见辛垣衍，说："齐国有个叫鲁仲连的先生，他现在正在这里，我把他介绍给您，让他来跟你见个面。"辛垣衍说："我听说过鲁仲连先生，他是齐国的高士。而我，是魏王的臣子，这次来担负着重要的职责。我不想见鲁仲连先生。"平原君说："我已经给他说你在这里了。"辛垣衍于是就答应去见鲁仲连。

【注释】

①适：恰好。②会：碰到。③绍介：介绍。

【原文】

鲁仲连见辛垣衍而无言。辛垣衍曰："吾视居此围城之中者，皆有求于平原君者也。今吾视先生之玉貌，非有求于平原君者，曷为久居此围城之中而不去也？"鲁仲连曰："世以鲍焦无从容而死者①，皆非也。今众人不知，则为一身。彼秦者，弃礼义而上首功之国也。权使其士，虏使其民。彼则肆然而为帝，过而遂正于天下，则连有赴东海而死矣②。吾不忍为之民也！所为见将军者，欲以助赵也。"

【译文】

鲁仲连见到辛垣衍后，没有什么话说。辛垣衍说："在我看来，在这个被围困的城中居住的人，都是有求于平原君的。今天我看先生的仪容相貌，并不是有求于平原君的人，为什么长时间地居住在这个围城中而不走呢？"鲁仲连说："世上那些认为鲍焦是不能自我宽容而死去的人，其实都看错了。现在一般的人理解鲍焦的死，认为他是为了自身的利益而死的。那个秦国，是一个抛弃了仁义礼制，并且以杀敌斩首为功的国家。国君用权术来驾驭臣子，像奴隶一样来役使它的百姓。如果秦国肆无忌惮称帝为王的话，然后用自己的法令来规范天下，那么我鲁仲连也只好跳东海死了。我无法容忍做它的顺民啊！我之所以要见将军，只是想对赵国有所帮助。"

【注释】

①鲍焦：周人，愤世嫉俗，后来归隐。②有：只有。

【原文】

辛垣衍曰："先生助之奈何？"鲁仲连曰："吾将使梁及燕助之。齐、楚则固助之矣。"辛垣衍曰："燕则吾请以从矣。

【译文】

辛垣衍问："先生您打算如何来帮助赵国呢？"鲁仲连说："我要让魏国和燕国出动军队来援救赵国，齐国、楚国本来已经帮助它的了。"辛垣衍说："燕国我是认为它会听从您的。如果说魏

若乃梁，则吾乃梁人也，先生恶能使梁助之耶？"鲁仲连曰："梁未睹秦称帝之害故也，使梁睹秦称帝之害，则必助赵矣。"辛垣衍曰："秦称帝之害将奈何？"鲁仲连曰："昔齐威王尝为仁义矣，率天下诸侯而朝周。周贫且微，诸侯莫朝，而齐独朝之。居岁余，周烈王崩，诸侯皆吊，齐后往。周怒，赴于齐曰①：'天崩地坼，天子下席。东藩之臣田婴齐后至，则斮之②！'威王勃然怒曰：'叱嗟，而母婢也③。'卒为天下笑。故生则朝周，死则叱之，诚不忍其求也。彼天子固然，其无足怪。"

国，那么我就是魏国人，先生怎么能让魏国来帮助赵国呢？"鲁仲连回答："魏国还没有看到秦国称帝的危害才不愿出兵帮助，如果魏国看到了秦国称帝的危害，那么它一定会援救赵国。"辛垣衍说："秦国称帝会有哪些危害呢？"鲁仲连说："过去齐威王曾经施行仁义之政，率领天下的诸侯去朝见周天子。当时的周王室既贫穷又衰弱，诸侯没有人去朝见，而只有齐国一个国家去朝见他。

"过了一年多，周烈王死了，各国的诸侯都来吊丧，齐国去得晚了。周的大臣大为恼怒，到齐国对齐王说：'天子驾崩，就如同天地塌陷，新的天子都亲自在这里守丧。而东藩诸侯——齐国的田婴竟然敢迟到，按照法律杀掉他。'齐威王勃然大怒，说：'呸！你母亲也不过是个奴婢罢了。'结果成了天下的笑柄。齐威王之所以在周天子活着的时候去朝见他，死后却辱骂他，这其实是忍受不了周王室对他的苛求。然而做天子的本来就如此，这并没有什么可以感到奇怪的。"

【注释】

①赴：同"讣"，讣告，报丧。②斮(zhuó)：古同"斫"，斩断。③而母婢：你的母亲是奴婢。

【原文】

辛垣衍曰："先生独未见夫仆乎？十人而从一人者，宁力不胜，智不若耶？畏之也。"鲁仲连曰："然梁之比于秦若仆耶？"辛垣衍曰："然。"鲁仲连曰："然吾将使秦王烹醢梁王①。"辛垣衍怏然不悦曰："嘻！亦太甚矣，先生之言也。先生又恶能使秦王烹醢梁王？"

鲁仲连曰："固也，待吾言之。昔者，鬼侯、鄂侯、文王，纣

【译文】

辛垣衍说："先生您难道没有见过做奴仆的吗？十个仆人跟随一个主子，难道是因为他们的力量和智慧都不如他吗？不是，只是因为他们害怕主人罢了！"鲁仲连说："照您这样说，魏国和秦国的关系就是仆人与主人的关系了？"辛垣衍说："是的。"鲁仲连问："这样的话，我就能够让秦王把魏王煮熟了剁成肉酱！"辛垣衍一副很不服气的样子，不高兴地说："嘻！先生所说的话太过分了。您又怎么能让秦王把魏王煮熟了剁成肉酱呢？"

鲁仲连说："当然可以，等我慢慢给你说。过去，鬼侯、鄂侯、文王三个人都是商纣王所封的诸侯。鬼侯有个女儿很漂亮，所以就把她送到纣王

之三公也。鬼侯有子而好②，故入之于纣，纣以为恶，醢鬼侯。鄂侯争之急，辨之疾，故脯鄂侯。文王闻之，喟然而叹，故拘之于牖里之库③，百日而欲舍之死。曷为与人俱称帝王，卒就脯醢之地也？

的后宫里，纣王却认为她长得丑陋，就把鬼侯剁成了肉酱。鄂侯因为这件事，强烈地为鬼侯辩护，所以也被纣王杀死，做成了肉干。文王听说后，只是长叹一声，纣王就把他囚禁在牖里的库房里，关了一百天，还要把它杀死。是什么原因使这些和别人同样是号称帝王的人，最后却沦落到被人制成肉酱、肉干的下场呢？

【注释】

①醢(hǎi)：古代的一种酷刑，将人剁成肉酱。②子：女儿。好：美。③库：牢狱。

【原文】

"齐闵王将之鲁，夷维子执策而从，谓鲁人曰：'子将何以待吾君？'鲁人曰：'吾将以十太牢待子之君。'维子曰：'子安取礼而来待吾君？彼吾君者，天子也。天子巡狩，诸侯辟舍，纳筦键①，摄衽抱几，视膳于堂下②，天子已食，退而听朝也。'鲁人投其籥③，不果纳，不得入于鲁。将之薛，假涂于邹。当是时，邹君死，闵王欲入吊。夷维子谓邹之孤曰：'天子吊，主人必将倍殡柩，设北面于南方，然后天子南面吊也。'邹之群臣曰：'必若此，吾将伏剑而死。'故不敢入于邹。邹、鲁之臣，生则不得事养，死则不得饭含④。然且欲行天子之礼于邹，鲁之臣，不果纳。今秦万乘之国，梁亦万乘之国。俱据万乘之国，交有称王之名，睹其一战而胜，欲从而帝

【译文】

"齐王准备去鲁国，夷维子驾驶着车子跟随，问鲁国人说：'您打算用什么样的礼节接待我的国君呢？'鲁国人说：'我们准备用十太牢的规格来款待贵国国君。'夷维子说：'您怎能用这样的礼节来接待我们的国君呢？我们的国君是天子。天子巡视四方，各国的诸侯都要离开自己的宫室到别的地方回避居住，还要交出钥匙来，自己提着衣襟，捧着几案，在堂下侍候天子吃饭。天子吃完饭，诸侯才能离开去处理他的政务。'鲁国人听了他的话，立刻就将城门锁了，就没有让他们进城。齐王无法进入鲁国，又准备到薛地去，向邹国借路通行。恰巧就在这个时候，邹国的国君死了，齐闵王想进城来吊丧，夷维子就对邹国的孝子说：'天子来吊丧，你们必须把灵柩移到相反的方向，在南边设立朝北的灵堂，让天子面向南祭吊。'邹国的大臣们说：'如果一定要这样办的话，我们宁可自刎而死。'所以说，齐闵王就没有胆量进入邹城。鲁国和邹国的臣子，贫寒得生前领不到俸禄，死后无法得到很好的安葬，然而齐王让他们对自己行朝拜天子的大礼时，他们也都不能接受。现在的秦国拥有万辆兵车，魏国也拥有万辆兵车，两个国家都是拥

382

之,是使三晋之大臣不如邹、鲁之仆妾也。且秦无已而帝,则且变易诸侯之大臣。波将夺其所谓不肖,而予其所谓贤;夺其所憎,而与其所爱。波又将使其子女谗妾为诸侯妃姬,处梁之宫,梁王安得晏然而已乎?而将军又何以得故宠乎?"

有万辆兵车的大国,两国之间都有称王的名分,仅仅是因为秦国打了一次胜仗,就要尊秦国为帝王,那么赵、韩、魏三国的大臣都还不如邹、鲁两国的大臣啊!况且秦国如果顺利地达到了它称帝的目的,就会马上更换各诸侯国的大臣。他们就要撤换掉他们认为不贤能的臣子,而任用他们认为贤能的人;撤换掉他们所憎恨的人,而任用他们所喜欢和亲近的人。他们还将把他们的女儿和那些善于喜欢妒贤嫉能的女人嫁给诸侯作为妃嫔,每天都对他们进行谗毁。这种女人进入魏王的后宫,魏王还能安心地过日子吗?而将军又如何继续享受如同原来一样的宠信呢?"

【注释】

①笘(guǎn)键:笘,通"管",钥匙;键,锁簧。指钥匙与锁。②膳:饭食,多为王公贵族的饭食。③篇(yuè):古同"钥",锁钥。④饭(fǎn):把米粒放在死者口中。含:把珠玉含在死者口中。

【原文】

于是辛垣衍起,再拜谢曰:"始以先生为庸人,吾乃今日而知先王为天下之士也。吾请去,不敢复言帝秦。"秦将闻之,为却军五十里①。适会魏公子无忌夺晋鄙军以救赵击秦,秦军引而去②。于是平原君欲封鲁仲连。鲁仲连辞让者三,终不肯受。平原君乃置酒,酒酣,起前以千金为鲁仲连寿。鲁仲连笑曰:"所贵于天下之士者,为人排患、释难、解纷乱而无所取也。即有所取者,是商贾之人也,仲连不忍为也。"遂辞平原君而去,终身不复见。

【译文】

听了鲁仲连的这番话,辛垣衍站起身来,向他拜了两拜,道歉说:"刚开始的时候,我还以为先生是个平庸的人,现在我才知道先生是胸怀天下的贤能之士。请让我离开这里,我不敢再说称秦为帝王的事了。"秦国的将军听说了这件事,把围困邯郸的军队向后撤退了五十里。正好碰上魏国公子无忌夺得了晋鄙的军权,带领军队前来援救赵国,攻打秦军。秦军撤退,离开了邯郸。这时,平原君想封赏鲁仲连。鲁仲连再三推辞谦让,最终也不肯接受。平原君就摆下宴席来酬谢他。喝到畅快的时候,平原君站起身来,上前用千金向鲁仲连祝酒。鲁仲连笑着说:"天下之士所看重的,是能够为别人排除忧患,解除危难,解除了纷乱也不收取任何报酬。假使有所收取,这就与那些商贾之人没有区别了。我是不忍心做这样的事的。"于是就辞别了平原君,离开了赵国,终身都不再露面。

【注释】

①却：撤退。②引：避开，退却。

【解析】

本篇讲述了一个著名的典故：鲁仲连义不帝秦。鲁仲连论辩能力超群，他用自己深刻的洞察力和义正词严的气势驳倒了在场的策士，而且表现出了他的忠贞爱国、敢于对抗强秦的精神，因此他受到后人的敬仰。

鲁仲连在侠义精神感召下，排患释难，说服了魏国拯救了赵国。他指出诸侯国不应该向残暴专制、妄图称帝的虎狼秦国低头。他认为诸侯国伺候天子是丧失尊严的屈辱行为，指出如果秦国称帝了，以后各国都不会有好日子过，"人为刀俎、我为鱼肉"的悲惨境况就会发生，诸侯国的大臣也将无法自保。另外他还列举了许多宁死不屈的诸侯国和大臣，以此来唤醒主张侍奉秦国的人的斗志和勇气。说服了打算侍奉秦国的国家一起联合抗暴，从而也化解了赵国的危机。

说张相国

【原文】

说张相国曰："君安能少赵人而令赵人多君①？君安能憎赵人而令赵人爱君乎？夫胶漆，至黏也，而不能合远；鸿毛，至轻也，而不能自举。夫飘于清风，则横行四海，故事有简而功成者，因也。今赵，万乘之强国也，前漳、滏②，右常山③，左河间④，北有代，带甲百万，尝抑强齐四十余年，而秦不能得所欲。由是观之，赵之于天下也不轻。今君易

【译文】

有人规劝赵国的张相国说："您怎么能对赵国人感情淡薄，而要求他们对您感情深厚呢？您怎么能讨厌赵国人，而要求他们喜爱您呢？胶和漆是最黏的东西，但不能把两个距离很远的东西黏合在一起；大雁的羽毛最轻，但不能自己举起自己，只有借着清风才能飘行于四海。所以，即使是任何一件很简单的事情，要能成功，总得借助于客观条件。现在赵国是万乘的强国，前有漳、滏二水，右有常山，左有河间，北有代郡，战士百万，曾遏制强齐四十多年，秦国也不能为所

万乘之强赵，而慕思不可得之小梁，臣窃为君不取也。"

君曰："善。"自是之后，众人广坐之中，未尝不言赵人之长者也，未尝不言赵俗之善者也。

欲为。由此看来，赵国在诸侯中并不是一个无足轻重的国家。现在您轻视万乘的强国赵国，却羡慕不可预料的弱国魏国，我实在不敢苟同。张相国说："好。"从此以后，他在大庭广众之中，总是要说到赵国人的长处，总是要赞扬赵国人的美俗。

【注释】

①少：轻视、贬低。多：重视。②前：指南。③右：指西。④左：指东。

【解析】

张相国本是魏国人，在赵国出任相国，因为他"常怀梁而鄙赵"，有人以"胶黏而不能合远，毛轻而不能自举"的道理说服他尊重和爱护赵国人。

【处世策】

在职场里，许多时候，我们其实要学会向自己最讨厌的人学习，而不是去与她对抗。如果你讨厌的人比你晋升更快，那么，他一定有值得你学习的地方。在这个爱秀的时代，人们过去讨厌的爱秀狂，反而成为了优点。因为当你秀自己的工作成绩的时候，也是在激励你的同事加倍努力。当你秀自己生活中的幸福的时候，实际上，也是在表达这份工作给你带来的利益。只要你秀美好，总是能有激励到别人的效果，自己开心，别人也能奋进！

郑同北见赵王

【原文】

郑同北见赵王。赵王曰："子，南方之博士也①，何以教之？"郑同曰："臣南方草鄙之人也，何足问！虽然，王致于前，安敢不对乎？臣少之时，亲尝教以兵。"赵王曰："寡人不好兵。"

郑同因抚手仰天而笑之，曰："兵，固天下之狙喜也②，臣固意大王不好也。臣亦尝以兵说魏昭王，昭王亦曰：'寡人不喜。'臣曰：'王

【译文】

楚人郑同北上去拜见赵王，赵王说："您是南方的儒家学者，有何见教？"郑同说："我是南方荒蛮鄙陋之人，有什么值得问我的？即使如此，大王既然问到了，我怎么敢不回答呢？我年轻的时候，父亲曾经教我用兵。"赵王打断了他的话，说："我不喜欢用兵。"郑同拍手仰天大笑起来，说："用兵本来是天下的大害，我本来就猜想大王会不喜欢的。我也曾经拿用兵的事去劝说过魏昭王，昭王也说：'我不喜欢。'我就说：'大王所作所为能

之行能如许由乎？许由无天下之累，故不受也。今王既受先王之传，欲宗庙之安、壤地不削、社稷之血食乎？'王曰：'然。'今有人操随侯之珠、持丘之环、万金之财，特宿于野，内无孟贲之威、荆庆之断，外无弓弩之御，不出宿夕，人必危之矣。今有强贪之国，临王之境，索王之地，告以理则不可，说以义则不听，王非战国守围之具③，其将何以当之？王若无兵，邻国得志矣。"

赵王曰："寡人请奉教。"

比得上许由吗？许由心中无世俗名利的牵累，所以尧帝把天下让给他时，他不接受。现在大王已经继承了先王的王位，您想要宗庙平安无事、国土不被侵略、国家永远保住吗？'昭王说：'对啊！'现在有人拿着随侯之珠，握着百丘之环，揣着万金之财，独自在野外住宿，他既没有像古代勇士孟贲那样威武、荆庆那样果敢，又没有弓弩用来防卫，不过一夜，他必定危险。现在已有强大又贪婪的国家，进逼大王边境，向您索取领土。给他讲道理，不行；和他论道义，也不听，您如果没有卫国御敌的武器设备，又如何能对付他呢？大王如果没有军事力量，邻国就可以为所欲为了。"赵王说："我敬受您的教导。"

【注释】

①博士：博古通今的人。②狙喜：诈者之所喜。狙：延续下来的王位。③战国：争战之国。守围：防守、防御。

【解析】

《战国策》编成于汉朝，在它流传的过程中，一直没有受到统治阶级的肯定，不是《战国策》的艺术性不高，原因在于它的思想不符合当时社会的正统思想的要求。它多是讲谋略和权变，被那些正统文人视为异端。

【处世策】

本篇阐明了《战国策》的一个要旨：除非你做世外高人，否则，在这个人欲横流的社会里，如果仅有王道和仁义，而没有谋略和兵法，那么伤害和侵略将随之而至、国将不国、一切都会不安全。兵法谋略的根本目的就在于保证道义的完善。策士郑同用形象的比喻说明了兵法、策略、防人之心必须存在的道理。

建信君贵于赵

【原文】

建信君贵于赵。公子魏牟过赵，赵王迎之，顾反至坐，前

【译文】

建信君在赵国的地位尊贵。魏国的公子魏牟经过赵国，赵王出去迎接他。回宫后，看见座前放

有尺帛,且令工以为冠。工见客来也,因辟。赵王曰:"公子乃驱后车,幸以临寡人,愿闻所以为天下。"魏牟曰:"王能重王之国若此尺帛,则王大国大治矣。"

赵王不悦,形于颜色,曰:"先王不知寡人不肖,使奉社稷,岂敢轻国若此!"魏牟曰:"王无怒,请为王说之。"曰:"王有此尺帛,何不令前郎中以为冠?"王曰:"郎中不知为冠。"魏牟曰:"为冠而败之,奚亏于王之国?而王必待工而后乃使之。今为天下之工,或非也,社稷为虚戻①,先王不血食,而王不以予工,乃与幼艾!且王之先帝,驾犀首而骖马服②,以与秦角逐,秦当时适其锋。今王憧憧,乃辇建信以与强秦角逐,臣恐秦折王之椅也!"

着一块绸子,正让工匠为他做帽子。工匠见有客人进来,就避开了。赵王说:"幸蒙公子驾临敝国,很想听您谈谈治国的道理。"魏牟说:"大王如果能像重视这块绸子一样重视治国,那么您的国家就会治理得很好了。"赵王听了很不高兴,而且表露在脸色上,他说:"先王不了解我无能,让我来掌管国家大事,我怎么敢这样轻率地对待国家大事呢?"魏牟说:"大王不要生气,请让我来为您说明。"于是他说:"大王有这么一块绸子,为什么不让您的侍从给您做帽子呢?"赵王说:"我的侍从不会做帽子。"魏牟说:"如果让他们为您做帽子,做坏了,对您的国家又有什么损害呢?可是,大王一定要工匠会做,然后才用他们。现在您对待治理国家的'工匠'却不是像对待'制帽工匠'那样,像这样做法,国家就会被人践踏成为废墟,宗庙也就不可能再继续祭祀。然而,大王却不把国家大事交给真正能治理好国家的人,竟然交给了被您宠信的近臣。况且大王的先祖拥有犀首、马服君这样能谋善战的大臣,足以和秦国争雄雌,秦国和赵国势均力敌。现在大王却与建信君来来往往同车,而要与强秦争雄雌,我担心秦国会毁掉您赵国啊!"

【注释】

①虚戻:国空人绝。②犀首:指公孙衍。马服:指马服君赵奢。

【解析】

建信君是赵王的男宠,与廉颇大约是同时代的人。魏国公子魏牟当面说赵王专信男宠,不思治国,必然导致"秦折王之椅"的后果。

【处世策】

坚持"任人唯贤",反对"任人唯亲"。这是按照德才兼备的标准选拔人才的基本准则,但是企业在实施的过程中,往往做不到这一点。为什么呢?有的领导担心的是自己的高职位,害怕更加有德有才的人,把自己挤下去,于是就产生了一种"排贤"的思想根蒂,而招致身边的"臣子"并不一定是"贤能之人"。这种用人制度怎么能推进企业向前发展呢?

卫灵公近雍疽、弥子瑕

【原文】

卫灵公近雍疽、弥子瑕。二人者，专君之势以蔽左右①。复涂侦谓君曰："昔日臣梦见君。"君曰："子何梦？"曰："梦见灶君。"君忿然作色，曰："吾闻梦见人君者梦见日，今子曰梦见灶君而言君也。有说则可，无说则死！"

对曰："日，并烛天下者也，一物不能蔽也。若灶则不然，前人之炀，则后人无从见也。今臣疑人之有炀于君者也②，是以梦见灶君。"

君曰："善。"于是因废雍疽、弥子瑕而立司空狗。

【注释】

①蔽：蒙蔽。②炀：向火取暖。

【解析】

雍疽以医术得宠于卫灵公，弥子瑕是卫灵公的宠臣。卫灵公宠幸雍疽、弥子瑕二人，卫国有个杂耍艺人就借机讽谏卫灵公。

【处世策】

职场上，没有人喜欢听坏消息，所谓"兼听则明"用在职场上并不合适，真正对职场人有指导作用的一句话是"疏不间亲"。任何人都有一个安全范畴，亲近的人在这个范畴之内，可以说一些"逆耳的忠

【译文】

卫灵公宠爱宦官雍疽和宠臣弥子瑕，他们两人就挟持了君权，蒙蔽左右，使下情不能上达。有个杂技艺人对卫灵公说："前几天，我做了一个梦，现在果然见到君王了。"卫灵公说："您梦见了什么？"回答说："我梦见了灶君。"卫灵公听了怒形于色，说："我听说，见到了人君，就会梦见太阳。现在您说梦见了灶君，就见到君王，真是岂有此理！如有道理可说，那就算了，没有道理可说，就判处你死刑。"这位杂技艺人回答说："太阳普照大地，任向东西也遮蔽不了。像灶，就不同了。有人在灶口烧火，他遮住了火。后面的人就烧不到火。我现在很怀疑，有人也像在灶口烧火一样，蒙蔽君王啊，因此我梦见了灶君。"卫灵公听后，说："很好。"于是就废黜了雍疽，弥子瑕，而任用了司空狗。

言",而疏远的人则在这个范畴之外,即使是真诚地劝诫也很难避免被误认为是一种有意识的攻击性行为。普通职场人意识到这一点,在进言的时候要谨慎小心,而职场领导则应该尝试着改变自己的心态,多听一听"圈子"外面人的话,有利于构建和谐的群体。

或谓建信君

或谓建信君:"君之所以事王者,色也;茸之所以事王者,知也。色老而衰,知老而多,以日多之知,而逐衰恶之色,君必困矣!"建信君曰:"奈何?"曰:"并骥而走者①,五里而罢;乘骥而御之,不倦而取道多。君令茸乘独断之车,御独断之势,以居邯郸,令之内治国事,外刺诸侯②,则茸之事有不言者矣。君因言王重责之,茸之轴今折矣。"

建信君再拜受命,入言于王,厚任茸以事能重责之。未期年而茸亡走矣。

有人对建信君说:"您侍奉大王靠的是美色;茸侍奉大王,却靠的是才智。人们年纪大了,美色就会衰退,才智却会增长。拿与日俱增的才智和与日衰退的容颜去竞争,您肯定会陷入困境,走投无路。"建信君说:"那可怎么办?"回答说:"和千里马一道奔驰,跑五里就会疲惫不堪;乘上千里马拉的车子,既不会疲倦,跑的路程又多。您就让茸待在国都邯郸,独立地进行工作,对内处理国家大事,对外与各国诸侯周旋。这样,失败、垮台的命运就会落在他的头上。您就对大王说,委派茸以重任,茸一定会垮台的。"建信君听后,行大礼拜谢,接受了他的教导,入宫去告诉大王,大王派给茸繁重的任务,并严格地要求他,不到一年,茸就逃跑了。

【注释】

①并骥:与千里马一齐奔跑。②刺:侦察,探询。

【解析】

建信君和茸都是赵王的宠臣。建信君靠美色得宠于赵王,而茸是以才智得宠于赵王。于是有人为建信君出主意,建议赵王让茸多任事。结果赵王给茸繁重的工作任务,将茸给累跑了。

【处世策】

职场人都在追求高薪职业。但天下没有免费的午餐,任何一位老板不会把一份轻松快乐收入又高的工作无端地奉送给你。高薪是有代价的,经常加班、没有休息日、无休止地应酬、与自己不喜欢的人打交道、难以排遣的压力、健康受损、衰老加速……面对高薪下的高责任、高压力,需要做的不是埋怨和回避,而是尝试着调节高薪高压下的心态,否则只能像葺一样忍受不了高压而逃跑。

苦成常谓建信君

【原文】

苦成常谓建信君曰:"天下合从,而独赵恶秦,何也?魏杀吕遗而天下交之, 今收河间,是与杀吕遗何以异?君唯释虚伪疾①,文信犹且知之也。从而有功乎, 何患不浔收河间?从而无功乎,收河间何益也?"

【注释】

①虚伪疾:假托有病。

【解析】

秦始皇初年,秦国想攻打赵国以扩大吕不韦河间之地的封地。本章约为当时的事情,确切年份已不可考。苦成常,复姓苦成,名常,是赵国人。他劝建信君不要在河间之地上太过短见,如果以河间地封文信侯,就能达到合纵攻秦的目的。

【处世策】

作为一个管理者,第一要关注长期目标。确立一个目标,不断研究解决方案,直到其具有竞争力。第二要有耐性。如果能多一点坚持,每个人都会受益良多,因为毕竟只有很少的人有机会朝同一个目标奋斗好几次。

希写见建信君

【原文】

希写见建信君,建信君曰:"文信侯之于仆也,甚无礼。秦使人来仕,仆官之丞相,爵五大夫。

【译文】

苦成常对赵国的宠臣建信君说:"诸侯组织合纵联盟来对抗秦国,为什么秦国偏偏对赵国仇恨最深呢?魏国杀了秦臣吕遗,诸侯却与魏国友好,现在赵国要收回河间,诸侯却组织合纵联盟,这与从前魏国杀了秦臣吕遗又有什么不同呢?您虽然不顾秦、赵之间的矛盾,假托有病,可是,赵国要收回河间的意图,文信侯吕不韦还是会了解的。如果合纵能够成功,还怕不能收回河间吗?如果合纵不能成功,收回河间又有什么用呢?"

【译文】

希写去拜见建信君,建信君对他说:"秦相文信侯吕不韦对我太无礼了。秦国派人来赵国求官做,我让他做了丞相,给他五大夫的爵位,

文信侯之于仆也，甚矣其无礼也！"希写曰："臣以为今世用事者①，不如商贾。"建信君怫然曰："足下卑用事者而高商贾乎？"曰："不然。夫良商不与人争买卖之贾，而谨司时②。时贱而买，虽贵已贱矣；时贵而卖，虽贱已贵矣。昔者，文王拘于牖里，而武王羁于玉门，卒断纣之头而悬于太白者，是武王之功也。今君不能与文信侯相伉以权，而责文信侯少礼，臣窃为君不取也！"

可文信侯对我，实在是太无礼了。"希写说："我认为现在的执政者，连商人都不如。"建信君怒气冲冲地说："您是要蓄意贬低执政者，去抬高商人吗？"希写说："不是这样。高明的商人不去与人争论价格，而是仔细观察、等待物价涨落的时机。当物价贱的时候就买进，即使这时贵一点，也是贱的；当物价贵的时候就卖出，即使这时贱一点，也是贵的。从前，周文王被商纣王囚禁在牖里，周武王被商纣王拘禁在玉门，还是割下了纣王的脑袋，悬挂在大白旗上！这是周武王的功劳。现在，您在权力上无力与文信侯对抗，却又责怪文信侯做事欠礼，我对您实在不敢苟同。"

【注释】

①用事者：执政的人。②司：同"伺"。

【解析】

希写是赵国人。公元前244年，希写用商人贵卖贱买和周文王、周武王忍辱待时作比喻，劝建信君用权术和文信君相抗衡。

【处世策】

身在社会或职场，只要人际环境稍微复杂点，就如同战场。没有硝烟，却可以同样残酷。职场更加如此，而且越往高层，斗争愈加残酷！但对很多还不具有竞争实力的人而言，完全没有必要为一个职位或一些利益而争得头破血流。不如暂且隐忍不发，以待时机。在职场中，最后的赢家永远不是一直在斗争的人，而是活得最久的人。

魏勉谓建信君

【原文】

魏勉谓建信君曰①："人有置系蹄者而得虎，虎怒，决蹄而去②。虎之情，非不爱其蹄也。然而不以环寸之蹄害七尺之躯者，权也③。今有国，

【译文】

魏勉对建信君说："有人设置绳索为机以捕捉野兽，可是却捉住了老虎，虎大怒，挣断脚掌逃跑了。老虎不是不爱惜自己的脚掌。然而它不因为这一寸大小的脚掌，去伤害七尺大小的身体，这是衡量利害轻重的结果。如今拥有一个国家，

非直七尺躯也④。而君之身于王，非环寸之蹄也。愿公之熟图之也。"

不只是七尺大小的身躯。而您的身体对于君王来说，并不是一寸大小的脚掌。希望您认真考虑这些事。"

【战国策精华（下）】

392

【注释】

①魏魀(gà)：人名。一说"魀"作"魁"。可供参考。②置系蹄：设置绳索为机以系兽蹄而得兽。蹄：兽足。③环寸：犹言周围只有一寸。权：衡量是非轻重，以因事制宜。④直：特，但，犹言只或仅仅。

【解析】

魏魀用老虎惜命舍足的故事，预言赵王会因国家舍弃建信君。

【处世策】

人们应当明白，没有谁是不能被替代的。任何时候、任何领域，只有有价值的东西才能避免被淘汰的命运。只有不断提升自己的职业价值，我们才能摆脱被职场、被社会淘汰的命运。

秦攻赵，鼓铎之音闻于北堂

【原文】

秦攻赵，鼓铎之音闻于北堂。希卑曰："夫秦之攻赵，不宜急如此。此召兵也，必有大臣欲衡者耳①。王欲知其人，旦日赞群臣而访之②，先言横者，则其人也。"建信君果先言横。

【译文】

秦国进攻赵国，击铎的声音传到王宫。希卑对赵悼襄王说："秦国进攻赵国，也不该如此急迫，这击铎之声恐怕是内奸在以击铎为信号。可见大臣中一定有主张与秦国连横的人。大王想要知道这人是谁，明天可召集群臣共同商议，那个首先提出连横的人，就是这个内奸。"建信君果然首先提出连横主张。

【注释】

①衡：同"横"，连横。②赞：会见。

【解析】

公元前258年，秦国进军赵国邯郸。建信君为秦国做内应，建议赵王连横。

【处世策】

在这个社会、经济转型的时代，人心浮躁，急于求成，人在流浪，心在漂泊，或者"身在曹营心在汉"，躯体在那里，灵魂早已出壳，缺乏耐心和恒心，看似忙忙碌碌，到头来

却一事无成。事实上，一个人只有沉得住气，踏踏实实做好每一件小事，沉稳沉着，并逐渐内化为一种素质，一种能力，才能一步一个脚印，不断迈向成功；才能不断提高自己的修养，保持内心的平衡和稳定，保持气度上的从容淡定，宁静致远。沉得住气是一种素质，是一种优秀的习惯。我们当不断修身养性，努力修行之。

齐人李伯见孝成王

【原文】

齐人李伯见孝成王，成王说之，以为代郡守。而居无几何，人告之反。孝成王方馈，不堕食。无几何，告者复至，孝成王不应。已，乃使使者言："齐举兵击燕，恐其以击燕为名而以兵袭赵，故发兵自备，今燕、齐已合①。臣请要其敝，而地可多割。"自是之后，为孝成王从事于外者，无自疑于中者。

【注释】

①合：合战，会战。

【解析】

齐人李伯被赵孝成王所器重，任命他为代郡郡守。赵孝成王对别人关于李伯的坏话一概置之不理，真正做到了用人不疑。

【处世策】

用人不疑，疑人不用，这是中国传统的信任方式，用在企业管理上那就是要放手让下属去大胆尝试，不要什么都管。对员工的不信任，直接挫伤的是员工的自尊心和归属感；间接的后果是会加大企业离心力。如果管理者能进行换位思考，与员工建立起彼此信任的关系，在企业建立起一个上下信任的平台，无疑会增加员工的责任感与使命感，激发员工内在的潜能。

【译文】

齐人李伯去见赵孝成王，赵孝成王很喜欢他，便任命他为代郡郡守，李伯就任了郡守之职。没有多久，有人报告李伯谋反。孝成王正在吃饭，无动于衷，继续吃饭。又没有多久，那个人又来报告，孝成王不予理睬。以后，李伯就派使者报告孝成王，说："齐国派兵进攻燕国，我担心他们以进攻燕国为名，用兵袭击，所以派兵自卫。现在，燕、齐两国已交战，我要求乘两国疲惫之机，先发制人，这就可以多割得土地。"从此以后，凡被孝成王派出的官员，都相信孝成王不会怀疑自己。

卷二十一　赵四

为齐献书赵王

【原文】

为齐献书赵王,曰:"臣一见,而能令王坐而天下致名宝,而臣窃怪王之不试见臣而穷臣也。群臣必多以臣为不能者,故王重见臣也。以臣为不能者非他,欲用王之兵成其私者也;非然,则交有所偏者也[①];非然,则知不足者也;非然,则欲以天下之重恐王[②],而取行于王者也。臣以齐遁事王,王能亡燕,能亡韩、魏,能攻秦,能孤秦。臣以齐致尊名于王,天下孰敢不致尊名于王?臣以齐致地于王,天下孰敢不致地于王?臣以齐为王求名宝于燕及韩、魏,孰敢辞之?臣之能也,其前可见已。齐先重王,故天下尽重王;无齐,天下必尽轻王也,秦之强,以无齐之故重王;燕、魏自以无齐故重王;今王无齐,独安得重天下?故劝王无齐者,非知不足,则不忠者也;非然,则欲用

【译文】

有人为齐国上书赵王,说:"只要我一见到大王,就能使您坐等诸侯献上尊名,给您实惠。可是臣私下里很奇怪,大王为什么竟不能接见我,却困阻我,使我不能见您。这样,大臣们一定多认为我是个无能之辈,您才不愿见我。大臣们以为我无能,这没有别的原因,因为他们想利用您的军队去成就他们的私利;不然,就是在外交上有所偏爱;不然,他们就是一些缺乏才智的人;不然,就是他们想借重诸侯之力来威胁大王,让您按照他们的主张去行事。我能让齐国顺从大王,大王便能够灭掉燕国,能够灭掉韩国、魏国,能够进攻秦国,能够孤立秦国。我如果让齐国献给大王尊名,诸侯谁敢不献给大王尊名呢?我让齐国割地给大王,诸侯又谁敢不割地给大王呢?我让齐国为大王使燕、韩、魏三国献给大王尊名,他们又谁敢推辞呢?我的能力,就在于能预知未来。齐国如果首先尊重大王,则诸侯都会尊重大王;如果没有齐国尊重大王,那么诸侯必定都会看轻大王。即使像秦国那么强大,因为它没有齐国帮助,所以才讨好大王;燕、韩、魏三国,自认为得不到齐国帮助,所以才尊重大王。如果大王没有齐国的帮助,又怎么能不去讨好诸侯呢?所以那些奉劝大王不联合齐国的人,若不是缺乏才智的人,就是不尊重大王的人;不然,就是想利用大王的军队去成就他们的私利;不然,就是借重诸侯之

王之兵成其私者也；非然，则欲
轻王以天下之重，取行于王者
也；非然，则位尊而能卑者也。
愿王之熟虑无齐之利害也。"

力来威胁大王，让大王按照他们的意见去行事；不然，那他们都是些地位尊贵而才能低劣的人。希望大王深思熟虑，衡量一下失去齐国的利害得失。"

【注释】

①交：外交。偏：偏重，偏爱。②重：威重。恐：恐吓，使害怕。

【解析】

公元前284年，乐毅约五国讨伐齐国，赵国为核心，地位举足轻重。齐国派使者上书游说赵惠文王，希望赵国与齐国结盟友好，但赵国没有答应，最终乐毅率领联军大败齐军，尽占齐国七十余城。

齐欲攻宋

【原文】

齐欲攻宋，秦令起贾禁之。齐乃捄赵以伐宋①。秦王怒，属怨于赵。李兑约五国以伐秦无功，留天下之兵于成皋，而阴构于秦。又欲与秦攻魏，以解其怨而取封焉。

魏王不说。苏秦之齐，谓齐王曰："臣为足下谓魏王曰：'三晋皆有秦患。今之攻秦也，为赵也。五国伐赵，赵必亡矣。秦逐李兑，李兑必死。今之伐秦也，以救李子之于死也。今赵留天下之甲于成皋，而阴鬻之于秦，已讲，则令秦攻魏以成其私封，王之事赵也何得矣？且

【译文】

齐国打算进攻宋国，秦国派起贾阻止这件事。齐国联合赵国来一起进攻宋国。秦昭王为此很生气，就把一腔怨恨都归结到赵国方面。赵国的李兑联合了赵、韩、魏、燕、齐五国的军队去攻打秦国，但没有成功，就把诸侯的军队驻扎留守在成皋，而自己暗中和秦国讲和。又想要和秦国联合进攻魏国，来消除秦昭王的怨恨，并以此来为自己取得封地。

魏王对此很不高兴。苏秦来到齐国，对齐王说："我为您对魏王说：'赵、魏、韩三国都遭到过秦国的忧患，这次联合起来进攻秦国，是为了赵国。如果秦、齐、燕、韩、魏这五个国家联合起来进攻赵国，那么赵国就必定会灭亡。如果秦国驱逐了李兑，那么李兑必定要死。现在去进攻秦国，其实是在救李兑不死。如今赵国把诸侯联军驻扎留守在成皋，背地里却出卖诸侯，和秦国勾结媾和，还订立了和约，想联合秦国进攻魏国，图谋取得封地，这样，大王您尊崇赵国又得到了什么好处呢？更何况，大王您曾经亲自往北渡过漳水，到邯郸去拜访赵王，献出了阴、成两地，割让

王尝济于漳，而身朝于邯郸，抱阴、成②，负葛、薛，以为赵蔽，而赵无为王行也。今又以河阳、姑密封其子，而乃令秦攻王，以便取阴。

【注释】

①捄(jiù)：扶持。②抱：奉献。

【战国策精华［下］】

了葛、薛，用来当作赵国的屏障，而赵国却一点也不替大王效力。现在又把河阳、姑密两地分给李兑的儿子，而李兑又勾结秦国来进攻魏国，想要以此来夺取阴地。

【原文】

"人比而后知贤不如①，王若用所以事赵之半收齐，天下有敢谋王者乎？王之事齐也，无入朝之辱，无割地之费。齐为王之故，虚国于燕、赵之前，用兵于二千里之外，故攻城野战，未尝不为王先被矢石也。得二都，割河东，尽效之于王。自是之后，秦攻魏，齐甲未尝不岁至于王之境也。请问王之所以报齐者可乎？韩岷处于赵，去齐三千里，王以此疑齐，曰有秦阴。今王又挟故薛公以为相，善韩涂以为上交，尊虞商以为大客，王固可以反疑齐乎？'于魏王听此言也甚诎②，其欲事王也甚遁。甚怨于赵。臣愿王之日闻魏而无庸见恶也，臣请为王推其怨于赵，愿王之阴重赵，而无使秦之见王之重赵也。秦见之且亦重赵。齐、秦交重赵，臣必见燕与韩、魏亦且重赵也，皆且无敢与赵治。五国事赵，赵从亲以合于秦，必为王高矣。臣故欲王之

【译文】

"人贤能与不贤能只有通过比较然后才能知道，如果大王有侍奉赵国的一半诚意去联合齐国，天下诸侯谁敢图谋大王呢？大王如果帮助齐国，就不会有朝贡称臣的屈辱了，也就没有割让土地的损失了。齐国因为大王帮忙的缘故，就会在燕、赵两国出兵之前出动军队，到两千里以外的地方作战，因此无论是攻城还是野战，齐国的军队都会为大王冲锋在前。攻下两座城邑，割取河东，全都拿来献给大王。从此，秦兵进攻魏国，齐国的军队没有一次不会越过边境前来援救的。请问大王您报答齐国的做法又是什么呢？韩岷居住在赵国，距离齐国有二千里，大王因此来怀疑齐国，说齐国和秦国暗地里有私交。如今大王又扶持齐国的原来的相国薛公来当相国，把赵将韩徐当作上宾，把虞商作为贵客，大王怎么可以反过来怀疑齐国呢？'魏王听了这话感到自己非常理亏，所以他就很想侍奉大王。而非常怨恨赵国。我希望大王逐渐地了解魏国而不要厌恶它，请让我为大王把秦国对魏国的怨恨转移到赵国去。希望大王您能在暗地里尊重赵国，并且不要让秦国知道大王您尊重赵国。如果秦国知道了齐国尊重赵国的话，那么我想燕、韩、魏三国也一定会尊重赵国，而且都不敢与赵国相对抗。这样一来，五个国家共同来侍奉赵国，赵国又和秦国结成了联盟；赵国的地位一定会在齐国之上。所以，我想让大王使诸侯之间互相冲突，然后您暗地里在中间

偏劫天下，而皆私甘之也。王使臣以韩、魏与燕劫赵，使丹也甘之；以赵劫韩、魏，使臣也甘之；以三晋劫秦，使顺也甘之；以天下劫楚，使岷也甘之。则天下皆偏秦以事王③，而不敢相私也。交定，然后王择焉。"

调停。大王可使韩、魏、燕三国与赵国发生矛盾，派公玉丹暗中调解；让赵国和韩、魏两国发生矛盾，派我去从中进行调解；让韩、赵、魏三国和秦国发生矛盾，派顺子从中调解；让所有诸侯和楚国发生矛盾，派韩岷从中调解。这样，诸侯都会背弃秦国而来投靠大王，而且都不敢暗地里和秦国交往。大王的邦交稳定以后，看和五国中的哪个国家关系好对大王有利，然后大王再选择。"

【注释】

①比：比较。不：否。②讪：语言迟钝。③偏(bī)：通"逼"

【解析】

秦国和齐国可以说是战国时期的两个实力雄厚的大国，所以他们凭借着经济和军事实力，都想成就霸业。但相比之下，还是秦国的力量和影响要超过齐国。

在苏秦的游说和努力联合之下，六国联合起来和秦国相对抗。但这种情形是不会长期存在下去的。各个国家都只考虑自己的国家利益，它们之间是没有信义可言的，国家与国家之间的亲近和对抗变化莫测，正所谓"朝秦暮楚"，无法形成合力。而且秦国的张仪等也在六国之间奔走，为分散合纵联盟而努力，所以说秦国统一六国是情理中的事情。

【处世策】

可以主动制造矛盾，再去解决矛盾。这既有效地防止了属下过于团结，威胁领导地位；又体现了领导解决问题的能力，提高了自己的威信。

齐将攻宋

【原文】

齐将攻宋，而秦阴禁之。齐因欲与赵，赵不听。齐乃令苏秦说李兑以攻宋而定封焉。苏秦乃谓齐王曰："臣之所以坚三晋以攻秦者，非以为齐得利秦之毁也，欲以便攻宋也。

【译文】

齐国将要进攻宋国，秦国却暗暗进行阻挠。齐国因此打算与赵国联合，但赵国不同意。齐国就派苏秦说服奉阳君李兑进攻宋国，以便决定他的封地。

苏秦就对齐王说："我之所以让韩、赵、魏三国坚持进攻秦国，并不是为了齐国给赵国好处，而是便于打败秦国，想便于齐国去进攻宋国。可而宋置太子以为王，下亲其上而守坚，臣是以欲足下之速归休士民也。今太子走，诸善太子者，皆有死心。若复攻之，其国必有乱，而太子在外，此亦举宋之时也。

"臣为足下使公孙衍说奉阳君曰：'君之身老矣，封不可不早定也。为君虑封，莫若于宋，他国莫可。夫秦人贪，韩、魏危，燕、楚辟，中山之地薄，莫如于阴。失今之时，不可复得已！宋之罪重，齐之怒深，残乱宋，德大齐，定身封，此百代之一时也。'以奉阳君甚食之，邑得大封，齐无大异。

"臣愿足下之大发攻宋之举，而无庸致兵①，以观奉阳君之应足下也。县阴以甘之②，循有燕以临之，而臣待忠之封，事必大成。臣又愿足下有地效于襄安君以资臣也。足下果残宋，此两地之封也。足下何爱焉？若足下不得志于宋，与国何敢望也？足下以此资臣也，臣循燕观赵，则足下击溃而决天下矣。"

是宋国立了太子为国君，全国臣民尊亲国君，坚决保卫宋国，因此我想要您赶快撤军，回国休整。现在宋国太子已经逃跑，那些太子的党羽一定誓死追随太子。如果再出兵进攻宋国，宋国一定大乱，可是太子已逃往国外，这正是灭亡宋国的大好时机。

"我已经为您派公孙衍去说服奉阳君公子成，公孙衍说：'您年纪已经老了，封地不可不早日确定。为您考虑封地，不如选在宋国，别国就不行。秦国贪得无厌，而韩、魏两国与秦国邻近，因此封地如定在韩、魏，则凶多吉少；如定在燕、楚，又太偏远。在中山故地，土地贫瘠；还不如定在宋国的阴地为好，如果失去现在这个时机，您再想要封地，也得不到了。宋王罪大恶极，齐国又对他深恶痛绝。如果共同消灭无道的宋国。强齐将会感激您，您又能确定自己的封地，这是千载难逢的良机啊！'

"因为奉阳君很贪婪，虽然得到了大的封地，这对齐国来说，并没有什么大害。我希望您大举进攻宋国，不必依赖别国的兵力，就凭自己的力量，观察奉阳君是否效忠于您。若用阴地来引诱奉阳君，又顺从燕国以威胁赵国，而我还表示要忠实地给他封地，灭宋之事必然彻底成功。我另希望您封地给燕国的襄安君，好协助我工作。您真的灭了宋国，那么这两处封地，您又何必吝惜呢？如果您不能灭掉宋国，那么燕国赵国又怎么敢奢望要封地呢？您用两块封地来资助我，我顺从燕国，观察赵国，那么您就会轻而易举地消灭宋国，控制诸侯了。"

【注释】

①庸：雇用，此处指依赖别的兵力。②县：悬挂。此处比喻将阴地做饵悬挂起来，以引诱敌军。

公元前288年,齐国想要攻打宋国,但是秦国却阻止他这么做。齐国因此想联合赵国一起攻打齐国,可赵国不听从他。于是齐王派苏秦去游说赵国大臣李兑,苏秦的谋略可谓缜密,针对每一种可能的情况都提出了解决的办法。诱使赵国和齐国一起攻打宋国。

【处世策】

成大事者和平庸之流的根本区别之一,就在于他们是否在遇到困难时理智对待,主动寻找解决的方法。一个人只有敢于去挑战,并在困局中突围而出,才能奏出激越雄浑的生命乐章,最大化地彰显人性的光辉。成功的人并非就没有遭遇过困难,只不过他们没有被困难所征服罢了。我们只有主动寻求方法去解决好工作中遭遇的每一个问题和困难,才能领略到心灵释放和智慧碰撞所带来的淋漓酣畅。

五国伐秦无功

【原文】

五国伐秦无功,罢于成皋。赵欲构于秦①,楚与魏、韩将应之,齐弗欲。苏秦谓齐王曰:"臣以为足下见奉阳君矣。臣谓奉阳君:'天下散而事秦,秦兴据宋。魏冉必妒君之有陶也。秦王贪,魏冉妒,则陶不可得已矣。君无构,齐兴攻宋。齐攻宋,则楚

【译文】

赵、魏、韩、燕、齐五国联合攻打秦国,结果无功而返,军队驻扎在成皋。赵国想和秦国讲和,楚、魏、韩三国打算跟从,但齐国不想这样。苏秦对齐王说:"我已经为您会见了奉阳君李兑。我对奉阳君说:'各诸侯国解散合纵联盟而去侍奉秦国,秦国一定会占据宋国。秦相魏冉必然会妒忌您得到了陶邑。秦王贪婪,魏冉妒忌,因此您不可能得到陶邑了。如果您不和秦国和解的话,齐国必然要进攻宋国。齐国一旦进攻宋国,楚、魏两国也必然会进攻宋国,燕、赵两国出兵帮助攻打。五国军队联

必攻宋，魏必攻宋，燕、赵助之。五国据宋，不至一二月，陶必得矣。得陶而构，秦虽有变，则君无患矣。若不得已而构，则愿五国复坚约。五国愿得赵，足下雄飞②，与韩氏大吏东勉，齐王必无召呡也。使臣守约，若与国有倍约者，以四国攻之。无倍约者，而秦侵约，五国复坚而宾之。今韩、魏与齐相疑也，若复不坚约而讲，臣恐与国之大乱也。齐、秦非复合也，必有蹽重者矣③。后合与蹽重者，皆非赵之利也。且天下散而事秦，是秦制天下也。秦制天下，将何以天下为？臣愿君之蚤计也。

合起来进攻宋国，用不了一两个月，陶邑一定会落入你的手中。攻取了陶邑之后，再和秦国和解，秦国即使有什么变故，那么您也没有什么可忧虑的。如果不得已一定要和秦国和解的话，那么还希望五国能够坚守约定。五国联盟，亲善赵国，您就可以大展宏图，和韩国的重臣向东勉励齐王推行合纵之策，齐国就必然不会召回韩呡。您就让我来监守执行盟约，如果盟国中有违背盟约的，就让其他四个国家攻打它。如果五国没有违背盟约的，而秦国是侵略同盟的国家，五国就坚守盟约，共同来抵抗秦国。如今韩、魏两国和齐国互相猜疑，如果五国因此不坚守盟约而与秦国讲和的话，我恐怕盟国之间会发生大乱。齐秦两国如果重新联合起来，那么各诸侯国要么倚重秦国，要么倚重齐国，无论怎样，都对赵国不利。而且诸侯国解散了合纵联盟去侍奉秦国，那么秦国就能控制了天下。秦国一旦控制了天下，那么还有什么各诸侯国呢？我请您尽早考虑这件事。

【注释】

①构：媾和，和解。②雄飞：奋发有为。③蹽（qī）：开一扇，闭一扇，一人在内，一人在外叫蹽。

【原文】

"天下争秦有六举①，皆不利赵矣。天下争秦，秦王受负海之国②，合负亲之交，以据中国，而求利于三晋，是秦之一举也。秦行是计，不利于赵，而君终不得陶，一矣。"天下争秦，秦王内韩呡于齐，内成阳君于韩，相魏怀于魏，复合衍交，而王贲、韩他之曹，皆起而行事，是秦之一举也。秦行是计也，不利于赵，而君又不得陶，二矣。

【译文】

"天下各诸侯国争着来侍奉秦国，共有六种可能的方案，都是对赵国不利的。各诸侯国争相侍奉秦国，秦国会和齐国结成盟国，和以前背叛连横的诸侯国也恢复交往，来控制中原地区，而且会向赵、魏、韩三国索要利益，这是秦国采取的第一个方案。秦国如果实行这个方案，对赵国不利，您也最终得不到陶邑，这是其一。"各诸侯国争相侍奉秦国，秦王就会让韩呡去齐国做大臣，让成阳君到韩国做大臣，让魏怀去魏国做相国，恢复和赵、燕两国的连横。王贲、韩他这样的人都会被起用，执掌大权，这是秦国采取的第二个方案。秦国如果实行这个方案，对赵国不利，而您还是得不到陶邑，这是其二。

【注释】

①六举：六种方案。②负海内之国：指的是齐国。

【原文】

"天下争秦，秦王受齐受赵，三强已亲，以据魏而求安邑，是秦之一举也。秦行是计，齐、赵应之，魏不待伐，抱安邑而倍秦，秦得安邑之饶，魏为上交①，韩必入朝秦，据赵已安邑矣，是秦之一举也。秦行是计，不利于赵，而君必不得陶，三矣。

"天下争秦，秦坚燕、赵之交，以伐齐收楚，与韩而攻魏，是秦之一举也。秦行是计，而燕、赵应之。燕、赵伐齐，兵始用，秦因收楚而攻魏，不一二月，魏必破矣。秦举安邑而塞女戟，韩之太行绝，下轵道、南阳而伐魏，绝韩，包二周，即赵自消烁矣。国燥于秦，兵分于齐，非赵之利也。而君终身不得陶，四矣。

【注释】

①上交：友好。

【译文】

"各诸侯国争相侍奉秦国，秦王就会接受齐国和赵国，三个强国结成同盟国，来控制魏国，索要安邑，这是秦国采取的又一个方案。秦国如果实行这个方案，齐、赵两国都会跟从，魏国不会等到秦军来进攻，就会献出安邑来和秦国和解。秦国取得安邑这样富饶的地方，和魏国的关系得到改善，那么韩国必然也会向秦国朝贡，秦国就会以魏国已经献出安邑为借口，要求赵国也割让土地。这是秦国采取的又一个方案，秦国这样做，会对赵国不利，您最终也得不到陶邑，这是其三。

"各诸侯国争相侍奉秦国，秦国就会加强和燕、赵两国的交往，来联合楚国进攻齐国，联合韩国进攻魏国，这是秦国的又一个举措。秦国如果实行这个方案，燕国和赵国就会跟从响应。燕赵两国去进攻齐国，战争刚开始的时候，秦国就会趁机联合楚国进攻魏国，出不了一两个月，魏国必定会被灭掉。秦国占领安邑，阻塞女戟，韩国通往太行山的道路就被断绝了。秦军经轵道、南阳而进攻魏国，断绝韩国的对外联系，包围东周和西周，那么赵国自然也被削弱了。国家被秦国削弱，军队又被拉去攻打齐国，这对赵国不利，您也最终得不到陶邑，这是其四。

402

"天下争秦，秦坚三晋之交攻齐，国破财屈①，而兵东分于齐，秦按兵攻魏，取安邑，是秦之一举。秦行是计也，君按救魏，是以攻齐之已弊，与秦争战也；君不救也，韩、魏焉免西合？国在谋之中，而君有终身不得陶，五矣。

"天下争秦，秦按为义②，存亡继绝，固危扶弱，定无罪之君，是秦之一举也。秦行是计，火起中山与滕焉。秦起中山与滕，而赵、宋同命，何暇言陶？六矣。故曰君义无讲，则陶火得矣。"奉阳君曰："善。"乃绝和于秦，而收齐、魏以成取陶。

【注释】

①屈（jué）：枯竭，穷尽。②为（wěi）：通"伪"。

■■■【译文】■■■

"各诸侯国争相侍奉秦国，秦国加强与赵、魏、韩三国的交往来进攻齐国，使国力削弱，财力损耗，而军队又被拉到东边的齐国，秦国派出军队来进攻魏国，夺取安邑，这是秦国采取的一个方案。秦国如果实行这个方案，您去援救魏国，这样就是派出进攻齐国后已经疲惫的军队，来和秦国作战，您如果不去援救魏国，那么怎样避免韩、魏两国和秦国的联合呢？您的国家正在别国的谋划之中，您也最终得不到陶邑，这是其五。

"各诸侯国争相侍奉秦国，秦国于是假装在天下施行仁义，来复兴已经灭亡的国家，延续已经断绝祭祀的国家，巩固面临危亡的国家，扶持已经衰弱的国家，审定没有罪行的国君，这是秦国采取的又一个方案。秦国如果实行这一方案，一定会恢复中山国和滕国。秦国复兴中山国和滕国，赵国和宋国就有了同样的命运，哪里还有时间考虑得到陶邑？这是其六。所以说您一定不能和秦国讲和，那么陶邑就一定能够到手。"奉阳君说："很好。"于是就放弃了与秦国讲和的策略，而是联合齐国和魏国，来取得陶邑。

■■■【解析】■■■

苏秦的合纵政策第一次成了事实，五国联合起来，和秦国打了一仗。但由于各个国家各怀鬼胎，所以就是五国联军也没有能够打败一个国家的军队，遭到失败。

这次对秦战争之所以失败，是因为赵国想暗中单独和秦国媾和。堡垒最容易从内部攻破，所以苏秦要实现自己的理想，依然任重而道远。面对赵国的临阵脱逃，苏秦对奉阳君展开了说服工作。他先列举了各个诸侯国侍奉秦国的六种可能出现的结果，在对这六种情况的逐条分析中，使奉阳君看到，他无论在哪种情况下都无法捞到任何的好处，从而推翻了奉阳君和秦国讲和的策略，打破了他侥幸得到陶邑的幻想。

在这样的一个竞争的年代,自我实现与忠诚敬业是相辅相成的,企业需要有忠诚有能力的员工,而员工必须依赖企业的平台才能发挥自己的一技之长。在市场经济条件下,效率和效益是企业的生存之道,而企业的利益和每个员工的利益息息相关,企业的发展需要敬业、负责、爱岗的高素质的员工队伍,而我们员工也离不开企业,我们在成就企业的同时也成就了我们自己,最终达到了企业利益和个人利益的双赢。

楼缓将使

【原文】

楼缓将使,伏事①,辞行,谓赵王曰:"臣虽尽力竭知,死不复见于王矣!"王曰:"是何言也?固且为书而厚寄卿。"楼子曰:"王不闻公子牟夷之于宋乎?非肉不食。文张善宋,恶公子牟夷,寅然。今臣之于王,非宋之于公子牟夷也,而恶臣者过文张。故臣死不复见于王矣。"王曰:"子勉行矣,寡人与子有誓言矣!"楼子遂行。后以中牟反,入梁,候者来言而王弗听,曰:"吾已与楼子有言矣。"

【译文】

楼缓将要出使,其使命保密,辞行时他对赵王说:"我虽然用尽全部力量和智慧,终究难免一死,恐怕不能再见大王了。"赵王说:"这是什么话?我一定写文书说明,是委您以重任。"楼缓说:"大王没有听说公子牟夷在宋国的事吗?他在宋国地位尊贵,文张与宋王友好,诬蔑牟夷,以致公子牟夷遭受肉刑。现在我与大王非公子牟夷与宋王的关系可比,但诬蔑我的却超过了文张。所以我终究难免一死,恐怕不能再见到大王了。"赵王说:"您就快出发吧,我已经与您有誓约了。"楼缓才出发。以后,楼缓凭借中牟人反叛,去到魏国。侦察人员把这事报告了赵王,赵王却不听,说:"我已经与楼缓有誓约了。"

【注释】

①伏事:隐秘出使之事。

【解析】

楼缓为赵国出使,临行前劝赵王不要听信别人毁谤他的话。赵王与他相誓,不料,楼缓却背弃赵国进入魏国。

【处世策】

跳槽应当遵守职场规则,不要背信弃义,破坏职业道德的结果是被职场和企业抛弃，死路一条。如果和企业事先签订了协议，就要遵守，为了谋求个人身价而单方中止协议，是违背职业道德，破坏商业规则的。如果一个企业尤其是品牌企业，接受了这样一个人，就说明他认可了他的不道德行为。企业的品牌和口碑将会受到公众的质疑，有多少企业肯为了一个人冒天下之大不韪？

虞卿谓赵王

【原文】

虞卿谓赵王曰："人之情，宁朝人乎？宁朝于人也？"赵王曰："人亦宁朝人耳①，何故宁朝于人？"虞卿曰："夫魏为从主，而违者范座也。今王能以百里之地若万户之都请杀范座于魏。范座死，则从事可移于赵。"赵王曰："善。"乃使人以百里之地请杀范座于魏。魏王许诺，使司徒执范座而未杀也。

范座献书魏王曰："臣闻赵王以百里之地，请杀座之身。夫杀无罪范座，薄故也②；而得百里之地，大利也；臣窃为大王美之。虽然，而有一焉，百里之地不可得，而死者不可复生也，则王兴为天下笑矣。臣窃以为与其以死人市，不若以生人市也。"又遗其后相信陵君书曰："夫赵、魏，敌战之国也③。赵王以咫尺之书来，而魏王轻为之杀无罪之座。座虽不肖，故魏之免相也，尝以魏之故，得罪于赵。夫国内无用臣，外虽得地，势不能守。然今能守魏者，莫如君矣。王听赵杀座之后，强秦袭赵之故，倍赵之割，则君将何以止之？此君之

【译文】

虞卿问赵王："按人之常情，是愿意受别人朝见呢？还是愿意朝见别人呢？"赵王说："人当然愿意受别人朝见的，怎么会愿意去朝见别人呢？"虞卿说："魏国是合纵联盟的盟主，反对赵国为合纵盟主的人就是魏相范座。如果大王能以百里之地或万户大邑要求魏王杀了范座，范座死后，合纵联盟的盟主就可以转由赵国担任了。"赵王说："好。"就派人以百里之地要求魏国杀掉范座。魏王答应了，派主管刑法的司徒逮捕了范座，却没有杀他。

范座写信给魏王说："我听说赵王以百里之地要求杀我。杀了无罪的范座，只是小事一桩，而得百里之地却是大利。我内心为大王庆贺。但是尚有一言：假如百里之地得不到，而人死了却不能复生，那么大王一定会被诸侯所耻笑。我认为，与其拿死人去求利，还不如拿活人去做交易。"他又写信给魏国后来的相国信陵君，说："赵、魏两国势均力敌，赵王随便送来一封信，魏王就轻易地为他杀死无罪的我，我虽无能，本来也是魏相。一定是魏国因为合纵盟主的缘故，得罪了赵国。一个国家，内无忠信之臣，在外虽获得土地，也没有力量把它守住。可是现在能够守住魏国的，只有您了。魏王听信赵王的话，杀了我以后，强秦就会袭用赵国的办法，以一倍于赵国的割地要求杀您，那么您将如何来阻止它呢？这是

累也!"信陵君曰:"善。"遽言之 | 您的忧患之处。"信陵君说:"好。"马上建议魏王
王而出之。 | 把范座放了。

【注释】

①朝人:受人朝见。②薄故:细小之事。③敌战:势均力敌。

【解析】

公元前266年,六国合纵,赵国、魏国争夺纵约长的地位。当时魏国是盟国的盟主,促成此事的也是魏国国相范座,赵臣虞卿想用百里之地作为交换条件,让魏王杀掉范座。范座工于心计,写信给相国继任者信陵君,说是秦国如果用加倍的土地请杀魏相,信陵君的下场岂不是也和他一样吗?兔死狐悲,物伤其类,信陵君于是劝魏王放了范座。

【处世策】

人与人之间的同理心,一向是人际沟通当中最重要,也是最容易被忽略的关键。每个人都有着自己既定的立场,忘却了别人也和自己一样,有着他固执的一面。所以,在考虑之前,试着先将自己的想法放下,真正设身处地站在对方的立场,仔细地为别人想一想,你将会发现,许多事物,竟会变得出乎想象的容易。许多又好又简单的成功法则,包括同理心的哲学,早就在我们的身边出现很久,只不过,我们一直未能将之真正做到最好罢了。

燕封宋人荣蚠为高阳君

【原文】

燕封宋人荣蚠为高阳君①,使将而攻赵。赵王因割济东三城卢、高唐、平原陵地城市邑五十七,命以与齐,而以求安平君而将之。

【译文】

燕国封宋国人荣蚠为高阳君,派他率军进攻赵军,赵王于是割让济东三城卢、高唐、平原,合计有城、市、邑五十七处,下令交给齐国,以此要求齐国的安平君田单为赵国带兵。

马服君赵奢对平原君赵胜说:"赵国就这

马服君谓平原君曰："国奚无人甚哉！君致安平君而将之，乃割济东三城市邑五十七以与齐。此与故国战，覆军杀将之所取，割地于故国者也。今君以此与齐，而求平安君而将之，国奚无人甚也！且君奚不将奢也？奢尝抵罪居燕，燕以奢为上谷守，燕之通谷要塞②，奢习知之。百日之内，天下之兵未聚，奢已举燕矣。然则君奚求安平君而为将乎？"

样没有人吗？您请来安平君带兵，而割让济东三城，合计城、市、邑五十七处给齐国，这是和敌国战斗，打败敌军，斩杀敌将取得的土地，是从敌国那儿割取来的啊，现在您把这些土地割给齐国，以此要求安平君来带兵，赵国就这样没有人吗？您为什么不让我带兵呢？我以前曾经抵罪住在燕国，燕国任命我为上谷郡郡守，燕国的关口、要塞，我完全了解，百日之内，诸侯的援兵还没有聚集，我已攻下了燕国。那么您为什么要求安平君带兵呢？"

【注释】

①荣蚠(fén)：燕国将领。②通谷：往来无阻的山谷。

【原文】

平原君曰："将军释之矣！仆已言之仆主矣。仆主幸以听仆也，将军无言已！"马服君曰："君过矣！君之所以求安平君者，以齐之于燕也，茹肝涉血之仇耶①？其于奢不然。使安平君愚，固不能当荣蚠；使安平君知，又不肯与燕人战。此两言者，安平君必处一焉。虽然，两者有一也，使安平君知，则奚以赵之强为？赵强，则齐不复霸矣。今得强赵之兵以杜燕②，将旷日持久数岁，令士大夫余子之力尽于沟垒，车甲羽毛裂敝，府库仓廪虚，两国交敝，乃引其兵而归。夫尽两国之兵，无明此者矣。"

【译文】

平原君说："将军您就算了吧，我已经告诉了赵王，赵王也已经同意了。将军您就别说了。"马服君说："您错了，您之所以要求安平君，是因为齐国对燕国有食肝喋血、不共戴天的仇恨。而我对燕国则没有。假使安平君是个愚蠢的人，本来就敌不过荣蚠；假使安平君是个聪明人，那他又不愿与燕国作战。这两种估计，安平君必居其一。即使如此，两者中他一定确定一种。假使安平君聪明，那他为什么要让赵国强盛呢？赵国强盛了，齐国就不会再称霸于诸侯了。现在齐国得力于强赵之兵，去对抗燕将，花费了好几年的时间，让赵国从军的士卒全都去挖战壕、筑堡垒，可是战车、铠甲、弓箭、战旗都已破损，粮仓、库房都已空虚，燕、赵两败俱伤，都听命于齐国。于是安平君带领燕、赵两军返回，而燕、赵两军都已疲惫。为什么您却不了解这种结果呢！"

果然，安平君艰苦地夺得了三座城，可是，

已而得三城也。城大无能过百雉③者，果如马服之言也。

最大的城也没有超过三百方丈。结果真的像马服君所说的那样。

【注释】

①涉(dié)血：血流遍地。②杜：阻隔，抵挡。③雉：古代计算城墙面积的单位。长三丈高一丈为一雉。

【解析】

荣蚠是宋国人，燕国封他为高阳君，率军攻打赵国。公元前265年，平原君求田单为赵国将领。赵奢指出，田单不会为赵国尽力，将为赵、燕两败俱伤而使齐国得利。结果正如赵奢所料。

【处世策】

人们常说"外来的和尚会念经"，其实也是这个道理。外聘能人或职业经理人是目前为止很多企业仍然着力在做的事情，尤其是正处于快速发展阶段的中小型企业。既要以赶超竞争对手的速度发展，又要面对内部人力资源严重缺乏的局面，引进外聘职业经理人是最为直接的一条道路。但倘若引进的经理人"人在曹营心在汉"，企业的大好前途必将毁于此一人之手。

三国攻秦，赵攻中山

【原文】

三国攻秦，赵攻中山，取扶柳，五年以擅呼沲①。齐人戎郭、宋突谓仇郝曰："不如尽归中山之新地。中山案言于齐曰：'四国将假道于卫，以遏章子之路。'齐闻此，必效鼓。"

【注释】

①擅：控制。呼沲(tuó)：今滹沱河。

【译文】

齐、韩、魏三国进攻秦国，赵国进攻中山，攻下了扶柳，经过五年，控制了中山国呼沲河一带地方。齐国担心赵国侵入齐境，出兵守卫鼓邑。齐人戎郭、宋突对宋相仇郝说："您不如把新从中山得来的地方全部归还中山。中山根据这种情况，会这样告诉齐国：'赵国准备要借道卫国，来切断戍守鼓邑的章子驻军的后路。'齐国了解这种情况，一定会放弃鼓邑的。"

【解析】

韩、齐、魏三国攻打秦国，赵国乘虚攻打中山国，占领了扶柳。齐国人戎郭、宋突建议仇郝,将中山国的湿地归还给中山,目的在于得到齐国的鼓地。

【处世策】

失去的都会得到补偿。我们有太多时候被命运推向人生的十字路口,是向左走还是向右走,这不是一道简单的选择题,它有可能和"悔恨"、"错失"这样的一些词联系在一起。但"失之东隅,收之桑隅",我们最终得到的有可能不是我们最初追求的,可生命总会让我们有其他的收获。比如,当一个人付出的劳动没有得到金钱和物质的回报时,必定可以得到等值的精神上的愉悦。

赵使赵庄合从

【原文】

赵使赵庄合从,欲伐齐。齐请效地,赵因贱赵庄。齐明为谓赵王曰:"齐畏从之合也,故效地。今闻赵庄贱,张懃贵①,齐必不效地矣。"赵王曰:"善"。乃召赵庄而贵之。

【译文】

赵国派赵庄进行合纵之盟,准备讨伐齐国。齐国请求割出土地给赵国。赵国因此轻视赵庄。齐明为赵庄对赵王说:"齐国害怕各国合纵联盟,所以主动献出土地。如今听说赵庄被轻视,破坏合纵联盟的张懃显贵,齐国一定不献出土地。"赵王说:"你的话很对。"于是召见赵庄并重新起用他。

【注释】

①张懃(qín):赵国臣子。

【解析】

齐国想献给赵国土地,以讨好赵国,赵国因此而轻视主张合纵伐齐的赵庄。有人劝赵王,要重视赵庄,因为齐国正是害怕各国合纵才献地给赵国的。

【处世策】

在企业的发展中,最常用、最需要的学问恐怕就是识人与用人了。企业对员工的管理也要学会审时度势,宽严有度。规划做得完善是很需要的,老板也要做到心中有数,该管的要管、不该管的事就别管。世界上完美无缺的事是没有的,完美无缺的人也是没有的,其实有缺陷的人才是现实的。所以对这些员工更要睁一只眼,闭一只眼,对员工多一些宽容,少一些苛求吧!接受有着凡人缺点的他。只要他们能为自己办事,忠于自己,其他的事情不妨糊涂一些。

翟章从梁来

【原文】

翟章从梁来,甚善赵王。赵王三延之以相,翟章辞不受。田驷谓柱国韩向曰:"臣请为卿刺之。客若死,则王必怒而诛建信君。建信君死,则卿必为相矣。建信君不死,以为交①,终身不敝。卿因以德建信君矣。"

【译文】

翟章从魏国来到赵国,与赵王关系甚好。赵王三次请他出任相国,翟章都拒不接受。田驷对赵国的柱国韩向说:"我愿意为您去刺杀翟章。翟章如死,赵王就一定发怒,以为是建信君所为,而杀掉建信君。建信君如果死了,那么您一定出任相国;建信君如果不死,一定视您为知交,您终身不会失意。您则因此有恩于建信君了。"

【注释】

①交:知交。

【解析】

翟章受赵悼襄王器重,赵悼襄王聘请他为宰相,翟章辞谢。嫉贤妒能的田驷游说韩向刺杀翟章,以讨好建信君。翟章出尽风头,却惹来了灾祸。

【处世策】

有位社会学家曾说过,人一生中要依靠两件事来确立根基:一件是做人,一件是处世。而历览中外,最能保全自己、发展自己和成就自己的人生之道便是:高标处世,低调做人。所谓"以出世的精神做入世的事情",正是这一标准的生动注释。做人是处世的基础,处世是做人的延伸。所以,高标处世、低调做人的关键就在于低调做人!我们翻阅历史,注目现实时,往往会发现"大凡高标处世者,其做人的基调都很低;大凡低调做人者,其处世的标准都相当高。于是就产生了一种奇妙的因果:越是低调做人者,往往越能成就大事;越是功成名就者,往往越是低调做人的典范。

冯忌为庐陵君谓赵王

【原文】

冯忌为庐陵君谓赵王曰:"王之逐庐陵君,为燕也?"王曰:"吾所重①者,无燕、秦也。"对曰:"秦三以虞卿为言,而王

【译文】

冯忌为庐陵君对赵王说:"大王驱逐庐陵君,是因为燕国让您这样做吗?"赵王说:"我所看重的事情,并不是燕国、秦国的缘故。"冯忌说:"秦国为虞卿三次对您提及,而大王不驱逐虞卿;现在燕国一次提及庐陵君,而大王就驱除他。这么

不逐也；今燕一以庐陵君为言，而王逐之。是王轻强秦而重弱燕也。"王曰："吾非为燕也，吾固将逐之。""然则王逐庐陵君又不为燕也。行逐爱弟，又兼无燕，臣窃为大王不取也。"

看来，大王是看轻强秦而重视弱燕。"赵王说："我并不是为了燕国，我本来就要驱逐庐陵君的。"冯忌说："如此说来，大王驱逐庐陵君，又不是为了燕国。既驱逐了爱弟庐陵君，又失去了燕国，我私下认为大王这样做，实在不足称道。"

【注释】

①重：重视，看重。

【解析】

庐陵君是赵孝成王的弟弟。公元前256年，孝成王想驱逐庐陵君出境，说客冯忌再三进谏，认为不可。

【处世策】

在社会上不被人排挤，需要掌握很多技巧。首先，不论你是多么经验丰富的老人，还是才华满腹的热血青年，在办公室里的言行一定不要咄咄逼人，与人为善是第一要领。其次，虽然不能强硬，但也不要软弱到主动放弃自己的权利，学会用"不"字的艺术。只要你用对了方式，同事们会觉得你是个有原则的人，会更加尊重你。在工作上多用心思，加强自己的能力。当你进步显著时，同事自会对你另眼相看。再次，让同事多了解你的善良，一个说话和善、办事体贴的人怎么会受到排挤呢？最后，忍耐是应有的美德，学会忍耐，给别人多些宽容，自己得到的宽容也会多起来。

冯忌请见赵王

【原文】

冯忌请见赵王，行人见之①。冯忌接手免首，欲言而不敢。王问其故，对曰："客有见人于服子者，已而请其罪。服子曰：'公之客独有三罪：望我而笑，是狎也②；谈语而不称师，是倍也；交浅而言深，是乱也。'客曰：'不然。夫望人而笑，是和也；言而不师称，是

【译文】

冯忌求见赵王，管礼宾的人把他介绍给赵王。冯忌见了赵王，拱手低头，想说又不敢说。赵王问他是什么缘故，冯忌说："我有个朋友，介绍一个人给服子。不久我问服子，那人有什么错误。服子说：'你介绍的那个人竟然有三个错误：看着我笑，这是轻慢；谈论道理，不称颂老师，这是背叛；和他交情浅薄却深谈，这是惑乱。'我那个朋友说：'不是这样的。望人而笑，这是和颜悦色；说话不称颂老师，因为是随意交谈，不必尊

庸说也；交浅而言深，是忠也。昔者尧见舜于草茅之中，席陇亩而荫庇桑，阴移而授天下；伊尹负鼎俎而干汤，姓名未著而受三公。使夫交浅者不可以深谈，则天下不传而三公不得也。'"赵王曰："甚善！"冯忌曰："今外臣交浅而欲深谈，可乎？"王曰："请奉教。"于是冯忌乃谈。

师；交情浅薄却深谈，这是忠诚恳切。从前尧帝在荒野之中见到虞舜，坐在田头，歇于桑下，很快就把天下交给了虞舜。伊尹背着鼎、俎求见商汤，姓名还未及登记，很快就任命他为三公。如果交情浅薄就不能深谈，那么尧帝就不会把天下传给虞舜，商汤就不会任命伊尹为三公。'"赵王说："很好。"冯忌说："我现在和大王交情浅薄，却想深谈，可以吗？"赵王说："我谨遵你的教导。"于是冯忌就谈起来。

【注释】

①行人：掌管外交、聘问的官员。②狎：轻慢。

【解析】

所谓"不在其位不谋其政"，冯忌不是赵国的大臣，却希望同赵王谈谈国家大事，因此，事先求得赵王的体谅。

【处世策】

善于把握说话技巧的人，不仅能谈笑自如、妙语连珠，更能看准时机、分清场合、掌握分寸。学会说话，让自己更具人格魅力，受到更多人的尊敬。社会人应多掌握说话的艺术，让自己的话深入人心，以达到使别人对自己赞同和认可的目的。

客见赵王

【原文】

客见赵王曰："臣闻王之使人买马也，有之乎？"王曰："有之。""何故至今不遣？"王曰："未得相马之工也①。"对曰："王何不遣建信君乎？"王曰："建信君有国事，又不知相马。"曰："王何不遣纪姬乎②？"王曰："纪姬妇人也，不知相马。"对曰："买马而善，何补于国？"王曰：

【译文】

有位客人拜见赵王说："我听说大王派人去买马，有这回事吗？"赵王说："有这回事。""为什么到现在还不见派人呢？"赵王说："没有找到会相马的人。"客问："大王为什么不派建信君去呢？"赵王说："建信君有公事，他又不懂得相马。"客人说："大王为什么不派纪姬呢？"赵王说："纪姬是女人，不懂得相马。"客人问："买到好马，对国家有什么利益？"赵王说："对国家没有什么利益。""买到坏马，对国家有什么危害？"赵王说："对国家没有什么危害。"客人问："既然

"无补于国。""买马而恶,何危于国?"王曰:"无危于国。"对曰:"然则买马善而若恶③,皆无危补于国。然而王之买马也,必将诗工。今治天下,举错非也④,国家为虚戾,而社稷不血食,然而王不诗工,而与建信君,何也?"赵王未之应也。

客曰:"郭偃之法,有所谓柔痈者⑤,王知之乎?"王曰:"未之闻也。""所谓柔痈者,便辟左右之近者,及夫人优爱孺子也⑥。此皆能乘王之醉昏,而求所欲于王者也。是能得之乎内,则大臣为之枉法于外矣。故日月晖于外,其贼在于内⑦,谨备其所憎,而祸在于所爱。"

买到好马或坏马,对国家没有利益或危害,大王买马却一定要等待会相马的人。现在大王您治理国家,政治措施不当,国家衰败,将成废墟,甚至不能继续祭祀,可是大王不等待善于治理国家的人,却把大权交给了建信君,这是为什么?"赵王无言答对。

客人说:"郭偃之法,有所谓'柔痈'的说法,大王知道吗?"赵王说:"没有听说过。""所谓'柔痈'就是指国君所宠爱的左右亲近、国君的夫人、宠爱的艺人和年轻的美女。这些人都是些能乘国君醉昏之时对国君任意提出要求,并能得到满足的人。这些人的欲望如果在朝中得以满足,那么大臣就能在外贪赃枉法,为非作歹了。所以,太阳和月亮如果被蚀,它四周仍有光辉,内部受到贼害却是黑暗;对于所憎恶的人,虽然总是小心谨慎地加以戒备,可是祸害不发生在'所憎'的人,反而恰恰发生在'所爱'的人身上啊!"

【注释】

①工:指善于相马的人,犹言相马的行家。②纪姬:赵王宠姬。③若:犹"或"。④举错:亦作"举措",选拔废弃。⑤痈:即痈疽之痈。左右、夫人孺子皆柔媚其君以为患于内,故曰柔痈。⑥优爱孺子:宠爱的少年美女;一说,优,倡优。⑦贼:害,毛病。

【解析】

这位说客先从买马的事情说起,用买马要寻求懂得相马的人来类比治理国家要任用贤能的人,来一步步启发赵王。最后指出的"谨备其所憎,而祸在于所爱",有很深刻的道理,值得我们深思。

领导可以随意地批评下属,并且可以不讲究方式。反过来下属要批评领导的时候,就不得不讲究方式了。

秦攻魏

【原文】

秦攻魏,取宁邑,诸侯皆贺,赵王使往贺①,三反,不得通。赵王忧之,谓左右曰:"以秦之强,得宁邑以制齐、赵,诸侯皆贺,吾往贺而独不得通,此必加兵于我,为之奈何?"左右曰:"使者三往不得通者,必所使者非其人也。有谅毅者,辩士也,大王可试使之。"

谅毅亲受命而往,至秦,献书秦王曰:"大王广地宁邑,诸侯皆贺,敝邑寡君亦窃嘉之,不敢宁居,使下臣奉其币物,三至王廷而使不得通。使若无罪,愿大王无绝其欢;若使有罪,愿得请之。"秦王使使者报曰:"吾所使赵国者,小大皆听吾言,则受书币;若不从吾言,则使者归矣。"谅毅对曰:"下臣之来,固愿承大国之意也,岂敢有难②?大王若有以令之,请奉西行之,无所敢疑。"

【译文】

秦国进攻魏国,攻下了宁邑,诸侯都去庆贺。赵王也派使臣去庆贺,往返三次,都没有被秦王接见。赵王为此事很忧虑。他对左右大臣说:"凭秦国这样强大,夺得了魏国的宁邑,就可以控制齐国、赵国。诸侯都去庆贺,我也派使臣去庆贺,秦王偏偏就是不接见,这一定是准备向我们出兵了。怎么办呢?"左右大臣说:"使臣往返三次,都没有被秦王接见,一定是派去的使臣不得其人。现在有一个叫谅毅的,是一个能言善辩的人,大王可以派他去试试。"

谅毅接受了使命,前去秦国。到了秦国后,上书给秦王,说:"大王夺得了宁邑,开拓了疆土,诸侯都来庆贺,敝国君王私下也为您庆贺,心情激动,不能安宁,特派使臣敬奉钱币、礼品,但三次拜见大王,都未被接见。使臣若没有罪过,希望大王不要断绝两国的友好关系;使臣若有罪过,愿意得到大王的惩处。"秦王派人转告谅毅说:"我所要求赵国的事情,不管大小事情都要听从我,我才接受你的上书及钱币;如果不听从我的话,使者就回去吧。"谅毅回答说:"我这次来,本来希望奉行贵国的旨意,怎么敢对抗呢?大王如果对我有什么命令,我保证奉行,不敢有任何疑虑。"

【注释】

①赵王:赵惠文王,此在其十三年。②难:抵挡,反抗。

【原文】

于是秦王乃见使者，曰："赵豹、平原君数欺弄寡人。赵能杀此二人则可；若不能杀，请今率诸侯受命邯郸城下。"谅毅曰："赵豹、平原君，亲寡君之母弟也，犹大王之有叶阳、泾阳君也。大王以孝治闻天下，衣服之便于体，膳啖之嗛于口①，未尝不分于叶阳、泾阳君。叶阳君、泾阳君之车马衣服，无非大王之服御者。臣闻之：'有覆巢毁卵而凤皇不翔，刳胎焚夭而骐麟不至②。'今使臣受大王之令以还报，敝邑之君畏惧，不敢不行，无乃伤叶阳君、泾阳君之心乎？"秦王曰："诺。勿使从政！"谅毅曰："敝邑之君，有母弟不能教诲，以恶大国，请黜之，勿使与政事，以称大国。"

秦王乃喜，受其币而厚遇之。

【注释】

①嗛(qiè)：快意，满足。②刳(kū)：同"剖"。

【译文】

于是秦王才接见使臣谅毅，他说："赵豹、平原君屡次欺弄寡人，如果赵国能杀掉这两个人就行；如果不能杀掉，就让我率领诸侯大军在邯郸城下相见吧。"谅毅说："赵豹、平原君是敝国君王的同母弟弟，就像大王有叶阳君和泾阳君一样。大王以孝悌闻名天下，对有利身体的衣服，快意于口的饭食，与叶阳君、泾阳君从来也不分彼此。叶阳君、泾阳君的车马、衣服没有哪一样不是大王的。我听说：把鸟巢打翻，把鸟卵捣破，凤凰就不再飞来了；把兽胎剖开，把幼兽杀死，麒麟就不会跑来了。如果我接受了大王这样的命令，回报敝国君王，他因为害怕，不敢不执行，这岂不是伤了叶阳君、泾阳君的心吗？"秦王说："好吧，不要让赵豹、平原君他们参与政事。"谅毅说："敝国君王有同母弟未能教诲好，以致得罪了贵国，请让我们把他们罢免了，不让他们参与政事，以使贵国称心。"秦王很高兴，便接受了谅毅的钱币，并很好地款待了他。

【解析】

公元前286年，秦国占领了魏国的宁邑，各国使者纷纷入秦祝贺，唯独赵国使者得不到接见，于是有人向赵王推荐了谅毅，说他一定能够胜任。谅毅出使秦国，果然不同凡响，巧妙地拒绝了秦王的恶毒要求，举重若轻，不辱使命。

【处世策】

在现实生活中，有些人之所以办不成事，其中有很大一部分原因就在于他们不自信，心理素质不过硬。有的人一见到强大的对手就怯场、自卑，而遇到地位比自己低的人又容易骄傲自负。要成办事高手，就要跳出这些心理陷阱，正确地看待自己，做到不卑不亢。在办事的过程中，态度不卑不亢，使人们对你产生与众不同的感觉，从而刮目相看。这样别人才会尊重你，办起事来也就水到渠成了。

赵使姚贾约韩魏

【原文】

赵使姚贾约韩、魏,韩、魏以友之。举茅为姚贾谓赵王曰:"贾也,王之忠臣也。韩、魏欲得之,故友之,将使王逐之而已因受之。今王逐之,是韩、魏之欲得,而王之忠臣有罪也。故王不如勿逐,以明王之贤,而折韩、魏之招①。"

【译文】

赵国派姚贾与韩、魏两国结盟。韩、魏对他很友好。举茅为姚贾对赵王说:"姚贾是大王的忠臣,韩、魏两国都想争取他,所以待他很友好,他们想让大王猜疑他,把他赶走,这样,他们的愿望就可以实现了。如果大王把他赶走,这就正中了他们的计谋,而大王却让忠臣背上了罪名。所以大王不如不要赶走姚贾,借以表明大王的贤能,同时也挫败了韩、魏两国争取姚贾的阴谋。"

【注释】

①折:同"挫",挫败的意思。

【解析】

姚贾为赵国约韩、魏,不久韩、魏两国背约。举茅说服赵王不要驱逐姚贾。后来姚贾向秦王进献谗言,使秦王杀了韩非,因为韩非曾说姚贾"臣于赵而逐"。

【处世策】

人最高层次的满足,不是锦衣玉食,也不是前呼后拥,而是自身价值的充分体现。对一个人的信任,正是对这个人的人格的看重和价值的肯定。因此,信任实在是人们交往中最值得珍惜的东西,也因为如此,当一个人被信任,深深感到自己的重要时,生命就会奇妙地迸发出前所未有的活力,产生令人难以置信的责任感。从这个意义上说,信任乃人类行为中的一种魔力,它可以激励人们发挥出从没有体会过的潜能,创造种种奇迹。

魏败楚于陉山

【原文】

魏败楚于陉山,禽唐明。楚王惧,令昭应奉太子以委和于薛公。主父欲败之,乃结

【译文】

魏国在陉山之役中打败了楚国,擒获楚将唐明。楚王害怕了。便派昭应送太子去做人质,通过薛公田文与魏国媾和。主父赵武灵王想要破坏这

秦连楚、宋之交，令仇郝相宋，楼缓相秦。楚王离赵、宋不成，魏、楚之和卒败①。

事，就与秦、宋联合，并派仇郝出任宋相，派楼缓出任秦国。以秦国为主，结成了秦、赵、宋三国联盟，楚王想要离间赵和宋的关系，没有成功，楚、魏两国媾和之事因而终于失败。

【注释】

①卒：终于。

【解析】

公元前301年，魏国大败楚国，楚国想要求和。赵武灵王联合秦、宋阻挠，使魏、楚之和未能成功。

【处世策】

前人说得好：害人之心不可有，防人之心不可无。在当今的社会上，竞争越来越激烈，同事之间发生利益冲突在所难免，虽然绝大多数同事，都会乐于助人、勤于合作，但对待职场中的个别小人也必须小心防范。这里边的主要手段包括：表面帮你，暗里伤你，不动声色窃取工作成果，厚此薄彼，逢迎拍马，心存妒忌，造谣生事。掌握了他们的主要手段，就能识别很多职场的"冷刀子"了。

秦召春平侯

【原文】

秦召春平侯，因留之。世钧为之谓文信侯曰："春平侯者，赵王之所甚爱也，而郎中甚妒之，故相与谋曰：'春平侯入秦，秦必留之。'故谋而入之秦。今君留之，是空绝赵而郎中之计中也①。故君不如遣春平侯而留平都侯。春平侯者，言行于赵王，必厚割赵以事君，而赎平都侯。"

文信侯："善。"因与接意而遣之。

【注释】

①空绝：杜绝。这里指断交。

【译文】

秦国邀请了赵国的宠臣春平侯，就把他留在秦国，世钧为春平侯对秦相文信侯吕不韦说："春平侯是赵王宠爱的大臣，近侍之官很妒忌他，所以，他们共同策划说：'春平侯到了秦国，秦国必会扣留他。'因此故意让春平侯到秦国来。现在您把他留下，不但无故和赵国断交，还使赵国郎中们的阴谋得逞。所以您不如送回春平侯，而扣留平都侯。春平侯在赵王那里说话算数。他一定会多割赵地来讨好您，以赎回平都侯。"文信侯说："好。"于是盛情接待春平侯，把他送回了赵国。

春平侯是赵悼襄王的太子,而平都侯是赵悼襄王时的封君。公元前243年,秦国相文信侯吕不韦把春平侯召到秦国,并扣留了他。世钧献计文信侯,让他放了春平侯而扣留平都侯,使赵国割地赎回平都侯。

【处世策】

商人都知道:"做生意没路子不行"。但路子何来?路子是靠朋友走出来的。朋友就是路子,就是资源。朋友的多少对生意的大小有至关重要的影响。不只是商人,所有的社会人要想成大事,都必须结交各种各样的朋友,借助朋友的力量来发展。

赵太后新用事

【原文】

赵太后新用事①,秦急攻之。赵氏求救于齐,齐曰:"必以长安君为质②,兵乃出。"太后不肯,大臣强谏。太后明谓左右:"有复言令长安君为质者,老妇必唾其面。"

左师触龙言愿见太后③。太后盛气而胥之。入而徐趋,至而自谢,曰:"老臣病足,曾不能疾走,不得见久矣。窃自恕,而恐太后玉体之有所郄也,故愿望见太后。"太后曰:"老妇恃辇而行。"曰:"日食饮得无衰乎?"曰:"恃粥耳。"曰:"老臣今者殊不欲食,乃自强步,日三四里,少益耆食,和于身也。"太后曰:"老妇不能。"太后之色少解。

【译文】

赵太后刚刚主持国政,秦国就加紧进攻赵国。赵国向齐国请求救援。齐国说:"必须让长安君来做质子,我们才会派兵。"赵太后不肯,大臣们都极力劝谏她。赵太后明确地告诫左右侍臣说:"谁要是再提起叫长安君作质子的事情,我一定吐他一脸唾沫。"

左师触龙说自己想拜见太后。太后怒气冲冲地等他。触龙进宫后迈着小步慢慢走上前,走到太后跟前向她谢罪,说:"老臣的脚有毛病,一直无法快步行走,所以很久没有拜见您了。虽然我私下里宽恕自己,但仍然担心太后玉体欠安,因此希望能拜见太后。"赵太后说:"我只能乘坐车子行走了。"触龙问道:"每天饮食没有减少吧?"赵太后说:"靠喝点粥来维持罢了。"触龙说:"老臣最近特别不想吃东西,就勉强散散步,每天走上三四里,就逐渐想吃点东西了,身体也舒服了。"太后说:"我是做不到的。"太后的脸色稍微缓和了一些。

【注释】

①赵太后：赵孝成王的母亲。②长安君：赵太后的小儿子。③左师触龙：左师，官名。触龙，人名，赵国大臣。

【原文】

左师公曰："老臣贱息舒祺，最少，不肖。而臣衰，窃爱怜之，愿令得补黑衣之数①，以卫王宫，没死以闻②。"太后曰："敬诺。年几何矣？"对曰："十五岁矣。虽少，愿及未填沟壑而托之。"太后曰："丈夫亦爱怜其少子乎？"对曰："甚于妇人。"太后笑曰："妇人异甚。"对曰："老臣窃以为媪之爱燕后贤于长安君。"曰："君过矣，不若长安君之甚。"左师公曰："父母之爱子，则为之计深远。媪之送燕后也，持其踵为之泣，念悲其远也，亦哀之矣。已行，非弗思也，祭祀必祝之，祝曰：'必勿使反。'岂非计久长，有子孙相继为王也哉？"太后曰："然。"左师公曰："今三世以前，至于赵之为赵，赵主之子孙侯者③，其继有在者乎？"曰："无有。"曰："微独赵，诸侯有在者乎？"曰："老妇不闻也。"曰："此其近者祸及身，远者及其子孙。岂人主之子孙则必不善哉？位尊而无功，奉厚而无劳，而挟重器多也。今媪尊长

【译文】

左师触龙说："老臣我有个儿子叫舒祺，年龄最小，没什么出息。我已经年老体衰了，私下里很疼爱他。我希望他能当一名王宫的卫士，来保卫王宫，因此我趁着还没有死就来向太后提出请求。"太后说："好吧。他今年多大了？"触龙回答说："十五岁了。虽然年纪尚小，老臣还是想趁着自己没有埋到沟壑里之前把他托付给您。"太后说："男子汉也疼爱自己的小儿子吧？"触龙回答说："比妇人还要严重。"太后笑着说："妇人疼爱小儿子才特别厉害呢。"触龙回答说："老臣私下里还认为您疼爱燕后要超过长安君呢。"太后说："您错了，我疼爱燕后远不如疼爱长安君厉害。"触龙说："为人父母的疼爱子女，就应该替他们做长远打算。您送别燕后的时候，在车下握着她的脚后跟，为她掉眼泪，因为您想到她要离开了，嫁到远方去。这就是爱她啊！燕后走了以后，您并不是不想念她，祭礼时总是要替她祷告说：'一定不要让她回来。'这难道不是替她做长远打算，希望她的子孙世代为王吗？"太后说："正是这样。"

左师触龙问道："从现在起，上推到三代以前，甚至到推到赵氏建立国家的时候，赵王子孙被封侯的，他们的后代还有在侯位的吗？"太后回答说："没有。"触龙又问："不只是赵国，就是其他诸侯的子孙，他们的后代还有在侯位的吗？"太后回答说："我没有听说过。"触龙说："这些封君们，有些是自己取祸而亡；有些是祸患波及子孙身上而亡。难道说国君的子孙们都不会有好结果吗？只是因为他们地位尊贵但对国

安君之位，而封之以膏腴之地，多予之重器，而不及今令有功于国。一旦山陵崩，长安君何以自托于赵？老臣以媪为长安君计短也，故以为其爱不若燕后。"太后曰："诺。恣君之所使之。"于是为长安君约车百乘，质于齐，齐兵乃出。

子义闻之曰："人主之子也，骨肉之亲也，犹不能恃无功之尊，无劳之奉，而守金玉之重也，而况人臣乎？"

家没有什么功劳，俸禄丰厚但没有为国出力，只是拥有大量的金玉珍玩罢了。现在您让长安君的地位很尊贵，又封给他肥沃的土地，给他很贵重的金玉珍玩，但是不让他趁着现在为国立功。有朝一日太后您不幸去世，长安君将依靠什么在赵国安身立命呢？老臣认为您替长安君打算太短了，所以说疼爱长安君不如疼爱燕后。"太后说："好吧，那就任凭您怎样安排他吧！"于是为长安君准备一百辆随行的车辆，送他到齐国充当人质，齐国这才派出军队援救赵国。

子义听说了这件事，说："国君的儿子，是骨肉之亲，尚且不能享受没有功勋的尊位，没有功劳的俸禄，来长期守住金玉珍玩，更何况做臣子的呢？"

【注释】

①黑衣：这里以卫兵穿的衣服颜色来指代卫兵。②没死：冒着死罪。③侯者：封侯的人。

【解析】

公元前 266 年，赵惠文王去世，其子孝成王继位，因他年幼，故赵太后执政。当时的赵国国势大不如前。秦国认为有机可乘，便发兵东下，一举攻下赵国的三座城池，赵国危在旦夕，不得不向齐国求救兵，齐王按当时的惯例，提出了一个条件：以赵惠文王的幼子长安君为人质。一向颇为开明的太后，却由于溺爱幼子，一时糊涂，甚至蛮不讲理，对于大臣的强谏，她恼怒已极。

老臣触龙为了国家的利益，前来说服赵太后。他是这样来说服的：他先来和赵太后拉家常套近乎，再假说自己要请求赵太后开后门托付幼子，用旁敲侧击谈燕后作为陪衬，然后大谈历史展望未来。先用三寸不烂之舌来变相地让赵太后息怒缓和气氛，再用反证法"老臣窃以为媪之爱燕后贤于长安君"来巧设鱼饵，引鱼上钩，

推出"为长安君计短也"的结论。通过迂回曲折的游说使得赵太后最终答应了让太子入齐。

【处世策】

对公司的发展做出了多少价值与贡献是决定你能够得到提升的核心。很多职业人抱怨自己为了公司付出了很多，自己也很有才华，也是加班加点，放弃自己的私人时间，积极工作等，但是就是得不到认可。其实，要有效地将才华与抱负实际转化为企业能够体现的价值才是关键。职场政治在其中起着微妙的作用。善于把握与运用，将大大提升晋升的速度。不懂职场政治，而只是做一头勤奋的老黄牛，你依然会与晋升失之交臂。

秦使王翦攻赵

【原文】

秦使王翦攻赵，赵使李牧、司马尚御①之。李牧数破走秦军，杀秦将桓齮②。王翦恶之，乃多与赵王宠臣郭开等金，使为反间，曰："李牧、司马尚欲与秦反赵，以多取封于秦。"赵王疑之，使赵葱及颜聚代将，斩李牧，废司马尚。后三月，王翦因急击，大破赵，杀赵葱，虏赵王迁及其将颜聚，遂灭赵。

【译文】

秦国派大将王翦进攻赵国，赵国派了李牧、司马尚来抵抗。李牧几次打败秦军，杀死了秦将桓齮。王翦为此担忧，于是，给赵王宠臣郭开等人很多钱，让他们搞反间，扬言："李牧、司马尚准备勾结秦国反对赵国，好在秦国取得更多的封地。"赵王怀疑他们，便派赵葱和颜聚取代了李牧、司马尚为将，杀了李牧，罢了司马尚的官。过了三月，王翦乘机紧急进攻，大破赵军，杀了赵葱，俘虏了赵王迁及大将颜聚，于是灭了赵国。

【注释】

①御：抵抗。②桓齮(yǐ)：秦国将领。

【解析】

公元前228年，秦将王翦攻打赵国，赵将李牧多次大破秦军。秦国重金贿赂赵王宠臣郭开等人，实施反间计，使赵国杀死了李牧，赵国也最终被秦国所灭。

【处世策】

我们生活中常常在与别人发生矛盾后，才发现是有人挑拨离间，破坏了与好友、同事、领导之间的团结。这是因为你们的团结友好可能妨碍了别人的利益，引起了他人的嫉妒，中了别人的"反间计"。

卷二十二 魏一

知伯索地于魏桓子

知伯索地于魏桓子①，魏桓子弗予。任章曰："何故弗予？"桓子曰："无故索地，故弗予。"任章曰："无故索地，邻国必恐；重欲无厌②，天下必惧；君予之地，知伯必憍③。憍而轻敌，邻国惧而相亲。以相亲之兵，待轻敌之国，知氏之命不长矣。《周书》曰：'将欲败之，必姑辅之；将欲取之，必姑与之。'君不如与之，以骄知伯。君何释以天下图知氏，而独以吾国为知氏质乎？"君曰："善。"乃与之万家之邑一。知伯大说，因索蔺、皋梁于赵，赵弗与。因围晋阳。韩、魏反于外，赵氏应之于内，知氏遂亡。

【译文】

知伯向魏桓子索要土地，魏桓子不给。大臣任章问："为什么不给？"魏桓子回答说："他无缘无故索要我们的领土，所以不给。"任章说："无缘无故索要我们的领土，知伯的邻国一定会很害怕。对别国领土贪得无厌，诸侯一定会很担忧。您给知伯土地，他就必定骄傲，骄傲了就必定轻敌；而邻国一害怕，就会彼此友爱。用彼此友爱的军队去抵御轻敌的国家，可以预见，知伯的命不会长了。《周书》上说：'想要让他失败，必须暂且去辅助他；想要从他那里有所获取，必须暂且先给他什么。'您不如割给他土地，使知伯骄傲。您为什么放弃让诸侯共同图谋知伯的做法，偏偏要我国遭受知伯的进攻呢？"魏桓子说："好。"于是送给知伯一个万家的都邑。知伯大为高兴。又向赵国索要蔺、皋梁二地，赵国不给，知伯就围攻晋阳。这时，韩、魏联军在晋阳城外反攻，赵国在城内接应，知伯终于灭亡。

【注释】

①魏桓子：春秋末晋国六卿之一。魏侈之孙。与范氏、中行氏、智伯、赵襄子、韩康子同为晋六卿。范氏、中行氏灭后，四卿之中，智伯最强。②重：多。厌：满足。③憍（jiāo）：骄傲。

【解析】

面对智伯的贪欲，魏桓子最初采取断然拒绝的态度，在其谋士任章的"将欲败之，必姑辅之；将欲取之，必姑与之"劝诫下，采用"欲擒故纵"的策略，最终消灭了私欲无限膨胀的智伯。

欲望正如一个充气的气球，适当的气体能够满足自己畅游天空的愿望。但当过于贪婪，一味地想飞得更高。等待他的也许只是粉身碎骨。

在我们的生活当中，经常会见到许多骄横跋扈的人，对此我们大可不必采取硬碰硬的方法，而要采取迂回曲折的方法，既能够保全自己获得众人的支持，又能够使这些贪婪者自己露出他们的狐狸尾巴。贪欲总是把人推入万劫不复的深渊，只不过当事人意识不到而已。

韩赵相难

【原文】

韩、赵相难。韩索兵于魏，曰："愿得借师以伐赵。"魏文侯曰[1]："寡人与赵兄弟，不敢从。"赵又索兵以攻韩，文侯曰："寡人与韩兄弟，不敢从。"二国不得兵，怒而反。已，乃知文侯以讲于己也，皆朝魏。

【译文】

韩、赵两国开战。韩国向魏国求援兵，说："希望能借兵给我去进攻赵国。魏文侯说："我和赵国是兄弟之国，不能从命。"赵国又向魏国请求援兵，去进攻韩国，魏文侯说："我和韩国是兄弟之国，不能从命。"韩、赵两国都没有借到援兵，都很生气地返回本国。以后才知道魏国与自己是盟国，做了和解工作，他们便都去朝拜魏文侯。

【注释】

①魏文侯：魏国的建立者。姬姓，魏氏，名斯。公元前445年，继魏桓子即位。公元前403年，韩、赵、魏被周王与各国正式承认为诸侯，成为封建国家。

【解析】

韩、赵两国发生战争，都想请魏国出兵相助。魏文侯没有出兵，并且为两国讲和。

【处世策】

建立一个关系很难，但失去一个关系非常的容易，因此，维护关系远比开拓关系更有价值。人的精力大多数时候只能顾及到最近的几个关系。时间久了，很多关系就丢了，等到用的时候想捡起来又要下一番工夫，要预防这种情况，关键要勤维护，勤走动。

乐羊为魏将而攻中山

【原文】

乐羊为魏将而攻中山①。其子在中山，中山之君烹其子而遗之羹，乐羊坐于幕下而啜之，尽一杯。文侯谓睹师赞曰②："乐羊以我之故，食其子之肉。"赞对曰："其子之肉尚食之，其谁不食！"乐羊既罢中山，文侯赏其功而疑其心。

【译文】

乐羊作魏国的将领攻打中山国。他的儿子就在中山国，中山国的国君把他的儿子煮了，还把肉羹送给乐羊。乐羊坐在大帐下喝儿子的肉羹，喝尽了一杯。魏文侯对睹师赞说："乐羊为了效忠寡人，竟能吃了自己儿子的肉。"睹师赞回答说："他儿子的肉尚且能吃，还有谁的肉不能吃呢！"乐羊攻下中山国，魏文侯奖赏了他的功劳，却怀疑他的忠心。

【注释】

①乐羊：中山国人，战国时魏国的大将，是乐毅的先祖。②睹师赞：魏人。睹师，复姓，名赞。

【解析】

乐羊食子，这无疑是古代发生的人间悲剧。但是同是此事，却引来截然不同的看法。目的与手段的辩证关系，是谋略学的永恒主题。这个主题在此篇中得以表现。

【处世策】

人们一般认为，政治家是为达目的不择手段的。实际上，手段还是要进行选择的。首先，手段取决于目的，这个目的一定是要正确的，有关国家大义的；其次，要看这个手段能否达成目的，如果手段本身的使用违背了目的，使用手段造成的负效大于目的应产生的效益，那么这个手段是不应该采取的。乐羊之引人怀疑，在于他使用的手段过于残酷，大大超过甚至背离了对国家表达忠心的这个目的。

西门豹为邺令

【原文】

西门豹为邺令①，而辞乎魏文侯。文侯曰："子往矣，必就子之功，而成子之名。"西门豹曰："敢问就功成名，亦有术乎？"文侯曰："有之。夫乡邑老者而先受坐之士②，子

【译文】

西门豹出任邺令，向魏文侯辞行。魏文侯说："你去吧，一定使你成功、成名。"西门豹说："请问成功、成名也有方法吗？"文侯说："有方法：对乡邑中的老年人，应该让他们先于众人而就座；贤卿应该寻访有德之士

入而问其贤良之士而师事之③，求其好掩人之美而扬人之丑者而参验之。夫物多相类而非也，幽莸之幼也似禾，骊牛之黄也似虎，白骨疑象，武夫类玉，此皆似之而非者也④。"

并拜他们为师；对那些喜好掩盖别人优点、宣扬别人缺点的人，要根据事实进行考察。事物总是似是而非的；狗尾草的幼苗像禾苗，骊牛的毛色像老虎，白骨好似象牙，武夫好似玉石。这些都是所谓似是而非的事物啊！"

【注释】

①西门豹：西门为复姓，名豹，魏文侯时邺令。邺：魏国邑名，在今河北漳西南邺镇。②先受坐：指年老的人在众人之前先坐，故言"先受坐之士"。③师事之：用对待师长的礼节来对待他们。④幽莸：深色的狗尾草。骊牛：黑黄色的牛。象：指象牙。武夫：亦作碔砆，似玉的美石。

【解析】

公元前407年，魏臣西门豹出任邺县县令。临行前，魏文侯告诉他要师事贤良，参验丑陋，区别真假善恶，以"就功成名"。

【处世策】

现代社会的复杂要求人们要提高自己明辨是非的能力和自制能力。在现今丰富的、糟粕与精华并存的信息内容中，如果你能择优从善，从中不断汲取养料，将会得到许多有益的知识和信息，成为一位博学多识的人；如果不能明辨是非，很好地把握自己，那就会使自己沦陷而不能自拔。浪费了时间，浪费了精力。

文侯与虞人期猎

【原文】

文侯与虞人期猎①。是日饮酒乐，天雨。文侯将出。左右曰："今日饮酒乐，天又雨，公将焉之？"文侯曰："吾与虞人期猎，虽乐，岂可不一会期哉？"乃往，身自罢之②。魏于是乎始强。

【译文】

魏文侯和看守园囿的小吏约会去打猎。到了约定的那一天，饮酒很高兴时，天下雨了。魏文侯准备出发，左右侍臣说："今天饮酒很高兴时，天又下雨，君王您要到哪里去呀？"文侯说："我和看守园囿的小吏约好今天去打猎，虽然现在很高兴，但哪能不赴约呢？"于是亲自前往，取消了打猎的约定。魏国从此开始走向强盛。

【注释】

①期：约定的时间。②罢之：取消打猎的约定。

【解析】

战国初年，魏文侯卓越的政治才能，使他声名显赫，超过了春秋五霸的齐桓公。本文中，他和虞人约定狩猎日期后，顶风冒雪，如期前往，从一个侧面反映出他能严格遵守信用、勇于承担责任的品格。

【处世策】

个人在企业里，要想赢得同事的信任、企业的信任，一是个人魅力，二是靠工作业绩，这些都需要个人诚信来支撑才能完成。进入企业，要尽快将个人诚信融入企业的工作模式和工作方法中，以利于尽快赢得企业或同事的认同，即诚信度。如果偏离企业的工作模式和工作方法，按自己的工作模式和工作方法，势必远离企业所需，将逐渐丧失企业或同事对其诚信的释放。

魏文侯与田子方饮酒

【原文】

魏文侯与田子方饮酒，而称乐。文侯曰："钟声不比乎^①？左高。"田子方笑，文侯曰："奚笑？"子方曰："臣闻之，君明则乐官，不明则乐音。今君审于声，臣恐君之聋于宫也^②。"文侯曰："善！敬闻命。"

【译文】

魏文侯与田子方一边饮酒，一边听演奏音乐。文侯说："钟的声音不和谐吧？左边的音有些高。"田子方笑了笑。文侯问："笑什么？"田子方回答说："我听说：'英明的国君则关心政事，不英明的国君则关心音乐。现在您对音乐很了解，我担心您对政事一无所知啊！"文侯说："好，敬遵您的指教。"

【注释】

①不比：不协调。②聋：听不了声音。这里指对政事一无所知。

【解析】

田子方是孔子弟子子贡的学生，因为他才德兼备，被魏文侯聘为老师。魏文侯精于音乐，田子方借与魏文侯饮酒之机，劝谏文侯应精于国事。

【处世策】

　　职业生涯规划中有一个基本原则就是专一。一些成功人士常常这样分享他们的经验：一生做好一件事，全力以赴必成功！做一件事，是指职业的专一。在初入职场时，可能你的工作未必是所学的专业，但一旦选定了适合自己的专业，就心无旁骛，聚焦职业目标，一步步走向事业顶峰。在追求职业目标的过程中，我们也收获了知识、能力、心灵成长、友谊、家庭美满等等人生的美好。

魏武侯与诸大夫浮于西河

【原文】

　　魏武侯与诸大夫浮于西河①，称曰："河山之险，岂不亦信固哉！"王钟侍王，曰："此晋国之所以强也。若善修之，则霸王之业具矣。"吴起对曰②："吾君之言，危国之道也；而子又附之，吴重危也！"武侯忿然曰："子之言有说乎？"

　　吴起对曰："河山之险，不足保也，伯王之业，不从此也。昔者三苗之居，左彭蠡之波，右洞庭之水，文山在其北，而衡山在其南。恃此险也，为政不善，而禹放逐之。夫夏桀之国，左天门之阴，而右天谿之阳，庐、峚在其北，伊、洛出其南。有此险也，然为政不善，而汤伐之。殷纣之国，左孟门而右漳、釜，前带河，后被山。有此险也，然为政不善，而武王伐之。且君亲从臣而胜降城，城非不高也，人民非不众也，然而可得并者，政恶故也。从是观之，

【译文】

　　魏武侯与诸位大夫乘船游荡在西河之上，武侯赞叹说："河山形势这样险阻，边防难道不是很巩固了吗？"王钟陪坐在旁，说："这正是晋国强盛的原因，如果好好地修整，那么霸王之业就可以成就了。"吴起回答说："我们国君的话，是把国家引向危险的道路啊；而您又附和他，这就更加危险了。"武侯怒容满面地说："你这话有什么理由可说吗？"

　　吴起回答说："河山形势险阻，实在不能依靠，而王霸的功业并非由此产生的啊。从前三苗所居之地，左有鄱阳湖，右有洞庭湖，文山在其北，衡山在其南；依靠这样险要的形势，国家却治理得不好，结果禹王把他消灭了。夏桀的国都，左有天门，右有天谿，庐峚两山在北，伊、洛二水在南；有这样险阻的形势，可是国家治理得不好，结果商汤王把它消灭了。殷纣的国都，左有孟门险隘，右有漳、釜二水，前有黄河环绕，后有太行遮蔽；有这样险阻的形势，可是国家治理得不好，结果周武王把它消灭了。而且君王亲自和我战胜敌人，攻下敌城，敌人的城墙并非不高，人民并非不多啊，可是我们能够兼并他们，就是因为敌国政治腐败的缘故。由此看来，依靠地形险阻，怎么能够成就霸王的功业呢？"

地形险阻，奚足以霸王矣。"武侯曰："善。吾乃今日闻圣人之言也！西河之政，专委之子矣。"

武侯说："好。我现在才听到了圣人之言啊！治理西河的政事，我就完全委托给你吧！"

【注释】

①魏武侯：文侯子，名击。西河：指今山西、陕西界上黄河自北而南的一段。②吴起：战国时期著名的政治改革家，军事家。卫国左氏(今山东省定陶)人。

【解析】

魏武侯看到山河险峻就忘乎所以了，而他身边的臣子也都随声附和，当众人的观点都相同的时候，那也就是最危险的时候了。当有了反对意见，那就有了更好的选择，更何况是像吴起这样的忠言相告。

【处世策】

孟子早就提出，"天时不如地利，地利不如人和"。可以说是一语道破天机。从古至今，国家兴衰之道并不在于地形的险要与否，而在于人心的向背。而这一点，现代企业管理者也应当充分借鉴。

魏公叔痤为魏将

【原文】

魏公叔痤为魏将，而与韩、赵战浍北①，禽乐祚。魏王说，迎郊，以赏田百万禄之。公叔痤反走，再拜辞曰："夫使士卒不崩，直而不倚、挠而不辟者，此吴起余教也，臣不能为也；前脉形地之险阻、决利害之备、使三军之士不迷惑者，巴宁、爨襄之力也②；悬赏罚于前，使民昭然信之于后者，王之明法也；见敌之可也，鼓之不敢怠倦者，臣也。王特为臣之右手不倦赏臣，何也？若以臣之有功，臣何力之有乎！"王曰：

【译文】

魏国公叔痤出任魏将，和韩、赵两国战于浍北，俘虏了赵将乐祚。魏王很高兴，到郊外去迎接公叔痤，赐给他"赏田"百万作为爵禄。公叔痤表示礼让，一再推辞，说："使士卒不溃不散，强毅不屈，百折不挠的，这是吴起教导的影响啊，我是做不到的。事前视察了解复杂险阻的地形，暗地里决定得失利害的调度安排，使全军将士不致迷惑的，这是巴宁、爨襄的功劳啊。订立赏罚制度于前，使人民诚信遵守于后，这是君王定立了明确的法规啊。看见敌人可以进攻，就击鼓前进，不敢懈怠的，这是我的职责。大王仅仅因为我不曾懈怠的右手就赏赐我，这有什么道理呢？如果认为我有功，我又有什么功劳呢？"魏王说："有道理。"于是找到吴起的后人，赏赐他田

"善。"于是索吴起之后，赐之田二十万，巴宁、爨襄田各十万。

王曰："公叔岂非长者哉！既为寡人胜强敌矣，又不遗贤者之后，不掩能士之迹③。公叔何可无益乎？"故又与田四十万，加之百万之上，使百四十万。故《老子》曰："圣人无积，既以为人己愈有；既以与人己愈多。"公叔当之矣。

二十万；又赏赐巴宁、爨襄田各十万。

魏王说："公叔痤真是一位道德高尚的长者啊！他既为我战胜了强敌，又不忘记贤者吴起的后代，不埋没能人巴宁、爨襄的功绩，为什么不可以给公叔增加赏赐呢？"因此又给了公叔痤田四十万，加上以前的一百万，为一百四十万。因此《老子》说："圣人不为自己积蓄，全心全意为他人做事，自己得到的也就愈多；给予他人的愈多，自己也就更加富有。"公叔痤算得上是这样的人了。

【注释】

①浍(huì)北：浍，水名，源于中国河南省，流入安徽省。②爨(cuàn)襄：人名，魏国能士。③迹：功劳，功绩。

【解析】

在本篇中，公叔痤在取得了浍北之战的胜利后，能够冷静地分析获胜的各种原因，正确地看到吴起、巴宁、爨襄等人所起到的作用，不居功自傲，不把一切功劳都挂在自己账上，表现了谦虚自处的政治风范。他的这种态度，加强了魏国的内部团结。

【处世策】

谦虚的人，会给人以亲切感，更容易取得别人的信赖，加上实际工作中适当表现出来的能力，就会赢得别人的尊重。因而，职场上学会对自己轻描淡写，"才美不外见"有时比表现自己的强大更为重要。谦虚的人能够给别人一种心理上的平衡，不至于让别人感到卑下和失落。由于谦虚，甚至可以让你的潜在对手感到高贵与强大，由此产生他希望获得的优越感。这种优越感，往往会给谦虚的人潜心做事扫除阻力，形成良好的外部氛围，可以在别人的"忽视"中一步一个脚印地前进。

魏公叔痤病

【原文】

魏公叔痤病，惠王注问之，曰："公叔病，即不可讳，将奈社稷何？"公叔痤对曰："痤有御庶

【译文】

魏相公叔痤病了，魏惠王去探问他，说："公叔病了，如果有什么不幸，国家大事可怎么办呢？"公叔痤回答说："我手下有一个御庶子公孙

子公孙鞅，愿王以国事听之也。为弗能听，勿使出竟。"王弗应，出而谓左右曰："岂不悲哉！以公叔之贤，而谓寡人必以国事听鞅，不亦悖乎①！"

公叔痤死，公孙鞅闻之，已葬，西之秦，孝公受而用之。秦果日以强，魏日以削②。此非公叔之悖也，惠王之悖也。悖者之患，固以不悖者为悖。

鞅，希望大王就把国家大事交给他吧。如果您不愿意交给他，就别让他离开魏国。"惠王没有吭声，出来就对左右的大臣说："难道不可悲吗！凭公叔痤这样贤能的人，却让我把国家大事交给公孙鞅，这不太糊涂了吗？"

公叔痤死了，公孙鞅听说后，就逃跑了，向西去到秦国，秦孝公接待了他，并且任用了他。秦国果然渐渐强盛起来，魏国渐渐衰弱下去。这不是公叔痤糊涂，而是惠王糊涂啊！糊涂人的祸害，本来就是把不糊涂的人当作糊涂人造成的啊！

【注释】

①悖：惑乱、糊涂。②削：削减，削弱。

【解析】

魏国是战国初年最强的国家，到了魏惠王时，开始走下坡路，国事由盛转衰。魏惠王的失败，有多种因素，不用人才、排斥人才、逼使人才出走，是其中的重要因素。公元前361年，公叔痤临死前劝魏惠王重用公孙鞅，魏惠王不听。后来公孙鞅为秦国所用，终使秦强盛起来。

【处世策】

"海阔凭鱼跃，天高任鸟飞"，如今是一个凸显自我的时代，现实社会为每个人都提供了广阔的展示空间，如果你没有很好的出身，甚至没有像样的学历，都没有关系，只要怀揣梦想，确有能力，世界终究会为你展现一片舞台，切不可因为没有一些"敲门砖"就妄自菲薄，自怨自艾。

苏子为赵合从

【原文】

苏子为赵合从，说魏王曰："大王之地，南有鸿沟、陈、汝南、许、鄢、昆阳、邵陵、舞阳、新郪①；东有淮、颖、沂、黄、煮枣、海盐、无胥；西有长城之

【译文】

苏秦为赵国的合纵政策来游说魏襄王说："大王的国土，南边有鸿沟、陈地、汝南、许地、鄢地、昆阳、召陵、舞阳、新郪；东边有淮水、颍水、沂水、外黄、煮枣、海盐、无胥；西有长城的边界；北有河外、卷地、衍地、酸枣，土地方圆千里。地方名义上虽然

狭小，但房屋田舍十分密集，乃至于没有放牧牛马的地方。百姓和车马之多，日夜奔驰不绝，和三军士兵行军几乎没有什么区别。我私下里估计，大王的国家实力不亚于楚国。然而那些主张连横的人，却劝说大王结交如虎狼一样残暴的秦国，来和它一起侵犯天下各国，最终如果国家遭遇了祸患，他们又不肯为您分担祸患。他们依仗着强秦的势力，在国内胁迫他的君主，所犯下的罪过没有比这更大的了。而且魏国是天下的强国；大王是天下贤明的君主，如今却有意投靠西方而去侍奉秦国，称自己是秦国在东方的附属国，筑造秦国国君的行宫，接受秦国的赏赐，春秋两季还向它朝贡祭祀，我因此私下里为您感到惭愧。

【注释】

①新郪(qī)：邑名，故城在今安徽太和县北。②横人：为秦国推行连横政策的人，指的是张仪。

【原文】

"臣闻越王勾践以散卒三千，禽夫差于干遂；武王卒三千人，革车三百乘，斩纣于牧之野。岂其士卒众哉？诚能振其威也。今窃闻大王之卒，武力二十余万，苍头二十万①，奋击二十万②，厮徒十万，车六百乘，骑五千匹。此其过越王勾践、武王远矣。今乃劫于辟臣之说，而欲臣事秦。夫事秦必割地效质，故兵未用而国已亏矣。凡群臣之言事秦者，皆奸臣，非忠臣也。夫为人臣，割其主之地以求外交，

【译文】

"我听说越王勾践凭借着三千军纪不整的士兵，在干隧生擒了夫差；周武王只有三千名士兵，三百辆战车，而在牧野斩杀了商纣王。难道他们的士兵很多吗？其实是他们能振奋自己的雄威啊！现在我听说大王的兵力，有训练有素的士兵二十万，用青布裹头的士兵二十万，精兵二十万，后备军队十万，战车六百辆，战马五千匹。这要远远超过了越王勾践和武王的兵力。现在却迫于逸佞之臣的论调，却要臣服秦国。侍奉秦国必须要割让土地送去人质，因此军队还没有派上用场，国家的元气就已经亏损了。群臣中凡是主张侍奉秦国的，都是奸臣，而不是忠臣。作为人臣，却主张割让君主的土地，来和外国勾结，私下里得到一时的功名和好处，却不顾将来的忧患，损害国家的利益，满足一己的私利，在国外仰仗强秦的威势，在国内胁迫自

偷取一旦之功而不顾其后。破公家而成私门，外挟强秦之势以内劫其主，以求割地，愿大王之熟察之也。《周书》曰：'绵绵不绝，缦缦奈何？毫毛不拔，将成斧柯。'前虑不定，后有大患。将奈之何？大王诚能听臣，六国从亲，专心并力，则必无强秦之患。故敝邑赵王使使臣献愚计，奉明约，在大王诏之③。"魏王曰："寡人不肖，未尝得闻明教。今主君以赵王之诏诏之，敬以国从。"

己的君主，来请求割让国家土地，希望大王对此详细地加以审查。《周书》说：'微弱时如不及早斩断，等到长大了还能拿它怎么办？幼小的时候如果不抓住时机将它铲除，等到将来长大了就要用斧头砍。'事先不能当机立断，事后就会有大祸等着，到那时不知该怎么办？如果大王真的能听从我的建议，六国合纵相亲，齐心合力，那么必然不会遭受强秦的侵犯。因此敝国国君赵王派我来进献愚计，奉上盟约，听凭大王诏令。"魏王说："我不贤能，以前从未听过这样高明的指教。今天您用赵王的诏令来教导我，请让我率领全国臣民加入合纵之盟。"

【注释】

①苍头：以青巾裹头的军队。②奋击：能奋力杀敌的士兵，精兵。③在：任凭，听凭。

【解析】

　　苏秦游说魏王，首先指出魏国在地理位置、土地的出产等优势来为魏王树立信心，增强其作为一个主权国家的自尊心，在此基础上来劝说魏王不要去卑躬屈膝地去侍奉秦国。继而引用无可辩驳的历史史实，来说明参加连横、侍奉秦国的不可取，如在劝说魏王的时候引用了越王勾践三千越甲吞并吴国和周武王三百辆战车就推翻商纣王的残暴统治，来说明秦国并不可怕，但是需要六国联合起来，共同对抗它。苏秦的劝说似乎落于俗套，他到六国劝说，基本上都是采取这样的路数。但他的劝说往往起到立竿见影的效果，让面前的国君立刻就树立了信心，决定要参加苏秦的合纵政策联盟，和其他的国家一起来对抗秦国。

　　苏秦的劝说，旁征博引，气势浩大。他切实站在对方的立场上考虑问题，为对

方指出一条既有尊严又有实际好处的光明大道来,而且他的设想往往给人一种可以实现的愿景,使对方不得不进入他的主题,接受他的劝说。

张仪为秦连横

【原文】

张仪为秦连横,说魏王曰:"魏地方不至千里,卒不过三十万人。地四平,诸侯四通,条达辐凑①,无有名山大川之阻。从郑至梁,不过百里;从陈至梁,二百余里。马驰人趋,不待倦而至梁。南与楚境②,西与韩境,北与赵境,东与齐境,卒戍四方。守亭障者参列。粟粮漕庾③,不下十万。魏之地势,故战场也。魏南与楚而不与齐,则齐攻其东;东与齐而不与赵,则赵攻其北;不合于韩,则韩攻其西;不亲于楚,则楚攻其南。此所谓四分五裂之道也。

【译文】

张仪为秦国推行连横政策,游说魏襄王说:"魏国的土地方圆不到一千里,士兵不超过三十万人。四周的地势平坦,和四方的诸侯来往便利,就像车轮辐条都集聚在车轴上一样,也没有高山大川的阻塞。从郑国到魏国,路程不超过一百里;从陈国到魏国,只有二百余里。马驰人随,不等疲倦就到了魏国。南边和楚国接壤,西边和韩国接壤,北边和赵国接壤,东边和齐国接壤。魏国士兵守卫四方国境。守境的小亭和屏障都连接成排。运粮的河道和储米的粮仓,不少于十万。魏国的地势,本来就是适合作战的地方。如果魏国向南亲近楚国而不亲近齐国,那齐国就会进攻你们的东面;向东亲近齐国而不亲近赵国,赵国就会由北面来进攻你们的北面;如果不与韩国联合,那么韩国就会攻打你们的西面;如果不和楚国亲近,它就会攻打你们的南面。这就是所说的四分五裂的地势。

【注释】

①条达:畅达,通达。辐凑:车条集中于轴心。比喻人和物聚集在一起。②与:接壤。③漕庾:储存水路转运粮食的仓库。

【原文】

"且夫诸侯之为从者,以安社稷、尊主、强兵、显名也。合从者,一天下,约为兄弟,刑白马以盟于洹水之上①,以相坚也。夫亲昆弟,同父母,尚有争钱财。而欲恃诈伪反覆苏秦之余

【译文】

"再说各国的诸侯联合组成合纵联盟,来使社稷安定、国君尊贵、兵力强大、名声显赫。各国诸侯联合组成合从联盟,约定结成兄弟,在洹水之滨宰杀白马,歃血为盟,来表示信守盟约。但是,即使是同一父母所生的亲兄弟,尚且还为争夺钱财而打斗的。而您却想依靠欺诈虚伪、反复

谋②，其不可以成亦明矣。大王不事秦，秦下兵攻河外，拔卷、衍、燕、酸枣，劫卫取晋阳，则赵不南；赵不南则魏不北，魏不北，则从道绝。从道绝，则大王之国欲求无危，不可得也。秦挟韩而攻魏，韩劫于秦，不敢不听。秦、韩为一国，魏之亡可立而须也③，此臣之所以为大王患也。为大王计，莫如事秦，事秦则楚、韩必不敢动；无楚、韩之患，则大王高枕而卧，国必无忧矣。

无常的苏秦所残留下来的计策，这不可能成功是很明显的了。如果大王不侍奉秦国，秦国就要派出军队来进攻河外，攻占卷、衍、燕、酸枣等地，胁迫卫国夺取晋阳，那么赵国无法南下支援魏国；赵国不能南下，那么魏国也就不能北上联合赵国；魏国不能联络赵国，那么合纵的盟约就中断了。合纵盟约一中断，那么大王想要自己的国家不发生危险，那就不可能了。秦国如果挟制韩国来攻打魏国，韩国迫于秦国的压力，一定也不敢不听从。秦、韩两国联合，那魏国离灭亡就不远了，这就是我为大王担心的原因。我为大王考虑，您不如侍奉秦国，侍奉秦国，那么楚国、韩国一定不敢轻举妄动；没了楚国、韩国的扰乱，大王就可以高枕无忧了，国家也一定不会有忧患了。

【注释】

①洹(huán)水：今名安阳河，从河南林县隆虑山向东流，经安阳到内黄附近入卫河。②诈伪：欺骗诡诈。反复：翻转。余谋：下策。③须：等待。

【原文】

"且夫秦之所欲弱莫如楚，而能弱楚者莫若魏。楚虽有富大之名，其实空虚；其卒虽众多，然而轻走易北，不敢坚战。魏之兵南面而伐，胜楚必矣。夫亏楚而益魏，攻楚而适秦，嫁祸安国，此善事也。大王不听臣，秦甲出而东，虽欲事秦而不可得也。且夫从人多奋辞而寡可信①，说一诸侯之王，出而乘其车；约一国而反，而成封侯之基。是故天下之游士，莫不日夜搤腕、瞋目、切齿以言从之便，以说人主。人主

【译文】

"再说秦国想要削弱的就是楚国，而能抑制楚国的也就是魏国了。楚国虽然有富足强大的名声，但实际上是很空虚的；它的士兵虽然很多，但大部分很容易逃跑，容易败北，是不敢打硬仗的；如果出动魏国军队向南讨伐，必定能战胜楚国。这样让楚国吃亏而魏国得到好处，攻打楚国来取悦秦国，把灾祸转嫁给别的国家，安定自己的国家，这是件很好的事情。大王如果不听我的意见，秦军出动，即使想再来侍奉它也是不可能的了。况且那些推行合纵政策的人大都是夸大其辞，是不可以信赖的，他们游说一个国君，出来就乘坐那个国君赏赐给他的车子，联合成功一个诸侯然后返回故国，就能被封为公侯。所以天下的游说之士，无不每天握着手腕，瞪着眼睛，咬牙切齿来谈论合纵联盟的好处，来游说

览其辞，牵其说，恶得无眩哉？臣闻积羽沉舟，群轻折轴②，众口铄金，故愿大王之熟计之也。"魏王曰："寡人蠢愚，前计失之。请称东藩，筑帝宫，受冠带，祠春秋，效河外。"

国君。国君们接受他们的游说，为他们的空话所动，哪里会不头昏目眩呢？我听说羽毛多了也能够压沉船只，轻的东西装多了也可以压断车轴，众口一词也能够熔化金属，所以请大王仔细考虑这个问题。"魏王说："我很愚笨，以前所采取的策略是错误的。我愿意做秦国东方的藩臣，为秦王修筑行宫，接受秦国的封赏，春秋两季朝贡祭祀，割让河外。"

【注释】

①从人：主张合纵的人。奋辞：大话，夸大不实之词。②群轻：质量轻的东西。

【解析】

苏秦所争取的对象，也正是张仪所要拉拢的对象。但苏秦往往是增强六国国君的自信心，但张仪却在瓦解六国作为一个独立的主权国家的自信心。他虽然也在最开始的时候指出对方的有利条件，但随后就转入从各个方面进行瓦解，破坏对方的信心，指出对方的国家不参加连横就无法自保，只有依靠强大的秦国才能求得生存的权利。

由此看来，这两个昔日的同窗同学在互相拆台，为了不同的国家利益和政治理想，用同一个老师所给予的思想武器互相攻击。

齐魏约而伐楚

【原文】

齐、魏约而伐楚，魏以董庆为质于齐。楚攻齐，大败之，而魏弗救。田婴怒，将杀董庆。盱夷为董庆谓田婴曰："楚攻齐，大败之而不敢深入者，以魏为将内之于齐而击其后①。今杀董庆，是示楚无魏也。魏怒，合于楚，齐必危矣！不如贵董庆以善魏②，而疑之于楚也。"

【译文】

齐魏两国结盟共同进攻楚国，魏国派董庆去齐国做人质。随后，楚国进攻齐国，大败齐国，而魏国不去救援。齐相田婴大怒。准备杀掉魏国派来的人质董庆。盱夷为董庆对田婴说："楚国进攻齐国，不敢深入，是以为魏国要让楚国深入齐境，然后再从后面去截击它。现在杀了董庆，那就等于公告诉楚国，齐国和魏国断绝了关系。魏国因此发怒，就与楚国联合，齐国处境必然危险。您不如尊重董庆，以此向魏国表示友好，而使楚国疑惑。"

【注释】

①内之于齐：指楚国深入齐境。②贵：尊重。

【解析】

公元前 333 年，齐、魏结盟攻打楚国，楚军打败齐军，魏军却不救助，齐将田婴想杀掉魏国人质，盱夷劝田婴贵人质以疑楚军，防止楚、魏两国击齐。

【处世策】

职场不是如校园般简单的非此即彼，非黑即白。做事的同时也要学会做人，要从全局来思考问题，如何将利益双方挂钩，平衡各方。这尤其警戒人们不要感情用事，时刻保持理智，保持全局观。

苏秦拘于魏

【原文】

苏秦拘于魏，欲走而之齐，魏氏闭关而不通。齐使苏厉为之谓魏王曰："齐请以宋地封泾阳君，而秦不受也。夫秦非不利有齐而得宋地也，然其所以不受者，不信齐王与苏秦也。今秦见齐、魏之不合也如此其甚也，则齐必不欺秦而信齐矣。齐、秦合而泾阳君有宋地，则非魏之利也。故王不如复东苏秦①，秦必疑齐而不听也。夫齐、秦不合，天下无变，伐齐成，则地广矣。"

【注释】

①东苏秦：使苏秦回到齐国。东，往东。

【译文】

苏秦被拘留在魏国，他想逃到齐国去，魏军守住各个关口，不让他通过。齐国派苏厉为他对魏王说："齐国请求把宋地封给秦国泾阳君，可是秦国不接受。秦国并非不贪图齐国的援助和宋国的土地，但是它不接受的原因，是不相信齐王和苏秦。现在秦国见到齐、魏两国不融洽如此严重，那么必然认定齐国没有欺骗秦国，秦国也会相信齐国。齐、秦两国联合，泾阳君又拥有宋地，这对魏国绝非有利的形势。所以大王不如让苏秦仍然回到齐国去，这样，秦国必然会怀疑齐国与魏国有联盟关系，而不相信齐国。齐、秦两国联合不成，诸侯的关系又没有变化，这时大王进攻如果成功，则可以扩大魏国的领土。"

【解析】

公元前286年，苏秦游说魏王被拘捕，苏厉说服魏王释放了苏秦。

【处世策】

在几十年的职业生涯中，人们总希望能一帆风顺，功成名就。然而，职业生涯道路并不平坦，竞争的困惑、坎坷和挫折几乎不可避免。当人们处在人生低谷时，要适时地安慰自己，人生总要经历坎坷，而坎坷也终将过去，坎坷来了，那就坦然地面对吧。

陈轸为秦使于齐

【原文】

陈轸为秦使于齐，过魏，求见犀首，犀首谢陈轸。陈轸曰："轸之所以来者，事也。公不见轸，轸且行，不得待异日矣。"犀首乃见之。

陈轸曰："公恶事乎①？何为饮食而无事？"犀首曰："衍不肖，不能得事焉。何敢恶事！"陈轸曰："请移天下之事于公。"犀首曰："奈何？"陈轸曰："魏王使李从以车百乘使于楚，公可以居其中而疑之。公谓魏王曰：'臣与燕、赵故矣，数令人召臣也，曰无事必来。今臣无事，请谒而往②。无久，旬五之期。'王必无辞以止公。公得行，因自言于延曰：'臣急使燕、赵。'急约车为行具。"犀首曰："诺。"谒魏王，王许之。即明言使燕、赵。

诸侯客闻之，皆使人告其王曰："李从以车百乘使楚，犀首又以车三十乘使燕、赵。"齐王闻

【译文】

陈轸为秦国出使齐国，经过魏国，要求会见犀首。犀首拒绝接见陈轸，陈轸说："我来这里是有事的，您不见我，我就要走了。等不到以后了。"于是犀首会见了陈轸，陈轸说："您讨厌做事吗？为什么有吃有喝而没有事做呢？"犀首说："我没有能力，没把事情做好，怎么敢讨厌做事呢？"陈轸说："请允许我把诸侯的国事交给您。"犀首说："怎么办？"陈轸说："魏王派李从配备了百辆马车出使楚国，您可以从中使诸侯怀疑魏国，您对魏王说：'我和燕、赵两国是旧交，他们好几次派人邀我去，说如果我没什么事，一定得来。'现在我没事，我想请假去燕、赵两国，时间不会长，十天五天就够了。'魏王肯定没有理由来拒绝您。您要是能去，就在大庭广众之中公开提出：'我马上要出使燕、赵两国，赶快给我准备车马及出使的用具。'"犀首说："行。"他便去拜见魏王，魏王答应了他，于是犀首公开宣扬要出使燕、赵。

诸侯派往别国的人员听到这一消息，都派人告诉他们的君王，说："李从率车百辆出使楚国，犀首又率车三十辆出使燕、赵两国。"齐王听说后，担心与魏国友好落在别人后面，于是把国事交给犀首，犀首接受了齐国的委托。但

之，恐后天下得魏，以事属犀首③，犀首受齐事。魏王止其行使。燕、赵闻之，亦以事属犀首。楚王闻之，曰："李从约寡人，今燕、齐、赵皆以事因犀首，犀首必欲寡人，寡人欲之。"乃倍李从而以事因犀首。魏王曰："所以不使犀首者，以为不可。今四国属以事，寡人亦以事因焉。"犀首遂主天下之事，复相魏。

魏王没有放犀首走。燕、赵两国听说后，也都以国事交托给犀首。楚王得知后说："李从和我约盟。现在燕、齐、赵三国都把国事交托给犀首，犀首肯定希望我也把楚国大事交托给他，我就这么办吧。"于是他撕毁了和李从订的盟约，而把楚国大事交托给犀首。魏王说："我之所以不派犀首出使的原因，是认为他不能胜任。现在四国都把国家大事交托给他，我也就把国家大事托付给他吧。"犀首于是主持了五国合从联盟之事，并且恢复了他在魏国的相位。

【注释】

①恶：厌恶，讨厌。②请谒：请假。③事：国事。属(zhǔ)：委托，托付

【解析】

陈轸为秦国出使齐国而路过魏国，向公孙衍献策，最终使公孙衍"主天下之事"，做了魏相。

【处世策】

无论是做市场，做营销还是经营自己的职场生涯，借势都很重要。职业生涯的发展过程，就是在经营自己的职业品牌。借势最容易最方便的是向最熟悉的人处借。也可以内部借势，就是向自己原来的公司借势，这是一种非常理想的状态。借势经常是相互的。一般来说，竞争对手不会主动借势给你，但构思巧妙的话，也能够做到。模仿是最好的创新，模仿从某种意义上确实是创新的一条捷径，其实这也是一种借势。

张仪恶陈轸于魏王

【原文】

张仪恶陈轸于魏王①，曰："轸善事楚，为求壤地也甚力②。"左华谓陈轸曰："仪善于魏王，魏王甚爱之。公虽百说之，犹不听也。公不如以仪之言为资，而反于楚。陈轸曰："善。"因使人先言于楚王。

【注释】

①恶：诋毁，中伤。②力：卖力。

【解析】

魏相张仪在魏王面前攻击陈轸。左华建议陈轸将张仪的话都告诉楚王，以其人之道还治其人之身。

【处世策】

孔子曾说要"以直报怨"。此话在职场也十分受用。面对上司之间的矛盾，其实不必害怕自己会卷进去而无法自拔。只要你保持职业本分，以正直心态去从中斡旋（注意不是讨好），拣有利于缓和矛盾的话说，挑有利于化解恩怨的事做，极力去化解不和谐，而不是挑拨是非，企图从中渔利。这既表明了自己的中立立场，也显明了自己的品德修为，能帮助自己确立在公司中的位置。

【译文】

张仪在魏王前诽谤陈轸，说："陈轸对楚国很好，他一个劲地为楚国争取地盘。"左华对陈轸说："张仪受到魏王的优待，魏王很器重他，您即使费尽唇舌，魏王也不会听您的，您不如借助于张仪诽谤您的话作为口实，还可以返回楚国。"陈轸说："好。"于是就派人先把张仪的那番话告诉给楚王。

张仪欲穷陈轸

【原文】

张仪欲穷陈轸，令魏王召而相之，来将悟之。将行，其子陈应止其公之行①，曰："物之湛者②，不可不察也！"郑强出秦曰："应为知。夫魏欲绝楚、齐，必重迎公。郢中不善公者，

【译文】

张仪打算陷害陈轸，要魏王邀陈轸来做相国，他来了，就把他囚禁起来。陈轸准备出发，他的儿子陈应阻止他父亲前去，说："谋事要深，不可不慎审啊！"

郑强将要出使秦国，他对陈轸说："陈应是对的。魏国想要楚、齐两国断交，必定会隆重地迎接

欲公之去也，必劝王多公之车。公至宋，道称疾而毋行，使人谓齐王曰：'魏之所以迎我者，欲以绝齐、楚也。'"齐王曰："子东，无之魏，而见寡人也，请封子。"因以鲁侯之车迎之。

您。楚国那些不喜欢您的人，一定会劝楚王多给您车辆，让您离开楚国。您不如到了宋国，就中途称病，不再走了，并派人对齐王说：'魏王之所以迎接我，是因为他准备与齐、楚两国绝交。'"

齐王说："您不如别到魏国去了，来见寡人吧，我一定封赏您。"于是他用曾经迎接鲁侯用过的车子去迎接陈轸。

【注释】

①公：父亲。②湛：精深，形容计谋要深透。

【解析】

张仪想加害于陈轸。陈轸的儿子陈应为他分析谋划，成功让陈轸进入了齐国。

【处世策】

一个人有没有前途不用看他自己怎么样，看他交的什么样子的朋友就可以知道了。古人云：与师处可以为帝；与友处可以为王；与臣处可以为霸；与奴处则要亡国。关系是资源也是人脉。要想图大发展，不交朋友不行，交不到真朋友不行，交不到出色朋友也不行。

张仪走之魏

【原文】

张仪走之魏，魏将迎之。张丑谏之王，欲勿内，不得于王。张丑退，复谏于王，曰："王亦闻老妾之事其主妇者乎？子长色衰①，重嫁而已。今臣之事王，若老妾之事其主妇者。"魏王因不纳张仪。

【注释】

①长：年长。

【译文】

张仪逃至魏国，魏王准备迎接他。张丑劝阻魏王，想让魏王不要接纳张仪。魏王不听，张丑只得退下。张丑又劝阻魏王，说："大王可曾听说老妾侍奉正妻的事吗？孩子长大了，她也年老色衰了。只好改嫁了。我现在侍奉大王就像老妾侍奉正妻那样。"魏王听后于是没有接纳张仪。

【解析】

张仪逃到魏国,齐人张丑劝魏王拒绝接纳张仪。

【处世策】

老板在用人时不仅仅看重个人能力,更看重个人品质,而品质中最关键的就是忠诚度。在这个世界上,并不缺乏有能力的人,那种既有能力又忠诚的人才是每一个企业企求的理想人才。人们宁愿信任一个能力差一些却足够忠诚敬业的人,而不愿重用一个朝三暮四、视忠诚为无物的人,哪怕他能力非凡。

张仪欲以魏合于秦韩

【原文】

张仪欲以魏合于秦、韩,而攻齐、楚。惠施欲以魏合于齐、楚以案兵①,人多为张子于王所。惠子谓王曰:"小事也,谓可者谓不可者正半,况大事乎?以魏合于秦、韩而攻齐、楚,大事也。而王之群臣皆以为可,不知是其可也如是其明耶?而群臣之知术也如是其同耶?是其可也,未如是其明也。而群臣之知术也,又非皆同也,是其有半塞也。所谓劫主者,失其半者也②。"

【译文】

张仪想以魏国联合秦、韩两国,去进攻齐国和楚国;惠施想以魏国联合齐、楚两国去对抗秦、韩,以制止战争,很多大臣都在魏王那里宣扬张仪的主张。惠施对魏王说:"一桩小事,同意的人和不同意的人尚且各占一半,何况是大事呢?主张魏国联合秦、韩两国,去进攻齐、楚,这是大事。大王的群臣都认为可以。不知道这真的是显而易见完全可行的计策呢?还是群臣的智谋竟如此一致呢?说这是完全可行的计策,不如说赞成这条计策的人表现得太突出。我看群臣的智谋也未必全然相同,一定有一半人的意见被堵塞了。所谓权臣蒙蔽君主,就是要使君主丧失一半臣子啊。"

【注释】

①案兵:止兵。②劫主:威胁主上,不得不听,此处指偏听偏信。

【解析】

张仪想要使魏国跟秦、韩结盟攻打齐、楚,而魏相惠施主张联合齐、楚息兵,并以矛盾对立的观点劝谏魏王。

惠施是名家的代表人物,以善于辩论,善于语言分析而著称于世。本篇中,惠

施运用逻辑推理能力,推演出魏王被蒙蔽的事实,使自己的见解被魏王理解。

【处世策】

经商做企业,甚至于做管理,信息的收集工作非常重要,只有尽可能多地收集信息,加深对市场等领域的判断,才能尽可能地提高投资、管理的效率。在任何时候,只是片面地了解单方面的信息是一种严重的错误。因此,企业家、管理者、投资者在任何时候都要牢记"兼听则明,偏听则暗"的道理,多方面地了解相关领域信息,再通过比较甄选,决定自己的投资方向。

张仪以秦相魏

【原文】

张仪以秦相魏,齐、楚怒而欲攻魏。雍沮谓张子曰:"魏之所以相公者,以公相则国家安,而百姓无患。今公相而魏受兵,是魏计过也。齐、楚攻魏,公必危矣!"张子曰:"然则奈何?"雍沮曰:"请令齐、楚解攻①。"

雍沮谓齐、楚之君曰:"王亦闻张仪之约秦王乎?曰:'王若相仪于魏,齐、楚恶仪,必攻魏。魏战而胜,是齐、楚之兵折,而仪固得魏矣。若不胜,魏必事秦以持其国,必割地以赂王。若欲复攻,其敝不足以应秦。'此仪之所以与秦王阴相结也。今仪相魏而攻之,是使仪之计当于秦也②,非所以穷仪之道也!"齐、楚之王曰:"善。"乃遽解攻于魏。

【译文】

张仪从秦国去魏国任相国,齐、楚两国不满,想去进攻魏国。魏人雍沮对张仪说:"魏国任命您为相国,是因为您担任相国,魏国就能安宁,百姓就无祸患,现在您任魏相,而魏国却受到进攻,这是魏国考虑错了,如果齐、楚两国进攻魏国,您必定危险。"张仪说:"这可怎么办呢?"雍沮说:"请让我去要齐、楚两国放弃进攻魏国。"

雍沮对齐、楚的国君说:"大王可听说张仪和秦王结有盟约吗?"张仪说:'大王如果让我出任魏国的相国,齐、楚两国痛恨我,必会进攻魏国。魏国如果能战胜齐、楚,则齐、楚两国兵力削弱,我就必能在魏国受到重用;如果不能战胜齐、楚,魏国必然投靠秦国,才能保全他的国家,它一定会割地给大王。这时如果再进攻齐、楚,他们将十分疲惫,不能对付秦国。'这就是张仪和秦王的密约。现在张仪出任魏国的相国,您去进攻魏国,这是让张仪的计谋在秦国得到实现,而不是困厄张仪的办法啊。"齐、楚的国君说:"好。"于是就放弃了进攻魏国。

【注释】

①解攻：放弃攻击。②当：应验。

【解析】

雍沮解救张仪，在于充分利用了齐、楚两国对张仪的仇恨，让敌方误以为行使计谋会陷进圈套，告知敌方这样的计划非但达成不了目的，反而会帮倒忙，于是敌方就会放弃计划，从而挫败了敌方的原来有害于我方的谋划。这就是称为"将计就计"的谋略。

【处世策】

将计就计，其实就是换个角度解决问题。预想不到的职场麻烦会有很多，一旦触碰了职场暗礁，一定不能和礁石对着干，因为下场一定会是鱼死网破。换个思路看问题，暂时顺着敌人的意思往下走，在事态的发展中慢慢扭转局势，相信你一定会赢得更精彩。

张仪欲并相秦魏

【原文】

张仪欲并相秦、魏，故谓魏王曰："仪请以秦攻三川，王以其间攻南阳①，韩必亡。"史厌谓昭献曰："公何不以楚佐仪，求相之于魏？韩恐亡，必南走楚②。仪兼相秦、魏，则公亦必并相楚、韩也。"

【译文】

张仪想兼任秦、魏两国的相国，就对魏王说："我如果要求秦国出兵攻韩国的三川，大王乘机夺取南阳，那么韩国必定灭亡。"

史厌为张仪对昭献说："您为何不借楚国之力帮助张仪，要求魏国任命他为相国？韩国害怕自己被灭亡，必定会倒向楚国。张仪兼任秦、魏两国的相国，那么，您也一定会兼任楚、韩两国的相国。"

【注释】

①间：乘机。②走：归附。

【解析】

公元前 322 年，张仪想以攻打韩国为借口，兼任秦、魏两国宰相。史厌劝昭献借机兼任楚、韩两国相国。

【处世策】

当今社会处在一个信息"爆炸"的时代，职场也不例外。职场信息包罗万象，大到行

业冷热、经济形势、名企行情,小到某家公司老板性格如何、岗位薪资行情怎样、人际关系如何等,无不是重要的职场信息。信息就意味着机遇,谁能最快、最全、最准确地掌控有效信息也就等于把握了机遇,所以,某种程度上说,职场竞争也是一场"信息战"。

魏王将相张仪

【原文】

魏王将相张仪。犀首弗利。故令人谓韩公叔曰:"张仪已合秦、魏矣。其言曰:'魏攻南阳,秦攻三川,韩氏必亡。'且魏王所以贵张子者,欲得地也,则韩之南阳举矣!子盍①少委焉,以为衍功,则秦、魏之交可废矣。如此,则魏必图秦而弃仪、收韩而相衍②。"公叔以为信,因而委之。犀首以为功,果相魏。

【译文】

魏国准备任命张仪为相国,犀首认为对自己不利,因而派人对韩国的相国韩公叔说:"张仪已联合秦、魏两国,他为两国结盟之事说:'若魏国进攻南阳,秦国进攻三川,韩国必定灭亡。'且魏王重用张仪是想要获得土地,那么韩国的南阳就要被魏国占领了。您为何不把南阳割给魏国,作为公孙衍的功劳。这样,秦、魏两国的盟约就可废弃了,这样,魏国必然图谋秦国,而抛弃张仪,并与韩国联合,任命公孙衍为相国。"韩公叔认为这是正确的,于是割给魏国南阳,作为公孙衍的功绩,公孙衍果然被魏国任命为相国。

【注释】

①盍:何不,为何。②收韩:与韩国联合。

【解析】

魏惠王准备任命张仪为宰相,公孙衍甚感危机,于是派人去游说韩国公叔,以瓦解秦、魏之盟,使魏国放弃张仪,遂被采纳。

【处世策】

面对敌手联盟,自恃必败无疑,这时就要分裂对方的联合,使它重新分化成一个个弱小的力量,这样,以强敌弱,逐个击破。当然,要这么做就必须掌握对方之间的矛盾,或以利诱或以示强来说服或胁迫对方放弃联合,而后才可以从容地各个击破。

楚许魏六城

【原文】

楚许魏六城，与之伐齐而存燕。张仪欲败之，谓魏王曰："齐畏三国之合也。必反燕地以下楚、赵，楚、赵必听之，而不与魏六城。是王失谋于楚、赵，而树怨于齐、秦也。齐遂伐赵，取乘丘，收侵地，虚、顿丘危；楚破南阳九夷、内沛①，许、鄢陵危。王之所得者新观也，而道途宋、卫为制，事败为赵驱，事成功县宋、卫。"魏王弗听也。

【译文】

楚国答应给魏王六座城，和它一道进攻齐国，以保全燕国。张仪想破坏楚、魏联合进攻齐国的计划，便对魏王说："齐国害怕楚、魏、赵三国联合，一定会还给燕国的土地，并谦恭地对待楚、赵两国，楚、赵会同意，楚国就不会给魏国六座城。这样，大王对楚、赵两国失算，又对齐、秦两国结怨。齐国就会攻打赵国，攻下了乘丘，收回已侵夺的土地，魏国的虚、顿丘就将危急。楚国攻下南阳、九夷、侵入沛地，魏国的许、鄢陵就将危急。大王所得的只是新观而已，还要经过宋、卫两国才能管辖。攻齐失败，则被赵国驱使；攻齐成功，又会被宋、卫两国所限制。"魏王不听。

【注释】

①内：进入。

【解析】

公元前 314 年，燕王哙禅让国给子之，燕国大乱。齐宣王乘此机会攻打燕国。楚国欲伐齐救燕，为拉拢魏国，答应给魏国六座城池，以联合伐齐。张仪本着秦国"远交近攻"的方针，竭力阻止楚魏结盟，但没能说服魏王。

张仪告公仲

【原文】

张仪告公仲，令以饥故，赏韩人以逐河外①。魏王惧，问张子。张子曰："秦欲救齐，韩欲攻南阳，秦、韩合而欲攻南阳，无异也。且以遇卜王。王不遇秦，韩之卜也决矣。"魏王遂尚遇秦，信

【译文】

张仪告诉韩相公仲，让他以韩国遭受饥荒为理由，请求魏国给以援助，让饥民去靠近河外之地就食。魏王害怕了，就问张仪，张仪说："秦国想援救齐国，韩国想进攻南阳，秦、韩两国联合进攻南阳，没有别的原因。而且他们根据大王是否参加会晤，来推测大王的态度，大王如果不参加会晤，那么秦、韩两国对大王的推测就可以肯定了。"于是魏王就参加了会晤，秦、韩两国更加信赖，也宽解了魏国的忧

韩、广魏、救赵、尺楚人遷于草
下②。伐齐之事遂败。

心，解救了赵国的被困，斥责了楚国派到草下的
使者。进攻齐国的行动于是就失败了。

【注释】

①遷(yí)：迁徙、迁移。②尺：同斥，斥责。草(bì)下：地名，其地在今山东南部。

【解析】

张仪在阻止楚、魏结盟失败后，并没有放弃，又贿赂韩国公仲，使韩国移民河外，胁迫魏王与秦、韩交好。张仪的谋划最终得逞。

【处世策】

有信心，就会有恒心。而恒心是事业成功必备的素质之一。知难而退，肯定是一事无成的。懒惰的人，总是在寻找借口，没有恒心，不去努力奋斗。勤奋的人，总是有恒心，而且不断去努力奋斗。当你认定了一个方向的时候，不要去计较成败得失，既然认定了方向，便只顾风雨兼程地去付诸行动。

徐州之役

【原文】

徐州之没，犀首谓梁王曰："何不阳与齐而阴结于楚？二国特王①，齐、楚必战。齐战胜楚，而与乘之，必取方城之外；楚战胜齐，而与乘之②，是太子之仇报矣。"

【译文】

在齐、楚徐州之战时，犀首对魏王说："为何不公开与齐国联合，而暗中与楚国结交呢？齐、楚依仗大王的帮助，两国必然开战。齐国战胜了楚国，您就和齐国共同乘楚国战败疲惫之机，占有楚国方城以外之地；楚国战胜了齐国，您就和楚国共同乘齐国战败疲惫之机攻齐，那么魏太子申之仇就可以报了。"

【注释】

①恃：依仗，依赖。②乘：驾驭、控制。

【解析】

公元前333年，齐国、楚国徐州之战时，公孙衍建议魏王明联齐国，而暗结楚国，从而使楚败齐，报了马陵之仇。

【处世策】

职场、社会已演化得像战场一样，而城府就是积累王道的才能，在拥有度量，谋略和权威的同时,也以诡道的机智与变通,在自身实力并无绝对优势的情况下,通过选择对手、隐藏实力、计出奇兵等各种手段,灵活出新,实现最终的胜利。

秦败东周

【原文】

秦败东周,与魏战于伊阙,杀犀武,乘胜而留于境。魏令公孙衍请卑辞割地以讲于秦。为窦屡谓魏王曰:"臣不知衍之所以听于秦之少多,然而臣能半衍之割而令秦讲于王。"王曰:"奈何?"对曰:"王不若与窦屡关内侯,而令之赵,王重其行而厚奉之①。因扬言曰:'闻周、魏令窦屡以割魏于奉阳君而听秦矣。'夫周君、窦屡、奉阳君之与穰侯,贸首之仇也。今行和者,窦屡也;制割者,奉阳君也②。太后恐其不因穰侯也,而欲败之,必以少割请合于王,而和于东周与魏也。"

【译文】

秦军打败了东周,和魏军战于伊阙,杀了魏将犀武,秦军乘胜留驻在伊阙。魏王派公孙衍到秦国,低声下气地答应割地,要求媾和。

有人为魏人窦屡对魏王说:"我不知道公孙衍答应给秦国割多少土地,但是我可以只用公孙衍所割土地的一半,就能让秦国与大王媾和。"魏王说:"怎么办呢?"这人回答说:"大王不如封赏窦屡关内侯,让他去赵国,使赵王看重这次赵国之行,给窦屡以优厚的待遇,同时宣称:'听说东周和魏国已让窦屡割魏地给赵国奉阳君,听凭秦国怎么办了。'周君、窦屡、奉阳君与秦国的穰侯是不共戴天的仇人。现在进行议和的是窦屡,掌管割地的是奉阳君,秦国太后担心这些事不是由穰侯所能办成的,一定想从中破坏这件事,所以秦国太后会以少割地为条件要求秦王与东周和魏国媾和。"

【注释】

①厚奉:优厚的待遇。②制割:控制割地。

【解析】

公元前293年,秦军击败东周之后,与魏军战于伊阙。结果魏国被秦军打败,欲割地讲和,有人建议魏王说,如果让窦屡出使赵国,可以少割地。

【处世策】

具有高度洞察力的人是那些能发现别人发现不了的机会的人。实际上,比别人更能把握和利用某些看不见摸不着,有时甚至无法定义的机会,是成功人士取得超人业绩的根本原因。具有洞察力和冒险精神,才能提前发现机会的价值,才能以较低的代价

及早地把握机会。

齐王将见燕、赵、楚之相于卫

齐王将见燕、赵、楚之相于卫，约外魏①。魏王惧，恐其谋伐魏也，告公孙衍。公孙衍曰："王与臣百金，臣请败之。"王为约车，载百金。犀首期齐王至之日，先以车五十乘至卫间齐，行以百金②，以请先见齐王，乃得见。因久坐，安从容谈③。三国之相怨。谓齐王曰："王与三国约外魏，魏使公孙衍来，今久与之谈，是王谋三国也。"齐王曰："魏王闻寡人来，使公孙子劳寡人④，寡人无与之语也。"三国之相不信齐之遇，遇事遂败。

【译文】

齐王将要在卫国会见燕国、赵国、楚国的相国，准备相约排斥魏国。魏王很恐惧，害怕他们谋划进攻魏国，把这件事告诉了公孙衍。公孙衍说："大王给臣下百金，臣下请破坏他们的合约。"魏王给他准备车辆，装载百金。公孙衍了解了齐王到达卫国的日期，先率车五十辆到达卫国，私下会见齐国使者，给齐国的使者百金，请求先拜见齐王，于是见到了齐王。由于坐了很长时间，不紧不慢地闲谈，那三个国家的相国就产生了怨恨。对齐王说："大王同我们三国相约排斥魏国，魏国派公孙衍来出使，今天您长时间同他交谈，这是大王谋划我们三国呀。"齐王说："魏王听说寡人来到卫国，派公孙先生慰劳寡人，寡人没有同他密谈。"三个国家的相国不相信齐王的联合，联合的事就被破坏了。

【注释】

①齐王：指齐闵王。外魏：排斥魏国。②间齐：私下会见齐国使者。行：给予。③安：乃，于是。④劳：看望。

【解析】

齐王将要在卫国约见燕国、赵国、楚国的相国，以排斥魏国。公孙衍为魏国先行到了卫国，以百金先贿赂齐国使者，约见齐王，致使三国相国怀疑齐王诚意，因此齐王的谋略失败了。

【处世策】

无端猜疑是人性的弱点，古人早就有"瓜田不纳履，李下不正冠"的说法。猜疑是幸福人生的大敌，既易伤害别人，又易作茧自缚，令自己苦恼不堪。最好的解脱方式是，认识到猜疑的成因和危害，与被疑者多作开诚布公的倾心交谈。有宽阔的胸怀，猜疑自然远离。

魏令公孙衍请和于秦

魏令公孙衍请和于秦，綦毋恢教之语曰①："无多割！"曰："和成，固有秦重，以与王遇；和不成，则后必莫能以魏合于秦者。"

【注释】

①教之语：指点言语。

【解析】

魏国派公孙衍向秦国求和，綦毋恢建议公孙衍，即使讲和，也要讲究策略。

【处世策】

妥协通常是最有效解决问题的方法。而无原则地事事妥协会让别人认为你没有主心骨。例如，有些事情是没有妥协余地的，比如讨论某人究竟是否犯有过错。他要么犯过错误，要么没有，你不可能有中间立场。因此事事想妥协会带来一些风险。有时你可能放弃的东西太多，也太随意。在需要做出决断的时候，别人可能会认为你容易被说服。所以，在妥协的立场上，千万不要以为，我礼让三分，他人也会礼让三分。事实上正好相反，我退，敌必进。其中的策略，还需人们在实践中细细揣度。

【译文】

魏国派公孙衍去秦国求和，綦毋恢指点公孙衍说："不要多割地。"又说："如果求和成功，因秦国重视魏国的求和，必与魏王会晤；如果求和不成功，那么以后必定不能使魏国与秦国联合了。"

公孙衍为魏将

【原文】

公孙衍为魏将，与其相田繻不善①。季子为衍谓梁王曰："王独不见服牛骖骥乎②？不可以行百步。今王以衍为可使将，故用之也；而听相之计，是服牛骖骥也。

【译文】

公孙衍为魏国大将，和魏相田繻关系不好。魏臣季子为公孙衍对魏王说："大王有没有见过耕牛和千里马同架一车呢？这样连一百步也走不到。现在大王以为公孙衍可出任大将，所以就任用他，然而您又听从相国的主意，这是让耕牛和千里马同架一车的办法啊！即使牛、马都精疲力竭了，也不能干

牛马俱死，而不能成其功，王之国必伤矣！愿王察之。"

好。这样下去，大王的国家必定要受到伤害了！希望大王慎重考虑。"

【注释】

①田繻：应作田需，魏相国。②服牛：用牛驾车。骖骥：用千里马拉套。

卷二十三　魏二

犀首、田盼欲得齐、魏之兵以伐赵

【原文】

犀首、田盼欲得齐、魏之兵以伐赵①，梁君与田侯不欲。犀首曰："请国出五万人，不过五月而赵破。"田盼曰："夫轻用其兵者，其国易危；易用其计者，其身易穷。公今言破赵大易，恐有后咎。"犀首曰："公之不慧也！夫二君者，固已不欲矣，今公又言难以惧之，是赵不伐而二士之谋困也！且公直言易，而事已去矣。夫难构而兵结，田侯、梁君见其危，又安敢释卒不我予乎②？"田盼曰："善。"遂劝两君听犀首。

犀首、田盼遂得齐、魏之兵。兵未出境，梁君、田侯恐其至而战败也，悉起兵众之，大败赵氏。

【译文】

犀首和田盼想率领齐、魏两国之兵去攻打赵国，魏君和齐君不同意。犀首说："请求两国各出五万人，不超过五个月，赵国就会被攻下。"田盼说："轻易用兵的人，他的国家就容易危险；随便出谋的人，他自己就容易受困。您现在说攻下赵国很容易，将来恐怕会有后患。"犀首说："您可太不聪明了，齐、魏两君本来就不同意出兵，您现在又说有困难，来吓唬他们，这样，赵国不被攻打，我们两人的图谋就失败了。如果您干脆说容易，那么战事就可开始。等到双方交战，短兵相接、齐、魏两君眼看形势危急，又怎么敢置之不顾，不给我们出兵呢？"田盼说："好。"于是就劝齐、魏两君听从犀首的。

犀首、田盼最终得到了齐、魏的军队。军队还没有开出国境，魏君、齐君担心他们到了赵国会战败，又调集军队跟在他们后面，因此就大败了赵国。

【注释】

①犀首：公孙衍，战国魏国阴晋人，曾经为秦大良造，后相魏，又以"五国相王"故事佩五国相印，史书多以犀首称之。②释：放置。不我予：不给我们。

【解析】

借兵就如同借东西一样，是要考虑人家是不是想借给你。如果不想借给你，那么就需要考虑话该怎么说才能借到你所需要的东西。田盼的说辞无异于吓退两个

国君,这样是不会达到目的的。犀首就棋高一着,消除了两位国君的顾虑,轻轻松松就将军队借来,不仅如此,还将齐王和魏王的全部军队都调集过来。这都是他了解两位国君的心理的缘故。

【处世策】

犀首敢说大话在于他掌握了对方的心理,如果是平实、客观的论说,怎么能激发起对方的兴趣、打动对事不明、尚在犹豫不决中的对方呢? 所以论辩时有时就要加重力度、极力渲染,这样才能收到想得到的效果。这样做也不是不诚实,而是能够进一步施展计谋,最后达成自己所许诺的事项。"箭在弦上,不得不发",等事情成了这种状况的时候,对方与你会一致努力成全事功的。

犀首见梁君

【原文】

犀首见梁君曰:"臣尽力竭知,欲以为王广土取尊名。田需从中败臣,王又听之,是臣终无成功也。需亡,臣请侍①;需侍,臣请亡。"王曰:"需,寡人股掌之臣也②。为子之不便也,杀之亡之? 外之,毋谓天下何! 内之,无若群臣何也! 今吾为子外之,令毋敢入子之事③。入子事者,吾为子杀之亡之,胡如?"犀首许诺,于是东见田婴,与之约结;召文子而相之魏,身相于韩。

【译文】

犀首拜见魏君,说:"我尽心竭力,想为大王夺取更多的土地,抬高大王的声誉,但田需从中破坏我,大王又听从他的,这样我终究干不成事。如果田需离开,我请求侍奉大王;如果田需侍奉大王,我请求离开。"魏王说:"田需,他是我的亲近大臣。如果认为对您不利,我就杀掉他,赶走他的话——外面的诸侯怎么看我,国内的群臣又怎么看我? 现在我就为您疏远他,让他不敢干预您的事,如果他干预您的事,我再替您杀了他、赶走他,怎么样?"犀首同意了。于是他到齐国去会见田婴,和齐国结盟,并邀田婴的儿子田文去魏国做相国,自己在韩国出任相国。

【注释】

①侍:侍奉。②股掌之臣:比喻辅佐君王的大臣。③入:参与。

【解析】

公元前 317 年,五国伐秦失败,公孙衍失宠于魏王,东去齐国"约结"田婴,自己出任韩相。

【处世策】

职场里跳槽最好和情人间分手一样——再见亦是朋友。这种忠诚的品质在现代职场同样能为个人品牌带来增值。如果一个人被认为兼具能干和忠诚两种品质就会成为职场中的"抢手货"。好聚好散的另一个必要性是,在跳槽率居高不下的中国职场,和以前的同事再续前缘的几率非常高,在另一家公司二度相聚。如果曾经结有仇怨,会为今后的职业生涯埋下不少隐患。

苏代为田需说魏王

【原文】

苏代为田需说魏王曰:"臣请问文之为魏,孰与其为齐也?"王曰:"不如其为齐也。""衍之为魏,孰与其为韩也?"王曰:"不如其为韩也。"苏代曰:"衍将右韩而左魏[1],文将右齐而左魏,二人者将用王之国举事于世,中道而不可,王且无所闻之矣。王之国虽操药而从之可也[2]。王不如舍需于侧,以稽二人者之所为。二人者曰:'需非吾人也,吾举事而不利于魏,需必挫我于王。'二人者必不敢有外心矣。二人者之所为,利于魏与不利于魏,王厝需于侧以稽之[3],臣以为便于事。"王曰:"善。"果厝需于侧。

【译文】

苏代为田需游说魏王说:"我请问大王,孟尝君田文对魏国尽力。还是对齐国尽力?"魏王说:"他对魏国不如对齐国尽力。""公孙衍对魏国尽力,还是对韩国尽力?"魏王说:"他对魏国不如对韩国尽力。"于是苏代就说:"公孙衍必会亲近韩国,疏远魏国;田文必会亲近齐国,疏远魏国。他们两人将利用大王的国家在诸侯中图谋事变,保守中立则不可能,大王对诸侯的情况将会一无所知,大王的国家虽然衰弱,但合纵是可以的。大王不如把田需安置在您的身旁,好考察他们两人的所作所为。两人会暗想:'田需不是我们的人,我们办事如果不利于魏国,田需一定会在魏王面前毁伤我们。'他们二人就一定不敢有外心了。他们的所作所为,有利于魏国或不利于魏国,大王安置在身边的田需已经考察到了。我认为这样既有利于自己,又便于行事。"魏王说:"好。"魏王果然把田需安置在身边。

【注释】

①右:亲近。左:疏远。②操药:形容国力衰弱。③厝:同"措",安置。

【解析】

公元前314年,秦、韩岸门之战,韩将公孙衍大败。公孙衍行至魏国,苏代建议

魏王将忠诚的田需放在身边,以监督和制约田文与公孙衍的行动。

【处世策】

忠诚,已经成为人才的第一竞争力。人才越来越市场化,人才的竞争,已经从单纯的技能竞争,转向了品德与技能两方面的竞争。而在所有品德中,忠诚排在第一位。任何企业都不缺乏有能力的人,但那种既有能力,又忠诚的人,才是所有企业最想要的。有时,企业宁可任用一个能力一般却绝对忠实的人,而不愿重用一个缺乏忠诚的人。一定要记住:作为一名优秀员工,忠诚于公司,实际上就是忠诚于自己。

史举非犀首于王

【原文】

史举非犀首于王,犀首欲穷之,谓张仪曰:"请令王让先生以国,王为尧舜矣,而先生弗受,亦许由也!衍请因令王致万户邑于先生。"张仪说,因令史举数见犀首。王闻之而弗任也①。史举不辞而去。

【注释】

①弗任:不信任。指怀疑。

【译文】

史举在魏王面前说犀首的坏话,犀首想困住史举,便对魏相张仪说:"我愿让魏王把魏国禅让给先生您,魏王就成为尧、舜这样的贤君了;如果先生不接受,也是许由这样的人了。我乘机再请魏王给先生一个万户的都邑。"张仪很高兴,就要史举多次去拜见犀首。魏王听说史举这样,就怀疑史举,史举便不辞而去。

【解析】

下蔡人史举,曾任上蔡监门,为甘茂之师。公元前322年,张仪相魏,派史举谗毁公孙衍(犀首)。公孙衍以诈词游说张仪,张仪派史举去见公孙衍,魏王于是不相信史举之言,史举遂离去。

【处世策】

学会与别人合作,而不是凡事都亲力亲为。要学会不纠缠于鸡毛蒜皮的小事。巨大的财富通常是有眼光的帅才同多才多艺的智者通力合作的结果,善于敛财的通常是善于利用别人的能力赚钱的人。凡事亲力亲为只会分散你的精力,使你无法对全局作出判断。利用别人成就自己,从另一方面说也是在帮助别人。

楚王攻梁南

【原文】

楚王攻梁南，韩氏因围蔷。成恢为犀首谓韩王曰："疾攻蔷，楚师必进矣。魏不能支①，交臂而听楚②，韩氏必危。故王不如释蔷。魏无韩患，必与楚战。战而不胜，大梁不能守，而又况存蔷乎？若战而胜，兵罢敝，大王之攻蔷易矣！"

【译文】

楚王进攻魏国的南境，韩国乘机围攻魏国的蔷地。成恢为犀首对韩王说："大王极力攻蔷，楚国的军队必然前进，魏国不能支撑，只有恭恭敬敬地屈服听命于楚国。韩国因楚、魏联合处境必然危险。所以大王不如放弃蔷地，魏国没有韩国围攻的顾虑，必然与楚国交战。如果不能战胜楚国，大梁就保不住，又何况能保住蔷地呢？如果战胜了楚国，魏兵已疲惫不堪，大王进攻蔷地就容易了。"

【注释】

①支：抵挡。②交臂：叉手，拱手。

【解析】

公元前323年，楚、魏襄陵之战的时候，楚国先进攻魏国南部，韩国乘机包围魏国蔷地。成恢替公孙衍游说韩王放弃攻魏。

【处世策】

时下一些心胸狭窄的领导最害怕手下的人团结起来，不听话，或架空自己，他为了达到削弱别人壮大自己的目的，往往会挑起下属之间的矛盾，坐山观虎斗，左右控制，使大家都听他的摆布，谁也离不开他。识破个别领导"隔岸观火"伎俩的办法，就是要和同事打成一片，加强与同事的配合，只有这样，你才会工作自如，做出一番成绩。

魏惠王死

【原文】

魏惠王死，葬有日矣①。天大雨雪，至于牛目，坏城郭，且为栈道而葬②。群臣多谏太子者，曰："雪甚如此而丧行，民必甚病之。官费又恐不给，请驰期更日。"太子曰："为人子，而以

【译文】

魏惠王死了，举行葬礼的日子已经确定下来了。但是那天天上下起了大雪，地上的积雪深得几乎能没到了牛的眼睛，城郭的路无法通行，太子准备用木板修成栈道来送葬。群臣大都谏阻太子，说："雪下得这么大还要送葬，百姓必定会感到痛苦。国家的开支又恐怕不够，请延期举

民劳与官费用之故,而不行先王之丧,不义也。予勿复言。"群臣皆不敢言,而以告犀首。犀首曰:"吾未有以言之也,是其唯惠公乎!请告惠公。"

【译文】

行葬礼吧。"太子说:"做儿子的因为百姓辛苦和国家开支不够,就不按期举行先王的葬礼,这是不符合道义的。你们就不要再说了。"大臣们都不敢再劝说,就把这件事告诉了犀首。犀首说:"我也没有办法劝说他,这事只有惠子能够办到,让我去告诉惠子。"

【注释】

①有日:有了确定的日期,也就是将日期确定好了。②为栈道:架木为道。

【原文】

惠公曰:"诺。"驾而见太子曰:"葬有日矣?"太子曰:"然。"惠公曰:"昔王季历葬于楚山之尾,栾水啮其墓①,见棺之前和②。文王曰:'嘻!先君必欲一见群臣百姓也夫,故使栾水见之。'于是出而为之张于朝,百姓皆见之,三日而后更葬。此文王之义也。今葬有日矣,而雪甚,及牛目,难以行,太子为及日之故,得毋嫌于欲亟葬乎?愿太子更日。先王必欲少留而扶社稷、安黔首也,故使雪甚。因驰期而更为日,此文王之义也。若此而弗为,意者盖法文王乎③?"太子曰:"甚善。敬驰期,更择日。"惠子非徒行其说也,又令魏太子未葬其先王而因又说文王之义。说文王之义以示天下,岂小功也哉!

【译文】

听了犀首的话,惠公说:"好吧。"就驾着车去见太子,说:"举行葬礼的日期已经定下来了吗?"太子说:"已经定下来了。"惠公说:"过去周王季历埋葬在终南山的山脚下,从地下渗漏出来的水侵蚀了他的坟墓,露出棺材前面的横木。周文王说:'啊!先王一定是想再看看群臣和百姓吧,所以才让渗漏的水把棺木露了出来。'于是就把棺木挖了出来,在上面搭起个灵棚,让百姓和朝臣都去拜见他。过了三天之后才改葬。这是文王的义举啊。现在举行葬礼的日期虽然已经定了下来,但是外面雪下得太大,甚至没到牛的眼睛了,灵车无法行走,太子为了能按期下葬就不顾困难,这是不是有急于将先王安葬了事的嫌疑啊?希望太子改期安葬。先王一定是想稍微停留一下,再来扶持一下他的国家,安抚一下他的百姓,所以才让雪下得这么大。据此推迟葬期,来另外选择吉日,这是和文王一样的大义啊!遇到像这样的情况还不改日安葬,想来是把效法文王当作羞耻了吧?"太子说:"你说非常好。那就延期安葬,再择吉日吧。"惠子不仅仅是实践了自己的主张,并且还让魏太子不匆忙安葬先王,而借此机会宣扬了文王的义举。将文王的仁义昭示于天下,这难道是很小的功劳吗?

【注释】

①栾(luán)水啮其墓:墓为漏流所渍。②和:棺材两头的木板。③意者:想来大概是,看来。

【解析】

自然界的变化影响着人类的活动。虽然惠公劝说太子的话，在现代的我们看来，是唯心的荒诞的，但太子听信了他的劝说，惠公巧妙地借用天与人的感应，达到了自己的目的。

【处世策】

劝说别人，最好最大限度地揣测对方的心理，以积极的话语来激励对方，让对方看到他所愿意看到的愿景。这样就更加有利于我们劝说的成功。有时候，说些恭维的话，并不就是溜须恭维，能够让对方接受我们的劝谏，达到我们的目的，又有什么不可以的呢？

五国伐秦

【原文】

五国伐秦，无功而还。其后齐欲伐宋，而秦禁之。齐令宋郭之秦，请合而以伐宋，秦王许之。魏王畏齐、秦之合也，欲讲于秦。

谓魏王曰："秦王谓宋郭曰：'分宋之城、服宋之强者①，六国也。乘宋之敝而与王争得者，楚、魏也。请为王毋禁楚之伐魏也，而王独举宋。王之伐宋也，请刚柔而皆用之。如宋者，欺之不为逆者，杀之不为仇者也。王无与之讲以取地，既已得地矣，又以力攻之，期于啖宋而已矣②。'臣闻此言而窃为王悲。秦必且用此

【译文】

齐、燕、赵、魏、韩五国进攻秦国，没有成功而还。此后齐国想进攻宋国，而秦国制止它。齐国便派宋郭去秦国，要求与秦国联合进攻宋国，秦昭王同意了。魏王害怕齐、秦联合，想和秦国媾和。

苏秦对魏王说："秦王对宋郭说：'瓜分宋国、制服宋国的是齐国。乘宋国疲惫，而与齐王争夺胜利果实的是楚国和魏国。请您对齐王说：不要制止楚国去进攻魏国。那么齐王可以单独灭掉宋国。齐王进攻宋国时，请采取刚、柔并用的办法。像宋国这样的国家，欺诈它不算背理，灭掉它也算不上什么仇怨。和它媾和是为了夺得地盘，已经夺得了地盘，又加紧进攻，目的只在于灭掉宋国而已。'我听到这话，私下为您感到忧惧。秦国一定会用吞灭宋国的办法

于王矣，又必且因王以求地。既已得地，又且以力攻王。又必讲王，因使王轻齐。齐、魏之交已丑，又且收齐以更索于王。秦尝用此于楚矣，又尝用此于韩矣，愿王之深计之也。

【注释】

①服：打败。②唉：吞灭。

【原文】

"秦善魏不可知也已，故为王计，太上伐秦，其次宾秦①，其次坚约而详讲②，与国无相离也。秦、齐合，国不可为也！王其听臣也！必无与讲。秦权重，魏冉明孰，是故又为足下伤秦者③，不敢显也。天下可令伐秦，则阴劝而弗敢图也。见天下之伤秦也，则先靁与国而以自解也。天下可令宾秦，则为劫于与国而不得已者。天下不可，则先去而以秦为上交以自重也。如是人者，靁王以为资者也，而焉能免国于患？免国于患者，必穷三节而行其上。上不可则行其中，中不可则行其下，下不可则明不与秦两生以残秦，使秦皆无百怨百利，唯已之曾安。今足下靁之以合于秦，是免国于患者之计也。臣何足以当之？虽然，愿足下之论臣之计也。

【译文】

对付大王。而且一定会向大王索要土地，已经要到了土地，又会加紧进攻大王，它又一定要大王轻慢齐国，当齐、魏关系已经恶化，它又将联合齐国，更进一步向大王要求土地。秦国曾经对楚国用过这个办法，又曾经对韩国用过这个办法。希望大王要深思熟虑啊。

"秦国对魏国友好乃是居心叵测。所以为大王考虑：上策是进攻秦国，中策是对抗秦国，下策坚守合纵盟约假意媾和，而盟国之间要保持密切联系。秦、齐如果联合，魏国就没办法了。大王还是听我的吧，一定不要和秦国联合。秦国权力大，秦相魏冉又明于事而熟于计，所以，有为大王打击秦国的，也不敢公开表露。诸侯可以让他们组织进攻秦国，但只是秘密发动而不敢公开进行。见到诸侯在打击秦国，就先出卖盟国而自我解脱；诸侯可以让他们组织对抗秦国，但只是假装受到盟国的胁迫。出于不得已的；诸侯既不能进攻秦国，又不能对抗秦国时，他们就背离同盟国，把秦国当为友邦，来保重自己。这样的人是在出卖大王，作为他自己的资本，这怎么能使国家免除忧患呢？能使国家免除忧患的，必须深究上、中、下三策，去实行上策，上策不行，就实行中策，中策不行，就实行下策；下策不行，就表示绝不与秦国共存，誓死损伤秦国，要使秦国无怨恨又无利益，只求自己的安宁。现在大王舍弃"残秦"、"亡秦"之策，与秦国联合，认为这是使国家免于忧患的计策。我不知此计有什么可取之处？虽然如此，我还是希望大王考虑我的计谋。

【注释】

①宾：通"摈"。②详：通"佯"。③又：通"有"。

【原文】

"燕、齐，仇国也；秦，兄弟之交也。合仇国以伐婚姻①，臣为之苦矣。黄帝战于涿鹿之野，而西戎之兵不至；禹攻三苗，而东夷之民不起。以燕伐秦，黄帝之所难也，而臣以致燕甲而起齐兵矣。臣又偏事三晋之吏②，奉阳君、孟尝君、韩珉、周最、韩余为徒，从而下之。恐其伐秦之疑也，又身自丑于秦。初之请焚天下之秦符者，臣也；次传焚符之约者，臣也；欲使五国约闭秦关者，臣也。奉阳君、韩余为既和矣，苏修、朱婴既皆阴在邯郸，臣又说齐王而注败之。天下共讲，因使苏修游天下之语，而以齐为上交，兵请伐魏，臣又争之以死，而果西因苏修重报③。臣非不知秦劝之重也。然而所以为之者，为足下也。"

【译文】

"燕国与齐国是敌国，而燕国与秦国是兄弟之邦。要使互相敌对的燕、齐两国联合去进攻燕国的盟邦秦国，我认为这是实在难以办到的。从前，黄帝和蚩尤大战于涿鹿之野，蚩尤的盟邦西戎的军队不来支援黄帝；禹王攻打三苗，三苗的盟邦东夷人也不派兵接应禹王。如今要作为兄弟之国的燕国去攻打秦国，这即使是黄帝、大禹怕也是感到为难的。可是我可以使燕、齐两国出兵。我又辅佐过三晋的大臣们。跟奉阳君、孟尝君、韩珉、周最、韩余等人都有交往，对他们谦恭卑下，唯恐他们对攻秦之事三心二意，因而从来不避讳秦国会与我关系恶化之嫌。当初，要求各诸侯国焚烧秦符，与秦国断交的是我；再次传告诸侯焚烧秦符的也是我；使五国结盟关闭通往秦国关隘，不与秦国通好的也是我。奉阳君、韩余已经同意进攻秦国，主张连横的苏修，朱婴都已秘密地住在邯郸，我又说服齐王去瓦解苏、朱的连横阴谋，诸侯共同结成攻秦的同盟，于是秦国就派苏修去说服诸侯，不要他们接受联合攻秦的主张，而把齐国当成牢不可破的友邦，并要求齐国出兵攻魏，我就以死去力争齐国不攻打魏国。因齐不攻魏，苏修终究因此西入秦国再去报告秦王。我并非不知道秦国权势大，但我之所以这样做，都是为了大王啊。"

【注释】

①仇国：指燕、齐。婚姻：指燕、秦为婚姻之国。②偏：通"遍"，遍。③重报：再次向秦国报告。

【解析】

公元前286年，五国伐秦失败后，齐、秦准备攻打宋国，魏国担心对自己不利，想和秦国通好。苏秦游说魏王，申明不与秦国讲和，而应该合纵攻秦。

在这竞争激烈的时代,企业的成功,也在于企业的员工是否一心。团结的力量是不可估计的,它可以克服一切困难。因此,作为企业中的员工,应该与其他员工团结一致,也只有这样,企业才会获胜,也只有这样才是一个好员工。异体同心万事兴,同体异心万事休。团结一切可以团结的力量,把人心凝聚在一起才能战胜一切。

魏文子、田需、周宵相善

【原文】

魏文子、田需、周宵相善,欲罪犀首。犀首患之,谓魏王曰:"今所患者齐也,婴子言行于齐王,王欲得齐,则胡不召文子而相之?彼必务以齐事王。"王曰:"善。"因召文子而相之。犀首以倍田需、周宵[1]。

【译文】

魏国的田文、田需、周宵彼此友好,他们打算加罪于犀首。犀首担心此事,便对魏王说:"现在所担心的是齐国。齐威王对靖郭君田婴言听计从,大王想和齐国结好,那么为何不请田婴之子田文出任魏国的相国呢?他一定会使齐国友好地对待魏国。"魏王说:"好。"就邀请田文,任命他为相国。田文因犀首的推荐而能任魏国的相国,因而感激犀首,犀首便使田文去反对田需、周宵。

【注释】

①倍:同"背",背叛。此处指反对。

【解析】

公元前317年,五国伐秦失败,田文、田需、周宵趁机陷害公孙衍。公孙衍推荐田文为相,因此使田文背叛了田需、周宵。

【处世策】

面对对手联盟向自己施加了强大的压力时,要通过各种手段分化瓦解敌人营垒,化敌人营垒中的主要成员为自己的盟友,这就能达到"不战而屈人之兵"的目的。当然,这只是绝处逢生的一种策略,并不能当作置人于死地的"杀手锏。"

魏王令惠施之楚

【原文】

魏王令惠施之楚,令犀首之齐,钧二子者乘数①,钧将测交也。施因令人先之楚,言曰:"魏王令犀首之齐,惠施之楚,钧二子者,将测交也。"楚王闻之,因郊迎惠施。

【译文】

魏王派惠施去楚国,派犀首去齐国。两位使臣用的车辆乘数相等,用的礼仪、级别相同。以便观察两国对魏国的交情。惠施就派人先去楚国制造舆论说:"魏王派犀首去齐国,派惠施去楚国,他们用的车辆乘数相等,礼仪、级别也相同,看看齐国和楚国哪一国尊重魏王的使臣,就可预知哪一国对魏国优厚。"楚王听说后,就以厚礼亲自到郊外去迎接惠施。

【注释】

①钧:同"均"。

【解析】

公元前333年,魏王派惠施去楚国,派公孙衍去齐国,惠施诱使楚王以郊迎大礼接待自己。

【处世策】

礼仪具有很强的凝聚情感的作用。礼仪的重要功能是对人际关系的调解。礼仪有利于促使冲突各方保持冷静,缓解已经激化的矛盾。如果人们都能够自觉主动地遵守礼仪规范,按照礼仪规范约束自己,就容易使人际间感情得以沟通,建立起相互尊重、彼此信任、友好合作的关系,进而有利于各种事业的发展。

魏惠王起境内众

【原文】

魏惠王起境内众,将太子申而攻齐。客谓公子理之傅曰:"何不令公子泣王太后,止太子之行?事成则树德,不成则为王矣。太子年少,不习于兵。田盼宿将也①,而孙子善用兵②。战必不胜,不胜必禽。公

【译文】

魏惠王发动全国的军队,由太子申统率去进攻齐国。有人对公子理的老师说:"您为何不让公子理在王太后面前去哭诉,以阻止太子率兵进攻齐国呢?如果事情办成了,太子申就会感激公子理;如果阻止不成,那么公子理可立为王。太子申年轻,不熟悉用兵。而田盼是齐国久经战阵的老将,孙膑又善于用兵。太子这次出战必定不能获胜,战败了必定被擒。公子理在魏王面前力争太

子争之于王，王听公子，公子必封；不听公子，太子必败。败，公子必立，必为王也。"

子申不率兵进攻齐国。如果魏王听从公子理的，公子理必定会受封；魏王如果不听信公子理的，太子申一定会吃败仗；太子申打了败仗，公子理也就一定会立为太子；公子理立为太子后，一定会继承王位。"

【注释】

①宿将：久经战阵的将领。②孙子：孙膑，《孙膑兵法》的作者，战国时期的军事家。

【解析】

魏、齐马陵之战前，魏王在国内总动员，令太子申为将。有说客劝公子理应该争于王前，使自己的地位进一步提升。

【处世策】

奉承拍马已经不是办公室的时尚。有主见又有人缘才是办公室的新宠，不用左右为难成为矛盾焦点，巧用心思让自己彻底在右逢源，这是职场达人们的新目标。一般来讲，做到三点就足以让自己获得最好的人际工作环境：勤汇报，多请示，常沟通；洁身自好不参与是非；做个乐心助事的中间派。

齐魏战于马陵

【原文】

齐、魏战于马陵，齐大胜魏，杀太子申，覆十万之军。魏王召惠施而告之曰①："夫齐，寡人之仇也，怨之至死不忘。国虽小，吾常欲悉起兵而攻之，何如？"对曰："不可。臣闻之，王者得度②，而霸者知计。今王所以告臣者，疏于度而远于计。王国先属怨于赵③，而后与齐战④。今战不胜，国无守战之备，王又欲悉起而攻齐，此非臣之所谓也。王若欲报齐乎，则不如因变服折

【译文】

齐、魏在马陵作战，齐军大败魏军，杀死魏太子申，魏国十万大军全部败溃。这时魏惠王把宰相惠施找来说："齐国是寡人的仇敌，这种仇恨终生难忘。魏国虽小，但是寡人想动员全国兵力攻打齐国，不知你以为如何？"惠施回答说："不可以。臣听说：'以德治天下的要守法度，以力制天下的常用计谋。'现在君王告诉臣下的，既不合乎法度，又不合乎计谋。君王本来是先怨恨赵国，然后才派兵攻打齐国。如今战败，国家没有防御措施，可是君王又想动员全国兵力讨伐齐，这就不是臣所说的守法度和用计谋了。假如君王要报齐国之仇，还不如脱下天子之服，换上诸侯的衣服，取消天子称号，以诸侯身份去齐国朝贡，如此楚王必然大怒。这时君王再派游说之士，挑拨楚、齐两国交战，那楚国

节而朝齐⑤，楚王必怒矣⑥。王游人而合其斗⑦，则楚必伐齐，以休楚而伐罢齐，则必为楚禽矣，是王以楚毁齐也。"魏王曰："善。"乃使人报于齐，愿臣畜而朝⑧。

田婴许诺。张丑曰："不可。战不胜魏，而得朝礼，与魏和而下楚，此可以大胜也。今战胜魏，覆十万之军，而禽太子申；臣万乘之魏而卑秦、楚，此其暴戾定矣。且楚王之为人也，好用兵而甚务名，终为齐患者，必楚也。"田婴不听，遂内魏王，而与之并朝齐侯再三。

赵氏丑之。楚王怒，自将而伐齐，赵应之，大败齐于徐州。

必然攻打齐国，凭安定的楚国来攻打疲惫的齐国，齐国必然被楚国战败，这就等于是君王用楚来征服齐。"魏惠王说："好计策！"于是就派使者前往齐国，表示愿意对齐王尽臣子之礼来朝贡。

齐相田婴当即接受，可是张丑却说："不可以接受魏国的朝贺。假如齐国没有战胜魏国，而得到魏国的祝贺之礼，跟魏讲和之后再连兵攻楚，那必然可以大败楚国。可是现在齐国已经战胜魏国，击溃魏国十万大军，俘虏了魏太子申，征服了拥有万辆兵车的魏国，连秦、楚两国都甘拜下风，两国都认为齐王一定会因战胜魏国而行为暴戾。况且楚王的为人是喜好用兵而又爱好名誉，所以最后成为齐国忧患的必然是楚国。"田婴没有采纳张丑的建议，而接受魏惠王的要求，一连几次与魏惠王一起去朝见齐威王。

赵王感到很愤恨，楚王更是勃然大怒，亲自率兵攻打齐国，赵国也派兵响应，结果大败齐军于徐州。

【注释】

①魏王：指魏惠王。②度：法度。③属怨于赵：同赵国结下仇怨。指魏惠王二十八年(公元前342年)魏国同宋国、韩国兴兵伐赵，围困邯郸。④与齐战：是指魏惠王二十九年(公元前341年)，齐国为救赵国，派孙膑、田忌领兵败魏于桂陵。⑤变服：更换君主的服装。⑥楚王：指楚威王。⑦游：犹言游说。⑧臣畜：犹称臣。

【解析】

魏、齐马陵之战，魏国惨败，太子被杀，魏王恼羞成怒，欲挥举国之师与齐国奋力一搏。惠施劝魏王屈尊朝齐。后来，魏和齐互尊为王。楚王对此大怒，领兵伐齐，在徐州大败齐师。惠施的建议，使魏国摆脱了困境，借用楚国的力量报了魏国的大仇。

【处世策】

要实现反败为胜，需要足够的逆境智商，进而改变思维方式向前看。其中一个方法就是："好风凭

借力,送我上青云"。这句话中所蕴含的人生哲理用在求职就业的过程中,就可以称为"借梯登高"之计。复杂的社会关系之中,在各种社会关系构成的屏障面前,互相利用是人性的弱点,但它也是人类共同的心理倾向,而这正是"借梯登天"之计的实质所在。俗话说:"一个篱笆三个桩,一个好汉三个帮"。不懂得或不善于利用他人力量,光靠单枪匹马闯天下,在现代社会里是很难大有作为的。

惠施为韩魏交

【原文】

惠施为韩、魏交,令太子鸣为质于齐①。王欲见之,朱仓谓王曰:"何不称病?臣请说婴子曰:'魏王之年长矣。今有疾,公不如归太子以德之。不然,公子高在楚,楚将内而立之。是齐抱空质而行不义也!'"王从之,太子得还。

【译文】

惠施为了使韩、魏两国与齐国结成邦交,让魏太子鸣去齐国做人质。魏王想见太子鸣,朱仓对魏王说:"大王为何不说自己有病,我愿去说服靖郭君田婴说:'魏王年纪大了,现在有病,您不如让太子鸣回国,以施恩于魏国。不然,公子高在楚国,楚国会送回公子高,立他为太子,这样,齐国就留了一个空有其名的人质,又做了不合情理的事。"魏王听从了建议,太子鸣得以返回国家。

【注释】

①质:人质。

【解析】

公元前336年,马陵之战后,惠施为韩、魏与齐邦交友好,派魏太子在齐为人质。魏惠王想见太子,朱仓让魏惠王装病,以便自己去游说齐相田婴,使太子回国。

【处世策】

人际交往最大的困难是怎样说服对方。要说服对方就要消除倾听者的戒备之心。由于双方在刚见面时,倾听者对说话者采取了警戒的态度,所以谈话者应当一面巧妙地疏导和松懈对方的戒心,一面小心地辅以适当的忠告,这样对方就比较容易接受。再者,用事实说话。人们常说"事实胜于雄辩",也就是说,事实最具有说服力。要想得到倾听者的共鸣、共识,一定要利用倾听者熟悉的事物。倾听者本身的生活经历,这最容易引起对方的共鸣。总之,要说服对方,需要说服者具有敏锐的思维,精细的眼光,多角度的分析和诚恳亲切的态度,只有在这些方面驾轻就熟,才能够顺利迅速地说服对方。

田需贵于魏王

【原文】

田需贵于魏王,惠子曰:"子必善左右①。今夫杨,横树之则生②,倒树之则生,折而树之又生。然使十人树杨,一人拔之,则无生杨矣。故以十人之众,树易生之物,然而不胜一人者,何也?树之难而去之易也。今子虽自树于王,而欲去子者众,则子必危矣。"

【译文】

田需很受魏王的宠信。惠施对田需说:"您一定要妥善对待君王左右的人。譬如杨树,横着栽能活,倒着栽能活,折断了栽还能活。如果让十个人栽杨树,一个人又拔掉它,那就没有活杨树了。用十人之众去栽种容易活的杨树,却抵不住一个人去拔,为什么呢?这是因为种树困难而拔树容易。现在您虽然在魏王面前扎下了根,可是想要除掉您的人太多,您就一定很危险了。"

【注释】

①善左右:对魏王左右的人亲善。②树:栽,种植。

【解析】

惠子用形象的比喻对正春风得意的宠臣提出了警告。这样的说话方式的确能够给人以深刻的印象,从而提高警惕、戒骄戒躁。

【处世策】

处在名利中心地带的人,的确应像《诗经·小雅》中说的:"战战兢兢,如临深渊,如履薄冰"。做对事的同时,要格外注意对人际关系的揣摩,不可树敌过多。

田需死

【原文】

田需死,昭鱼谓苏代曰:"田需死,吾恐张仪、薛公、犀首之有一人相魏者。"代曰:"然则相者以谁而君便之也?"昭鱼曰:"吾欲太子之自相也。"代曰:"请为君北见梁王,必相之矣。"昭鱼曰:"奈何?"代曰:"君其为梁王,

【译文】

田需死后,楚相国昭鱼对苏代说:"田需死后,我担心张仪、薛公田文、犀首公孙衍三人中必有一人出任魏国的相国。"苏代说:"那么谁任魏国的相国对您有利呢?"昭鱼说:"我希望太子自己出任相国。"苏代说:"请让我为您北上去朝见魏王,一定让太子出任相国。"昭鱼说:"怎么办呢?"苏代说:"您假设是魏王,我来游说您。"

代请说君。"昭鱼曰:"奈何?"对曰:"代也从楚来。昭鱼甚忧,代曰:'君何忧?'曰:'田需死,吾恐张仪、薛公、犀首有一人相魏者。'代曰:'勿忧也!梁王,长主也。必不相张仪。张仪相魏,必右秦而左魏①;薛公相魏,必右齐而左魏;犀首相魏,必右韩而左魏。梁王,长主也,必不使相也。'代曰:'莫如太子之自相。是三人皆以太子为非固相也,皆将务以其国事魏而欲丞相之玺②。以魏之强,而持三万乘之国辅之,魏必安矣。故曰不如太子之自相也。'"

遂北见梁王,以此语告之,太子果自相。

【注释】

①右:亲近。左:疏远。②玺:印鉴。

【解析】

田需死后,楚国相国昭鱼担心张仪、薛公、公孙衍等人出任魏相,因此派苏代游说魏王,使魏太子为相。

【处世策】

《孙子兵法·计篇》中曾指出:"夫未战而庙算胜者,得算多也。未战而庙算不胜者,得算少也。"所谓先算、多算,就是作决策一定要事先周密思考,深谋远虑。对竞争可能出现的情况做出各种估计,好的、不好的等等,都要考虑到,并分别提出几种不同的决策。最大限度地确保自己的谋划顺利进行。

昭鱼说:"怎么游说呢?"苏代回答说:"我从楚国来,楚相昭鱼很担忧。我问他:'您担忧什么?'昭鱼说:'田需死了,我担心张仪、薛公田文、犀首公孙衍三人中必有一人出任魏相国。'我说:'不必担忧,魏王是贤明的国君,一定不会任命张仪为相国。张仪任魏相,必定会亲近秦国,疏远魏国;薛公任魏相,必定会亲近齐国,疏远魏国;犀首任魏相,必定会亲近韩国,疏远魏国。魏王是贤明的国君,是一定不会让他们做相国的。'我又说:'倒不如让太子自己做相国。这三个人都认为太子不会长久做相国的,他们都会尽力拿本国来讨好魏国,都垂涎魏国丞相的大印。凭魏国这么强大,又依仗秦、齐、韩三个万乘大国的帮助,魏国必然平安无事。所以说,倒不如让太子自己做相国。'"

苏代于是北上去朝见魏王,用上面那番话劝说魏王,太子果然自己做了相国。

秦召魏相信安君

【原文】

秦召魏相信安君，信安君不欲注。苏代为说秦王曰："臣闻之，忠不必当①，当不必忠。今臣愿大王陈臣之愚意，恐其不忠于下吏，自使有要领之罪②，愿大王察之。今大王令人执事于魏以完其交。臣恐魏交之益疑也；将以塞赵也，臣又恐赵之益劲也。夫魏王之爱习魏信也甚矣！其智能而任用之也厚矣！其畏恶严尊秦也明矣！今王之使人入魏而不用，则王之使人入魏无益也。若用，魏必舍所爱习而用所畏恶，此魏王之所以不安也。夫舍万乘之事而退，此魏信之所难行也。夫令人之君处所不安，令人之相行不能，以此为亲，则难久矣！臣故恐魏交之益疑也。且魏信舍事，则赵之谋者必曰：'舍于秦，秦必令其所爱信者用赵，是赵存而我亡也，赵安而我危也。'则上有野战之气，下有坚守之心。臣故恐赵之益劲也。

【译文】

秦王邀请魏相信安君到秦国，信安君不想去。苏代为信安君劝秦王说："我听说'忠者不必都智慧，智者不必都忠诚。'我希望向大王陈述我的愚见。我担心不忠于大王，自找死罪，希望大王慎重考虑。现在大王派人去魏出任相国以取代信安君来增进秦、魏的邦交，我担心魏国对秦、魏的邦交会更加疑惑。用这种办法来阻碍魏、赵两国的关系，我反倒担心赵国会更加强了力量，魏王宠爱信安君到了极点，魏王选拔任用有才能的人待遇丰厚，魏王畏惧尊敬秦国是很明显的。如果大王派人到魏国去而魏王不任用，那么大王派人去魏国就没有什么好处；如果魏王任用了大王所派去的人，那么魏王必须舍弃自己宠信的人，任用自己所畏惧和讨厌的人，这是魏王之所以不安的原因。放弃万乘大国的相国不做，这是信安君难做到的。让别国的国君处于不安的境地，让别国的相国做自己不能做的事，用这种办法搞好关系，就难以持久。我担心魏国对秦、魏的邦交更加疑惑。况且信安君放弃万乘大国的相国不做，那么赵国的相国一定会说：'赵与秦国联合，秦国必然要让他所宠信的人在赵国掌权。这样，赵国存在，我却失权了。赵国平安，我却危险了。'这样，赵国全国上下必抱有与秦国拼死作战，坚决御敌的决心，所以我担心赵国反而会因此更加强大啊。"

【注释】

①当：通"党"。②要领之罪：杀头之罪。要，同"腰"，领，指脖颈。

"大王欲完魏之交而使赵小心乎？不如用魏信而尊之以名。魏信事王，国安而名尊；离王，国危而权轻。然则魏信之事王也，上所以为其主者忠矣，下所以自为者厚矣，波其事王必完矣。赵之用事者必曰：'魏氏之名族不高于我，土地之实不厚于我，魏信以魏事秦，秦甚善之，国得安焉，身取尊焉。今我构难于秦，兵为招质①，国处削危之形，非得计也。结怨于外，生患于中，身处死亡之地，非完事也。'波将伤其前事而悔其过行，冀其利，必多割地以深下王②，则是大王垂拱多割地以为利重③，尧、舜之所求而不能得也！臣愿大王察之。"

【注释】

①招质：箭靶子，目标。②下：侍奉。③垂拱：垂衣拱手，指毫不费力。

【解析】

秦国想招用魏国相国信安君，可信安君不想去，苏代为其游说秦王，以打消秦王的念头。

【处世策】

人与人之间的交往贵在与人为善，尽可能向他人提供方便，尽量给予他人帮助。可以说，宽以待人是一个道德水准较高的表现。对于别人的好事，要极力给予支持和赞赏；对于别人的坏事，不要幸灾乐祸甚至落井下石。孔子在《论语·颜渊》中说："君子成人之美，不成人之恶。小人反是。"意思是说，君子成全别人的好事，不促成别人的坏事。小人则与此相反。的确如此，为他人鼓掌、成人之美是一种修养，也是一种高尚的品德，

"大王想要增进秦、魏的邦交，使赵国小心谨慎地尊奉秦国吗？不如重用信安君，给他相国的尊名。信安君尊奉大王，魏国就平安，他个人的名声就尊贵；信安君如不尊奉大王，魏国就危险，他个人的权力就削弱。那么信安君尊奉大王，对上为其主尽忠，对下也可以为自己好好打算，他要尊奉大王必定会尽善尽美。赵国的执政者一定会说：'魏国的名门望族，地位不比我高贵，土地的物产不比我丰厚。信安君以魏国来尊奉秦国。秦国对他很好，魏国因此能够太平无事，信安君自己也能够获得尊荣。现在我国与秦国交战。士兵成为秦国射箭的靶子，赵国正处于削弱危险的境地，这不是安全的计策。对外与秦国结怨，对内又滋生祸患，使自己处于死亡之地，这不是万全之策。'那赵国的相国将会因不能与秦国联合而感到忧虑，后悔自己的错误行为，希望赵国平安，自己尊荣，日后一定会多割土地，诚心诚意地尊奉大王。这样，大王不用举手之劳，便取得赵国割地这样的大利，这是尧、舜想要得而得不到的大利啊！对废黜信安君与任用信安君，其利害得失，我希望大王明察。"

它需要有宽广的胸襟和与人为善的心态。对于患得患失、一切都要算计自己能得到多少好处的人来说，是无法做到成人之美的。

秦楚攻魏

【原文】

秦、楚攻魏，围皮氏。为魏谓楚王曰："秦、楚胜魏，魏王之恐也。见亡矣，必合于秦。王何不倍秦而与魏王①？魏王喜，必内太子。秦恐失楚，必效城地于王②。王虽复与之攻魏，可也！"

楚王曰："善。"乃倍秦而与魏。魏内太子于楚。秦恐，许楚城地，欲与之复攻。樗里疾怒，欲与魏攻楚，恐魏之以太子在楚不肯也。为疾谓楚王曰："外臣疾使臣谒之，曰：'敝邑之王，欲效城地，而为魏太子之尚在楚也，是以未敢。王出魏质，臣请效之，而复固秦、楚之交，以疾攻魏。'"

楚王曰："诺。"乃出魏太子。秦因合魏以攻楚。

【译文】

秦、楚两国进攻魏国，包围了皮氏。有人为魏国对楚王说："秦、楚两国战胜了魏国，魏王害怕国家被灭亡，必定会和秦国联合。大王为什么不背弃秦国，联合魏国呢？魏王一高兴，必定把太子送到楚国去做人质。秦国担心失掉楚国支持，也必定会割地献给大王，大王即使再和秦国一道攻魏，也是可以的啊。"楚王说："好。"于是楚国背弃了秦国而与魏国联合。魏国便送太子到楚国去做人质。

秦国害怕了，答应给楚国割地，希望和楚国一道再进攻魏国。大将樗里疾发怒，想与魏国一道进攻楚国，又担心魏国太子在楚国而不肯。有人为樗里疾对楚王说："客臣樗里疾派我来拜见大王，致意说：'敝国秦王想要献城割地，可是因为魏太子还在楚国，所以不敢献地，如果大王送回魏太子，我就要求秦王献地，并且恢复秦、楚的旧交，以便马上进攻魏国。'"楚王说："好吧。"于是楚国就送回了魏太子，秦国也即刻联合魏国进攻楚国。

【注释】

①倍：同"背"，背弃。②效：献给。

【解析】

战国时期，各国的关系千变万化，今日为友，明日为敌，难以预料。要应付变幻莫测的局势，需要有清醒的头脑、过人的才能，方可随机应变。本篇中，秦与楚攻魏，而魏转而与楚联合，使秦陷入孤立。而樗里疾又用妙计离间了楚、魏，转而合魏攻楚，变被动为主动。

庞葱与太子质于邯郸

【原文】

庞葱与太子质于邯郸①，谓魏王曰："今一人言市有虎，王信之乎？"王曰："否。""二人言市有虎，王信之乎？"王曰："寡人疑之矣。""三人言市有虎，王信之乎？"王曰："寡人信之矣。"庞葱曰："夫市之无虎明矣，然而三人言而成虎。今邯郸去大梁也远于市，而议臣者过于三人矣。愿王察之矣。"王曰："寡人自为知②。"于是辞行，而谗言先至。后太子罢质，果不得见。

【译文】

庞葱和魏国太子要到赵国做人质。庞葱对魏惠王说："现在有一个人说市上有老虎，大王相信吗？"魏王说："不信。""有两个人说市上有老虎，大王相信吗？"魏王说："寡人有些怀疑了。""有三个人说市上有老虎，大王相信吗？"魏王说："寡人相信了。"庞葱说："市上没有老虎是明明白白的，可是三个人说有老虎，就像真的有老虎了。现在邯郸离大梁比街市远得多，而议论臣下的人要远远超过三个人，希望大王能对此明察。"魏王说："寡人自己知道分辨。"于是庞葱辞别上路，而毁谤他的话很快传到魏王那里。后来太子不做人质回魏了，庞葱果然没能得到召见。

【注释】

①庞葱：魏臣。②自为知：自有主张。

【解析】

庞葱担心小人对他的谗毁，特以"三人成虎"的故事向魏王进谏。

【处世策】

语言世界与真实世界是不同的，语言并不能指称真实。但语言却是达到真实世界的唯一手段，真实世界只能靠语言来揭示、诠释。谋略的产生，就在于语言世界和真实世界的不对称性、依赖性上。事实可以由语言传播来改变、调遣甚至颠覆。认识具有危险性的语言，谨慎地对待语言，是为人处世的明智之举。

梁王魏婴觞诸侯于范台

【原文】

梁王魏婴觞诸侯于范台。酒酣，请鲁君举觞。鲁君兴，避席择言曰："昔者，帝女仪狄作酒而美，进之禹。禹饮而甘之①，遂疏仪狄，绝旨酒，曰：'后世必有以酒亡其国者。'齐桓公夜半不嗛②，易牙乃煎熬燔炙③、和调五味而进之。桓公食之而饱，至旦不觉，曰：'后世必有以味亡其国者。'晋文公得南之威，三日不听朝，遂推南之威而远之，曰：'后世必有以色亡其国者。'楚王登强台而望崩山，左江而右湖，以临访湟，其乐忘死，遂盟强台而弗登，曰：'后世必有以高台陂池亡其国者。'

"今主君之尊，仪狄之酒也；主君之味，易牙之调也；左白台而右闾须，南威之美也；前夹林而后兰台，强台之乐也。有一于此，足以亡其国。今主君兼此四者，可无戒与？"梁王称善相属④。

【注释】

①甘：甘美。②嗛：烧烤。③燔炙：烧烤。③不嗛：指肚子饿。嗛(qiè)，满足。④相属：告诫在座的人。属(zhǔ)：叮嘱，告诫。

【解析】

向君王谏言要选择时间、地点和道具。在美酒、美味、美女、美景俱在的情况下，鲁共公以上述事物为现成道具，历数过去君王大禹与美酒、齐桓公与美味、晋

【译文】

梁惠王魏婴在范台宴请各诸侯。当酒兴正浓时，梁惠王向鲁共公劝酒。鲁君站起来，离开坐席，恭敬地祝酒说："从前，尧帝的女儿仪狄造酒，味道很美，进献给大禹，大禹喝了感到味道甘美，就疏远了仪狄，并戒绝美酒，说：'后世必有因嗜酒而亡国的。'齐桓公半夜感到饿了，易牙就烹熬烧烤，做出五味调和的菜肴献给齐桓公，桓公吃了感到很满足，一直睡到第二天早晨还没有醒来，他说：'后世必有因贪味而亡国的。'晋文公得到美女南之威，一连三天因迷恋美色不理朝政，他就推开南之威，疏远了她，说："后世必有因好色而亡国的。"楚王登上强台，远望崩山，俯瞰左边是长江，右边是洞庭，下临彷徨大泽，以致乐而忘死，于是他发誓不再登上强台，说：'后世必有因陶醉于高台、美池而亡国的。'现在主君的杯子里装的是像仪狄酿的美酒；吃的都是像易牙烹调的美味佳肴，左手抱着美女白台，右手搂着美女闾须，都是像南之威那样美丽；您前面拥有夹林，后边拥有兰台，都是像强台那样的乐苑。这只要有其中之一，就足以亡国，现在主君对这四种兼而有之，能不引以为戒吗？"梁惠王很称赞鲁君这一番议论，并告诉在座的诸侯要引以为戒。

文公与美女南之威、楚灵王与美景楼台的典故和他们留给后人的警言。事例生动、人物话语逼真，收到了巨大的说服效果。所以我们在说服他人时一定要选择时间、地点，就地取材，而且拿来作论证的案例也要丰富、具有代表性。

【处世策】

欢乐忘忧、志得意满的时候，也是骄傲自满暗自潜生的时候，此时最需要的就是清醒之人的劝诫和指点。使快意中人能够乐不忘忧，安不忘危，这样才能事业永存，功名永驻。

秦赵约而伐魏

【原文】

秦、赵约而伐魏，魏王患之。芒卯曰："王勿忧也。臣请发张倚使。"谓赵王曰："夫邺，寡人固刑弗有也①，今大王收秦而攻魏，寡人请以邺事大王。"

赵王喜，召相国而使之，曰："魏王请以邺事寡人，使寡人绝秦。"相国曰："收秦攻魏，利不过邺。今不用兵而得邺，请许魏。"张倚因谓赵王曰："敝邑之吏效城者，已在邺矣。大王且保以报魏？"赵王因令闭关绝秦。秦、赵大恶。

芒卯应赵使曰："敝邑所以事大王者，为完邺也。今效邺者，使者之罪也，卯不知也。"赵王恐魏承秦之怒②，遽割五城以合于魏而支秦。

【注释】

①刑：通"形"，示。②承：继承。

【解析】

【译文】

秦国和赵国联合要攻打魏国，魏王为此而担忧。魏将芒卯说："大王不必担忧，请允许我派张倚为特使，去对赵王说：'邺邑这个地方，看样子是保不住的，如果大王与秦国绝交，而与魏国联合，敝国国君愿意把邺地奉献给大王。'"赵王很高兴，便召来相国，告诉他说："魏王请求把邺地奉献给我，要我和秦国断交。"相国说："联合秦国进攻魏国，所获之利只不过得到邺地，现在不必动用兵卒就能得到邺地，请答应魏国。"

张倚就对赵王说："敝国派去献城的官员已经在邺地了。大王准备用什么来报答魏国呢？"赵王于是下令封锁关塞，和秦国断交。秦、赵的关系急遽恶化。

芒卯回答赵国派来接受邺地的使臣说："敝国之所以侍奉大王，是为了保全邺地，如今奉献邺地，那是使臣张倚的罪过，我不了解。"

赵王担心魏国趁秦国因赵国与秦国断交的愤怒之机，联秦攻赵，便立刻割让五城给魏国，联合魏国抵御秦国。

公元前290年，秦、赵结盟攻魏国，魏王派人诈称欲割让邺城给赵国，促使赵

国背叛秦国;赵国又怕魏国乘秦怒之机进攻自己,匆匆割五城邑给魏国,以联合魏国共同抗秦。

【处世策】

职场上我们经常碰到追求完美管理严格的领导,他往往以要求自己的标准来要求员工而不考虑彼此能力的差距。员工们会时刻感受到压力而使工作总是处于被动状态,惶惶不可终日。改变一下工作思路,与其被牵着鼻子走,不如以攻为守变被动为主动。比如,上司布置了五项完成不了的工作。他只是尽可能多地给你任务不让你闲着。在这种情况下,你同时开展这五项工作,并不时把五项任务的进展及时汇报请上级拿意见,让他通过参与工作而认识到这么复杂的任务是不可能在他要求的期限内完成的,使他主动提出调整计划。

芒卯谓秦王

【原文】

芒卯谓秦王曰:"王之士未有为之中者也。臣闻明王不骞中而行①。王之所欲于魏者,长羊、王屋、洛林之地也。王能使臣为魏之司徒②,则臣能使魏献之。"秦王曰:"善。"因任之以为魏之司徒。

谓魏王曰:"王所患者上地也③。秦之所欲于魏者,长羊、王屋、洛林之地也。王献之秦,则上地无忧患。因请以下兵东击齐,攘地必远矣。"魏王曰:"善。"因献之秦。

地入数月,而秦兵不下。魏王谓芒卯曰:"地已入数月,而秦兵不下,何也?"芒卯曰:"臣有死罪。虽然,臣死则契折于秦,王无以责秦。王因赦其罪,

【译文】

芒卯对秦王说:"在大王的臣子中,还没有一个能在他国掌政作为秦国内应的。我听说:'一个贤明的君主,决不违背内应者。'君王所希望于魏国的,是长羊、王屋、洛林等地。假如大王能派我出任魏国的司徒,那我就能让魏国献出这些土地。"秦王说:"好。"于是秦国就设法使芒卯出任魏国司徒。

芒卯对魏王说:"君王所关心的就是上地,而秦国所希望于魏国的是长羊、王屋、洛林等地,假如君王能把这些土地献给秦国,上地就不用担忧了。然后向秦国请求援军,往东攻打齐国,那就必然能夺取很多土地。"魏王说:"好。"就把长羊、王屋、洛林等地献给了秦国。

可是在城池献给秦国以后几个月,并不见秦国的援军出发。这时魏王就对芒卯说:"城池已经献出几个月,可是却不见秦国援兵出发,这是什么道理呢?"芒卯说:"臣罪该万死,不过如果臣死了,那条约就会被秦国撕毁,君王将无法用来责难秦国。所以还是请君王赦免臣的死罪,以便由

臣为王责约于秦。"

乃之秦,谓秦王曰:"魏之所以献长羊、王屋、洛林之地者,有意欲以下大王之兵东击齐也。今地已入,而秦兵不可下,臣则死人也。虽然,后山东之士④,无以利事王者矣。"秦王惧然曰:"国有事,未澹下兵也,今以兵从。"后十日,秦兵下。芒卯并将秦、魏之兵,以东击齐,启地二十二县。

臣为君王督促秦遵守条约。"

于是芒卯就西去秦国对秦王说:"魏国所以要把长羊、王屋、洛林等地献给大王,目的是借大王之军东去攻打齐国。如今城池已经献给大王很久,而秦兵却迟迟不肯出发,如此臣将难免一死。假如是这样,那么以后山东诸侯的士人就再也不会有效命大王的了。"秦王听后惶恐地说:"由于国务缠身,而没有时间派遣援军,现在我立刻发兵救援。"过了十天,秦国援兵果然出发,而芒卯就率领秦、魏之军东去攻打齐国,占领齐国土地二十二县。

【注释】

①有版本作"背"。②司徒:六卿之一,主司礼教的大臣。③上地:魏国西部黄河沿岸之地。④山东:秦以外各国的总称。

【解析】

魏国将领芒卯借助秦国的力量,出任魏国的司徒,又献魏地给秦国,换取秦兵与魏兵联合攻打齐国,夺取了齐国22个县。芒卯守信,为秦国争取了魏土地;秦国守信,帮助魏国打败了齐国。

【处世策】

对现今职场而言,信用也可以分成两个方面:一是企业信用,一是个人信用。企业以信用为本,员工会觉得有安全感,信任感,更加依赖企业。现在个人诚信的缺乏是普遍存在的,而目前企业对个人的诚信也是相当看中。应聘时的假简历、假经历经常会被阅人无数的HR看出来,从而使应聘者与职位无缘。其实,就连一个小小的守时问题,都是建立个人信用的好方法。细节正可以体现一位员工的品质。

秦败魏于华

【原文】

秦败魏于华①,走芒卯而围大梁。须贾为魏谓穰侯曰②:"臣闻魏氏大臣父兄皆谓魏王曰:'初时惠王伐赵,战胜于三梁,

【译文】

秦军在华阳击败魏军,赶跑了魏将芒卯,又乘胜包围了魏都大梁。这时魏中大夫须贾替魏国对秦相穰侯魏冉说:"魏国的重臣和王公贵族都对魏王说:'当初惠王伐赵,在三梁战胜赵国,

十万之军拔邯郸，赵氏不割，而邯郸复归。齐人攻燕，杀子之，破故国，燕不割，而燕国复归。燕、赵之所以国全兵劲，而地不并乎诸侯者，以其能忍难而重出地也③。宋、中山数伐数割，而国随以亡。臣以为燕、赵可法，而宋、中山可无为也。夫秦贪戾之国而无亲，蚕食魏，尽晋国，战胜暴子，割八县，地未毕入而兵复出矣。夫秦何厌之有哉！今又走芒卯，入北宅，此非但攻梁也，且劫王以多割也，王必勿听也。今王循楚、赵而讲，楚、赵怒而与王争事秦，秦必受之。秦挟楚、赵之兵以复攻，则国求无亡不可得也已。愿王之必无讲也。王若欲讲，必割而有质，不然必欺。'是臣之所闻于魏也，愿君之以是虑事也。"

并且派十万大军攻陷赵都邯郸，赵国并没有割让土地，邯郸仍旧归赵国。此外齐人攻燕，杀死燕相子之，攻陷燕国故都蓟丘，燕国也没有割让土地，蓟丘仍归燕国。燕、赵所以能保全国土，兵威不衰，而没有割让土地给诸侯，主要是靠忍辱负重，绝对不轻易牺牲土地。反之，宋和中山两国，每当遭受邻国侵略时，就割地屈膝求和，到最后两国都归于灭亡。所以我认为，燕赵两国做法可效法，宋和中山两国不足称道。秦国是一个贪婪暴戾的国家，从来不讲信用。他们蚕食魏国，侵吞全部晋国的国土，战胜韩将暴鸢，迫令韩国割地入县；还没等把割让的土地接受完，秦国的大军又四处出击，由此可见秦国贪得无厌。现在秦兵又打败芒卯，继续北掠，这不仅是为了攻打魏国，而且也是威胁大王多割土地，请大王千万不要理睬。大王如果背弃楚、赵而讲和。那楚、赵必然非常愤怒，跟大王争相臣事秦国，而秦国一定欣然接受。假如秦国率领楚赵之军再度攻魏，到时候魏国必然国破人亡，希望大王不要轻易讲和。如果大王真的想要讲和，那一定要少割地，并要有秦国的人质，否则就等于是受欺骗。'以上是我在魏国所听到的，恳求阁下能参考这些来拟定策略。"

【注释】

①华：地名，即华阳，在今河南密县东南。②穰侯：秦昭王母舅魏冉，时为秦相，为此次攻魏主帅。③重出地：把割让土地看得重。

【原文】

"《周书》曰：'维命不于常。'此言幸之不可数也。夫战胜暴子，而割八县，此非兵力之精，非计之工也，天幸为多矣。今又走芒卯，入北地，以攻大梁，是以天幸自为常也。知者不然。

【译文】

"《周书》说：'所谓天命并不是固定不变的。'这意思是说，幸运不会接连出现。例如秦兵战胜韩将暴鸢，韩国割让八县地，这既不是出于秦兵的精锐，也不是出于秦将的奇谋，多半是出于上天赐予的侥幸。然而现在秦兵又击败芒卯，侵入北部攻打魏都大梁，这等于把天赐的侥幸当做常事。但是一个有智慧的人却不仰仗这些。

"臣闻魏氏悉其百县胜甲，以上戍大梁，臣以为不下三十万。以三十万之众，守十仞之城，臣以为虽汤、武复生，弗易攻也。夫轻信楚、赵之兵，陵十仞之城，战三十万之众，而志必举之，臣以为自天下之始分以至于今，未尝有之也。攻而不能拔，秦兵必罢，阴必亡，则前功必弃矣。今魏方疑，可以少割收也。愿君及楚、赵之兵未注于大梁也①，亟以少割收魏。魏方疑，而得以少割为和，必欲之，则君得所欲矣。楚、赵怒于魏之先己讲也，必争事秦。从是以散，而君后择焉。且君之尝割晋国取地也，何必以兵哉？夫兵不用，而魏效绛、安邑②，又为阴启两道，既尽故宋，卫效单父。秦兵苟全，而君制之，何求而不得？何为而不成？臣愿君之熟计而无行危也。"

穰侯曰："善。"乃罢梁围。

"我听说，魏国动员了一百个县所有能上阵的士兵死守大梁，我估计总数不下三十万人。凭三十万大军，固守十丈高城，我认为即使商汤王、周武王复活也难以攻下。轻易相信楚、赵的兵力，攻打十丈的高城，面对三十万敌军，却想要把大梁攻下，臣认为有史以来，还不曾听说过这种事。假如攻而不能克，秦兵必然疲惫，那阁下必然丧失封地阴地，这就等于前功尽弃。如今魏国正处于和战举棋不定的阶段，可以割让一些土地加以笼络。所以希望阁下在楚赵军队还没有开到大梁之前，赶紧少索要一些土地加以笼络。魏国既然处于和战疑惑阶段，假如能割很少土地就能讲和，必然欣然接受和议，到那时阁下就可以获得所想要的土地了。楚、赵由于愤恨魏国先讲和，一定争相臣事秦国，这样合纵之盟就要瓦解了，这时阁下也就可以随意选择同盟国了。而且阁下曾经割取过晋国的土地，又何必经常使用武力呢？不用兵而又能让魏国献出绛、安邑，同时又能为阴开辟两条路，全部吞并旧宋地，而卫国更献出单父之地。秦兵倘若能完好无损，阁下控制军队，那又有什么得不到的呢？那又有什么不能完成的呢？所以我希望阁下深思熟虑，不要冒险行事。"穰侯说："先生的话很有道理。"于是秦兵乃自解魏都大梁之围。

【注释】

①注：聚集。②绛，指晋故都新田，在今山西侯马。安邑，魏早期都城，在今山西夏县西北。

【解析】

公元前274年，秦、魏华阳之战，魏军大败，秦军赶走了魏将芒卯，并且乘胜包围了魏都大梁城。须贾替魏国游说秦相国穰侯魏冉，解了大梁之围。

【处世策】

有句流行语说：要相信有上帝，但出门别忘了上锁。寄希望于人性的美好，常常是

很多初入社会人的幻想。实际上，社会中唯一能让人相信的只有利益法则，了解并运用好这个法则为个人服务才是希望。别指望哪个朋友是靠得住的，职场上没有谁是永远靠得住的，正如西方名言"没有永远的朋友，也没有永远的敌人，只有永远的利益"。我们要想让别人靠得住，首先是自己站得住。如果自己站不住，别人一定靠不住。

秦败魏于华

【原文】

秦败魏于华，魏王且入朝于秦。周䜣谓王曰："宋人有学者，三年反而名其母①。其母曰：'子学三年，反而名我者何也？'其子曰：'吾所贤者，无过尧、舜，尧、舜名。吾所大者，无大天地，天地名。今母贤不过尧、舜，母大不过天地，是以名母也。'其母曰：'子之于学者，将尽行之乎？愿子之有以易名母也。子之于学也，将有所不行乎？愿子之且以名母为后也。'今王之事秦，尚有可以易入朝者乎？愿王之有以易之，而以入朝为后。"

【注释】

① 名其母：称呼他母亲的名字。

【译文】

秦军在华地打败了魏军，魏王准备到秦国去朝贡。魏国大臣周䜣对魏王说："宋国有个外出求学的人，三年后回到家里，却直呼他母亲的名字。他母亲说：'你外出求学三年，回来后却直呼我的名字，这是什么缘故？'这个人说：'我觉得圣贤没有能超过尧、舜的，可是对尧、舜都能直接称呼他的名字；我觉得最大的事物没有比天地最大的了，可是对天地也能直呼它的名字。如今母亲的贤德超不过尧舜，大不过天地，所以才直呼母亲的名字。'他母亲说：'你所学的知识，准备全部都拿来实行吗？那就希望你换个名字称呼我，不要直呼你母亲的名字。你对于所学的知识，打算有所保留，而有的知识不拿来实行的话，希望你以后再直呼你的母亲的名字。'现在大王要侍奉秦王，还有其它的能够代替朝贡秦王的办法吗？希望大王换一种办法，把朝贡秦王的事推后一些。"

【原文】

魏王曰:"子患寡人入而不出邪?许绾为我祝曰①:'入而不出,请殉寡人以头。'"周訢对曰:"如臣之贱也,今人有谓臣曰:'入不测之渊而必出,不出,请以一鼠首为女殉②'者,臣必不为也。今秦不可知之国也,犹不测之渊也;而许绾之首,犹鼠首也。内王于不可知之秦,而殉王以鼠首,臣窃为王不取也。且无梁孰与无河内急?"王曰:"梁急。""无梁孰与无身急?"王曰:"身急。"曰:"以三者,身,上也;河内,其下也。秦未索其下,而王效其上,可乎?"王尚未听也。支期曰:"王视楚王。楚王入秦,王以三乘先之;楚王不入,楚、魏为一,尚足以捍秦③。"王乃止,王谓支期曰:"吾始已诺于应侯矣,今不行者欺之矣。"支期曰:"王勿忧也。臣使长信侯请无内王,王待臣也。"

【译文】

魏王说:"你担心我到了秦国就回不来了是吗?许绾曾经向我发誓,说:'如果去秦国不能返回,就请砍掉我的脑袋为您殉葬。'"周訢对魏王说:"像我这样低贱的人,如果有人对我说:'你跳入不可测量的深渊,一定能出来;如果出不来,我就用一只老鼠的脑袋为你殉葬。'我必定是不跳的。秦国是无法猜测的国家,就像不可测量的深渊;而许绾的脑袋就像老鼠的脑袋一样。让大王进入不可猜测的秦国,却用一只老鼠的脑袋做担保,我私下里认为大王不能这样做。而且大王你认为丢掉大梁和丢掉河内哪个更要紧?"魏王说:"丢掉大梁要紧。"周訢说:"丢掉大梁和丢掉性命哪个更要紧?"魏王说:"性命更要紧。"周诉说:"河内、大梁、性命,这三者当中性命是最重要的,河内是次要的。秦国还没有索要次要的,而大王却主动送上最重要的,这可行吗?"

魏王没有采纳周訢的建议。支期劝说魏王说:"大王可以静观楚王,如果楚王到秦国去的话,大王就带三辆战车先期到秦国去;如果楚王不去的话,楚魏两国的军队联合在一起,还能抵抗秦国的军队。"魏王于是取消了去秦国的计划。魏王对支期说:"我当初已经答应秦国的应侯范睢了,现在不去的话就是欺骗应侯了。"支期说:"大王不用担心,我让长信侯去应侯那里,就能让大王不用去秦国,请大王等待我的消息。"

【注释】

①祝:起誓,发誓。②女:同"汝",你。③捍:抵制,对抗。

【原文】

支期说于长信侯曰:"王命召相国。"长信侯曰:"王何以臣为?"支期曰:"臣不知

【译文】

支期对长信侯说:"大王下令要召见你。"长信侯说:"你知道大王召见我是为了什么事吗?"支期说:"我不知道,只知道大王着急要召见你。"

也,王急召君。"长信侯曰:"吾内王于秦者,宁以为秦邪?吾以为魏也。"支期曰:"君无为魏计,君其自为计。且安死乎?安生乎?安穷乎?安贵乎?君其先自为计,后为魏计。"长信侯曰:"楼公将入矣[1],臣今从。"支期曰:"王急召君,君不行,血溅君襟矣。"长信侯行,支期随其后。且见王,支期先入谓王曰:"伪病者乎而见之[2],臣已恐之矣。"长信侯入见王,王曰:"病甚奈何?吾始已诺于应侯矣,意虽道死,行乎?"长信侯曰:"王毋行矣!臣能得之于应侯,愿王无忧。"

长信侯说:"我让大王去秦国,难道是为了秦国吗?我是为了魏国。"支期说:"你不要替魏国打算了,你还是先为自己打算吧。你是乐意死呢,还是乐意活?乐意贫穷呢,还是乐意富贵?你还是先为自己打算,然后再替魏国打算吧。"长信侯说:"楼缓将要来了,请让我和他一起去见大王。"支期说:"大王紧急召见你,你不去的话,恐怕鲜血就要溅在您衣襟上了!"

长信侯这才动身去见魏王,支期跟在他身后。就要见到魏王的时候,支期先进去对魏王说:"您装成有病的样子来接见长信侯,我已经将他吓住了。"长信侯进来拜见魏王。魏王说:"我病得很重,怎么办呢?我当初已经许诺给应侯了,心想我即使死在路上也要去秦国,还要去吗?"长信侯说:"大王不要去了!我能让应侯免召您到秦国去,请大王不要担忧。"

【注释】

①楼公:即楼缓,前后侍奉赵武灵王和秦昭王两位著名的君王,活动时间跨度有四五十多年,多次损害赵国。②伪病:装病。者乎:语气词连用,表商量的语气。

【解析】

战国时代的国际政治,充满了尔虞我诈。国家和国家之间是没有诚信可言的,如果轻信了那虚假而动听的政治套语,那只能是作茧自缚,自食其果。

周訢的劝谏是很有说服力的,他通过一个小故事来劝阻魏王,使魏王逐渐看清楚了孰轻孰重,看清了事态的真相。但魏王此时脑袋还在发热,是无法听进去不同的意见的。后来在支期的积极参与之下,用装病的方法骗过了长信侯,才免去了魏王的灾祸。

华阳之战

【原文】

华阳之战,魏不胜秦。明年,将使段干崇割地而讲。

孙臣谓王曰:"魏不以败之

【译文】

在华阳战役中,魏军败给了秦军。第二年,要派魏将段干崇去给秦国割地媾和。

孙臣对魏王说:"魏国不在战败的当时给秦

上割,可谓善用不胜矣。而秦不以胜之上割,可谓不能用胜矣。今处期年乃欲割,是群臣之私而王不知也!且夫欲玺者段干子也,王因使之割地;欲地者秦也,而王因使之受玺。夫欲玺者制地,而欲地者制玺,其势必无魏矣!且夫奸臣固皆欲以地事秦,以地事秦譬犹抱薪而救火也①;薪不尽,则火不止。今王之地有尽,而秦之求无穷,是薪火之说也!"

魏王曰:"善。虽然,吾已许秦矣,不可以革也。"对曰:"王独不见夫博者之用枭邪?欲食则食,欲握则握,今君劫于群臣而许秦,因曰'不可革②',何用智之若枭也?"魏王曰:"善。"乃案其行。

「战国策精华【下】」
480

国割地,真可算得善于应付战败这种劣势了;秦国不在战胜的当时要求魏国割地,这真是不善于利用战胜这种优势啊。现在已经过了一年才想到要割地,这是群臣在为自己打算,而大王不了解。再说,想得到秦相印玺的是段干崇,大王就派他去给秦国割地;想得到土地的是秦国,大王就让秦国授印玺。想要得到印玺的段干崇掌握着割地权力,想要得到土地的秦国去掌握着授印玺的权力。在这种形势下,魏国必然灭亡。再说,奸臣们都想用土地去讨好秦国。用土地讨好秦国就如同抱着干柴去救火,干柴不烧完,火就灭不了。如今大王的土地有割完的时候,而秦国的要求却没有止境,这就跟抱着干柴去救火一样。"魏王说:"好。即使如此,我已答应秦国,不能改变了。"孙臣回答说:"大王难道没有看到过下棋的人善于使用枭棋吗?掷枭棋的人,看到有利于自己时就动子,看到不利于自己时就不动。现在您被群臣胁迫,答应割地给秦国,因此说'不能改变',为什么大王的智慧还不如下棋时用枭棋的人呢?"魏王说:"好。"这才取消了派段干崇去秦国之行。

【注释】

①薪:干柴。②革:改变。

【解析】

公元前295年,华阳之战里魏军败给秦军,魏王想派使者去秦国讲和。孙臣说服魏王不能割地给秦国。

【处世策】

工作其实就是生意,职场上人和人之间就应该是一种明确的生意伙伴关系:老板是员工的客户,员工是老板的供应商。生意关系是平等、自愿、平衡的,不能强买强卖,坑蒙拐骗,也没必要忍辱负重、卧薪尝胆,或者期盼不切实际的奇迹出现。职场人想摆脱受害者心态,就得学会像经营生意那样经营工作,摆脱心理上"老板"的控制。

齐欲伐魏

【原文】

齐欲伐魏，魏使人谓淳于髡曰："齐欲伐魏，能解魏患，唯先生也。敝邑有宝璧二双，文马二驷①，请致之先生。"淳于髡曰："诺。"入说齐王曰："楚，齐之仇故也；魏，齐之与国也。夫伐与国，使仇敌制其余敝②，名丑而实危，为王弗取也。"齐王曰："善。"乃不伐魏。

客谓齐王曰："淳于髡言不伐魏者，受魏之璧、马也。"王以谓淳于髡曰："闻先生受魏之璧、马，有诸?"曰："有之。""然则先生之为寡人计之何如?"淳于髡曰："伐魏之事便，魏岂刺髡，于王何益? 若诚不便，魏岂封髡，于王何损? 且夫王无伐与国之诽，魏无见亡之危，百姓无被兵之患③，髡有璧、马之宝，于王何伤乎?"

【译文】

齐国要讨伐魏国，魏国派人对淳于髡说："齐国要讨伐魏国，能够解除魏国祸患的，只有先生了。敝国有两对宝贵的璧玉，两辆四马拉的绘彩马车，请允许我把这些送给先生。"淳于髡说："好吧。"就入宫对齐王说："楚国，是齐国的仇敌；魏国，是齐国的盟国。进攻盟国，让仇敌乘自己疲弱来挟制自己，名声很坏实质上也很危险，我认为大王不该这样做。"齐王说："好。"于是就没有讨伐魏国。一位客人对齐王说："淳于髡劝说不攻打魏国，是因为他收受了魏国的璧玉、宝马。"齐王因此对淳于髡说："听说先生收受了魏国的璧玉、宝马，有这事吗?"淳于髡回答说："有这事。""既然如此，那么先生替寡人怎么考虑的呢?"淳于髡说："如果讨伐魏国的事是有利的，魏国即使刺杀我，对于大王来说，有什么好处呢? 如果讨伐魏国确实不利，魏国即使封赏我淳于髡，对大王又有什么损害呢? 况且大王不会遭到讨伐盟国的非议，魏国没有被灭亡的危险，百姓没有兵灾的祸患，我淳于髡得到璧玉、马匹这些宝物，对于大王有什么损伤呢?"

【注释】

①文：同"纹"。②制其余敝：制，控制，抓住。其，指自己。余敝，战后的困敝。③被兵：遭受战争。

【解析】

淳于髡巧舌如簧，不仅改变了齐国的进兵方略，而且也改变了齐王对他受贿一事的看法。受贿当然是一件不光彩的事情，但是淳于髡认为它与国家进兵方略来比显得微不足道，甚至毫无关系，"我"提的意见真的是不错的建议，这与"我"受贿与否毫无关系。事实本身不能言说自己，只有人的语言给事实以不同的解释和说明。只要学会解释，任何事实的意义都会变得对你有利。

秦将伐魏

【原文】

秦将伐魏，魏王闻之，夜见孟尝君，告之曰："秦且攻魏，子为寡人谋，奈何？"孟尝君曰："有诸侯之救，则国可存也。"王曰："寡人愿子之行也。"重为之约车百乘。

孟尝君之赵，谓赵王曰："文愿借兵以救魏。"赵王曰："寡人不能。"孟尝君曰："夫敢借兵者，以忠王也！"王曰："可得闻乎？"孟尝君曰："夫赵之兵，非能强于魏之兵，魏之兵，非能弱于赵也。然而赵之地不岁危而民不岁死，而魏之地岁危而民岁死者，何也？以其西为赵蔽也。今赵不救魏，魏歃盟于秦①，是赵与强秦为界也。地亦且岁危、民亦且岁死矣！此文之所以忠于大王也。"赵王许诺，为起兵十万，车三百乘。

【译文】

秦国准备攻打魏国，魏王听说以后，连夜会见了相国孟尝君，告诉他说："秦国准备攻打魏国，您为我出谋划策，该怎么办？"孟尝君说："如果有诸侯的救援，那么国家就可以保全。"魏王说："我希望您为我走一趟。"并郑重地为他准备好一百辆战车。

孟尝君去到赵国，对赵王说："我希望借兵来救魏国。"赵王说："我不能借。"孟尝君说："敢来向大王借兵的，是忠于大王的人啊。"赵王说："可以听听你的道理吗？"孟尝君说："赵军并不比魏军强，魏军并不比赵军弱。可是赵国年年太平无事，百姓也不见年年死亡；相反魏国年年战乱，百姓年年有死亡的，这是为什么呢？因为魏国在西边成了赵国的屏障。如果赵国不救魏国，魏国就要与秦国结盟。这样，赵国就等于直接和强秦为邻。赵国将年年有战乱，百姓将年年有死亡。这就是我所说的'忠于大王'啊。"赵王答应借兵，于是为魏国派兵十万，战车三百辆。

【注释】

①歃盟：结盟。歃：古时杀牲饮血，以示诚意地结盟。

【原文】

又北见燕王曰："先日公子常约两王之交矣。今秦且攻魏，愿大王之救之！"燕王曰："吾岁不熟二年矣①，今又行数千里而以助魏，且奈何？"田文曰："夫行数千里而救人者，此国之利也。

【译文】

孟尝君又到北边去拜见燕王，说："以前公子常曾邀约魏国和燕国结为盟国。现在秦国准备攻打魏国，希望大王能救援魏国。"燕王说："我们连着两年收成不好，如果又要行军数千里去援助魏国，可怎么办呢？"孟尝君田文说："行军数千里去救人，这是国家的大利。现在，魏王一出国门就可以看见秦军，即使想要行军

今魏王出国门而望见军，晷欲行数千里而助人，可得乎？"燕王尚未许也。田文曰："臣效便计于王，王不用臣之忠计，文请行兵。恐天下之将有大变也！"王曰："大变可得闻乎？"曰："秦攻魏，未能克之也，而合已燔②，游已夺矣。而燕不救魏，魏王折节割地，以国之半与秦，秦必去矣。秦已去魏，魏王悉韩、魏之兵，又西借秦兵，以因赵之众，以四国攻燕，王且何利？利行数千里而且人乎？利出燕南门而望见军乎？则道里近而输又易矣。王何利？"燕王曰："子行矣，寡人听乎？"乃为之起兵八万，车二百乘，以从田文。

魏王大说，曰："君得燕、赵之兵甚众，且亟矣！"秦王大恐，割地请讲于魏，魏因归燕、赵之兵而封田文。

数千里去救人可能吗？"燕王还未答应借兵，田文接着说："我献给大王有利的计谋，如果大王不用我的计策，那么我只得请求离开，我担心天下将要发生大的变化呀。"燕王说："大变化我能够听听吗？"田文说："秦国攻打魏国，还没能战胜魏国，游观的高台就已经被焚烧了，国君宴乐射猎的离宫也被占领了。如果燕国不援救魏国，魏王就会割地屈膝求和，以半个魏国献给秦国，秦军一定会撤退。秦军从魏国撤退以后，魏王率领韩、魏大军，又从西边借来秦军，再联合赵军，用四国联军去攻打燕国，大王还有什么好处呢？当魏、秦、韩、赵四国联军兵临城下之时，到底是'行数千里去助人'有利呢？还是出燕都南门就看见四国联军有利呢？四国兵临城下，燕国和四国相距已很近了，运输也方便，这个时候，大王又有什么好处呢？"燕王说："您可以走了，我听从您的。"于是为魏国派兵八万，战车二百辆，随着田文。

魏王非常高兴，说："您借来燕、赵军队很多，而且速度很快。"秦王十分害怕，便向魏国割地求和，于是魏国归还燕、赵的军队，并加封田文。

【注释】

①岁不熟：收成不好。②台已燔：楼台已经烧毁。

【解析】

公元前283年，秦攻魏，取得了魏国的安邑。魏昭王派孟尝君出使赵、燕，以求借助两国兵力救援。最终，秦国撤兵。

【处世策】

对于跟自己有利害关系的个人、团体，当他们产生困难，需要自己提供帮助的时候，不要吝啬你的力量。朋友的存在，就是己方力量的一种保存，朋友的损失，就是己方力量的缺损。所谓唇亡齿寒,唇齿相依,即是此理。

魏将与秦攻韩

【原文】

魏将与秦攻韩。无忌谓魏王曰:"秦与戎翟同俗,有虎狼之心,贪戾好利而无信,不识礼义德行。苟有利焉,不顾亲戚兄弟,若禽兽耳。此天下之所同知也。非所施厚积德也。故太后母也,而以忧死;穰侯舅也,功莫大焉,而竟逐之;两弟无罪,而再夺之国。此于其亲戚兄弟若此,而又况于仇雠之国也?今大王与秦伐韩而益近秦患,臣甚或之①;而王弗识也则不明矣;群臣知之而莫以此谏,则不忠矣。

"今夫韩氏,以一女子承一弱主,内有大敌,外安能支强秦、魏之兵,王以为安乎?韩亡,秦尽有郑②,地与大梁邻,王以为安乎? 王欲得故地,而今负强秦之祸,王以为利乎? 秦非无事之国也,韩亡之后,必且更事;更事,必就易与利;就易与利,必不伐楚与赵矣。是何也?夫越山逾河,绝韩之上党而攻强赵,则是复阏与之事也,秦必不为也。若道河内,倍邺、朝歌,绝漳、滏之水,而以与赵兵决胜于邯郸之郊,是受智伯之祸也,秦又不

【译文】

魏国打算联合秦国攻打韩国,信陵君无忌对魏王说:"秦国与戎狄的习俗相同,有虎、狼一般威猛贪狠之心,贪暴好利,不讲信义,不懂得礼义德行。如果有利可图,就不顾父母兄弟,跟禽兽一样。这是天下人所共知的,它是一个既不施恩惠于他人,也不积德行于自己的国家。所以,宣太后是秦昭王的母亲,却被他废掉,忧愤而死;穰侯是昭王的舅父,功劳最大,竟然被驱逐;两个弟弟泾阳君、高陵君无罪,却两次夺去他们的封地,他对于父母兄弟尚且这样,更何况对于敌国呢。现在大王打算联合秦国攻打韩国,就更加接近秦祸,我非常迷惑不解。可大王还不了解,这就是不够明智了;群臣了解情况,而却无人以卜述情况进行劝谏,这就是不忠了。

"现在韩国以一个女子辅助一个幼主,国内有大乱,对外怎么能够抵抗强大的秦、魏联军,大王以为韩国不会被灭亡吗?韩国灭亡了,秦国完全占有其地,与魏都大梁为邻,大王以为这样能平安吗?大王想收回被韩国占领的旧地,如今却要遭受强秦的祸患,大王认为这有利吗?秦国并不是一个不滋生事端的国家,韩国灭亡之后,一定又会发动战争,如果发动战争,就一定选择容易和有利的目标去进攻;选择容易和有利的,就一定不会进攻楚国和赵国。这是为什么呢?秦国要越过高山,跨过黄河,横穿韩国的上党去攻打强赵,这是重蹈阏与之战失败的覆辙,秦国一定不会干。如果经过河内,背着邺城,朝歌、横渡漳水和滏水,而

敢。伐楚，道涉而谷行三千里，而攻鼋隘之塞，所行者甚远，而所攻者难，秦又弗为也。若道河外，背大梁而右上蔡、召陵，以与楚兵决于陈郊，秦不敢也。故曰：秦必不伐楚与赵矣，又不攻燕与齐矣。韩亡之后，兵出之日，非魏无攻矣。

在邯郸之郊与赵军决一胜负，这就要遭受智伯受过的灭国大祸，秦国又会不干。假设攻打楚国，取道涉谷，行走三千里，去攻打鼋隘关塞，走的路太远，攻打起来又太难，秦国又不会干。如果取道河外，背向大梁，经过陈州以西的上蔡、召陵，在陈州郊野与楚军决一胜负，秦国又不干。所以说秦国肯定不会进攻楚国和赵国，又不会攻打燕国和齐国。当韩国灭亡之后，秦国出兵之日，必定会攻打魏国。

【注释】

①或：同"惑"，困惑之意。②郑：韩国都城，在今河南新郑县北，毗邻魏都大梁。

【原文】

"秦故有怀、茅、刑丘，城垝津，以临河内，河内之共、汲莫不危矣。秦有郑地，得垣雍，决荧泽而水大梁，大梁必亡矣。王之使者大过矣，乃恶安陵氏于秦，秦之欲许久矣。然而秦有叶阳、昆阳与舞阳邻，听使者之恶也，随安陵氏而欲亡之①。秦绕舞阳之北以东临许，则南国必危矣。南国虽无危，则魏国岂得安哉？且夫憎韩不爱安陵氏，可也，夫不患秦之不爱南国，非也。

"异者者，秦乃在河西，晋国之去梁也，千里有余，有河山以阑之，有周、韩而间之。从林军以至于今，秦七攻魏，五入围中，边城尽拔；文台堕②，垂都焚，林木伐，麋鹿尽，而国继以围。又长驱梁北，东至陶、卫之郊，北至乎阚，所亡乎秦者，山南、山北、河外、河

【译文】

"秦国本来有怀地、茅地、刑丘，在垝津筑城，而逼近河内，河内的共、汲必定危险。秦国占领了郑地，获得了垣雍，决开荧泽之水，去淹灌大梁，大梁一定会被攻陷。大王的使者太错了，竟然在秦国诋毁魏的附属国安陵氏，秦国很久以来就想占领许地。然而秦国的叶阳、昆阳与魏国的舞阳为邻，若听任使者诋毁，跟随灭安陵氏之后，秦国就想占有许地。秦军绕道舞阳以北，向东逼近许地，那么魏都大梁必定危险，即使大梁不危险，魏国难道就能安宁吗？如果痛恨韩国，不怜惜安陵氏，这还可以，然而不担心秦国也不怜惜大梁，这就不可以。

"从前，秦国才在黄河以西，魏国旧都安邑距大梁有千里之遥。中间有河、山阻隔，又有周、韩两国相间。从秦攻魏的林中战役至今，秦国七次进攻魏国，五次攻打入国君游玩射猎的园林，边境城市尽被占领，文台被毁坏，垂都被焚烧，林木被砍伐，麋、鹿被杀尽，接着国都被包围。秦军长驱直入，一直打到大梁的北边、东边到陶、卫二地的郊外，北边打到阚地，丧失给秦国的土地有：山南、山北、河外、河内，大县

内，大县数百，名都数十。秦乃在河西，晋国之古大梁也尚千里，而祸若是矣，又况于使秦无韩而有郑地，无河山以阑之，无周、韩以间之，去大梁百里。祸必百此矣！

有数百，大邑有数十。秦国在黄河以西，魏国旧都安邑距大梁还有千里，可是灾祸竟然到了这种地步，更何况如果秦国灭掉了韩国，占有郑地，没有河、山阻隔，没有周、韩两国的相间，离大梁只有百里，那灾祸必然超过此刻一百倍。

【注释】

①随：当为"堕"。②堕：毁。

【原文】

"异日者，从之不成也，楚、魏疑而韩不可得而约也。今韩受兵三年矣，秦挠之以讲，韩知亡弗听，投质于赵，而请为天下雁行顿刃①。以臣之观之，则楚、赵必与之攻矣，此何也？则皆知秦之欲无穷也，非尽亡天下之兵，而臣海内之民，必不休矣。是故臣愿以从事王，王速受楚、赵之约，而挟韩之质，以存韩为务，因求故地于韩，韩必效之。如此则士民不劳而故地得，其功多于与秦共伐韩，而无必与强秦邻之祸。

"夫存韩、安魏而利天下，此亦王之大时已。通韩之上党于共、宁，使道已通，因而并之，出入者赋之②。是魏重质韩以其上党也。共有其赋，足以富国，韩必德魏、爱魏、重魏、畏魏，韩必不敢反魏，韩是魏之县也。魏得韩以为县，则卫、大梁、河外

【译文】

"过去合纵不成功，是因为楚国和赵国彼此猜疑，韩国多变不可能结盟。现在韩国被秦兵进攻了三年，秦国要韩国屈膝求和，韩国知道要被灭亡，仍然不愿俯首听命，给赵国送去人质，请求准备好武器为诸侯打头阵。据我看来，楚国和赵国必定会和韩国联合进攻秦国。这是为什么呢？因为诸侯都知道秦国的贪欲没完没了，不消灭天下的军队，不征服天下的人民，它必定不肯罢休。因此，我愿意用合纵政策为大王服务，请大王即刻接受楚国和赵国的盟约，控制韩国的人质，以保存韩国作为急务。凭这些向韩国讨回原来被其占领的土地，韩国一定会献出。这样，人民不必辛劳而收回了故土，这个功绩比联合秦国攻打韩国的功绩大得多。而且还可以避免与强秦为邻的祸患。

"保存韩国，安定魏国，从而使天下诸侯得利，这也是大王建功立业的大好时机啊。使韩国的上党与共、宁二地的道路相通。两国使道相通后，再设立关卡，对出入的人征收赋税，这样韩国以其上党作为给魏国一份重礼，两国共同享有赋税，足可以富国。韩国也必然感激魏国，爱戴魏国，尊重魏国，敬畏魏国。它一定不敢反对魏国。这样，韩国就成了魏国的一个县，魏国得

兴安矣。今不存韩，则二周兴危，安陵兴易，楚、赵大破，燕、齐甚畏，天下西乡而驰秦，入朝为臣之日不久矣！"

到韩国作为一个县，那么卫地、大梁、河外一定安宁。如果不保存韩国，那么东周、西周一定危险，安陵必定成为秦国所有，秦国大败楚、赵两国，燕国、齐国非常害怕，诸侯向西奔往秦国，朝拜秦王甘愿做臣的日子就不远了。"

【注释】

①雁行：在前行走，先锋。顿刃：毁坏兵器作战，言决一死战。②赋：抽取赋税。

【解析】

公元前362年，秦联合魏国攻打韩国，信陵君劝阻魏王，认为最好是与赵、楚等国合纵攻秦。

【处世策】

当你认为老板的命令有不妥的时候，你该怎么办？你是执行，还是提出不同意见？一个可参考的办法是，照着他的意见执行，但在过程中，及时不断地反馈情况，让他自己调整。有的时候，老板的反对意见只是为了表达他的权威，尤其是级别不高的老板更是这样。把事前的反对和争吵，变成执行中的调整是大多数老板可以接受的方式。如果老板接受了你委婉的劝诫，实际上，这是你在管理老板。

奉阳君约魏

【原文】

奉阳君约魏，魏王将封其子。谓魏王曰："王尝身济漳①，朝邯郸，抱葛孽、阴、成以为赵养邑，而赵无为王有也。王能又封其子河阳、姑密乎？臣为王不取也！"魏王乃止。

【注释】

①尝：曾经。

【解析】

公元前286年，奉阳君李兑邀约魏国结盟，魏王想封赏其子，有人劝阻。

【译文】

奉阳君李兑邀约魏国结盟，魏王打算封奉阳君之子。有人对魏王说："大王曾渡过漳水，亲自到赵都邯郸朝贡，把葛孽、阴、成奉献给赵王作为养地，但赵王却什么也没有给大王。大王难道还能给赵王儿子何阳、姑密二地吗？我实在不敢苟同。"魏王这才作罢。

【处世策】

人在社会,如果有朋友热心地帮你,不要觉得理所当然,请礼尚往来,没有谁帮谁是一种天职、一种责任,心安理得地接受朋友帮助的人终将失去圈子里的朋友。

秦使赵攻魏

【原文】

秦使赵攻魏,魏谓赵王曰:"攻魏者,亡赵之始也。昔者,恶人欲亡虞而伐虢,伐虢者,亡虞之始也。故荀息以马与璧假道于虞,宫之奇谏而不听,卒假晋道。晋人伐虢,反而取虞。故《春秋》书之,以罪虞公。今国莫强于赵,而并齐、秦①。王贤而有声者相之,所以为腹心疾者,赵也。魏者,赵之虢也;赵者,魏之虞也。听秦而攻魏者,虞之为也。愿王之熟计之也!"

【注释】

①而:同"能",能够。并:等,同。

【译文】

秦国要赵国攻打魏国,魏王对赵王说:"赵国攻打魏国,这是赵国灭亡的开始。从前,晋国想要灭掉虞国就先攻打虢国,攻打虢国就是灭掉虞国的开始。所以在晋国大夫荀息拿出宝马和玉璧向虞国借道时,虞国相国宫之奇劝说虞公,但没有被听取,最后借道给晋国,晋国灭掉虢国后,在返国途中就灭掉了虞国。所以《春秋》记载了这件事,特别责备了虞公。现在诸侯中没有比赵国更强,而能与齐、秦并驾齐驱的,赵王既贤明又得到有声望的人辅佐,所以秦国的心腹之患就是赵国。魏、赵两国同虞、虢两国一样,是唇齿相依的关系,唇亡则齿寒。听任秦国来攻打魏国,就等于从前虞国借道给晋国攻打虢国一样,会自取灭亡,希望大王深思熟虑。"

【解析】

春秋时期离战国时代不远,春秋发生的许多事情对战国各国都有很大的启示意义。春秋有名的晋国借道攻打虢国、灭亡虞国的典故说明了唇齿相依、唇亡齿寒的道理。

【处世策】

此理对现代社会的我们也有很大启发意义,在广交朋友、结盟的同时要善待这种联盟关系,自己损害这种关系的,到头来吃亏的还是自己。团结就是力量,联盟才会具有巨大的抵抗力、竞争力。

魏太子在楚

魏太子在楚。谓楼子于鄢陵曰："公必且待齐、楚之合也,以救皮氏。今齐、楚之理必不合矣,波翟子之所恶于国者,无公矣。其人皆欲合齐、秦外楚以轻公,必谓齐王曰:'魏之受兵,非秦实首伐之也,楚恶魏之事王也,故劝秦攻魏。'齐王故欲伐楚,而又怒其不已善也,必令魏以地听秦而为和。以张子之强,有秦、韩之重,齐王恶之,而魏王不敢据也。今以齐、秦之重,外楚以轻公,臣为公患之。钧之出地以为和于秦也。岂若由楚乎?秦疾攻楚,楚还兵,魏王必惧,公因寄汾北以予秦而为和①,合亲以孤齐,秦、楚重公,公必为相矣!臣意秦王与樗里疾之欲之也,臣请为公说之。

【注释】

①寄:寄托,希望。

【原文】

乃谓樗里子曰:"攻皮氏,此王之首事也,而不能拔,天下且以此轻秦。且有皮氏于以攻韩、魏,利也!"樗里子曰:"吾已合魏矣,无所

【译文】

魏太子在楚国,有人在鄢陵对随太子在楚国的魏臣楼鼻说:"您一定要等待齐国和楚国结盟,来救援皮氏。可是依齐、楚现在的形势,一定不会联合。那翟强在魏国最憎恨的人莫过于您了。翟强的人都想联合齐国和秦国,疏远楚国,来降低您的地位,他们一定会对齐王说:'魏国遭到进攻,并不是秦国的本意要进攻魏国,而是楚国憎恨魏国讨好大王,所以劝秦国攻打魏国。'齐王本来想讨伐楚国,而且又对楚国的不友好非常气愤,他一定会让魏国向秦国割地求和。从前张仪倚重秦、韩两国的力量,很有威权,可是齐国怨恨他,只凭齐国一国就使魏王不敢接纳张仪;现在有齐、秦两国的力量,又疏远您所依赖的楚国,这样就会降低您的地位,魏国就更不敢接纳您。我很为您担忧。拿割地来联合秦国,或由齐国,或由楚国,都是一样,为什么要由楚国呢?秦国加劲地进攻楚国,楚国如果调转枪头,魏王一定害怕。您就把汾北之地割给秦国求和,秦、楚、魏三国联合,以孤立齐国,秦国和楚国重视您,您一定会做魏国的相国了。我猜想秦王和秦将樗里疾也希望这样,我愿意为您去游说。"

【译文】

于是那个人就对樗里疾说:"进攻魏国的皮氏,这是大王的头等大事,如果攻不下,诸侯就会因此看轻秦国,而占有了皮氏,如果从皮氏进攻韩、魏,这就有利于秦国。"樗里疾说:"我已与魏

用之。"对曰:"臣愿以鄙心意公①,公无以为罪。有皮氏,国之大利也,而以与魏。公终自以为不能守也,故以与魏。今公之力有余,守之,何故而弗有也?"樗里子曰:"奈何?"曰:"魏王之所恃者,齐、楚也;所用者,楼鼻、翟强也。今齐王谓魏王曰:'欲讲攻于齐。'主兵之辞也②,是弗救矣!楚王怒于魏之不用楼子而使翟强为和也。怨颜已绝之矣。魏王之惧也见亡。翟强欲合齐、秦外楚,以轻楼鼻;楼鼻欲合秦、楚外齐,以轻翟强,公不如按魏之和,使人谓楼子曰:'子能以汾北与我乎?请合于楚、外齐以重公也。此吾事也③。'楼子与楚王必疾矣。又谓翟子:'子能以汾北与我乎?必为合于齐、外于楚以重公也。'翟强与齐王必疾矣。是公外得齐、楚以为用,内得楼鼻、翟强以为佐,何故不能有地于河东乎?"

联合了,攻取皮氏也没用。"那人说:"我愿意以我的愚见为您考虑,您不要因此造成大错。占有皮氏,是国家的大利,您却撤兵不攻皮氏,而把皮氏交给魏国;您最终会认为皮氏不能守,所以把皮氏给了魏国。现在您守皮氏,力量绰绰有余,为什么不占有皮氏呢?"樗里疾说:"那该怎么办?"回答说:"魏王所倚仗的是齐国和楚国。所重用的是楼鼻和翟强。现在齐王对魏王说:'与秦国媾和的或进攻秦国,决定于齐国。'这是掌握军事主动权的论调。齐国本意并不是救魏。楚王气愤魏国不重用楼鼻,而让翟强与齐、秦联合。楚王恨魏,准备与魏国断交,已经表面化了,魏王很害怕被灭亡。翟强准备联合秦国和齐国,疏远楚国,以削弱楼鼻的作用;楼鼻打算联合秦国和楚国,疏远齐国,以削弱翟强的作用。您不如掌握与魏国媾和的主动权,派人对楼鼻说:'您能把汾北给我吗?请联合楚国,疏远齐国,以此来抬高您的地位,这是我力能胜任的事。'楼鼻与楚王一定会得到迅速反应。您又对翟强说:'您能把汾北给我吗?我一定为您联合齐国疏远楚国,以此来抬高您的地位。'翟强与齐王一定会作出迅速反应。这样,您对外有齐国和楚国为您所用,对内又得到楼鼻和翟强的协助,为什么不能在河东占有皮氏呢?"

【注释】

①鄙心:鄙意。意:推测。②主兵:掌握军事主动权。③吾事:力所能及的事。

【解析】

公元前306年,秦、魏皮氏之战时,魏公子未被立为太子,尚在楚国为人质。有人游说随太子在楚国的魏臣楼鼻,让秦不与魏国讲和。

【处世策】

"两面派"这个词似乎由来就是贬义的。然而,在复杂多端甚至风云变幻的职场里,不容变通地坚持原则并不是生存之道。需要一点点"两面派"甚至"多面派"的圆滑与机灵,职场生涯才可能一帆风顺。

卷二十五　魏四

献书秦王

【原文】

（阙文）献书秦王曰①："臣窃闻大王之谋出事于梁②，谋恐不出于计矣③，愿大王之熟计之也。梁者，山东之要也④。有蛇于此，击其尾，其首救；击其首，其尾救；击其中身，首尾皆救。今梁者，天下之中身也。秦攻梁者，是示天下要断山东之脊也，是山东首尾皆救中身之时也。山东见亡必恐，恐必大合，山东尚强。臣见秦之必大忧可立而待也。臣窃为大王计，不如南出。事于南方⑥，其兵弱，天下必不能救⑦。地可广，国可富，兵可强，主可尊。王不闻汤之伐桀乎？试之弱密须氏以为武教⑧，得密须氏而汤知服桀矣。今秦欲与山东为仇，不先以弱为武教，兵必大挫，国必大忧。"秦果南攻蓝田、鄢、郢。

【译文】

有人上书给秦王说："我听说大王考虑要出兵魏国，这个计谋恐怕不妥当，希望大王深思熟虑。魏国是山东诸侯的要冲。譬如这里有一条蛇，打它的尾，它的头就来救；打它的头，它的尾就来救；打它的腰，头、尾都来救。现在魏国等于是天下的腰身，秦国攻打魏国，这就是告诉诸侯，秦国要截断诸侯的脊梁，那么这是山东诸侯'首尾皆救腰身'的时候了。山东诸国知道魏国要亡，一定害怕，若害怕就一定会广泛地进行联合，山东清国如果强盛，我预料秦国的大忧患就在眼前了。为大王考虑，不如向南方的楚国出兵，它的兵力弱，诸侯不能援救，秦国因而土地可以扩大，国家可以富裕，兵力可以增强，主上可受尊重。大王没听商汤讨伐夏桀的事吗？在讨伐桀以前，先曾对弱小的密须国用兵，用以训练和整顿自己的武装力量。消灭了密须国后，汤就征服了夏桀。现在秦国想与魏国为敌，如果不先用兵进攻弱楚，用以训练和整顿自己的武装力量。那么兵力必然要大受挫伤，国家必然要面临更大的忧患。"秦国果真向南攻击蓝田、鄢和郢。

【注释】

①阙文：指脱漏文字。②出事：出兵。③谋恐不出于计：这样的计谋恐怕没出于仔细的考虑，即这样的计谋怕不妥当。④要：同"腰"。⑤要：犹言欲，想要。⑥南方：指楚国。⑦救：援救。⑧密

须氏：商朝时小国，吉姓，在今甘肃灵台县西部。据《史记·周末纪》："西伯伐密须，商汤伐昆吾。"而文中此处言商汤伐密须氏，当误，恐为第士妄言。

【解析】

战国说客最善于运用的说话技巧就是类比与典故。用类比非常形象，不需要牵涉一堆地缘政治学理论，直接说明问题。用典故也是非常的直接，用相同处境下的古人处理事务的成功案例，作出示范和引导，不言而喻地说服对方应该如何处理问题。我们在说话前要多花时间考虑如何说话，多在自然界、社会历史当中寻找有利于我们说话的现象和事例，然后加以运用，会收到奇效。

八年谓魏王

【原文】

八年（阙文）谓魏王曰："昔曹特齐而轻晋，齐伐釐、莒而晋人亡曹；缯特齐以悍越，齐和子乱而越人亡缯；郑特魏以轻韩，伐榆关而韩氏亡郑；原特秦、翟以轻晋，秦、翟年谷大凶而晋人亡原；中山特齐、魏以轻赵，齐、魏伐楚而赵亡中山。此五国所以亡者，皆其所特矣。非独此五国为然而已也，天下之亡国皆然矣。夫国之所以不可特者多，其变不可胜数也：或以政教不修、上下不辑而不可特者①；或有诸侯邻国之虞而不可特者；或以年

【译文】

秦始皇八午，有人对魏工说："从前曹国依仗齐国而轻视晋国，当齐国攻打釐国和莒国时，晋国灭了曹国。缯国依仗齐国而傲视越国，当齐国发生和子之乱时，越国灭了缯国。郑国依仗魏国而轻视韩国，当魏国攻打榆关时，韩国灭了郑国。原国依仗秦国和翟国而轻视晋国，当秦国和翟国闹饥荒时，晋国灭了原国。中山国依仗齐国和魏国而轻视赵国，当齐国和魏国攻打楚国时，赵国灭了中山国。这五国灭亡的原因，都是由于自以为有所依仗。不仅仅是这五国如此而已，天下灭亡的国家都是这样啊。国家不可能依仗的原因很多，因为它的变故很多，数也数不清。有的是因为国内政治不上轨道，上下不团结，所以不能依仗；有的是因为有邻国为祸，所以不能依仗；有的是因为收成不好，蓄积用尽，国内闹饥荒，所以不能依仗；有的被利益所变化，有的接近祸患，

谷不登、畜积竭尽而不可特者；或化于利、比于患。臣以此知国之不可必特也。今王特楚之强，而信春申君之言，是以质秦，而久不可知。即春申君有变，是王独受秦患也。即王有万乘之国而以一人之心为命也。臣以此为不完②，愿王之熟计也。"

变化莫测。我因此知道国家一定不可能依仗。现在大王依仗楚国的强大，而相信春申君的话，因此与秦国为敌，时间长了，变化就难以预测。如果春申君有变故，这样大王只有独自来承受秦国的祸患。那么大王以一个万乘的大国，却唯春申君一人的意旨是从，我认为这不是万全之计，希望大王深思熟虑。"

【注释】

①辑：和睦。此处指上下不团结。②不完：不完整。

【解析】

公元前241年，楚、赵、魏、韩、卫五国合纵伐秦，春申君黄歇为合纵长。魏国亲秦之臣劝阻魏王不能倚仗合纵而惹怒秦国。

【处世策】

在职场中，大家都想走捷径。能够位于权力的中央，一开始就当老总的助理，被大家理所当然地认为是职场发展中捷径中的捷径。不过，一些人的经历表明，总裁助理之类的"香饽饽"日子也不是太好过。一是缺乏个人自由，二是容易遭人忌妒，三是有损职场尊严。如果不能在老板经营期间收编一部分具体业务，待老板退休后，"香饽饽"甚至想留在高层打杂都不可能，可能混得比从基层开始发展都不如。所以，想成功上位，还是要靠自己。

魏王问张旄

【原文】

魏王问张旄曰："吾欲与秦攻韩，何如？"张旄对曰："韩且坐而胥亡乎①？且割而从天下乎？"王曰："韩且割而从天下。"张旄曰："韩怨魏乎？怨秦乎？"王曰："怨魏。"张旄曰："韩强秦乎？强魏乎？"王曰："强秦。"张

【译文】

魏王问张旄说："我想和秦国一道攻打韩国，怎么样？"张旄回答说："韩国是准备坐等亡国呢？还是割地与诸侯结盟呢？"魏王说："韩国准备割地与诸侯结盟。"张旄说："韩国怨恨魏国呢？还是怨恨秦国呢？"魏王说："怨恨魏国。"张旄说："韩国认为秦国强？还是魏国强呢？"魏王说："认为秦国强。"张旄说："韩国准备与他

旄曰："韩且割而从其所强，与所不怨乎？且割而从其所不强，与其所怨乎？"王曰："韩将割而从其所强，与其所不怨。"张旄曰："攻韩之事，王自知矣。"

认为的强国和无怨恨的国家割地结盟呢？还是与他认为的不强和有怨恨的国家割地结盟呢？"魏王说："韩国准备与他认为的强国和无怨恨的国家割地结盟。"张旄说："那么攻打韩国的大事大王自己已经明白了。"

【注释】

①胥：等待。

【解析】

张旄没有直截了当向魏王指出不应该联合秦国攻打韩国，没有像一般游说那样，先亮出自己观点，然后论证自己观点。他把观点隐藏在最后，甚至到最后也没有直接说出来，但魏王已经心领神会。采取这种设问的游说方法，可以强化论点，使对方心服口服。

【处世策】

设问实际上是将一般游说方法倒置的一种方法。先通过互相问答一步步论证、一步步接近论点，最后自然而然地亮出自己观点。这种富有谋略特色的游说方式，我们如果善加运用，也会收到很好的效果。

客谓司马食其

【原文】

客谓司马食其曰："虑以天下为可一者①，是不知天下者也！欲独以魏支秦者，是又不知魏者也！谓詻公不知此两者②，又不知詻公者也！然而詻公为从，其说何也？从则詻公重，不从则詻公轻。詻公之处重也，不以实为期。子何不疾及三国方坚也，自卖于秦？秦兴受子。不然，横者将图子以合于秦，是取子之资而以资之仇也！"

【译文】

有位客人对司马食其说："一般认为诸侯是可以联合的，这是不了解诸侯的人的看法。打算单独以魏国去对抗秦国，这又是不了解魏国的人的看法。认为此公不了解这两种人，这又是不了解此公的人的看法。然而此公主张合纵联盟。他的主张又是什么呢？实行合纵联盟，那么此公的地位就崇高；不实行合纵联盟，此公的地位就卑下。此公搞合纵联盟，也不会必然成功的。您为何不马上趁赵、魏、楚三国关系友好正打算攻秦的时机，暗暗与秦国拉关系，秦国必然会接受您。不然主张搞连横阵线的人将会利用您，去与秦国联合。这样，您的主张就会被主张搞连横阵线的人所利用，而他们恰恰是您的敌人。"

①一：统一，联合。②兹：通此。

【解析】

公元前262年，有人游说魏臣司马食其放弃合纵，与秦联合。

【处世策】

时间在战争中的重要地位和作用，同样适用于现代的经济竞争。"时间就是金钱"，是概括了现代时代特征的竞争经验之谈。时间影响机会的捕捉。对于一个企业来说，机会常常是腾飞的转折点，是成功的开启处。只有抓住机会，企业的经营战略才能奏效。机会存在的内涵是一定的市场需求；机会存在的外延便是特定的时间阶段。因此企业必须在某种需要出现的那段时间内，迅速采取行动。

魏秦伐楚

【原文】

魏、秦伐楚，魏王不欲。楼缓谓魏王曰："王不与秦攻楚，楚且与秦攻王。王不如令秦、楚战，王交制之也①。"

【译文】

秦国、魏国共同攻打楚国，魏王不同意。楼缓对魏王说："大王不与秦国一道攻打楚国，楚国将会与秦国一道攻打大王。大王不如使秦国和楚国交战，就可同时控制两国。"

【注释】

①制：控制。

【解析】

公元前301年，魏哀王不愿伙同秦国攻楚，楼缓主张挑起秦、楚之战，魏国从中获利。

穰侯攻大梁

【原文】

穰侯攻大梁，入北宅，魏王且从。谓穰侯曰："君攻楚，得宛、穰以广陶；攻齐，得刚、博以广

【译文】

穰侯攻打魏都大梁，攻进了北地，魏王打算投降。有人对穰侯说："您攻打楚国，得到了宛邑和穰邑，用来扩大您的封地陶邑；攻打齐国，得到了刚寿和博邑，用来扩大您的封地陶

陶;攻魏,得许、鄢陵以广陶。秦王不问者,何也?以大梁之未亡也。今日大梁亡,许、鄢陵必议①,议则君必穷。为君计者,勿攻便。"

【注释】

①必议:议论其不当得。

【解析】

公元前275年,秦国穰侯魏冉率军攻打魏都大梁。魏王派人用功高自危、封广君疑的道理说服他不要攻打大梁。

【处世策】

职场打工者永远要铭记一个原则:不要以为看到老板同自己称兄道弟,或以礼相待就飘飘然。因为没有哪个员工是不可或缺的,人才遍地都是。并且要记住一点:老板并不可靠。老板永远要防。唯一能做的就是:让自己强大起来,让自己在应该离开时从容走开。

白珪谓新城君

【原文】

白珪谓新城君曰:"夜行者能无为奸①,不能禁狗使无吠己也。故臣能无议君于王,不能禁人议臣于君也!"

【注释】

①奸:奸恶的人,指做坏事。

【译文】

魏人白珪对新城君说:"一个走夜路的人能不做坏事,可不能禁止狗朝自己叫。所以我能在大王面前不议论您。可是不能禁止别人在您面前议论我。"

【解析】

公元前299年,魏人白珪向新城君说明自己行为端正,希望新城君不要轻信他人的非议。

【处世策】

"江湖凶险",身在职场,又怎能远离职场的种种无奈呢?而这许多无奈中,尤其以

邑;攻打魏国,得到了许和鄢陵,用来扩大您的封地陶邑。为什么秦王一直不过问?因为魏都大梁还没有攻下来。现在如果攻下大梁,一定有人会议论到许和鄢陵您不应得,一议论到许和鄢陵,您就会理屈词穷。为您考虑,以不攻大梁为有利。"

职场小人最为让人头痛,他们从来不正大光明,而是习惯于在背后做小动作,暗地捣鬼,让人防不胜防。有抱负的职场人尤其要在平时多了解一些相关知识,减轻被小人攻击后的伤害。

秦攻韩之管

【原文】

秦攻韩之管,魏王发兵救之。昭忌曰:"夫秦,强国也,而韩、魏壤挈①。不出攻则已,若出攻,非于韩也,必于魏也。今幸而于韩,此魏之福也。王若救之,夫解攻者必韩之管也,致攻者必魏之梁也。"魏王不听,曰:"若不救韩,韩怨魏,西合于秦,秦、韩为一,则魏危。"遂救之。

秦果释管而攻魏,魏王大恐,谓昭忌曰:"不用子之计而祸至,为之奈何?"昭忌乃为之见秦王曰:"臣闻明主之听也②,不以挟私为政,是参行也③。愿大王无攻魏,听臣也。"秦王曰:"何也?"昭忌曰:"山东之从,时合时离,何也哉?"秦王曰:"不识也。"曰:"天下之合也,以王之不必也;其离也,以王之必也。今攻韩之管,国危矣,未卒而移兵于梁,合天下之从,无精于此者矣!以为秦之求索,必不可支也。故为王计者,不如制赵。秦

【译文】

秦国攻打韩国的管城,魏王出兵救援韩国。魏臣昭忌说:"秦国是强国,而韩、魏两国接界,秦国不出兵进攻则已,如果出兵进攻,不进攻韩国,必进攻魏国。现在幸亏是攻打韩国,这是魏国的福气啊。大王若救援韩国,那么,解除秦国进攻韩国的,必定是韩国的管城,招致秦国进攻魏国的,必定是魏国的大梁。"魏王不听,说:"如果不救援韩国,韩国怨恨魏国,它西与秦国联合,秦、韩结为同盟,那么魏国就危险了。"于是他就去救援韩国。

秦国果然放弃管城,攻打魏国。魏王十分害怕,对昭忌说:"没有采用您的计谋,大祸临头了,这可怎么办?"昭忌这才为此事去拜见秦王,说:"我听说英明的国君治国,不根据私见去治理国家,而是参考大家的意见来行动。希望大王不要攻打魏国,听信我的意见吧。"秦王说:"为什么?"昭忌说:"山东六国搞合纵联盟,一会儿联合,一会儿分离,这是为什么?"秦王说:"不知道。"昭忌说:"诸侯能组织起合纵联盟,是因为大王言而无信;合纵联盟瓦解,是因为大王言而有信。诸侯无后顾之忧,就不必结盟。现在秦国攻打韩国的管城,韩国危险了。管城还未被攻下,又调兵进攻大梁,诸侯见大王如此多变,就会促使他们组织合纵联盟,形势没有比这更严重的了。诸侯认为秦国对他们提出土地的要求,实在是受不了啦。所以,为大王考虑,不如制服赵国。秦国已经制服赵国,那么燕国就不敢不听从秦国,楚国和齐国不

已制赵，则燕不敢不事秦。荆、齐不能独从，天下争敌于秦，则弱矣。"秦王乃止。

能单独使诸侯合纵，来与秦国抗衡，那么，诸侯就势单力孤了。"于是秦王就停止攻打魏国。

【注释】

①壤挈：国土相连。②听：治理，听政。③参行：参考众说而行。

【解析】

魏国有像昭忌这样的大臣，所以能够暂时免遭战争的祸乱。昭忌劝说秦王，一语道明了战国时期崤山以东六国之间分分合合的原因所在。无论是合纵政策还是连横政策，起到根本作用的还是秦国的一举一动。而六国说客的努力奔走，也对秦国的对外方针起到一定的作用。

【处世策】

有些人就是不愿意听取不同的意见，结果造成被动的局面。但实践是检验真理的标准，等到事情的发展已经不是自己所认为的那样，这时候就会慌了神。事情没有变得那么坏还好，如果一下子就不可逆转，那么这些不愿意听取不同意见的人就要自食其果了。而只有事实才能够使这些人警醒。

秦赵构难而战

【原文】

秦、赵构难而战。谓魏王曰："不如收赵而构之秦。王不构赵，赵不以毁构矣；而构之秦，赵不复斗，必重魏。是并制秦、赵之事也①。王欲焉而收齐、赵攻荆，欲焉而收荆、赵攻齐，欲王之东长之诗之也。"

【译文】

秦国和赵国因互相仇怨而交战。有人对魏王说："不如帮助赵国与秦国媾和。如果大王不帮助赵国媾和，赵国也不会以毁折之兵请和。如果帮助赵国和秦国媾和，赵国不再受到侵害，就一定会看重魏国。这样，就一起控制了秦、赵两国的战事，大王可以在必要时联合齐国、赵国进攻楚国；也可以在必要时联合楚国、赵国进攻齐国。大王若想成为东方之长，这是一个好时机。"

【注释】

①并：合并，一起。

【解析】

秦、赵之战，有人劝魏王帮助赵国，可以借助赵国的力量，使魏国成为山东诸国之长。

【处世策】

职场竞争是一场公平环境下的公平博弈，古今中外，但凡成大事者，无不是深谙借力之道的人。强强联手是职场竞争中重要的制胜法则之一。强强联手，综合两方的智慧、人力及物力资源，能形成合力，增强竞争力。

长平之役

【原文】

长平之没，平都君说魏王曰："王胡不为从？"魏王曰："秦许吾以垣雍①。"平都君曰："臣以垣雍为空割也。"魏王曰："何谓也？"平都君曰："秦、赵久相持于长平之下而无决。天下合于秦，则无赵；合于赵，则无秦。秦恐王之变也，故以垣雍饵王也②。秦战胜赵，王敢责垣雍之割乎？王曰：'不敢。'秦战不胜赵，王能令韩出垣雍之割乎？王曰：'不能。'臣故曰：'垣雍，空割也。'"魏王曰："善。"

【注释】

①许：许落，应承。②饵：诱饵。

【解析】

秦王许诺割让土地，魏王因此没有帮助自己的盟友赵国。而平都君轻易洞穿秦王的谎言，三言两语，就替赵国争取到了魏国的支援。

【译文】

在秦、赵长平战役中，赵国的平都君游说魏王说："大王为什么不组织合纵联盟呢？"魏王说："秦国答应给我垣雍。"平都君说："我认为给垣雍只是一句空话。"魏王说："这怎么讲？"平都君说："秦、赵两国在长平城下长期相持，不分胜负。诸侯与秦国联合，就会灭掉赵国；与赵国联合，就会灭掉秦国。秦国担心大王改变主意，所以用垣雍作为诱饵，使您不背弃秦国。秦国战胜了赵国，大王敢要求割垣雍吗？大王会说'不敢。'秦国不能战胜赵国，大王能让韩国交出垣雍吗？大王会说'不能。'所以我说'归还垣雍只是一句空话。'"魏王说："很对。"

【处世策】

用这种选言推理的方法,可以穷尽一切可能的情况,使对方明白最终的结果。人在利益诱惑前面会变得糊涂甚至弱智,大人物如此,普通人更不能幸免。因此当出现利益诱惑时,我们一定要理智。

楼梧约秦魏

【原文】

楼梧约秦、魏,将令秦王遇于境。谓魏王曰:"遇而无相,秦必置相。不听,则交恶于秦;听之,则后王之臣,将皆务事诸侯之能令于王之上者①。且遇于秦而相有秦者,是无齐也,秦必轻王之强矣。有齐者,不若相之,齐必喜,是以有齐者与秦遇,秦必重王矣。"

【译文】

楼梧邀约秦、魏结盟,准备让秦王在两国交界处与魏王会晤。翟强之徒对魏王说:"会晤时,魏国无相,秦国一定会推荐一人为魏的相国。如果不同意,秦国和魏国的关系就将恶化。如果同意,大王的臣下都将一味地讨好那些能够左右魏王的诸侯。而且与秦国会晤,任命秦国推荐的人为魏相,他必亲秦,这就会让人觉得魏国和齐国关系疏远,魏国孤立,秦国一定会看轻大王,不如任命亲近齐国的人为相国,齐国一定很高兴。这样,凭着魏、齐关系友好与秦王会晤,秦王一定会看重大王的。"

【注释】

①务:致力,从事。

【解析】

秦、魏盟会之前,翟强劝魏王任命亲齐的大臣为相国,以借助齐国的势力迫使秦国尊重魏国。

【处世策】

老板永远不会同情弱者,他欣赏的、重用的永远是有实力的员工,社会人同样会尊重一个成功者,所以,提高自己的能力,提升自己的地位才是正途。

芮宋欲绝秦、赵之交

【原文】

芮宋欲绝秦、赵之交,故令魏氏收秦太后之养地,

【译文】

魏臣芮宋打算断绝秦国和赵国的邦交,故意要魏国收回曾经赠给秦太后的养地,秦王大怒。芮

秦王怒。芮宋谓秦王曰："魏委国于王而王不受，故委国于赵也。李郝谓臣曰：'子言无秦，而养秦太后以地，是欺我也。'故敝邑收之。"秦王怒，遂绝赵也①。

宋对秦王说："魏王把国家委托给大王，可是大王不接受，所以便把国家委托给赵国了。赵臣李郝对我说：'你说魏国与秦国不友好，可是确实把养地赠给了秦太后，这不是欺骗我吗？'所以魏国才收回了秦太后的养地。"秦王大怒，于是与赵国绝交。

【注释】

①绝：绝交，断绝。

【解析】

魏臣芮宋故意让魏国收回曾赠给秦太后的养地，达到了让秦、赵断交的目的。

【处世策】

这种策略在职场上也有许多应用。比如当你每天上班忙忙碌碌，下班筋疲力尽，一切都是为了公司在作奉献。而共事的伙伴却经常迟到早退，又不能告状惹怒同事，最巧妙的办法是想法转移矛盾，设法让主管在上班后下班前常来检查和布置工作。这样就能凸显自己的敬业而受到赏识了。

为魏谓楚王

【原文】

为魏谓楚王曰："索攻魏于秦，秦兴不听王矣。是智困于秦而交疏于魏也①。楚、魏有怨，则秦重矣。故王不如顺天下，遂伐齐，与魏易地，兵不伤，交不变，所欲兴得矣。"

【译文】

有人为魏国对楚王说："要求秦国攻打魏国，秦国必然不会听从大王的要求，这样就会失策于秦，而会使魏国和我们疏远。楚、魏两国结了怨，秦国在诸侯中就会被尊重。所以大王不如顺应诸侯五国伐齐的形势，还去进攻齐国。夺得齐地而与魏国交换。这样，不损伤兵力，与魏国的邦交也不会改变，而想从魏国得到的一定会得到。"

【注释】

①智困：指计谋失策。困，受挫。

【解析】

公元前284年，楚欲伐魏，说客替魏游说楚王，指出楚、魏互损，秦国更强，于楚不利。最好是响应乐毅的倡议，联合各国伐齐。

　　相同的职场,因为不同的人做主,最终的结果会不一样。所以职场中,上司是一个决定性的因素。上司有什么样的抉择部署,你也应该顺应其变。职场中的每一个细节,都因为人的参与而产生千变万化。千万不要觉得掌握了职场利益原则就可以无往不利。实际上,只要有人就有变化,利益原则也因为起决定性的人的因素而不断发生改变。

管鼻之令翟强与秦事

【原文】

　　管鼻之令翟强与秦事,谓魏王曰:"鼻之与强,犹晋人之与楚人也。晋人见楚人之急,带剑而缓之,楚人恶其缓而急之。今鼻之入秦之传舍,舍不足以舍之①。强之入,无蔽于秦者。强,王贵臣也,而秦若此其甚,安可?"

【译文】

　　魏臣管鼻与魏相翟强二人一同出使秦国,有人对魏王说:"管鼻与翟强就像晋国人与楚国人一样,二人不同道。晋国人见楚国人急躁,便身佩宝剑使自己舒缓;楚国人讨厌晋国人动作迟缓就让他们快一点。现在管鼻到了秦国。住在宾馆,因他的守卫人员多,宾馆不能再接待别人了。翟强来到秦国无处安身。翟强是魏国的贵臣,秦国却如此对待,未免太过分了,怎么可以啊?"

【注释】

①舍不足以舍之:前面的"舍"为馆舍,后面的"舍"为舍弃。

【解析】

　　魏臣管鼻与翟强出使秦国,有人替翟强在魏王面前鸣不平。

【处世策】

　　职场中人一定要注意挑拨离间的小人,当有人在你面前说你的朋友或其他要好的人对你如何如何不好时,千万别信以为真,否则,你又失去了职场上的一位助手。

成阳君欲以韩、魏听秦

【原文】

　　成阳君欲以韩、魏听秦,魏王弗利。白圭谓魏王曰:"王不如阴使人说成阳君曰:'君

【译文】

　　韩相成阳君打算联合韩国、魏国两国臣事秦国,魏王认为这样做对魏国不利。白圭对魏王说:"大王不如暗中派人游说成阳君说:'您进入秦国,

入秦，秦必留君，而以多割于韩矣。韩不听，秦必留君，而伐韩矣。故君不如安行求质于秦①。'成阳君必不入秦，秦、韩不敢合，则王重矣。"

秦国一定会扣留您来达到从韩国多割土地的目的。如果韩国不接受，秦国一定会扣留您来讨伐韩国。所以您不如暂不要去秦国当人质。'成阳君一定不会去秦国，秦国和韩国不能联合，大王也就会受到重视。"

【注释】

①安：缓慢地。质：人质。

【解析】

公元前290年，成阳君想让魏、韩屈服于秦，白珪献计魏王，用"秦必留君"恐吓，使成阳君不敢入秦，其事必然不了了之。

秦拔宁邑

【原文】

秦拔宁邑①，魏王令人谓秦王曰："王归宁邑，吾请先天下构②。"谓秦王曰："王无听。魏王见天下之不足恃也，故欲先构。夫亡宁者，宜割二宁以求构；夫得宁者，安能归宁乎？"

【译文】

秦国攻下魏国的宁邑，魏王派人对秦王说："如果大王归还宁邑。魏国将带头和秦国结盟。"王龁对秦王说："大王不要同意。魏王见诸侯不可靠，所以想带头和我们结盟。失掉宁邑的国家，应该割两倍于宁邑之地来要求结盟；得到宁邑的国家，怎么能够又归还呢？"

【注释】

①拔：攻下。②构：同"媾"，讲和。

【解析】

公元前286年，秦国攻下魏国的宁邑，魏国请求只要归还宁邑，就背叛合纵，与秦国和好。王龁劝阻秦王不要这样做。

【处世策】

时下经常有教导说，妥协是一种智慧。实际上博弈是智慧与智慧的针锋相对，是追求本方利益的最大化。多数情况下，妥协都是博弈结果，而不是一种可选择的"良善"道路。在这种博弈中，对占据优势、缺少遏制而倾向于为所欲为的一方，鸡飞蛋打、玉石俱焚的结果，永远是最有效的威慑和牵制。正如讨价还价一样，降低要价与否，往往取决于对最坏结果的权衡，而非某一方的诚意。

秦罢邯郸

504

【原文】

秦罢邯郸，攻魏，区宁邑。吴庆恐魏王之构于秦也，谓魏王曰：“秦之攻王也，王知其故乎？天下皆曰王近也。王不近秦，秦之所劫，皆曰王弱也。王不弱二周，秦人去邯郸①，过二周而攻王者，以王为易制也。王亦知弱之召攻乎？”

【注释】

①去：离开

【解析】

公元前257年，秦军停止进攻赵都邯郸，转而攻魏国，占领了宁邑。吴庆劝魏王不要与秦军讲和示弱。

【处世策】

有些人并不强大，但是自信赋予了他们超人的力量。无论你相信他人还是相信自己，无论你相信爱还是相信权力，你一定不能没有自信！假如我们要成就一番事业，首先要相信这事业值得我们不惜一切去付出；还要相信自己，完全有能力成就这番事业。

【译文】

秦军解除对赵都邯郸之围后，又去攻打魏国，占领了宁邑。吴庆深恐魏王同秦国讲和，对魏王说：“秦国进攻魏国，大王知道为什么吗？天下诸侯都说大王亲近秦国。其实大王并不亲近秦国，恰恰是秦国所要除掉的。天下诸侯都说大王国力弱小。其实大王的国家并不弱于东、西二周，秦军离开邯郸经过东周、西周进攻魏国，是认为魏国容易被控制的缘故，大王也该知道软弱是可以招致敌人侵略的吗？”

魏王欲攻邯郸

【原文】

魏王欲攻邯郸①，季梁闻之②，中道而反，衣焦不申③，头尘不浴，注见王曰："今者臣来，见人于大行④，方北面而持其驾，告臣曰：'我欲之楚。'臣曰：'君之楚，将奚为北面？'曰：'吾马良。'臣曰：'马虽良，此非楚之路也。'曰：'吾用多⑤。'臣曰：'用虽多，此非楚之路也。'曰：'吾御者善。''此数者愈善，而离楚愈远耳。'今王动欲成霸王，举欲信于天下。特王国之大，兵之精锐，而攻邯郸，以广地尊名，王之动愈数，而离王愈远耳，犹至楚而北行也。"

【译文】

魏王想要攻打邯郸，季梁听说后，半路上就返了回来，衣服的皱折没来得及舒展，头上的尘土没来得及洗去，就前去拜见魏王说："臣下今天回来的时候，在大路上看见一个人，正朝着北面赶他的车，并告诉臣下说：'我要到楚国去。'臣下说：'您要到楚国去，为什么往北走？'他说：'我的马好。'臣说：'马虽好，可这根本不是去楚国的路啊。'他说：'我的路费多。'臣说：'路费虽多，这毕竟不是去楚国的路啊。'他又说：'我的车夫驾车技术好。''这几样越好，离楚国就越远了。'现在大王的行动想成就霸主的事业，想取信于天下，然而依仗大王国家的强大，军队的精锐，而去攻打邯郸，来扩展土地使名分尊贵，大王的行动越多，离大王的事业就越远，犹如想去楚国却往北走一样。"

【注释】

①魏王：指魏惠王。②季梁：魏国人。③焦：卷曲，皱折。④大行：大路。⑤用：指路费。

【解析】

季梁为了打动魏王，来了个现身说法，以自己的经历，带出了南辕北辙的故事，形象地说明了魏王的行动与自己的目的背道而驰的道理。

【处世策】

其实这个故事并不一定就发生在季梁身上，他之所以与自己的亲身经历相联系，是为了让故事显得生动和真实，从而更具有说服力。我们在说服他人时不妨也用这种说法，将一些故事、案例融入自己的亲身经历，这样就更容易打动人。

周肖谓宫他

【原文】

周肖谓宫他曰："子为肖谓齐王曰，肖愿为外臣。令齐资我于魏①。"宫他曰："不可，是示齐轻也。夫齐不以无魏者以害有魏者，故公不如示有魏。共曰：'王之所求于魏者，臣请以魏听。'齐必资公矣，是公有齐，以齐有魏也。"

【译文】

魏臣周肖对宫他说："您为我对齐王说，我愿做齐国的外交使节。让齐国帮助我在魏国工作。"宫他说："不可以，这是向齐国表示您在魏国得不到重用。齐国不会用没有得到魏国信任的人损害已经取得魏国信任的人，所以您不如表示得到了魏国的信任。您就说：'大王向魏国所提出的要求，臣下请求魏国听从。'如此齐国必然援助您，这样您在齐国的地位就提高了，由于在齐国地位提高，您在魏国地位也会提高。"

【注释】

①资：托，用。

【解析】

公元前317年，魏臣周宵想借助齐国的势力才使自己在魏国受到重用，宫他劝他向齐国表明已得到魏王重用，这样才能达到目的。

【处世策】

社会人的一个功利性特点就是喜欢利用人而不是帮助人。掌握了这个特点，我们在寻求与人合作时的一个思维就是，我能帮助你。而不是你帮助我以后，我来回报你。

周最善齐

【原文】

周最善齐，翟强善楚，二子者，欲伤张仪于魏。张子闻之，因使其人为见者啬夫，间见者①，因无敢伤张子。

【注释】

①间：监视。

【译文】

周最与齐国友好，翟强与楚国友好。两人都想在魏王面前诋毁魏相张仪。张仪知道后，就派他的人担任魏王的通报传达人员，在魏王左右，监视来拜见魏王的人。因此，就没有人敢在魏王面前诋毁张仪了。

张仪辅助魏国,周最、翟强想在魏王面前谗毁他。张仪派人去监视,两人不敢进谗言。

【处世策】

有抱负的职场人,要想在同事中迅速地出位,除了个人才干之外,在核心阶层有自己的传话筒也是很重要的。上面的消息能第一时间被自己了解,而自己的才干也能被高层获知。自己被提拔的可能性就大大增强了。

周最入齐

【原文】

周最入齐,秦王怒,令姚贾让魏王。魏王为之谓秦王曰:"魏之所以为王通天下者,以周最也。今周最遁寡人入齐①,齐无通于天下矣。敝邑之事王,亦无齐累矣。大国欲急兵,则趣赵而已。"

【译文】

周最自魏国到齐国,秦王以为周最为魏国结好于齐,大怒,派姚贾去责备魏王。魏王为周最对秦王说:"魏国能帮助大王联合诸侯,是通过周最。现在周最背叛寡人逃亡齐国,诸侯以为齐、魏已绝交,那么联合必然破灭,齐国与诸侯将失去联系。魏国与秦国友好,也就不必顾虑齐国了。如果贵国想出兵齐国,那么只管督促赵国就是了,魏国是没有问题的。"

【注释】

①遁:通"逃"。

【解析】

周最一向亲齐。公元前286年,田文相魏,主张魏、秦联盟讨伐齐国,周最入齐。秦王责问,魏王派人委婉解释。

秦、魏为与国

【原文】

秦、魏为与国。齐、楚约而欲攻魏,魏使人求救于秦,冠盖相望①,秦救不出。魏人有唐且者②,年九十余,谓魏王曰:"老臣请出

【译文】

秦、魏是盟国,因而齐国与楚国联合,要进攻魏国。魏国派人到秦国去求救,道路上魏国使者帽子和车盖沿途相望,可是秦国的救兵就是不出动。魏国有个叫唐雎的人,年纪有九十

西说秦，令兵先臣出，可乎？"魏王曰："敬诺。"遂约车而遣之③。唐且见秦王，秦王曰："丈人芒然乃远至此，甚苦矣。魏来求救数矣④。寡人知魏之急矣。"唐且对曰："大王已知魏之急而救不至者，是大王筹策之臣无任矣。且夫魏一万乘之国，称东藩，受冠带，祠春秋者，以为秦之强足以为与也。今齐、楚之兵已在魏郊矣。大王之救不至，魏急则且割地而约齐、楚，王虽欲救之，岂有及哉？是亡一万乘之魏，而强二敌之齐、楚也。窃以为大王筹策之臣无任矣。"

秦王喟然愁悟，遽发兵，日夜赴魏。齐、楚闻之，乃引兵而去。魏氏复全，唐且之说也。

多岁，他对魏王说："请让老臣出使西方游说秦王，让救兵在老臣回国前先出发，可以吗？"魏王说："寡人愿意采纳您的建议。"于是准备车子送他出发。

唐雎见到了秦王，秦王说："老先生的样子很疲倦，不远千里来到我秦国，想必一定很辛苦了。魏国派人来求救已经好多次了，寡人知道魏国情况很紧急。"唐雎回答说："大王已经知道魏国情况紧急却不派兵救援，这是大王的谋臣无能。魏国是一个拥有万乘兵车的大国，自称为秦国的东方藩国，接受秦国的冠带制度，每年春秋祭祀送来贡品，认为凭借秦国的强大可以成为盟国。现在齐国、楚国的军队已经到了魏都的郊外，大王的救兵竟还没有赶到，魏国一旦形势紧急就可能割让土地与齐、楚联盟，到那时大王即使想救魏国，时间上也恐怕来不及了。这将是失去一个拥有万乘兵车的盟国魏国，而增强了齐、楚两个敌国。臣下私下里认为大王的谋臣太无能了。"

秦王听了这番话，幡然醒悟。于是马上出兵，日夜兼程奔赴魏国。齐国、楚国听说秦国出兵救魏，就领兵撤退。魏国能够转危为安，全靠唐雎的游说啊。

【注释】

①冠盖相望：冠，头冠。盖，车篷。使者相接于道之意。②唐且(jū)：即唐雎。且同"雎"。③约车：准备车马。④数(shuò)：屡次，多次。

【解析】

战国时候，诸侯之间斗争复杂而尖锐，各国都很重视互相联盟。到战国晚期，魏国已向秦国臣服，俨然成了秦的附属国，已不是普通的盟友。齐、楚相约攻打魏国，唐雎进言秦王要发兵救魏国，被采纳了。齐、楚被迫撤军。

【处世策】

很多人都曾遭遇了"职场背叛"的残酷事实，应了"办公室里没有真正的友谊"的话。不可否认，赚钱只是工作的一部分目的，即使在职场，我们也需要友情的滋润。但是，压力和竞争，世事的无常和炎凉，常常会让这些纯洁的情感，因为无法承载的利益之重而变味、走调。

信陵君杀晋鄙

【原文】

信陵君杀晋鄙①，救邯郸，破秦人，存赵国，赵王自郊迎②。唐且谓信陵君曰："臣闻之曰：'事有不可知者，有不可不知者；有不可忘者，有不可不忘者。'"信陵君曰："何谓也？"对曰："人之憎我也，不可不知也；吾憎人也，不可得而知也。人之有德于我也，不可忘也；吾有德于人也，不可不忘也。今君杀晋鄙，救邯郸，破秦人，存赵国，此大德也。今赵王自郊迎，卒然见赵王③，臣愿君之忘之也。"信陵君曰："无忌谨受教。"

【译文】

信陵君杀死了晋鄙，救下了邯郸，打败了秦国的军队，保全了赵国，赵孝成王亲自到郊外迎接他。唐雎对信陵君说："我听人说，事情有不能知道的；有不能不知道的；有不能忘记的；有不能不忘记的。"信陵君说："您所说的是什么意思呢？"唐雎回答说："别人憎恨自己，自己不能不知道；而自己憎恨别人，就不能让人知道。别人对自己有恩德，自己不能忘记；自己对人家有恩德，就不能不忘记。现在您杀了晋鄙，救下邯郸，打败了秦军，保全了赵国，这对赵王来说是很大的恩德，现在赵王亲自到郊外迎接您。仓促拜见赵王，我希望您能忘掉曾经救下邯郸、保全赵国这件事情。"信陵君说："我谨遵你的教诲。"

【注释】

①信陵君：名魏无忌，是魏昭王的儿子。晋鄙：秦国大将，率军围困邯郸。②赵王：赵孝成王。③卒然：仓促的样子。卒，同"猝"。

【解析】

信陵君窃符救赵，这对信陵君来说是一件大功劳，而对赵国来说是一个大恩德，所以赵王亲自到郊外去迎接得胜而来的信陵君。唐雎在关键的时机希望信陵君能够忘掉自己为赵国所立下的汗马功劳，保持清醒的头脑。

【处世策】

老子说："功成而弗居，是以不去。"在大的功劳面前，确实需要我们保持清醒的头脑，用正确的方式来处理。在现实生活中，该知道的一定要知道，而不该知道的就不要想方设法去打听，否则就会对自己不利；而该忘记的就要忘记，该记住的也一定要记住，否则也会对自己产生不利的影响。这其中有个标准的问题，什么的样的事情该怎么处理，这就需要我们有一定的智慧来加以分辨。

魏攻管而不下

【原文】

魏攻管而不下。安陵人缩高，其子为管守①。信陵君使人谓安陵君曰："君其遣缩高，吾将仕之以五大夫，使为持节尉。"安陵君曰："安陵，小国也，不能必使其民。使者自往请。"使道使者至缩高之所，复信陵君之命。缩高曰："君之幸高也②，将使高攻管也。夫以父攻子守，人大笑也。见臣而下③，是倍主也。父教子倍，亦非君之所喜也！敢再拜辞。"

使者以报信陵君，信陵君大怒，遣大使之安陵，曰："安陵之地，亦犹魏也。今吾攻管而不下，则秦兵及我，社稷必危矣！愿君之生束缩高而致之。若君弗致也，无是将发十万之师，以造安陵之城！"安陵君曰："吾先君成侯，受诏襄王，以守此地也，手受大府之宪，宪之上篇曰：'子弑父，臣弑君，有常不赦④。国虽大赦，降城亡子不得与焉。'今缩高谨辞大位，以全父子之义，而君曰'必生致之'，是使我负襄王诏而废大府之宪也！虽死终不敢行。"缩高闻之曰："信陵君为人，悍而自用矣。此辞反，必为国祸。吾已全已，

【译文】

魏军攻打韩国的管城，没有攻下。安陵人缩高的儿子正是管城的守令。信陵君便派人对安陵君说："请您派缩高到管城去，我将任命他为五大夫，让他担任持节军尉。"安陵君说："安陵是个小国，不可能使它的民众一定听从命令。请使者自己去。"于是让人带领使者到缩高的住处，并传达了信陵君的命令。缩高说："您任命我为五大夫，是要我去攻打管城啊。父亲攻打管城，儿子防守，这会让世人耻笑的。我的儿子见到我而献出城池，这是他背叛自己的主君，父亲教儿子做背叛的事，恐怕也不是您所喜欢的吧。我冒昧地再一次表示不敢受令。"

使者把缩高的那一番话回报给信陵君，信陵君大怒，派特使到安陵，对安陵君说："安陵这个地方，也等于是魏国的土地。如果我攻不下管城，那么秦军就会来攻打我们魏国，国家将要危险，希望大王活捉缩高，把他押送来。如果您不把他押送来，我将出兵十万攻打你们安陵。"安陵君说："我先君成侯受魏襄王的诏令而封守此地，当时他曾亲手接受中央的宪法大典，大典的第一篇就明文规定：'儿子杀父亲，臣下杀臣主，按常规不予赦免。国家虽有大赦之法，然而降城投靠敌国而逃跑的人，不在大赦之列。'现在缩高不接受五大夫的尊位，是为了保持父子的正常关系。而您却说'必须活捉来'，这是要我违背魏襄王的遗命，而废除中央的宪法大典啊，我就是死去也不敢执行。"

缩高听到这些话以后，说："信陵君为人强悍、固执，使者把安陵君的这番话回报给信陵君，安陵国必遭大祸。我虽然保全了父子之义，但却丧失了做人臣的大义，怎么能要我们国君去遭受

无违人臣之义矣，岂可使吾君有魏患也！"乃之使者之舍，勿颈而死。

信陵君闻缩高死，服缟素，辟舍⑤使使者谢安陵君，曰："无忌，小人也！困于思虑，失言于君，敢再拜释罪。"

魏国的祸害呢。"于是就来到使者的住处，自刎而死。

信陵君听说缩高身死，身穿白色的衣服，离开正舍而居住，又派使者向安陵君谢罪，说："我魏无忌是个小人，被糊涂的思想困扰，无意中对您说了错话，冒昧地请求您恕罪。"

【注释】

①管守：管邑的长官。②幸：宠幸，偏爱。③下：放弃。④常：常刑。⑤辟舍：离开住宅。

【解析】

公元前247年，魏国信陵君攻打秦国管邑不克，信陵君派人请管邑守官的父亲缩高来说服其子。缩高不听，信陵君以军事进攻威胁，缩高自刎而死。

魏王与龙阳君共船而钓

【原文】

魏王与龙阳君共船而钓①，龙阳君得十余鱼而涕下。王曰："有所不安乎？如是，何不相告也？"对曰："臣无敢不安也。"王曰："然则何为涕出②？"曰："臣为臣之所得鱼也。"王曰："何谓也？"对曰："臣之始得鱼也，臣甚喜，后得又益大，今臣直欲弃臣前之所得矣。今以臣凶恶③，而得为王拂枕席。今臣爵至人君，走人于庭④，辟人于途，四海之内，美人亦甚多矣，闻臣之幸于王也，必褰裳而趋王⑤。臣亦犹曩臣之前所得鱼也⑥，臣亦将弃矣，臣安能无涕出乎？"魏王曰："误！有是心也，何不相告也？"于是布令于四境之内曰："有敢言美人者，族。"

【译文】

魏王与宠臣龙阳君同坐在一条船上钓鱼，龙阳君钓了十几条鱼便流泪了。魏王说："你有什么忧心的事吗？如果有的话，为什么不告诉我呢？"龙阳君回答说："我没有什么忧心事。"魏王说："那为什么要流泪呢？"回答说："我为我所钓到的鱼而流泪。"魏王说："什么意思？"回答说："我开始钓到鱼，很高兴；后来钓到更大的鱼，便只想把以前钓到的鱼扔掉。如今凭着我丑陋的面孔，能有机会侍奉在大王的左右。我的爵位被封为龙阳君，在朝廷中，大臣们都趋附我；在路上，人们也为我让道。天下的美人很多，知道我得到大王的宠信，她们也一定会提起衣裳跑到大王这里来。到那时，我比不上他们，就成了最初钓的鱼，也是会被扔掉的，我怎么不流泪呢？"魏王说："贤卿错了！你既然有这种心思，为什么不早告诉我啊！"于是下令全国，说："有敢再献美人给寡人的，罪灭九族。"

美人者族。"

由是观之，近习之人，其挚诣也固矣，其自纂繁也完矣。今由千里之外，欲进美人，所效者庸讵得幸乎？假之得幸，庸讵为我用乎？而近习之人相与怨，我见有祸，未见有福；见有怨，未见有德，非用知之术也。

由此看来，帝王身边所宠爱的人，他们所说的谄媚阿谀的话，力量极大；他们掩护自己过错，蒙蔽君王的手法也极高明。现在从千里之外有人想进献美人，可献来的美人，难道一定能够受到宠爱吗？假如能够得到宠爱，国君也未必都会听从那些进献美人的人。而国君身边受宠幸的人，都抱怨那个进献美人的人，他们只见到有祸，而没有见到有福；只见到有怨恨，而没有看到恩惠，这并不是运用智谋的办法。

【注释】

①龙阳君：魏王宠信之臣。②涕：眼泪。③凶恶：指面貌丑陋。④走人于庭：指人们在朝廷上看到龙阳君要趋步而行，以示敬重。⑤褰裳：提着衣裙。褰，揭起。⑥曩（nǎng）：以往，从前。

【解析】

龙阳君是魏王的男宠。文中通过魏王与龙阳君共船而钓的一席谈话，反映出谄媚之语的巨大力量。

【处世策】

对待上司或老板，真话固然是要说的，讨好的话也是要讲的。恭维可以逗得上司老板开心，赢得他们对自己的关注。这对自己是很有好处的。用专业一点的话说来：恭维老板是一种完成工作任务以外的创造精神产值的行为。老板天天想着赚钱大事，很需要有个善于调笑的下属来陪他说话解解闷的。既如此，自当学习恭维之术，适逢机遇用上一用，讨得老板喜笑颜开，自有好处。当然了，最重要的还是要研究真本事，做好本职工作。因为老板们成功之前，多经历过一番艰难，心里明白得很：什么样的人才是真正的人才。

秦攻魏急

秦攻魏急。或谓魏王曰："弃之，不如用之之易也；死之，不如弃之之易也。能弃之，弗能用之；能死之，弗能弃之。此人之大过也。今王亡地数百里，亡城数十，而国患不解，是王弃之，非用之也。今秦之强也，天下无敌；而魏之弱也甚；而王以是质秦①，王又能死而弗能弃之，此重过也！今王能用臣之计，亏地不足以伤国，卑体不足以苦身②，解患而怨报。

"秦自四境之内，执法以下至于长挽者③，故毕曰：'与嫪氏乎？与吕氏乎？'虽至于门闾之下、廊庙之上④，犹之如是也。今王割地以赂秦，以为嫪毒功，卑体以尊秦，以因嫪毒。王以国赞嫪毒，以嫪毒胜矣。王以国赞嫪毒，太后之德王也，深于骨髓，王之交最为天下上矣！秦、魏百相交也，百相欺也。今由嫪氏善秦，而交为天下上，天下孰不弃吕氏而从嫪氏？天下必舍吕氏而从嫪氏，则王之怨报矣！"

【译文】

秦兵进攻魏国很急，有人对魏王说："割地以图存，不如以地而攻之为易；守地而死之，不如割地以图存为易。因形势不同，"弃"、"用"也有所不同，各当其宜，愿割地而图存，不愿以地而攻之；愿意死守土地，不愿割地以图存，这是人们的大错。现在大王已丧失土地数百里，丢掉城池数十座，国家却祸患不止，这是因为大王只知道割地，不知道以地攻之。现在秦国强大，无敌于天下，而魏国很弱，因此大王以前才去秦国做人质，大王虽能死守，却不能割地，这又是大错啊。现在大王如能采纳我的主意，就能割地不至于损害国家，谦卑不至于劳苦自身。这样，祸患可解，仇怨也可报了。

"秦国在全国范围以内，自执政大臣以下，以至普通赶车的，一定都会问：'亲近嫪毒呢？还是亲近吕不韦呢？'不管是达官贵人还是普通平民，都是这样。如果大王割地赠送给秦国，把它作为嫪毒的功劳，卑躬屈膝尊奉秦国，来巩固嫪毒的地位。大王拿国家来帮助嫪毒，则嫪毒一定会胜利。秦太后一定感激大王，这种感激将深入骨髓。秦、魏的交往在诸侯中将占头等地位。从前秦、魏之间屡次相交，又屡次欺诈，现在由于嫪毒的关系，魏国得以与秦国友好，两国关系成为诸侯中第一等，因此，天下诸侯都将抛弃吕不韦而追随嫪氏。诸侯如果抛弃吕不韦来追随嫪毒。大王的怨仇也就算报了。"

【注释】

①质：本意为箭靶。此处指招致进攻。②卑体：屈身。③执法：执政之臣，尊贵者。长挽：赶车的人，低贱者。④门闾：平民百姓。廊庙：朝廷的达贵官人。

【解析】

公元前 238 年，秦军大举进攻魏国，魏国危急。有说客劝魏王割地贿赂秦国，通过嫪毐讲和。

【处世策】

大师们提到的"记住低头"和"懂得低头"之说，就是要人们懂得：不论你的资历、能力如何，在浩瀚的社会里，你只是一个小分子，无疑是渺小的。当人们把奋斗目标看得更高时，更要在人生舞台上唱低调，在生活中保持低姿态，把自己看轻些，把别人看重些。

秦王使人谓安陵君

【原文】

秦王使人谓安陵君曰①："寡人欲以五百里之地易安陵，安陵君其许寡人。"安陵君曰："大王加惠，以大易小，甚善。虽然，受地于先王，愿终守之，弗敢易。"秦王不说。安陵君因使唐且使于秦。秦王谓唐且曰："寡人以五百里之地易安陵，安陵君不听寡人，何也？且秦灭韩亡魏，而君以五十里之地存者，以君为长者，故不错意也②。今吾以十倍之地请广于君，而君逆寡人者，轻寡人与？"唐且对曰："否，非若是也。安陵君受地于先王而守之，虽千里不敢易也，岂直五百里哉③？"

【译文】

秦王派使者对安陵君说："我想拿方圆五百里的土地来换安陵，安陵君一定要答应我。"安陵君说："大王给我恩惠，用面积大的土地来换我面积小的土地，这非常好。即使如此，我从先王那里继承了这块土地，愿意始终守护着它，不敢拿来和大王交换。"秦王很不高兴。安陵君因此派唐雎出使秦国。

秦王对唐雎说："我拿方圆五百里的土地来交换安陵，安陵君却不答应我，这是什么原因啊？而且秦国消灭了韩国和魏国，只有安陵君凭着方圆五十里的土地生存下来，那是因为我认为他是位忠厚的长者，所以没有谋划他。现在我拿出十倍的土地，希望和安陵君做个交换，但是他敢拒绝我，这不是看不起我吗？"唐雎说："不，不是这样的。安陵君从先王手里继承了封地并保有它，即使是方圆一千里的土地也是不敢拿来交换的，何况只是五百里？"

【注释】

①秦王：即秦始皇。安陵君：魏国分封的小国的君主。安陵，在今河南省鄢陵县西北。②不错意：不介意。③直：只。

秦王怫然怒，谓唐且曰："公亦尝闻天子之怒乎？"唐且对曰："臣未尝闻也。"秦王曰："天子之怒，伏尸百万，流血千里。"唐且曰："大王尝闻布衣之怒乎？"秦王曰："布衣之怒，亦免冠徒跣①，以头抢地尔。"唐且曰："此庸夫之怒也，非士之怒也。夫专诸之刺王僚也②，彗星袭月；聂政之刺韩傀也，白虹贯日；要离之刺庆忌也③，苍鹰击于殿上。此三子者，皆布衣之士也，怀怒未发，休祲降于天，与臣而将四矣。若士必怒，伏尸二人，流血五步，天下缟素，今日是也。"挺剑而起。秦王色挠，长跪而谢之曰："先生坐，何至于此！寡人谕矣。夫韩、魏灭亡，而安陵以五十里之地存者，徒以有先生也。"

秦王勃然大怒，对唐雎说："你曾经听说过天子的愤怒吗？"唐雎说："我没有听说过。"秦王说："天子发起怒来，就要杀人一百万，流血一千里。"唐雎说："大王您曾经听说过平民的愤怒吗？"秦王说："平民的愤怒，不过是摘下帽子，光着脚，拿脑袋撞地罢了。"唐雎说："这是庸人的愤怒，并不是士人的愤怒。当初专诸刺杀吴王僚的时候，彗星撞向月亮；聂政刺杀韩傀的时候，白虹穿过太阳；要离刺杀庆忌的时候，苍鹰扑击到宫殿上。这三个人，都是平民中的士人，满腔的愤怒还没有发泄出来，天上就出现了征兆，加上我的话，将是四个人了。所以士人一旦发起怒来，两具尸体就要倒下，血流淌在五步之内，天下人都穿上白色的孝衣，今天就是这样了。"说完就拔出剑站了起来。秦王脸色大变，挺着身跪在那里，对唐雎道歉说："先生请坐下说话，哪里至于这样呢？我明白了。韩、魏两国灭亡，但是安陵凭借着方圆五十里的土地安然无恙，只是因为有先生在。"

【注释】

①徒跣(xiǎn)：赤脚。②专诸：春秋时吴国堂邑(今江苏六合西北)人。吴公子光(即吴王阖闾)欲杀王僚自立，伍子胥把他推荐给公子光。公元前515年，公子光乘吴内部空虚，与专诸密谋，以宴请吴王僚为名，藏匕首于鱼腹之中进献，当场刺杀吴王僚，专诸也被吴王僚的侍卫杀死。③要离：吴王阖闾登上王位之后，吴王僚的儿子庆忌要为父亲报仇。阖闾用苦肉计将要离断臂，杀了他的家人。要离到卫国刺杀了庆忌，后不受阖闾的赏赐，自刎于堂上。

【解析】

秦王要用交换土地的方式来吞并安陵。面对秦王的无理要求，唐雎断然回绝。在这种涉及主权和尊严的问题上，唐雎丝毫没有让步。秦王遭到拒绝之后，发现只是用平常的手段是无法达到目的的，所以就想用暴力来使面前的外交官屈服，用天子之怒来恐吓唐雎。但唐雎不吃他那一套,还之以布衣之怒,使秦王知道自己是不会被暴力吓住的。秦王看见唐雎不好惹就立刻让步,不再向魏国要求交换土地。

【处世策】

要在谈判和论辩过程中在气势上压倒对方。除了要有细腻的逻辑能力、丰富的语言表达力,还要充分借助道义的力量,传播勇气与正义,把对方置于非道德的位置。赋予我方言辞以正义凛然的人格魅力,把宣传真理与弘扬正气融为一体,这正是论辩决胜的法宝。

卷二十六　韩一

三晋已破智氏

【原文】

三晋已破智氏,将分其地。段规谓韩王曰:"分地必取成皋。"韩王曰:"成皋,石溜之地也,寡人无所用之。"段规曰:"不然!臣闻一里之厚而动千里之权者,地利也;万人之众而破三军者,不意也①。王用臣言,则韩必取郑矣。"

王曰:"善。"果取成皋,至韩之取郑也,果从成皋始。

【注释】

①不意:意指乘其不备。

【译文】

韩、赵、魏三家已经打败智伯,准备瓜分他的土地。韩相段规对韩康子说:"分地时一定要成皋。"韩康子说:"成皋是贫瘠不长庄稼的地方,要它有什么用。"段规说:"一里那么大的地盘却可以牵动方圆千里的政权,是因为地形有利的缘故。一万人可以打败三军,是因为乘敌人不备的缘故。大王如果能采纳我的意见,韩国一定可以消灭郑国。"韩康子说:"好。"果然要了成皋。后来到韩国灭掉郑国时,果然是从成皋开始的。

【解析】

公元前 453 年,韩、魏、赵三家破智伯,瓜分了智氏领地。

【处世策】

在正常情况下,一个人的身价可以由显形身价和隐形身价构成。然而在某些特殊时期,比较多见的是在行业、企业变动过程中的价格变化、受经济环境的改变、行业变化以及企业自身经营状况等方面的影响,人才结构发生变化甚至动荡,使得个人的职业价值出现起伏,这种难以控制的部分被称为特殊身价。敏锐的职场人,应时时把握住自己的身价,并为自己谋求更大的利益。

大成午从赵来

【原文】

大成午从赵来，谓申不害于韩曰："子以韩重我于赵。请以赵重子于韩，是子有两韩①，而我有两赵也。"

【注释】

①子：即你。

【解析】

本文言赵相国大成午与韩相国申不害互通友好之事。

【处世策】

善于同陌生人接触是成功人士区别于他人的重要标志，成功者善于主动与别人接触，建立起庞大有效的联系网络，并利用关系网开展工作，最终促进各方共赢。

【译文】

大成午从赵国来到韩国，和申不害谈到韩国的事时说："您通过韩国使我在赵国受到重用，我就可以通过赵国使您在韩国受到重用。这样，您就等于据有两个韩国，而我就等于据有两个赵国了。"

魏之围邯郸

【原文】

魏之围邯郸也，申不害始合于韩王，然未知王之所欲也①，恐言而未必中于王也。王问申子曰："吾谁与而可？"对曰："此安危之要，国家之大事也。臣请深惟而苦思之②。"乃微谓赵卓、韩晁曰："子皆国之辩士也。夫为人臣者，言可必用？尽忠而已矣！"二人各进议于王以事。申子微视王之所说，以言于王，王大说之。

【译文】

魏国围攻赵都邯郸时，申不害开始和韩王接触，但还不知道韩王有什么意图，担心说话未必合韩王的心意。韩王问申不害说："我和魏国友好呢？还是和赵国友好呢？"申不害回答说："这是安危的关键，国家的大事。我要深思熟虑一番。"申不害于是不露声色地对韩臣赵卓和韩晁说："你们都是国家能言善辩的人，做人臣的，意见何必要为君主所采用呢，只要竭尽忠心就行了。"赵卓和韩晁二人分别在韩王面前议论国家大事，申不害便暗暗观察韩王喜欢谁的意见，再把这个意见献上，韩王因而非常喜欢申不害。

①欲:意图。②惟:思,考虑。苦:深,尽力。

【解析】

魏国围攻赵国都城邯郸时,申不害开始接触韩王。他察言观色,了解了韩王的意图,投其所好,受到韩王赏识。

【处世策】

职场中有许多非正规的表达方式。同样的信息,不同的人就有很大表达差异:有些人对喜怒哀乐从不掩饰,有些人则习惯以不动声色来掩藏自己的情绪,有些人则喜欢反过来表达情感。所以,要识别别人所说的话是正话还是反话,是暗语还是明语,重要的一点就是了解说话者一贯以来的表述方式与表述习惯,从中去捕捉其语言表达中是否存在暗语。也就是说,需要一点察言观色的本领。

申子请仕其从兄官

【原文】

申子请仕其从兄官,昭侯不许也,申子有怨色。昭侯曰:"非所学于子者也。听子之谒而废子之道乎?又亡其行子之术而废子之谒乎①?子尝教寡人遁功劳,视次第②,今有所求,此我将奚听乎?"申子乃辟舍请罪曰:"君真其人也!"

【译文】

韩相国申不害为他的堂兄向韩昭侯求官做,韩昭侯不同意。申不害有怨气。韩昭侯说:"我这不是从您那儿学的吗?我是答应您的要求废弃您执法的主张呢?还是实行您的主张而不答应您的要求呢?您曾教我,根据功劳的大小授予不同的奖赏,根据能力的强弱委任不同的官职。现在您有所求,这将使我无所适从了。"申不害就离开坐席,请求惩处,说:"您真是人们理想的好国君啊!"

【注释】

①亡其:还是,或者。②次第:大小,强弱的顺序。

【解析】

许多时候人都会犯这样自相矛盾的错误，或许一个时期主张这个理论，而到了另一个时候，又会自己推翻自己所坚持的信念。韩昭侯是韩国改革派代表人物之一，曾经就学于申不害，接受和传承的是法家学派的衣钵。申不害教导他要按照功劳的大小来决定官职的等级，而不可随意就授予官职。本来是光明正大的主张，但到了另外一个时候就被自己所推翻。

【处世策】

在职场中做一个前后如一的人很重要，它能让他人觉得你很稳重，赢得他人的信任。否则，说话、做事前后不一，会在不经意间失去朋友、甚至是领导的信任。

这当中涉及对自己情绪控制的问题，要尽量做到喜怒不行于色。有很多朋友不懂得控制自己的嘴巴，信口开河，最终言行不一。职场是一个严谨的地方，一样要对自己的话语和行为负责任。

苏秦为楚合从

【原文】

苏秦为楚合从，说韩王曰："韩北有巩、洛、成皋之固，西有宜阳、常阪之塞，东有宛、穰、洧水，南有陉山，地方千里，带甲数十万。天下之强弓劲弩，皆自韩出。溪子、少府、时力、距黍，皆射六百步之外。韩卒超足百射，百发不暇止，远者达胸，近者掩心。韩卒之剑戟，皆出于冥山、棠溪、墨阳、合膊。邓师、宛冯、龙渊、大阿，皆陆断马牛，水击鹄雁，当敌即斩。甲盾、鞮鍪①、铁幕、革抉、𫀨芮②，无不毕具。以韩卒之勇，被坚甲，蹠劲弩③，带利

【译文】

苏秦为楚国推行合纵政策，游说韩王说："韩国北面有巩地、洛邑、成皋等坚固的城池，西面有宜阳、常阪等险要的关塞，东面有宛地、穰地和洧水，南面有陉山，土地方圆千里，士兵有几十万。天下的强弓劲弩，都是韩国所出产的。溪子、少府、时力和距黍等这些上等的弓箭，都能射到六百步以外。韩国士兵抬脚踏地射箭，可以连续发射很多次，远处的能射中胸膛，近处的能射穿心脏。韩国的士兵所使用的剑和戟都出自冥山、棠溪、墨阳、合膊等地。邓师、宛冯、龙渊、大阿等宝剑，在陆地上都能砍杀牛马，在水里截击天鹅和大雁，和敌人决战能够击溃强敌。铠甲、头盔、臂衣、扳指、系盾的丝带等，韩国更是无所不备。凭借着韩国士兵的勇敢，身穿坚固的铠甲，脚踏强劲的弩弓，佩带锋利的宝剑，一个人抵挡上百人，不在话下。凭借着韩国的强大和大王的贤明，却想要投向西方侍

剑，一人当百，不足言也。夫以韩之劲，与大王之贤，乃欲西面事秦，称东藩，筑帝宫，受冠带，祠春秋，交臂而服焉，夫羞社稷而为天下笑，无过此者矣。是故愿大王之熟计之也。

奉秦国，自称是秦国东方的藩臣，要给秦王修筑行宫，接受秦王的封赏，春秋两季还要向秦国朝贡祭祀，拱手臣服于它，使整个国家蒙受耻辱来招致天下人的耻笑，没有比这更严重的问题了。所以我希望大王能够慎重考虑这个问题。

【注释】

①鞮鍪(dī móu)：头盔。②呋(fá)：盾。芮(ruì)：系盾的绳子。③蹠(zhí)：踏，踩。

原文

"大王事秦，秦必求宜阳、成皋①。今兹效之②，明年又益求割地。与之，即无地以给之；不与，则弃前功而后更受其祸。且夫大王之地有尽，而秦之求无已。夫以有尽之地而逆无已之求，此所谓市怨而买祸者也，不战而地已削矣。臣闻鄙语曰：'宁为鸡口，无为牛后。'今大王西面交臂而臣事秦，何以异于牛后乎？夫以大王之贤，挟强韩之兵，而有牛后之名，臣窃为大王羞之。"韩王忿然作色，攘臂按剑，仰天太息曰："寡人虽死，必不能事秦。今主君以楚王之教诏之，敬奉社稷以从。"

译文

"如果大王侍奉秦国，秦国必定索要宜阳、成皋这两个地方。今年把土地割让给它，明年它又会得寸进尺，索要更多的土地。如果给它，却没有那么多的土地来割让给它；如果不给，就前功尽弃，以后还要遭受秦国带来的灾祸。况且大王的土地是有穷尽的，而秦国却贪得无厌。拿有限的土地来迎合无止境的贪欲，这就是所说的购买怨恨和灾祸啊，用不着交战，土地已经削减了。我听有句俗语说：'宁肯当鸡嘴，也不要做牛尾。'如今大王投向西方，像藩臣一样来侍奉秦国，这跟做牛尾又有什么区别呢？就凭借着大王的贤能，又拥有这么强大的军队，却落了个做牛尾恶名，我私下里真为您感到惭愧。"韩王顿时气得变了脸色，胳膊一扬，按住宝剑，仰天叹息说："我即使是死了，也一定不会去侍奉秦国。今天先生拿楚王的诏示来教诲我，就请允许我拿我的国家来听从。"

【注释】

①宜阳、成皋：韩的城邑，都是军事要地。②兹：年。效：献。

解析

苏秦周游六国，劝说各国的帝王，所采用的游说策略是大体相同的。首先为眼前的帝王分析国家所具有的强大实力和各方面的优势，这其中不乏夸张的虚美之辞,他的目的在于取得对方的好感,增强对方的信心,树立起一个国家的形象和尊严来,而不是要低三下四地去侍奉秦国,放弃国家的自主权而甘心做秦国的附属国。然后就谈到对方所实行的政策,指出其中的得失,很自然地引入合纵联盟的问题,用富有感染力的语言为对方展望参加合纵联盟的美好前景,以及不参加合纵联盟而西面侍奉秦国的悲惨结局,在立论和驳论中强调自己所主张的合纵联盟是对方最好的选择,从而说服对方。

【处世策】

值得一提的是苏秦在最后提出的"宁为鸡口,无为牛后"的俗语,恰到好处地说明了合纵联盟的在当时的意义。这句话也成为人们面对选择的时候所经常依据的一个原则。作为一个人,或是一个国家,都要有"宁为鸡口,无为牛后"的志气。一个人要在社会上自立,而一个国家要在国际社会中自立,在这个多彩的世界中表达自己的声音,这是立人立国的基本要求。否则就无法得到尊严和别人的尊重。

张仪为秦连横

【原文】

张仪为秦连横,说韩王曰:"韩地险恶,山居,五谷所生,非麦而豆①;民之所食,大抵豆饭藿羹②;一岁不收,民不厌糟糠③;地方不满九百里,无二岁之所食。料大王之卒,悉之不过三十万,而厮徒负养在其中矣④,为除守徼亭鄣塞⑤,见卒不过二十万而已矣。秦带甲百余万,车千乘,骑万匹,虎挚之士⑥,跿跔科头⑦,贯颐奋戟者⑧,至不可胜计也。秦马之良,戎兵之众,探前趹后,蹄间三寻者⑨,不可称数也。山东之卒,被甲冒胄以会战,秦人捐甲徒裼以趋敌,左挈人头,右挟生虏。夫秦卒之与山

【译文】

张仪为了替秦国组织连横盟约,去游说韩王说:"韩国地势险恶,百姓多半住在山野、五谷之中,只生产麦子和豆子;所以百姓所吃的东西,多是豆饭或豆叶羹;只要一年没有收成,百姓连酒糟和谷皮都吃不饱。土地方圆还不到九百里,存粮不够两年之用。估计大王的军队,总共也不过三十万人。包括杂兵和苦力在内,戍守要塞堡垒的士兵更不会超过二十万。而秦国精锐部队就有一百多万人,兵车有一千多辆,战马有一万多匹。勇猛的士卒,奔腾跳跃,高擎战戟,甚至不戴铠甲冲入敌阵的,不可胜数。秦国战马优良,士兵众多。战马探起前蹄蹬起后腿,四蹄一跃可达二十四尺,这样的战马也不可胜数。崤山以东的诸侯军队,就是披甲戴盔来会战,秦兵即使扔掉甲胄赤身裸体,也可以击败敌人,左手提着人头,右臂挟着俘虏。秦兵和山东诸侯相比,就好象用勇士孟贲对付懦夫一般;再以重兵相

东之卒也，犹孟贲之与怯夫也；以重力相压，犹乌获之与婴儿也。夫战孟贲、乌获之士，以攻不服之弱国，无以异于堕千钧之重，集于鸟卵之上，必无幸矣。诸侯不料兵之弱，食之寡，而听从人之甘言好辞，比周以相饰也，皆言曰：'听吾计则可以强霸天下。'夫不顾社稷之长利，而听须臾之说，诖误人主者，无过此者矣。

压，就好象用大力士乌获对付婴儿一般。用乌获和孟贲这样的勇士，去攻打不服的弱小国家，等于把千钧重的力量压在鸟蛋上，一定不能幸免于粉碎。各国诸侯不估计自己兵力之弱，粮食之少，却听信主张合纵联盟的游说之士的花言巧语，他们互相勾结，自我标榜，都说'听从我的计谋，就可以称雄称霸于天下。'他们不顾国家的长远利益，听信一时的空话，欺骗耽误君主，没有比这更厉害了。

【注释】

①而：犹"则"，就是。②藿：豆叶。③厌：同"餍"，饱。④厮徒负养：杂役和苦力。负养，谓负担以给养公家，亦贱人也。⑤徼亭：边境上的瞭望亭。郼塞：即障塞，指边境上险要的堡垒。⑥虎挚之士：指勇士。⑦跔跋(jū tú)：腾跳踊跃。科头：犹言空头，光着头，指不戴头盔。⑧贯颐：被箭射穿了面颊。贯，射中，射穿。颐，面颊。一说，为双手捧脸。一说，为拉满弓。贯，读为"弯"。颐，为弓名。⑨寻：八尺为一寻。

【原文】

"大王不事秦，秦下甲据宜阳，断绝韩之上地①，东取成皋、宜阳，则鸿台之宫、桑林之苑②，非王之有已。夫塞成皋，绝上地，则王之国分矣。先事秦则安矣，不事秦则危矣。夫造祸而求福，计浅而怨深，逆秦而顺楚，虽欲无亡，不可得也。故为大王计，莫如事秦。秦之所欲莫如弱楚，而能弱楚者莫如韩。非以韩能强于楚也，其地势然也。今王西面事秦以攻楚，为敝邑，秦王必喜。夫攻楚而私其地，转祸而说秦，计无便于此者也。是故秦王使使臣献书大王御史③，须以决事。"

【译文】

如果大王不侍奉秦国，秦国就会出兵占据宜阳，切断韩国上党的交通，东面占据成皋、荥阳，那么鸿台离宫、桑林御苑就不再为大王所有。如果封锁了成皋，切断了上党要道，那么，大王的国家就被割裂了。先侍奉秦国就可以安宁，不侍奉秦国就会危险。若到灾祸中去寻求幸福，因计谋短浅而结怨很深，违抗秦国而顺从楚国，即使想让国家不亡，也是不可能的。因此，为大王考虑，不如去讨好秦国。秦国的愿望，就是要削弱楚国，而能削弱楚国的，只有韩国。这并不是因为韩国比楚国强，而是韩国的地形使它有这种优势。现在，大王如果往西讨好秦国而又去进攻楚国，秦王一定高兴。那么，进攻楚国而独据楚地，转祸为福而取悦于秦王，任何计谋也没有比这更有利的了。因此，秦王派我上书给大王，等候大王裁决。"

韩王说："承蒙客卿的指教，我愿做秦王的

韩王曰："客幸而教之,请比郡县,筑帝宫,祠春秋,称东藩,效宜阳。"

一个郡县,为秦王筑行宫,春、秋供奉祭品,做秦国东边的藩臣,并且把宜阳献给秦国。"

【注释】

①上地:即上党之地。②鸿台之宫、桑林之苑:皆为韩国的宫苑。③御史:此指替国君传命的小臣。

【解析】

同是一个韩国,由张仪来说简直一文不值,民贫国弱、军队废弛、毫无战斗力,但是在苏秦说来却是兵强马壮、极富战斗力。这就是语言的魔力,语言完全可以改变对事实的看法。人们只生活在语言传播的世界中,传播决定了事实真相。语言作为一种传播方式,对事实真相会起到支配、改变和颠倒的作用。苏秦、张仪对事实的不同解释和渲染,改变和左右着韩王对自己国力、天下大势的看法。最后,张仪对秦国暴力的渲染和秦国武力的赤裸裸威胁对韩王发生了作用,韩王由于内心的软弱,终于屈服在暴秦面前。

宣王谓摎留

【原文】

宣王谓摎留曰①:"吾欲两用公仲、公叔,其可乎?"对曰:"不可!晋用六卿而国分;简公用田成、监止而简公弑;魏两用犀首、张仪而西河之外亡。今王两用之,其多力者内树其党②,其寡力者藉外权。群臣或内树其党以擅其主,或外为交以裂其地,则王之国必危矣!"

【译文】

韩宣惠王对韩人摎留说:"我想同时用公仲和公叔执政,可以吗?"摎留回答说:"不行。晋国用六卿执政,国家就分裂了,齐简公用田成和监止掌权,简公就被杀了,魏国曾同时任用犀首、张仪为相,就丧失了西河以外之地。现在大王想任用两个人共同执政,那个势力大的必定会在朝廷树立同党,势力小的就会借助外国的势力以保全自己。如果群臣中有的在国内自树私党,对国君专权;有的里通外国,使国土分裂,那么大王的国家必然会陷于危险的境地。"

【注释】

①摎(jiū)留:魏国臣子。②多力:多,即大力,即势力。倒装句,即势力大。

韩宣惠王想重用公仲、公叔二人，征求朝廷大臣摎留的意见。摎留指出了同时任用两人的许多害处。

【处世策】

职场中拉帮结派的现象并不少见，职场人应摒弃认为拉帮加派有利于保护自己的错误心理。即使是被他人怂恿，也不要参与进去；需要明白一点，建立长久的健康的人际关系需要一定的时间，要站在长远的角度看待这个问题。

谓齐王

【原文】

谓齐王曰："王不如资韩朋①，与之逐张仪于魏。魏相犀首，因以齐、魏废韩朋，而相公叔以伐秦。"谓张仪曰："公仲闻之，必不入于齐。据公于魏②，是公无患。"

【注释】

①资：资助，帮助。②据：依据、依靠。

【译文】

有人对齐王说："大王不如帮助韩朋，和他一道从魏国赶走张仪，魏国就会任命犀首为相国，犀首会利用齐、魏两国的力量废黜韩朋，而任命公叔为相国，与犀首一道进攻秦国。"

此人又对张仪说："韩朋听说后，一定不会接受齐国的帮助，和他合作。韩朋为了保全自己不被废掉，一定不会与齐王一道从魏国赶走您，相反会依靠您。这样，您就无忧无虑了。"

【解析】

有说客建议齐王帮助公仲朋驱逐张仪出魏。此人转而又到张仪面前说尽好话，两头讨好。

【处世策】

职场中的人际关系说复杂也简单，不外乎与上司的关系、与下属的关系、与其他非直属同事的关系、与工作相关的外界的关系 4 种。很难说哪一种关系更紧要。它们都直接影响到我们个人的工作业绩和工作情绪。事实上,人际关系的好坏首先取决于个人的性格和经历的人事,其次取决于相处的技巧。所以,在职场中修炼自己的性格远比照书练习技巧有效得多。

楚昭献相韩

【原文】

楚昭献相韩,秦且攻韩,韩废昭献。昭献令人谓公叔曰:"不如贵昭献以固楚①,秦必曰楚、韩合矣。"

【注释】

①固:巩固。

【解析】

楚人昭献相韩被废,昭献派人说韩,以使自己地位更尊贵,以示楚、韩联合,迷惑秦国。

【处世策】

想让自己在公司内的地位稳固,就要想办法让老板认识到你很重要,有必须留下你、重用你的理由。

【译文】

楚国的昭献出任韩国的相国,秦国将要进攻韩国,韩国罢免了昭献。昭献使人对韩国相国公叔说:"您不如重用昭献,来巩固楚、韩的邦交,这样,秦国就一定会认为楚、韩联合,而不攻韩了。"

秦攻陉

【原文】

秦攻陉,使人驰南阳之地①。秦已驰,又攻陉,韩国割南阳之地。

秦受地,又攻陉。陈轸谓秦王曰:"国形不便,故驰。交不亲,故割。今割矣而交不亲,驰矣而兵不止,臣恐山东之无以驰割事王者矣。且王

【译文】

秦国攻打韩国的陉城,并派人用秦地来交换韩国的南阳。秦、韩两国换地的谈判已完成,秦国又去进攻陉城,于是韩国将南阳割给了秦国。秦国接受了南阳,还去进攻陉城。陈轸对秦王说:"因国土地形不利所以才交换,因两国关系不友好才割地。现在韩国已割地给秦国,而两国关系仍不友好,两国换地的谈判已完成,秦国又出兵进攻韩国,我担心六国诸侯不会拿换地、割地来孝敬大王了。况且大王在三川搜求百金没有得到,而在韩国搜求千金一

求百金于三川而不可得，求千金于韩，一旦而具。今王攻韩，是绝上交而固私府也②，窃为王弗取也。"

下子都满足了。现在大王进攻韩国，这乃是断绝了极为友好的关系，犹如抛弃了从韩国可以获得的一切。我实在不敢苟同。"

【注释】

①驰：通"移"，交换。②固：闭塞，私府：诸侯藏钱物的府库。

【解析】

秦国攻打韩国的陉城，韩国割地而秦兵不退。陈轸游说秦王，劝其息兵。

【处世策】

急功近利的害处是显而易见的。很多人由于只看眼前，不看长远发展，其结果很可能是杀鸡取卵。人应该培养延时需要的满足，这样才不会急功近利。有的人一旦有需要，就马上希望得到满足，容易导致急功近利。

五国约而攻秦

【原文】

五国约而攻秦，楚王为从长。不能伤秦，兵罢而留于成皋。魏顺谓市丘君曰："五国罢，必攻市丘以偿兵费①。君资臣，臣请为君止天下之攻市丘。"市丘君曰："善。"因遗之。

魏顺南见楚王，曰："王约五国而西伐秦，不能伤秦，天下且以是轻王而重秦。故王胡不卜交乎②？"楚王曰："奈何？"魏顺曰："天下罢，必攻市丘以偿兵费，王令之勿攻市丘。四国重王，且听王之言而不攻市丘；不重王，且反王之言而攻市丘。然则王之轻重必明矣。"故楚王卜交而市丘存。

【译文】

楚、燕、赵、魏、韩五国结为合纵联盟，以楚王为合纵盟主，可没有击败秦国，停战后，六国军队留驻在成皋。魏顺对市丘君说："五国停战以后，必然会进攻市丘，以此来抵偿军费。如果您能资助我，我愿意为您制止诸侯进攻市丘。"市丘君说："好。"于是就派遣魏顺。

魏顺南下拜见楚王，说："大王联合五国西攻秦国，没有打败它，诸侯将会因此看轻大王，而尊重秦国。所以，大王为何不测知一下诸侯是否尊重大王呢？"楚王说："该怎么办呢？"魏顺说："诸侯停战，必然会进攻市丘，以此来抵偿军费。大王可命令他们不要进攻市丘；如果其他四国尊重大王，就必然听从大王而不进攻市丘；如果不尊重大王，就一定会反对大王，而去进攻市丘。这样大王地位的轻重，必将一目了然了。"因此，楚王就用这个办法去测知诸侯，市丘于是得以保存。

【注释】

①偿:抵偿。②卜:占卜。指预测。

【解析】

魏顺不仅是个富有忧患意识和前瞻眼光的大臣,也是个很聪明的谋臣。他毫不费力就解除了市丘的隐患。其实,世间的事情都不一定非要大动干戈不可。当然,保全市丘也可以采用战争的形式,但这一定是下下策。而最好的解决问题的方法,却是不需要自己亲自去做,而是靠别人的力量来完成。

【处世策】

我们在做事情的时候,要学会多多动脑筋,而不是动不动就费力地跑路。从成本和效益上来考虑,还是动脑筋来得划算。花费最少的成本带来最大的效益,是我们时刻应该遵循的一条原则。

郑强载八百金入秦

【原文】

郑强载八百金入秦,请以伐韩。冷向谓郑强曰:"公以八百金请伐人之与国①,秦必不听公。公不如令秦王疑公叔。"郑强曰:"何如?"曰:"公叔之攻楚也,以几瑟之存焉,故言先楚也。今已令楚王奉几瑟以车百乘居阳翟,令昭献转而与之处,旬有余②,波已觉。而几瑟,公叔之仇也;而昭献,公叔之人也。秦王闻之,必疑公叔为楚也。"

【注释】

①与国:同盟国。②旬:十天。

【解析】

公元前300年,郑强想请秦国出兵攻打韩国,冷向劝他让秦王怀疑公叔伯婴

【译文】

郑强载着八百金去秦国,请求秦国攻打韩国。秦臣冷向对郑强说:"您用八百金请求秦国去攻打他的同盟,秦国一定不会听从。您不如让秦王怀疑韩相国公叔。"郑强说:"怎么个做法?"冷向说:"公叔当年攻打楚国时,由于前太子几瑟在楚国,所以才主张先打楚国。现在已经要楚王用一百辆战车把几瑟送到楚、韩交界处阳翟,公叔又要昭献到阳翟与几瑟同住。十几天以后,几瑟发觉昭献有谋杀他的意图。几瑟是公叔的仇敌,昭献又是公叔的党羽。秦王知道仇人与党羽能共处,足见韩、楚关系转好,而秦、楚关系恶化,他一定会怀疑公叔在帮助楚国。因此,秦国就会攻打韩国。

联合楚国,即可使秦伐韩。

【处世策】

能以自己的力量消灭对方,那当然是很好的。但任何人的力量总是有限的。这就需要能够利用种种矛盾,特别是对方营垒内部的矛盾。而可以利用的矛盾总是存在的,就是一时不存在,也可以制造出矛盾来,削弱对方,为我所用。

郑强之走张仪于秦

【原文】

郑强之走张仪于秦,曰:仪之使者,必之楚矣。故谓大宰①曰:"公留仪之使者,强请西图仪于秦②。"故因西请秦王曰:"张仪使人致上庸之地,故使使臣再拜谒王。"秦王怒,张仪走。

【注释】

①大宰:②图:图谋。

【译文】

韩人郑强想使张仪被秦国赶走,他想:张仪的助手一定去了楚国。因而去楚国对大宰说:"您留住张仪的助手,我要求到秦国去谋算张仪。"随后他就去拜见秦王,说:"张仪派人到楚国,把贵国的上庸之地献给楚国,所以楚王派我来拜见大王。"秦王听了大怒,张仪便逃跑了。

【解析】

公元前310年,郑强假装为楚国出使韩国,称张仪献上秦国的上庸城给楚国。秦王大怒,驱逐张仪出境。

宜阳之役

【原文】

宜阳之没,杨达谓公孙显曰:"请为公以五万攻西周。得之,是以九鼎抑甘茂也。不然,秦攻西周,天下恶之,其救韩必疾①,则茂事败矣!"

【译文】

在宜阳战役时,秦人杨达对公孙显说:"我愿意为您用五万大军去进攻西周。如果成功了,就可以用九鼎来抑制甘茂攻陷宜阳的战功。如果不成功,秦国进攻西周,诸侯会因"挟持天子的恶名"而厌恨秦国,由于进攻西周必须经过韩国,天下诸侯一定会迅速救援韩国,那么,甘茂进攻宜阳的事必然失败,不能建功。"

【注释】

①疾:迅速。

【解析】

公元前 308 年,秦将甘茂攻打韩国的宜阳城。杨达谋求为公孙显抢功。

【处世策】

抢功是职场司空见惯的事情,这不仅是一个人品问题,也是一个管理问题。如果和你抢功的是你的顶头上司,那么恭喜你,你被频繁抢功说明你已经成为干将。领导抢你的功,意味着领导可以获得更快的提升,当然,你也很快就会有新的机会。

秦围宜阳

【原文】

秦围宜阳,游腾谓公仲曰:"公何不与赵蔺、离石、祁,以质许地?楼缓必败矣。收韩、赵之兵以临魏①,楼鼻必败矣。韩、赵为一,魏必倍秦②,甘茂必败矣。以成阳资翟强于齐,楚必败之。须③,秦必败。秦失魏,宜阳必不拔矣。"

【译文】

秦国围攻宜阳,游腾对韩相公仲说:"您为何不要赵国派人质来,然后割给赵国蔺、离石、祁等地,如果韩、赵联盟成功,主张秦、赵联盟的楼缓就必定失败。如果韩、赵两国的军队联合进攻魏国,主张秦、魏联合的楼鼻也必定失败。韩、赵两国联合,魏国一定会背叛秦国,甘茂孤立,就必然失败。以成阳资助在齐国为魏国联合秦、齐而疏远楚国的翟强,那么楚国将会不利,必然会加以破坏。不久,秦国也必然失败。秦国失去了魏国的支持,宜阳一定不会被攻下。"

【注释】

①临:面对。②倍:同"背",背弃,背叛。③须:不久。

【解析】

公元前 308 年,秦军围困宜阳时,游腾献策给韩相公仲,要韩还地联赵、逼魏背秦,亲齐远楚,孤立秦国,那么宜阳就可以保全。

公仲以宜阳之故

【原文】

公仲以宜阳之故,仇甘茂。其后,秦归武遂于韩,已而①,秦王固疑甘茂之以武遂解于公仲也②。杜赫为公仲谓秦王曰:"朋也愿因茂以事王。"秦王大怒于甘茂,故樗里疾大说杜赫。

【注释】

①已而:不久。②解:和解。

【解析】

公元前306年,甘茂与韩相公仲有仇怨,因此主张秦国攻韩。后来秦王怀疑甘茂,公仲趁机离间,甘茂出逃到齐国。

【处世策】

公仲把握住了秦王怀疑甘茂的机会,成功实施离间计,报了私仇。对职场人而言,要保持对事物敏锐的洞察力。对于一个企业来说,要长久地处于市场竞争的上风,必须要立足长远,审时度势。企业员工洞察周围和市场,新发现就是一个机会,它将给自身和公司带来机遇。

【译文】

韩相公仲因为甘茂夺取了韩国的宜阳,而仇恨甘茂。以后,秦国把武遂归还给了韩国;不久,秦王自然要怀疑甘茂利用归还武遂一事来消除他和公仲之间的仇恨。

韩人杜赫为公仲对秦王说:"我听说公仲朋希望借重甘茂之力来投靠大王。"秦王听后认为甘茂与公仲关系密切,更增加他对甘茂的怀疑,因此对甘茂很生气。秦王怀疑甘茂,甘茂被疏远,右丞相樗里疾随之权重,因此,樗里疾更加喜欢杜赫。

秦韩战于浊泽

【原文】

秦韩战于浊泽①,韩氏急。公仲朋谓韩王曰:"与国不可恃。今秦之

【译文】

秦、韩两国在浊泽交战,韩国告急。公仲朋对韩王说:"盟国不能依靠。现在秦国的意

心欲伐楚，王不如因张仪为和于秦，赂之以一名都，与之伐楚。此以一易二之计也。"韩王曰："善。"乃儆公仲之行，将西讲于秦。

楚王闻之大恐，召陈轸而告之。陈轸曰："秦之欲伐我久矣，今又得韩之名都一而具甲，秦、韩并兵南乡②，此秦所以庙祠而求也。今已得之矣，楚国必伐矣。王听臣，为之儆四境之内，选师，言救韩，令战车满道路；发信臣，多其车，重其币，使信王之救己也。纵韩为不能听我，韩必德王也，必不为雁行以来③。是秦、韩不和，兵虽至楚，国不大病矣④。为能听我，绝和于秦，秦必大怒，以厚怨于韩。韩得楚救，必轻秦。轻秦，其应秦必不敬。是我困秦、韩之兵，而免楚国之患也。"楚王大说，乃儆四境之内，选师言救韩，发信臣，多其车，重其币，使之韩。谓韩王曰："敝邑虽小，已悉起之矣。愿大国遂肆意于秦，敝邑将以楚殉韩。"

图是想要攻打楚国，大王不如通过张仪来和秦国和解，割让给它一座大城池，然后和秦国联合攻打楚国。这是以一换二的计策。"韩王说："好。"于是就准备让公仲朋出使秦国，打算到西方和秦国讲和。

楚王听说这个消息，大为恐慌，召来陈轸，把这件事告诉了他。陈轸说："秦国图谋攻打我国已经很久了，现在又得到韩国的一座大城池，它的军费又可以增加了，秦、韩两国联合起来向南进攻，这是秦国很多年以前就梦想着要实现的了。如今它的目的已经达到，楚国必然要遭到进攻了。大王要听从我的意见，在全国范围内戒严，挑选军队，对外宣布要援救韩国，将战车布满道路；派遣使者，增加出使的车辆，加重出使的礼品，让韩国相信大王将要去援救它。韩国如果不能听从我们，一定会感激大王，绝对不会和秦国联合攻打我国。这样秦、韩两国就会不和，秦军即使来到，楚国也不会遭受很大的损失。韩国如果能够听从我们，和秦国决裂的话，秦国必然会大为恼怒，因此怨恨韩国。韩国得到了楚国的援救，必定会轻视秦国；轻视秦国，它和秦国交往必然不恭敬。这样我们就困住了秦、韩两国的军队，从而就解除了楚国的忧患。"楚王听了非常高兴，就在全国范围内戒严，挑选军队，宣布要援救韩国，派遣使者，增加出使的车辆，加重出使的礼品。让使者对韩王说："敝国虽然很小，但是已经全部动员起来了，希望贵国从容对付秦国，敝国为韩国将愿意付出一切来和贵国共存亡。"

【注释】

①浊泽：位于韩国，在今河南省长葛西。②雁行：跟随。

韩王大说，乃止公仲。公仲曰："不可，夫以实苦我者，秦也；以虚名救我者，楚也。恃楚之虚名，轻绝强秦之敌，必为天下笑矣。且楚、韩非兄弟之国也，又非素约而谋伐秦也①。秦欲伐楚，楚因以起师言救韩，此必陈轸之谋也。且王以使人报于秦矣，今弗行，是欺秦也。夫轻强秦之祸，而信楚之谋臣，王必悔之矣。"韩王弗听，遂绝和于秦。秦果大怒，益师与韩氏战于岸门，楚救不至，韩氏大败。故韩氏之兵非削弱也，民非蒙愚也，兵为秦禽②，智为楚笑者，过听于陈轸，失计于韩朋也。

韩王听了大为高兴，于是就不再让公仲朋出使秦国。公仲朋说："不行，用实际的军事行动使我国陷入困境的是秦国，用虚伪的好话来援救我国的是楚国。凭借楚国的虚伪的好话，轻易停止和强秦讲和，必定会被天下人耻笑。而且楚、韩两国并不是兄弟盟国，也不是事先就约好共同谋划攻打秦国的。秦国想要攻打楚国，楚国这才派出军队扬言援救韩国的，这一定是陈轸的阴谋。再说大王已经决定派人通知秦国了，如今又不让使者动身了，这是在欺骗秦国。轻视强秦将要带来的灾祸，而听信楚国的谋臣，大王必定会因此后悔。"韩王不听，就停止了和秦国讲和。秦国果然大怒，增派军队和韩国军队在岸门交战。楚国的援兵也没有来到，韩国军队大败。韩国的军队并不是衰弱，百姓并不是愚昧，但军队被秦军俘虏，谋略被楚国所耻笑，是因为他们错误地听信了陈轸的计策，没有采纳公仲朋的计策啊。

【注释】

①素约：预先约定。②禽：通"擒"。

【解析】

在国际关系错综复杂的战国时期，国家与国家之间时而联合，时而对抗，而决定国家之间关系状况的是国家利益和国家力量。当面对突如其来的困难，一个国家就会改变对外政策，客观上改变了国际关系。没有永远的朋友，也没有永远的敌人，这句话可以说是战国时期国际关系风云变幻的真实写照。

韩国与秦国之间发生战争，两国之间就是矛盾运动的最高级形式。但这种形式随时都会因为一方的让步而发生根本性的变化。韩国做出让步，牵涉到的不仅是两个国家。当楚国发现韩秦两国关系的变化对自己发生的不利影响的时候，采取了积极的对策，立刻宣布改变原来的对韩政策，转而要支持韩国。陈轸的聪明在于通过假象将韩国争取过来，使之由利益相对的国家关系变成了利益一致的国家关系，从而分化了敌对力量，扭转了事态。

【处世策】

没有永恒的朋友，也没有永恒的敌人，只有永恒的利益。行走在职场中，除了要"练好十八般武艺"之外，还要懂得处理各式各样的人际关系。职场中没有永远的朋友和敌人，所以不擅长作秀的人最好不要在职场中与谁成为朋友或敌人，保持适当的距离也许会少些尴尬和失望。同时，还要近君子远小人。这里指的小人是那种表里不一、专事阿谀奉承虚伪阴险的人。世事难测，生活中本就很难分得出绝对的黑与白，对与错，好与坏；好的未必是真好，坏的也未必是真坏。要做到世事洞明绝非易事，重要的是吃一堑，长一智。

颜率见公仲

【原文】

颜率见公仲，公仲不见。颜率谓公仲之谒者曰："公仲必以率为阳也①，故不率也。公仲好内②，率曰'好士'；仲啬于财，率曰'散施'；公仲无行，率曰'好义'。自今以来，率且正言之而已矣。"公仲之谒者以告公仲，公仲遽起而见之。

【译文】

颜率去见韩相国公仲，公仲不愿见。颜率对公仲的通报人员说："公仲一定认为我华而不实，所以不见我。公仲喜好女色，我则喜好士人；公仲为人吝啬，我则慷慨施舍；公仲行为不正，我则急公好义，从今以后，我将直言谏诤就是了。"

公仲的通报人员把这些话告诉给公仲，公仲赶紧起身，去接见颜率。

【注释】

①阳：同样。②好内：好色。

【解析】

颜率求见公仲没有成功，于是使用激将法，扬言要诋毁他的名声。公仲只好接见了他。

【处世策】

激将法属于比较低级的手法。如果盲目使用激将法且被他人识破，对双方都是很没有面子的一件事情。也就是说在激将法实施之前，必须要对这个人有一个很好的判断。把激将的风险降到最低——人激我不急，我激人不急。此法的至高境界应该是点到为止，引而不发。让对方一开始觉得没什么，但稍一愣神，又突然意识到被你激了一下。这样收到的效果最好。

【原文】

韩公仲谓向寿曰:"禽困覆车。公破韩,辱公仲,公仲收国复事秦,自以为※可以封。今公与楚解,中封小令尹以杜阳①。秦、楚合,复攻韩,韩※亡。公仲且躬率其私徒以斗于秦,愿公之熟计也。"向寿曰:"吾合秦、楚,非以当韩也。子为我谒之。"

公仲曰:"秦、韩之交可合也。"对曰:"愿有复于公。谚曰:'贵其所以贵者贵。'今王之爱习公也②,不如公孙郝;其知能公也,不如甘茂。今二人者皆不得亲于事矣,而公独与王主断于国者,彼有以失之也。公孙郝党于韩,而甘茂党于魏,故王不信也。今秦、楚争强,而公党于楚,是与公孙郝、甘茂同道也。公何以异之?人皆言楚之多变也,而公※之③,是自为责也。公不如与王谋其变也,善韩以备之,若此则无祸矣。韩氏先以国从公孙郝,而后委国于甘茂,是韩,公之仇也。今公言善韩以备楚,是外举不辟仇也④。"

【译文】

有人为公仲对向寿说:"野兽追急了,就会把猎车撞翻,您打败了韩国,侮辱韩相国公仲,公仲收拾残破的韩国,又来投靠秦国,他自认为必定可以受到秦国的封赏。现在您把秦地解给了楚国,又把杜阳封给小令尹。秦、楚联合,并进攻韩国,韩国必亡。这样,公仲就将亲自率领他的私党到秦国和您拼命,希望您三思。"

向寿说:"我联合秦、楚两国,并不是为了对付韩国,请您为我去告诉公仲说:'秦国和韩国的邦交是可以缔结的。'"那人回答说:"回您的话,俗话说:'尊重别人所尊重的,就会受到别人的尊重。'现在,论秦王所宠爱的人,您不如公孙郝;论智能,您不如甘茂。如果这两个人都不能执掌国政,唯独您能与秦王决断国政,这是因为他们都有过失的缘故。公孙郝亲韩国,而甘茂亲魏国,所以秦王不信任他们。当今,秦国和楚国争霸,而您亲楚国,这就和公孙郝、甘茂一样,您怎么能和他们区别开来呢?人们都说楚国善变不可靠。而您偏偏信任楚国,这是在秦王面前自找责备。您不如和秦王研究楚国的善变,与韩国友好,来防备楚国。这样,就不会有祸患了。当初,韩国先把国事交给公孙郝,以后又交给了甘茂,可见韩国就是您的仇敌。如果您提出'亲韩防楚'的策略,这正是'外举不避仇'的原则啊!"

【注释】

①中封:在国内自行封赏。②爱习:宠爱亲近。③必:信赖。④辟:同"避"。

【原文】

向寿曰:"吾甚欲韩合。"对曰:"甘茂许公仲以武遂,反宜阳之民。今公徒收之,甚难。"向子曰:"然则奈何?武遂终不可得已。"对曰:"公何为以秦为韩求颍川于楚,此乃韩之寄地也①。公求而得之,是令行于楚而以其地德韩也。公求而弗得,是韩、楚之怨不解而交走秦也。秦、楚争强,而公涂过楚以收韩,此利于秦。"向子曰:"奈何?"对曰:"此善事也。甘茂欲以魏取齐,公孙郝欲以韩取齐,今公取宜阳以为功,收楚、韩以安之,而诛齐、魏之罪,是以公孙郝、甘茂无事也②。"

【译文】

向寿说:"我很想与韩国联合。"那人回答说:"甘茂答应公仲把武遂还给韩国,夺取宜阳后,让这里的百姓返回家园,从前甘茂与公仲和好的条件是,归还侵地武遂,并放回宜阳百姓。可现在您要白白地与公仲和好,这可太难了。"

向寿说:"这可怎么办呢?武遂终于得不到了。"那人回答说:"您为何不借秦国的力量为韩国向楚国要回颍川呢?颍川是韩被楚国夺去的土地。您提出要求,如得到颍川,这说明您的话在楚国是算数的,而且因为颍川而使韩国感激您;如果您要求颍川而没有得到,这说明韩、楚两国的怨仇还没有消除,那么两国将分别与秦国结交。秦、楚两国争霸,您责备楚国,而与韩国联合,这对秦国有利。"

向寿说:"怎么办呢?"那人回答说:"这是好事。甘茂想借助魏国联合齐国,公孙郝想借助韩国联合齐国,现在您夺取宜阳立了功,又联合楚、韩两国,那么守卫宜阳就无忧患了。您再责备齐国与魏国不跟秦国联合的罪过,这样,公孙郝与甘茂就会失去权力。"

【注释】

①寄地:暂时由他人代管的地方。②无事:指失去权力。

【解析】

秦国的向寿与甘茂、公孙郝等素来不和。公元前306年,韩相公仲派苏代游说向寿,苏代以举贤不避亲的道理劝诫向寿。让向寿连韩抗楚,以巩固秦王对他的信任,并与甘茂等人抗衡,从而为韩国解除了兵祸。

【处世策】

所以凡举大业者,定是心怀坦荡,举贤不避仇、不避亲,用人之长,而且用人不疑。古人曰:"人无弘量,但有小谨,不能大立也。"凡成大功者,总是不苛求他人。如果一个人这也看不惯,那也容不得,到处树敌,四面楚歌,怎么能团结他人,怎么能成就大业。

或谓公仲

或谓公仲曰："听者听国①，非必听贵也，故先王听谚言于市。愿公之听臣言也。公求中立于秦而弗能得也，善公孙郝以难甘茂，劝齐兵以劝止魏，楚、赵皆公之仇也。臣恐国之以此为患也，愿公之复求中立于秦也。"

公仲曰："奈何？"对曰："秦王以公孙郝为党于公而弗之听，甘茂不善于公而弗为公言，公何不因行愿以与秦王语？行愿之为秦王臣也公，臣请为公谓秦王曰：'齐、魏合与离，于秦孰利？齐、魏别与合，于秦孰强？'秦王必曰：'齐、魏离则秦重，合则秦轻；齐、魏别则秦强，合则秦弱。'臣即曰：'今王听公孙郝，以韩、秦之兵应齐而攻魏，魏不敢战，归地而合于齐②，是秦轻也，臣以公孙郝为不忠。今王听甘茂，以韩、秦之兵据魏而攻齐，齐不敢战，不求割地而合于魏，是秦轻也，臣以甘茂为不忠。故王不如令韩中立以攻齐，王言救魏以轻之，齐、魏不能相听，久离兵事。王欲，则信公孙郝于齐，为韩取南阳，易谷

有人对韩相国公仲说："听话要听民众的话，不必听贵人的话。所以，先王在众人聚集的地方聆听街谈巷议，我希望您也听我的话。您对秦国表示韩国要保持中立，这不可能实现，您与公孙郝友好而与甘茂对立，您帮助齐国来控制魏国，楚、赵两国都是您的仇敌。我担心国家因此会招来祸患，希望您仍旧对秦国表示韩国要保持中立。"

公仲说："该怎么办呢？"回答说："秦王认为公孙郝与您是同党，而不听他的，甘茂与您不友好而不会为您说话，您何不通过行愿和秦王交谈？行愿作为秦王的大臣为人公正无私，我愿意为您对秦王说：'齐国和魏国联合还是分离，哪种情况对秦国有利？齐、魏分离与联合，哪种情况可以加强秦国呢？'秦王一定会说：'齐、魏两国分离，秦国就会受到重视；齐、魏两国联合，秦国就会被轻视。齐、魏两国分离，秦国就强盛；齐、魏两国联合，秦国就会衰弱。'我就说：'如果大王听从公孙郝的，以韩、秦两国的军队响应齐国去进攻魏国，魏国就不敢应战，而会献地与齐国讲和，这就说明秦国被轻视，我认为公孙郝不忠；如果大王听甘茂的，以韩、秦两国的军队依靠魏国去进攻齐国，齐国就不敢应战，也会要求献地与魏国讲和，这就说明秦国被轻视，我认为甘茂不忠。所以，大王不如让韩国保持中立，使齐、魏两国互相攻击。大王声称要救魏国去增强魏国，齐、魏两国各不相让，就要长期进行战争。大王若想派公孙郝到齐国，为韩国夺取魏国的南阳，交换韩国的谷川，以为秦国所有，这乃是秦惠王的希望。大王若想派甘茂到魏国，以韩、

川以归，此惠王之愿也。王欲，则信甘茂于魏，以韩、秦之兵据魏以郄齐③，此武王之愿也。臣以为令韩中立以劲齐，最秦之大急也。公孙郝党于齐而不肯言，甘茂薄而不敢谒也④。此二人，王之大患也。愿王之熟计也'"

秦两国的军队依靠魏国击退齐国，这乃是秦武王的愿望。我认为让韩国中立，而使齐、魏两国互相攻击，这乃是秦国最关紧要的事啊。公孙郝亲近齐国，想要韩国助齐攻魏，不肯说让韩国中立，甘茂迫近魏国也不敢晋见大王，公孙郝和甘茂一个亲齐，一个亲魏，二人乃是大王的大患，希望大王深思熟虑。"

【注释】

①听国：听众人的话。②归：通"馈"，馈赠，给予。③郄：击退。④薄：迫近。

【解析】

公元前306年，齐、魏之间发生战争，韩国倾向于联齐攻魏。有说客替魏国劝韩相公仲保持中立，达到打击甘茂、公孙郝的目的。

【处世策】

趁火打劫之计本是比喻乘人之危而谋划的，在斗争中，各种政治势力为了争夺有利的态势，从来不会怜悯任何政敌，却常常趁政敌之危发起进攻，以期使本集团或本人在政治上谋得更大的利益。也正因为如此，本计在这种复杂的政治斗争环境中，能够得到广泛的应用。

韩公仲相

【原文】

韩公仲相。齐、楚之交善，秦、魏遇，且以善齐而绝齐乎楚。楚王使景鲤之秦，鲤与于秦、魏之遇。

楚王怒景鲤，恐齐以楚遇

【译文】

韩国公仲出任齐国的相国。齐、楚两国邦交友好，这时秦、魏两国会晤，将拿与齐国友好为条件，而使齐、楚两国绝交。楚王派宠臣景鲤去秦国，景鲤却参加了秦、魏的会晤。楚王为此对景鲤很生气，担心齐国以为景鲤参加了这次会晤，是楚国与秦、魏两国有私交，并将惩罚景鲤。

为有阴于秦、魏也，且罪景鲤。为谓楚王曰："臣贺鲤之与于遇也。秦、魏之遇也，将以合齐、秦而绝齐于楚也。今鲤与于遇，齐无以信魏之合己于秦而攻于楚也①。齐又畏楚之有阴于秦、魏也，必重楚。故鲤之与于遇，王之大资也。今鲤不与于遇，魏之绝于楚明矣。齐信之，必轻王。故王不如无罪景鲤，以视齐于有秦、魏，齐必重楚，而且疑秦、魏于齐。"

王曰："诺。"因不罪而益其列②。

有人为景鲤对楚王说："我祝贺景鲤参加了秦、魏两国的会晤。秦、魏两国会晤的目的，是要使齐、秦两国联合起来，以拆散齐、楚两国的邦交。现在景鲤参加了秦、魏的会晤，秦国不会相信魏国会为使齐国与秦国联合而与楚国对立，齐国又害怕楚国与秦、魏两国有密约，必然会看重楚国。所以，景鲤参加这次秦、魏会晤，对大王非常有利。如果景鲤不参加这次会晤，魏国将使齐、楚两国绝交，这是很明显的。如果齐国按魏国那样做了，一定会轻视大王。所以，大王不如不惩处景鲤，以此向齐国表示楚国和秦、魏两国关系友好，齐国必然会重视楚国，而且让齐国对秦、魏产生怀疑。"楚王说："好。"因此，楚王没有惩处景鲤并且晋升了他的官阶。

【注释】

①攻：排斥。②列：位，爵位。

【解析】

公元前313年，韩公仲任齐相国后，齐、楚和好。秦、魏约合准备破坏齐、楚邦交，楚使景鲤参加了这次会议。楚王怪罪景鲤。有说客在楚王面前为景鲤开脱。

【处世策】

在政治斗争、人际斗争中，保持对对手的威胁，才能被对手所重视。所谓"以斗争促和平"就是此理。如果己方不被对手重视，同样也不会为友方所重视。所以，要体现自己的价值，抬高自己的地位，就要引起对手对自己的关注。

王曰向也子曰

【原文】

王曰："向也，子曰'天下无道①'；今也，子曰'乃且攻燕'者，何也？"对曰："今谓马多力则有矣，若曰胜千钧则

【译文】

魏王说："刚才您说'楚国在天下无敌'。现在您说'要让楚国进攻燕国'。这是为什么？"回答说："如果说'马的力量很大'，这是可能的，如果说'马可以载三万斤重的东西'，那可不一定。这是为什

不然者,何也?夫千钧,非马之任也。今谓楚强大则有矣,若夫越赵、魏而斗兵于燕,则岂楚之任也哉?且非楚之任而楚为之,是弊楚也。强楚,弊楚,其于王孰便也②?"

么?因为三万斤的重量绝不是马力所能胜任的。如果说'楚国很强大',这是可以的,如果说'它可以越过赵、魏两国去进攻燕国',那楚国怎么能胜任呢?楚国既不能胜任,而又要去进攻燕国,那是自取败弱,使楚国败弱,还是使楚国强大,这两种结果,哪一种结果对大王有利呢?"

【注释】

①道:应作"适",通"敌"。②便:利。

【解析】

本文中,说客说给魏王的一席话,道出了适时而行的重要性

【处世策】

一般而言,竞争对手对我们的索取,我们总会想办法予以拒绝。但毕竟也有例外,如果对手的索求会给他带来坏的影响,引起不好的结果,那我们应该适时满足他的要求,并暗中鼓励他的行为,推动坏的结果尽早出现,毕竟对手的失利,就是我们的胜利。

或谓魏王

【原文】

或谓魏王:"王儆四疆之内①,其从于王者②,十日之内备,不具者死。王因取其游之舟上系之。臣为王之楚,王胥臣反,乃行。"春申君闻之,谓使者曰:"子为我反,无见王矣!十日之内,数万之众,今涉魏境。"

秦使闻之,以告秦王。秦王谓魏王曰:"大国有意必来,以是而足矣。"

【译文】

有人对魏王说:"魏国将出兵攻秦。大王警戒告知全国:凡有武器跟随大王的人,必须在十天以内准备好。过期而不准备的,一律处死。于是,大王把旌旗的下垂装饰物'旒'系在车辕上,准备出发。但我愿为大王出使楚国,大王等我返魏后,再出发。"

楚相春申君听说后,对魏国的这位使者说:"您为我返回魏国去吧,不必见楚王。十天以内,我楚国数万大军将开赴魏国边境。"

秦国的使臣知道后,把这情况报告了秦王,秦王对魏王说:"贵国一定要来攻打我,凭贵国自己的力量已经足够了。"

【注释】

①四疆:指全国。②其:连词。相当于如果,假如。

魏王全国动员想进攻秦国，有说客为魏王出使楚国，争取到了楚相春申君的援助。魏、楚联合，引起了秦王的恐慌。

观鞅谓春申

【原文】

观鞅谓春申君曰：人皆以楚为强，而君用之弱，其于鞅也不然。先君时，二十余年未尝见攻。何也？秦欲逾兵于渑隘之塞而攻楚，不便；假道两周，倍韩、魏以攻楚，不可。今则不然，魏旦暮亡矣[1]，不能爱其许、鄢陵与梧，割以予秦。秦兵杏百六十里。臣之所见者，秦、楚斗之日也已。"

【译文】

观鞅对春申君说："人们都认为楚国本是强国，而您执政就变弱了。如果是我，就不会这样看。在先君时，二十多年从未被秦国进攻过。为什么呢？如果秦国想越过鼋隘关塞攻打楚国，不方便；想假道两周背着韩、魏去攻楚，又不行。现在却不然，魏国命在旦夕，不会爱惜许、鄢陵和梧地，而是会把它们割给秦国的，这样，秦国距离楚国不到一百六十里。依我看来，秦、楚大战的日子不远了。"

【注释】

①旦暮亡：危在旦夕。

【解析】

说客魏人观鞅对楚相春申君分析了秦、楚强弱变化的形势，指出秦、楚决战的时间不会很久了。在上一篇中，春申君擅自允诺了魏国使者联合进攻秦国的要求。春申君已然懂得唇亡齿寒的道理。楚国不可能一国独善其身，只有保全魏国，楚国才能安全。

【处世策】

漫漫人生路上，肯定会遇到许许多多的困难，很多时候我们确实自顾不暇，可不能以此为理由对他人的困境袖手旁观。功利一点说，搬开别人脚下的绊脚石，有时恰恰是为自己铺路。关心别人，有时就是关心我们自己！诚如那句老话，助人即助己！

公仲数不信于诸侯

公仲数不信于诸侯，诸侯锢之。南委国于楚，楚王弗听。苏代为谓楚王曰："不若听而备于其反也。朋之反也，常仗赵而畔楚，仗齐而畔秦，今四国锢之而无所入矣①，亦甚患之。此方其为尾生之时也②。"

韩相国公仲对诸侯屡次不讲信用，诸侯都封锁制裁他。他要把国事托付给南边的楚国，楚王不同意，苏代为公仲对楚王说："不如同意他，而又防备他反复无常。公仲朋反复无常，常常是依仗赵国来背叛楚国，依仗齐国来背叛秦国。现在四国都对他进行封锁制裁，他无法得逞了，他也非常担忧。现在是他该像尾生那样守信用的时候了。"

【注释】

①锢：禁锢，封锁。②尾生：传说中守信用的人。

【解析】

韩相公仲反复无常，各个诸侯国都不信任他，苏代劝楚王姑且相信他，但必须有防备，而形势也会迫使公仲不得不讲信用。

【处世策】

职场如战场。既有真才实学，又有良好职业信用的人永远都是职场上最受欢迎的人。在职业更换日益频繁的今天，良好的职业信用对每一个求职者来说已经变得越来越重要，它就像一本记事本，从我们踏入职场那一刻开始记录。

卷二十七　韩二

楚围雍氏五月

【原文】

楚围雍氏五月①。韩令使者求救于秦，冠盖相望也②，秦师不下崤。韩又令尚靳使秦，谓秦王曰："韩之于秦也，居为隐蔽③，出为雁行。今韩已病矣④，秦师不下崤。臣闻之，唇揭者其齿寒，愿大王之熟计之。"宣太后曰："使者来者众矣，独尚子之言是。"召尚子入。宣后谓尚子曰："妾事先王也，先王以其髀加妾之身⑤，妾困不支也；尽置其身妾之上，而妾弗重也，何也？以其少有利焉。今佐韩，兵不众，粮不多，则不足以救韩。夫救韩之危，日费千金，独不可使妾少有利焉。"

【注释】

①雍氏：韩国城邑。②冠盖：车盖，车上用来遮阳避雨的伞形篷子。这里用来指代使车。③居：平时，指无战事时。④病：困，受侵犯。⑤髀(bì)：大腿。

【译文】

楚军包围韩国雍氏城五个月。韩襄王派很多使者向秦国请求援救，使车来往不断，在路上就能互相看见冠盖，但秦国还是不派军队出崤山来援救韩国。韩国又派尚靳出使秦国，对秦昭王说："韩国对于秦国来说，在平时就是个屏障，发生战事时就是先锋。现在韩国已经面临亡国，但秦国不派军队出崤山援救。我听说过这样的话，如果嘴唇没有了，那么牙齿就会感到寒冷，希望大王您仔细考虑这个问题。"秦宣太后说："韩国的使者来了那么多，只有尚先生的话说得在理。"于是就召尚靳进宫。宣太后对尚靳说："我服侍惠王的时候，惠王把大腿压在我的身上，我感到不舒服，无法支撑。他把整个身子都压在我身上时，而我却不感觉很重，这是为什么呢？因为这样对我来说稍微有些好处。如今秦国帮助韩国，如果兵力不足，粮食不多的话，那么就不足以解救韩国。解救韩国的危难，每天要耗费千斤银两，难道就不能让我稍微得到一些好处吗？"

【原文】

尚靳归书报韩王，韩王遣张翠。张翠称病，日行一县。张翠至，甘茂曰："韩急矣，先生

【译文】

尚靳回国后，将宣太后的要求书面报告给韩襄王，韩襄王又派张翠出使秦国。张翠称自己有病了，每天只能走一个县。张翠到了秦国，甘茂

病而来。"张翠曰："韩未急也，且急矣。"甘茂曰："秦重国知王也，韩之急缘莫不知。今先生言不急，可乎？"张翠曰："韩急则折而入于楚矣，臣安敢来？"甘茂曰："先生毋复言也。"甘茂入言秦王曰："公仲柄淂秦师①，故敢捍楚②。今雍氏围，而秦师不下崤，是无韩也。公仲且抑首而不朝，公叔且以国南合于楚。楚、韩为一，魏氏不敢不听，是楚以三国谋秦也。如此则伐秦之形成矣。不识坐而待伐，孰与伐人之利？"秦王曰："善。"果下师于崤以救韩。

说："韩国已经很危急了，您竟抱病前来。"张翠说："韩国还没有到危急的时刻，只是将要危急了。"甘茂说："秦国是一个大国，秦王也智慧贤明，韩国的危急与否，秦国不是不知道。今天先生却说韩国不危急，这样说合适吗？"张翠说："韩国一旦危急就要依附于楚国了，我哪里还敢来秦国呢？"甘茂说："先生不要再说了。"

甘茂进宫对秦昭王说："公仲以为能够得到秦军的援救，所以才敢抵抗楚国。现在雍氏被围攻，而秦军不肯出崤山去援救，这就会失去韩国。公仲因为得不到秦国的援救而忧郁不上朝，公叔就会趁机让韩国向南去跟楚国讲和。楚国和韩国联合起来，魏国就不敢不听从，这样一来楚国就能够凭借这三个国家的力量来进攻秦国。这样，它们共同进攻秦国的形势就形成了。不知是坐着等待别国的军队前来进攻有利，还是主动进攻别国的军队有利？"秦昭王说："很好。"秦国果然派出军队从崤山出发，来解救韩国。

【注释】

①柄：持，执掌。②捍：抵制、抗拒。

【解析】

一般使者出使别的国家，都是一副谦卑的姿态。而张翠来到秦国的朝廷却不卑不亢，巧妙地利用秦国、楚国和韩国之间的关系，用富有威慑力的辩才点住了秦国的死穴，让它不得不做一次好人，尽一点义务。这都要得力于张翠对国际关系的准确把握。

【处世策】

本篇揭示了在我们遭到困难的时候如何求得第三方的帮助的命题，从中我们可以得到一些有益的启示。我们在现实生活中肯定会碰到很多求人办事的情况，这时

候，我们就要巧妙地利用各种利害关系，在关键的地方将对方一军，使对方不敢再耍手腕，从而达到我们的目的。

楚围雍氏，韩令冷向借救于秦

【原文】

楚围雍氏，韩令冷向借救于秦，秦为发使公孙昧入韩。

公仲曰："子以秦为将救韩乎？其不乎？"对曰："秦王之言曰：'请道于南郑、蓝田以入攻楚，出兵于三川以待公。'殆不合矣①。"公仲曰："奈何？"对曰："秦王必祖张仪之故谋②。楚威王攻梁，张仪谓秦王曰：'与楚攻梁，魏折而入于楚，韩固其与国也，是秦孤也。故不如出兵以劲魏。'于是攻皮氏，魏氏劲。威王怒，楚与魏大战，秦取西河之外以归。今也，其将扬言救韩而阴善楚，公恃秦而劲，必轻与楚战。楚阴得秦之不用也，必易与公相支也。公战胜楚，遂与公乘楚，易三川而归；公战不胜楚，塞三川而守之，公不能救也。臣甚恶其事③。司马康三反之郢矣，甘茂与昭献遇于境，其言曰'收玺'，其实犹有约也。"

公仲恐，曰："然则奈何？"对曰："公必先韩而后秦，先身而后张仪。公不如亟以国合于齐、楚，秦必委国于公以解伐。

【译文】

楚国包围了雍氏，韩国派冷向去秦国请求救兵，秦国没有出兵救韩，派了公孙昧去韩国。韩相国公仲问："您以为秦国将出兵救韩呢？还是不出兵救韩呢？"公孙昧回答说："秦王说'请你们从南郑、蓝田进攻楚国，我将出兵至三川等您'。这样恐怕秦、韩永远也不能会合了。"公仲说："该怎么办呢？"回答说："秦王一定会效法张仪以前的计谋，当时楚威王进攻魏国，张仪对秦王说：'与楚国一道去进攻魏国，魏国会转而又与楚国联合，韩国本来就是魏国的盟国，这样秦国就孤立了。所以不如出兵去增强魏国。'在这时，楚国正攻打皮氏，魏国因秦国出兵而力量增强，楚威王大怒，楚与魏大战，秦军便占领了魏国的西河之外返回。现在，秦将公开宣称援救韩国，但暗地与楚国友好，您依靠秦国的态度强硬，就一定会对与楚国作战掉以轻心。楚国暗中明白秦国不为韩国所用，一定很容易和您抗衡。您战胜了楚国，秦国就会乘势占领楚国的土地，再用这块土地交换韩国三川而返；您如果不能战胜楚国，秦国已占领了三川，在三川险要之地据守，您也无法去救。我为此事很担忧。秦臣司马康三次往返于楚都鄢郢，甘茂和昭献在秦、楚边境会晤，扬言要制止楚国进攻韩国，其实双方仍在密约攻韩。"公仲听后害怕了，说："那该怎么办呢？"公孙昧回答说："您必须首先考虑韩国积极设法自救，不要一味地寄希望于秦国的援助，首先考虑加强本身，不要落入张仪的骗局，所以，您不如立刻让韩国与齐国、楚国联合，秦国孤立后，就一定与韩国妥协，而放弃

是公之所以外者仪而已，其实犹之不失秦也。"

攻韩的打算。这样，您所疏远的只是张仪而已，其实同样没有失去秦国的支援。"

【注释】

①殆：副词。大概，恐怕。②祖：效法。③恶：犹"患"，担忧。

【解析】

公元前 307 年，楚国围攻韩国雍氏，秦国使者公孙昧对韩国公仲说，秦国扬言救韩，其实另有打算，是想趁机夺取韩国的三川，劝韩国最好放弃对秦国的幻想，另谋出路。

【处世策】

职场人最重要的是树立"自立"意识。什么是自立？只有具备了自立精神，才能产生一种"置之于死地而后生"的勇气，自信自己能适应工作中的任何挑战。自信自己不仅能对自己的未来负责，而且对自己的公司，对自己的父母，对自己未来的家人和对社会负责。没有经济上的独立，就很难有人格上的独立。一个在人格上有缺陷的人，在这竞争激烈的职场上，很难有所作为。

公仲为韩魏易地

【原文】

公仲为韩、魏易地，公孙争之而不听，且亡①。史惕谓公叔曰："公亡，则易必可成矣。公无辞以复反，且示天下轻公。公不若顺之。夫韩地易于上②，则害于赵；魏地易于下③，则害于楚。公不如告楚、赵。楚、赵恶之。赵闻之，赵兵临羊肠；楚闻之，发兵临方城；而易必败矣。"

【译文】

韩相国公仲为韩、魏两国交换土地，公叔劝阻公仲，公仲不听，公叔便想要离开韩国。史惕对公叔说："您要是出走，韩、魏两国交换土地就一定成功。那时您没有借口再返回，而且表明您被诸侯轻视，因此您不如顺水推舟。如果韩国换得了魏国的上党，就会损害赵国；如果魏国换得了韩国的南阳、郑地、三川，就会损害楚国。您不如把这事告诉楚国和赵国。楚国和赵国将会担忧。赵国听说后，会出兵逼羊肠；楚国听说后，会出兵开到方城。这样，韩、魏换地之事就会失败了。"

【注释】

①亡：离开，出走。②上：指北。③下：指南。

公元前 357 年,公仲谋划韩、魏两国交换土地,公叔反对。史惕劝公叔顺从公仲的意思,并暗中告诉赵国、楚国,促使赵、楚两国从中阻拦,公仲的谋划因此失败了。

【处世策】

史惕告诉公叔的办法是典型的阳奉阴违。在今天的社会里,也不要过分抱怨别人的尔虞我诈、阳奉阴违。能与狼共舞才能适应社会,实现理想和抱负。职场政治是一种生存手段,如果没点儿政治本领,又怎能在这样凶险的职场江湖中生存和发展呢?

锜宣之教韩王取秦

【原文】

锜宣之教韩王取秦①,曰:"为公叔具车百乘②,言之楚易三川。因令公仲谓秦王曰:'三川之言曰:秦王必取我,韩王之心不可解矣。王何不试以襄子为质于韩,令韩王知王之不取三川也?'因以出襄子而德太子。"

【注释】

①锜(qí)宣:韩国臣子,事迹无考。②具:准备。

【译文】

锜宣告诉韩王如何争取与秦国联合,说:"为公叔备好车辆百乘,告诉他到楚国去,用三川交换楚地。然后让公仲对秦王说:'三川一带的人都说,秦王一定会攻打三川,韩王心里不知如何是好。大王为什么不派襄子到韩国去做人质?让韩王知道大王不会夺取三川。'秦王就可以派襄子到韩国来,因襄子和太子关系不好,襄子出国,又可以让秦国太子感激我们。"

【解析】

锜宣向韩王建议,应该扬言要以三川与楚交换土地,然后迫使秦国派出人质,达到韩、秦联合的目的。

襄陵之役

【原文】

襄陵之没,毕长谓公叔曰:"请毋用兵,而楚、魏皆德公之国矣。夫楚欲置公子高①,必以兵临魏,公何不令人说昭子曰:

【译文】

在楚、魏襄陵战役中,毕长对韩相国公叔说:"请不要出动军队,这样,楚国和魏国都会感激您的国家。楚国想拥立在楚国的公子高为魏太子,所以一定会用武装送公子高返回魏国。您

'战未必胜。请为子起兵以之魏。'子有辞以毋战②，于是太子、昭阳、梁王皆德公矣。"

为何不让人说服楚柱国昭阳说：'这次出战未必能胜，我愿替您出兵到魏国去。'您再扎营驻兵，托辞不出战。这样，太子、昭阳、魏王都会感激您。"

【注释】

①置：立。立公子高为太子。公子高当时在楚国。②辞：托辞。

【解析】

公元前323年，楚、魏襄陵战役的时候，毕长劝韩国公叔不要介入战事，而应该劝和两国。这样，两个国家就都会感激韩国。

公叔使冯君于秦

【原文】

公叔使冯君于秦，恐留①，教阳向说秦王曰："留冯君以善韩辰，非上知也。主君不如善冯君而资之以秦。冯君厉王而不听公叔②，以与太子争，则王泽布而害于韩矣。"

【译文】

韩相国公叔派冯君去秦国，担心被扣留，他告诉阳向对秦王说："扣留冯君来帮助韩辰，这不是上策。大王不如善待冯君，以秦国的财物去资助冯君。冯君便会亲附大王，而不听从公叔的话，您就可以凭借这些来帮助公子几瑟，与太子咎争夺韩国的权利。那样大王的恩泽就会传遍天下，并能使韩国的利益受到损害。"

【注释】

①留：扣留。②厉：亲近。

【解析】

公元前300年，韩国相国公叔派冯君出使秦国，公叔担心他会被扣留，因此派人游说秦王。

【处世策】

本篇涉及一个人才"为我所有"还是"为我所用"的问题。有的企业，根本就是一套"为我所有"的机制，这种企业人才虽多，但却全部都是别人的人才储备，比如过去的国有企业就是一个全方向输出人才的典型。还有的企业，强调的是人才"为我所用"，这样的企业，用人机制比较灵活，往往因人而异，因才而异，强调的是目的性，只要能解决问题就好。在我国的南方，很多民营中小企业都是采用的这种方法。

【原文】

谓公叔曰:"公欲得武遂于秦,而不患楚之能伤河外也。公不如令人恐楚王①,而令人为公求武遂于秦。谓楚王曰:'发重使为韩求武遂于秦。秦王听,是令得行于万乘之主也。韩得武遂以限秦。毋秦患而德楚。韩,楚之县而已。秦不听,是秦、韩之怨深而交事楚也。'"

【译文】

有一个人对公叔说:"如果您想从秦国要回武遂,就不应怕楚军骚扰河外之地。您不如派人去恐吓楚王,让他派人替您到秦国讨回武遂。"于是公叔派人对楚王说:"请您派出足够分量的使者去秦国为韩国索要武遂,如果秦王接受这项要求,这就说明贵国的命令在万乘之国能够行得通。韩国要回武遂就可以限制秦国,没有秦国的祸患,并且也会感激楚国。这样韩国就如同楚国的一个郡县了。如果秦国不答应,就会使秦、韩两国的仇怨结得更深,使它们争着来结交楚国。"

【注释】

①恐:吓唬。

【解析】

公元前306年,说客劝公叔通过楚王要求秦国把武遂归还给韩国。

【处世策】

借刀杀人是三十六计中的第三计,"借刀杀人",是借他人之手或他人之力来铲除异己或达到自己目的的一种手段,杀人是广义的,也是狭义的。借刀杀人者,不需自己赤膊上阵,不需消耗自己的实力,更不会招致杀人凶手的罪名,真可谓绝顶聪明。在明争暗斗的职场中用借刀杀人之计的也不在少数。

谓公叔曰乘舟

【原文】

谓公叔曰:"乘舟,舟漏而弗塞,则舟沉矣。塞漏舟而轻阳侯之波①,则舟覆矣。今公自以辩于薛公而轻秦②,是塞漏舟而轻阳侯之波也,愿公之察也。"

【译文】

有人对公叔说:"坐船,船漏了却不知道堵塞,那么船就会沉掉。如果只堵塞漏船而轻视阳侯灵魂化作的大波,那么船也会倾覆。现在您自认为能力超过薛公就不把秦国放在眼里,这只是堵塞漏船而轻视了阳侯之波,希望您能详察。"

【注释】

①阳侯：古代诸侯，传说因有罪投江，死后灵魂化为大波。②自以辨于薛公：自认为能力强于薛公。辨，同"辨"，分别，此处有强于、高于的意思。薛公，指田婴。

【解析】

有人用坐船打比方，劝公叔像重视风浪那样重视秦国，否则必然会招来灭顶之灾。

【处世策】

成功缘于欣赏对手。面临日趋激烈的就业竞争，能否具有欣赏别人的眼光和接纳别人的胸襟，是非常重要的。因为有了这样的眼光才能取长补短、团结协作，共同进步。这也正是复合型人才必备的素养之一。

齐令周最使郑

【原文】

齐令周最使郑，立韩扰而废公叔。周最患之，曰："公叔之与周君，交也。今我使郑，立韩扰而废公叔。语曰：'怒于室者色于市。'今公叔怨齐，无奈何也。必绝周君而深怨我矣。"史舍曰："公行矣！请令公叔必重公。"

周最行至郑，公叔大怒。史舍入见，曰："周最固不欲来使，臣窃强之。周最不欲来，以为公也；臣之强之也，亦以为公也。"公叔曰："请闻其说。"对曰："齐大夫诸子有犬，犬猛不可叱，叱之必噬人。客有请叱之者，疾视而徐叱之，犬不动；复叱之，犬遂无噬人之心。今周最固得事足下①，而以不得已之故来使，彼将礼陈

【译文】

齐国派周最出使韩国，要任命韩扰为相国，罢免公叔，周最为此而担忧，说："公叔和周君交谊很好，派我出使韩国，要任命韩扰为相国，罢免公叔。俗话说：'人在家里生气，一定会在大庭广众之中表露出来。'如果公叔怨恨齐国，那是没有办法的事。他一定会与周君关系恶化，而且会深深地怨恨我。"史舍说："您出发吧，我让公叔一定看重您。"

周最到了韩国，公叔大怒。史舍入见公叔，说："周最坚决不想出使，是我强迫他来的。周最不愿意出使是为了您，我强迫他来，也是为了您。"公叔说："愿听听您的道理。"史舍回答说："齐国大夫庶子养了条狗，狗凶猛不能呵叱它，呵叱它就要咬人，有客人要求呵斥狗，注目熟视而又轻轻呵斥它，狗没有动；又呵斥它，狗竟然没有咬人的意思。周最以前有幸能够侍奉足下，是因为不得已而出使贵国，他将有礼貌地慢慢地陈述他的意思，韩王

其辞而缓其言。郑王必以齐王为不急，必不许也。今周不来，他人必来。来使者无交于公，而欲德于韩扰，其使之必疾②，言之必急，则郑王必许之矣。"

公叔曰："善。"遂重周最。王果不许韩扰。

【注释】

①固：通"故"，旧时。②疾：尽力。

【解析】

史舍用狗的习性来作比，恰如其分地说明了他们之间的关系，表明了周最对于公叔的真实态度，得到了公叔的理解，因此就得到了敬重。

【处世策】

中国是一个人情社会，在人们的交往过程中很多场合都要把人情放在第一位。史舍深谙此道，用其出色的辩才来为周最说话，将公叔争取过来，缓和了他们之间的关系。其实，再不讲人情的人，只要话说得妥当，他就会很爱听，而人情就是在话语的交流中得以拉近，要办事情就很容易了。

定会认为齐王并不急迫，一定不会同意。如果周最不来，其他人也必会来。来的这位使者与您没有旧交，而想先讨好韩扰，那他办事时一定很快，说话也一定很急，韩王就一定会同意。"公叔说："好。"公叔就很重视周最。韩王果然没有同意任命韩扰为相国。

韩公叔与几瑟争国

【原文】

韩公叔与几瑟争国。郑强为楚王使于韩，矫以新城、阳人予世子①，以与公叔争国。楚怒，将罪之。

郑强曰："臣之矫与之，以

【译文】

韩公叔与几瑟争立为太子。郑强为楚王出使韩国，假托楚王命令，以新城、阳人两地给几瑟，来和公叔争太子之位。楚王很生气，要惩处郑强。郑强说："我假托王命给几瑟两地，是为了楚国。我以为，几瑟得到新城、阳人两地，用来与为国也。臣曰：世子得新城、阳人以与公叔争国，而得全，魏火急韩氏。韩氏急，火悬命于楚，又何新城、阳人敢索？若战而不胜，走而不死，今且以至，又安敢言地？"楚王曰："善。"乃弗罪。

公叔争夺太子之位，如果他得到了，魏国一定会胁迫韩国，而韩国必然要把命运完全交托给楚国，又哪敢要求什么新城、阳人呢？假如韩国战而不胜，几瑟幸而没死，他就会来到楚国，又怎么敢提起新城、阳人两地的事呢？"楚王说："好。"就没有惩处郑强。

【注释】

①矫：假托。

【解析】

公元前300年，公叔帮助公子咎与公子几瑟争立太子时，郑强假称楚王之命，支持几瑟。楚王大怒，郑强为自己辩护。

韩公叔与几瑟争国

【原文】

韩公叔与几瑟争国。中庶子强谓太子曰①："不若及齐师未入，急击公叔。"太子曰："不可。战之于国中火分。"对曰："事不成，身火危，尚何足以图国之全为②？"太子弗听，齐师果入，太子出走。

【译文】

韩公叔帮助太子咎与几瑟争夺政权。中庶子郑强对几瑟说："不如趁齐国军队还没有攻进韩国，就先发制人加紧铲除公叔。"几瑟说："不可以这样做。在国内打内战，国家必然会分裂。"郑强回答说："这件事不成功，您自身必然会遭到危险，还谈什么考虑保全国家的完整呢？"几瑟不听，齐国军队果真攻入韩国，几瑟只好逃到国外。

【注释】

①中庶子：侍御左右之臣。②尚：还。图：考虑。为：语气助词。

【解析】

韩国公叔帮助公子咎与几瑟争立太子位置。郑强劝几瑟抓住时机除掉公叔，几瑟不听，最后落得逃亡国外的下场。

【处世策】

不管是对外的竞争对手还是对内的恶心的同事，一旦出现了足以被击败的机会，一定要毫不犹豫的出手。商界、职场如战场，趁着敌方危机大，一定要落井下石，彻底战

胜对手。有时候手段不够光彩,但能胜则胜才是王道。

齐明谓公叔

齐明谓公叔曰①:"齐逐几瑟,楚善之。今楚欲善齐甚,公何不令齐王谓楚王:'王为我逐几瑟以穷之。'楚听,是齐、楚合,而几瑟走也;楚王不听,是有阴于韩也②。"

【注释】

①齐明:东周臣子。②阴:私交。

【解析】

公元前300年,楚国想和齐国结交,韩国臣子齐明劝公叔趁机请齐王要求楚国驱逐几瑟。

【处世策】

齐明的办法可理解为拐弯抹角的"探路法"。不直接询问或揭穿对方的秘密,而是采用其他途径沟通。这样做的好处起码有三:一是让对方暗中下了"台阶",不致使对方陷入尴尬境地;二是给对方留有思考和处理问题的余地,防止彼此之间发生正面冲突;三是表现了对对方的信任和应负的责任。这种方法较好地保留了对方的面子,无伤彼此之间的感情。

【译文】

齐明对公叔说:"齐国出兵把几瑟驱逐出韩国,而楚国却优待他。现在楚国很想加强与齐国的邦交。您为什么不趁机让齐王对楚王说:'请大王替我驱逐几瑟,让他走向穷途末路。'楚王如果听从,这样齐国、楚国就好联合在一起,几瑟只好逃亡;楚王如果不听从,那就说明楚国暗中与韩国保持友好的关系。"

公叔将杀几瑟

【原文】

公叔将杀几瑟也。谓公叔曰:"太子之重公也,畏几瑟也。今几瑟死,太子无患,必轻公。韩大夫见王老,冀太子之用事也①,固欲事之。太子外无几瑟之患,

【译文】

韩相国公叔要杀害几瑟。有人对公叔说:"公子咎之所以尊重您,是因为害怕几瑟。如果几瑟死了,公子咎没有后患,一定会轻视您。韩国大夫见韩王年老,希望公子咎执政,他们本来都想拥立公子咎。公子咎在外没有几瑟的后患,

而内收诸大夫以自辅也②，公必轻矣。不如无杀几瑟以恐太子，太子必终身重公矣。"

在内接受诸大夫来辅佐自己，您一定会被看轻。倒不如不杀几瑟，使公子咎有敌手，使他感受到威胁。这样，公子咎就会终生重视您的作用。"

【注释】

①冀：希望。②收：接受。

【解析】

公叔准备杀掉几瑟。有人劝公叔留下几瑟，使自己自重于韩国。

【处世策】

社会中总有一些翻脸无情的人。他们平时颇为倚重你的人际关系和才能，鼓励你"人尽其才"。一旦你施展出了全部的才能，贡献出了所有的人际关系，被他觉得已经没有多少利用价值时，就会无情地翻脸。再去寻找新的利用对象，所以，你有理由告诉自己，凡事要留一手，要让他们感觉到还需要你的存在，从而继续重用你。

公叔且杀几瑟

【原文】

公叔且杀几瑟也①，宋赫为谓公叔曰："几瑟之能为乱也，内得父兄而外得秦、楚也。今公杀之，太子无患，必轻公。韩大夫知王之老而太子定，必阴事之。秦、楚若无韩，必阴事伯婴。伯婴亦几瑟也！公不如勿杀。伯婴恐，必保于公②。韩大夫不能必其不入也③，必不敢辅伯婴以为乱。秦、楚挟几瑟以塞伯婴，伯婴外无秦、楚之权，内无父兄之众，必不能为乱矣。此便于公。"

【译文】

韩相国公叔要杀害几瑟。宋赫为几瑟对公叔说："几瑟之所以能兴起骚乱，是由于在国内得到父兄的支持，在国外得到秦、楚的援助。如果您杀了他，公子咎没有后患，一定会看轻您。韩国大夫知道韩王已老，如果确定了太子，他们一定会暗暗讨好太子。秦国和楚国如果没有韩国支持，一定会暗中支持伯婴。伯婴也就成了以前的几瑟，能兴起骚乱。您不如不杀几瑟，伯婴害怕了，必定会请求您的保护。韩国大夫不能保证几瑟一定不返国，必不敢帮助伯婴在国内兴起骚乱。秦国和楚国就帮助几瑟来遏制伯婴，伯婴外无秦国和楚国的帮助，内无父兄的协力，一定不能兴起骚乱，这对您有利。"

【注释】

①且:将要,打算。②保:依附。③必:保证、确保。

【解析】

宋赫的观点主要是劝公叔看清各方力量之间的制衡,用理性的措施来保持各方面的均势,这样就能使局面处于自己的控制之下。公叔要杀掉几瑟,在宋赫看来显然是没有经过理性思考的轻率行为。

【处世策】

一个人的存在,就代表着一种力量,必定对其他各方力量产生或吸引或排斥的影响,其实,人际关系的变化和事态的运动发展,就是各种力量的消长增减。要把握这其中的奥妙,要能够看出其中各种力量之间微妙的制衡作用,再决定采取什么样的措施。

谓新城君曰

【原文】

谓新城君曰:"公叔、伯婴恐秦、楚之内几瑟也①,公何不为韩求质子于楚?楚王听而入质子于韩,则公叔、伯婴必知秦、楚之不以几瑟为事也,必以韩合于秦、楚矣。秦、楚挟韩以窘魏,魏氏不敢东,是齐孤也。公又令秦求质子于楚。楚不听,则怨结于韩,韩挟齐、魏以眄楚②,楚王必重公矣。公挟秦、楚之重,以积德于韩,则公叔、伯婴必以国事公矣。"

【译文】

有人对新城君芈戎说:"公叔、伯婴担心秦国和楚国会接待几瑟,您为何不替韩国要求楚王派人质呢?楚王如果同意把人质派到韩国,那么公叔、伯婴一定可以了解到秦、楚两国并不重视几瑟,他们一定会使韩国与秦、楚联合。秦、楚两国帮助韩国胁迫魏国,魏国不敢与齐国联合,这样,齐国就孤立了。您可要秦国为韩国向楚国要求人质,楚国如果不同意,那么楚国就与韩国结怨。韩国依仗齐国和魏国而轻视楚国,楚王必会看重您。您依仗自己在秦、楚两国的重要地位,积恩德于韩国,一旦公叔、伯婴被立为太子,他一定会以韩国来侍奉您。"

【注释】

①几:同"纳",接纳。②眄(miǎn):斜着眼看。表示轻视对方的意思。

【解析】

新城君是秦国太后母亲的弟弟。公元前300年,有说客劝新城君趁几瑟之乱,为韩国向楚国索取韩国的质子,秦、楚联合韩国,威胁魏国,孤立秦国,再向楚国索取质子,以挑起韩、楚的矛盾,则秦国可以得利。

胡衍之出几瑟于楚

【原文】

胡衍之出几瑟于楚也,教公仲谓魏王曰:"太子在楚,韩不敢离楚也。公何不试奉公子咎而为之请太子?因令人谓楚王曰:'韩立公子咎而弃几瑟,是抱虚质也①!王不如亟归几瑟②。几瑟入,必以韩权报仇于魏而德王矣。'"

【译文】

胡衍让几瑟自楚国回归韩国时,告诉韩相国公仲说:"您对魏王说:'太子几瑟在楚国,韩国不敢背离楚国,您为何不暂且侍奉公子咎,而要求韩国立公子咎为太子?'接着派人对楚王说:'韩国要立公子咎为太子,废掉几瑟,这样,大王只是拥有一个没有实际用处的人质。大王不如马上送回几瑟,几瑟回了韩国,掌权后,一定会拿在韩国的权力报复魏国,而感激大王。'"

【注释】

①抱:据有,占有。②亟:尽快,马上。

【解析】

几瑟逃亡到楚国,其党人胡衍劝公仲假意尊奉公子咎,然后激怒楚国以强力送几瑟回韩国。

【处世策】

本篇给我们的一个启示是,当请求客户或者朋友的援助而迟迟不获允诺的时候,变"请求"为"激怒"也许会收到奇效,当然,不是要自己去惹怒他,而是我们的"敌人"惹怒了他,使他有援助我们的理由。

几瑟亡之楚

【原文】

几瑟亡之楚①,楚将收秦而复之。谓芈戎曰②:"废公叔而相几瑟者,楚也;今几瑟亡之楚,楚又收秦而复之。几瑟

【译文】

几瑟逃亡到楚国,楚国准备联络秦国,把太子几瑟送回韩国。有人对新城君芈戎出谋说:"废掉公叔伯婴而又帮助几瑟的,是楚国。现在几瑟逃亡到楚国,楚国又联络秦国把他送回韩国,由

入郑之日，韩，楚之县已！公不如令秦王贺伯婴之立也。韩绝于楚，其事秦必疾。秦挟韩亲魏③，齐、楚后至者先亡。此王业也。"

于几瑟返回韩国，必倒向楚国，他回到韩国的那一天，韩国就会成为楚国的一个小邑了。您不如要秦王去祝贺公叔伯婴立为太子。当韩国一旦与楚国绝交，一定会极力与秦国友好，秦国控制了韩国，又与魏国友好，齐国和楚国哪个后臣服于秦国，哪个就将最先灭亡，这可以建成王业。"

【注释】

①亡：逃亡。之：至。②芈(mǐ)戎：秦宣太后同父弟，昭王舅，入秦后封为华阳君。公元前299年秦取楚新城后，又封为新城君。③挟：挟持，控制。

【解析】

楚国准备联合秦国，强行扶持几瑟回韩国即位。有人建议秦国不如向韩国表示友好，取得齐、魏的好感，以抑制楚国。

【处世策】

人生最大的悲哀莫过于为他人作嫁衣裳。要不被别人抢去劳动果实就要分析哪些人是既得利益者，自己的付出有没有回报，分析里边的利害关系，从而趋利避害，做出正确的抉择。

冷向谓韩咎

【原文】

冷向谓韩咎曰："几瑟亡在楚，楚王欲复之甚，令楚兵十余万在方城之外。臣请令楚筑万家之都于雍氏之旁，韩必起兵以禁之①，公必将矣。公因以楚、韩之兵奉几瑟而内之郑。几瑟得入而德公，必以韩、楚奉公矣②。"

【注释】

①禁：抵挡、防御。②奉：拥戴。

【译文】

秦臣冷向对韩咎说："韩公子几瑟逃亡到楚国，楚王很想把几瑟送回韩国，派了十万楚军驻扎在方城之外。我请求让楚国在雍氏之旁筑万户的都城以屯兵，韩国一定会派兵来防御，您也一定会成为将军了。您就率领楚、韩联军尊奉几瑟，把他接回韩国。几瑟能回韩国，就会感激您，一定会让韩国和楚国都来尊重您。"

【解析】

公元前300年,冷向劝韩国公子咎借领兵抵御楚国的机会,联合楚国共同立几瑟为太子以自重。

楚令景鲤入韩

【原文】

楚令景鲤入韩,韩且内伯婴于秦①,景鲤患之。冷向谓伯婴曰:"太子入秦,秦必留太子而合楚以复几瑟也,是太子反弃之。"

【译文】

楚王派他的宠臣景鲤到韩国,韩国准备把太子公叔伯婴送到秦国去,景鲤为此而担忧。冷向对公叔伯婴说:"太子到了秦国,秦国一定会扣留您,而与楚国联合,恢复几瑟为太子,这样,您反而丢掉了太子的地位。"

【注释】

①内:接纳。

【解析】

景鲤到了韩国,韩国太子伯婴即将入秦。景鲤计冷向告诉伯婴,他进入秦国,前景堪忧。

韩咎立为君而未定

【原文】

韩咎立为君,而未定也。其弟在周,周欲重而送之。恐韩咎入韩之不立也。綦母恢曰:"不如以车百乘从之。韩咎立,因以为戒①;不立,则曰'来效贼也②。'"

【译文】

韩咎将立为太子,尚未最后确定。韩咎的弟弟在周国,周国准备隆重地送他弟弟返回韩国,但担心回到韩国后,韩咎不能立为太子,綦母恢说:"不如用百辆兵车跟随其后。韩咎若立为太子,就说是'为了戒备',如果不立为太子,让其他人立为太子,就说'是押送罪犯的。'"

【注释】

①戒:警戒。②效:献。贼:作乱叛国危害人民的人。

公元前 299 年,周国想送韩国公子咎的弟弟回国,又怕公子咎在争立太子时失败,綦毋恢因此想出了一套兼顾两端的说辞。

【处世策】

职场人切忌一根筋,时刻做好两手准备。比如要存有长期的忧患意识。行业发展瞬息万变,再大的公司也可能在短期内迅速衰落。职场人脑子里要时刻绷紧这根弦,看到自己的发展瓶颈,做一个"骑驴找马"的聪明人,在危机来临之前做好打算。在工作的同时,不忘记充电,当机会摆在眼前时,自然能力强的人胜算大。

史疾为韩使楚

【原文】

史疾为韩使楚,楚王问曰:"客何方所循?"曰:"治列子圉寇之言①。"曰:"何贵?"曰:"贵正。"王曰:"正亦可为国乎?"曰:"可。"王曰:"楚国多盗,正可以圉盗乎?"曰:"可。"曰:以正圉盗,奈何?"

顷间,有鹊止于屋上者,曰:"请问楚人谓此鸟何?"王曰:"谓之鹊。"曰:"谓之乌可乎?"曰:"不可。"曰:"今王之国,有柱国、令尹、司马、典令②,其任官置吏,必曰廉洁胜任。今盗贼公行而弗能禁也,此乌不为乌、鹊不为鹊也!"

【译文】

史疾为韩国出使楚国,楚王问他说:"您在研究谁的学说?"史疾说:"我在研究列御寇的学说。"楚王说:"列御寇主张什么学说?"史疾说:"他主张正名。"楚王说:"正名也可以用来治理国家吗?"史疾说:"可以。"楚王说:"楚国有很多盗贼,用正名能够防范盗贼吗?"史疾回答说:"可以。"楚王说:"用正名来防范盗贼,该怎么做?"正说话间,有一只喜鹊飞过来,落在屋顶上,史疾说:"请问大王,楚国人把这种鸟称做什么?"楚王说:"叫它喜鹊。"史疾说:"叫它乌鸦,可以吗?"楚王说:"不行。"史疾说:"现在大王的朝廷里设有柱国、令尹、司马、典令,您在任命这些官吏的时候,必定要求他们廉洁奉公,并且还要胜任所任的职位。现在盗贼公然在国内横行,但是不能禁止,就因为各个官员不能胜任他们的官职,这就是:'乌鸦不成其为乌鸦,喜鹊不成其为喜鹊啊!'"

【注释】

①圉(yǔ):防御。②柱国:楚国最高武官。令尹:楚国最高官职,掌军政大权。司马:掌军政和军赋的官。典令:主管出纳王命。

【解析】

战国时期，以公孙龙为代表的名家也发出了自己的声音，表达了他们这一派对世界的见解。面对各个诸侯国之间的混战，他们明确提出要为这个世界正名，否则就"名不正，言不顺"。他们提出的一个著名的观点就是"白马非马"论。

韩傀相韩

【原文】

韩傀相韩，严遂重于君，二人相害也①。严遂政议直指②，举韩傀之过。韩傀以之叱之于朝。严遂拔剑趋之，以救解。于是严遂惧诛，亡去游，求人可以报韩傀者。至齐，齐人或言："轵深井里聂政③，勇敢士也，避仇隐于屠者之间。"严遂阴交于聂政，以意厚之。聂政问曰："子欲安用我乎？"严遂曰："吾得为役之日浅，事今薄④，奚敢有请？"于是严遂乃具酒，觞聂政母前。仲子奉黄金百镒，前为聂政母寿。聂政惊，愈怪其厚，固谢严仲子。仲子固进，而聂政谢曰："臣有老母，家贫，客游以为狗屠，可旦夕得甘脆以养亲。亲供养备，义不敢当仲子之赐。"严仲子辟人，因为聂政语曰："臣有仇，而行游诸侯众矣。然至齐，闻足下义甚高，故直进百金者，特以为夫人粗粝之费⑤，以交足下之欢，岂敢以有求邪？"聂政曰："臣所以降志辱身，居市井

【译文】

韩傀任韩国的相国，严遂也受到韩哀侯的器重，因此两人互不容忍，相互忌恨。严遂仗义执言，直言不讳地指责韩傀的过失。韩傀因此在韩廷上怒斥严遂，严遂气得拔剑直刺韩傀，旁边的人将他们解劝下来。从那以后，严遂担心韩傀报复，就逃出韩国，游历各国，四处寻找可以向韩傀报仇的人。严遂来到齐国，有人对他说："轵地深井里的聂政，是个勇敢的侠士，因为躲避仇人才混迹在屠户中间。"严遂就和聂政暗中交往，以深情厚谊相待。聂政问严遂："您想让我干什么呢？"严遂说："我为您效劳的时间还不长，我们的交情还这样薄，怎么敢对您有所求呢？"

于是，严遂就准备了一桌酒席向聂政的母亲敬酒，又拿出百镒黄金，为聂政的母亲祝寿。聂政很吃惊，越发为他厚待自己感到奇怪，就坚决辞谢严遂的赠金，但严遂坚决要赠送。聂政推辞说："我家有老母，生活贫寒，只得离乡背井，做个杀狗的屠夫，现在我能够早晚买些甜美香软的食物来奉养母亲，母亲的供养已经足够了，就不敢再接受您的赏赐。"严遂避开周围的人，对聂政说："我要报仇，我游历过很多诸侯国。然后来到齐国，听说足下高义，所以特地送上百金，只是想作为老夫人粗茶淡饭的费用罢了，同时也让您感到高兴，哪里敢有什么请求呢？"聂政说："我所以降低志向，辱没身份，隐居在市井

者，徒幸而养老母。老母在，政身未敢以许人也。"严仲子固让，聂政竟不肯受。然仲子卒备宾主之礼而去。

当中，只是为了奉养老母。只要老母还活着，我的生命就不敢轻易托付给别人。"严遂坚持让聂政收下赠金，聂政始终不肯接受。然而严遂还是尽了宾主之礼才离开。

【注释】

①害：攻击。②政议：公正地发表言论。政，同"正"。③聂政：战国时侠客，韩国轵（今山东济源东南）人，以任侠著称，为战国时期四大刺客之一。④薄：急，紧迫。⑤粗粝：粗劣的食物。粝(lì)：粗米，糙米。

【原文】

久之，聂政母死，既葬，除服①。聂政曰："嗟乎！政乃市井之人，鼓刀以屠，而严仲子乃诸侯之卿相也，不远千里，枉车骑而交臣，臣之所以待之至浅鲜矣，未有大功可以称者②，而严仲子举百金为亲寿，我虽不受，然是深知政也。夫贤者以感忿睚眦之意③，而亲信穷僻之人，而政独安可嘿然而止乎？且前日要政，政徒以老母。老母今以天年终，政将为知己者用。"

遂西至濮阳，见严仲子曰："前所以不许仲子者，徒以亲在。今亲不幸，仲子所欲报仇者为谁？"严仲子具告曰："臣之仇韩相傀。傀又韩君之季父也，宗族盛，兵卫设，臣使人刺之，终莫能就。今足下幸而不弃，请益具车骑壮士以为羽翼。"政曰："韩与卫，中间不远④，今杀人之相，相又国君之亲，此其势不可以多人。多人不能无生得失，生得失则语泄，语泄则韩举国而与仲子为

【译文】

过了很长时间，聂政的母亲去世了，聂政守孝期满，脱去丧服，感叹地说："可叹啊！我不过是市井平民，动刀杀狗的屠夫，而严遂却是诸侯的卿相。他不远千里，屈驾前来与我结交，我对他太薄情了，没有做出什么可以和他待我相称的事情来，而他却拿百金为我母亲祝寿，我虽然没有接受，但这表明他很赏识我。贤德的人因为心中的激愤而来亲近穷乡僻壤的人，我怎么能够默然不动呢？再说以前他邀请我，我因母亲还健在而拒绝了他。如今母亲已享尽天年，我应该为赏识我的人效力了！"

于是聂政往西到了濮阳，见到严遂说："以前之所以没有答应您，只是因为母亲还在，如今老母已经去世。请问您想报仇的人是谁？"严遂将情况详细告诉聂政："我的仇人是韩国相国韩傀，他又是韩哀侯的叔父。他的家族很大，守卫设置严密，我曾派人刺杀他，始终没能成功。如今兄弟幸而没有忘记我，让我为你多准备些车马和壮士作为你的助手。"聂政说："韩国和卫国相隔不远，如今去刺杀韩国的相国，他又是韩侯的亲人，这种情况下不能带很多人去。人多了不能不出差错，出了差错就难免会泄露机密，泄露

仇也，岂不殆哉！"遂谢车骑人徒，辞，独行仗剑至韩。

【注释】

①除服：守丧期满（三年），脱去丧服。②称（chèn）：相称，配得上。③悤悤（悤）：倏忽，一时。睚眦（yá zì）：怒视。④中间（jiàn）：间隔。

【原文】

韩适有东孟之会①，韩王及相皆在焉，持兵戟而卫者甚众。聂政直入，上阶刺韩傀。韩傀走而抱哀侯，聂政刺之，兼中哀侯，左右大乱。聂政大呼，所杀者数十人。因自皮面抉眼②，自屠出肠，遂以死。韩取聂政尸暴于市，县购之千金。久之莫知谁子。

政姊闻之曰："弟至贤，不可爱妾之躯③，灭吾弟之名，非弟意也。"乃之韩，视之曰："勇哉！气矜之隆。是其轶贲、育而高成荆矣。今死而无名，父母既殁矣，兄弟无有，此为我故也。夫爱身不扬弟之名，吾不忍也。"乃抱尸而哭之曰："此吾弟轵深井里聂政也。"亦自杀于尸下。

晋、楚、齐、卫闻之曰："非独政之能，乃其姊者，亦列女也。"聂政之所以名施于后世者④，其姊不避菹醢之诛⑤，以扬其名也。

【注释】

①适：恰好。②皮面：剥去脸皮。抉：挑出，挖出。③爱：吝啬，舍不得。④施（yì）：延续，流传。⑤菹醢（zūhǎi）：古代酷刑，把人剁成肉酱。

了机密就会使韩国上下都仇视你，那岂不是太危险了吗？"于是聂政谢绝了车马和随从，只身一人到了韩国。

【译文】

正好韩国在东孟举行盛会，韩哀侯和相国都在，他们身边有很多的侍卫。聂政直冲上台阶刺杀韩傀，韩傀一边逃跑一边抱住韩哀侯。聂政来刺韩傀，也刺中了韩哀侯，左右的人一片混乱。聂政大吼一声冲上去，杀死了几十人，随后自己用剑划破脸皮，挖出眼珠，又割腹挑肠，就此死去。

韩国把聂政的尸体摆在街市上，以千金悬购他的姓名。过了很久也没人知道他究竟是谁。聂政的姐姐听说这事后，说："我弟弟非常贤能，我不能因为吝惜自己的性命，而埋没弟弟的名声，埋没名声，这不是弟弟所想要的。"于是她来到韩国，看着尸体说："勇士啊！壮怀激烈！你的行为胜过孟贲、夏育，高过了成荆！如今死了却没有留下姓名，父母已不在人世，又没有其他兄弟，你这样做都是为了不牵连我啊。因为吝惜我的生命而不显扬你的名声，我不忍心这样做！"于是就抱住尸体痛哭道："这是我弟弟轵邑深井里的聂政。"说完便在聂政的尸体旁自杀而死。三晋、楚、齐、卫等国的人听说这件事，都赞叹说："不单聂政勇敢，就是她姐姐也是个刚烈的女子！"聂政之所以名垂后世，就是因为她姐姐不怕被剁成肉酱以显扬他的名声！

与谋臣策士一起活跃在战国社会政治舞台上的还有另一种人,他们为了心中的正义和理想,敢于仗义拔剑,怒发冲冠,做出壮怀激烈、惊天动地的事迹来;他们将道义看作人生的最高意义,为了道义他们可以随时随地不惜放弃生命。他们就是侠士或者说是刺客。和那些谋臣策士不同的是,他们不是用语言的力量来改变社会实现自己的政治理想,他们用勇猛强壮的血肉之躯所蕴含的力量参与社会政治,达到那些靠语言的游说所达不到的目标。

【处世策】

出色的管理者善于收买人心、经营人心,能洞悉人性才能所向披靡。人力资本的四个因素中,"心灵资本"(也叫"情感资本")体现了所有员工的承诺、责任、诚实、首创精神、力量和灵活性等方面的整体价值。心灵资本是人力资本的基础。收买人心的目的就是让"心灵资本"增值,从而令人力资本和金融资本的价值也随之增长。

卷二十八 韩三

或谓韩公仲

【原文】

或谓韩公仲曰："夫孪子之相似者，唯其母知之而已；利害之相似者，唯智者知之而已。今公国，其利害之相似，正如孪子之相似也。得以其道为之，则主尊而身安；不得其道，则主卑而身危①。今秦、魏之和成，而非公适束之②，则韩必谋矣。若韩随魏以善秦，是为魏从也，则韩轻矣，主卑矣。秦已善韩，必将欲置其所爱信者，令用事于韩以完之，是公危矣。今公与安成君为秦、魏之和，成固为福，不成亦为福。秦、魏之和成而公适束之，是韩为秦、魏之门户也③，是韩重而主尊矣。安成君东重于魏，而西贵于秦，操右契而为公责德于秦、魏之王④，裂地而为诸侯，公之事也。若夫安韩、魏而终身相，公之下服⑤，此主尊而身安矣。秦、魏不终相听者也。齐怒于不得魏，必欲善韩以塞魏；魏不听秦，必务善韩以备

【译文】

有人对韩国的公仲说："双胞胎长得很相似，只有他们的母亲才能将他们分辨出来；利与害看起来也很相似，只有明智的人才能将它们分辨出来。现在您的国家利、害相似，就如同双胞胎长得相似。能用正确的方法来治理国家，就能让君主尊贵，自身安稳；不能用正确的方法来治理国家，就会让君主卑贱，身陷危难境地。如果秦、魏两国联合成功，却不是您来促成的，那么韩国一定会遭到秦、魏两国的谋算。假如韩国跟随魏国去讨好秦国，韩国就成了魏国的附庸，一定会受到轻视，国君的地位就降低。秦国和韩国交好，秦国一定会安置它亲信的人，让他在韩国执掌政权，来巩固秦国的势力。如果这样的话，您就危险了。假使您和安成君帮助秦、魏两国联合起来，联合成功固然是好事，不成功也是好事。秦、魏两国联合成功，而且是您促成的，这样一来，韩国就成了秦、魏两国交往的通道，韩国的地位一定会提高，国君也会更受尊重。安成君在东面受到魏国的重视，在西面得到秦国的尊崇，掌握着这样的优势，可以为您向魏、秦两国的国君索要好处，以后分封土地，成为诸侯，这是您最大的功绩。如果韩、魏两国能够相安无事的话，您就能终身做相国，这是您较次一等的功绩。这都能使国君尊贵自身安稳。况且秦、魏两国是不可能长期交好的，秦国怨恨得不到魏国，必定会亲近韩国来遏制魏国，魏国也不会永远听

秦。是公择布而割也。秦、魏和，则两国德公；不和，则两国争事公。所谓成为福，不成亦为福者也。愿公之无疑也！"

从秦国的命令，必定设法与韩国改善关系来共同防范秦国，这样您就可以如同选择布匹，然后随意剪裁一样轻松地应对了。如果秦、魏两国联合，两国就都会感激您；如果不能联合，又都会争相讨好您。这就是我所说的成功是好事，不成功也是好事的道理，希望您就不要再犹豫了。"

【注释】

①卑：卑贱。②适(dí)：做主。束：约束。③门户：关键，途径。④操右契：操：掌握。右：古代尊崇右，表示重要。契：原意是契约。引申为条件。操右契：指掌握着重要的条件。⑤下服：次一等的功业。

【解析】

韩国、魏国和秦国是三个相互接壤的国家，他们之间的关系矛盾最为突出。国家之间的关系状况决定了国家在国际上的地位，进而决定了国家大臣的荣辱安危。国家政权是最为危险的利器，它就像一把双刃剑。如果掌握好了，那么上至国君、大臣，下至黎民百姓都会从中得到好处，但如果掌握不好，那么无论是谁都可能丧生于战争灾祸之中。韩公仲作为韩国的相国，肩负着重大的政治责任。每一个政策措施的制定和实行，都举足轻重，所以对于其中的利害关系，不能不小心求证，细细权衡。因为这不仅关系到国家和百姓的安危，更实际的是关系到自己的安危。

【处世策】

这个说客为韩公仲提供了四种可能实现的国际关系，这样就把问题条分缕析，描述得非常清晰，韩公仲可以从中权衡利弊，进行优中选优的抉择。

当我们在工作、生活中面临复杂关系造成的困难时，有四个步骤可以帮助我们走出困境。首先，问自己哪里出了问题？然后问自己问题的根源是什么？再想一想有哪些解决问题的方案？最后，经过你的谨慎权衡后，你准备采用哪种方案。这四个步骤提供了一种几乎能解脱所有困境的思维模式。

或谓公仲

【原文】

或谓公仲曰："今有一举可以忠于主,便于国,利于身,愿公之行之也。今天下散而事秦,则韩最轻矣;天下合而离秦,则韩最弱矣;合离之相续,则韩最先危矣。此君国长民之大患也①!今公以韩先合于秦,天下随之,是韩以天下事秦,秦之德韩也厚矣。韩与天下朝秦,而独厚取德焉。公行之计,是其于主也至忠矣。天下不合秦,秦令而不听,秦必起兵以诛不服。秦久与天下结怨构难而兵不关决,韩息士民以待其衅②。公行之计,是其于国也大便也。昔者,周佼以西周善于秦,而封于梗阳;周启以东周善于秦,而封于平原;今公以韩善秦,韩之重于两周也无计③,而秦之急机也,万于周之时。今公以韩为天下先合于秦,秦必以公诸侯,以明示天下。公行之计,是其于身大利也。愿公之加务也④!"

【译文】

有人对韩国的相国公仲说:"现在有一个谋略,它可以效忠于国家,方便于国家,有利于阁下,希望您实行它。如果诸侯合纵联盟解散了,而去投靠秦国,那韩国最没有势力;如果诸侯合纵联盟成功,就会与秦国断绝关系,那么韩国也最弱,不管是合纵还是连横,韩国总是首当其冲遭受危险。这是治理国家的大祸患。

"如果您将韩国先与秦国联合,诸侯跟着会与秦国联合,这是韩国率诸侯投靠秦国,秦国就会深深感激韩国。韩国与诸侯朝秦,秦国感激韩国,超过其他五国。您实行这个计谋,则是对国君最大的效忠。诸侯如果不与秦国联合,对秦国的号令又不听从,秦国必然派兵讨伐不听从的诸侯。秦国长期与诸侯结怨为敌,而战争胜负未决,韩国养精蓄锐等待时机。您实行这个计谋,则对国家有最大的便利。从前,周佼以西周与秦国通好,而封在梗阳;周启以东周与秦国通好,而封在平原。如果您以韩国与秦国通好,韩国比西周还要受到秦国的重视,其程度无法计算,而秦国争取韩国的时机相当于争取西周的一万倍。如果您以韩国为诸侯带头与秦国联合,秦国一定会在诸侯中公开宣告,封您为诸侯。您实行这个计谋,则是对自己有大利。希望您特别专心注意这些。"

【注释】

①君:统治。长(zhǎng):治理。②衅:间隙,破绽。这里表示时机。③无计:不可计数。④加务:更加致力于此。

【解析】

公元前288年,有说客游说韩相国公仲率先以韩国屈服于秦国。说客说辞的

厉害之处在于"忠于主，便于国，利于身。"说客认为投靠秦国于公于私都有莫大的好处，而不投靠秦国则有莫大的祸患。使公仲找不到拒绝的理由。

【处世策】

诚如兵法上的"攻其所必救"一样，在说服别人时，找到对方的利害关系点，利用人们趋利避害的心理，使他没有反驳你的借口，从而必须听从你的建议，最终为我所制，听命于我。

韩珉攻宋

【原文】

韩珉攻宋，秦王大怒，曰："吾爱宋，与新城、阳晋同也。韩珉与我交，而攻我甚所爱，何也？"苏秦为齐说秦王曰："韩珉之攻宋，所以为王也。以齐之强，辅之以宋，楚、魏必恐，恐必西面事秦。王不折一兵，不杀一人，无事而割安邑，此韩珉之所以祷于秦也。"

秦王曰："吾固患齐之难知，一从一横，此其说何也？"对曰："天下固令齐可知也。齐故已攻宋矣，其西事秦，以万乘自辅；不西事秦，则宋地不安矣。中国白头游敖之士①，皆积智欲离秦、齐之交。伏轼结靷西驰者②，未有一人言善齐也；伏轼结东驰者，未有一人言善秦者也。皆不欲齐、秦之合者，何也？则晋、楚智而齐、秦愚也。晋、楚合，必伺齐、秦；齐、秦合，必图晋、楚，请以决事③。"秦王曰："善。"

【译文】

韩珉进攻宋国，秦王大怒，说："我爱宋国，和爱新城、阳晋一样。韩珉与我交往，却进攻我非常爱的地方，不知是为什么？"苏秦为齐国劝秦王说："韩珉进攻宋国，是为了大王。凭着齐国的强盛，再加上宋国，楚国和魏国一定会害怕；一害怕，就必定向西讨好秦国。大王不损一兵，不杀一人，没有发生战争而能割得安邑，这可是韩珉为秦国祈求的事啊。"秦王说："我本来担心齐国难以测度，或合纵或连横，不可捉摸，你还来游说，是为什么呢？"苏秦回答说："天下诸侯都知道，不是我一人知道：齐国本来就已经进攻宋国，如果向西靠拢秦国，就有秦国来帮助；如果不向西靠拢秦国，即使得了宋地，也不得安宁。诸侯中有丰富经验的游说之士，都在处心积虑地想要离间秦国和齐国的邦交。坐上马车西去秦国的人，没有一个人主张亲齐的；坐上马车东去齐国的人，没有一个人主张亲秦的。他们都不主张秦国和齐国联合。为什么？因为赵、魏、韩、楚四国聪明，而齐国和秦国愚蠢。赵、魏、韩、楚四国联合，必然图谋齐国和秦国；齐国和秦国联合以后，必然图谋赵、魏、韩、楚四国。根据这种形势，请您决定一切吧。"秦王说："好吧。"

【注释】

①中国：中原地区，指山东六国。游敄之士：游说之士。敄，同"遨"。②靷(yǐn)：车前的皮带，一头系在车轴上，另一头套在马脖子上。③决事：决断伐宋之事。

【解析】

公元前286年，韩国将领韩珉帮助齐国攻打宋国，秦王大怒。齐国恐惧秦国出兵，派苏秦说服秦王。苏秦不但有足以说服他人的口才，还具有超强的分析事情的能力。原本是对秦国不利的事情，经苏秦一分析，却变成了于秦国有利，而且秦国不得不接受的一个事情。

或谓韩王

【原文】

或谓韩王曰①："秦王欲出事于梁，而欲攻绛、安邑，韩计将安出乎？秦之欲伐韩，以东窥周室甚，唯寐忘之②。今韩不察，因欲与秦，兴为山东大祸矣。秦之欲攻梁也，欲得梁以临韩，恐梁之不听也，故欲病之以固交也。王不察，因欲中立，梁兴怒于韩之不与己，兴折为秦用，韩兴举矣。愿王熟虑之也。不如急发重使之赵、梁，约复为兄弟，使山东皆以锐师戍韩、梁之西边，非为此也，山东无以救亡，此万世之计也。秦之欲并天下而王之也，不与古同。事之曷如子之事父③，犹将亡之也。行曷如伯夷，犹将亡之也。行曷如桀、纣，犹将亡之

【译文】

有人对韩王说："秦王想要征讨魏国，并且想攻扦绛、安邑，韩国打算采取什么样的对策呢？秦国打算进攻韩国，是为了想图谋周王室，这是他所梦寐以求的。现在韩国知道真相，就贸然想要和秦国结为盟国，这一定会给崤山以东的各国诸侯带来灾祸。秦国进攻魏国，主要是为了从魏国经过，将大军开进韩国境内，只恐怕魏国不听命令，所以才决定痛击魏国来巩固秦、魏两国之间的交往。但是大王没有明察事实的真相，竟然想要保持中立，魏国必然为韩国不和自己联合而恼怒，并屈服于秦，为秦国所用，到那个时候，韩国必然会灭亡。希望大王慎重地考虑这件事。所以大王不如派人到赵国和魏国去，与赵、魏两国结为盟国，使崤山以东的各国诸侯派精兵来镇守韩、魏两国的西边；如果不采取这种紧急措施，那么崤山以东的各国诸侯将无法救亡，这是涉及千秋万代的大计。秦国想要吞并天下各国诸侯，来称王天下，但是这已经和古时候不同了。侍奉秦国即使像儿子侍奉父亲一样，但是父亲最后还是要把儿子消灭掉。言行即使像伯夷让位给叔齐，但是最后两兄弟却都饿死在首阳山下；言行即使像夏桀王和殷纣王一样，但

也。虽善事之，无益也。不可以为存，适足以自令亟亡也。然则山东非能从亲，合而相坚如一者，必皆亡矣。"

【注释】

①或：有人。②寐：睡着。③虽：即使。

【解析】

这个说客从分析韩国的对外政策当中发现了玄机，从而看透了秦国的真实意图和崤山以东六国的命运。他也许并不是一个像苏秦一样主张合纵联盟的谋略家，但他具有如同苏秦一样的眼光，对战国时期的国际关系有十分准确地把握。

即使是韩王听取了这个说客的建议，但仍然无法改变命运。在秦国强大并且有吞并六国的野心的情况下，六国只有联合起来才能改变它们必然灭亡的命运。但由于它们各自打着自己的如意算盘，合纵联盟只是它们国家利益的一时选择，无法长期坚定地坚持下去，所以遭遇灭亡的宿命是必然的。

【处世策】

形势永远在变化，要与时俱进就需要对时代有敏锐的嗅觉。就职场而言，要做一个先知先觉者，准确地对行业和个人把脉，哪些行业会兴起，哪些行业在没落；哪些管理者会出局，哪些后备人才终将走上前台。因为有判断，有预测，所以才能抢先手，在时局和人际关系的变化中赢得先机，使自己永远立于不败之地。

谓郑王

【原文】

谓郑王曰："昭釐侯①，一世之明君也；申不害，一世之贤士也，韩与魏，敌侔之国也②。申不害与昭釐侯执珪而见梁君，非好卑而恶尊也，非虑过而议失也。申不害之计事，曰：'我执珪于魏，魏君必得志于韩，必外靡于天下矣，是魏弊矣。诸

【译文】

是仍然被商汤王和周武王灭亡。所以说，无论怎样侍奉秦国都是没有任何作用的，不但不能靠侍奉秦国来保持国家的命运，反而将加速国家的灭亡。崤山以东的各国诸侯如果不结成合纵联盟，联合起来团结一致，最终必然会走向灭亡。"

有人对韩王说："昭釐侯是一代英明的国君，申不害是一代贤良的大臣，韩国与魏国是势均力敌的国家，申不害安排昭釐侯执珪去会见魏君，并不是喜欢卑贱，厌恶尊贵，也不是检讨错误，评论过失。申不害考虑此事时说：'我执珪朝魏，魏君对韩国一定感到心满意足，必定会向天下诸侯用兵而消耗国力，这样，魏国就会受损伤。诸侯讨厌魏国，一定会侍奉韩国。这样我们虽屈居于魏

侯恶魏，必事韩，是我免于一人之下③，而信于万人之上也④。夫弱魏之兵而重韩之权，莫如朝魏。'昭釐侯听而行之，明君也；申不害虑事而言之，忠臣也。今之韩，弱于始之韩；而今之秦，强于始之秦。今秦有梁君之心矣，而王与诸臣不事为尊秦以定韩者，臣窃以为王之明为不如昭釐侯，而王之诸臣忠莫如申不害也！

君一人之下，却受尊于万人之上。所以，使魏国兵力削弱，使韩国权力尊高，唯一的办法是入朝魏国。'昭釐侯听从而且实行这个办法，他是英明的国君；申不害出谋划策又把它献出来，他是尽忠的大臣。现在的韩国比当初的韩国弱，现在的秦国比当初的秦国强。如今秦王有如魏王一样的心意，想让韩国朝秦，可是大王与诸大臣却不致力于尊奉秦国来安定韩国，我私下以为大王的明智不如昭釐侯，而大王大臣的忠心不如申不害。

【注释】

①昭釐侯：即禧侯。②敌侔：力量相等。敌，匹敌。侔，相等，等同。③免：通"俛"，屈身，低头。④信：通"伸"。

【原文】

"昔者，穆公一胜于韩原而霸西州，晋文公一胜于城濮而定天下，此以一胜立尊令，成功名于天下。今秦数世强矣，大胜以十数，小胜以百数，大之不王，小之不霸，尊名无所立，制令无所行。然而《春秋》用兵者，非以求主尊成名于天下也？昔先王之攻，有为名者，有为实者。为名者攻其心，为实者攻其形①。昔者，吴与越战，越人大败，保于会稽之上，吴人入越而户抚之②。越王使大夫种行成于吴③，请男为臣，女为妾，身执禽而随诸御。吴人果听其辞，与成而不盟。此攻其心者也。其后越与

【译文】

"从前，秦穆公在韩原获得一次大胜，就称霸西戎，晋文公在城濮获得一次大胜，就决定了称霸天下的局面。这都是以一次大胜而建立霸权，成就功名于天下的。现在秦国几代都是强国，打大胜仗有十多次，小胜仗有百多次，大胜则不称王，小胜则不称霸，王、霸之名没有建立，制度法令没有施行，然而《春秋》上的动用军队，难道不是为了立尊名成功名于天下吗？从前，先王的攻战，有的为名，有的为利，为名的要'攻其心'使其心服，为利的要'攻其形'，占领其疆土。从前，吴国与越国交战。越国大败，只得据守在会稽山上，吴国人侵入越国境内，监视、镇抚他们。越王派大夫文种向吴求和，请求让男子做奴隶，女子做婢妾，自己亲身和吴王的差役一块劳动。吴国人果然接受了他们的请求，与越王讲和，但是不结盟，这就是所谓'攻其心'的战术啊。以后越国和吴国开战，吴国大败，也请求让男子做奴隶，女子做婢妾，吴国人反过来要求用越人对待吴人的礼节对待越人，越王不接受，于是

吴战，吴人大败，亦谓男为臣，女为妾，反以越事吴之礼事越。越人不听也，遂残吴国而禽夫差。此攻其形者也。今将攻其心乎？宜使如吴；攻其形乎？宜使如越。夫攻形不如越，而攻心不如吴，而君臣上下、少长贵贱毕呼霸王，臣窃以为犹之井中而谓曰：'我将为尔求火也。'

就灭了吴国，俘虏了吴王夫差，这就是所谓'攻其形'的战术啊。现在如果用'攻心'战术的话，应该让自己像吴国那样；用'攻形'战术的话，应该让自己像越国那样。如果采用'攻形'战术而不如越国那样坚决彻底，采取'攻心'战术而不如吴国那样宽宏大度，但大王的君臣上下，年少与年老的，富贵与贫贱的，全都高喊什么称王、称霸，我私下以为，这就像落到井里，却对人说：'我准备替你找火'一样。

【注释】

①形：此处指土地和人口。②户抚：到每户去安抚。③行成：求和。

【原文】

"东孟之会，聂政、阳坚刺相兼君，许异蹴哀侯而殪之①，立以为郑君。韩氏之众，无不听令者，则许异为之先也。是故哀侯为君，而许异终身相焉。而韩氏之尊许异也，犹其尊哀侯也。今日郑君不可得而为也，虽终身相之焉，然而吾弗为云者，岂不为过谋哉！昔齐桓公九合诸侯，未尝不以周襄王之命。然则虽尊襄王，桓公亦定霸矣。九合之尊桓公也，犹其尊襄王也。今日天子不可得而为也，虽为桓公，吾弗为云者，岂不为过谋而不知尊哉！韩氏之士数十万，皆戴哀侯以为君，而许异独取相焉者，无他；诸侯之君无不任事于周室也，而桓公独取霸者，亦无他也。今强国将有帝王之瑞②，而以国

【译文】

"在东孟的那次集会上，聂政和阳坚刺死了韩相国韩傀，并刺中其国君韩烈侯。许异故意用脚踩烈侯，让他装死，借以避祸，后来被立为韩国的相君。韩国人莫不听从他的命令，这是因为许异谋划在先。所以烈侯做了国君，许异终身出任相国。韩国人尊崇许异，是由于他尊敬烈侯的缘故。现在'韩王'是做不成了，但终身为相还是好事，然而我们却不去做，这难道不是谋划失误吗？从前齐桓公纠合诸侯，未尝不是凭借周襄王的命令。然而，虽然尊崇襄王，齐桓公还是建立了霸业。九次会合的诸侯尊重齐桓公，就像尊重周襄王一样。现在天子是做不成了。然而可以做'桓公'，我们却也不去做，这难道不是计谋失误吗？韩国民众有几十万，都拥护烈侯为国君，唯独许异被任命为相国，这没有别的原因；诸侯的国君没有一个不是在周王朝任职的，唯独齐桓公完成了霸业，也没有别的原因。现在秦国将有称帝称王的征兆，而让韩国先和秦国联合，这可以收到齐桓公和许异同样的效果。难道能说他们不

先者,此桓公、许异之类也,岂可不谓善谋哉！夫先与强国之利,强国能王,则我必为之霸;强国不能王,则可以辟其兵,使之无伐我。然则强国事成,则我立帝而霸③;强国之事不成,犹之厚德我也。今与强国,强国之事成则有福，不成则无患。然则先与强国者,圣人之计也！"

善于谋划吗？先帮助强大的秦国得到好处；强国能称王,则我必可称霸;强国不能称王,则可避开他发动的战争，使他不会攻打我。那么,强国大事成功了。我则可依靠他的帝业而成就自己的霸业；如果强国的大事不成,它仍然会深深地感激我。现在结交强大的秦国,强国大事成功了,您就会有后福,大事不成功,也可以免去后患。如此说来,先帮助强国,这是圣人的计谋。"

【注释】

①蹴:踏、踩。殪:装死。②衅(xìn):征兆。③立:依附,倚仗。

【解析】

说客以韩昭侯朝拜魏王、越王勾践侍奉吴王等故事作比喻,劝韩螫王臣服于秦国以待时机。

【处世策】

一场成功的演讲取决于一篇成功的演讲稿。而成功的演讲稿除了逻辑严密、主题鲜明、富有时代气息外,还需要具有充沛的感情、较强的感染力和说服力。如何才能写出生动形象、富有激情、具有感染力和说服力的演讲稿呢？方法很简单,那就是写演讲稿的时候,灵活运用一些修辞手法。那么,你的演讲一定会变得精彩纷呈。

韩阳役于三川而欲归

【原文】

韩阳役于三川而欲归,足强为之说韩王曰:"三川服矣,王亦知之乎？役且共贵公子①。"王于是召诸公子役于三川者而归之。

【译文】

韩国公子韩阳率军征伐三川,却想领兵回来,韩人足强为韩阳游说韩王:"三川已经归服了,大王可知道吗？所有参战的官兵准备拥戴公子韩阳君。"韩王于是把韩阳等公子从三川召回。

①役:服役。这里指那些参加作战的官兵。

【解析】

公元前249年,韩阳带兵在三川作战却想回国,足强便谎称兵士将拥戴公子为君王,迫使韩王召回了韩阳。

【处世策】

领导者最害怕控制不了下属,下属又最不喜欢被领导控制。但有时候,可以利用领导的控制心理,诋毁别人或者为自己争取一些利益。

秦大国

【原文】

秦,大国也。韩,小国也。韩甚疏秦。然而见亲秦,计之,非金无以也,故卖美人。美人之贾贵①,诸侯不能买,故秦买之三千金。韩因以其金事秦,秦反得其金与韩之美人。韩之美人因言于秦曰:"韩甚疏秦②。"从是观之,韩亡美人与金,其疏秦乃始益明。故客有说韩者曰:"不如止淫用,以是为金以事秦,是金必行,而韩之疏秦不明。美人知内行者也,故善为计者,不见内行。"

【译文】

秦是大国,韩是小国。韩国对秦国非常疏远。但是在表面上又不得不表现得对秦国很亲近,仔细考虑,不用金钱是不行的,所以就出售美女。美女的价钱昂贵,诸侯都买不起,后来秦王花了三千金把美女买了回去。韩国于是用这三千金来侍奉秦国,秦国反而又得到了那三千金,还得到了韩国的美人。韩国的美人因此对秦王说:"韩国对秦国很疏远。"由此来看,韩国不仅失去了美女和金钱,还使它实际上疏远秦国的态度更加明显。所以有人游说韩国说:"不如停止奢侈的生活,积累钱财来侍奉秦国,只要有金钱就必定会起到作用,而韩国疏远秦国的意图也不会暴露出来。美女是了解国家的实际意图的。因此善于谋划的人,不能让国家的实际意图泄露出去。"

【注释】

①贾:同"价"。②韩甚疏秦:美女怨恨韩人出卖她们,因此说这句话。

【解析】

战国时期，弱小的国家在夹缝中生存，为了保持不被人国灭掉，它们只有通过各种方式来讨好和侍奉大国，来求得一时的苟且偷安。

韩国通过出卖美女的方式来讨好秦国，本来以为使秦国既得到美女又得到钱财，是很好的讨好方式。但殊不知美女自己被韩国出卖，到了秦国就出卖了韩国。韩国不但人财两空，还将自己的真实意图暴露无遗。究其原因，主要是韩国没有计划周全，咎由自取。

【处世策】

自立意识是职场之本，只有具备了自立精神，才能在迈入人生新起点的时候，产生一种"置之于死地而后生"的勇气，自信自己能适应工作中的任何挑战，自信自己不仅能对自己的未来负责，而且对自己的公司，对自己的父母，对自己未来的家人和对社会责任。没有经济上的独立，就很难有人格上的独立。一个在人格上有缺陷的人，在这竞争激烈的职场上，很难有所作为。

张丑之合齐楚

【原文】

张丑之合齐、楚讲于魏也，谓韩公仲曰："今公疾攻魏之运，魏急，则必以地和于齐、楚，故公不如勿攻也。魏缓，则必战。战胜，攻运而取之，易矣；战不胜，则魏且内之①。"公仲曰："诺。"张丑因谓齐、楚曰："韩已与魏矣。以为不然，则盍观公仲之攻也。"公仲不攻，齐楚恐，因讲于魏而不告韩。

【注释】

①内：献，交出。

【译文】

齐臣张丑联合齐国和楚国要与魏国讲和，他对韩相国公仲说："现在您加紧进攻魏国的运地，魏国如果危急了，就一定会割地和齐、楚联合，所以您不如不要进攻魏国。魏国不被进攻，就一定与齐、楚交战。如果魏国战胜，韩国乘其疲惫，攻夺运地就轻而易举；如果魏国战败，那么魏国就会把运地献给韩国。"公仲说："好。"

张丑就对齐国和楚国说："韩国已经和魏国联合了。如果认为韩国没有和魏国联合，何不看看公仲是否攻魏就可以判定了。"公仲没有进攻魏国，齐国和楚国担心韩、魏联合，因此就和魏国讲和，而没有告诉韩国。

魏国与齐、楚、韩三国交战,张丑为魏国谋求讲和。他先说服韩国公仲不攻打魏国,然后对齐、楚说韩、魏已经结盟,迫使齐、楚与魏国讲和。

【处世策】

有时在一公司中往往会出现相互勾结,搞小团体而对付第三者的情况,尤其他们可能会欺上瞒下搞些小动作,这对公司运作其实是很有害的,这时就可以使用离间计。这种离间计先要攻心,要各个击破,从而瓦解强强联合的"勾结强势",但这种离间计又要小心运用,做到不为人知,滴水不漏,不然会成离间不成,反被强势合围导致陷入"众怒"的困局。

或谓韩相国

【原文】

或谓韩相国曰:"人之所以善扁鹊者,为有臃肿也①。使善扁鹊而无臃肿也②,则人莫之为之也。今君以所事善平原君者,为恶于秦也。而善平原君,乃所以恶于秦也。愿君之熟计也!"

【注释】

①臃肿:肿瘤。②使:假使。

【译文】

有人对韩相国说:"人们所以尊重扁鹊,是因为他们长了肿瘤;如果没有患上肿瘤,再让人们去亲近扁鹊,那么就会没有人亲近他。现在您与平原君友好,是因为韩国被秦国憎恨;可是如果您与平原君友好,正招来秦国的憎恨,希望您对此深思熟虑。"

【解析】

秦、赵两国经常互相敌对,赵国公子平原君是反秦最坚决的人。韩国的相国因为倒向平原君而受到秦国的憎恨。

公仲使韩珉之秦求武隧

【原文】

公仲使韩珉之秦求武隧,而恐楚之怒也。唐客谓公仲曰:"韩之事秦也,且以求

【译文】

韩国派公仲珉到秦国去索求武隧,又担心引起楚国的不满。楚人唐客就对公仲说:"我知道韩国讨好秦国,是为了索求武隧,并不是真的讨好秦

武隧也，非弊邑之所憎也。韩已得武隧，其形乃可以善楚。臣愿有言，而不敢为楚计。今韩之父兄得众者①，毋相韩不能独立，势必善楚。王曰：'吾欲以国辅韩珉而相之，可乎？'父兄恶珉，珉必以国保楚②。"公仲说，士唐客于诸公，而使之主韩、楚之事。

国。这不是我们楚国要憎恨的事，韩国得到武隧以后，势必还可以和楚国友好。我愿意谈我的意见，而不敢为楚国出谋划策。现在韩国的王公贵族，得到众人拥护的，却没有做韩国的相国，他们在朝廷不能掌权，势必会与楚国友好。"接着楚王又对公仲说："我想以楚国来帮助您韩珉做韩国的相国可以吗？王公贵族们说您韩珉的坏话，您就可以让韩国来依仗楚国。"公仲很高兴，就向大臣推荐唐客做官，让他掌管楚、韩两国邦交的事务。

【注释】

①父兄：指王公贵族。②保：依附。

【解析】

公元前306年，韩相国公仲想向秦国请求归还武遂，又担心楚国不甘心。楚国臣子唐客向公仲表明楚王想辅佐公仲相韩，公仲这才放心。

【处世策】

由于社会复杂，人心不可测，职场中的很多人都有很强的自我保护意识，一遇他人指责便认为是对自己的否定，就剑拔弩张，反唇相讥。事实上，很多敌对关系的形成恰恰是因为过于敏感、不能接受他人正确意见引起的，从而使自己在职场中的人际关系越来越差。

韩相公仲珉使韩珉之秦

【原文】

韩相公仲朋使韩珉之秦，请攻魏，秦王说之。韩珉在唐，公仲朋死。韩珉谓秦王曰："魏之使者谓后相韩辰曰：'公必为魏罪韩珉。'韩辰曰：'不可。秦王仕之，又与约事。'使者曰：'秦之仕韩珉也，以重公仲也。今公仲死，韩珉之秦，秦必

【译文】

韩相国公仲朋派韩珉去秦国，要求攻打魏国，秦王很高兴，韩珉还在途中唐地，公仲朋就死了。

韩珉的使者对秦王说："魏国的使者对后任的相国韩辰说过：'您一定要为魏国惩处韩珉。'韩辰说：'不行，是秦王任命他的，他又和秦国相约伐魏。'使者说：'秦国让韩珉任职，是为了尊重公仲朋。现在公仲朋已死。韩珉去秦国。秦国一定不会接待，他又怎么能依靠秦国对抗魏国呢？'韩辰很

弗入,又奚为挟之以恨魏王乎?"韩辰患之,将听之矣。今王不召韩珉,韩珉且伏于山中矣!"秦王曰:"何意寡人如是之权也①!今安伏②?"召韩珉而仕之。

担心,因此准备同意使者的要求,为魏国惩处韩珉。如果大王不召见韩珉,韩珉就将藏在山里。"秦王说:"怎么能让我前后如此不一致呢?现在他藏在哪里?"秦王于是召见韩珉,给他任职。

【注释】

①意:怀疑。权:变。②伏:隐伏,藏。

【解析】

韩珉奉命出使秦国,联系秦国攻打魏国。韩相国公仲朋死后,韩、魏结成同盟。韩珉说服秦王,召自己出仕于秦。

【处世策】

使自己变得重要的方法,除了确实有真才实学之外,必须想办法让老板认识到你有"利用价值",甚至于让他离不开你。职场是个生意场,你越有利用价值,你越有地位,而地位,与其说是老板给你的,还不如说,那是自己向老板争取来的。

客卿为韩谓秦王

【原文】

客卿为韩谓秦王曰:"韩珉之议,知其君不知异君,知其国不知异国。波公仲者,秦势能诎之①。秦之强,首之者,珉为疾矣②。进齐、宋之兵,至首垣,远薄梁郭③。所以不及魏者,以为成而过南阳之道,欲以四国西首也。所以不者,皆曰燕亡于齐,魏亡于秦,陈、蔡亡于楚。此皆绝地形,群臣比周以蔽其上④,大臣为诸侯轻国也。今王位正,张仪之贵,不得议公孙郝,是从臣不事大臣也;公孙郝之贵,不得议甘茂,则

【译文】

韩国客卿为韩国对秦王说:"韩珉的谋略,是只知道自己的国君,而不了解别国的国君;只了解自己的国家而不了解别的国家。韩珉那个人,凭秦国的力量才能够慑服他。以秦国这样的强国,韩珉要向秦国进兵,他是会吃苦头的。以前,齐、宋联军攻到魏国的首垣,逼近魏都大梁城下,其所以没有攻占魏国,是想要和魏国讲和,取道南阳,组织韩、宋、齐、魏四国联军向西进攻秦国;而其所以没有这样做,是因为人们都说燕国会被齐国灭掉,魏国会被秦国灭掉,陈、蔡会被楚国灭掉。这都是由于地形大小悬殊,群臣结党营私,蒙蔽主上,大臣媚外,而使本国权轻的缘故。

"现在大王执政,张仪这样的贵臣也不能议

大臣不淂事近臣也。贵贱不相事，各淂其位，辐凑以事其上，则群臣之贤不肖可淂而知也。王之明一也。公孙郝尝挟齐、韩而不加贵，则为大臣不敢为诸侯轻国矣。齐、韩尝因公孙郝而不受，则诸侯不敢因群臣以为能矣。外内不相为，则诸侯之情伪可淂而知也。王之明二也。公孙郝、樗里疾请无攻韩，陈而辟去，王犹攻之也；甘茂约楚、赵而反敬魏，是其讲我⑤，茂且攻宜阳，王犹校之也⑥。群臣之知无几于王之明者。臣故愿公仲之国以侍于王，而无自左右也⑦！"

论公孙郝的策略，而侍从之臣不能插手大臣之事；公孙郝这样的贵臣不议论甘茂的策略，大臣也不能插了近臣之事。各级大臣互不干预，各守其职，从臣、近臣、大臣同心同德，一致服务于君上，这样，群臣中谁有才能、谁无才能就可以了如指掌。这是大王的英明，此其一。

"公孙郝曾争取齐国和韩国，但他并没有因此更加显贵。这样，大臣就不敢外媚诸侯而使本国权轻。齐国和韩国曾通过公孙郝想联合秦国，然而大王没有接受。这样，诸侯就不敢通过群臣进行奸邪活动。诸侯与群臣不能内外勾结，这样，诸侯情况的真伪就可以一清二楚。这是大王的英明，此其二。

"公孙郝、樗里疾请求不要攻打韩国，陈述了之后，大王仍然进攻了韩国。甘茂与楚、赵两国结盟，又警戒魏国，且与韩国联合。甘茂准备进攻宜阳，大王还要衡量利弊才作出决定。群臣的智慧很少能赶得上大王的英明。所以，我希望韩相国公仲以韩国来侍奉大王，一心听从大王，而不顾左右的人。"

【注释】

①势：力量，威力。诎(qū)：使屈服。②疾：祸，害。③薄：逼迫。郭：外城。④比周：勾结。蔽：蒙蔽。⑤讲：构难，结怨。⑥校：对比，比较。⑦无自：不用。自，由。

【解析】

公元前310年，韩、秦关系不和，韩国客卿对秦武王说，韩国弱小，不是强秦的对手；武王没有听群臣的建议而攻韩，是明君。说客用夸张的语言给秦武王戴了一顶"高帽"，使秦武王在"英明"的位置上下不来，不得不接受说客的游说。

【处世策】

每个人都有选择权，关键是你是否在他选择的时候占据主动，去主导他选择的范围。而"戴高帽"就是一种很容易成功的

方式。在"高帽"给予和接受双方来看，内心里对这种"戴高帽"行为都是有需求的。虽然每个人都鄙视"戴高帽"的人，但每个人被戴了"高帽"都会欣喜。因为那意味着一种认同，你没有办法去知道对方给你"戴高帽"的时候，是出于真心还是假意，是一种策略还是没有任何目的性的单纯。对给人"戴高帽"的人，学会"戴高帽"的技巧的人，也会收到积极效果。

韩珉相齐

【原文】

韩珉相齐，令吏逐公畴竖，大怒于周之留成阳君也。谓韩珉曰："公以二人者为贤人也，所入之国，因用之乎？则不如其处小国①。何也？成阳君为秦去韩，公畴竖，楚王善之。今公因逐之，二人者必入秦、楚，必为公患，且明公之不善于天下。天下之善公者与欲有求于齐者，且收之，以临齐而市公②。"

【译文】

韩珉出任齐国相国时，下令驱逐公畴竖，又为周室收留成阳君而大动肝火，有人对韩珉说："您认为公畴竖和成阳君他们两人都是贤人吗？他们所到的国家都会任用他们吗？那么，倒不如让他们待在小国就行了。成阳君为了秦国才去韩国，公畴竖又受楚王的优待。如果您把他们赶走了，他们一定会到秦国和楚国去，必然成为您的后患。这就表明您对诸侯不友好。对您不友好的诸侯，以及那些想有求于齐国的人将会收留他们，以进逼齐国，夺取您的相位。"

【注释】

①处：同"待"。②收：收留。临：进逼。市公：指求取韩珉的相位。市，求取。

【解析】

公元前 288 年，韩珉担任齐国相国，与公畴竖、城阳君不和，想驱逐这二人。有人劝他说，这二人都是贤士，让他们留居小国比赶到大国去，对齐国更加有利。

或谓山阳君

【原文】

或谓山阳君曰："秦封君以山阳，齐封君以莒。齐、秦非重韩，则贤君之行也。今楚攻齐取莒，上不交齐，

【译文】

有人对韩臣山阳君说："秦国赐给您山阳，齐国赐给您莒城。齐国和秦国要不是尊重韩国，那就是尊重您的德行，所以才这样做。现在楚国攻打齐国，占领莒城，若最严重的话，则失去齐国的邦交了，次

次弗纳于君，是棘齐、秦之威而轻韩也^①。"山阳君因使之楚。

之，莒城不会归还给阁下。这样就损害了齐、秦两国的威信，又看轻了韩国。"山阳君就派他出使楚国。

【注释】

①棘：同"急"，受难。

【解析】

有人对山阳君说，如果楚国攻打齐国，对山阳君和韩国都不利。山阳君便派他去楚国阻止这次行动。

【处世策】

职场中人不可以一味信奉"事不关己，高高挂起"，信奉"韬光养晦，明哲保身"。对于那些关系到自己利益的问题，积极的干涉才能有效地捍卫自己的利益，并且获得同事的道义支持，提升自己在公司内的地位和影响。

赵魏攻华阳

【原文】

赵、魏攻华阳，韩谒急于秦^①，冠盖相望^②，秦不救。韩相国谓田苓曰："事急！愿公虽疾，为一宿之行。"田苓见穰侯，穰侯曰："韩急乎？何故使公来？"田苓对曰："未急也。"穰侯怒曰："是何以为公之王使乎^③？冠盖相望，告弊邑甚急。公曰未急，何也？"田苓曰："彼韩急，则将变矣。"穰侯曰："公无见王矣！臣请今发兵救韩。"八日中，大败赵、魏于华阳之下。

【译文】

赵、魏联军攻打韩之华阳，韩国向秦国告急。韩国的使车往来不绝，秦国始终没有派出救兵，韩相国对田苓说："事情紧急，您虽有病，希望劳顿您作一日之行。"

田苓见了穰侯，穰侯说："韩国很危急吗？为什么派阁下来呢？"田苓回答说："还不危急。"穰侯生气地说："那您为什么代表国君出使呢？韩国的使车来往不绝，都到敝国来告急，您却说不危急。这是为什么？"田苓说："如果韩国危急，就会背叛秦国了。"穰侯因怕韩国变卦，赶紧插话说："您不必去见大王了，我马上出兵救韩。"八天之内，秦军就在华阳大败赵、魏联军。

【注释】

①谒：告。②冠盖相望：比喻来往的车辆往来不绝。③公：朝廷，指韩国。主使：古代对使者的称呼。

赵、魏两国攻打韩国华阳,韩国求救于秦,秦不愿派兵。田苓出使秦国,向穰侯说明如果秦国不救援韩国,那么韩国就会背叛秦国。秦国于是出兵。

向别人求助时,如果一味地强调自己面临的困难,请求他人施以援助,效果一定不理想。如果在请求他人援助时,强调"我"的困难也是他的困难,我的损失也是他的损失。使他人意识到,他和"我"是利益共同体,援助我于他有利,这样成功的机会将大大增加。

秦招楚而伐齐

秦招楚而伐齐①。冷向谓陈轸曰:"秦王必外向楚之齐者,知西不合于秦,必且务以楚合于齐②。齐、楚合,燕、赵不敢不听。齐以四国故秦,是齐不穷也。"向曰:"秦王诚必欲伐齐乎?不如先收于楚之齐者。楚之齐者无务以楚合于齐,则楚必即秦矣。以强秦而有楚,则燕、赵不敢不听,是齐孤矣!向请为公说秦。"

秦国邀约楚国攻打齐国,冷向对陈轸说:"秦王一定会疏远那些亲齐的楚国人。那些亲齐的楚国人知道楚国不会与西边的秦国联合,必将致力于让楚国与齐国联合,齐、楚两国联合了,则燕、赵两国不敢不听从。齐国率领齐、楚、燕、赵四国联军对抗秦国,那么齐国是不可能被屈服的。"冷向继续说:"秦国真的一定要攻打齐国吗?那就不如先联合那些亲齐的楚国人。那些亲齐的楚国人不致力于和齐国联合,就一定会投靠秦国。有强大的秦国而又有楚国,那么,燕、赵就不敢不听,这样,齐国就孤立了。我愿意为您去劝说秦王。"

【注释】

①招:邀请,约。②且:将。务:致力于。

秦国想联合楚国攻打齐国,张仪派冷向劝楚国令尹陈轸绝齐而亲秦。

防范与回应敌对同盟并非易事。敌对同盟会出现,而且他们的潜在力量容易被低估。通常你会忽略他们的潜力,等到察觉以后为时已晚。你需要关注并监督那些反对活动,需要诠释敌对同盟的活动,衡量他们的力量,以及潜在的力量。如果可能,尽可能的拉拢对手,至少是一部分对手,使其保持中立,毕竟少一个敌人就多一分胜算。

韩氏逐向晋于周

【原文】

韩氏逐向晋于周,周成恢为之谓魏王曰:"周必宽而反之①,王何不为之先言?是王有向晋于周也。"魏王曰:"诺。"

成恢因为谓韩王曰:"逐向晋者韩也,而还之者魏也,岂如道韩反之哉!是魏有向晋于周,而韩王失之也。"韩王曰:"善。"亦因请复之②。

【译文】

韩国把向晋从周国驱逐出境。成恢为向晋对魏王说:"周王一定会宽容向晋让他返回,大王为何不先于周王提出送回向晋呢?这样,大王就可以结交向晋,而向晋在周国即可为魏国所用。"魏王说:"行。"

成恢就为向晋对韩王说:"驱逐向晋的是韩国,而让向晋返回的是魏国,何不如让韩国把他召回呢?否则魏国在周国就控制了向晋,而韩国却失掉了向晋。"韩王说:"好。"因此,也向周国提出要召回向晋。

【注释】

①宽:宽容。反之:把向晋送回韩国。②复:返回,还。

【解析】

韩国在将向晋一驱一召之中,使向晋心悦诚服,也避免了向晋被其他势力拉拢过去。在此过程中成恢起了关键的作用,他做好了整体安排,用不同的话语说服各方,使各方都按照自己的计划行事。尤其是游说魏王,实际上是一个最为重要的铺垫工作,不作铺垫,计划就不能实现。

张登谓费缫

【原文】

张登谓费缫曰①:"请令公子年谓韩王曰:'费缫,西周雠之,东周宝之。此其家万金,王何不召之以为三川之守?是缫以三川与西周戒也。必尽其家以事王。西周恶之,

【译文】

中山人张登告诉韩人费缫说:"请让公子年对韩王说:'费缫,西周仇视他,东周却重视他,他家有万金,大王为何不召请他,委任他为三川郡守。这样,费缫在三川加强军事设施来戒备西周。他一定会竭尽其万金家财为大王服务。西周害怕了,必然会献出先王的名器重宝,要求大王不要

就效先王之器以止王。'韩王必为之。西周闻之，必解子之罪②，以止子之事。

任命费缫为三川郡守。'韩王一定会这样做。西周听说后，一定会消除对您的仇怨，而阻止您出任三川郡守。"

【注释】

①费缫(xiè)：韩国人。②解：排除，消除。

【解析】

费缫得罪了西周，张登劝他为韩国守三川，西周必会惶恐而解其罪。

【处世策】

当自己被对手仇视，而你希望取得对手的谅解和友谊时。其中的一个办法就是给对手施加强大的压力。让他主动来寻求与你的和解。所谓"以斗争促和平"，即是此理。

安邑之御史死

【原文】

安邑之御史死，其次恐不得也①。输人为之谓安邑令曰②："公孙綦为人请御史于王，王曰：'彼固有次乎，吾难败其法。'"因遽置之。

【译文】

安邑的御史死了，他的副手担心不能被提升，输人替他对安邑令说："公孙綦让人向大王请求做御史。大王说：'那里本来就有副职，我难以破坏他们的规定。'"于是副手很快被提升为御使。

【注释】

①次：此指副职。②输人：输里人。输，里巷名称。

【解析】

副手及其说客的聪明之处在于：虽然副手叫他人去给自己办升官的事；却不直接说官应该给谁，而是以一个不该给谁的事例从反面说出了图谋。说客打着安邑令的最高上级魏王的名义，这样就一定会把事情办妥。

魏王为九里之盟

【原文】

魏王为九里之盟，且复天子。房喜谓韩王曰："勿听之也！大国恶有天子，而小国利之。王与大国弗听，魏安能与小国立之①？"

【译文】

魏王在九里与诸侯会盟，将恢复周王天子之尊。房喜对韩王说："不要同意尊周王为天子，大国不希望有天子，而尊周王为天子对小国有利。若大王与其他大国不同意，魏国怎能与小国一起恢复周王天子之尊呢？"

【注释】

①立：并立，一起。

【解析】

公元前344年，魏惠王主持逢泽之会，会后魏惠王欲尊周称霸，率诸侯朝周。房喜认识到，魏惠王此举不合时宜，不得诸侯之心，必将失败。因此劝韩王联合其他大国，拒绝魏惠王的提议。

建信君轻韩熙

【原文】

建信君轻韩熙，赵敖为谓建信君曰："国形有之而存、无之而亡者①，魏也。不可无而从者，韩也。今君之轻韩熙也，交善楚、魏也。秦见君之交反善于楚、魏也，其收韩必重矣。从则韩轻，横则韩重，则无从轻矣。秦出兵于三川，则南围鄢，蔡、邵之道不通矣。魏急，其救赵必缓矣。秦举兵破邯郸，赵必亡矣。故君收韩，可以无衅②。"

【译文】

赵国宠臣建信君轻视韩熙，赵敖为韩熙对建信君说："从赵国的形势来看，有了它就会使赵国保存，失掉它就会使赵国灭亡，它就是魏国。要想组织合纵联盟必须有韩国。现在阁下轻视韩熙，是为了与楚、魏两国建立友好关系。秦国发现阁下在邦交上反而与楚、魏两国友好，他必然着力于联合韩国。组织合纵联盟，韩国国家小就无足轻重；组织连横阵线，韩国距秦近就必被秦国看重。这样，韩国就不会选择使自己处于无足轻重的那条路。如果秦国出兵韩国的三川，南下包围魏国的鄢陵，那么，就会切断上蔡、邵陵的通道。魏国形势危急，他救赵就不会积极。秦国出兵进攻邯郸，赵国必亡。所以阁下联合韩国，秦要进攻赵国，就无空子可钻。"

①形:形势。②衅:空隙,空子。

【解析】

赵国大臣建信君瞧不起韩国大臣韩熙。赵敫劝建信君说,赵国要合纵抗秦,必须联合韩国。不然,韩国与秦连横,一旦出兵东向,赵国就危险了。

【处世策】

本篇为我们提供了这样一条智慧,要从多种角度去认识事物的价值。有一些事物,"有之不必然,无之必不然"。它对我们也许可有可无,看似没有多少价值。可一旦失去他,就会给他人产生巨大价值。

段产谓新城君

【原文】

段产谓新城君曰:"夫宵行者能无为奸①,而不能令狗无吠己。今臣处郎中,能无议君于王,而不能令人毋议臣于君。愿君察之也!"

【译文】

段产对新城君说:"走夜路的人能够不做坏事,可是却不能要狗不咬自己。现在我担任宫中侍卫之臣,能够在大王面前不议论您,却不能要别人不在您面前非议我。希望您明察。"

【注释】

①宵:夜晚。

【解析】

段产害怕别人谗害自己,预先在新城君前表露心迹。

【处世策】

害人之心不可有,防人之心不可无。世界并不像我们想象的那样和谐美好,即使自以为安全的地方,也有可能被无缝不钻的坏人寻隙而入。

段干越人谓新城君

【原文】

【原文】

段干越人谓新城君曰①："王良之弟子驾②,云取千里马,遇造父之弟子③。造父之弟子曰:'马不千里。'王良弟子曰:'马,千里之马也;服,千里之服也④。而不能取千里,何也?'曰:'子縻牵长⑤。故縻牵于事,万分之一也,而难千里之行。'今臣虽不肖,于秦亦万分之一也,而相国见臣不释塞者,是縻牵长也。"

【译文】

段干越人对新城君说:"王良的弟子驾车,说能超过千里马,他遇见了造父的弟子。造父的弟子说:'你的马一天跑不了一千里。'王良的弟子说:'我的边马是千里马,辕马也是千里马,你却说我一天跑不了一千里,为什么呢?'造父的弟子说:'你的缰绳拉得太长了。缰绳的长短对于驾车来说,其作用不过万分之一,但是它妨碍千里之行。'现在我即使不贤能,但对秦国的作用多少也有那么万分之一吧,您见到我却不高兴,这是因为缰绳拉得太长了吧。"

【注释】

①段干越人:魏国人。②王良:赵简子的御手。③造父:周穆王的御手,与王良不是同时代的人。④马:指骖马。服:指辕马。战国时一车驾四马,两旁之马称骖,中间夹辕之两马称服。⑤縻(mò):绳索,此指缰绳。

【解析】

段干越人通过千马里驾车和缰绳长短的关系,向新城君委婉地表达了自己的心迹:如果不重用自己,秦国就很难有好的发展。他运用了类比方法,生动形象地说明了自己的想法。想来新城君应该明白他的心思,两人心照不宣,新城君重用段干越人,而段干越人卖力拉车是此次自我推销必然的结果。

【处世策】

这是一个比较高超的毛遂自荐、自我推销的方法。职场也需毛遂自荐的勇气,尤其要善于对老板表达自己的欲望和意志。有教导说:想结交一个朋友,就请他帮你一个忙。因为人们总是更容易记得帮别人做过什么,而不是别人帮过自己什么。几乎所有的人都愿意对自己帮助过的人示好。人通常有被动依靠的天性,老板也不能免俗。所以,主动一点,机会自然就多一点。

卷二十九 燕一

苏秦将为从

【原文】

苏秦将为从，北说燕文侯曰："燕东有朝鲜、辽东，北有林胡、楼烦，西有云中、九原，南有呼沱、易水。地方二千余里，带甲数十万①，车七百乘，骑六千匹，粟支十年。南有碣石、雁门之饶，北有枣栗之利，民虽不田作②，枣栗之实，足食于民矣。此所谓天府也。夫安乐无事，不见覆军杀将之忧，无过燕矣。大王知其所以然乎？

【译文】

苏秦打算推行合纵策略，到北方去游说燕文侯说："燕国东有朝鲜和辽东，北有林胡和楼烦，西有云中和九原，南有呼沱河和易水。土地方圆两千多里。士兵有几十万，战车有七百辆，战马有六千匹，粮食能食用十年。南边有碣石和雁门的丰饶物产，北边有枣和栗子的有利收成，老百姓即使不从事田间耕作，只靠枣栗也够吃了。这就是所说的天府之国。百姓安居乐业，没有战事，没有军队破败、将军被杀的忧伤，这种情况没有哪个国家比燕国更好的。大王知道为什么会这样吗？

【注释】

①带甲：士兵。②田作：耕作。田，通"佃"，耕种。

【原文】

"夫燕之所以不犯寇被兵者，以赵之为蔽于南也。秦、赵五战，秦再胜而赵三胜。秦、赵相蔽，而王以全燕制其后，此燕之所以不犯难也。且夫秦之攻燕也，逾云中、九原，过代、上谷，弥地踵道数千里，虽得燕城，秦计固不能守也。秦之不能害燕亦明矣。今赵之攻燕也，发兴号令，不

【译文】

"燕国之所以不遭受战祸，是因为有赵国在南面作屏障。秦国和赵国之间打了五次，秦国胜利了两次而赵国胜利了三次。秦赵互相削弱，而大王却保全燕国，控制后方，这就是燕国不受侵犯的原因所在。而且秦国攻打燕国，要越过云中和九原，经过代郡和上谷，长途跋涉几千里，即使能够攻下燕国的城池，也知道根本无法守护它。秦国无法侵犯燕国是很明显的。如果赵国进攻燕国，它只要一声令下，过不

至十日，而数十万之众军于东垣矣。度呼沱，涉易水，不至四五日，距国都矣。故曰秦之攻燕也，战于千里之外；赵之攻燕也，战于百里之内。夫不忧百里之患，而重千里之外，计无过于此者。是故愿大王与赵从亲①，天下为一，则国必无患矣。"

燕王曰："寡人国小，西迫强赵①，南近齐。齐、赵，强国也，今主君幸教诏之②，合从以安燕，敬以国从。"于是赍苏秦车马金帛以至赵。

了十天，几十万大军就能进驻扎到东垣一带了。再渡过呼沱河和易水，用不了四五天就能够到达燕国的都城了。因此说秦国攻打燕国，必须在千里之外交战；而赵国攻打燕国，是在百里之内交战。不担心百里之内的祸患而看重千里以外的战祸，没有比这更加失误的策略了。所以愿大王和赵国结成合纵盟国，天下各国诸侯联合为一，那么燕国就一定没有忧患了。"

燕文侯说："我的国家弱小，西面迫近赵国，南面靠近齐国。齐、赵两国都是强大的国家，今日有幸听到您的教导，参加合纵联盟，来使我燕国安宁，我愿意拿我的国家来参加合纵。"于是资助苏秦车马和金银布帛，来让他到赵国去联合合纵。

【注释】

①迫：接近。②今主君幸教诏之：言今承蒙您的教导。诏：告。

【解析】

苏秦游说燕文侯，首先为燕文侯分析了燕国的基本情况，指出燕国优越的地理位置。赵国居于燕国和秦国之间，为燕国树立了一个天然的屏障，确保了燕国很难被秦国侵犯。苏秦所指出的燕国的这一特点是符合实际情况的，也是燕国在地理位置上优于韩国魏国和赵国的地方。所以苏秦的游说紧紧抓住这一根本点不放，进而指出了燕国参加合纵联盟的重大意义，并为燕文侯描述了参加合纵联盟之后的美好前景，所以说他的论说有理有据，客观真实，让人不得不接受他的观点。

奉阳君李兑甚不取于苏秦

【原文】

奉阳君李兑甚不取于苏秦①。苏秦在燕，为苏秦谓奉阳君曰："齐、燕闻，则赵重；齐燕合，则赵轻。今君之齐，非赵之利也。臣窃为君不取也！"

【译文】

奉阳君李兑与苏秦很不融洽。这时苏秦在燕国，于是有人为苏秦对李兑说："齐国与燕国不和，赵国地位就会提高；齐国和燕国联合，赵国地位就会降低。现在您要让燕国和齐国联合，这对赵国不利。我私下认为您的做法实在不可取。"

奉阳君曰："何吾合燕于齐？"对曰："夫制燕者，苏子也。而燕，弱国也，东不如齐，西不如赵，岂能东无齐、西无赵哉？而君甚不善苏秦，苏秦能抱弱燕而孤于天下哉？是驱燕而使合于齐也。且燕，亡国之余也，其以权立，以外重，以事贵②。故为君计，善苏秦则取之，不善亦取之，以疑燕、齐。燕、齐疑，则赵重矣。齐王疑苏秦，则君多资③。"

奉阳君曰："善。"乃使使与苏秦结交。

李兑说："我干吗要让燕国和齐国联合呢？"回答说："掌管燕国的是苏秦。燕国是个弱国，东边比不上齐国，西边比不上赵国，怎么能东边失去齐国，西边失去赵国呢？而您和苏秦很不融洽，苏秦怎么能依靠弱燕使自己孤立于诸侯之中呢？这是把燕国推到齐国一边去啊。况且燕国是一个遭受内乱的残破国家，苏秦只是把燕国作为自己发展的基地，他将借诸侯之力以抬高自己的地位，将组织合纵联盟而得到别人的尊重。所以，为阁下考虑，和苏秦友好，要结交他；和苏秦不友好，也要结交他。这样，使燕国和齐国互相猜疑。燕国和齐国互相猜疑，必然都想与赵国联合，赵国地位就提高了。齐王怀疑苏秦，那么，您就多了一份助力。"

奉阳君李兑说："好。"于是派使臣与苏秦结交。

【注释】

①不取：关系不好。取，听从。②言将约合纵以取尊位。③言奉阳君将得到苏秦更多的帮助。资：帮助。

【解析】

公元前286年，苏秦为燕国离间齐、赵，被赵相国奉阳君李兑察觉，借机拘留，燕王说情才得释放。

【处世策】

在存在斗争的地方，诸如职场、商界，能多结交朋友就多结交朋友，能多拉拢敌人就多拉拢敌人，务必要谨慎树敌，因为敌人很容易联合，而联合的能力总会被人低估。它所能带来的后果，远非我们所能想象。

权之难

【原文】

权之难，燕再战不胜，赵弗救。郭任谓文公曰："不如以地请合于齐，赵必救我。若不

【译文】

燕、齐在权地交战，燕军两次出战都没有获胜，赵国没有去援救。郭任对燕文公说："您不如割地请求与齐国联合，赵国必然会来救我们。如

吾救，不得不事①。"文公曰：
"善"。令郭任以地请讲于齐。
赵闻之，遽出兵救燕。

果不来救我们，齐、赵两国必然发生战争。"文公
说："好。"便派郭任献地与齐国结盟。赵国听说
后，就派兵救燕。

【注释】

①事：指战争。

【解析】

公元前296年，燕国、齐国在权地交战，燕败，赵国不救。燕国只好割地事齐。

【处世策】

当我们身陷争斗泥潭时，肯帮我们的，救我们于水火的人可谓少之又少。多的是看
热闹的，多的是期望"渔翁得利"的。倘使斗争我们有把握胜利，那不妨让看热闹的继续
看下去；倘若没有必胜的把握，那就要想办法把一部分"渔翁"拉下水，并且让他们站在
我们这一边，增大我们获胜的砝码。

燕文公时

【原文】

燕文公时，秦惠王以其女
为燕太子妇。文公卒，易王立。
齐宣王因燕丧攻之，取十城。
武安君苏秦为燕说齐王，再拜
而贺，因仰而吊①。齐王案戈而
却曰："此一何庆吊相随之速
也？"对曰："人之饥所以不食
乌喙者②，以为虽偷充腹，而与
死同患也。今燕虽弱小，强秦
之少婿也。王利其十城，而深
与强秦为仇。今使弱燕为雁
行，而强秦制其后，以招天下
之精兵，此食乌喙之类也。"齐
王曰："然则奈何？"

【译文】

燕文公在位的时候，秦惠王把女儿嫁做燕国
太子的妻子。燕文公死后，易王继位。齐宣王于是
乘燕国举行葬礼的机会进攻燕国，攻取了燕国的
十座城池。武安君苏秦代表燕国去游说齐宣王。苏
秦见到齐宣王，先拜了两拜表示祝贺，然后就仰起
头来念悼词。齐王手按铁戈向后退了几步，说："你
为什么庆贺之后就马上念起悼词来？"苏秦回答
说："人饿的时候，之所以不吃乌喙这种毒药，是知
道吃了它即使能暂时填饱肚子，但是马上就会死
去。如今燕国虽然弱小，但和强大的秦国也是翁婿
关系。大王贪图这十个城邑，却和强大的秦国结下
了仇恨。假如让弱小的燕国做先锋，而强大的秦国
跟随在它的后面，来联合天下各国的精兵进攻齐
国，这和吃乌喙这种毒药来充饥是同样的道理。"
齐宣王说："既然已经这样了，我该怎么办呢？"

①吊：念悼词凭吊。②乌喙(huì)：即乌头，一种有毒的植物。

【原文】

对曰："圣人之制事也①，转祸而为福，因败而为功。故桓公负妇人而名益尊，韩献开罪而交愈固，此皆转祸而为福，因败而为功者也。王能听臣，莫如归燕之十城，卑辞以谢秦。秦知王以己之故归燕城也，秦必德王。燕无故而得十城，燕亦德王。是弃强仇而立厚交也。且夫燕、秦之俱事齐，则大王号令天下皆从。是王以虚辞附秦，而以十城取天下也。此霸王之业矣。所谓转祸为福，因败成功者也。"齐王大说，乃归燕城。以金千斤谢其后，顿首涂中②，愿为兄弟而请罪于秦。

【译文】

苏秦回答说："圣人做事情，能够将灾祸转化为好事，将失败转化为成功。所以说齐桓公即使因女色的牵连，却使自己的名声更加尊贵，韩献子即使因为杀了人而使自己被判了罪，却使自己的地位更加稳固，这些都是将灾祸转化为好事，将失败转化为成功的例子。大王如果能听从我的意见，不如归还燕国的十座城池，并用谦卑的言辞来向秦国道歉。秦王知道大王是因为他的缘故才归还了燕国的十座城池，必定会感激大王。燕国无缘无故收回了它的十座城池，也会感激大王。这样一来，大王就避开了强敌，并和两个国家都交往更深了。而且燕、秦两国都会侍奉齐国，那么大王发号施令，天下诸侯都会听从。大王只用言辞来附和亲近秦国，又用十座城池来取得天下诸侯的支持，这可是霸主的事业，也是所说的将灾祸转化为好事，将失败转化为成功的好办法。"齐宣王听后大为高兴，于是就归还了燕国的十座城池，随后又送千金道歉，并在半路上叩头，希望结为兄弟盟国，并向秦国请罪。

【注释】

①制事：做事情。②顿首：以头叩地而拜。涂：泥。

【解析】

依然是用恐惧和利诱的手段，苏秦轻而易举地就为燕国收回了被齐国夺取的十座城池。他首先在齐国的王宫里念悼词，先声夺人，使齐王陷入了恐惧的情绪里。然后又指出齐王就要面临秦燕联军的攻打，这就从根本上否定了齐王夺取十座城池的意义，到此时，这十座城池已经可能不是齐王的了。但这还不足以说服齐王，也不足以就将城池要回。

接下来，苏秦援引历史上的例子，为齐王指出了一条光明大道。这就采取了利诱的方法，使齐王乐意将十座城池交出来。三寸不烂之舌强于百万雄兵。从策略上来说,采取文伐要比使用武力划算得多。

【处世策】

　　人际交往,谈判交涉,官场商界,必须懂得自保方可主动而取胜。一味地"软",无异于纵人欺侮,一味地黑着脸强硬或白着脸使诈,又会激化对立而落得敌人满天下。高明的操纵者追求软硬兼施的巧妙效果。

　　如果没有帮手,你可以一会儿红脸,一会白脸,教人捉摸不定,高深莫测。扮着黑脸可杀灭对手威风,作红脸好人可以给人台阶,圆满收场。如果有人和你配合,一唱一和,扮白脸者给对手造成压力,构成威胁,然后由红脸出场取得满意的结果。

人有恶苏秦于燕王者

【原文】

　　人有恶苏秦于燕王者[1],曰:"武安君,天下不信人也。王以万乘下之,尊之于廷,示天下与小人群也!"武安君从齐来,而燕王不馆也。谓燕王曰:"臣东周之鄙人也,见足下,身无咫尺之功,而足下迎臣于郊,显臣于廷。今臣为足下使,利得十城,功存危燕,足下不听臣者,人必有言臣不信,伤臣于王者。臣之不信,是足下之福也。使臣信如尾生,廉如伯夷,孝如曾参[2],三者天下之高行,而以事足下,可乎?"燕王曰:"可。"曰:"有此,臣亦不事足下矣。"

【译文】

　　有人向燕王诽谤苏秦说:"苏秦是天下最不讲信用的人。大王凭着万乘之尊米谦恭地对待他,在朝廷上推崇他,这是向天下人表明您和小人为伍啊!"苏秦从齐国归来,燕王没有给他准备住处。苏秦对燕王说:"我本是东周的一个平庸之辈,见到大王的时候没有一丁点儿功劳,但大王亲自到郊外去迎接我,使我在朝廷上地位显赫。如今我为您出使齐国,取得了收复十座城池的利益,立下了挽救燕国危亡的功劳,可是您却不再信任我,一定是有人说我不守信用,在大王面前中伤了我。我不守信用,这是大王的福气。假使我像尾生那样讲信用,像伯夷那样廉洁,像曾参那样孝顺,有这三种天下人所公认的高尚品德,来侍奉大王,难道不可以吗?"燕王说:"可以。"苏秦说:"如果我真的具备了这三种品德了的话,我也就不会来侍奉大王了。"

【注释】

①恶：说某人的坏话，诋毁中伤。②伯夷：商臣，西周攻陷朝歌后，不食周粟，后来饿死在首阳山。

【原文】

苏秦曰："且夫孝如曾参，义不离亲一夕宿于外①，足下安得使之之齐？廉如伯夷，不取素餐，污武王之义而不臣焉，辞孤竹之君，饿而死于首阳之山。廉如此者，何肯步行千里而事弱燕之危主乎？信如尾生②，期而不来，抱梁柱而死。信至如此，何肯扬燕、秦之威于齐而取大功哉③？且夫信行者，所以自为也，非所以为人也。皆自覆之术，非进取之道也。且夫三王代兴，五霸迭盛，皆不自覆也。君以自覆为可乎？则齐不出于营丘，足下不逾楚境，不窥于边城之外。且臣有老母于周，离老母而事足下，去自覆之术，而谋进取之道。臣之趣固不与足下合者。足下者自覆之君也，仆者进取之臣也，所谓以忠信得罪于君者也。"

【译文】

苏秦道："我如果像曾参那样孝顺，按照孝道来说就不能离开父母在外面住宿一夜，您又怎么能让我出使齐国呢？我如果像伯夷那样廉洁，不吃白食，认为周武王不义，不做他的臣子，又拒绝做孤竹国的国君，饿死在首阳山上。廉洁到这种程度，我又怎么愿意步行几千里，而待奉弱小燕国的危难国君呢？如果我像尾生那样讲信用，和女子相约在桥下见面，那女子没来，就抱着桥梁柱子被水淹死也不离开。讲信用到了这种地步，我怎么愿意到齐国去宣扬燕、秦两国的威力，并立下这么大功劳呢？况且讲信义道德的人，都是用来自我完善，而不是用来帮助他人的。所以那都是安于现状的做法，不是进取的做法。何况，之所以三王交替兴盛，五霸相继称雄，都是因为他们不满足现状。如果可以满足现状的话，那么齐国就不会进兵到营丘，您也不会越过楚国的边境，也就不可能窥探边城之外了。况且我在周地还有老母，离开老母来待奉大王，抛开安于现状的念头，来谋求进取的做法。我的目标，本来和大王是不同的。大王是安于现状的国君，而我是谋求进取的臣子，这就是我因为忠信而得罪大王的原因。"

【注释】

①义：按照道义来说。②尾生：他和女子相约桥下，但女子没有来，他一直在等待，后来发大水，他就抱着桥柱子被淹死。③杨：通"扬"。

【原文】

燕王曰："夫忠信，又何罪之有也？"对曰："足下不知也。臣邻家有远为吏者，其妻私人。其夫且归，其私之者忧之。其妻曰：'公勿忧也，吾已为药酒以待之矣。'后二日，夫至。妻使妾奉卮酒进之①。妾知其药酒也，进之则杀主父，言之则逐主母。乃阳僵弃酒。主父大怒而笞之。故妾一僵而弃酒，上以活主父，下以存主母也。忠至如此，然不免于笞，此以忠信得罪者也。臣之事，适不幸而有类妾之弃酒也。且臣之事足下，亢义益国，今乃得罪，臣恐天下后事足下者，莫敢自必也②。且臣之说齐，曾不欺之也。使说齐者，莫如臣之言也，虽尧、舜之智，不敢取也③。"

【译文】

燕王说："忠信又有什么可责怪的呢？"苏秦回答说："大王不知道，我的邻居中有个在远地方做官的人，他的妻子跟别人私通。她的丈夫眼看就快要回来了，和她私通的人很忧虑。他妻子对情夫说：'你不用担心，我已经准备好毒酒等着他了。'过了两天，丈夫回到家，妻子让女仆捧着毒酒送给她的丈夫。女仆知道那是毒酒，如果送上去就要毒死男主人，如果说出实情女主人就不可避免要被赶走。于是她假装跌倒，泼掉了毒酒。男主人很生气，就用竹板打她。那女仆这一倒，一方面救了男主人，一方面保住了女主人。忠心到了这种地步，然而仍然避免不了挨打，这就是因为忠信反而受到责罚的人。现在我的处境，正好不幸和那个女仆泼掉毒酒反而挨打是一样的处境。而且我侍奉大王，尽量高扬信义，有利于国家，今日却受到责罚，我担心以后天下来侍奉大王的人，没有哪个人能够做到这样。更何况我劝说齐王，并没有使用欺诈的手段，只不过游说齐国的其他使者，没有谁如同我所说的那样。即使他们有尧、舜一样的智慧，齐国也不会相信的。"

【注释】

①妾：女奴隶。②自必：相信自己。③敢：能。

【解析】

苏秦为了合纵连横的政策奔波于六国之间，但在国内却遭到了别有用心的人的诬陷。他向燕王列举了尾生、伯夷、曾参的事迹，驳斥了那些假道学对他的指责，表明了自己好心没有好报的处境。

【处世策】

假道学实际上不懂政治科学，所以才一味地按照道德的标准对政治人物进行横加指责。政治科学和道德应该是分离的，政治行为不能用普通的仁义道德来评价。如果政治行为接受仁义道德的制约，那么政治上将无所作为。国家和个人是不一样的，国家之

间只有利益和力量的区别，而没有仁义道德可讲，所以在外交场合必须用实力、策略来争取利益。权谋如果用在个人的私利争夺上，那是需要用道德标准来加以评价的，如果用在国家利益的争夺和维护上，那就是值得肯定的。

张仪为秦破从连横

【原文】

张仪为秦破从连横，谓燕王曰："大王之所亲，莫如赵，昔赵王以其姊为代王妻，欲并代，约与代王遇于句注之塞。乃令工人作为金斗，长其尾，令之可以击人。与代王饮，而阴告厨人曰：'即酒酣乐，进热歠①，即因反斗击之。'于是酒酣乐，取热歠。厨人进斟羹，因反斗而击之，代王脑涂地。其姊闻之，摩笄以自刺也②。故至今有摩笄之山，天下莫不闻。

【译文】

张仪为秦国破坏合纵策略推行连横政策，对燕王说："大王最亲近的，莫过于赵国了。过去赵襄子把他的姐姐嫁给代君做妻子，想要吞并代国，就和代君约好在句注的关塞见面。他让工匠制作一个铁斗，把铁斗的柄制得很长，使它可以用来打人。赵襄子在和代君喝酒之前，暗中告诉厨子说：'等到酒喝得正酣畅的时候，就送上热汤，然后就找机会调过斗柄打死代君。'当时酒喝得正畅快，赵襄子要热汤，厨子进来盛汤，趁机调过铁斗打在代君的头上，代君的脑浆流了一地。赵襄子的姐姐听说这件事后，就用磨尖的金簪自杀了。所以说到现在还有摩笄山，天下人没有不知道的。

【注释】

①歠(chuò)：指羹汤之类。②笄(jī)：古代男女盘头发用的簪子。

【原文】

"夫赵王之狼戾无亲①，大王之所明见也。且以赵王为可亲邪？赵兴兵而攻燕，再围燕都而劫大王，大王割十城乃却以谢。今赵王已入朝渑池，效河间以事秦。大王不事秦，秦下甲云中、九原，驱赵而攻燕，则易水、长城非王之有也。且今时赵之于秦，犹郡县也，不敢妄兴师以

【译文】

"赵王凶狠暴戾，六亲不认，这是大王很清楚的。难道您认为赵王可以亲近吗？赵国曾经派军队攻打燕国，围困燕都，要挟大王，大王割让十座城池来向他道歉，赵国才退兵。现在赵王已经到渑池去朝见秦王，献出河间来侍奉秦国。如果大王不侍奉秦国的话，秦国派军队到云中、九原，驱使赵国的军队进攻燕国，那么易水和长城就不会为大王所有了。而且现在赵国对于秦国来说，就如同是它的郡县，不敢妄自发动军队来攻打别的国家。如果大王侍奉秦

伐。今大王事秦，秦王必喜，而赵不敢妄动矣。是西有强秦之援，而南无齐、赵之忧，是故愿大王之熟计之也。"燕王曰："寡人蛮夷辟处，虽大男子，裁如婴儿②，言不足以求正③，谋不足以决事。今大客幸而教之，请奉社稷西面而事秦，献常山之尾五城。"

国，秦王一定会很高兴，赵国也就不敢轻举妄动了。这样燕国西面有强大的秦国援助，南边没有了齐赵的侵扰，所以希望大王能慎重考虑这件事。"燕王说："我身居野蛮荒僻的地方，这里即使是成年男子，也就和小孩一样，他们所说的话不能强求正确，他们的智慧不足以判断事情。今日有幸得到贵客的教诲，我愿意献上燕国，来向西投靠、侍奉秦国，并献出恒山西面的五座城池。"

【注释】

①狼戾：凶残暴戾。②裁：通"才"，仅仅，只。③求正：寻求正道。

【解析】

张仪的游说依然是以血腥的事例来恐吓燕王。他列举了代君的脑袋被赵襄子打得脑浆迸裂的事例来劝告燕王不要和赵国联合起来抗击秦国。并搬出赵国曾经要挟燕国的历史事件来加以佐证。归根到底还是要燕王依附于秦国，求得国家的安全。事实胜于雄辩。张仪所列举的事例真的起到了现实的作用，使燕王乖乖地献出了五座城池，并答应投靠和侍奉秦国。

说到底，张仪之所以能够将燕王吓住，还是因为他背后的秦国国家力量的强大，所以才会挺直了腰杆说话，恩威并施，大力推行秦国的霸权主义和强权政治。这无疑增加了他得胜的筹码，所以张仪所到之处，游说各国的国君，往往能够起到立竿见影的效果，为秦国取得实际的利益。

【处世策】

要在语言气势上压倒对手，固然离不开底气，但语言的技巧也很重要。一般而言，要先声夺人，先发制人，给对手造成来者不善的威压气势。然后用恐吓的语言催逼对手的心理防线。在此过程中，要特别注意语言的刚性，严肃性，权威性。使他在慑服于我们的语言力量的同时，不得不认同我们的道理，最终说服对手。

宫他为燕使魏

【原文】

宫他为燕使魏，魏不听，留之数月。客谓魏王曰："不

【译文】

宫他为燕国出使魏国，争取燕、魏同盟，魏王不同意，把他留下好几个月。

听燕使,何也?"曰:"以其乱也。"对曰:"汤之伐桀,欲其乱也。故大乱者可得其地,小乱者可得其宝。今燕客之言曰:'事苟可听,虽尽宝、地,犹为之也。'王何为不见?"魏王说,因见燕客而遣之①。

【注释】

①遣之:把宫他派回燕国。

【处世策】

乘人之危在道义上不可取,但却是国家、团体、个人谋求利益常常采用的办法之一。每个人都有弱点,这些弱点利用好了便是很好的把柄。如果对手把柄难寻或没有漏洞,也可以发挥创造性,制造对手失误,再从他的身上谋取利益。

魏客对魏王说:"为什么没有同意燕国使臣的要求呢?"魏王说:"因为燕国有内乱。"魏客说:"商汤讨伐夏桀时,希望夏桀国内大乱。所以说,大乱的国家,别国可以得到它的土地;小乱的国家,别国可以得到它的珍宝。现在燕国使臣:'我要求的事如果能够同意,即使献出珍宝、土地也愿意干。'大王为何不接见他呢?"魏王很高兴,于是接见了宫他,并且让他返回燕国。

苏秦死

【原文】

苏秦死,其弟苏代欲继之。乃北见燕王哙曰:"臣,东周之鄙人也。窃闻王义甚高甚顺,鄙人不敏,窃释锄耨而干大王①。至于邯郸,所闻于邯郸者,又高于所闻东周。臣窃负其志,乃至燕廷,观王之群臣下吏,大王天下之明主也!"王曰:"子之所谓天下之明主者,何如者也?"对曰:"臣闻之,明主者务闻其过,不欲闻其善。臣请谒王之过。夫齐、赵者,王之仇雠也②;楚、魏者,王之援国也。今王奉仇雠以伐援国,非所以利燕也。王自处此,则计过;无以谏者,非忠臣也。"

【译文】

苏秦死了,他弟弟苏代要继承他的事业,就北上去见燕王,说:"我是东周乡野一个小民,听说大王有崇高的德义,非常通情达理,鄙人愚昧无知,想放下锄、耨来求见大王。到了邯郸,听到的一切又比在东周时听到的评价更高。我暗自坚持自己的意愿,就来到燕国的朝廷,拜会了大王的百官群臣,知道大王真是天下的明君。

燕王说:"您所说的天下的明君,是什么样的人?"苏代回答说:"我听说,作为一个明君,一定非常喜欢了解自己的过错,而不喜欢了解自己的优点。让我告诉大王的过错。齐国和赵国是大王的敌国,楚国和魏国是大王的盟国。现在大王尊奉敌国去进攻盟国,这不是对燕国有利的办法,大王自己考虑一下,就知道这是一项错误的计策。若大臣不能规谏,就不能算是忠臣。"

【注释】

①耨(nòu)：古代锄草的农具。②仇雠：仇敌。

【原文】

王曰："寡人之于齐、赵也，非所敢欲伐也。"曰："夫无谋人之心而令人疑之，殆；有谋人之心而令人知之，拙；谋未发而闻于外，则危。今臣闻王居处不安，食饮不甘，思念报齐。身自削甲扎，曰：'有大数矣！'妻自组甲絣①，曰：'有大数矣②！'有之乎？"王曰："子闻之，寡人不敢隐也。我有深怨积怒于齐，而欲报之，三年矣。齐者，我仇国也，故寡人之所欲伐也。直患国弊力不足矣！子能以燕敌齐，则寡人奉国而委之于子矣。"

对曰："凡天下之战国七，而燕处弱焉。独战则不能，有所附则无不重。南附楚，则楚重；西附秦，则秦重；中附韩、魏，则韩、魏重。且苟所附之国重，此必使王重矣。今夫齐王，长主也，而自用也③。南攻楚五年，蓄积散④；西困秦三年，民憔悴，士卒弊；北与燕战，覆三军，获二将；而又以其余兵南面，而举五千乘之劲宋，而包十二诸侯。此其君之欲得也，其民力竭也，安犹取哉？且臣闻之，数战则民劳，久师则兵弊。"

【译文】

燕王说："我对于齐国和赵国，可不敢想去进攻。"苏代说："没有谋算人的心意，却让人怀疑自己，这是自造的疑惑；有谋算人的心意，却被人知道了，这是自己的笨拙；谋算还未开始，便已泄漏出去，这是自处于危险。现在，我听说大王坐卧不安，饮食无味，一心想要报复齐国，亲自动手缝缀铠甲上的甲片，说'有大计了！'妻子亲自搓制穿甲片的绳索，说'有大计了！'有这样的事吗？"

燕王说："您已经知道这事，我也就不敢隐瞒了。我对齐国有深仇大恨，想报齐国的仇已有三年了。齐国是我的敌国，我本来就要讨伐它，只是担心国家疲惫，力量不够而已。您如果能率领燕国对抗齐国，我就把燕国委托给您。"苏代回答说："天下互相攻战的国家共有七个，而燕国是个弱国。单独作战，则无力；依附别个国家，任何一个国家都会因此而提高他们自己的地位。南边依附楚国，则楚国就会提高地位；西边依附秦国，秦国就会提高地位；中间依附韩国、魏国，韩国、魏国就会提高地位。如果燕国所依附的国家提高了地位，这就一定使大王的地位跟着提高啦。现在齐王是贤主，然而刚愎自用。向南攻打楚国连续五年，积蓄被消耗；向西困扰秦国已有三年，人民因饥饿而憔悴，士兵因长期作战而疲惫；向北与燕国交战，击败了燕国全军，擒获了两名燕将；又以他久战的军队向南灭掉了五千辆兵车的宋国，吞并了十二个小国。这些就是齐王想要实现的。民力已被耗尽，怎么能够有所作为呢？而且我听说，连年作战，人民就劳苦；长期用兵，士兵就疲惫。"

【注释】

①綳(bēng)：穿甲的绳索。②大数：大计。③自用：自恃其强。④稿：通"蒿"。

【原文】

王曰："吾闻齐有清济、浊河，可以为固；有长城、巨防，足以为塞。诚有之乎？"对曰："天时不与，虽有清济、浊河，何足以为固？民力穷弊，虽有长城、巨防，何足以为塞？且异日也①，济西不没，所以备赵也；河北不师，所以备燕也。今济西、河北尽以没矣，封内弊矣。夫骄主必不好计，而亡国之臣贪于财。王诚能毋爱宠之、毋弟以为质，宝珠玉帛以事其左右。彼且德燕而轻亡宋，则齐可亡已！"王曰："吾终以子受命于王矣！"曰："内寇不与，外敌不可距②。王自治其外，臣自敝其内③，此乃亡之之势也！"

【译文】

燕王说："我听说，齐国有济水、黄河，足以固守；有长城、巨防可作要塞。真有这样的事吗？"苏代回答说："天时不给它以帮助，虽然有济水、黄河，怎么能够固守？人民穷困，士兵疲惫，虽有长城、巨防，怎么可作要塞？况且从前济西一带不征召现役，养兵是为了防御赵国；河北地区不征召现役，养兵是为了防御燕国。现在济西、河北地区都已征召兵役了，全国已疲惫不堪。骄傲的国君一定不喜欢听别人的计谋，亡国的大臣必然贪图财货。大王如果舍得宠子、胞弟，把他们派去做人质，再拿宝、珠、玉、帛去讨好齐王的近臣，齐王就会感激燕国，会轻易地出师，企图灭掉宋国，那么，齐国更加疲惫，只要一进攻就可以灭掉它了。"

燕王说："我还是按照上天之命接受您的教导吧。"苏代说："不能制止内乱，就不能抵御外敌。大王领兵从外面进攻齐，我在齐国做内应。这就是灭亡齐国的大势。"

【注释】

①异日：以前。②距：通"拒"。③敝：乱，坏。

【解析】

苏秦与燕易王的生母私通，害怕被杀害，于是说服了燕易王，委派他出使齐国从事反间活动，以求削弱齐国。齐王不知情，因而宠幸苏秦。齐国大夫妒忌苏秦被宠幸，命刺客刺杀了他。苏秦被杀的原因，历来有争议，但苏秦生前为燕国而在齐国从事反间活动却是毋庸置疑的。苏秦死后，他的哥哥苏代进入燕国，和燕王哈讨论伐齐报仇之事。苏代向燕王指出，齐国虽然表面上强大，但因为四处出击，力量被大大削弱，实际上并不可怕。

【处世策】

面对强大对手的威胁时,透析竞争对手的策略:从公开的信息中了解对手,从媒体了解信息,注意辨别信息真伪,留意对手的行动,寻找弱点,攻击弱点。实际上,寻找对手的薄弱处并不容易,我方有我方的策略,对方有对方的谋略,成功的关键是谁能调动谁。要在实施策略的过程中,要牵着对方的鼻子走,让对方的策略因着我们的策略而改变,这样才能找到敌人的薄弱点,从而从容地进攻。

燕王哙既立

【原文】

燕王哙既立,苏秦死于齐。苏秦之在燕也,与其相子之为婚,而苏代与子之并。及苏秦死,而齐宣王复用苏代。

燕哙三年,与楚、三晋攻秦,不胜而还。子之相燕,贵重主断。苏代为齐使于燕,燕王问之曰:"齐宣王何如?"对曰:"必不霸。"燕王曰:"何也?"对曰:"不信其臣。"苏代欲以激燕王以厚任子之也。于是燕王大信子之,子之因遗苏代百金,听其所使。

鹿毛寿谓燕王曰:"不如以国让子之。人谓尧贤者,以其让天下于许由,由必不受,有让天

【译文】

燕王哙即位以后,苏秦在齐国因与大夫争宠被杀死。苏秦当初在燕国时,与燕相国子之通婚,苏秦的弟弟苏代与子之也有交往。等到苏秦死后,齐宣王又任用了苏代。

燕王哙三年,燕国与楚国、赵国、魏国、韩国联合攻打秦国,失败而归。子之任燕国的相国,尊贵专断。这时,苏代为齐国出使燕国,燕王问苏代说:"齐宣王这人怎样?"苏代回答说:"肯定成不了霸业。"燕王说:"为什么?"苏代回答说:"不信任自己的大臣。"苏代想用这个回答来激发燕王,让他重用子之。从此燕王更加信任子之了。子之于是赠给苏代百金,任凭他使用。苏代的使者鹿毛寿对燕王说:"不如把燕国的权力让给子之,人们说尧帝是贤君,因为他把天下让给许由,许由当然不肯接受,尧帝却有禅让天下的美名,实际上并没有失去天

下之名，实不失天下。今王以国让相子之，子之必不敢受，是王与尧同行也。"燕王因举国属子之①，子之大重。

【注释】

①属：付与。

【原文】

或曰："禹授益①，而以启人为吏，及老，而以启为不足任天下，传之益也。启与支党攻益而夺之天下。是禹名传天下于益，其实令启自取之。今王言属国子之，而吏无非太子人者，是名属子之，而太子用事。"王因收印自三百石吏而效之子之。子之南面行王事，而哙老不听政，顾为臣②，国事皆决子之。

【译文】

又有人对燕王说："当初，禹王因伯益助他治水有功，把国政交给伯益，并让自己儿子启的官吏做伯益的官吏。到禹王年老时，他认为启不能胜任掌管天下的重任，就把国家大权传给了伯益。后来，启和他的党羽攻击伯益，并且夺取了国家政权。这样，禹王名义上把国家传给了伯益，实际上又让启自己夺了权。现在大王说是把国家交给了子之，而官吏没有一个不是太子的人，这样，名义上国家属于子之，实际上是太子掌权。"燕王因此收回三百石以上俸禄官吏的印玺，交给了子之。子之因此正式成为燕王。而燕王哙因老退休，不再执掌国政，愿意成为臣下，国家大事全都由子之决断。

【注释】

①授益：言大禹把国事托付给益。②顾：同愿。

【原文】

子之三年，燕国大乱，百姓恫怨①。将军市被、太子平谋，将攻子之。储子谓齐宣王②："因而仆之，破燕必矣！"王因令人谓太子平曰："寡人闻太子之义，将废私而立公，饬君臣之义，正父子之位，寡人之国小，不足先后③。虽然，则唯太子所以令之。"太子因数党聚从，将军市被围公宫，攻子

【译文】

子之执政三年，燕国大乱，各宗族痛恨子之。将军市被和太子平谋反，准备攻击子之。储子对齐宣王说："乘此时机进攻燕国，一定可以打败它。"齐宣王就派人给太子平转告自己的话，说："我听说太子主持正义，准备废除私权，确立国权，整顿君臣的名分，重整子承父位的纲纪。敝国很小，不能为您前后奔走。即使如此，我完全听从太子的召唤。"太子于是急招党羽，聚集徒众，将军市被包围了王宫，攻打子之，没有攻下；将军市被又和百姓一起攻打太

之，不克。将军市被及百姓乃反攻太子平，将军市被死以殉。

国构难数月，死者数万众，燕人恫怨①，百姓离意。孟轲谓齐王曰："今伐燕，此文、武之时，不可失也。"王因令章子将五都之兵，以因北地之众以伐燕。士卒不战，城门不闭，燕王哙死，齐大胜燕，子之亡。二年，燕人立公子平，是为燕昭王。

子平。后来市被战死，燕国内战持续数月，几万人死去。燕国民众都痛恨这场内战，宗族人心涣散，离心离德。

孟轲对齐宣王说："现在攻打燕国，正如同周文王、周武王讨伐殷纣一样，机不可失。"齐宣王于是派大将匡章率领全国军队，又加上北边地区的民众讨伐燕国。燕国士兵因不愿打仗，连城门也不关闭，燕王哙终于被杀死。齐军大胜燕军，子之逃亡。过了两年，燕国人拥立公子平为国君。这就是燕昭王。

【注释】

①恫怨：恐惧怨恨。②储子：齐国相国。③先后：教导。

【解析】

公元前317年-公元前312年，燕王哙听信苏代的话，亲近相国子之，后来又听信鹿毛寿劝说，让位于子之。三年后，燕国大乱，太子谋划攻打子之，齐国趁机出兵攻打燕国，大破燕军。在这纷乱之际，燕国历史上最贤明的君主燕昭王，即位了。

【处世策】

管理权的授予是一个大学问。信任是授权最起码的基础，如果缺乏了信任，授权无从谈起。如果你对你将要授权的人缺乏充分的信任，最好不要授权给他。授权程度是授权的一个重要因素。授权过少，会造成管理者工作太多，下属积极性受挫；过度授权，会造成工作杂乱无章，管理者放弃职守，会使管理失去控制。

初苏秦弟厉因燕质子而求见齐王

【原文】

初，苏秦弟厉因燕质子而求见齐王。齐王怨苏秦，欲囚厉。燕质子为谢，乃已，遂委质为臣①。燕相子之与苏代婚②，而欲得燕权，乃使苏代持质子于齐。齐使代报燕③，

【译文】

当初，苏秦的弟弟苏厉通过燕国的质子拜见齐王。齐王因怨恨苏秦，打算囚禁苏厉，燕国质子为苏厉致歉谢罪，这才罢休，苏厉于是愿意献身齐国做臣子。

燕国的相国子之和苏代是姻亲，想夺取燕国的政权，就要苏代扶助质子与齐国交好，想借齐国的

燕王哙问曰："齐王其伯也乎？"曰："不能。"曰："何也？"曰："不信其臣。"

于是燕王专任子之，已而让位，燕大乱。齐伐燕，杀王哙、子之，燕立昭王。而苏代、厉遂不敢入燕，皆终归齐，齐善待之。

力量使质子受燕国重用。齐国派苏代回去向燕王述职，燕王哙问："齐王能称霸吗？"苏代说："不能。"燕王问："为什么？"苏代说："他不信任自己的大臣。"于是燕王就让子之专擅国政，不久又让出王位，燕国因而大乱。齐国乘机进攻燕国，杀了燕王哙和子之，燕国拥立了昭王。而苏代、苏厉就不敢进入燕国，两人都投靠了齐国，而齐国却优待他们。

【注释】

①委质：即委赞，向君王献礼，表示献身。②婚：姻亲。③报：返回。

【解析】

苏秦之弟苏代对燕王进言，让燕王假装禅让国位给子之。禅让丑剧引起国内国外一片不满，并最终致使燕国爆发了子之之乱。齐国因而受益。苏代、苏厉不敢入燕，回到齐国，受到欢迎。

苏代过魏

【原文】

苏代过魏，魏为燕执代①。齐使人谓魏王曰："齐请以宋封泾阳君，秦不受。秦非不利有齐而得宋地也，不信齐王与苏子也。今齐、魏不和如此其甚，则齐不欺秦。秦信齐，齐、秦合，泾阳君有宋地，非魏之利也。故王不如东苏子②，秦必疑而不信苏子矣。齐、秦不合，天下无变，伐齐之形成矣。"于是出苏代。之宋③，宋善待之。

【注释】

①执：通"抓"，逮捕。②东苏子：使苏代回齐国。东，往东。③之：往。

【译文】

苏代经过魏国，魏国为燕国逮捕了苏代。齐国派人对魏国说："齐国请求把宋地封给秦泾阳君，秦国不接受。秦国并不是不看重与齐国友好而得宋地之利，而是因为不相信齐王和苏代。现在齐国和魏国不和，竟至如此严重，那么，齐国就不会欺骗秦国。秦国相信齐国，齐、秦两国联合，泾阳君又有宋地，这对魏国绝非有利。所以大王不如让苏代回到齐国去，秦国必然会怀疑而不相信苏代。齐国和秦国如不友好合作，诸侯之间的关系没有变化，进攻齐国的局势就形成了。"魏王于是释放了苏代，苏代到了宋国，宋国优待他。

【解析】

苏代路过魏国，魏国替燕国扣留了苏代。齐国派说客向魏王指出，扣留苏代会让齐、秦两个大国走向联合，对魏国安全产生威胁。不如放掉苏代，让秦国继续怀疑齐魏两国的关系，维持诸侯关系的现状。最终，苏代获释，出使宋国。

【处世策】

麻痹敌人，分散敌人的注意力，是一种很好的蒙蔽方法。在初见面就必须展开激烈讨价还价的商业谈判中，如果采取正攻法，有时候很容易被对方牵着鼻子走，所以偶尔也须要配合这种搅乱战术。

做假动作除了能制胜外，还能用于防守，进行自我保护。捕杀按直线飞行的鸟儿容易，捕杀变换路线的鸟儿却很难。若按习惯一成不变地行事，别人就会摸着你的规律，想成功做事就很难了。

燕昭王收破燕后即位

【原文】

燕昭王收破燕后即位①，卑身厚币，以招贤者，欲将以报仇。故往见郭隗先生曰②："齐因孤国之乱，而袭破燕。孤极知燕小力少，不足以报。然得贤士与共国，以雪先王之耻，孤之愿也。敢问以国报仇者奈何？"郭隗先生对曰："帝者与师处，王者与友处，霸者与臣处，亡国与役处。诎指而事之③，北面而受学，则百己者至。先趋而后息，先问而后嘿④，则什己者至。人趋己趋，则若己者至。冯几据杖，眄视指使，则厮役之人至。若恣睢奋击，呴籍叱咄⑤，

【译文】

燕昭王整顿了残破的燕国之后登上了王位，他通过礼贤下士，厚待贤才的举措来招纳贤能的人，想要依靠他们来报齐国攻破燕国杀害父王的国仇家恨。因此他去见郭隗先生，说："齐国乘我国混乱的机会，而攻破了我们燕国。我深知燕国势单力薄，不足以报仇。然而如果能得到贤士与我共同谋划，来洗雪先王的耻辱，这是我的愿望。请问先生，要报国家的大仇应该怎么办？"郭隗先生回答说："成就帝业的国君拜贤者为师，成就王业的国君把贤者当作朋友，成就霸业的国君任用贤能的人做臣子，即将亡国的国君将贤能的人当作仆役来使用。如果能够谦卑地侍奉贤能的人，屈居下位来接受教诲，那么才能高过自己百倍的人就会到来。早些学习，晚些休息，先去求教别人然后再默思，那么才能高过自己十倍的人就会到来。别人怎么做，自己也跟着做，那么才能与自己相当的人就会来到。如果身体靠着几案，手里拿着手杖，蔑视

则徒隶之人至矣。此古服道致士之法也。王诚博选国中之贤者，而朝其门下，天下闻王朝其贤臣，天下之士必趋于燕矣。"

着指使别人，那么供人驱使跑腿当差的人就会来到。如果放纵骄横，行为暴戾，喝骂训斥，那么奴隶和犯人就要到来了。这就是古往今来实行王道而招徕人才的方法。大王如果真想广泛选用国内的贤者，就应该亲自登门拜访，天下的贤人听说大王礼让天下贤能的人，那么天下的贤能的人必然要赶着到燕国来了。"

【注释】

①收破燕：燕国被齐国所破，燕昭王公元前311年回国收复燕国，准备报仇。②郭隗(wěi)：燕国的贤能之士。③诎(qū)指：委屈己意。诎，同"屈"。指，意旨，意向。④言勤于发问。嘿，同"默"。⑤呴(hǒu)：通"吼"。籍：通"藉"欺辱。叱咄：呼喝，大声斥责。

【原文】

昭王曰："寡人将谁朝而可？"郭隗先生曰："臣闻古之君人，有以千金求千里马者，三年不能得。涓人言于君曰[1]：'请求之。'君遣之。三月得千里马，马已死，买其首五百金，反以报君。君大怒曰：'所求者生马，安事死马而捐五百金？'涓人对曰：'死马且买之五百金，况生马乎？天下必以王为能市马，马今至矣。'于是不能期年，千里之马至者三。今王诚欲致士，先从隗始；隗且见事，况贤于隗者乎？岂远千里哉？"于是昭王为隗筑宫而师之。乐毅自魏注，邹衍自齐注，剧辛自赵注，士争凑燕。燕王吊死问生，与百姓同甘共苦。二十八年，燕国殷富，士卒乐佚轻战。于是遂以乐毅为上将军，与秦、楚、三晋合谋以伐

【译文】

昭王说："我应该拜访谁呢？"郭隗先生说："我听说古代有一位想用千金买千里马的国君，但是三年也没有买到。宫中有个近臣对他说：'请您让我去买吧。'国君就派他去了。三个月后他终于找到了千里马，可惜马已经死了，但是他仍然用五百金买了那匹马的脑袋，回来向国君复命。国君大怒说：'我要的是活马，死马有什么用，还白白扔掉了五百金？'这个近臣回答说：'买死马尚且愿意花五百金，更何况是活马呢？天下人一定都以为大王您擅长买马，千里马很快就会有人送来了。'于是不到一年，就买到了三匹千里马。如果现在大王真的想要招徕人才，就请先从我开始吧；我尚且能够被重用，何况那些胜过我的人呢？他们难道还会嫌千里的路程太遥远了吗？"

于是昭王为郭隗专门修建了宫室，并拜他为师。此后，乐毅从魏国赶来，邹衍从齐国赶来，剧辛从赵国赶来，贤能的士人争先恐后聚集到了燕国。昭王又祭奠了死者，慰问幸存的生者，和百姓同甘共苦。燕昭王二十八年的时候，燕国殷实富足，国力强盛，士兵们心情舒畅，不怕牺牲。于是昭王任用乐毅为上将军，和秦、楚、韩、赵、魏联合谋划来攻打齐国，齐国大败，齐闵王

齐。齐兵败,闵王出走于外。燕兵独追北,入至临淄,尽取齐宝,烧其宫室宗庙。齐城之不下者,唯独莒、即墨②。

逃到国外。燕军又单独追击齐国逃亡的军队,攻打到齐国的都城临淄,抢掠了齐国的全部宝物,焚烧了齐国的宫殿和宗庙。没有被攻取的齐国城邑,只剩下莒和即墨了。

【注释】

①涓人:在国君身边提供服务的侍从。②莒、即墨:齐国城邑。

【解析】

燕昭王为了报复齐国,千方百计招揽人才,他的这一方针无疑是正确的。大凡要成就一番大事业,最为重要的是人才,因为凡事都是由人做成的。所以要以人为本,只要有了人才,其他的所有问题都会迎刃而解。

当燕昭王询问想报仇雪恨该怎么做的时候,郭隗向他强调了人才的重要性。郭隗为燕昭王讲述了一个买千里马的故事,情节未免有些牵强,但强调了要想招徕人才,必须让人们知道你是爱惜人才和善待人才的,这个小故事值得正在招纳贤才准备干一番大事业的人深思和借鉴。

【处世策】

企业应该通过不断打造企业硬件和软件设施,吸引社会上优秀的人才。现在很多企业同国内外著名大学和专业建立了一种联盟关系,通过贷款、奖学金、企业实习等方法,使得企业与优秀人才之间建立一种共联,使得企业和优秀人才之间能够有足够的时间去接触和磨合,在接触和磨合过程中,企业的理念就在不经意中灌输给了优秀人才。同时,企业必须及时反馈优秀人才的潜在需求,及时调整企业内部资源,能够最大程度地满足优秀人才的要求,有切实的吸引人才的条件,才有资格谈得上聚拢优秀人才。

齐伐宋

齐伐宋，宋急。苏代乃遗燕昭王书曰："夫列在万乘，而寄质于齐①，名卑而权轻；奉齐助之伐宋，民劳而实费②；破宋，残楚淮北，肥大齐，仇强而国弱也。此三者，皆国大败也。而足下行之，将欲以除害取信于齐也，而齐未加信于足下，而忌燕也愈甚矣。然则足下之事齐也，失所为矣！夫民劳而实费，又无尺寸之功，破宋肥仇而世负其祸矣。夫以宋加之淮北，强万乘之国也，而齐并之，是益一齐也；北夷方七百里，加之以鲁、卫，此所谓强万乘之国也，而齐并之，是益二齐也。夫一齐之强而燕犹不能支也，今乃以三齐临燕，其祸必大矣！

【注释】

①寄质：派出质子。②实：财富。

【原文】

"虽然，臣闻知者之举事也，转祸而为福，因败而成功者也。齐人紫败素也①，而贾十倍；越王勾践栖于会稽，而后残吴霸天下；此皆转祸为福，因败而为功者也。今王若欲转祸而为福，因败而为功乎？则莫如遥伯齐而厚尊之，使使盟于周室，尽焚天下

【译文】

齐国攻打宋国，宋国危急。苏代于是写信给燕昭王说："燕国处在万乘大国之列，却屈尊而服从齐国，这样，不但有损国家的名誉，而且也贬低了国家的声威；受齐国之命帮助他攻打宋国，真是劳民伤财，灭了宋国，攻下了楚国淮北，使齐国更为强盛，仇国强盛了而燕国却削弱了。以上这三种结果都是国家的大祸，可是大王这样做，是想要以此让齐国对自己消除忌恨，又取得齐国的信任吗？但是，齐国并没有更加信任大王，却更加忌恨燕国了。这样说来，大王讨好齐国，完全做错了。劳民伤财而自己却没有丝毫收益，灭掉宋国而加强了仇敌，使燕国世世代代遭受灾难。宋国加上淮北之地就相当于万乘之国，而齐国独吞了宋国和淮北之地，就等于又增加了一个齐国。九夷方圆七百里，再加上鲁、卫两国，这可以说是一个万乘大国。一个强大的齐国，燕国尚且不能抵抗，如果以三个齐国进攻燕国，那灾难可就大了。

【译文】

"即使如此，我听说，聪明人办事也可以使祸患变为吉祥，使失败变为成功。从前，齐桓公喜欢紫色，全国人都喜欢紫色，齐国人用无色的旧绢绸染成紫色，也能以十倍的价钱卖出。越王勾践困守在会稽山，可是不久就灭掉了吴国而称霸天下。这都是'使祸患变为吉祥，使失败变为成功'的实例。现在大王想要'转祸而为福，因败而为功'吗？那么，不如远尊齐国为霸主，而深深地敬重他，派使臣和齐国结盟，焚毁

之秦符，约曰：'夫上计破秦，其次长宾之。'秦挟宾客以待破，秦王必患之。秦五世以仪诸侯，今为齐下，秦王之志，苟得穷齐，不惮以一国都为功②。然而王何不使布衣之人以穷齐之说说秦？谓秦王曰：'燕、赵破宋肥齐、尊齐而为之下者，燕、赵非利之也。弗利而势为之者，何也？以不信秦王也。今王何不使可以信者接收燕、赵③？令泾阳君若高陵君先于燕、赵④，秦有变，因以为质，则燕、赵信秦矣。秦为西帝，赵为中帝，燕为北帝，立为三帝而以令诸侯。韩、魏不听，则秦伐之；齐不听，则燕、赵伐之。天下孰敢不听？天下服听，因驱韩、魏以攻齐，曰：必反宋地而归楚之淮北。夫反宋地，归楚之淮北，燕、赵之所同利也；并立三帝，燕、赵之同愿也。夫实得所利，名得所愿，则燕、赵之弃齐也，犹释弊躧⑤。今王之不收燕、赵，则齐伯必成矣。诸侯戴齐而王独弗从也，是国伐也。诸侯戴齐而王从之，是名卑也。王不收燕、赵，名卑而国危；王收燕、赵，名尊而国宁。夫去尊宁而就卑危，知者不为也！'秦王闻若说也，必如刺心。然则王何不务使知士以若此言说秦？秦伐齐必矣。夫取秦，上

所有诸侯和秦国建立邦交的符节，并和诸侯盟约：'上策，是诸侯打败秦国；其次，是诸侯孤立秦国。'秦国受到孤立的威胁，坐以待毙，秦王一定深为担忧。秦国五代都使诸侯屈服，现在却屈居于齐国之下；秦王的心意是如果能够使齐国处于困境，则不惜牺牲秦国一个都邑也要去成功。那么，大王为什么不派一名平民百姓用'使齐国陷于困境'的论调去游说秦国呢？他对秦王说：'燕国和赵国灭掉宋国加强了齐国，尊崇齐国却处在齐国之下，燕国和赵国并不认为对自己有利。没有利而卖劲地去做，为什么？是因为不相信秦王的缘故。现在大王为何不派一名可以信赖的人去和燕、赵两国联合？让秦国的泾阳君与高陵君先去燕国和赵国，对他们说秦国的政策如有改变，我们就分别留在燕、赵两国做人质。这样，燕、赵两国就会信任秦国了。秦国立为西帝，赵国立为中帝，燕国立为北帝，立三帝来号令诸侯。韩国、魏国如果不听从，秦国就讨伐它；齐国如果不听从，燕国和赵国就讨伐它。诸侯谁敢不听从呢？诸侯都服从了，就率领韩、魏两国去攻打齐国，声明：必须退还宋地，而且要归还楚国的淮北。退还宋地，归还楚国淮北，这是燕、赵两国共同的利益；并立三帝，这是燕、赵两国共同的愿望。利益，实际上获得了；求名誉，愿望也满足了。这样，燕、赵两国抛弃齐国，就像扔掉破鞋一样。现在大王如果不联合燕国和赵国。那么，齐国的霸业必然成功。诸侯都拥护齐国，大王偏偏不肯服从，这样，秦国就要被诸侯进攻。诸侯拥护齐国，大王也拥护齐国，这样，秦国的声名就卑下了。大王不联合燕、赵，声名就卑下，国家就危险；大王如联合燕、赵，声名就尊荣，国家就安宁。舍弃尊荣和安宁，接受卑下和危险，聪明的人是不会这样做的。'秦王听到这样的议论，一定心如刀割。那么，大王为何不专门派一位善于游说的人，用这番议

交也;伐齐,正利也。尊上交,务正利,圣王之事也。"

燕昭王善其书,曰:"先人尝有德苏氏,子之之乱,而苏氏去燕。燕欲报仇于齐,非苏氏莫可。"乃召苏氏,复善待之,与谋伐齐,竟破齐⑥,闵王出走。

论说服秦王,则秦王必然进攻齐国无疑。联合秦国,这是重要的外交手段,进攻齐国,这是长远的国家利益。重视重要的外交手段,谋求国家的长远利益,这是圣明的君王应做的事。"

燕昭王赞赏苏代这封信,说:"先王曾对苏氏兄弟有恩,当燕国子之作乱时,苏代离开了燕国。燕国要报齐国的仇,非苏代不可。"于是召请苏代,继续优待他。和他共谋进攻齐国的事,最后终于大败齐国,齐闵王逃亡国外。

【注释】

①言齐人把旧的白丝绸染成紫色。紫:染紫。败:坏的。素:不染色的丝绸。②惮:畏惧。③接收:接近并取信。④若:及、与。⑤释:脱掉。弊:破、坏。躧(xǐ):鞋子。⑥竟:最终。

【解析】

齐国讨伐宋国,燕、赵两国帮助齐国。苏代写信给燕昭王,指出燕国应该假装尊齐,劝齐攻秦,然后联秦伐齐,达到报仇的目的。虽然苏代曾经使燕国发生动乱,但燕昭王不计前嫌,从新召请苏代,共谋大事,最终打败了齐国。

【处世策】

不计前嫌的好处是能化解一段恩怨,消除一个障碍,使敌人变成朋友。削弱反对力量的同时,壮大了己方力量。但不计前嫌不是不"记"前嫌。要记得他曾经带给我们的伤害,并预防这种伤害再次发生。当然,他一定得是一个值得我们接纳的人,能够为我们所用。倘若是一个只会给所在团体增添麻烦的人,那还是把他留在敌方阵营,让他继续发挥它的麻烦作用的好。

苏代谓燕昭王

【原文】

苏代谓燕昭王曰①:"今有人于此,孝如曾参、孝己,信如尾生高,廉如鲍焦、史鰌,兼此三行以事王,奚如?"王曰:"如是足矣!"对曰:"足下以为足,则臣不事足下矣。臣且处无为

【译文】

苏代对燕昭王说:"如果这里有一个人,孝顺像曾参、孝己,信义像尾生高,廉洁像鲍焦、史鰌,以兼有这样三种高尚品德的人来侍奉大王,怎么样?"燕昭王说:"能这样,我就很满意了。"苏代回答说:"您以为满足了,可我不侍奉大王了,我将无事可做,回家乡耕田种地去。耕种供家里人吃,织布供家里人穿。"燕昭王说:"这是

之事，归耕乎周之上地，耕而食之，织而衣之。"王曰："何故也？"对曰："孝如曾参、孝已，则不过养其亲耳。信如尾生高，则不过不欺人耳。廉如鲍焦、史鰌，则不过不窃人之财耳。今臣为进取者也。臣以为：廉不与身俱达，义不与生俱立；仁义者，自完之道也②，非进取之术也！"

为什么？"苏代回答说："孝顺像曾参、孝己一样，只不过是奉养双亲而已；信义像尾生高一样，只不过是不欺骗别人而已；廉洁像鲍焦、史鰌一样，只不过是不偷人的钱而已。现在我是要有所作为的。我认为：行为虽廉洁，自己却处境穷困；虽舍生取义，自己却无所建树。即使行仁、行义，这都是以此作为自护其名的办法，而不是有所作为的做法。"

【注释】

①一说为苏秦。②自完：自我保全。完，保守，保全。道：途径。

【原文】

王曰："自忧不足乎①？"对曰："以自忧为足，则秦不出殽塞，齐不出营丘，楚不出疏章。三王代位，五伯改政，皆以不自忧故也。若自忧而足，则臣亦之周负笼耳，何为烦大王之廷耶？昔者，楚取章武，诸侯北面而朝；秦取西戎，诸侯西面而朝。曩者，使燕毋去周室之王，则诸侯不为别驾而朝矣。臣闻之，善为事者，先量其国之大小，而揆其兵之强弱②，故功可成而名可立也。不能为事者，不先量其国之大小，不揆其兵之强弱，故功不可成而名不可立也。今王有东向伐齐之心，而愚臣知之。"

【译文】

燕昭王说："自护其名还不满足吗？"苏代回答说："如果以自护其名为满足，那么，秦兵就不必开出殽塞，齐兵就不必开出营丘，楚兵就不必开出疏章。三王相继称王，五霸相继称霸，都是由于不自护其名的缘故。如果以自护其名为满足，我也就背上土筐回家乡耕田种地去了，何必还要屈辱大王，为我安排工作呢？以前，楚国攻下章武，诸侯向南朝楚；秦国攻下西戎，诸侯向西朝秦。以前，如果燕国没有丢失周室的上地，那么，诸侯会跟朝见秦、楚一样地来朝见燕国。我听说，善于治国的，先要考虑敌国的大小，估量他的兵力强弱，因此，功可成，名可立；不善于治国的，不先考虑敌国的大小，不估量敌国的兵力强弱，因此，功不可成，名不可立，现在，大王有向东攻打齐国之意，而我了解这一点。"

【注释】

①自忧：自养，自足，满足现状。②揆：估量，衡量。

王曰:"子何以知之?"对曰:"矜戟砥剑①,登丘东向而叹,是以愚臣知之。今夫乌获举千钧之重②,行年八十而求扶持。故齐虽强国也,西劳于宋,南罢于楚,则齐军可败而河间可取。"燕王曰:"善!吾请拜子为上卿,奉子车百乘,子以此为寡人东游于齐,何如?"对曰:"足下以爱之故与,则何不与爱子与诸舅、叔父、负床之孙③,不得④,而乃以与无能之臣,何也?王之论臣,何如人哉?今臣之所以事足下者,忠信也。恐以忠信之故,见罪于左右。"

燕昭王说:"您怎么知道的?"苏代回答说:"长戟已准备好,宝剑已经磨利,登上丘山,东望叹息,因此我知道您的心意。像大力士乌获一样,虽然可以举起三万斤的重物,但他已经八十岁了,也需要人搀扶。所以,齐国虽然是个强国,在西面因灭宋国而劳顿,在南边因割楚国淮北而疲惫,由此可知,齐军可以击败,而河间可以占领。"

燕昭王说:"好,我就任命您为上卿,为您准备百乘车辆,您现在就为我去齐国游说,怎么样?"苏代回答说:"大王由于爱护我,给我准备了百辆战车,那么,为何不把车辆给爱子、诸舅、叔父以及还不会走路的孙儿呢?他们不能有车,反而给我这个无能之辈,为什么?大王观察我,是何等样人?现在,我之所以侍奉大王,完全是为了忠、信,我担心因为忠、信的缘故而得罪大王。"

【注释】

①矜:奋力振动。砥:磨。②乌获:秦武王的力士。③负床之孙:还不会走路的孙子。负:依靠。④不得:指不能派遣他们。

王曰:"安有为人臣尽其力、竭其能而得罪者乎?"对曰:"臣请为王譬①。昔周之上地尝有之。其丈夫宦三年不归,其妻爱人。其所爱者曰:'子之丈夫来,则且奈何乎?'其妻曰'勿忧也,吾已为药酒以待其来矣。'已而,其丈夫果来,于是因令其妾酌药酒而进之。其妾知之,半道而立,虑曰:'吾以此饮吾主父,则杀吾主

燕昭王说:"哪有做人臣的竭尽能力而获罪的道理呢?"苏代回答说:"我愿为大王打个比方。从前,周室的洛阳曾有这样的事。一位妇女的丈夫在外做官。三年没有回家,他的妻子与人私通。与妻子私通的那人说:'你的丈夫要回来了,可怎么办?'妻子说:'不必担心,我已准备好毒药酒等着他呢。'不久,她丈夫果然回来了,于是他妻子就让他的妾倒毒药酒献给丈夫。他的妾知道这是毒酒,半道中站住,心里想:'我如果拿这毒药酒给主父喝了,就会毒死主父;我如果把这事告诉给主父,就会赶走主

父，以此事告主父，则逐吾主母。与杀吾主父②、逐吾主母者，宁佯踬而覆之③。'于是因佯僵而仆之④。其妻曰：'为子之远行来之，故为美酒，今妾奉而仆之。'其丈夫不知，缚其妾而笞之。故妾所以笞者，忠信也。今臣为足下使于齐，恐忠信不谕于左右也！臣闻之曰：'万乘之主，不制于人臣；十乘之家，不制于众人；匹夫徒步之士，不制于妻妾。'而又况于当世之贤主乎？臣请行矣，愿足下之无制于群臣也！'"

母。与其毒死主父、赶走主母，不如假装摔倒，把毒酒翻倒在地。'于是，她就假装摔倒，把毒酒翻倒了。他妻子说：'为了您出远门回家，特别准备了美酒，现在小妾捧酒摔倒了。'丈夫不了解，就把小妾捆绑起来鞭打。所以，小妾被鞭打，完全是因为她忠信的缘故。现在我为大王出使齐国，恐怕我的忠信不被大王左右的人了解啊。我听说：'万乘大国的君王不受人臣的控制，千乘之家的大夫不受众人的控制，普通一般人不受妻妾的控制。'又何况当今贤明的国君呢？我请求出发去齐国了，希望大王不要受群臣的控制啊。"

【注释】

①譬：比方，例子。②与：与其。③佯：假装。踬（zhì）：跌倒。覆之：把毒酒倾翻。④僵：向后倒下。仆之：扣翻了酒。

【解析】

此章与《人有恶苏秦于燕王》章文字大体相同，应当为一事两传。

燕王谓苏代

【原文】

燕王谓苏代曰："寡人甚不喜訑者言也①！"苏代对曰："周地贱媒，为其两誉也；之男家曰女美，之女家曰男富。然而周之俗不自为取妻。且夫处女无媒，老且不嫁；舍媒而自衒②，敝而不售。顺而无败，售而不敝者，唯媒而已矣。且事非权不立，非势不成。夫使人坐受成事者，唯訑者耳！"王曰："善矣！"

【译文】

燕王对苏代说："我最不喜欢骗子的谎言。"苏代回答说："周地看不起媒人，因为她在两边说好话。到男家说：'女子长得漂亮。'到女家说：'男子家里有钱。'然而周地的习俗，是不能自己做主娶妻的。而且，处女没有媒人，即使老了也嫁不出去；不通过媒人自己找丈夫，就会困在家里嫁不出去。顺应风俗就不会坏事，要想嫁出去而不受挫折，唯有依靠媒人而已。再说，做事没有权变就不会有成就，没有谋略就不能成功。所以，要让人坐享成功，只有靠欺骗人的人。"燕王说："有道理。"

①訑(tuó)：同"佗"，欺诈。②衒(xuàn)：指女子不经媒人而与男子交往。

【解析】

燕王对苏代说自己不喜欢夸夸其谈的骗子说客，苏代便以周地媒人为比喻说服了燕王。

【处世策】

诚如燕王不喜欢说客却又不得不重用说客一样。生活中我们经常厌恶和一些人来往，却又不得不面对他们。既然面对是一件不能改变的事实，那倒不如调整自己的心态，友善地对待他们。心态改善了，面对他们时的厌恶之情就缓和了。对方感受到你的转变，沟通的质量自然也就加强了。

卷三十 燕二

秦召燕王

【原文】

秦召燕王,燕王欲注。苏代约燕王曰①:"楚淂枳而国亡,齐淂宋而国亡,齐、楚不淂以有枳、宋事秦者,何也?是则有功者,秦之深仇也。秦取天下,非行义也,暴也。

"秦之行暴于天下,正告楚曰:'蜀地之甲,轻舟浮于汶,乘夏水而下江,五日而至郢;汉中之甲,乘舟出于巴,乘夏水而下汉,四日而至五渚。寡人积甲宛,东下随,知者不及谋,勇者不及怒,寡人如射隼矣②!王乃涛天下之攻函谷,不亦远乎?'楚王为是之故,十七年事秦。

"秦正告韩曰:'我起乎少曲,一日而断太行;我起乎宜阳而触平阳,二日而莫不尽繇③;我离两周而触郑,五日而国举。'韩氏以为然,故事秦。

"秦王告魏曰:'我举安邑,塞女戟,韩氏太原卷;我下枳,道南阳、封、冀、包两周;乘夏水,浮

【译文】

秦国邀请燕王,燕王准备去。苏代劝阻燕王说:"楚国得到枳地却丢失了国都,齐国灭亡了宋国,而国君逃亡。齐、楚两国不能因为得到枳地和灭掉宋国而能讨好秦国,是什么原因呢?因为对有战功的国家,秦国最仇恨。秦国夺取天下不是靠实行仁义,而是靠实行暴虐。

"秦国在天下施行暴虐,直言不讳地对楚国说:'蜀地的军队在岷江乘轻舟,入长江,趁夏季水涨时,顺江而下,五日可到楚国郢都。汉中的军队在巴水乘船,入汉江,趁夏季水涨时,顺江而下,四日可到五渚。我在宛地集结军队,东去随地,智者来不及谋划,勇者来不及发怒,我就像射鹰一样,轻而易举地达到目的了。然而您却要等待诸侯去攻打函谷关,这岂不是太久远了吗?'楚王因为这个缘故,十七年一直服侍秦国。

"秦国直言不讳地对韩国说:'我从少曲出兵,一天就可以切断太行要道;我从宜阳出兵,进逼平阳,两天之后,韩国全民尽都参加徭役;我经过东周、西周,进逼韩都,五天可以攻下韩都。'韩国确认无疑,因此就降服秦国。

"秦国直言不讳地对魏国说:'我攻下安邑,堵住女戟要道,韩国的太原交通就断绝。顺着枳道、南阳、封冀而下,包围两周,趁夏季水涨之时,坐上轻舟,强弩在前,锐戈在后,决开

轻舟，强弩在前，铦戈在后④，决荥口，魏无大梁；决白马之口，魏无济阳；决宿胥之口，魏无虚、顿丘。陆攻则击河内，水攻则灭大梁。'魏氏以为然，故事秦。

荥阳口，魏国就要丧失魏都大梁；决开白马之口，魏国就要丧失济阳；决开宿胥之口，魏国就要丧失虚、顿丘。从陆路进攻可以攻打河内，从水路进攻可以消灭大梁。'魏国确认无疑，因此就降服秦国。

【注释】

①约：阻拦。②隼(sǔn)：一种猛禽。③繇：通"徭"，徭役。④铦(xiān)：锋利。

【原文】

"秦欲攻安邑，恐齐救之，则以宋委于齐，曰：'宋王无道，为木人以写寡人①，射其面。寡人地绝兵远，不能攻也。王苟能破宋有之，寡人如自得之。'已得安邑，塞女戟，因以破宋为齐罪。秦欲攻韩，恐天下救之，则以齐委于天下，曰：'齐王四与寡人约，四欺寡人，必率天下以攻寡人者三。有齐无秦，无齐有秦。必伐之，必亡之。'已得宜阳、少曲，致蔺、石，因以破齐为天下罪。秦欲攻魏，重楚②，则以南阳委于楚，曰：'寡人固与韩且绝矣！残均陵，塞鄡隘③，苟利于楚，寡人如自有之。'魏弃与国而合于秦，因以塞鄡隘为楚罪。

"兵困于林中，重燕、赵，以胶东委于燕，以济西委于赵。赵得讲于魏，质公子延，因犀首属行而攻赵④。兵伤于

【译文】

"秦国打算攻打安邑，担心齐国来救援，于是就把宋国给了齐国，秦王对齐王说：'宋王暴虐无道，雕刻了一个木头人，刻成我的样子，再射木人的脸。我国离宋国太远，调兵不便，不能去攻打它。大王如果能打败宋国，占领它，这和我占领宋国一样。'秦国已经得了安邑，堵住女戟的要道，于是把'灭宋'的罪责推到齐国的头上。

"秦国打算攻打韩国，担心诸侯救韩，于是就拿齐国来引诱诸侯，并对诸侯说：'齐王四次和我订约，四次欺骗我，三次率领诸侯坚决攻打我。所以，有齐国就没有秦国，有秦国就没有齐国，我一定讨伐它，一定要消灭它。'秦国已经得到宜阳、少曲，并告诉在秦国的韩国人质蔺君，于是把'灭韩'的罪责推到诸侯头上。

"秦国打算攻打魏国，担心楚国救魏，就把南阳给了楚国，对楚王说：'我本来要与韩国绝交。因此，攻下韩国的均陵，封锁韩国要塞鄡隘，只要有利于楚国，就如同有利于我一样。'魏国抛弃了盟国而与秦国联合，于是把'封锁鄡隘'的罪责推到原来的盟友楚国头上。

"秦军在林中被困，担心燕国和赵国，就把胶东给了燕国，把济西给了赵国。这之后，秦国与魏国和解，并以公子延做人质送去魏国，随魏将公孙衍不断地进攻赵国。秦军在离石受到挫伤，在马陵遭到

离石，遇败于马陵。而重魏，则以叶、蔡委于魏。已得讲于赵，则功魏，魏不为割。困则使太后、穰侯为和，赢则兼欺舅与母。适④燕者曰以胶东，适赵者曰以济西，适魏者曰以叶、蔡，适楚者曰以塞郾隘，适齐者曰以宋。此必令其言如循环，用兵如刺蜚绣⑤。母不能制，舅不能约。

失败后，这样它更加担心魏国，就把叶和蔡给了魏国，这之后，秦国与赵国和解，于是挟持魏国，没有给魏国割让土地。秦王在秦国陷入困境时，就让太后和穰侯去讲和；秦军获胜了，就去欺骗舅父与母亲。以占领胶东来责备燕国；以占领济西责备赵国；以占领叶、蔡来责备魏国；以占领郾隘来责备楚国；以占领宋国来责备齐国。秦国如此圆滑、诈伪，这样循环推论下去是没完没了的，秦王善用兵，甚为工巧，母亲管不了，舅舅制不住。

【注释】

①适：同"谪"，谴责。②重：重视，看重。③郾(méng)隘：古隘道名，即今河南信阳县平靖关。④属行(zhǔ háng)：集结军队。⑤比喻用兵如刺绣般灵巧。

【原文】

"龙贾之战，岸门之战，封陵之战，高商之战，赵庄之战，秦之所杀三晋之民数百万，今其生者，皆死秦之孤也。西河之外、上雒之地、三川①，晋国之祸，三晋之半。秦祸如此其大，而燕、赵之秦者，皆以争事秦说其主。此臣之所大患！"

燕昭王不行②，苏代复重于燕。燕乃约诸侯从亲，如苏秦时，或从或不，而天下由此宗苏氏之从约。代、厉皆以寿死，名显诸侯。

【译文】

在龙潭之战、岸门之战、封陵之战、高商之战、赵庄之战中，秦国杀死赵、魏、韩三国的人有数百万，现在还活着的都是和秦国作战牺牲者的遗孤。西河之外、上雒之地和三川都遭受秦祸，秦国差不多占领了赵、魏、韩三国的一半。秦国的兵祸如此之大，而燕、赵两国的亲秦派，都争先恐后地去讨好秦国，并游说他们各自的国君，这是我最担忧的事。"

燕昭王不去秦国了，苏代又重新在燕国得到重用，燕国仍然与诸侯结成合纵联盟，就如同苏秦活着时那样。诸侯中，有的同意合纵，有的不同意合纵，但他们从此都重视苏氏兄弟的合纵盟约。苏代和苏厉都享其天年，声誉在诸侯中颇为显赫。

【注释】

①西河、上雒，魏国领土。三川，韩国领土。此处指秦国已得晋国一半领土。②不行：不去秦国。

燕昭王时期，虽然秦国的强盛已经有目共睹。但当时的诸侯国尚未意识到一个大一统的时代即将来临。他们以为大国争霸的结果是另一个共主的出现，就像强盛时期的周王朝一样，而其他的诸侯臣服于共主，但依旧可以存在。山东六国虽然感受到了秦国的威胁，但对秦国尚抱有幻想。

秦国邀请燕昭王，燕昭王准备前往。苏代劝止，让燕王重新合纵抗秦，苏代也显贵于燕国。此为拟托之文，并非事实。

【处世策】

斗争的残酷性警戒我们，永远不要指望对手对我们的同情、怜悯，不要奢求对手会因为我们已经一败涂地就手下留情。鲁迅先生曾经写过《痛打落水狗》，如果我们做了落水狗，也别指望曾经打你的人，会放下棒子，把你从水里捞上来。

苏秦说奉阳君合燕

【原文】

苏秦说奉阳君合燕于赵以伐齐，奉阳君不听。乃入齐恶赵，令齐绝于赵。齐已绝于赵，因之燕，谓昭王曰："韩为谓臣曰：'人告奉阳君曰：使齐不信赵者，苏子也；今齐王召蜀子使不伐宋者，苏子也；与齐王谋道取秦以谋赵者，苏子也；今齐守赵之质子以甲者，又苏子也。请告子以情，齐果以守赵之质子以甲，吾必守子以甲。'其言恶

【译文】

苏秦为燕国游说赵国的奉阳君李兑，去联合进攻齐国，奉阳君不同意。于是苏秦到齐国去诬蔑赵国，让齐国与赵国绝交。齐国与赵国已经绝交，他就回到燕国去，对燕昭王说："韩为对我说：'有人告诉奉阳君说，让齐国不信任赵国的，是苏秦；让齐王召回蜀子叫他不要进攻宋国的，是苏秦；和齐王共谋说要争取秦国、图谋赵国的，是苏秦，让齐国用武装监视赵国人质的，还是苏秦。请让我告诉您实情，齐国真的要以武装监视赵国的人质，我韩为一定用武装监视您。'这话可真不吉利。即使这样，大王不必为我担忧。虽然有赵国的破坏，我自己有危险，可是我

矣。虽然，王勿患也。臣故知入齐之有赵累也①！出为之以成所欲，臣死而齐大恶于赵，臣犹生也！今齐、赵绝，可大纷已②。特臣非张孟谈也，使臣也如张孟谈也，齐、赵必有为智伯者矣！

仍然去齐国，为的是实现大王想要达到的目的。我死了，如果齐国和赵国关系恶化，我就等于还活着一样。现在赵国和齐国断交，将会大乱。但我不是赵国从前足智多谋的贤相张孟谈，如果我也像张孟谈一样，齐、赵两国中必定会有一个要像智伯那样灭亡的。

【注释】

①累：危难。②纷：乱。已：通"矣"。

【原文】

"奉阳君告朱讙与赵足曰①：'齐王使公玉丹命说曰：必不反韩珉，今召之矣。必不任苏子以事，今封而相之。必不合燕，今以燕为上交。吾所恃者顺也，今其言变有甚于其父。顺始与苏子为仇，见之如厉，今贤之两之。已矣！吾无齐矣！'

"奉阳君之怒甚矣！知齐王之不信赵而小人奉阳君也，因是而倍之③，不以今时大纷之，解而复合，则后不可奈何也。故齐、赵之合，苟可纷也，死不足以为臣患；逃不足以为臣耻；为诸侯不足以为臣荣；被发自漆为厉③，不足以为臣辱。然而臣有患也，臣死而齐、赵不纷，恶交纷于臣也，而复相交，是臣之患也。若臣死而必相攻也，臣必勉之而求死焉！尧、舜之贤而死，禹、汤之知而死，孟贲之勇而死，乌获

【译文】

"奉阳君告诉朱讙和赵足说：'齐王派公玉丹命令我说，您一定不要召回韩珉。可现在召回了韩珉；说一定不要任用苏秦；可是现在任用他为相国；说一定不要和燕国联合，可现在与燕国结为极好的盟邦。我所依靠的是齐公子顺子，可他现在说话又变了，比他父亲还善变；顺子当初与苏秦力敌，谁见到他们就知道他们总是不和，可现在他尊敬苏秦，并给他以乘车的待遇。完了，我要失去齐国了。'

"奉阳君很生气，知道齐王不信任赵国，又小看奉阳君。他因此背叛齐国。齐、赵两国现在正纷乱不和，应当在这时伐齐；齐、赵两国如果重新复合，那么，伐齐的良机失掉，后悔就来不及了。所以齐国和赵国的联合如果能纷乱决裂，即使身死，我也不会以此为祸患；即使逃亡，我也不会以此为羞愧；成为诸侯，我也不会以此为光荣；即使披散头发装疯卖傻，用漆涂身生癞变形，我也不会以此为耻辱。然而，我有所担忧：当我死后，如果齐、赵两国修好，那么，使齐、赵绝交的罪过就会一齐落在我头上，然后齐、赵恢复邦交。这才是我担忧的啊。如果我死后，齐、赵两国互相攻打，我心甘情愿去求死。尧、舜是天下的贤君，终究要死；禹、汤是天下的明君，终究要死。孟贲是天下的勇士，终究要

之力而死。生之物固有不死者乎？在必然之物，以成所欲，王何疑焉！

死；乌获是天下的力士，也终究要死。一切生物难道有不死的吗？死是必然的事。我用死来完成有利于燕国的计谋，大王还有什么疑虑的吗？

【注释】

①朱讙（huān）：赵国臣子。②倍：同"背"，背叛。③被：同"披"，披头散发以装疯卖傻。

【原文】

"臣以为不若逃而去之。臣以韩、魏遁齐而为之取秦，深结赵以劲之。如是，则近于相攻。臣昬为之，累燕。奉阳君告朱讙曰：'苏子怒于燕王之以吾故，弗予相，又不予卿也，殆无燕矣。'其疑至于此！故臣昬为之①，不累燕，又不辱王。伊尹再逃汤而之桀②，再逃桀而之汤，果与鸣条之战，而以汤为天子。伍子胥逃楚而之吴，果与柏举之战，而报其父之仇。今臣逃而纷齐、赵，殆可著于《春秋》。且举大事者孰不逃？桓公之难，管仲逃于鲁；阳虎之难，孔子逃于卫；张仪逃于楚；白珪逃于秦；望诸相中山也，使赵，赵劫之求地，望诸攻关而出逃；外孙之难，薛公释戴逃出于关，三晋称以为士。故举大事，逃不足以为辱矣！"

卒绝齐于赵，赵合于燕以攻齐，败之。

【注释】

①此处指苏秦逃离燕国奔赴赵国。②再：多次。

【译文】

"我认为，不如假装获罪逃离燕国。我促使韩、魏两国扰乱齐国，并为他们联合秦国。结交赵国来对抗齐国。这样，就差不多形成了赵、魏、韩三国与齐国互相攻击的形势。我虽然这样安排了，又担心牵累燕国。奉阳君对朱讙说：'苏秦因为燕王用我而生气，若不任苏秦为相，又不任苏秦为卿，那苏秦差不多要失去燕国了。'奉阳君如此疑心，所以我这样安排，不牵累燕国，又不玷辱大王。伊尹多次逃离成汤，投奔夏桀，又多次逃离夏桀，投奔成汤，最后与夏桀战于鸣条之野，拥立成汤为天子；伍子胥逃离楚国，投奔吴国，最后帮助吴王阖庐与楚昭王战于柏举，攻入楚都，为其父报仇。现在我逃离燕国，打乱齐、赵邦交，将可载入史册。进行伟大事业的人，哪一个没有逃跑过？齐桓公遭难之时，管仲逃到鲁国，阳虎遭难之时，孔子逃到卫国；张仪逃到楚国；白珪逃到秦国；望诸君任中山相时，出使赵国，赵国挟持他，要求割地，望诸君突破关卡逃出；外孙之难时，薛公抛下车子，逃出关卡，赵、魏、韩三国却称他为辨是非、通古今的人。所以，凡是开创大事业的人，逃亡不能被认为是耻辱。"

苏秦终于使齐国、赵国绝交，赵国和燕国联合进攻齐国，大败齐国。

【解析】

公元前 285 年,即乐毅伐齐的前一年。苏秦为燕国游说奉阳君李兑,使燕、赵联合伐齐,可是奉阳君不听。于是苏秦又到齐国去污蔑赵国,让齐国与赵国绝交。之后,他又回到燕国,巧舌如簧地向燕王表达他对燕王的忠诚,并最终说服燕王联合赵国讨伐齐国。

【处世策】

领导者要保持对权力的控制,就是发掘、重用对他忠心的人。换句话说,一个人如果有才华,却跟领导离心离德,那肯定不被重用,顶多是个被重重使用的人才机器,进不了核心集团。如果才华差一些,却能跟领导保持一条心,那被重用的机会就大得多了。所以,希望在职场上一帆风顺的人,不妨把握机会,多向领导表表忠心。

苏秦为燕说齐

【原文】

苏秦为燕说齐,未见齐王,先说淳于髡曰:"人有卖骏马者,比三旦立市,人莫之知。注见伯乐,曰:"臣有骏马,欲卖之,比三旦立于市,人莫与言。愿子还而视之①,去而顾之。臣请献一朝之贾。'伯乐乃还而视之,去而顾之,一旦而马价十倍。今臣欲以骏马见于王,莫为臣先后者②,足下有意为臣伯乐乎?臣请献白璧一双,黄金千镒,以为马食。"淳于髡曰:"谨闻命矣。"入言之王而见之,齐王大说苏子。

【注释】

①还:通"旋",环绕。②先后:辅助。

【译文】

苏秦代表燕国去游说齐国,没有见齐威王之前,先对淳于髡说:"有一个卖骏马的人,一连三个早晨都站在市场里,但也没有人知道他的马是匹骏马。卖马的人很着急,于是就去见伯乐说:'我有一匹骏马,想要卖掉它,可是连续三个早晨,也没有人来询问一下,希望先生您能绕着我的马看一圈,离开的时候再回头看一眼,这样我愿意给您一天的费用。'伯乐于是就照着卖马人所说的话,绕着那匹马看一圈,离开的时候又回头看了一眼,结果马的身价一早上涨了十倍。现在我想把骏马送给齐王看,可是没有替我前后周旋的人,先生有意做我的伯乐吗?我愿送给您白璧一双,黄金千镒,来作为给您的费用。"淳于髡说:"愿意听从您的吩咐。"于是淳于髡进宫向齐王作了引荐,齐王接见了苏秦,而且非常喜欢他。

苏秦用卖马人借助伯乐提高马的身价的故事，请求淳于髡在齐王面前推荐自己，最终如愿以偿。

【处世策】

在竞争日益激烈的今天，我们都要树立自我推销的意识，来获得更多的实现抱负的机会。要推销自己，必须讲究方式和方法。苏秦仅仅是为淳于髡讲述了一个小故事，就得到了认可，可见他对淳于髡有一定的了解，并自信地将自己比作千里马，给人精明能干的印象。另一方面他还巧妙地将淳于髡抬举为伯乐，无形中拍了对方一个马屁，使对方愿意帮助他引荐。这个例子值得那些想要有更多发展机会的人借鉴。

苏秦自齐使人谓燕昭王

【原文】

苏秦自齐使人谓燕昭王曰："臣间离齐、赵，齐已孤矣。王何不出兵以攻齐？臣请为王弱之。"燕乃伐齐，次晋①。

令人谓闵王曰："燕之攻齐也，欲以复振古地也。燕兵在晋而不进，则是兵弱而计疑也。王何不令苏子将而应燕乎？夫以苏子之贤，将而应弱燕，燕破必矣。燕破，则赵不敢不听，是王破燕而服赵也！"闵王曰："善。"乃谓苏子曰："燕兵在晋，今寡人发兵应之，愿子为寡人为之将。"对曰："臣之于兵，何足以当之？王其改举！王使臣也，是败王之兵，而以臣遗②燕也。战不胜，不可振也！"王曰："行！寡人知子矣。"

【译文】

苏秦从齐国派人对燕昭王说："我离间齐国和赵国的关系后，齐国已经孤立了，大王为何不出兵攻打齐国呢？我愿意为大王打败齐国。"燕军于是进攻齐国，驻扎在齐国的晋地。

苏秦派人对齐王说："燕国进攻齐国，是想收复从前燕王哙失去的国土。燕军驻扎在晋地不前进，那是因为燕军兵力弱，主意不定。大王为何不派苏秦率领齐军去迎击燕军呢？凭苏秦的贤能，率领齐军去迎击弱燕。一定能打败燕国。打败了燕国，赵国便不敢不听从。这样，大王既打败了燕国，又征服了赵国。"齐闵王说："好。"

于是齐闵王就对苏秦说："燕军驻扎在晋地，现在我出兵迎击燕军，希望您为我担任这支部队的将领。"苏秦回答说："我对于带兵不熟悉，怎么能担当如此的重任。大王还是重新选人吧，大王如果派我去，那会要毁掉大王的军队，而让我把齐国葬送给燕国啊。如果不能战胜燕国，齐国可就没救了。"齐闵王说："去干吧，我了解您。"

【注释】

①次：临时驻扎。②遗：遗弃。这里指毁掉的意思。

【原文】

苏子遂将，而与燕人战于晋下，齐军败，燕得甲首二万人。苏子收其余兵以守阳城，而报于闵王曰："王过举，今臣应燕，今军败，亡二万人。臣有斧质之罪，请自归于吏以戮。"闵王曰："此寡人之过也。子无以为罪！"

明日，又使燕攻阳城及狸，又使人谓闵王曰："日者①，齐不胜于晋下，此非兵之过，齐不幸而燕有天幸也。今燕又攻阳城及狸，是以天幸自为功也！王复使苏子应之，苏子先败王之兵，其后义务以胜报王矣②！"王曰："善。"

乃复使苏子，苏子固辞，王不听，遂将以与燕战于阳城。燕人大胜，得首三万。齐君臣不亲，百姓离心，燕因使乐毅大起兵伐齐，破之。

【注释】

①日者：往日，往昔。②必务：务必，一定。

【解析】

公元前285年，苏秦离间齐、赵成功之后，约燕攻打齐国。后来苏秦又到齐国，率兵抵御燕军，在晋、阳城两次大败，导致燕军破齐。

【处世策】

职场中也有许多"间谍"角色。有时候，"间谍"本

【译文】

苏秦于是率领齐军，与燕军在晋地开战，齐军大败。燕军杀死齐军二万人。苏秦集合残兵退守阳城，并报告闵王说："大王选错了人，非要我去迎击燕军。现在吃了败仗，损失二万人，我有死罪，我愿意接受法官判处的死刑。"齐闵王说："这是我的错误，您不要认为犯了罪。"

第二天，苏秦又让燕国去攻打阳城和狸地。又派人对齐闵王说："前些日子，齐军在晋地没有打胜，这不是用兵的错误，是齐国不走运而燕国有上天保佑。现在燕国又攻打阳城和狸地，这是把上天的庇佑当成是自己的功劳啊。大王再派苏秦去迎击燕军，苏秦先前让大王的军队吃了败仗，以后一定会想尽办法取胜来报效大王。"齐闵王说："好。"于是又派遣苏秦，苏秦坚决推辞，齐闵王不同意。苏秦于是率领齐军在阳城和燕军开战。燕军大胜，杀掉齐军三万人。因此，齐国君臣不和，百姓离心离德。燕国于是派乐毅兴兵大举进攻齐国，大败齐军。

人并不知道自己的角色，只是老板有意识地使他从事"间谍"工作，因此很可能你的身边埋伏着很多"间谍"。这种"间谍"的存在未必有害，你只要搞清楚谁是"间谍"，完全可以合理利用"资源"，让他做你的传声筒，把你的良好表现传达到老板那里去。

苏秦自齐献书于燕王

【原文】

苏秦自齐献书于燕王曰："臣之行也，固知必将有口事①，故献御书而行，曰：'臣贵于齐，燕大夫将不信臣；臣贱，将轻臣；臣用，将多望于臣；齐有不善，将归罪于臣；天下不攻齐，将曰善为齐谋；天下攻齐，将与齐兼鄪臣②。臣之所处者，重卵也！'王谓臣曰：'吾必不听众口与谗言，吾信汝也，犹龁也！上可以得用于齐，次可以得信于下，苟无死，女无不为也。以覆自信可也。与之言曰：去燕之齐可也，期于成事而已！'

"臣受令以任齐，交五年，齐数出兵，未尝谋燕。齐、赵之交，一合一离。燕不与齐谋赵，则与赵谋齐。齐之信燕也，至于虚北地行其兵。今王信田伐与参、去疾之言，且攻齐，使齐大戒而不信燕。今王又使庆令臣曰：'吾欲用所善。'王苟欲用之，则臣请为王事之。王欲醳臣③，剸任所善④，则臣请归事。臣苟得见，则盈愿。"

【译文】

苏秦从齐国给燕王写信说："我这次到齐国来，本来就料到会有人进献谗言，所以，我临行前给大王上书，说：'我在齐国如果地位显贵，燕国大夫将不信任我；如果被轻视，他们将看不起我；如果我被任用，燕国大臣就会怨恨我；齐国如果发生什么不幸的事，就会归罪于我；诸侯如果不进攻齐国，就会说我善于为齐国出谋划策；诸侯如果进攻齐国，就会与齐一道出卖我。我的处境危如累卵。'大王对我说：'我一定不听那些闲言碎语和谗言，我信任你，毫不动摇。你在齐国，从好的方面说，可以得到齐国的重用；退一步说，也可以取得他们的信任；往最坏处想，如果你尚且活着，还可以做你要做的事。因此，你就放心好了。你就对齐国说，你是从燕国来到齐国的。只要把我们希望要做的事做成就行了。'

"我接受大王之命，在齐国任职，已有五年了，齐国好几次出兵，从来没有图谋过燕国。齐国、赵国有时联合，有时分离；燕国不是与齐国联合图谋赵国，就是与赵国联合图谋齐国。齐国很信任燕国，甚至在靠近燕国的齐国北部边境也不驻扎军队，而把军队用在其他方面。现在大王相信田伐和参、去疾的话，将进攻齐国，这使齐国大为警惕，不再信任燕国了。

"如今，大王又派盛庆传达您的话说：'我要任用我认为可以任用的人。'大王如果有合意的人，想用他，那么，臣请为大王侍奉他。大王想要解我的职，专任大王合意的人，那么，我请求回燕国卸任。如果我能见大王一面，就心满意足了。"

【注释】

①口事：谗言。②鄭（mào）：出卖。③醳（shì）：通"释"。④剸：通"专"。

【解析】

公元前286年，苏秦离间齐、赵成功后，约燕攻齐。后来苏秦又到齐国，率兵抵御燕军，在晋、阳城两次大败，导致燕军破齐。

作间谍是一般伦理道德所不齿的事情，但为了国家、团体利益，作间谍又是非常的必需。作为间谍自己，因为长期在国外，所以必然会引起己方的猜疑。苏秦作为燕国的间谍长期任职在齐国，而且在齐国身居要职，他忠心地为燕国做事，但却得不到燕国君臣的信任。当嘲弄、陷害、仇视等不是发自敌人而是发自自己的阵营时，这确实是对一个政治家的严峻考验，也是对政治家高尚心灵的伤害。

陈翠合齐燕

【原文】

陈翠合齐、燕，将令燕王之弟为质于齐，燕王许诺。太后闻之，大怒曰："陈公不能为人之国①，亦则已矣！焉有离人子母者？老妇欲得志焉！"

陈翠欲见太后，王曰："太后方怒子，子其徐之。"陈翠曰："无害也。"遂入见太后，曰："何瘤也②？"太后曰："赖得先王雁鹜之余食，不宜瘤。瘤者，忧公子之且为质于齐也。"陈翠曰："人主之爱子也，不如布衣之甚也。非徒不爱子也，又不爱丈夫子独甚！"太后曰："何也？"对曰："太后嫁女诸侯，奉以千金，赍地百里，以为人之终也。今王愿封公子，百官持职③，群臣效忠。曰：'公子无功不当封。'今王之以公子为质

【译文】

陈翠为了联合齐国和燕国，准备要燕王的弟弟去齐国做人质，燕王答应了，燕太后听说后大怒，说："陈翠如果不能治理燕国，也就算了，哪有分离人家母子的道理呢？我一定要杀了他才甘心。"

陈翠想去拜见太后。燕王说："太后正在生你的气，你还是等太后消了气之后再去吧。"陈翠说："不要紧。"于是他进宫去拜见太后，说："太后怎么瘦了？"太后说：我还可以吃到先王的鸭、鹅吃剩下的食料，不会瘦。如果说瘦，那是因为担忧公子要到齐国去做人质。"陈翠说："太后爱子女不如平民爱得深。不仅不爱子女，而且特别不爱儿子。"太后说："为什么？"陈翠回答说："太后把女儿嫁给诸侯，送给她一千斤金，一百里地，认为这算了却了做父母一桩心事。如今燕王想要封公子，大臣们都坚守职分，进献忠言说：'公子没有功劳，不应当受封。'现在大王让公子去做人质，为的是让公子为国立功后再封赐他。可是，太后不同意，所以，我认

也。且以为公子功而封之也。太后弗听。臣是以知人主之不爱丈夫子独甚也。且太后与王幸而在，故公子贵。太后千秋之后，王弃国家，而太子即位，公子贱于布衣。故非及太后与王封公子，则公子终身不封矣！"

太后曰："老妇不知长者之计。"乃命公子束车制衣为行具。

为太后特别不爱儿子。再说太后和大王如今还健在，所以公子很尊贵；一旦太后和大王辞世，太子即位，公子将比布衣平民还低贱。因此，如果不趁太后和大王在世时让公子立功，封赐公子，那么，公子将终生不会有受封的机会了。"

太后说："我不了解您老人家这样的打算啊！"于是，让公子准备车马，制作服装，准备出外远行所用的一切。

【注释】

①为：治理。②臞(qú)：瘦。③持职：守职、尽职。

【解析】

公元前296年，齐、燕权地之战后，燕败，燕王哙想让弟弟去齐国做人质，太后不答应。陈翠说服了太后。本篇故事内容颇似《赵四·赵太后新用事》，或为一事两传。

燕昭王且与天下伐齐

【原文】

燕昭王且与天下伐齐，而有齐人仕于燕者，昭王召而谓之曰："寡人且与天下伐齐，旦暮出令矣。子必争之①，争之而不听，子因去而之齐。寡人有时复合，且以因子而事齐。"当此之时也，燕、齐不两立，然而常独欲有复收之之志若此也②。"

【注释】

①争：规劝。②收：联合。志：心意。

【解析】

公元前285年，燕昭王准备联合天下诸侯攻打齐国，同时又为失败后再次臣服于齐国预留了后路。

【译文】

燕昭王准备与诸侯联合攻打齐国，有一个齐国人在燕国做官，昭王召见他，对他说："我准备联合诸侯攻打齐国，很快就要下令出兵了。你一定会规劝我，规劝我而我又不同意，你就会离开燕国回到齐国。如果燕、齐两国有恢复和好之时，我将借助你在齐国活动。"在这个时候，燕国和齐国势不两立，可燕昭王竟然还有两国重又和好的这种想法。

【处世策】

眼光有多远,世界就有多大。目光的长远决定人的界限。在做任何事情的时候,都需要有一个长远的眼光。企业在选拔人才的时候,不仅要看其学历,看其实际工作能力,更要看其眼光的长远和发展潜力。一个真正有远见的人,不仅自身会不断发展,也会带动他人、企业的不断前进。

燕饥赵将伐之

【原文】

燕饥①,赵将伐之。楚使将军之燕,过魏,见赵恢。赵恢曰:"使除患无至,易于救患。伍子胥、宫之奇不用,烛之武、张孟谈受大赏。是故谋者皆从事于除患之道,而无使除患无至者。今与以百金送公也②,不如以言。公听吾言而说赵王曰:'昔者,吴伐齐,为其饥也。伐齐,未必胜也,而弱越乘其弊以霸。今王之伐燕也,亦为其饥也。伐之未必胜,而强秦将以兵承王之西。是使弱赵居强吴之处,而使强秦处弱越之所以霸也。愿王之熟计之也。'"

使者乃以说赵王,赵王大悦,乃止。燕昭王闻之,乃封之以地。

【注释】

①饥:饥荒。②与:与其。公:指楚国将军。

【译文】

燕国遭到荒年,赵国准备乘机攻打燕国,楚国派一名将军到燕国去,经过魏国,去会见赵恢,赵恢说:"消除灾祸,使它不到来,这比发生了灾祸再来救灾要容易。伍子胥规劝吴王,宫之奇规劝虞君,吴王和虞君都不听,这是'救灾',而不能'除祸'。烛之武说服秦国不攻打郑国,张孟谈说服韩、魏两国的君王不去攻打赵国,因而受赏。这是做到了'除祸'。所以,出谋划策的人应该想办法去'除祸',先要消除灾祸使它不到来,也就是使攻打人的人不去攻打别人。现在,与其以百金送您,还不如以好言送您。您如果听我的话,就去规劝赵王,说:'从前吴国进攻齐国,是因为齐国遭饥荒,进攻齐国未必能取胜,可弱越趁吴国疲惫之时,打败了吴国而称霸。现在,大王进攻燕国,也是因为燕国遭饥荒,进攻燕国未必能取胜,而强秦将乘赵国进攻燕国的机会,出兵进攻赵国西部边境,这是让弱赵处在以往强吴的地位,而使强秦处在以往弱越的地位,秦国将像弱越打败了强吴那样灭掉赵国,称霸于诸侯。希望大王深思熟虑啊。'"

楚国将军就用赵恢这一番话去规劝赵王,赵王很高兴,于是停止进攻燕国,燕昭王知道后,就把土地封给了这位楚国将军。

燕国遭遇粮荒,赵国想趁机讨伐。楚国的一位将军用吴国伐齐的历史教训,劝诫赵王要小心秦国的进攻,被赵王采纳。

【处世策】

赵恢在论辩中博古通今,把所论辩的问题放到已经过去的历史坐标系上,借古讽今,用历史的经验启示今人,使今人牢记前车之鉴。虽然借用的是历史的陈迹,然而其话锋直指当前、直指当事者的内心,具有了无可辩驳的雄辩力。我们在向上级、下属阐述意见时要多列举历史上的人物和事件,让已经发生的能证明自己论点的事例直接阐明观点,如此肯定会增强言论的说服力。

昌国君乐毅为燕昭王合五国之兵而攻齐

【原文】

昌国君乐毅为燕昭王合五国之兵而攻齐①,下七十余城,尽郡县之以属燕②。二城未下而燕昭王死。惠王即位,用齐人反间,疑乐毅,而使骑劫代之将。乐毅奔赵,赵封以为望诸君。齐田单欺诈骑劫,卒败燕军,复收七十城以复齐。燕王悔,惧赵用乐毅乘燕之弊以伐燕。燕王乃使人让乐毅③,且谢之曰:"先王举国而委将军,将军为燕破齐,报先王之仇,天下莫不振动,寡人岂敢一日而忘将军之功哉!会先王弃群臣,寡人新即位,左右误寡人。寡人之使骑劫代将军者,为将军久暴露于外④,故召将军且休计事。将军过听⑤,以与寡人有郄,遂捐燕而归赵。

【译文】

昌国君乐毅为燕昭王联合五国的军队进攻齐国,攻下了七十多座城邑,并把这些地方全部作为燕国的郡县。还有两座城池没有攻下,燕昭王就死了。燕惠王继承王位,齐人使用反间计,使乐毅受到怀疑,惠王派骑劫代替了乐毅的将军职务。乐毅逃亡到赵国,赵王封他为望诸君。后来,齐国大将田单设计欺骗了骑劫,最终打败了燕国,收复了被燕国掠取的七十多座城池,恢复了齐国。惠王后来深感后悔,又害怕赵国任用乐毅趁燕国疲惫的时候来攻打燕国。于是燕惠王派人责备乐毅,并向乐毅表示歉意说:"先王把整个燕国托付给将军,将军不负重托,为燕国打败了齐国,替先王报了仇,天下人无不为之震动,我怎么敢忘记将军的功劳呢!现在,适逢先王不幸离开人世,我又刚刚即位,结果被左右侍臣蒙蔽。我所以让骑劫代替将军的意思,是因为将军长期在外奔波辛劳,于是召请将军回来,暂且休整一下,以便共议国家大事。然而,将军误解了我,认为和我有了隔阂,就丢下燕国归附赵国。如果将军为自己这

将军自为计则可矣，而亦何以报先王之所以遇将军之意乎？"

样打算还可以，可您又拿什么来报答先王对将军您的知遇之恩呢？"

【注释】

①乐毅：中山国灵寿(今河北平山东北)人，赵国灭掉中山国，成为赵国人，后来逃到燕国，成为燕国名将。②郡县之：把攻战的齐国城邑划为郡县。③让：责备。④暴(pù)露：露在外面，无所遮蔽。暴：晒。⑤过听：错误地听信流言。

【原文】

望诸君乃使人献书报燕王曰："臣不佞①，不能奉承先王之教②，以顺左右之心，恐抵斧质之罪，以伤先王之明，而又害于足下之义，故遁逃奔赵。自负以不肖之罪，故不敢为辞说。今王使使者数之罪③，臣恐侍御者之不察先王之所以畜幸臣之理，而又不白于臣之所以事先王之心，故敢以书对。

"臣闻贤圣之君，不以禄私其亲，功多者授之；不以官随其爱，能当者处之。故察能而授官者，成功之君也；论行而结交者，立名之士也。臣以所学者观之，先王之举错④，有高世之心，故假节于魏王，而以身得察于燕。先王过举，擢之乎宾客之中⑤，而立之乎群臣之上，不谋于父兄，而使臣为亚卿。臣自以为奉令承教，可以幸无罪矣，故受命而不辞。

【译文】

于是乐毅派人送去书信回答燕惠王说："我庸碌无能，不能遵行先王的教诲，来顺从左右人的心思，又唯恐遭杀身之祸，这样既损伤了先王用人的英明，又使大王蒙受不义的名声，所以我才逃到赵国。我背着不忠的罪名，所以也不敢为此辩解。大王派使者来列举我的罪过，我担心大王不能明察先王任用我的理由，并且也不明白我之所以侍奉先王的心情，所以才斗胆写封信来回答您。我听说贤惠圣明的君主，不把爵禄任意送给自己亲近的人，而是赐给功劳大的人；不把官职随便授给自己喜爱的人，而是让称职的人干。所以，考察才能再授以相应的官职，这才是能够建功立业的君主；能够衡量一个人的德行再结交朋友，这才是能显身扬名的人。我用我的所学来看，先王选拔人才，有超越当代君主的胸襟，所以我借着为魏王出使的机会，才能亲自到燕国接受考察。先王过高地抬举我，在宾客之中把我选拔出来，安排的官职在群臣之上，不与宗室大臣商量，就任命我为亚卿。我自以为接受命令秉承教导，可以有幸不受处罚，所以就接受了任命而没有推辞。

【注释】

①不佞(nìng)：不才，不敏。自谦的说法。②奉承：遵行。③数：一一列举。之：我。④举错：举动、行为。错，通"措"。⑤擢(zhuó)：提拔、选拔。之：我。乎：同"于"。

"先王命之曰:'我有积怨深怒于齐,不量轻弱,而欲以齐为事①。'臣对曰:"夫齐,霸国之余教,而骤胜之遗事也②。闲于兵甲,习于战攻。王若欲攻之,则必举天下而图之。举天下而图之,莫径于结赵矣③。且又淮北、宋地,楚、魏之所同愿也。赵若许,约楚、魏尽力,四国攻之,齐可大破也。'先王曰:'善。'臣乃口受令,具符节,南使臣于赵。顾反命④,起兵随而攻齐。以天之道,先王之灵,河北之地,随先王举而有之于济上。济上之军奉令击齐,大胜之。轻卒锐兵,长驱至国。齐王逃遁走莒,仅以身免。珠玉财宝,车甲珍器,尽收入燕,大吕陈于元英,故鼎反于历室,齐器设于宁台⑤。蓟丘之植,植于汶皇。自五伯以来,功未有及先王者也。先王以为惬其志,以臣为不顿命,故裂地而封之,使之得比乎小国诸侯。臣不佞,自以为奉命承教,可以幸无罪矣,故受命而弗辞。

【译文】

"先王命令我说:'我和齐国有深仇大恨,顾不得国力弱小,也要向齐国报仇。'我回答说:'齐国有先代称霸的遗教,并且留下来几次大胜的功业。精于用兵,熟习攻守。大王若想攻打齐国,就一定要联合天下的诸侯共同对付它。要联合天下诸侯来对付齐国,最便捷的就是先和赵国结交。再说,齐国占有的淮北和宋国故地,是楚国和魏国想要得到的。赵国如果答应,再联合楚魏共同出动兵力,四国联合攻齐,就一定可以大败齐国。'先王说:'好。'于是亲口授命,准备好符节,让我出使到南边的赵国。待我回国复命以后,各国随即起兵攻齐。靠着上天的保佑和先王的精明,河北之地全数被先王所占有。我们驻守在济水边上的军队,奉命进击齐军,获得全胜。我们以轻便精锐的部队又长驱直入齐都,齐闵王仓皇逃到莒地,才得以免于一死。齐国的珠玉财宝,车马铠甲、珍贵器物,全部收入燕国的府库,齐国制定乐律的大钟被陈放在元英殿,燕国的大鼎又回到了历室宫,齐国的各种宝器摆设在宁台里,燕都蓟丘的植物移种在汶水的竹田里。从春秋五霸以来,没有一个人的功业能赶得上先王。先王认为满足了心愿,也认为我没有辜负使命,因此划分一块土地封赏我,使我的地位能够比得上小国的诸侯。我没才能,但自认为奉守命令秉承教诲,就可以万幸无罪了,所以接受了封赏而毫不推辞。

【注释】

①指想对齐用兵。②骤:屡次。遗事:遗业。③径:便捷,直截了当。④顾:待,及。反命:复命,回报。⑤元英、历室都是燕国宫殿。宁台,燕国的亭台。

【原文】

"臣闻贤明之君，功立而不废，故著于《春秋》；蚤知之士①，名成而不毁，故称于后世。若先王之报怨雪耻，夷万乘之强国，收八百岁之畜积，及至弃群臣之日，余令诏后嗣之遗义，执政任事之臣，所以能循法令，顺庶孽②，施及于萌隶，皆可以教于后世。臣闻善作者，不必善成；善始者，不必善终。昔者伍子胥说听乎阖闾，故吴王远迹至于郢。夫差弗是也，赐之鸱夷而浮之江③。故吴王夫差不悟先论之可以立功，故沉子胥而不悔。子胥不蚤见主之不同量，故入江而不改。夫免身全功，以明先王之迹者，臣之上计也。离毁辱之非，堕先王之名者，臣之所大恐也。临不测之罪，以幸为利者，义之所不敢出也。臣闻古之君子，交绝不出恶声；忠臣之去也，不洁其名。臣虽不佞，数奉教于君子矣。恐侍御者之亲左右之说，而不察疏远之行也。故敢以书报，唯君之留意焉。"

【译文】

"我听说贤明的君王，功业建立后就不能半途而废，因而才能名垂青史；有先见之明的人，获得名誉后就不可毁弃，因而才能被后人所称颂。像先王那样报仇雪恨，征服了拥有万辆车的强国，收取它们八百年的积蓄，等到离开人世，先王仍不忘发布旨令，向后代宣示遗嘱。执政管事的大臣，凭着先王的旨义并按照法令，谨慎对待王族子孙，施恩于平民百姓，这些都可以成为后世的典范。我听说，善于开创的不一定善于完成，有好的开端未必有好的结局。从前，伍子胥的计谋被吴王阖闾采用，所以吴王的足迹能远踏楚国郢都。相反，吴王夫差对伍子胥的意见不以为然，赐死伍子胥，装在皮口袋里，投入江中。可见吴王夫差始终不明白贤人的主张对吴国建立功业的重要性，所以把伍子胥沉入江中也不后悔。伍子胥不能及早预见自己和君主的度量不同，所以即使被投入大江里也不能改变诚挚的初衷。能免遭杀戮，保全功名，以此彰明先王的业绩，这是我的上策。自身遭受诋毁侮辱，因而毁坏先王的名声，这是我最害怕的事情。面对不可估量的大罪，还企图和赵国图谋燕国以求取私利，从道义上讲，这是我所不能做的。我听说，古代的君子在交情断绝时也不说对方的坏话；忠臣离开本国时，也不为自己的名节辩白。我虽不才，也曾多次接受有德之人的教诲，我担心大王听信左右的话，而不体察我这个被疏远的人的行为。所以才斗胆以书信作答，只请大王您三思。"

【注释】

①蚤知：能够预先知道事情的发展结果的人，也就是有先见之明的人。蚤，通"早"。②顺：通"慎"，谨慎对待。庶孽：庶子，太子以外的诸子。③鸱夷：用皮革做的口袋。

乐毅是一代名将，取得了连夺齐国七十多座城池的绝世战功。但由于王权交替，新继任的燕惠王听信了谗言，中了齐国的离间计，临阵换了将帅，因此乐毅蒙受了空前的生命危险，而逃亡到赵国。

燕惠王害怕乐毅会帮助赵国攻打燕国，所以就写信责备乐毅，说他背叛了先王对他的知遇之恩。他在回信中委婉地对燕惠王听信谗言、用人不当提出批评。他有很高尚的人格修养，所以在信中并没有对燕惠王表示自己的怨恨。最后强调指出"古之君子，交绝不出恶声；忠臣之去也，不洁其名"，还表明自己终生不会谋取燕国。他的书信表达了一个被冤枉的忠臣的拳拳之心，读来让人动容。

【处世策】

如何评价以前的"东家"是衡量一个职场人士人品如何的重要指标之一。不管你因为何种原因离开了原来的工作单位，都要接受下面的忠告：

最好是正面或者不要评价自己的老东家，也许你自以为评价得公正客观，但一个当事人是很难完全客观的，尤其是那些或多或少带有怨气离开的。一个人离开了就立即诋毁前公司，只会给他的"职场资信"减分，职场是一个动态的、延续的过程，行业内也是互通有无，一个新东家绝对不会对一个动辄诋毁前东家的员工毫无禁忌。工作不成人情在，善待你的老东家就是善待自己的未来。

或献书燕王

【原文】

或献书燕王："王而不能自恃，不恶卑名以事强。事强可以令国安长久，万世之善计。以事强而不可以为万世，则不如合弱。将奈何合弱而不能如一？此

【译文】

有人上书给燕王说："大王如果不能依靠自己的力量，那就不要忌讳卑微的名声去投靠强国。投靠强国可以使国家长治久安，这是万世的良策。如果投靠强国却不能使国家长治久安，那就不如弱国彼此联合。弱国联合如果不能团结

臣之所为山东苦也①！

"比目之鱼，不相得则不能行，故古之人称之，以其合两而如一也。今山东合弱而不能如一，是山东之知不如鱼也。又譬如车士之引车也，三人不能行，索二人②，五人而车因行矣。今山东三国弱而不能敌秦，索二国，因能胜秦矣。然而山东不知相索者，智固不如车士矣。胡与越人，言语不相知，志意不相通③，同舟而凌波至，其相救助如一也。今山东之相与也，如同舟而济，秦之兵至，不能相救助如一，智又不如胡、越之人矣。三物者，人之所能为也，山东之主遂不悟，此臣之所为山东苦也！愿大王之熟虑之也！

一致，那可怎么办呢？这是我之所以为山东六国担忧啊。

"比目鱼不能双双配合就不能游动，所以古人叫它们'比目鱼'，因为它们两条鱼合在一起游动像一条鱼一样；如果山东六国联合弱国却不能团结一致，那么，山东六国的智慧还不如比目鱼啊。又譬如车夫拉车，三个人用力不能使车前行，如果加上两个人，五个人合力拉车，就能使车前行；现在山东六国兵力弱，三个国家尚不能抵抗秦国，如果联合其他两国，就能战胜秦国；然而，山东六国不知互相联合，智慧就不如车夫啊。胡人和越人言语互不了解，思想观念互不相同，可是他们在波涛里同舟共济，如果波涛来了，他们互相救援，就如同是一个人一样。现在山东六国的同盟也如同是同舟共济，秦国的军队打来了，若不能互相援救像一个人一样，那六国的智慧还不如胡人和越人啊。这三件事，人们都能够理解，而山东六国的国君竟不明白，这就是我之所以为山东六国担忧的啊。希望大王深思熟虑。

【注释】

①苦：指担忧。②索：原意指绳子一类。此处比喻为结合，联合。③志意：思想。

【原文】

"山东相合，之主者不卑名①，之国者可长存，之卒者出士，以戍韩、梁之西边，此燕之上计也。不急为此，国必危矣，主必大忧。今韩、梁、赵三国以合矣，秦见三晋之坚也，必南伐楚。赵见秦之伐楚也，必北攻燕。物固有势异而患同者。秦久伐韩，故中山亡；今久伐楚，燕必亡。臣窃为王

【译文】

"山东六国联合，他们的国君名声并不卑下，他们的国家可以长治久安，他们的士卒终究会出战，驻扎在韩国和魏国的西边以防备强秦，这是燕国的上策，如果不这样做，国家一定危险，大王一定有大患。现在韩、魏、赵三国已经联合，秦国见韩、魏、赵三国团结一致，一定会向南进攻楚国。赵国见秦国进攻楚国，一定会向北进攻燕国。事情本来有形势不同而祸患相同的。秦国长期进攻韩国，因此使得中山国灭亡；如果秦国长期进攻楚国，燕国一定要被赵国灭亡。我暗自为大王打算，不如和韩、魏、赵三国结为军事

计，不如以兵南合三晋，约戍韩、梁之西边。山东不能坚为此，此兴皆亡②。"燕果以兵南合三晋也。

同盟，约好驻守韩、魏两国的西边以防备强秦。山东六国如果不能坚决守住韩国和魏国的西边，那么，一定会被秦国一个一个地灭掉。"燕国果然和韩、魏、赵三国结为军事同盟。

【注释】

①之：等同于"其"。②此：则。

【解析】

有人献书给燕昭王，以比目鱼和车夫作比，劝燕昭王与三晋结盟，被燕昭王采纳。

【处世策】

政治团体不能孤立生存，或者依附强国，或者联合小国，总需要把自己置身于政治组织体系中。个人的生存也是如此，倘若不想被时代的洪流淹没，也需要积极地加入到社会组织中去，而今保守的道德约束力量已经很薄弱了，能依附强者当然是最优选择，退而求其次，也要联合其他弱小力量，造成声势，使自己的利益不至于被忽视。

客谓燕王

【原文】

客谓燕王曰："齐南破楚，西屈秦，用韩、魏之兵，燕、赵之众，犹鞭策也。使齐北面伐燕，即虽五燕不能当。王何不阴出使，散游士，顿齐兵，弊其众，使世世无患？"燕王曰："假寡人五年①，寡人得其志矣。"苏子曰："请假王十年。"燕王说，奉苏子车五十乘，南使于齐。

谓齐王曰："齐南破楚，西屈秦，用韩、魏之兵，燕、赵之众，犹鞭策也。臣闻当世之王，必诛暴正乱，举无道，攻不义。

【译文】

客苏秦对燕王说："齐国向南打败了楚国，向西打败了秦国，对韩、魏之兵，燕、赵之师可以任意驱使。如果齐国向北进攻燕国，即使有五个燕国也抵挡不住。大王为何不秘密派出使者，让他们到各诸侯国去游说，使齐国的军队陷入困境，使齐国的民众疲惫不堪，这样燕国就会世世代代没有忧患了。"燕王说："借给我五年，我可以实现这个愿望。"苏秦说："借给大王十年。"燕王很高兴，就给苏秦准备了五十辆战车，让他出使齐国。

苏秦对齐王说："齐国向南打败了楚国，向西打败了秦国，对韩、魏之兵，燕、赵之师可以任意驱使。我听说，当代兴旺的王朝一定惩罚暴乱，消灭无道昏君，讨伐不义之师。现在宋王上射天神，下鞭地神，以铜铸造诸侯的肖像，把它们当做侍

今宋王射天笞地，铸诸侯之象，使侍屏匽②，展其臂，弹其鼻。此天下之无道不义，而王不伐，王名终不成！且夫宋，中国膏腴之地，邻民之所处也。与其得百里于燕，不如得十里于宋。伐之，名则义，实而利，王何为弗为？"齐王曰："善。"遂兴兵伐宋，三覆宋，宋遂举。

燕王闻之，绝交于齐，率天下之兵以伐齐，大战一，小战再③，顿齐国，成其名。故曰："因其强而强之，反可折也；因其广而广之，乃可缺也。"

者立在路旁的厕所，让这些诸侯的肖像都伸展胳臂表示恭敬的样子，还用弹丸射他们的鼻子，这是天下不讲道义的人，可大王不去征讨，大王的威名终究很难建立。况且宋国是中原肥沃的地区，是各国游民聚集的地方。与其在燕国得地一百里，不如在宋国得地十里。讨伐宋国，论名，是主持正义，论实，是获得实利。大王为何不讨伐宋国呢？"齐王说："好。"于是出兵攻打宋国，三次打败了宋国，宋国终于被灭掉了。

燕王听说后，即与齐国绝交，率领诸侯大军攻打齐国。大战一次，小战两次，打败了齐国，燕国因而建立了威名。

所以说："利用敌人的强大而使他强攻别国，就可以击败敌人；利用敌人扩张的欲望而使他产生扩张的野心，就可以削弱敌人。"

【注释】

①假：借。②屏匽(yàn)：路旁的厕所。③再：两次。

【解析】

公元前286年－公元前285年，苏秦为燕反间于齐，劝齐王出兵攻打宋国，齐军连战连胜，完全占有了宋国，破坏了当时稳定的国际关系，与天下诸侯交恶。燕国联合各路诸侯攻齐，齐国大败，领土被燕军占领了数年，险些亡国。

【处世策】

欲望过于膨胀等于自取灭亡。不管是政治集团，还是个人，当他的私欲膨胀和放纵达到极限的时候，就会"爆炸"。这种爆炸具有强大的杀伤力，它在伤害他人，造成公害，危害社会的同时，也将无可挽回地把自己也推向死地。

赵且伐燕

【原文】

赵且伐燕。苏代为燕谓惠王曰："今者臣来，过易水，蚌方出曝，而鹬啄其肉，蚌合而拑其

【译文】

赵国准备进攻燕国，苏代为燕国对赵惠文王说："我今天来，经过易水，河蚌正出来晒太阳，鹬鸟啄住了河蚌的肉，河蚌又夹住了鹬鸟的

喙①。鹬曰：'今日不雨②，明日不雨，即有死蚌。'蚌亦谓鹬曰：'今日不出，明日不出，即有死鹬。'两者不肯相舍，渔者得而并禽之。今赵且伐燕，燕、赵久相支，以弊大众，臣恐强秦之为渔父也！故愿王之熟计之也。"惠王曰："善。"乃止。

嘴。鹬鸟说：'今日不下雨，明日不下雨，就会活活把你干死。'河蚌也对鹬鸟说：'今日不放你，明日不放你，就会活活把你饿死。'鹬鸟和河蚌都不肯放开对方，渔翁毫不费力就把鹬鸟和河蚌都抓住了。现在赵国准备进攻燕国，燕、赵两国长期对抗，致使百姓疲惫不堪，我担心强秦就会成为'渔翁'了。所以希望大王深思熟虑啊。"赵惠文王说："好。"于是停止出兵进攻燕国。

【注释】

①拑：同"钳"。②雨：亦有版本作"涌"。指吐。

【解析】

本篇讲述了一个著名的寓言故事：鹬蚌相争，渔翁得利。苏代只是编造了一个寓言故事就为燕国消除了一场战争，不能不叹服语言当中所蕴含的巨大力量。苏代之所以能够以一个寓言故事就使赵王取消一场对外战争，从根本上来说还是他揣摩透了赵王的趋利避害的心理。

【处世策】

我们在竞争中要善于做那个渔翁，善于发现有利的时机，实行疲劳战术，使对手陷入疲劳和危险的不利境地，从而轻而易举地打败对手。另一方面我们还要慎重提防，以免成为鹬和蚌中的任何一方，防止别人不劳而获，这样的下场是最可悲的。

齐魏争燕

【原文】

齐、魏争燕。齐谓燕王曰："吾得赵矣。"魏亦谓燕王曰："吾得赵矣。"燕无以决之，而未有适予也①。苏子谓燕相曰："臣闻辞卑而币重者②，失天下者也；辞倨而币薄者，得天下者也。今魏之辞倨而币薄。"燕因合于魏，得赵，齐遂北矣。

【译文】

齐国和魏国都想联合燕国。齐国对燕王说："齐国已经与赵国联合。"魏也对燕王说："魏国已经与赵国联合。"燕王无从决定，就都没有答应。

苏秦对燕国的相国说："我听说，言辞卑下，而礼品厚重的，说明他没有得到诸侯各国；言辞傲慢，而礼品微薄的，说明他已经得到诸侯各国。现在魏国言辞傲慢，而礼品微薄，因此可能得到诸侯各国。"燕国于是和魏国结成盟邦，又有赵国作为盟友，齐国终于被燕国打败了。

【注释】

①越(dǐ)：亲厚。予：赞许。②币：指礼物。

【解析】

公元前285年，苏秦用"辞卑币厚"与"辞倨币薄"作对比衡量齐、魏，劝燕王与魏结成同盟，共同伐齐。

【处世策】

察言观色是人际交往需要领悟的一项基本技术。不会察言观色，等于不知风向便去转动舵柄。学会仔细观察才能在交往中读懂别人

仅靠直觉去感受对方很容易受人蒙蔽，懂得如何推理和判断才是察言观色所追求的最高技艺。言辞能透露一个人的品格，表情、眼神能让我们窥测他人内心，衣着、坐姿、手势也会在毫无知觉之中出卖它们的主人。生活中常常留心他人的一举一动，观察得久了，自然会读懂人表情下隐藏的真实想法。

卷三十一　燕三

齐韩魏共攻燕

【原文】

齐、韩、魏共攻燕，燕使太子请救于楚，楚王使景阳将而救之。暮舍，使左右司马各营壁地①。已，植表②。景阳怒，曰："女所营者，水皆至灭表③。此焉可以舍！"乃令徙。明日大雨，山水大出，所营者水皆灭表，军吏乃服。

于是遂不救燕，而攻魏雍丘，取之以与宋。三国惧，乃罢兵。魏军其西，齐军其东，楚军欲还，不可得也。景阳乃开西和门，昼以车骑，暮以烛炬，通使于魏。齐师怪之，以为燕、楚与魏谋之，乃引兵而去。齐兵已去，魏失其与国④，无与共击楚，乃夜遁。楚师乃还。

【注释】

①左右司马：楚国中级武官。营：建造，修筑。壁：军垒。②植表：树立标杆。插木于地以定方向。③皆：通"比"，及。灭：不见，指淹没。④与国：同盟国。

【译文】

齐、韩、魏三国联军进攻燕国，燕国派太子去楚国求援。楚王派大司马景阳率军救燕。晚上宿营时，景阳派下属左、右司马分别构筑营垒，营垒已建成，四角各立标杆。景阳看后大发脾气，说："你们建的营垒，等到大水来了，标杆都会被淹没的，这里怎么能宿营呢？"于是下令迁到别处。第二天下起大雨，山洪暴发，原来所建的营垒，标杆都被淹没了。全军这才信服。在这种情况下就没有去援救燕国，而去攻打魏国的雍丘，夺取了雍丘，把它给了宋国。

齐、韩、魏三国都很害怕，于是停止围攻燕国。魏军驻扎在楚军西边。齐军驻扎在楚军东边，楚军想撤回已经不可能了。景阳于是打开西面的军门，白天车马来来往往，夜里灯火照得通亮，显示出楚军与魏军正在通使的模样。齐军见这种情况，觉得很奇怪，认为燕军与楚军正联合魏军图谋齐军，齐军就领兵撤退了。齐军已撤退，魏军失掉盟军，没有人和它一起攻打楚国，于是当天晚上全军转移。楚军也班师回国。

【解析】

公元前312年，齐、韩、魏联合进攻燕国，楚将景阳率军救援，因天下大雨转而攻魏，迫使齐、韩、魏从燕国撤兵。他又与魏通使，使齐、魏相疑而罢兵，出色地完成了救援任务。

【处世策】

一个好的领导者必须富有远见并做到有备无患,善于居安思危,他会引导自己及下属以及整个企业都居安思危,一旦危机降临就能作出较好的应急反应。一名领导者之所以伟大,全在于他能够调节和控制自己及身边人群的情绪。

张丑为质于燕

【原文】

张丑为质于燕,燕王欲杀之。走且出境,境吏得丑①。丑曰:"燕王所为将杀我者,人言我有宝珠也,王欲得之。今我已亡之矣,而燕王不我信。今子致我,我且言子之夺我珠而吞之,燕王必当杀子,刳子腹及子之肠矣②!夫欲得之君不可说以利,吾要且死③,子之肠亦且寸绝!"境吏恐而释之。

【译文】

齐臣张丑去燕国作人质,燕王要杀张丑,张丑准备逃出燕国。边防人员抓住了张丑。张丑说:"燕王之所以要杀我。是因为有人说我有宝珠,燕王想得到这颗宝珠。可现在我已经把这颗宝珠丢失了,燕王却不相信。你如果把我送交燕王,我就说是你夺了我的宝珠,吞到肚子里去了。燕王一定要杀你,剖开你的肚子和肠子。一个贪得无厌的国君,只能用私利才可以说服他。我反正是要死的,你的肠子也会一寸一寸地被切断。"边防人员害怕了,就把张丑释放了。

【注释】

①境吏:守边境的人。得,捕获。②刳(kū):剖开。③要:总之。

【解析】

齐国臣子张丑在燕国做人质,燕王想杀掉他。他在边境被捕获后以诈言恐吓边吏,得以脱险。

【处世策】

人际交往中,我们常会遇到很多傲气十足的人,他们往往有这样那样的资本可以依赖。如果你能针对他产生傲气的资本给予打击,便无异于釜底抽薪,拆掉了他的台子。有时与傲者打

交道,也可采取针锋相对的方法,即以不卑不亢的态度,抓住对方之要害给以指出,打掉他赖以生傲的资本,这时对方会从自身的利益出发,放下架子,认真地把你放在同等地位上交往。

燕王喜使栗腹以百金为赵孝成王寿

【原文】

燕王喜使栗腹以百金为赵孝成王寿①,酒三日,反报曰②:"赵民其壮者皆死于长平,其孤未壮,可伐也。"王乃召昌国君乐间而问曰:"何如?"对曰:"赵,四达之国也,其民皆习于兵,未可与战。"王曰:"吾以倍攻之,可乎?"曰:"不可。"曰:"以三可乎③?"曰:"不可。"王大怒。左右皆以为赵可伐,遽起六十万以攻赵。令栗腹以四十万攻鄗,使庆秦以二十万攻代。赵使廉颇以八万遇栗腹于鄗,使乐乘以五万遇庆秦于代。燕人大败,乐间入赵。

【译文】

燕王喜派相国栗腹拿出金百斤向赵孝成王献礼致敬,栗腹在赵国饮酒三日,返回燕国汇报说:"赵国的壮年人都死于长平之战,年幼的一代还未壮大,您可以乘机去攻打赵国。"燕王于是召见昌国君乐间,问他:"去攻打赵国怎么样?"乐间回答说:"赵国是四通八达的国家,他们的民众都通晓作战,不能与赵国开战。"燕王说:"我用两倍的兵力去攻打它,可以吗?"乐间回答说:"不可以。"燕王说:"我用三倍的兵力,可以吗?"乐间回答说:"不可以。"燕王大怒。左右大臣都认为赵国可以攻打,于是立刻出兵六十万去攻打赵国。派栗腹率领四十万士卒进攻鄗地;派庆秦率领二十万士卒进攻代郡。赵国派廉颇率领八万人在鄗地迎战栗腹,派乐乘率领五万人在代郡迎战庆秦。结果燕军大败,乐间投奔赵国。

【注释】

①寿:敬酒或以礼物送人,表示祝贺。②反报:回报。反,通"返"。③三:指三倍的兵力。

【原文】

燕王以书让间,且谢焉,曰:"寡人不侫①,不能奉顺君意,故君捐国而去②,则寡人之不肖明矣!敢竭其愿,而君不肯听,故使使者陈愚意,君试论之。语曰:'仁不轻绝,智不轻怨。'君之于先王也,世

【译文】

燕王写信责备乐间并致歉意,说:"寡人无能,没有遵从您的意见,所以您才弃国而去,可见寡人无能这是非常明显的了。我想表明自己的心愿,您却不肯听,所以派使者陈述我的心思,请您抉择。常言说:'仁者不轻易与人绝交,智者不轻易抱怨别人。'您对待先王的态度,举世明知。寡人如果有不当之处,希望您能包涵,没想到您公开怪罪于我;寡

640

之所明知也。寡人望有非则君掩盖之，不虞君之明罪之也；望有过则君教诲之，不虞君之明弃之也！且寡人之罪，国人莫知，天下莫闻。君微出明怨以弃寡人③，寡人必有罪矣。虽然，恐君之未尽厚也！谚曰：'厚者不毁人以自益也，仁者不危人以要名。'故掩人之邪者，厚人之行也；救人之过者，仁者之道也。世有掩寡人之邪，救寡人之过，非君恶所望之？今君厚受位于先王以成尊，轻弃寡人以快心，则掩邪救过，难得于君矣！且世有薄而故厚施，行有失而故惠用。今使寡人任不肖之罪，而君有失厚之累，于为君择之也④，无所取之。

【注释】

①不佞：不才，没有才能。②捐国：指离开燕国投奔赵国。捐，抛弃。③微出：暗中离开。明怨：公开怨恨。④于：如果。

【原文】

"国之有封疆，犹家之有垣墙，所以合好掩恶也。室不能相和①，出语邻家，未为通计②也。怨恶未见而明弃之，未为尽厚也。寡人虽不肖乎，未如殷纣之乱也；君虽不得意乎，未如商容、箕子之累也③。然则不内盖寡人而明怨于外，恐其适足以伤于高而薄于行也④！非然也？苟可以明君之义，成君之高，虽任恶名，不难受也。本欲以

人如有错误，希望您能教诲，没想到您公开抛弃了我。而且寡人的罪过，国内无人知道，天下无人了解，您逃匿出国，公开抱怨并抛弃我，寡人有罪是一定的了。不过，恐怕您也没有尽到忠心吧。俗话说：'敦厚之人不以毁损他人来抬高自己，仁德之人不以毁损他人来追求名誉。'因此，掩盖别人邪恶的人是敦厚之人的行为，纠正别人错误的人是仁德之人的行为。世间有能掩盖寡人的邪恶，纠正寡人的过错的，不寄希望于您，又寄希望于谁呢？您受到先王的厚待而享受尊位，现在却轻率地抛弃寡人而称心如意。那么，掩盖我的邪恶，纠正我的错误，就很难要求于您了。而且世人虽然对待寡人很刻薄，我反而厚待他们；他们行为虽然有错误，我反而惠爱并任用他们。现在即使寡人背负无能的罪名，可您也会遭受缺乏仁厚之风的批评，如果替您来抉择，这样做就没有可取之处。

【译文】

"国家有边界，就如同家庭有垣墙一样，是用来敦睦感情，掩饰内丑的。家庭不和睦，便把家里的矛盾宣扬出去，这可不是周全的做法。怨恨还未显露，就公开抛弃我，这不能说是尽到忠心了。寡人虽不好，还不像殷纣那么坏；您虽然不得志，还没有遭到像商容、箕子那种的灾祸。可是，您没有把我的错误掩盖在内部，反而在外面公开抱怨，恐怕这恰恰足以伤害您的高义，而降低高尚人格，不是这样吗？如果您这样做，可以表明您的大义，可以成全您的高风亮节，我虽然蒙受不好的名声，也不觉得难以

为明寡人之薄，而君不得厚；扬寡人之辱，而君不得荣。此一举而两失也！义者不亏人以自益，况伤人以自损乎？愿君无以寡人不肖，累往事之美⑤。

接受。想要表明寡人待您刻薄而您又不显得敦厚；宣扬寡人的耻辱，而您又不见得光荣。这样一做，双方都受到损伤。仁义的人，不以损害他人来抬高自己，何况损害了别人而又损害了自己呢？希望您不要因寡人无能，而伤害您以前的地位和名声。

【注释】

①室：家人。②通计：周全的做法。③累：忧患，祸害。④适：正好。高：高尚。薄：减损。⑤往事之美：指上文"厚受位于先王以成尊"。

【原文】

"昔者，柳下惠吏于鲁，三黜而不去，或谓之曰：'可以去。'柳下惠曰：'苟与人之异，恶往而不黜乎？犹且黜乎①，宁于故国尔！'柳下惠不以三黜自累，故前业不忘；不以去为心，故远近无议。今寡人之罪，国人未知，而议寡人者遍天下。语曰：'论不渭心②，议不累物；仁不轻绝，智不简功③。'弃大功者辍也，轻绝厚利者怨也。辍而弃之，怨而累之，宜在远者，不望之乎君也！今寡人无罪，君岂怨之乎？愿君捐怨，追帷先王，复以教寡人。意君曰：'余且愧心以成其过，不顾先王以明而恶④。'使寡人进不得修功，退不得改过。君之所制也，唯君图之！此寡人之愚意也。敬以书谒之。"

乐间怨不用其计，卒留赵不报。

【译文】

"从前柳下惠在鲁国做法官，多次被撤职，却不离开鲁国。有人对柳下惠说：'你可以离开鲁国了。'柳下惠说：'如果自己的做法与一般人不同，到哪儿去能不被撤职呢？既然都是一样被撤职，我宁愿在本国被撤职。'柳下惠并不因多次被撤职而自暴自弃，所以人们不忘却他过去的功业；因为他不考虑离开本国，所以古今没有人非议他。现在我的错误本国人未必知道，可是议论寡人的人遍及天下。谚语说：'评价人不要随心所欲，议论事不要伤害别人；仁人不轻率绝交，智者不丢弃功业。'抛弃以前的大功，就等于和国家断绝了关系；轻率抛弃大利，就等于怨恨自己的国家。和国家断绝关系而抛弃它，怨恨自己的国家而去伤害它，这种情况应该产生在被国君疏远的大臣身上，不希望发生在您的身上。如果认为我没有罪过，您难道会怨恨我吗？希望您抛弃怨恨，追念先王，再来继续教导寡人。也许您会说：'我将因为你的过错而感到高兴，为表明你的丑恶而不顾先王对我的厚爱。'使寡人进不能建立功业，退不能改正错误，这都由您来决定，希望您考虑。这是寡人区区心意，所以诚恳地写这封信向您说明。"

乐间抱怨燕王不采用他的计谋，终于留在赵国没有回信。

【注释】

①犹且：还是，同样是。黜(chù)：贬退。乎：同"也"。简：抛弃。②言论不能随心所欲。循心，顺心。③智者不抛弃前功。简，捐弃。④顾：顾念，眷念。

【解析】

公元前251年，燕王不听乐间的建议，一意孤行伐赵，结果大败。乐间投奔赵国，燕王写信给乐间，自责过失，并希望乐间能重新回到燕国。乐间不从。

秦并赵北向迎燕

【原文】

秦并赵，北向迎燕①。燕王闻之，使人贺秦王。使者过赵，赵王系之②。使者曰："秦、赵为一，而天下服矣。燕之所以受命于赵者，为秦也。今臣使秦而赵系之，是秦、赵有郄；秦、赵有郄，天下必不服，而燕不受命矣。且臣之使秦，无妨于赵之伐燕也。"赵王以为然而遣之。

使者见秦王，曰："燕王窃闻秦并赵，燕王使使者贺千金。"秦王曰："夫燕无道，吾使赵有之，子何贺？"使者曰："臣闻全赵之时，南邻为秦，北下曲阳为燕，赵广三百里③，而与秦相距五十余年矣④。所以不能反胜秦者，国小而地无所取。今王使赵北并燕，燕、赵同力，必不复受命于秦矣！臣窃为王患之。"秦王以为然，起兵而救燕。

【译文】

秦国联合赵国，赵国向北攻打燕国。燕王听说后，派使臣去向秦王祝贺。使臣经过赵国，赵王扣留了他，使臣说："秦国和赵国联合，诸侯都服从。燕国之所以听命于赵国是因为秦国和赵国联合的缘故。现在我出使秦国，而赵国扣留我，这说明秦国和赵国有矛盾。秦、赵两国有矛盾，诸侯就一定不会服从赵国，燕国也不会听命于赵国。再说，我出使秦国，并不妨碍赵国进攻燕国啊。"赵王认为说得对，就释放了燕国使臣。

燕国使臣拜见秦王说："燕王听说秦、赵两国联合，燕王派我持金千斤来祝贺。"秦王说："燕王昏庸无道，我要赵国灭掉燕国，你还来祝贺什么？"燕国使臣说："我听说，当赵国在全盛时期，南面的邻国是秦国，北面的下曲阳靠近燕国，赵国的土地方圆三百里，却与秦国相持了五十多年，赵国之所以不能战胜秦国，是因为赵国小，没有可能从秦国占领土地。现在大王要赵国向北去灭掉燕国，如果燕国和赵国联合一致，就肯定不会再听从秦国了。我暗自为大王担忧。"秦王认为说得对，于是派兵援救燕国。

【注释】

①赵国向北进攻燕国。迎:迎击。②系:拘捕。③广:指从东到西的长度。④距:通"拒",抗拒。

【解析】

公元前236年,秦国怂恿赵国攻打燕国。燕派使者以燕、赵同力拒秦说服了秦王,使秦攻赵,解了燕国之围。

燕太子丹质于秦

【原文】

燕太子丹质于秦①,亡归。见秦且灭六国,兵以临易水,恐其祸至,太子丹患之。谓其太傅鞠武曰②:"燕、秦不两立,愿太傅幸而图之。"武对曰:"秦地遍天下,威胁韩、魏、赵氏,则易水以北,未有所定也。奈何以见陵之怨③,欲批其逆鳞哉④?"太子曰:"然则何由⑤?"太傅曰:"请今图之。"

居之有间,樊将军亡秦之燕,太子容之。太傅鞠武谏曰:"不可。夫秦王之暴,而积怨于燕,足为寒心,又况闻樊将军之在乎!是以委肉当饿虎之蹊,祸必不振矣!虽有管、晏,不能为谋。愿太子急遣樊将军入匈奴以灭口。请西约三晋,南连齐、楚,北讲于单于,然后乃可图也。"太子丹曰:"太傅之计,旷日弥久,心惛然恐不能须臾。且非独于此也。夫樊将军困穷于天下,归身于丹,丹终不迫于强秦,而弃所哀怜之交置之匈奴,是丹

【译文】

在秦国做人质的燕太子丹逃回了燕国。他看到秦国将要吞并六国,如今秦军已逼近易水,唯恐灾祸来临,心里十分忧虑,于是对他的太傅鞠武说:"燕秦势不两立,希望太傅帮忙想想办法才好。"鞠武回答说:"秦国的势力遍布天下,地盘广大,如果它们再用武力胁迫韩赵魏,那么易水以北的燕国土地归属于谁还不一定啊。何必因为在秦国遭受凌辱,有所怨恨,就冒极大的危险触犯秦国呢?太子说:"那可怎么办好呢?"太傅说:"请让我好好考虑考虑。"

过了一段时间,樊将军从秦国逃到燕国,太子收留了他。太傅进谏劝告太子说:"不能这样做啊。秦王残暴,又对燕国一直怀恨在心,如此足以让人胆战心惊了,更何况他知道樊将军在这里!这就好比把肉丢在饿虎经过的路上,灾祸难以避免了。我想,即使管仲和晏婴再世,也无力回天。太子您还是赶紧打发樊将军到匈奴去,以消灭秦国发兵的借口。请到西边去联合三晋,到南边去联合齐楚,到北边去和匈奴讲和,然后就可以对付秦国了。"太子丹说:"太傅的计划旷日持久,我心里昏乱忧虑,恐怕一刻也不能等了。况且问题还不仅仅在这里,樊将军穷途末路,才来投奔我,

命固卒之时也。太傅更虑之。"鞠武曰："燕有田光先生者，其智深，其勇沉，可与之谋也。"太子曰："愿因太傅交于田先生，可乎？"鞠武曰："敬诺。"出见田光，道太子曰："愿图国事于先生。"田光曰："敬奉教"。乃造焉⑥。

我怎么能因为秦国的威胁，就抛弃朋友，把他打发到匈奴去呢，这该是我拼命的时候了，太傅您得另想办法才好。"鞠武说："燕国有一位田光先生，此人深谋远虑勇敢沉着，您不妨跟他商量商量。"太子丹说："希望太傅您代为介绍，好吗？"鞠武说："好吧。"于是鞠武去见田光，说："太子希望和先生一起商议国家大事。"田光说："遵命。"于是就去拜见太子。

【注释】

①质于秦：到秦国做质子。②太傅：指太子太傅，辅导太子的官。③见陵：被欺负。④批：触犯。逆鳞：倒长着的鳞。传说龙喉下有逆鳞径尺，触碰到它就必会怒而杀人。⑤何由：从何下手，怎么办。⑥造：往，到。

【原文】

太子跪而逢迎，却行为道①，跪地拂席②。田先生坐定，左右无人，太子避席而请曰："燕、秦不两立，愿先生留意也。"田光曰："臣闻骐骥盛壮之时，一日而驰千里。至其衰也，驽马先之。今太子闻光壮盛之时，不知吾精已消亡矣。虽然，光不敢以乏国事也。所善荆轲，可使也。"太子曰："愿因先生得交于荆轲，可乎？"田光曰："敬诺。"即起，趋出。太子送之至门，戒曰："丹所报，先生所言者，国大事也，愿先生勿泄也。"田光俛而笑曰③："诺。"

偻行见荆轲④，曰："光与子相善，燕国莫不知。今太子闻光壮盛之时，不知吾形已不逮也，幸而教之曰：'燕、秦不两立，愿先生留意也。'光窃不

【译文】

太子跪着迎接田光，倒退着走为他引路，又跪下来替田光拂拭坐席。等田光坐稳，左右人都退下后，太子就离席，向田光请教道："燕秦势不两立，希望先生能尽量想个办法来解决这件事。"田光说："我听说好马在年轻力壮的时候，一天可以飞奔千里。可到它衰老力竭的时候，连劣马也能跑在它的前面。太子现在听说的是我壮年的情况，却不知道如今我的精力已经衰竭了。虽然这么说，我不敢因此耽误国事。我的好朋友荆轲可以担当这个使命。"太子说："希望能通过先生与荆轲结识，可以吗？"田光说："好的。"说完起身就走了出去。太子把他送到门口，告诫他说："我告诉您的和先生刚才说的，都是国家大事，希望先生不要泄露出去。"田光低头一笑，说："好。"

田光弯腰曲背地去见荆轲，对他说："我和您交情很深，燕国没有人不知道。现在太子只听说我壮年时的情况，却不知道我的身体已大不如当年了。有幸得到他的教导说：'燕秦势不两立，希望先生尽力想想办法。'我从来就没把您当外人，于是把你举荐给太子，希望您能到太子的住处走一趟。"荆轲说："遵命。"田光又说："我听说，忠厚

自外，言足下于太子，愿足下过太子于宫。"荆轲曰："谨奉教。"田光曰："光闻长者之行，不使人疑之，今太子约光曰：'所言者，国之大事也，愿先生勿泄也。'是太子疑光也。夫为行使人疑之，非节侠士也。"欲自杀以激荆轲，曰："愿足下急过太子，言光已死，明不言也。"遂自刭而死。

老实之人，所作所为，不使人产生怀疑，如今太子却告诫我说：'我们所讲的，都是国家大事，希望先生不要泄露出去。'这是太子他怀疑我啊。为人做事让人怀疑，就不是有气节的侠客。"田光这番话的意思是想用自杀来激励荆轲，接着又说道："希望您马上去拜见太子，说我已经死了，以此表明我没有把国家大事泄漏出去。"说完就自刎而死。

【注释】

①却行：向后退着走。为道：指给田光引路。②拂席：擦拭坐席，表示尊敬。③俛：通"俯"。④偻（lǚ）行：曲背而行，形容衰老。

【原文】

轲见太子，言田光已死，明不言也。太子再拜而跪，膝行流涕，有顷而后言曰："丹所请田先生无言者，欲以成大事之谋，今田先生以死明不泄言，岂丹之心哉！"荆轲坐定，太子避席顿首曰："田先生不知丹不肖，使得至前，愿有所道，此天所以哀燕而不弃其孤也。今秦有贪鸷之心①，而欲不可足也，非尽天下之地，臣海内之王者，其意不餍。今秦已虏韩王，尽纳其地，又举兵南伐楚，北临赵。王翦将数十万之众临漳、邺，而李信出太原、云中。赵不能支秦，必入臣。入臣，则祸至燕。燕小弱，数困于兵，今计举国不足以当秦。诸侯

【译文】

荆轲见到太子，告诉他田光已经死了，转达了田光的临终之言。太子拜了两拜，双腿跪行，泪流满面，过了好一会儿才说道："我之所以告诫田光先生不要泄密，是想实现重大的计划罢了。现在田先生用死来表明他没有泄密，这哪里是我的本意呢？"荆轲坐定后，太子离席，给荆轲叩头，说："田先生不知我是个无能的人，让您来到我面前，愿您有所指教。这真是上天可怜燕国，不抛弃他的后代。如今秦国贪得无厌，野心十足，如果不把天下的土地全部占为己有，不使各诸侯全部成为自己的臣下，它是不会满足的。现在秦国已经俘虏韩王，占领了韩地，又发兵向南攻打楚国，向北进逼赵国。王翦的大军已逼近漳水、邺城，而李信又出兵太原、云中。赵国哪里能抵抗秦国的攻势，一定会投降。赵国向秦称臣，大祸就落到燕国头上了，燕国国小力弱，多次遭受兵祸，现在就算征发全国兵力也不可能抵挡住秦军。诸侯都屈服于秦国，没有谁敢和燕国联合。我私下考虑，如果能得到天下最勇敢的人出使秦国，用重利引诱秦王，秦王贪图这些厚礼，我们就一定能

服秦，莫敢合从。丹之私计，愚以为诚得天下之勇士，使于秦，窥以重利，秦王贪其贽②，必得所愿矣。诚得劫秦王，使悉反诸侯之侵地，若曹沫之与齐桓公，则大善矣；则不可，因而刺杀之。彼大将擅兵于外，而内有大乱，则君臣相疑，以其间诸侯得合从，其破秦必矣。此丹之上愿，而不知所以委命，惟荆卿留意焉。"久之，荆轲曰："此国之大事也，臣驽下，恐不足任使。"太子前顿首，固请无让。然后许诺。于是尊荆轲为上卿，舍上舍，太子日日造问，供太牢③，具异物，间进车骑美女，恣荆轲所欲④，以顺适其意。

如愿以偿了。如果能劫持秦王，让他归还侵占的全部诸侯土地，就像当年曹沫劫持齐桓公那样，那就更好了；如果秦王不答应，那就杀死他。秦国的大将在国外征战，而国内又大乱起来，那么君臣必定会相互猜疑。趁这个机会诸侯就可以联合起来，势必击破秦国。这是我最高的愿望。但不知道把这个使命托付给谁，希望先生您给想个办法。"

过了一会儿，荆轲才说："这是国家大事，我才能低下，恐怕不能胜任。"太子上前叩头，坚决请求荆轲不要推辞。荆轲这才答应下来。于是，太子尊荆轲为上卿，让他住在上等的宾馆，太子每天前去问候。供给他丰盛的宴席，备办奇珍异宝，不断地进献车马和美女，尽量满足荆轲的欲望，以便让他称心如意。

【注释】

①贪饕(tāo)：贪婪。饕，贪。饕餮是传说中的贪食的恶兽。古代钟鼎彝器上多刻其头部形状作为装饰。②贽：古人初次拜见尊长时所送的礼物。③太牢：牛、羊、豕各一头，供宴饮之用。④恣：放纵。

【原文】

久之，荆轲未有行意。秦将王翦破赵，虏赵王，尽收其地，进兵北略地，至燕南界。太子丹恐惧，乃请荆卿曰："秦兵旦暮渡易水，则虽欲长侍足下，岂可得哉？"荆卿曰："微太子言②，臣愿得谒之③。今行而无信，则秦未可亲也。夫樊将军，秦王购之金千斤，邑万家。诚能得樊将军首，与燕督亢之地图献秦王，秦王必说见臣，臣乃得有以报太子。"太子曰："樊将军以穷困来

【译文】

过了很久，荆轲还没有动身的意思。这时，秦将王翦攻破赵国，俘虏赵王，占领了赵地。又挥军北进，掠夺土地，一直打到燕国南部边境。太子丹非常恐惧，就向荆轲请求说："秦国军队早晚要渡过易水，我虽然愿意长久地侍奉您，又哪里可能呢？"荆轲说："即使太子不说，我也想向您请求行动了。现在去了如果没有信物，那就无法接近秦王。现在秦王正用千两黄金和万户封邑来悬赏缉拿樊将军。如果能得到樊将军的首级和燕国督亢的地图献给秦王，秦王一定乐于接见我，这样我才能有报效太子的机会。"

归丹，丹不忍以己之私，而伤长者之意，愿足下更虑之。"

荆轲知太子不忍，乃遂私见樊于期曰："秦之遇将军，可谓深矣。父母宗族，皆为戮没。今闻购将军之首，金千斤，邑万家，将奈何？"樊将军仰天太息流涕曰："吾每念，常痛于骨髓，顾计不知所出耳。"

轲曰："今有一言，可以解燕国之患，而报将军之仇者，何如？"樊于期乃前曰："为之奈何？"荆轲曰："愿得将军之首以献秦，秦王必喜而善见臣，臣左手把其袖，而右手揕其胸④，然则将军之仇报，而燕国见陵之耻除矣。将军岂有意乎？"樊于期偏袒扼腕而进曰："此臣日夜切齿拊心也，乃今得闻教。"遂自刎。太子闻之，驰往，伏尸而哭，极哀。既已，无可奈何，乃遂收盛樊于期之首，函封之。

太子丹说："樊将军因为走投无路来投奔我，我又怎么忍心为了自己的私事而伤害忠厚老实人的心呢？还望您另想个办法。"荆轲知道太子不忍心，于是就私下里去见樊于期说："秦王对您可以说太狠毒了，父母和同家族的人都被杀害了。现在又听说秦王悬赏千两黄金和万户封邑来求您的头颅，您打算怎么办呢？"

樊将军仰天长叹，泪流满面地说："我每次想到这些，就恨入骨髓，考虑再三，只是不知道如何才能报仇罢了。"荆轲说："我现在有一个建议，不但可以解除燕国的祸患，而且可以为您报仇，您看怎么样？"樊于期走上前说："您究竟想怎么办？但说无妨。"荆轲说："希望能得到将军的首级，进献秦王，秦王必定很高兴，就会接见我。到那时，我左手抓住他的衣袖，右手用匕首刺进他的胸膛。这样，您的大仇可报，燕国遭受的耻辱也可以洗刷了。将军可有这番心意呢？"

樊于期袒露出一条臂膀，握住手腕，走近一步说："这是我日夜咬牙切齿、痛彻心胸的事情，今天才听到您的指教。"说完就自杀了。太子听说后，赶紧驾车奔去，趴在樊于期的尸体上痛哭起来，极其悲伤。事情既然无可挽回，于是就只好收敛樊于期的头颅，用匣子封存起来。

【注释】

①王翦:频阳东乡(今陕西省富平县东北)人，秦国杰出的军事家，是继白起之后秦国的又一位名将。与其子王贲在辅助秦始皇统一六国的战争中立有大功，除韩之外，其余五国均为王翦父子所灭。②微:如果没有。③谒:请求。④揕(zhèn):用刀剑等刺。

【原文】

于是，太子预求天下之利匕首，得赵人涂夫人之匕首，取之百金，使工以药淬之①，以试人，血濡缕②，人无不立死者。乃为装遣荆轲。燕国有勇士秦武阳，年十二，

【译文】

这时候，太子已经预先寻到天下最锋利的匕首，那是从赵国徐夫人手里用一百金才买到的匕首。太子让工匠用毒药水淬染匕首，拿它在人身上试验，只要流出一点儿血，那人就会立刻死去。于是准备行装，送荆轲动身。燕国有个勇

杀人,人不敢忤视③。乃令秦武阳为副。荆轲有所待,欲与俱,其人居远未来,而为留待。顷之未发。太子迟之,疑其改悔,乃复请之曰:"日以尽矣,荆卿岂无意哉?丹请先遣秦武阳。"荆轲怒叱太子曰:"今日往而不反者,竖子也!今提一匕首入不测之强秦,仆所以留者,待吾客与俱。今太子迟之,请辞决矣。"遂发。

太子及宾客知其事者,皆白衣冠以送之。至易水上,既祖④,取道。高渐离击筑,荆轲和而歌,为变徵之声,士皆垂泪涕泣。又前而为歌曰:"风萧萧兮易水寒,壮士一去兮不复还。"复为慷慨羽声,士皆瞋目,发尽上指冠。于是荆轲遂就车而去,终已不顾。

既至秦,持千金之资币物,厚遗秦王宠臣中庶子蒙嘉。嘉为先言于秦王曰:"燕王诚振怖大王之威,不敢兴兵以逆军吏,愿举国为内臣,比诸侯之列⑤,给贡职如郡县,而得奉守先王之宗庙。恐惧不敢自陈,谨斩樊于期头,及献燕之督亢之地图,函封,燕王拜送于庭,使使以闻大王。唯大王命之。"

士叫秦武阳,十二岁时就杀过人,别人都不敢正眼看他。于是太子就派秦武阳作荆轲的助手。荆轲正等着另一个人,想跟他一起去,那人住得远,还没有赶到,荆轲为此滞留等他。过了好几天还没有出发。太子嫌他行动缓慢,怀疑他要反悔,于是又去请求他说:"时间已经不多了,你难道不打算去了吗?请让我先派秦武阳去吧。"荆轲生气了,喝叱太子说:"去了却回不来的,是愚蠢的人!如今我拿着一把匕首到吉凶难测的秦国去,之所以还不动身,是要等我的朋友一起走。现在您既然嫌我行动迟缓,那就诀别吧!"于是就出发了。

太子以及知道这件事的宾客,都身穿白衣,头戴白帽来为荆轲送行。到了易水岸边,祭祀完路神,就要上路。这时,高渐离击起了筑乐,荆轲和着曲调唱起歌来,歌声凄厉悲怆,人们听了都流下眼泪,暗暗地抽泣。荆轲又踱上前唱道:"风萧萧啊易水寒,壮士一去啊不复还!"接着乐音又变作慷慨激昂的羽声,人们听得虎目圆睁,怒发冲冠。于是荆轲登上马车飞驰而去,始终没有回头看一眼。

一行人到秦国以后,荆轲带上价值千金的玉帛等礼物,去见秦王的宠臣中庶子蒙嘉。蒙嘉替他事先在秦王面前美言道:"燕王确实畏惧大王的威势,不敢发兵和大王对抗,情愿让国人做秦国的臣民,和各方诸侯同列,像秦国郡县一样进奉贡品,只求能够奉守先王的宗庙。燕王非常害怕,不敢亲自来向大王陈述,特地斩了樊于期,并献上燕国督亢的地图,都封装在匣子里,燕王又亲自在朝廷送行,派来使者向大王禀告。请大王指示。"

【注释】

①淬(cuì):淬火,把金属制品加热后浸入水中,急速冷却,使之硬化。②血濡缕:流出一点血。濡:浸,渍。③忤(wǔ)视:正面看,面对面地看。④祖:祭祀名。出行前祭祀路神。⑤比:并列,排列。

秦王闻之，大喜。乃朝服，设九宾，见燕使者咸阳宫。荆轲奉樊于期头函，而秦武阳奉地图匣，以次进，至陛下。秦武阳色变振恐，群臣怪之，荆轲顾笑武阳①，前为谢曰②："北蛮夷之鄙人，未尝见天子，故振慑，愿大王少假借之，使得毕使于前③。"秦王谓轲曰："起，取武阳所持图。"轲既取图奉之，发图，图穷而匕首见。因左手把秦王之袖，而右手持匕首揕抗之。未至身，秦王惊，自引而起，绝袖。拔剑，剑长，摻其室④。时惶急，剑坚，故不可立拔。荆轲逐秦王，秦王还柱而走。群臣惊愕，卒起不意⑤，尽失其度。而秦法，群臣侍殿上者，不得持尺寸之兵。诸郎中执兵，皆陈殿下，非有诏不得上。方急时，不及召下兵，以故荆轲逐秦王，而卒惶急无以击轲，而乃以手共搏之。是时侍医夏无且，以其所奉药囊提轲⑥。秦王之方还柱走，卒惶急不知所为，左右乃曰："王负剑！王负剑！"遂拔剑击荆轲，断其左股。荆轲废，乃引其匕首提秦王，不中，中柱。秦王复击轲，轲被八创。轲自知事不就，倚柱而笑，箕踞以骂曰："事所以不成者，

秦王听了这番话后十分高兴。于是穿上朝服，设置九宾之礼，在咸阳宫接见燕国使者。荆轲捧着封藏樊于期头颅的匣子，秦武阳捧着装地图的匣子，按顺序走上前去。走到宫殿前的台阶下，秦武阳脸色陡变，浑身发抖，秦国大臣们感到奇怪，荆轲回过头朝秦武阳笑了笑，走上前去向秦王谢罪说："他是北方荒野之地的粗人，没有见过世面，今日得见天子，所以害怕，希望大王稍加宽容，让他能在大王面前完成使命。"

秦王对荆轲说："起来，把拿的地图取过来。"荆轲就取过地图奉献上去，打开卷轴地图，地图完全展开时露出了匕首，说时迟那时快，荆轲左手拉住秦王的衣袖，右手抓过匕首就刺向秦王，可惜没能刺中。秦王大吃一惊，抽身而起，挣断衣袖。秦王赶忙伸手拔剑，剑身太长，只握住了剑鞘。当时情况紧急，剑又在剑鞘中插得很深，所以不能立刻拔出来。荆轲追赶秦王，秦王只好绕着柱子逃跑。群臣都惊慌失措，由于突然发生了出人意料的事，一个个都失去了常态。而且按照秦国的法律，大臣在殿上侍奉君王时不得携带任何兵器，守卫宫禁的侍卫虽然带着武器，但都站在殿外，没有秦王的命令不能上殿。正在危急的时候，秦王来不及召殿下卫兵，因此荆轲追赶秦王的时候，大臣们在仓猝之间惊慌失措，没有什么东西拿来还击荆轲，只好一起用手抓他。这时御医夏无且用他身上带着的药袋向荆轲投去。秦王正绕着柱子跑，不知怎么办好，趁这个机会大臣们才对他大喊："大王把剑背过去！快推到背后！"秦王这才拔出剑来砍荆轲，一下子砍断了他的左腿。荆轲重伤跌倒在地，于是举起匕首向秦王投去，没有击中，扎在柱子上。秦王又砍荆轲，荆轲八处受伤。荆轲自

乃欲以生劫之，必得约契以报太子也。"左右既前斩荆轲，秦王目眩良久。已而论功赏群臣及当坐者，各有差⑦。而赐夏无且黄金二百镒，曰："无且爱我，乃以药囊提荆轲也。"

于是，秦大怒燕，益发兵诣赵⑧，诏王翦军以伐燕。十月而拔燕蓟城。燕王喜、太子丹等，皆率其精兵东保于辽东。秦将李信追击燕王，王急，用代王嘉计，杀太子丹，欲献之秦。秦复进兵攻之。五岁而卒灭燕国，而虏燕王喜，秦兼天下。其后荆轲客高渐离以击筑见秦皇帝，而以筑击秦皇帝，为燕报仇，不中而死。

知事情失败，就靠着柱子大笑起来，又开两腿大骂道："事情之所以没有成功，无非是想活捉你，得到归还侵占土地的凭证去回报太子。"两旁的人赶过来把荆轲杀了，秦王头昏目眩了好久，才回过神来。后来秦王对群臣论功行赏，处罚也根据情况，分别对待。秦王赏赐夏无且黄金二百镒，说："无且爱护我，才用药袋投击荆轲啊。"

于是秦对燕十分愤恨，增派军队赶往赵国旧地，命令王翦的部队去攻打燕国，十月攻陷燕都蓟城。燕王喜、太子丹等率领精锐部队退守辽东。秦将李信追击燕王，燕王急了，只好采用代王赵嘉的主意，杀了太子丹，打算献给秦王。但秦军仍旧继续进攻，五年之后终于灭掉了燕国，俘虏了燕王喜，秦国统一天下。后来，荆轲的好友高渐离利用击筑的机会见到秦始皇，他用筑投击秦始皇，想为燕国报仇，结果也没有击中，反被杀死。

【注释】

①顾：回头看。②前为谢：走上前去替秦武阳谢罪。③毕使：完成使命。④揕(shàn)：把持。室：剑鞘。⑤卒：通"猝"。起：发生。不意：出人预料。⑥奉：通"捧"。提(dǐ)：投掷。⑦差(cī)：等级。⑧益：多。诣：往，至。

【解析】

燕太子丹曾在秦国为人质，秦王待太子丹并不友善。后太子丹逃归燕国。大臣们劝他跟齐、楚、魏再组合纵对抗联盟，太子丹认为那已不切实际，而且缓不济急。他决心采取左道旁门的手段，派遣刺客去胁迫嬴政，命他承诺退还侵略的土地，并保证不再继续侵略。如果他拒绝，就把他刺死，以此来阻挡秦国的兼并之势。燕太子丹首先找到田光，经

过田光先生的引见而结识了著名的侠士荆轲。

太子丹向荆轲袒露腹心。荆轲开始婉拒太子丹让他刺秦的要求,但太子丹将他尊为上卿,给予他极为优厚的礼遇,从而荆轲答应了他的请求。荆轲想等好友一起刺秦,但太子丹责怪他动作迟缓,荆轲只好出发。"风萧萧兮易水寒,壮士一去兮不复返"。荆轲的刺秦之行似乎应了这句话,到了秦国,见到了秦王,但他的刺秦行动并不顺利。最后悲壮地死在秦王宫殿里,成就了他千百年来的悲剧神话。

【处世策】

俗话说,磨刀不误砍柴工,只有多花点工夫去把刀磨快,才能砍出更多的柴。正所谓"欲速则不达",干什么事都要循序渐进。对于从政者来说尤其不能不顾客观条件的限制,盲目地强求速成的"政绩"。作为从政者,应该明白什么是小利,什么是大事。能够把官员个人的荣辱当成小利,把老百姓的事当成大事的才是好官。有了实实在在的政绩,百姓得利,自己晋升的筹码才更大。

卷三十二 宋卫

齐攻宋

【原文】

齐攻宋，宋使臧子索救于荆，荆王大说①，许救甚劝②。臧子忧而反。其御曰："索救而得，有忧色，何也？"臧子曰："宋小而齐大。夫救于小宋而恶于大齐，此人之所忧也。而荆王说甚，必以坚我。我坚而齐弊，荆之利也。"臧子乃归。齐王果攻，拔宋五城，而荆人不至。

【注释】

①说：通"悦"。②劝：有力。

【译文】

齐国攻打宋国，宋国派臧子到楚国去求救。楚王很高兴，答应全力援助。臧子却忧愁地返回宋国，他的侍从说："求救成功，却满面愁容，为什么呢？"臧子说："宋国小，齐国大，援救小小的宋国，而得罪了强大的齐国，这是人们应当担忧的，可是楚王很高兴，这一定是在坚定我国与齐国作战的信心；我国的信心坚定了，齐国就要疲惫，必然两败俱伤，楚国却因此得利了。"臧子便回到宋国了。

不久，齐王果然攻打宋国，攻下了宋国的五城，楚国人没有派来救兵。

【解析】

公元前286年，齐国攻打宋国，宋国派臧子到楚国去求救。因楚王爽快地答应，臧子担心楚不救，果如其然。

【处世策】

负责任的人是不会轻易许诺的，管理者不能轻信随便许诺的人，更不能对其委以重任。

除非有十足的把握，否则一般人对任何事都不可能许下承诺，因为事情的发展常常是不以人的意志为转移的，各种无法预料的情况随时都有可能出现。不轻易许诺的人才是可信和可靠的。管理者不要因为他们没有承诺而不委以重任，只要给予充分的信任，调动他们的积极性，事情多半就会成功。

公输般为楚设机

【原文】

公输般为楚设机①,将以攻宋。墨子闻之②,百舍重茧③,往见公输般。谓之曰:"吾自宋闻子。吾欲藉子杀人。"公输般曰:"吾义固不杀人。"墨子曰:"闻公为云梯,将以攻宋。宋何罪之有?义不杀人而攻国,是不杀少而杀众。敢问攻宋何义也?"公输般服焉,请见之王④。

【译文】

公输般为楚国制造攻城的云梯,准备用来攻打宋国。墨子听到这件事,就步行万里,脚底磨出了厚厚的茧,到楚国去见公输般。到了楚国,见到了公输般,对他说:"我在宋国就听说过先生。我想请您去杀人。"公输般说:"我是讲道义的,决不会去杀人。"墨子说:"我听说您在制造云梯,用来攻打宋国,宋国有什么罪?您讲道义不会去杀人,如今要攻打宋国,这分明是不杀少数人而杀多数人啊!请问您攻打宋国是什么道义呢?"公输般被说服,墨子请他为自己引见楚王。

【注释】

①公输般:名般,字若,春秋末期鲁国(今曲阜)人。因为是鲁国人,人称鲁班,被奉为木工祖师爷。②墨子:姓墨名翟,战国时期墨家学派的创始人。主张"兼爱"、"非攻"。③言日行百里而止宿,脚上磨起了一层层茧子。百舍:百里一舍。重:重叠。④见:(xiàn)介绍。

【原文】

墨子见楚王曰:"今有人于此,舍其文轩,邻有弊舆①而欲窃之;舍其锦绣,邻有裋褐②而欲窃之;舍其粱肉,邻有糟糠而欲窃之。此为何若人也?"王曰:"必为有窃疾矣。"

墨子曰:"荆之地方五千里,宋方五百里,此犹文轩之与弊舆也。荆有云梦,犀兕麋鹿盈之③,江汉,鱼鳖鼋鼍④,为天下饶,宋所谓无雉、兔、鲋鱼者也。此犹粱肉之与糟糠也。荆有长松、文梓、梗、枏、豫樟,

【译文】

墨子见到楚王,说道:"假如这儿有一个人,放着自己华美的彩车不坐,却想去偷邻居家的一辆破车;放着自己锦绣衣服不穿,却想去偷邻居的粗布短衫;放着自己家里的美味不吃,却去偷邻居的糟糠粗饭。这是个什么样的人呢?"楚王说:"这个人必定有偷东西的毛病。"墨子说:"楚国的土地方圆五千里,而宋国方圆不过五百里,这就如同用华美的彩车和破车相比。楚国有云梦泽,有丰富的犀牛和麋鹿出产,长江和汉水的鱼鳖、大鼋和鳄鱼,是天下最丰饶的,而宋国却是连野鸡、兔子、鲫鱼都不产的地方,这就如同用美味和糟糠粗饭相比。楚国有高大的松树,带花纹的梓树、楩树、枏树、豫樟等名贵树种,而在宋国连大树都没有,这就如同用锦绣衣服和粗布短衫相

宋无长木，此犹锦绣之与短褐也。臣以王吏之攻宋，为与此同类也。"王曰："善哉！请无攻宋。"

比。因此我认为大王去攻打宋国，和那个有偷东西毛病的人是一样的。"楚王说："说得好啊！我不再攻打宋国了。"

【注释】

①舆：车。②短(shù)褐：粗布衣服。③兕(sì)：雌性犀牛。麋：俗称四不像。④鼋(yuán)：鳖一类的动物。鼍(tuó)：扬子鳄。

【解析】

墨子是墨家的代表人物，墨家主张"兼爱""非攻"，这种主张在攻伐不息的战国时期是劳动人民所最为渴望的。墨家还主张过清苦节约的生活，来磨炼自己的品德。所以当墨子听说了公输般要为楚国制造攻城的云梯的时候，他就不远千里，步行来到楚国，制止公输般的助纣为虐的行为。

犀首伐黄

【原文】

犀首伐黄，过卫，使人谓卫君曰："弊邑之师过大国之郊，曾无一介之使以存之乎？敢请其罪！①今黄城将下矣，已，将移兵而造大国之城下。"

卫君惧，束组三百绲②，黄金三百镒，以随使者。南文子止之，曰："是胜黄城，必不敢来；不胜，亦不敢来。是胜黄城，则功大名美，内临其伦③。夫在中者恶临，且议其事。蒙大名，挟成功，坐须以待中之议，犀首虽愚，必不为也。是不胜黄城，破心而走，归恐不免于罪矣，彼安敢攻卫以重其不胜之罪哉？"果胜黄城，帅师而归，遂不敢过卫。

【译文】

犀首攻打黄城，经过卫国，派人对卫君说："敝国的军队，经过贵国城郊，为何就不能派一名普普通通的使臣来慰问一下呢？我特来告罪。现在黄城将要被攻下，攻下黄城以后，我们就会引兵到贵国都城之下。"卫君害怕了，准备拿三百捆穿甲带，六千两黄金随使臣送去。

卫大夫南文子制止这事。说："这次犀首在黄城打了胜仗，一定不敢来卫国，打了败仗也不敢来卫国。他在黄城打了胜仗，因其功大名美，地位就会在同僚之上；同僚们畏忌他在自己之上，就会说他的坏话；蒙受美名，享有功勋，却束手等着同僚们非议，犀首虽然愚蠢，一定不会这样做。他如果在黄城不能取胜，恐惧而奔回本国，还担心不免获罪，他又怎么敢再攻打卫国以加重战败的罪责呢？"犀首果然在黄城打了胜仗，随后率军返国，终究不敢经过卫国。

①敢请其罪:这是得胜方犀首的反话,以示讽刺。②束组:成捆的丝带。缗(gǔn):量词,捆,束。③内:朝廷内。临:居高而低,在上。伦:辈、类,指同僚。

【解析】

公元前355年,魏军攻打宋国黄城,途经卫国时,派人威胁卫成侯。卫大夫南文子分析形势,指出魏军战胜与否,都不会攻卫。

梁王伐邯郸

【原文】

梁王伐邯郸,而征师于宋。宋君使使者请于赵王曰:"夫梁兵劲而权重①,今征师于弊邑,弊邑不从则恐危社稷;若扶梁伐赵以害赵国,则寡人不忍也。愿大王之有以命弊邑!"赵王曰:"然。夫宋之不足如梁也②,寡人知之矣,弱赵以强梁,宋必不利也。则吾何以告子而可乎?"使者曰:"臣请受边城,涂其功而留其日,以待下吏之有城而已。"赵王曰:"善。"

宋人因遂举兵入赵境,而围一城焉。梁王甚说,曰:"宋人助我攻矣!"赵王亦说,曰:"宋人止于此矣!"故兵退难解③,德施于梁,而无怨于赵。故名有所加,而实有所归。

【注释】

①劲(jìng):强。权:威势。②如:抵挡。③难:忧患。此处指邯郸被围。

【译文】

魏王攻打赵都邯郸,而到宋国去征兵。宋君派使臣向赵王请求说:"魏军强劲而又很有权威,现在到敝国来征兵。敝国不同意,则担心国家遭到危险;如果帮助魏国攻打赵国,就会危害赵国。我不忍心这样做。希望大王能对敝国有所教导。"

赵王说:"当然。宋国不能够抵挡魏国,寡人了解。但削弱赵国来加强魏国,对宋国必定不利。那么我告诉您什么才好呢?"使者说:"臣请攻打赵国的一座边城来应付魏国,缓和魏国攻打赵国的时间,以等待您部下守城罢了。"赵王说:"好。"

宋国于是出兵进攻赵国边境,围攻赵国一个城邑。魏王以为宋国在帮助自己攻打赵国,很高兴说:"宋国帮助我们攻打赵国了。"赵王也高兴,说:"宋国仅只攻打我们的边城。"因此魏军撤走,攻打邯郸的战争便解除了,魏国感激宋国帮助他攻打邯郸,而宋国又没有遭到赵国的怨恨,所以,宋国有"助魏"、"救赵"之名,又有"魏、赵都与宋国友好"之实。

【解析】

公元前 354 年,魏惠王逼宋伐赵,宋既不敢违抗魏国,又不敢惹怒赵国,只好派使者去赵国说明真相,然后出兵虚围一座赵城,蒙蔽了魏国。

【处世策】

蒙蔽术的要义所在是将自己的目的和意图深藏起来,使对方无法发现而麻痹大意;或者用幌子使对方无从辨认,信以为真。然后,我们便有了条件和时机,从容完成原定计划。蒙蔽对于对手来说就是蒙住他的眼睛,或搅乱、误导其视线。

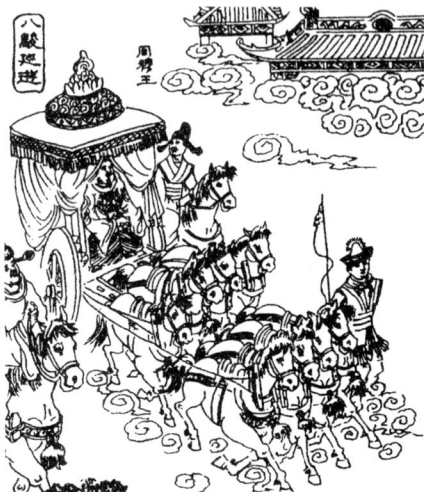

谓大尹曰

【原文】

谓大尹曰:"君日长矣,自知政①,则公无事。公不如令楚贺君之孝,则君不夺太后之事矣,则公常用宋矣!"

【注释】

①自知政:亲自执政。

【解析】

宋国执政的卿叫大尹。宋康王初即位时,年纪尚幼,由太后代为听政。太后却倚仗大尹。有人给大尹出主意,让楚国祝贺宋国国君之事,以达到大尹伙同太后长期执政的目的。

【译文】

有人对宋国的大尹说:"宋君日渐长大,如果他要亲自执政,那你就不能参与政事了,您不如要楚王来祝贺宋君的孝心,这样宋君就不会夺太后的权,您不会被废黜,就可以常在宋国掌握实权了。

宋与楚为兄弟

【原文】

宋与楚为兄弟。齐攻宋，楚王言救宋，宋因卖楚重以求讲于齐，齐不听。苏秦谓齐相曰："不如与之，以明宋之卖楚重于齐也①。楚怒，必绝于宋而事齐。齐、楚合，则攻宋易矣。"

【译文】

宋国与楚国结为兄弟之邦，齐国攻打宋国，楚王声称要救宋国。宋国则炫耀自己受楚国的重视，要求与齐国讲和，齐国不同意。

苏秦对齐国相国说："您不如同意与宋国讲和，以此表明宋国曾向齐国炫耀自己受楚国的重视。这样，楚国对宋国不满，就一定会与宋国断交，而与齐国友好，齐、楚联合，攻打宋国就容易了。"

【注释】

①明：表明。

【解析】

公元前286年，齐国攻打宋国。楚答应救宋，宋反而借此与齐国讲和。苏秦劝齐相答应以激怒楚国，使之与宋绝交。

【处世策】

本篇揭示了世间这样一条道理。当朋友间面对共同的压力、共同的困难时，常常能同舟共济、荣辱与共，而一旦压力消散，朋友间精诚团结的动力也就不复存在，开始了"窝里斗"。掌握了人心的这点特性，于我，要谨防它给我方带来伤害；于敌，要利用这一点向敌示弱，使敌人志得意满后自行分化。

魏太子自将

【原文】

魏太子自将，过宋外黄。外黄徐子曰："臣有百战百胜之术，太子能听臣乎？"太子曰："愿闻之。"

客曰："固愿效之。今太子自将攻齐，大胜并莒，则富不过有魏，而贵不益为王①。若战不胜，则万世无魏。此臣之百战百胜之术也！"太子

【译文】

魏太子亲自领兵攻打齐国，经过宋国的外黄。外黄的徐子说："我有百战百胜的方法，太子能听从我的吗？"太子说："愿意听。"

徐子说："我本来就愿意效劳。现在太子亲自领兵攻打齐国，如果大胜，并吞莒地，那么，财富不过拥有魏，尊贵不过身为魏王；如果战而不胜，太子逃亡，不能有国权，将永远失去魏国。我看以不攻打齐国为好，这就是我

曰："诺。请必从公之言而还。"客曰："太子疆欲还，不得矣！波利太子之战攻。而欲满其意者众，太子疆欲还，恐不得矣！"

太子上车请还，其御曰："将出而还，与北②同，不如遂行。"遂行，与齐人战而死，卒不得魏。

百战百胜的方法。"太子说："好吧，我一定听从您的话，领兵回国。"徐子说："现在太子虽然想领兵回国，已不可能了。那些利用太子作战，希望获取赏金的战士太多了。太子虽然想领兵回国，恐怕不可能了。"

太子上车请大家返回。他的侍从人员说："大将领兵出战，无故撤回，与败逃同罪，不如就继续进军。"于是魏太子继续进军。和齐军作战，他被打死，终究没有继承魏国的王位。

【注释】

①益：犹"过"。②北：败。此处指失败逃走。

【解析】

公元前 341 年，魏太子申率军攻打齐国，宋人徐子对他说战胜与否都对他不利，不战而胜才是百战百胜之术。太子申没有听从，最终战死于马陵之役。

【处世策】

职场上很流行"多一事不如少一事"的明哲保身哲学。很多人对这种做法嗤之以鼻，但正所谓"存在即合理"，这条"哲学"能被如许多的人所信奉，所躬行，必有它的道理。职场的人际关系复杂，少参与事情就减少了自己被裹挟进斗争漩涡的几率。大多数时候，做事情成功了，领导认为是你分内的事。可如果失败了，却要承担严重的后果，所有的人都会把责任推卸到你身上，可以说是做事、做人都失败。谁说少做事的人懒惰？他们只是更懂得保护自己而已。

宋康王之时

【原文】

宋康王之时，有雀生鹯①于城之隅。使史占之，曰："小而生巨，必霸天下。"康王大喜，于是灭滕伐薛，取淮北之地，乃愈自信，欲霸之亟成，故射天笞地，斩社稷而焚灭之，曰："威服天

【译文】

宋康王时，有只小鸟在城墙角落里孵出了一只鹯鸟。康王要太史占卜，卜辞说："小鸟生大鸟，一定称霸天下。"康王非常高兴，于是，灭了滕国，进攻薛邑，又夺取淮北之地。他于是更加自信，希望霸王之业马上成功。所以上射天神，下鞭地神，砍断土神、谷神的牌位，把它们烧掉，还说："我的

地鬼神。"骂国老谏者,为无颜之冠①,以示勇。剖伛者之背②,锲朝涉之胫,而国人大骇。

齐国而伐之,民散,城不守。王乃逃倪侯之馆,遂得而死。见祥而不为祥③,反为祸。

【注释】

①鹯(zhān):一种猛禽。②伛:驼背。③祥:吉祥。

【解析】

公元前286年,宋王相信卜者说的"必霸天下",以为是天命所归,于是放纵自己,暴戾凶残,荒淫无道,最终使开国近八百年的宋国被齐国所灭。

威力可以降服天地鬼神。"他骂国老中敢于直谏的大臣,戴着没有帽檐的帽子,以表示自己英勇;劈开驼子的背,斩断早晨过河人的小腿,因此国内大为骚乱。齐国听说后,出兵讨伐宋康王,于是百姓逃散,无人守城。宋康王只得逃到倪侯之馆,终于被抓获杀死。看到吉祥,却不做好事,吉祥反会变成灾祸。

智伯欲伐卫

【原文】

智伯欲伐卫,遗卫君野马四①,白璧一。卫君大悦,群臣皆贺,南文子有忧色。卫君曰:"大国交欢,而子有忧色,何?"文子曰:"无功之赏,无力之礼,不可不察也!野马四,白璧一,此小国之礼也,而大国致之②。君其图之!"卫君以其言告边境。智伯果起兵而袭卫,至境而反,曰:"卫有贤人,先知吾谋也。"

【注释】

①遗:赠。野马:驹骢(táo tú),北方的良马。②大国:指智伯。致:献给,送给。

【解析】

智伯给卫国献上了厚重的礼品。正当国君和大臣们欢呼雀跃的时候,南文子却从中看到了危机的降临。所以他劝谏国君加强了边疆的戒备,果不其然,智伯要

【译文】

智伯想攻打卫国,赠给卫君好马四匹,白璧一只,卫君非常高兴,群臣都来庆贺,南文子却面带愁容。卫君说:"大国和我们友好地交往,您却面带愁容,为什么呢?"文子说:"没有功绩而受到赏赐,没花劳力而得到礼物,不可不慎审考虑。好马四匹,白璧一只,这是小国给大国送的礼,大国却把这种礼品送给了我们,君王还是认真考虑考虑吧!"

卫君把南文子的这番话告诉了守边防的人员。智伯果然派兵偷袭卫国,到了卫国边界又返回去了,说:"卫国有贤人,预先知道我的计谋了。"

攻打卫国,但早有防备的卫国轻而易举地就粉碎了智伯的阴谋。

【处世策】

天下没有免费的午餐,令人垂涎的诱饵下面往往是个大陷阱。在竞争激烈的市场和国际环境中更是如此。所以,作为参与竞争的个体,要时刻保持忧患意识和警惕心,在无缘无故得到利益的时候,要三思而后行,轻易得来的利益的后面必定有文章。

智伯欲袭卫

【原文】

智伯欲袭卫,乃佯亡其太子①,使奔卫。南文子曰:"太子颜为君子也,甚爱而有宠,非有大罪而亡,必有故。"使人迎之于境,曰:"车过五乘,慎勿纳也!"智伯闻之,乃止。

【译文】

智伯欲袭卫国,就要他的太子假装逃亡。让他逃到卫国去。卫臣南文子说:"太子颜是智伯的儿子,智伯很爱他而又宠信他;他没有大罪却逃亡,必有事变。"便派人到边境去迎接太子颜,并对边防人员说:"如果太子的兵车超过五辆,小心不要让他入境。"智伯听到这些,才停止了偷袭。

【注释】

①佯:假装。

【解析】

智伯一计不成又生一计,造出太子逃亡到卫国的假象来迷惑卫国,从而寻机攻打卫国。但卫国有高人,所以智伯的阴谋再次泡汤。

秦攻卫之蒲

【原文】

秦攻卫之蒲。胡衍谓樗里疾曰:"公之伐蒲,以为秦乎?以为魏乎?为魏则善。为秦则不赖矣①。卫所以为卫者,以有蒲也。今蒲入于秦,卫必折而入于魏。魏亡西河之外而弗能复取者,弱也。今并卫于魏,魏必强。魏

【译文】

秦国攻打卫国的蒲地。胡衍对樗里疾说:"您攻打蒲地,是为秦国呢?还是为魏国呢?如果是为了魏国还好,如果为了秦国,可就无利可图了。卫国之所以是卫国,是因为有蒲地。如果蒲地被秦国占领,卫国必然转而投靠魏国。魏国丧失了西河以外地带,却不能从秦国收复,是由于魏国力弱。如果把卫国并入魏国。魏国必然强

强之日,西河之外必危。且秦王亦将观公之事,害秦以善魏,秦王必怨公。"樗里疾曰:"奈何?"胡衍曰:"公释蒲勿攻,臣请为公入戒蒲守,以德卫君。"樗里疾曰:"善。"

胡衍因入蒲,谓其守曰:"樗里子知蒲之病也[2]。其言曰:'吾必取蒲。'今臣能使释蒲勿攻。"蒲守再拜,因效金三百镒焉,曰:"秦兵诚去,请厚子于卫君。"胡衍取金于蒲,以自重于卫。樗里子亦得三百金而归,又以德卫君也。

大,魏国强大的那一天,西河以外地带就难以守住。而且秦王也要看看您这次攻蒲之战的结果。如果损害了秦国,而对魏国有好处,秦王一定会怨恨您。"樗里疾说:"那可怎么办?"胡衍说:"您放弃攻蒲,让我为您告诉蒲地的守将,来使卫君感激您。"樗里疾说:"好。"

胡衍就到蒲地去,对蒲守将说:"樗里子知道蒲地被困,他说他一定要攻下蒲地。现在我能让樗里疾放弃攻蒲。"蒲地的守将听说后,两次跪拜,就献金六千两给胡衍,说:"秦国果真撤走,我要请求卫君重用您。"

胡衍在蒲地得到赏金,又在卫国得到重用。樗里疾也得到三百斤金返秦,还使卫君感激他。

【注释】

①赖:利益,好处。②病:比喻遭到围困,有难。

【解析】

公元前306年,秦将樗里疾攻打卫国的蒲邑,韩人胡衍游说,使樗里疾放弃了进攻,两人都从卫国得到了好处。

【处世策】

做人受欢迎其实就是深谙人际交往中的方圆之术。在需要"圆"的时候圆通一些,便能在复杂的人情关系中,取得顺畅生活的通行证。

这种做人的技术可用十六个字来概括:调解纠纷,化解矛盾,避免尴尬,打破僵局。从主动的角度说,是他人陷入窘境,主动解围,去给他找个台阶让他下得了台。从被动的方面讲,自己不幸落入社交僵局,通权达变,打破冷场坚冰。擅长和"稀泥",能让对方少丢些面子,保持体面,从而把事情摆平,甚至变坏事为好事,使自己有一个好人缘。

卫使客事魏

【原文】

卫使客事魏，三年不得见。卫客患之，乃见梧下先生，许之以百金。梧下先生曰："诺"。乃见魏王，曰："臣闻秦出兵，未知其所之。秦、魏交而不修之日久矣，愿王专事秦，无有佗计①！"魏王曰："诺。"

客趋出，至郎门而反，曰："臣恐王事秦之晚！"王曰："何也？"先生曰："夫人于事己者过急，于事人者过缓。今王缓于事己者，安能急于事人？""奚以知之？""卫客曰：'事王三年不得见。'臣以是知王缓也。"魏王趋见卫客②。

【译文】

卫国的一名客卿去朝见魏王，经过三年没有见到。卫客感到忧虑，便去拜见梧下先生，答应酬谢他一百斤金，梧下先生说："行。"于是去见魏王，说："我听说秦国要出兵，不知他们进攻什么地方。秦、魏两国邦交不好已经很久了。希望大王专心专意亲秦，不要有其他打算。"魏王说："好。"

梧下先生匆匆走出，没走多远，到廊门口又返回来，对魏王说："我担心大王亲近秦国会不积极。"魏王说："为什么？"梧下先生说："一般说来，人们对于别人服侍自己多是积极的，对于自己服侍别人多是消极的。现在大王对于服侍您的人还是那样消极，又怎么能服侍别人呢？"魏王说："何以见得？"梧下先生说："卫国有位客卿说，他来朝见大王已经三年了，还见不到大王的面。我因此知道大王不积极。"魏王便立刻接见了卫客。

【注释】

①佗：同"它"。②趋：立即、立刻。

【解析】

卫国派说客去拜见魏王，可过了三年也没见到。说客以重金贿赂梧下先生。梧下先生利用商谈国事的机会和借口，办了自己的私事。

【处世策】

本篇提供了"借光"的智慧。许多事情以私人的、个体的名义去做，阻力会很大，可如果把事情的意义升级，上升到公司、企业的利益上，那办事的阻力会大大减轻。事情是一样的事情，可赋予事情的利害意义不同，所得到的结果也会有很大不同。

【原文】

卫嗣君病。富术谓殷顺且曰:"子听吾言也以说君,勿益损也,君义善子。人生之所行,与死之心异。始君之所行于世者,食高丽①也;所用者,缧错、挐薄也。群臣尽以为君轻国而好高丽,义无与君言国事者。子谓君:'君之所行天下者甚谬!缧错主断于国,而挐薄辅之,自今以往者,公孙氏义不血食矣②!'"

君曰:"善。"与之相印,曰:"我死,子制之!"嗣君死,殷顺且以君令相公期。缧错、挐薄之族皆逐也。

【译文】

卫嗣君生病,卫人富术对殷顺且说:"你听我的话,去说服国君,要完全按照我的话,不增不减,国君就一定会对你好。一个人,活着时的所作所为,与他将死时的心情不同。当初,国君在世间的所作所为,是极力贪恋美色和富贵豪华的物质享受;所信用的人是缧错、挐薄这类奸臣。群臣都认为国君不把国事放在心上,只贪恋美色和富贵豪华的物质享受。这样,必定没有与国君谈论国事的人。你对国君说:'君王以前的所作所为非常荒唐。缧错在全国内独断专行,挐薄则助纣为虐,从今以后,君王将无人继承了。'"

殷顺且按照富术的原话告诉了卫嗣君,卫嗣君说:"好。"便把相印交给了殷顺且,说:"我死了,你要控制卫国。"嗣君死了,殷顺且按照遗命出任相国,辅佐卫嗣君的儿子公期,缧错、挐薄的族人都被驱逐了。

【注释】

①食高丽:贪恋美色。高丽,个高貌美。②公孙氏:指卫国子孙。不血食:不能祭祀祖先,指亡国。

【解析】

公元前 325 年,卫平侯去世,儿子卫嗣君即位。卫嗣君在位四十二年,功过相当。公元前 283 年,卫嗣君病重,富术劝殷顺且以忠言进谏,卫嗣君果然听从,任命殷顺且为相,辅佐新君。

【处世策】

"人生之所行,与死之心异。"富术提出的这个命题,将使多少世人为之感慨。实际上,对于人生应当怎样度过,事业应当怎样把握,每个人都有着近似的想法,可在生命的进程中,却因为贪恋这样那样的享受、诱惑而偏离了自己所设计的生命轨道,最终带着遗憾离开世间。如果人们能时时有这样的忧患意识,那生命的航向才能重新掌控在自己的手里。

卫嗣君时

【原文】

卫嗣君时，胥靡逃之魏①，卫赎之百金，不与。乃请以左氏。群臣谏曰："以百金之地，赎一胥靡，无乃不可乎？"君曰："治无小，乱无大。教化喻于民，三里之城，足以为治；民无廉耻，虽有十左氏，将何以用之？"

【注释】

①胥靡：服刑的犯人。

【解析】

卫王可以说是崇尚法治的国君。在他的治国理念中，法治精神是至高无上的。他的理想就是要使百姓也树立起法治观念来，并做到有法必依，执法必严，在战国时代就有这样的当政者，真是难能可贵。而他所说的"治无小，乱无大。教化喻于民，三百之城，足以为治；民无廉耻，虽有十左氏，将何以用之"，一语道破了法律、道德、治国之间的关系。寥寥数语，就足以见到卫王的理想和境界。

卫人迎新妇

【原文】

卫人迎新妇，妇上车，问："骖马，谁马也？"御曰："借之。"新妇谓仆曰："拊骖①，无笞服！"车至门，扶，教送母曰："灭灶，将失火。"入室，见臼，曰："徙之牖下②，妨往来者。"主人笑之。

此三言者，皆要言也，然而不免为笑者，蚤晚之时失也。

【译文】

卫嗣君在位的时候，有个奴隶犯了罪逃到魏国，卫国想用百金把他赎回来判罪，魏国不同意。于是卫王想用左氏城邑换回胥靡。群臣都劝告说："用这样贵重的土地，交换一个小小的罪犯，恐怕不太合适吧？"卫君说："国家得到很好的治理，就无所谓小国；国家如果混乱，就无所谓大国。用教化来引导百姓，即使是只有三百户人家的城邑也能治理好；如果百姓没有礼义廉耻，即使有十座左氏城池，那又有什么用呢？"

【译文】

卫国有人迎娶新娘，新娘上车后，就问："两边骖马是谁家的马？"车夫说："借来的。"新娘对仆人说："鞭打骖马，不要鞭打中间的辕马。"车到了新郎家门口，扶新娘下车时，她又对仆妇说："把灶火灭了，以防失火。"

进了新房，看见捣米的臼，说："把它搬到窗户下面，免得妨碍往来的人。"主人觉得她可笑。

新娘这几次说的话，都是切中要害的话，然而不免被人笑话，这是因为新娘刚过门，就说这些，失之过早了。

①拊：鞭打。②牖：窗。

【解析】

这是卫国人娶新媳妇，新妇性急失语的故事，借以劝告人们进言时应注意时间与场合等外在因素。

【处世策】

说话要注意场合。不看场合，随心所欲，信口开河，想到什么说什么，这是"不会说话"的人一种拙劣的表现。人，总是在一定时间、一定地点、一定条件下生活，在不同场合，面对着不同人，不同事，从不同目的出发，就应该说不同的话，用不同的方式说话，这样才能收到理想的言谈效果。

卷三十三　中山

魏文侯欲残中山

【原文】

魏文侯欲残中山，常庄谈谓赵襄子曰："魏并中山[①]，必无赵矣！公何不请公子倾以为正妻，因封之中山？是中山复立也。"

【译文】

魏文侯想要灭掉中山国。赵臣常庄谈对赵襄子说："魏国吞并了中山，赵国必将灭亡。您为何不请求娶魏文侯的女儿公子倾为王后，并把她封在中山，这样还可以继续存在。"

【注释】

①并：吞并。

【解析】

魏文侯想灭中山国，常庄谈建议赵襄子与魏联姻以保存中山国。

犀首立五王

【原文】

犀首立五王，而中山特后[①]。齐谓赵、魏曰："寡人羞与中山并为王。愿与大国伐之，以废其王。"中山闻之，大恐，召张登而告之曰："寡人且王，齐谓赵、魏曰，羞与寡人并为王，而欲伐寡人。恐亡其国，不在索王。非子莫能吾救！"登对曰："君为臣多车重币，臣请见田婴。"中山之君遣之齐。

【译文】

魏将犀首公孙衍发起魏、韩、赵、燕，中山五国互相称王，然而只有中山国最后称王。齐王对赵、魏两国说："寡人以跟中山并立称王而感到羞耻，希望和各大国共同讨伐中山，废掉它的王号。"

中山君听到此事后非常害怕，就召见大臣张登，告诉他说："寡人已经称王，齐王对赵、魏两国说，以跟寡人并立称王而感到羞耻，要讨伐寡人。我担心会要亡国，倒无心求什么王号。现在，非您不能救我了。"张登回答说："君王为我多准备些车辆和钱帛，我愿去会见齐相田婴。"中山君就派张登去齐国。

张登见到田婴说："我听说您要废掉中山君的

见婴子，曰："臣闻君欲废中山之王，将与赵、魏伐之，过矣！以中山之小而三国伐之，中山岂特益废王②，犹且听也！且中山恐，必为赵、魏废其王而务附焉。是君为赵、魏驱羊也，非齐之利也。岂若中山废其王而事齐哉？"田婴曰："奈何？"张登曰："今君召中山，与之遇而许之王，中山必喜而绝赵、魏。赵、魏怒而攻中山，中山急而为君难其王，则中山必恐，为君废王事齐。必患亡其国，是君废其王而抚其国③，贤于为赵、魏驱羊也。"田婴曰："诺。"

王号，准备和赵、魏两国一道讨伐中山。您错了。小小的中山，需要三国联合去讨伐它，中山君即使有比废掉王号还要严重的后果，他也会接受的。何况中山君害怕齐、赵、魏三国，他一定会因为赵、魏两国要废弃自己的王号，便一心一意地亲附赵、魏。这样，您就等于把羊往赵、魏那里赶，这对齐国可不利啊。这怎么比得上要中山自己废掉王号来投靠齐国呢？"田婴说："该怎么办？"张登说："如果您邀请中山君和您会晤，同意他称王，他一定很高兴，便会与赵、魏两国断交。赵、魏一气之下必然进攻中山，中山紧急，又因为您羞与中山并称为王，中山一定十分恐惧，便会为您废掉王号而投靠齐国。中山害怕亡国。这样，您就使中山既废掉了王号，而您又控制了中山，这比把羊赶往赵，魏那里好多了。"田婴说："好。"

【注释】

①言中山国后称王。特：独。②益：犹"甚"。③抚：抚定。

▌原文▐

张丑曰："不可！臣闻之，同欲者相憎，同忧者相亲。今五国相与王也，负海不与焉①。此其欲皆在为王，而忧在负海。今召中山，与之遇而许之王，是夺五国而益负海也。致中山而塞四国②，四国寒心，必先与之王而故亲之，是君临中山而失四国也。且张登之为人也，善以激计荐中山之君久矣！难信以为利。"田婴不听，果召中山君而许之王。

张登因谓赵、魏曰："齐欲

▌译文▐

张丑却说："不行。我听说：'欲望相同的人互相忌恨，患难相同的人互相亲近。'现在五国都互相称王，只有齐国不愿与中山并立称王。五国共同的欲望是互相称王，五国共同的忧患是担心齐国从中干涉。如果您召见中山君并和他会晤，允许他称王，这就剥夺了四国的权利，而使齐国得到好处。得到了中山的邦交，却断绝了四国，四国因为寒心，必先和中山一道称王，并故意与它亲近。这样，您控制了中山，却失掉了四国。而且张登的为人，善于给中山君设置阴谋诡计，并且一向如此。很难相信他会是为了齐国的利益。"

田婴不听张丑的话，果然邀请了中山君，而且同意尊他为王。张登于是对赵、魏两国说："齐国打算攻打你们的河东，我是怎么知道的呢？因

卷三十三 中山

667

伐河东,何以知之?齐羞与中山并为王甚矣。今召中山,与之遇而许之王,是欲用其兵也。岂若令大国先之与王,以止其遇哉?"赵、魏许诺,果与中山王而亲之。中山果绝齐而从赵、魏。

为齐国认为和中山并立称王是莫大的耻辱,可现在又邀请中山君会晤,并同意尊他为王,这是想利用中山的兵力。你们何不即刻先同意中山称王。来阻止齐国和中山联合呢?"赵国和魏国答应了。果然同意中山称王并与它亲近。中山果与齐国断交,而与赵、魏联合。

【注释】

①负海:即齐国。②致:得到。塞:遏制、约束。

【解析】

公元前323年,赵、魏、韩、燕、中山五国称王,齐王不悦,欲伐中山。中山君派张登游说齐相田婴。齐臣张丑谏阻,田婴不听。张登果然又为中山联合赵、魏共同抵御齐国。

【处世策】

总有人把小事当做很重要的事情,放在重要的位置,总是想着,耿耿于怀,耗费了自己的精力和时间,最终将自己引向错误的边缘却浑然不知,

要做到不因小失大,应该注意明白哪些是大,哪些是小。所谓小不忍则乱大谋。对于那些无关痛痒的事情就由他去吧。抓住那些对事情的成败和结局有重要作用的事情。不要斤斤计较,不要患得患失。不妨显得糊涂大度一些,适时的"傻一点",不仅自己会感觉舒适,同事们也会喜欢你的风格,而对你另眼相看。

中山与燕赵为王

【原文】

中山与燕、赵为王,齐闭关不通中山之使,其言曰:"我万乘之国也,中山千乘之国也,何倻名于我①?"欲割平邑以赂燕、赵,出兵以攻中山。

蓝诸君患之②,张登谓蓝诸君曰:"公何患于齐?"蓝诸君曰:"齐强,万乘之国,耻与中山

【译文】

中山和燕国、赵国互相称王,齐国封闭关口,不许中山的使臣通行,还说:"我齐国是万乘大国,中山不过是千乘小国,你们怎么能和我们齐国并驾齐驱呢?齐国打算给燕国和赵国割让平邑,要燕、赵出兵攻打中山。

中山的相国蓝诸君很担忧。张登对蓝诸君说:"您对齐国有什么好担忧的?"蓝诸君说:"齐国强,是万乘大国,他认为与中山名位相同是耻辱,不惜以割地来收买燕国和赵国,出兵进攻中

侔名，不惮割地以赂燕、赵，出兵以攻中山。燕、赵好位而贪地，吾恐其不吾据也。大者危国，次者废王。奈何吾弗患也？"张登曰："请令燕、赵固辅中山而成其王，事遂定，公欲之乎？"蓝诸君曰："此所欲也。"曰："请以公为齐王，而登试说公。可，乃行之。"蓝诸君曰："愿闻其说。"

山。燕国和赵国好名位、贪土地，我担心他们不会帮助我们。局势严重的话，国家就有危险；往轻里说，王号也会被废除，我怎么能不担忧呢？"张登说："我愿使燕、赵两国坚决帮助中山君称王，此事终究是可以成功的。您愿意干吗？"蓝诸君说："这正是我的愿望。"张登说："就请您权且扮作齐王，让我试着说服您，如果成功，就这么干。"蓝诸君说："愿意听听您是怎么说的。"

【注释】

①侔：相等，相同。②蓝诸君：中山相国。

【原文】

登曰："王之所以不惮割地以赂燕、赵，出兵以攻中山者，其实欲废中山之王也。王曰：'然。'然则王之为费且危！夫割地以赂燕、赵，是强敌也；出兵以攻中山，首难也。王行二者，所求中山未必得。王如用臣之道，地不亏而兵不用，中山可废也。王必曰：'子之道奈何？'"蓝诸君曰："然则子之道奈何？"张登曰："王发重使，使告中山君曰：'寡人所以闭关不通使者，为中山之独与燕、赵为王，而寡人不与闻焉①，是以隘之。王苟举趾以见寡人②，请亦佐君。'中山恐燕、赵之不已据也，今齐之辞云'即佐王'，中山必遁燕、赵，与王相见。燕、赵闻之，怒绝之，王亦

【译文】

张登说："大王之所以不惜以割地来收买燕国和赵国，让他出兵去攻打中山，其实是想废掉中山君的王号吧！齐王说：'是的。'这样做，大王既有割地的耗费，又有首先发动战争的危险。割地收买燕、赵，这是加强敌人的办法；出兵去攻打中山，这要背上首先发动战争的名声。大王这两点都做了，但所要求于中山的未必能够得到。大王如果用我的办法，不割地又不用兵，中山君的王号也可废掉。齐王一定会说：'你的办法到底是怎样的呢？'"蓝诸君说："那么，你的办法到底怎么样呢？"张登说："大王派出特使，要他告诉中山君，说：'我之所以封闭关口，不许中山的使臣通行，是因为中山单独与燕、赵两国共谋称王，而不让我知道这事。所以才不让中山的使臣通行。假如中山君屈驾来见我，我也会辅助你们的。'中山君担心燕、赵两国不帮自己，现在齐王说：'即刻帮助中山君。'中山一定会避开燕、赵，而与大王相见。燕、赵两国听说后，一定会与中山断交。大王也和中山断交。这样，中山就孤立了。中山已经孤立，怎么能不废掉王号呢？假如用这些话去劝

绝之，是中山孤。孤何得无废？以此说齐王，齐王听乎？"蓝诸君曰："是则必听矣。此所以废之，何在其所以存之矣？"张登曰："此王所以存者也！齐以是辞来，因言告燕、赵而无注，以积厚于燕、赵。燕、赵必曰：'齐之欲割平邑以赂我者，非欲废中山之王也，徒欲以离我于中山而已亲之也。'虽百平邑，燕、赵必不受也！"蓝诸君曰："善。"遣张登注，果以是辞来。中山因告燕、赵而不注，燕、赵果俱辅中山而使其王，事遂定。

说齐王，齐王会不会听从呢？"蓝诸君说："这么说，齐王一定会听的。这正可用来废掉中山王的王号，怎么说是用来保存他的王号呢？"张登说："这就是中山王保存王号的办法，齐王已声明'立即援助中山君为王'。就可把齐王的话通知燕、赵两国，要他们不要出兵攻打中山，这大有利于燕、赵。燕、赵两国必然会说：'齐国想割让平邑给我们，并不是要废掉中山的王号，不过是想离间我们与中山的关系，自己与中山友好。'这样，齐国就是割一百个平邑，燕、赵两国也必然不会接受。"蓝诸君说："好。"

于是派张登去齐国，齐国果然有那一番声明。中山就把齐王的声明通知燕、赵两国，要他们不要出兵攻打中山；燕、赵两国果然都帮助中山，要中山君称王。称王的事终于成功。

【注释】

①与：通"预"，预先。②王苟举趾：比喻屈尊见人。

【解析】

公元前 323 年，齐国贿赂燕、赵，以阻止中山称王，张登利用燕、赵对齐国的猜忌，用计离间齐国与燕、赵的关系，使得三国都允许中山称王。

【处世策】

猜疑是人性的弱点之一，历来是害人害己的祸根，是卑鄙灵魂的伙伴。表现在交往过程中，自我牵连倾向太重，何谓自我牵连太重，就是总觉得其他什么事情都会与自己有关，对他人的言行过分敏感、多疑。一个人一旦掉进猜疑的陷阱，必定处处神经过敏，事事捕风捉影，对他人失去信任，对自己也同样心生疑窦，损害正常的人际关系，影响个人的身心健康。

司马憙使赵

【原文】

司马憙使赵，为己求相中山。公孙弘阴知之。中山君出，司马憙御，公孙弘骖乘①。弘曰："为人臣，招大国之威，以为己求相，于君何如？"君曰："吾食其肉，不以分人！"司马憙顿首于轼②，曰："臣自知死至矣！"君曰："何也？""臣抵罪。"君曰："行！吾知之矣。"

居顷之，赵使来，为司马憙求相。中山君大疑公孙弘，公孙弘走出。

【译文】

司马憙出使赵国，为自己谋求在中山国任相国，公孙弘暗中知道这件事。一次，中山君外出，司马憙驾车，公孙弘陪乘。公孙弘说："做人臣的，求助于大国的势力，来为自己谋求相国，君王认为这种人怎么样？"中山君说："我要吃他的肉，而且不把肉分给别人。"司马憙对着车横木叩头，说："我知道自己的死期到了。"中山君说。"为什么？"司马憙说："我当死罪。"中山君说："开车走，我明白了。"

等了不久，赵国的使臣来为司马憙求相国，中山君便很怀疑公孙弘陷害司马憙。公孙弘只好逃离中山。

【注释】

①骖乘：在车右陪乘。②轼：古时马车车厢前的横木。

【解析】

司马憙想借助赵国的力量谋取中山国的相位，当公孙弘在中山君前中伤他时，他就爽快地承认了错误，结果中山君便怀疑公孙弘别有用心，迫使其出逃。

【处世策】

当自己被他人中伤时，与其掩饰自己的过失，倒不如向领导坦诚自己的失误，摆出光明磊落的模样。这样，中伤自己的人变成小人模样，而自己扮演了光明正大的君子角色，反倒有利于自己脱身。

司马憙三相中山

【原文】

司马憙三相中山，阴简难之。田简谓司马憙曰："赵使者来

【译文】

司马憙已经出任中山的相国，中山君宠姬阴简为难他。大臣田简对司马憙说："赵国使者来探

属耳①，独不可语阴简之美乎？赵
※读之，若与之，即公无内难矣。
君弗与赵，公因劝君立之以为正
妻，阴简之德公无所穷矣。"

果令赵请，君弗与。司马
熹曰："君弗与赵，赵王必大怒，大怒
则君必危矣！然则立以为妻，固无
请人之妻不得而怨人者也！"

田简自谓取使②，可以为司
马熹，可以为阴简，可以令赵勿
请也。

听情况，怎么不把阴简的美貌告诉他呢？赵王一定会要求娶阴简，中山君如果给他，那么，在朝内就没有为难你的人了；如果不同意给赵王，您就劝君王立阴简为正妻。阴简会对你感激不尽。"司马熹果然要赵王求娶阴简。中山君不同意。司马熹说："君王若不给赵王，赵王一定大怒，他大怒，君王的处境就危险，既然这样，不如立阴简为正妻，世上没有要别人的正妻，要不到还怨恨别人的道理。"

田简自认为：按照这个办法去做，既可以帮助司马熹使他无内部难处。又可以帮助阴简立为正妻，还可以使赵王不能求娶阴简。

【注释】

①属耳：探听。②谓：认为。取：用。使：指赵使。

【解析】

司马熹前后三次出任中山国相国，中山君的宠妃阴简很忌恨他。司马熹采纳田简的建议，劝中山君立阴简为后，从而解决了他与阴简的矛盾。

【处世策】

卖乖术是人情关系学中最为精明的一招。为人乖巧伶俐，做事多长眼色，谁都喜欢。而精明之人并不止于此，他们善于投机取巧，甚至能够制造错觉，像一个高明的魔术师。明明是在求人，而给人的感觉却是他们在施恩；本来了无功绩，却可两边落好，大落人情债权。企业家也应善于操纵人心，学会卖乖。既占便宜，又落人情。

阴姬与江姬争为后

【原文】

阴姬与江姬争为后。司马熹谓阴姬公曰①："事成，则有土子民；不成，则恐无身。欲成之，何不见臣乎？"阴姬公稽首曰："诚如君言，事何可豫道者②。"司马熹即奏书中山王曰："臣

【译文】

阴姬和江姬争着要做中山王的王后。司马熹对阴姬的父亲说："争当王后的事如果能成功，那么您就可以得到封地，管理万民；如果不能成功，恐怕您连性命也保不住呀！想要办成这件事，为什么不让阴姬来见我呢？"阴姬的父亲对司马熹叩头，说："事情如果真像您说的那样，我要好好

能弱赵强中山。"中山王悦而见之，曰："愿闻弱赵强中山之说。"司马憙曰："臣愿之赵，观其地形险阻，人民贫富，君臣贤不肖，商敌为资，未可豫陈也。"中山王遣之。

地报答您。"司马憙于是向中山王上书说："我有削弱赵国、强大中山国的办法。"中山王高兴地接见了他，说："我想听听你所说的削弱赵国、强大中山国的办法。"司马憙说："我希望先到赵国去，观察那里的地理形势，险要的关塞，百姓的贫富，君臣的贤能和不肖，敌我力量的对比，考察之后作为凭据，现在还不能说出。"于是，中山王就派他到赵国去。

【注释】

①公：父亲。②意为将要厚报之，未可先言。豫：预先。道：说，讲。

【原文】

见赵王曰："臣闻赵，天下善为音，佳丽人之所出也。今者臣来至境，入都邑，观人民谣俗，容貌颜色，殊无佳丽好美者。以臣所行多矣，周流无所不通①，未尝见人如中山阴姬者也。不知者，特以为神，力言不能及也。其容貌颜色，固已过绝人矣。若乃其眉目准頯权衡②，犀角偃月③，波乃帝王之后，非诸侯之姬也。"赵王意移，大悦曰："吾愿请之，何如？"司马憙曰："臣窃见其佳丽，口不能无道尔。即欲请之，是非臣所敢议，愿王无泄也。"

【译文】

司马憙见到赵王，说："我听说，赵国是天下擅长音乐，美女众多的国家。今天我来到贵国，走城过邑，观赏民间的歌谣风俗，也看见了形形色色的人，却根本没有见到天姿国色的美女。我曾经周游各地，没有我不曾到过的地方，但从没有见过像中山国的阴姬那样漂亮的女子。不知道的人，还以为是仙女下凡，她的美貌根本无法用语言来形容。她的容貌姿色实在超出一般的美女，至于说她的眉眼、鼻子、脸蛋、额角，那头形，那天庭，那真是帝王之后，而不是诸侯的嫔妃。"赵王的心被说动了，高兴地说："我希望能得到她，怎么样？"司马憙说："我私下里见她那么美丽，嘴里就不知不觉地说出来了。您如果要想得到她，这可不是我敢随便说的，希望大王不要泄露出去。"

【注释】

①周流：周游各地。通：抵达。②准：鼻子。頯(è)：通"额"，额头。权：通"颧"，面颊。衡：眉目之间的位置。③犀角：额上发际隆起之骨。偃月：指额头如半月之形。

【原文】

司马憙辞去，归报中山王曰："赵王非贤王也，不好道德，

【译文】

司马憙告辞离去，回来向中山王报告说："赵王不是个贤明的君主。他不喜欢修养道德，

而好声色①；不好仁义，而好勇力。旦闻其乃欲请所谓阴姬者。"中山王作色不悦。司马憙曰："赵强国也，其请之必矣。王如不与，即社稷危矣；与之，即为诸侯笑。"中山王曰："为将奈何？"司马憙曰："王立为后，以绝赵王之意。世无请后者。虽欲得请之，邻国不与也。"中山王遂立以为后，赵王亦无请言也。

【注释】

①声色：美乐和美色。

【解析】

司马憙帮助阴姬争立王后，采取了迂回曲折的策略，充分利用了国外的力量。他假托出使赵国，用富有感染力的夸张语言为赵王描述了阴姬的魅力，怂恿赵王迎娶阴姬，造成了相对强大的赵国对中山国的威胁。他又回到国内，假装为中山王出谋划策，促使他马上就册立阴姬为王后，达到了原来的目的。

【处世策】

当"大道"走不通的时候，走迂回曲折的"小路"也是一种智慧。我们在做事情的时候，要善于找出事物之间的内在联系，就是没有联系，也可以通过我们的努力建立起联系来，善于走曲折的路，来达到我们的目的。

主父欲伐中山

【原文】

主父欲伐中山，使李疵观之。李疵曰："可伐也！君弗攻，恐后天下。"主父曰："何以？"对曰："中山之君，所倾盖与车而朝穷闾隘巷之士者①，七十家。"主父曰：

【译文】

主父赵武灵王想要攻打中山，派李疵去仔细察看，李疵说："中山可以攻打，如果君王不去攻打，恐怕就要落在诸侯后面了。"赵武灵王说："为什么？"李疵回答说："中山君礼贤下士，到穷街小巷之中，车子难以通行，就取下车盖，甚至下车去拜访士人，像这样，总共去了七十家。"赵武灵王说："这是贤能的君王啊，怎么可以去攻打他呢？"

"是贤君也,安可伐?"李疵曰:"不然。举士,则民务名不存本;朝贤,则耕者惰而战士懦。若此不亡者,未之有也。"

李疵说:"不对,如果任用士人,那么,老百姓就会致力于扬名,而不用心于农耕和作战;如果拜访贤者,那么,农夫就会懒于务农,战士就会怯于作战。像这样而不亡国的,还从没有过啊!"

【注释】

①倾盖与车:指两车相遇,并车对语。穷闾隘巷:闭塞不通的小胡同。

【解析】

公元前307年至公元前295年,赵武灵王想攻打中山,李疵侦查后认为可伐,理由是中山君"举士"、"朝贤"。当武灵王指出这是贤者作为时,李疵却指出"举士则民务名不存本;朝贤则耕者惰而战士懦"。

【处世策】

本篇为管理者提供了这样一种智慧:基层工作者是企业的基石,只有基石稳固,企业才牢靠。管理者轻视基层人员,而过分重视中高层人员的话,势必使基层人员离心离德,不利于企业的稳定。

中山君飨都士大夫

【原文】

中山君飨都士大夫①,司马子期在焉,羊羹不遍②。司马子期怒而走于楚,说楚王伐中山,中山君亡。有二人挈戈而随其后者,中山君顾谓二人:"子奚为者也?"二人对曰:"臣有父,尝饿且死,君下壶飡饵之③。臣父且死,曰:'中山有事,汝必死之。'故来死君也。"中山君喟然而仰叹曰:"与不期众少,其于当厄;怨不期深浅,其于伤心。吾以一杯羊羹亡国,以一壶飡得士二人。"

【译文】

中山王宴请国都里的士大夫,司马子期也在被宴请之列。由于羊羹没有分给自己,司马子期一气之下就跑到了楚国,还劝说楚王攻打中山国。楚国攻打中山国,中山王逃亡,有两个人提着武器跟在他身后。中山君回头对这两个人说:"你们是干什么的?"两人回答说:"我们的父亲有一次饿得快要死了,您赏给一壶熟食给他吃。他临死时说:'中山王有了危难,你们一定要为他而死。'所以我们来保护您。"中山王仰天长叹,说:"施与不在多少,而在于正当人家困难的时候;仇怨不在深浅,而在于是否伤了别人的心。我因为一杯羊羹亡了国,却因为一壶熟食得到了两个勇士。"

【注释】

①飨：乡人在一起饮酒。引申为用酒食款待，宴享。②羊羹：羊肉汤。③飧（cān）：熟食。

【解析】

一杯羊羹导致亡国，应了孔子"不患寡而患不均"的话。但更加令人慨叹的是，一壶同样微不足道的飧饵，却能让人拿着武器舍命保护自己，两相比较，世态炎凉，人心叵测，不得不让人喟然长叹！

【处世策】

一杯羊羹折射出的不仅是"寡"与"不均"所导致的截然不同的结果，也折射出人性的暗淡和悲哀。而一壶飧饵所折射出的却是人性的光明和希望。世态如此，人性如此！

乐羊为魏将

【原文】

乐羊为魏将，攻中山。其子时在中山，中山君烹之作羹，致于乐羊，乐羊食之。古今称之：乐羊食之以自信，申明害父以求法①。

【注释】

①申明：也称申鸣，楚国士人，以至孝闻名于楚，为了尽忠却不能尽孝。

【译文】

乐羊为魏国的将领，攻打中山。他的儿子当时正在中山，中山君将乐羊的儿子处以烹杀的酷刑，并将乐羊儿子的肉做成汤送给乐羊。乐羊喝了这肉汤。古今称颂说：乐羊喝儿子的肉汤，为求君王的信任；申鸣不顾父亲被杀，为求严守君王的大法。

【解析】

公元前408年，中山国发兵犯魏，魏相国翟璜举荐了乐羊。当时乐羊之子乐舒是中山王的将领。乐羊出兵后，由于敌强我弱，施了缓兵之计。消息传来，朝中大哗，群臣诬告乐羊通敌。中山国君又杀了他的儿子，煮成肉羹送给他。乐羊为表忠心，就吃下了肉羹。随后大败中山国。

【原文】

昭王既息民缮兵，复欲伐赵。武安君曰："不可！"王曰："前年国虚民饥，君不量百姓之力，求益军粮以灭赵。今寡人息民以养士，蓄积粮食，三军之俸有倍于前，而曰：'不可。'其说何也？"

武安君曰："长平之事，秦军大克，赵军大破；秦人欢喜，赵人畏惧。秦民之死者厚葬，伤者厚养，劳者相飨，饮食餔馈①，以靡其财；赵人之死者不得收，伤者不得疗，涕泣相哀，戮力同忧，耕田疾作，以生其财。今王发军，虽倍其前，臣料赵国守备，亦以十倍矣！赵自长平已来，君臣忧惧，早朝晏退②，卑辞重币，四面出嫁，结亲燕、魏，连好齐、楚，积虑并心，备秦为务。其国内实，其交外成。当今之时，赵未可伐也！"

【注释】

①餔馈(bū kuì)：以食物送人。②晏：晚。

【原文】

王曰："寡人既以兴师矣。"乃使五大夫王陵将而伐赵。陵战失利，亡五校①。王欲使武安君，武安君称疾不行。王乃使应侯注见武安君，责之曰："楚地方五千里，持戟百万，君前率数万

【译文】

秦昭王已使百姓得到休息，修缮了武器，又准备攻打赵国。武安君说："不行。"秦昭王说："前一年，国家的府库空虚，人民遭受饥饿，您不估量百姓的能力，要求增加军粮去消灭赵国。现在寡人使百姓得到休息，士卒得到安养，蓄积了粮食，全军的给养又超过从前一倍，您却说：'不行'。为什么这么说呢？"

武安君说："在长平大战中，秦军大胜，赵军大败；秦国人欢喜，赵国人害怕。秦国人战死的给以厚葬，受伤的给以精心治疗，有功绩的设酒食给予慰劳，百姓假借祭祀之名聚会，浪费了财物；赵国人战死的无人收验，受伤的得不到医疗，军民悲泣哀号，齐心协力，团结一致努力耕田，增加了生产，现在大王派兵虽然三倍于以前，我预料赵国的守备力量也会相当以前的十倍。赵国从长平之战以来，君臣都忧愁恐惧，早上朝，晚退朝，用谦卑的言辞，贵重的礼品，向四方派出使节，结交盟友，与燕、魏、齐、楚结为友好盟邦。他们千方百计、同心同德，致力于防备秦国来犯。赵国国内财力充实，外交活动成功。现在这个时候，对赵国不可攻打。"

【译文】

秦昭王说："寡人已经派兵了。"于是他派出五大夫王陵率军攻打赵国。王陵战败，损失了四千人。秦王又要派武安君白起，武安君声称有病不去。秦王于是派应侯范雎去见武安君，责备他说："楚国土地方圆五千里，战士百万。您从前率领数万军队攻打楚国，攻下了楚

之众,入楚,拔鄢、郢,焚其庙,东至竟陵,楚人震恐,东迸而不敢西向。韩、魏相率,兴兵甚众,君所将之卒不能半之,而与战之于伊阙,大破二国之军,流血漂卤②,斩首二十四万,韩、魏以故至今称东藩。此君之功,天下莫不闻。今赵卒之死于长平者已十七、八,其国虚弱,是以寡人大发军,人数倍于赵国之众,愿使君将,必欲灭之矣。君尝以寡击众,取胜如神,况以强击弱、以众击寡乎?"

都鄢和郢。烧了他们的宗庙,一直打到东面的竟陵,楚国人震惊,往东迁都而不敢向西抵抗。韩、魏两国前后相随,动员大批军队,而您率领的军队不及韩、魏联军的一半,却和它们大战于伊阙,大败了韩、魏联军,以致血流成河,漂起了大盾,共斩首二十四万。因此,韩国、魏国至今还称作秦国东面的属国。这是您的丰功。诸侯无不了解。现在赵国士卒死于长平之战的已有十分之七、八,赵国虚弱,所以寡人才发动几倍于赵国的大军,希望派您领兵出战,一定要消灭赵国。您曾以少击多,获胜如神,何况现在是以强攻弱,以多攻少呢?"

【注释】

①五校(jiào):校,古时部队每八百人为一校,即主尉。五校为四千士兵。②卤:通"橹",大盾牌。

【原文】

武安君曰:"是时楚王特其国大,不恤其政,而群臣相妒以功,谄谀用事,良臣斥疏,百姓心离,城池不修,既无良臣,又无守备。故起所以得引兵深入,多倍城邑,发梁焚舟以专民心①,掠于郊野以足军食。当此之时,秦中士卒,以军中为家,将帅为父母,不约而亲,不谋而信,一心同功,死不旋踵②。楚人自战其地,咸顾其家,各有散心,莫有斗志,是以能有功也。伊阙之战,韩孤顾魏,不欲先用其众;魏恃韩之锐,欲推以为锋。二军争便之力不同,是以臣得设疑兵以待韩阵,专军并锐,触魏之

【译文】

武安君说:"当时楚王依仗他的国家大,不顾国政,大臣们居功自傲,嫉妒争功,阿谀谄媚之臣掌权,贤良的忠臣受到排挤而被疏远,百姓离心离德,护城河也不修浚,既无良臣,又无守备。所以我能够领兵深入楚国,占领了很多城邑,拆除桥梁,烧毁船只,绝其归路,来坚定百姓作战的决心,并在郊野各处寻找食物,来补充军粮。在这个时候,秦国的士兵,把军队当作自己的家,把将、帅当作自己的父母。没有经过约定,大家都很亲近;没有经过商量,大家都很信任。全军上下同心同德。抱着必死的决心,至死也不回头。相反,楚国人在自己的国家作战,都只关心自己的家,全军将士离心离德,没有斗志。所以,我才能够建立战功。在伊阙战役中,韩国势力孤单,等待魏国,不愿首先动用自己的军队。魏国依靠韩军精锐,想推韩军打头阵,韩、魏两军争利,不能同心协力,所以我有机会能够设置埋伏,来对付韩国的军队,并集中精锐,组织劲旅,出其不意,进攻魏国。魏国军队已经战

胜逐北，以是之故能立功。皆计利形势，自然之理，何神之有哉？今秦破赵军于长平，不遂以时乘其振惧而灭之，畏而释之，使得耕稼以益蓄积，养孤长幼以益其众，缮治兵甲以益其强，增城浚地以益其固。主折节以下其臣③，臣推体以下死士。至于平原君之属，皆令妻妾补缝于行伍之间。臣人一心，上下同力，犹勾践困于会稽之时也。以今伐之，赵必固守。挑其军战，必不肯出；围其国都，必不可克；攻其列城，必未可拔；掠其郊野，必无所得。兵出无功，诸侯生心，外救必至。臣见其害，未睹其利。又病，未能行。"

败，韩国军队自然溃散。乘胜穷追败军。因此之故，我才能够建立战功。这都是由于谋划得当，利用形势，随机应变，符合自然的道理，哪有什么'神奇'可言呢？现在秦国在长平打败了赵军，不在当时趁赵国畏惧而灭掉它，却有所顾虑，放弃了机会，让他们能够从事耕种，提高生产，增加积蓄；使孤儿能够养育，幼儿成长，以增加人口；并修缮兵器，以增强战斗力；增高城墙，修浚护城河，以巩固防守；国君放下架子，对臣下以礼相待；上级军官对士卒推心置腹，同甘共苦；就连平原君赵胜这类人，都让他们的妻、妾到军营中，来为战士缝补衣裳。臣民一心，上下协力，如同越王勾践当初被困在会稽山上受辱，而后卧薪尝胆，励精图治一样。现在如果攻打赵国，赵国必定拼死抵抗；如果向赵军挑战，他们必定不出战；包围其国都邯郸，必然不可能取胜；攻打赵国其他的城邑，必然不可能攻下；掠夺赵国的郊野，必然一无所获。我国对赵国出兵毫无战功，诸侯就会产生抗秦救赵之心，赵国一定会得到诸侯的援助，我只看到有攻打赵国的危害，还没有看到有利之处；再加上我有病，所以不能出征。"

【注释】

①发梁：拆毁桥梁。专民心：使民心专于战事。②指畏避退缩。踵：脚后跟。③折节：降低身份。下：谦下。

【原文】

应侯惭而退，以言于王。王曰："微白起①，吾不能灭赵乎？"复益发军，更使王龁代王陵伐赵。围邯郸八、九月，死伤者众，而弗下。赵王出轻锐以寇其后，秦数不利。武安君曰："不听臣计，今果何如？"王闻之，怒，因见武安君，强起之，曰："君虽病，强

【译文】

应侯范雎惭愧地退下，把白起所说的话告诉了秦王。秦王说："没有他白起，我就不能消灭赵国吗？"又增加兵力，另派王龁替换王陵攻打赵国。包围赵都邯郸八、九个月，死伤人数很多，却没有攻下。赵王派出轻兵锐卒，来袭击秦军的后路，秦军一连失利。武安君白起说："不采纳我的计谋，现在到底怎么样？"秦王听说后大怒，于是亲自去见武安君白起，强迫他起来，说："您虽然生病，也要为寡人带病指挥。如果建立军

为寡人卧而将之！有功，寡人之愿，将加重于君②；如君不行，寡人恨君。"

武安君顿首曰："臣知行虽无功，得免于罪；虽不行无罪，不免于诛。然惟愿大王览臣愚计，释赵养民，以诸侯之变，抚其恐惧，伐其憍慢③，诛灭无道，以令诸侯，天下可定。何必以赵为先乎？此所谓为一臣屈而胜天下也！大王若不察臣愚计，必欲快心于赵，以致臣罪，此亦所谓胜一臣而为天下屈者也。夫胜一臣之严焉，孰若胜天下之威大耶？臣闻明主爱其国，忠臣爱其名。破国不可复完，死卒不可复生。臣宁伏受重诛而死，不忍为辱军之将。愿大王察之！"王不答而去。

这是寡人的愿意，一定重赏您，如果您不去，寡人就要深深地怨恨您。"

武安君白起叩头至地，说："我明知出战虽然不会成功，却可以免于获罪；不出战虽然没有罪过，却不免处死。但还是希望大王接受我的愚见，放弃攻打赵国，让人民养精蓄锐。利用诸侯的关系变化，安抚他们中担惊害怕的，讨伐他们中骄傲轻慢的，消灭他们中昏庸无道的，这样来号令诸侯，就是所谓'屈白起一臣，却可以战胜诸侯'的做法呀。如果大王不明察我那愚计，一定要消灭赵国，求得一时痛快，致使我获罪，这也就是所谓'取胜白起一臣，而被诸侯所屈服'的做法呀，取胜一臣的威严，哪里比得上战胜诸侯的威严大呢？我听说，明君爱他的国家，忠臣爱他的名誉；灭亡的国家不可能再复原，死去的士卒不可能复活。我甘受重罪而死，也不能做一个辱军败国的将领，希望大王谨慎考虑。"秦王没有回答，转身就走了。

【注释】

①微：假如没有。②加重：更加器重。③憍：骄傲。

【解析】

秦昭王与赵国在长平之战后，又想伐赵，武安侯白起两次劝谏，秦王不听，以致秦军两次失利。秦王强令白起带兵率军伐赵，白起据理力谏，招致杀身之祸。

【处世策】

赵国经长平之败后，举国奋进，挫退了秦军后来的两次进攻。这正应了孟子"生于忧患"的人生哲理。

"古今英雄多磨难"，不论处于什么样的环境下，奋发进取，勇于求索才能获得最有价值的人生。所以，置身在不如意的环境中的人们，不但不应该消沉停顿，反而要拿出加倍积极乐观的精神来支配目前的环境，这不仅会磨炼敲打出许多美好的品性，也增强了生活的能力，扩展了视野，掌握更多的生存技能。